# 普通高校
# 体育选项课教程 （第六版）

主　编　杨远波　周正宏
副主编　阴　涛　蔡兴林

西南财经大学出版社
Southwestern University of Finance & Economics Press

中国·成都

**图书在版编目(CIP)数据**

普通高校体育选项课教程/杨远波,周正宏主编;阴涛,蔡兴林副主编.
—6 版 . —成都:西南财经大学出版社,2022.9(2025.8 重印)
ISBN 978-7-5504-5516-0

I.①普… II.①杨…②周…③阴…④蔡… III.①体育—高等学校—教材
IV.①G807.4

中国版本图书馆 CIP 数据核字(2022)第 149879 号

## 普通高校体育选项课教程(第六版)

主　编　杨远波　周正宏
副主编　阴　涛　蔡兴林

责任编辑:林　伶
责任校对:李　琼
封面设计:何东琳设计工作室
责任印制:朱曼丽

| | |
|---|---|
| 出版发行 | 西南财经大学出版社(四川省成都市光华村街 55 号) |
| 网　址 | http://cbs.swufe.edu.cn |
| 电子邮件 | bookcj@swufe.edu.cn |
| 邮政编码 | 610074 |
| 电　话 | 028-87353785 |
| 照　排 | 四川胜翔数码印务设计有限公司 |
| 印　刷 | 郫县犀浦印刷厂 |
| 成品尺寸 | 185 mm×260 mm |
| 印　张 | 37.125 |
| 字　数 | 868 千字 |
| 版　次 | 2022 年 9 月第 6 版 |
| 印　次 | 2025 年 8 月第 4 次印刷 |
| 印　数 | 11401—12400 册 |
| 书　号 | ISBN 978-7-5504-5516-0 |
| 定　价 | 58.50 元 |

# 普通高校体育选项课教程
# 编写委员会

# 第一版序言

当今世界,科学技术突飞猛进,知识经济已见端倪,国力竞争日趋激烈。教育在综合国力的形成中处于基础地位,国力的强弱越来越取决于劳动者的素质。劳动者的素质包括多个方面,不但有智力、心理和道德方面的内容,而且更有承载这些素质最基础的体质素质方面的要求。尤其是在人类进入知识经济时代以后,人类的劳动方式和生活方式已经发生了革命性变化,机械化、智能化、数字化技术正逐步应用于生产和生活领域,脑力劳动将占绝对优势。这些变化使人类的体力得不到充分发挥,运动技能逐渐退化,给人类身体带来的直接结果将是体质的弱化。于是,知识经济时代将比以往任何时候都更需要体育活动。

1999年6月13日,中共中央、国务院下发的《关于深化教育改革全面推进素质教育的决定》中明确指出:"健康体魄是青少年为祖国和人民服务的基本前提,是中华民族旺盛生命力的体现。学校教育要树立'健康第一'的指导思想,切实加强体育工作,使学生掌握基本的运动技能,养成坚持锻炼身体的良好习惯。"在实现中华民族伟大复兴的道路上,学校教育不仅要抓好智育、德育教育,还要加强体育等方面的教育和实践,使诸方面教育相互渗透、协调发展,促进学生的全面发展和健康成长。

学校体育作为学校教育的重要组成部分,除了确保每一个学生都有参加体育活动的权利和机会外,还要让学生掌握参加体育活动的基本技能,树立终身体育理念,养成坚持锻炼身体的良好习惯。这就需要广大体育教育工作者在教育理念、教育方法、教学形式和教学内容等方面,把握当代学校体育的发展特征和趋势,抓住当代大学生的身心特征和体育需求特点,不断探索,勇于创新,深化教育改革。

本教程就是基于这样的认识,同时根据《全国普通高等学校体育课程教学指导纲要》的精神,在总结高等学校体育课程建设和教学改革经验的基础上组织编写的。

本教程不仅将体育与健康教育知识进行了整合、提纯和提升,使学生在学习体育知识的同时,掌握健康生活的科学方法,而且还针对大学体育与高中体育脱节的现象,从体育基本理论和概念的阐释入手,逐步讲解各项运动的技术和规则,注重培养学生的终身体育习惯和健康意识,使体育与健康教育合二为一,达到"健康第一"的教育目的。这种创新思想不仅在加强素质教育、改革普通高校体育教学内容和课程体系的今天是难能可贵的,值得积极提倡和推广,而且也是高校体育教材改革的新尝试。它不仅将普通高校体育教材建设提高到一个新的层面,同时也使广大体育教育工作者站到

一个新的高度思考普通高校体育教学改革中教材建设的问题。

希望在此教程出版以后，能有更多的学人参加到学校体育与健康教育的研究和实践中来，共同为知识经济时代人类的健康和幸福寻求更为完美的体育教育和体育生活方式。

刘　灿

2004 年 8 月 28 日

# 第六版序言

　　体育是全面落实立德树人根本任务、促进学生全面发展的基础性工程,是加快推进中国式教育现代化的重要工作。习近平总书记在全国教育大会上对学校体育教育的目标做了深刻论述,要求树立健康第一的教育理念,开齐开足体育课,帮助学生在体育锻炼中享受乐趣、增强体质、健全人格、锤炼意志。德智体美劳"五育并举"中,体育前承德智,后接美劳,是"五育融合"承前启后的关键一环,其独特的育人功能主要体现在有利于弘扬社会主义核心价值观,有利于培养学生爱国主义、集体主义、社会主义精神,有利于锤炼学生奋发向上、顽强拼搏的意志品质。

　　学校党委历来高度重视体育工作和学生健康成长,学校坚持"健康体育、快乐体育、终身体育"的理念,坚决响应"每天锻炼一小时,健康工作五十年,幸福生活一辈子"的号召,促使青年学生养成良好的锻炼习惯,强健体魄,文明精神。坚持"以生为本,改革创新"的原则,立足时代需求,更新教育理念,深化教学改革,形成了以体育课教学为基石,以光华杯系列运动竞赛和健康活力大赛等赛事为纽带,以体质健康标准辅导与测试为抓手,以学生课余时间自主锻炼为补充的"1+3体育教学模式",着力构建完善教学模式、制度保障、体育文化、健康管理"四位一体"的学生体质健康促进体系,满足学生对优质体育资源的需求。坚持"凝心聚力,协同育人"的机制,深化体教融合,加强与校外体育专门机构的协同合作,积极推进联合培养、学生交流、课程资源共享,持续完善家庭、学校、政府、社会共同关心支持学生全面健康成长的激励机制。坚持整体推进与典型引领相结合,鼓励特色发展,深入推广中华传统体育项目,逐步形成"一校多品""一院一品""一社一品"的学校体育教育新格局。

　　本教程是学校加强体育课程和教材体系建设的阶段性成果,是我校体育教师多年理论研究和教学实践的集体成果。该教材的突出特点是全面彰显体育的综合育人功能。体育不仅可以育体、育德,还能育智、育心。本书根据《全国普通高等学校体育课程教学指导纲要》和《关于全面加强和改进新时代学校体育工作的意见》等文件精神,切实做好习近平新时代中国特色社会主义思想进入体育教材,深入挖掘体育教学环节蕴含的思政元素,以社会主义核心价值观为引领,以弘扬中华体育精神为主线,把思想政治教育有机融入学校体育教育教学全过程中。该教材立足高校体育教学范式改革,着眼于高校体育教学内容、方法、手段的创新,系统总结高校体育课程建设和教学改革经验,充分吸收同类教材优点,全面对标大学生体质健康标准,遵循新时代大学生身心发展特点和规律,科学选择大学生喜爱的锻炼内容,重点突出对体育文化、最新理论、

体育技术等的讲述。该教程主题鲜明、资料翔实、数据准确、方法科学，是一本具有一定创新性、科学性和前沿性的普通高等学校体育课教材，能为广大师生学习体育理论和技术提供切实的帮助和指导，也可供体育工作者和体育爱好者学习时参考。

李永强

2022 年 8 月

# 第六版前言

发展新时代高等教育要以习近平新时代中国特色社会主义思想为指导,全面贯彻党的十九大和十九届历次全会精神,坚定实施科教兴国战略、人才强国战略,紧紧围绕统筹推进"五位一体"总体布局和协调推进"四个全面"战略布局,深刻领悟"两个确立"的决定性意义,增强"四个意识",坚定"四个自信",做到"两个维护"。在党的坚强领导下,全面贯彻党的教育方针,坚持马克思主义指导地位,坚持中国特色社会主义教育发展道路,坚持社会主义办学方向,立足基本国情,遵循教育规律,坚持改革创新,以凝聚人心、完善人格、开发人力、培育人才、造福人民为工作目标,培养德智体美劳全面发展的社会主义建设者和接班人,加快推进教育现代化、建设教育强国、办好人民满意的教育。

体育是健康体魄的守护者,体育是培养坚韧意志的沃土。学校体育是实现立德树人根本任务、提升学生综合素质的基础性工程,是加快推进教育现代化、建设教育强国和体育强国的重要工作,对于弘扬社会主义核心价值观,培养学生爱国主义、集体主义、社会主义精神和奋发向上、顽强拼搏的意志品质,实现以体育智、以体育心具有独特功能。按照中共中央办公厅、国务院办公厅印发的《关于全面加强和改进新时代学校体育工作的意见》要求,要以立德树人为根本,以社会主义核心价值观为引领,以服务学生全面发展、增强综合素质为目标,坚持健康第一的教育理念,推动青少年文化学习和体育锻炼协调发展,帮助学生在体育锻炼中享受乐趣、增强体质、健全人格、锤炼意志,培养德智体美劳全面发展的社会主义建设者和接班人。

基于此,对于大学体育教育来说,上好体育课,有一本适应当代大学生身心发展需要的,能够满足体育教师教学要求的教材也是高校体育工作中一个非常重要的方面。在过去的几十年里,我们一直在努力探索,试图凝聚工作在大学体育教育第一线的广大体育教师的智慧和力量,编写出这样一本教材。时代的变化日新月异,改革与发展乃时代永恒的主题。当代大学生和体育教师对教材的需要和要求在不断快速变化着,从历史的角度来看,这既是一个蓬勃发展、动态演变的过程,也在提醒我们要把握时代节奏,既有的教材不是一劳永逸的成果,需要不断修订和创新。同时,在本教材之前版本的使用和修订过程中,我们也听取了第一线体育教师和广大学生对教材的建设性意见。为此,我们组织了编写委员会对第五版《普通高校体育选项课教程》进行了认真的修订。

《普通高校体育选项课教程》的修订内容主要包括:一是将习近平新时代中国特

色社会主义思想融入每一章,体现课程思政与社会主义核心价值观内容;对各章节的资料、规则、理论和图表等进行更新,与时俱进、与时代同步。二是在原有的大框架下,精简字数,删除了部分章节,进一步更新并精炼内容,理论和技术更加严谨、用语更加规范。三是增加了定向越野内容。四是在各项目技术部分增加二维码,可通过视频学习,提升效果。

第六版《普通高校体育选项课教程》的总统稿、总审稿由杨远波教授负责。基础部分的统稿和审稿由周正宏教授负责,理论部分的统稿和审稿由蔡兴林副教授负责,其他由杜文教授、阴涛副教授、黄道名教授、张易教授、刘辛丹教授、赵强副教授、张堰玲副教授等教授委员会审稿。

第六版第一章(体育概论)由黄道名教授负责修订,第四节(习近平新时代中国特色社会主义思想进入学校体育的意义和价值)由蔡兴林副教授编写。第二章(体育的社会功能)由陈丛刊博士负责修订,第三章(体育对健康的价值)由刘辛丹教授负责修订,第四章(如何获得运动技能)由蔡兴林副教授负责修订,第五章(足球运动理论与技术)由简家俊老师负责修订,第六章(篮球运动理论与技术)由郭广副教授和李春晖老师负责修订,第七章(排球运动理论与技术)由方威和李铸老师负责修订,第八章(网球运动理论与技术)由周婷婷副教授和孙巨杉老师负责修订,第九章(乒乓球运动理论与技术)由张易教授负责修订,第十章(羽毛球运动理论与技术)由王军副教授和付磊博士负责修订,第十一章(棒垒球运动理论与技术)由蔡兴林副教授负责修订,第十二章(武术运动理论与技术)由李治副教授和郭泽儒老师负责修订,第十三章(散打运动理论与技术)由彭浩老师负责修订,第十四章(跆拳道运动理论与技术)由贺晓燕老师负责修订,第十五章(健美操运动理论与技术)由张锐副教授负责修订,第十六章(体育舞蹈理论与技术)由董凡迪老师负责修订,第十七章(形体与礼仪运动理论与技术)由伍钰副教授和吴婧老师负责修订,第十八章(瑜伽运动理论与技术)由毛艳老师负责修订,第十九章(健美运动理论与技术)由刁永辉副教授负责修订,第二十章(肚皮舞运动理论与技术)由高昊老师负责修订,第二十一章(动感单车运动理论与技术)由黄茂洁老师负责编写,第二十二章(台球运动理论与技术)由何亮老师负责修订,第二十三章(高尔夫运动理论与技术)由黄道名教授负责修订,第二十四章(游泳运动理论与技术)由魏晗丰老师负责修订,第二十五章(素质拓展运动理论与技术)由邓茜副教授和彭宁老师负责修订,第二十六章(野外生存运动理论与技术)和第二十七章(定向越野运动理论与技术)由王国亮和陈珂欣老师负责修订与编写。

在本教程的修订过程中,我们还参考了众多专业书籍、学术论文中的资料和观点,在此向有关作者表示衷心的感谢。

西南财经大学出版社对《普通高校体育选项课教程》一书的修订和出版工作给予了很大的帮助,在此对所有关心、支持和帮助本书出版的单位和个人致以诚挚的谢意。

由于本书从组织修订到出版的时间比较短,加之编写人员水平有限,不足之处在所难免,恳请广大读者给予真诚的批评指正,我们将在再版修订时进行更正和完善。

编者

2022 年 6 月

# 目　录

## 上篇　体育基础理论

# 下篇　体育专项理论与技术

# 上篇 体育基础理论

啊,体育,你就是培育人类的沃地!你通过最直接的途径,增强民族体质,矫正畸形躯体,防病患于未然,使运动员得到启迪;让后代长得茁壮有力,继往开来,夺取桂冠和胜利。

——摘自《体育颂》,作者:皮埃尔·德·顾拜旦(Le baron Pierre De Coubertin,1863—1937年),法国著名教育家、国际体育活动家、教育学家和历史学家、现代奥林匹克运动的发起人,被誉为"现代奥林匹克之父"。

——学习时刻——

　　全民健身是全体人民增强体魄、健康生活的基础和保障，人民身体健康是全面建成小康社会的重要内涵，是每一个人成长和实现幸福生活的重要基础。

　　——2013年8月31日，习近平总书记会见全国体育先进单位和先进个人代表等时发表的讲话。

# 第一章

# 体育概述

## 第一节　体育的基本概念

体育现象古已有之,从古希腊或者古代中国,都有关于人类体育活动的记载。它是人类在漫长的生活和生产过程中所产生的一种独特的、以身体运动来表达的社会文化现象。体育发展到现代,它的文化内涵和经济、政治、教育、娱乐等多种社会功能已经与过去不可同日而语了,它是存在于人类社会中的一种很普遍的社会现象,也是人类所共同承认、拥有和普遍热爱的一种文化现象。各种不同文化背景下产生的体育项目正在融合成为人类社会所共有的社会财富。

现代体育正在进入并改变着越来越多人的生活,成为人们生活方式的一个重要组成部分。现代体育与社会经济、政治和人们的日常生活产生着越来越密切的联系,改变和影响了社会生活的许多方面。人类社会不能没有体育,人类社会也离不开体育。但是,究竟什么是体育?

### 一、体育的定义

体育究竟是指什么? 如何正确界定体育这一概念? 这是一个关于体育理论的最基本问题,也是体育理论研究领域中一个很古老的话题。它是一个至今在人们认识上仍然没有统一的问题,又是任何一个研究体育理论的人不得不首先回答的问题。

关于什么是体育的问题,在体育理论研究中有多种解释和回答。有的人从教育的角度看体育,认为"体育就是身体教育",并把体育看成是教育的一个组成部分,主张把体育与竞技分开。有的人从文化的角度看体育,认为"体育是人类社会一种独有的文化现象"。有的人从经济、政治和文化综合的角度研究体育,认为"体育是带有产业性的社会公益事业"。

在我国,体育的广义含义与体育运动相同。一般认为,体育(即广义"体育运动")包括身体教育(即狭义的体育)、竞技运动、身体锻炼三个方面(见图1-1)。

身体教育与德育、智育、美育相配合,成为整个教育的组成部分,它是有目的、有组织、有计划地促进身体全面发展,增强体质,传授锻炼身体的知识和技能,培养高尚的道德品质和坚强的意志的一个教育过程。竞技运动是指为了最大限度地发展和不断

提高个人、集体在体格、体能、心理及运动能力等方面的潜力,以取得优异运动成绩而进行的科学的、系统的训练和竞赛。身体锻炼是指以健身、医疗卫生、娱乐休息为目的的身体活动。这三个方面因目的不同而互相区别,但又互相联系。它们都是通过身体活动全面发展身体和增强体质,都有教育和教学的作用,也都有提高技术和竞赛的因素。

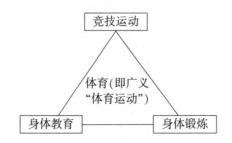

**图 1-1　体育(即广义"体育运动")概念的基本构成**

体育,英文译为"Physical Education",指的是以身体活动为手段的教育,直译为身体的教育,简称体育。在古希腊,游戏、角力、体操等曾被列为教育内容。18 世纪初,在西方的教育中加进了打猎、游泳、爬山、赛跑、跳跃等活动项目,只是尚无统一的名称。18 世纪末,德国的 J.C.F.古茨穆茨曾把这些活动分类综合,统称为"体操"。

进入 19 世纪后,一方面是德国形成了新的体操体系,并广泛传播于欧美各国;另一方面是相继出现了多种新的运动项目,在学校也逐渐开展了超出原来体操范围的更多的运动项目,建立起"体育是以身体活动为手段的教育"这一新概念。于是,在相当长的一段时间里,"体操"和"体育"两个词并存,相互混用,直到 20 世纪初才逐渐在世界范围内统一称为"体育"。

19 世纪 60 年代以后,在中国,随着近代体育的传入而有了新的专用词汇。19 世纪末到 20 世纪初这段时间,我国在军队训练中引进了国外的新式兵操。后来,我国在教育制度中纳入了兵操的某些内容,当时称之为"体操"。其作为学校的一门课程则称为"体操科"。在这期间,我国还陆续传入了田径、球类等各项运动,于是"体育"(Physical Education)一词也被使用。在一段时间里,中国也有一个"体操"与"体育"两词并用的过程。1923 年,当时的政府新学制课程标准起草委员会公布的《中、小学课程纲要草案》中正式将学校"体操科"改为"体育课"。自此,"体育"一词便逐渐代替了原来意义的"体操"。

近几十年来,体育的实践有了很大的发展,出现了身体教育、竞技运动和身体锻炼三种互相区别而又互相联系的内容,并逐渐发展成为一个与教育和文化相并列的新的体系。到 20 世纪 50 年代,各国学者越来越感到"体育"(即身体教育)这个反映教育范畴的专用词,已不能概括新发展起来的这个学术领域的全部内容,需要创立一个新名词。1953 年,有 40 多个国家在美国举行了第一次国际体育会议,曾讨论过这个问题。以后,美国、德意志联邦共和国、加拿大、苏联、日本等国都曾展开过讨论。1963 年成立了"统一体育术语国际研究会",第一届大会就是以讨论体育基本概念为中心,后来还编辑出版了《体育术语小辞典》。不少国家都有了这方面的专用词汇,如苏联百科全书中称之为"Ризическая Культура И Спорт",直译为"身体文化与运动",习惯译为"体育与运动",简称"体育运动"。其含义是"社会总文化的一部分,是为增进健康,发展人的身体能力,并为适应社会实践需要而利用这些能力的一个社会活动领域"。美国百科全书用的是"Physical Education and Sport"(体育与运动),含义是"泛指一切非生产性的体力活动,即从兴趣出发,以竞技为目的和以强健身体为目的的体力活动"。但在英文中曾经还有两个类似的词,一个是美国百科全书中的"Athletic Sports",直译为"竞技运动",一般译为"体育运动"(目前基本已经不这样使用了),是当体育(身体教育)和运动两个词作为一个词来用时所采用的专门词汇,其含义和本书中的 Physical Education and Sport 相同。另一个是国际体育名词协会出版的《体育名词术语》中的"Physical Culture"(直译为"身体文化",一般译作"体育文化"),解释为"广义文化的一个组成部分,它综合各种身体活动来提高人的生物学潜力和精神潜力的范畴、规律、制度和物质条件"。在德意志联邦共和国和德意志民主共和国,有与英文 Physical Culture 相对应的词,称为"Korper Kultur",也有"身体文化与运动"这个词,称作"Korper Kultur and Sport"。但近年来又有人主张用"Sport"作为总概念,其内容是指所有旨在游戏和取得好成绩的,为增强身体和精神灵活性服务的,特别是身体活动领域里的人类活动形式的总称。

20 世纪 80 年代以前,在中国,"体育"一词出现了广义和狭义的两种用法。用于狭义时是指身体教育,用于广义时是"体育运动"的同义词,是包括身体教育、竞技运动和身体锻炼三方面内容的总称,目前一般都译为"Sport"。

### 二、运动

实际上,译自英语的 Sport 源于拉丁语 Disport,其本来的含义是"离开工作",即通过一些轻松愉快的身体活动使人转移对日常生活的艰难和压力的注意力。

在美国、苏联、英国、德意志联邦共和国、日本等国的百科全书和辞典中,都还保留有这样的解释:Sport 是游戏、娱乐活动。如美国《韦氏体育词典》(1976 年版)把 Sport 解释为"一种娱乐或竞赛活动,需要一定的体力或技巧,如用球、铁饼或羽毛球等进行运动和计分"。

德意志联邦共和国《体育百科全书》(1973 年版)称 Sport 是"以游戏和提高运动成绩为特点的、为增强身体和精神活动能力服务的人类活动的各种形式的总称。这些活动一般都有自己的规则,可以进行自由比赛并有自己的组织形式"。

但现在各国学者对 Sport 含义的看法并不完全一致,如美国的布切尔认为 Sport 是与表现坚韧、顽强、灵巧的游戏竞赛相关的用语。日本的加藤在其所著的《体育概论》中,认为"竞技运动是一般所说的以乐趣为目的,不求直接教育效果的活动"。日本的前川峰雄则认为"Sport 是指以游戏和比赛这种形式出现的运动来说的"。

由此可知,随着体育运动的实际内容的发展,"Sport"一词的含义已经因用于反映不同的内容而起了变化。

### 三、竞技运动

随着体育实践的发展,Sport 这个词虽然还保留有游戏的因素,但是这些因素已经不是主要的了,而出现了一种强调 Sport 的竞赛、竞技含义的见解。加拿大的盖伊和基里翁认为"Sport 是根据规则进行的、以取胜为目的的竞赛性和娱乐性体力活动"。

国际体育名词协会1974年出版的《体育名词术语》中,把Sport的基本含义规定为"专门的竞赛活动,在这一活动中,个人或集体为了充分发挥形态、机能和心理能力——具体表现为本人或对手的纪录被超过——而紧张地从事各种身体活动"。现代的竞技运动与游戏(play)、娱乐(recreation)、比赛(game)相比,具有以下一些突出的特征:

(1)须充分调动和发挥人的体力和智力方面的能力,甚至是潜在的能力。

(2)运动员只能在专门的国际机构公布的正式规则范围内,充分发挥个人或集体的体力、技术和智力,有效地击败对手。

(3)参加竞技运动的人,往往是肩负着一个组织、团体或国家的委托,由于责任和义务的重大,而加重了精神上的压力和负担。

(4)它不再仅仅是个人娱乐和消除疲劳的活动,而是其活动本身以外的价值占据了更大的意义。在这种情况下,运动员、教练员以及有关的组织管理人员,为了取胜而进行的艰苦的训练和比赛活动,可能给他们的身心带来过度的紧张。

竞技运动的发展演变过程如图1-2所示。

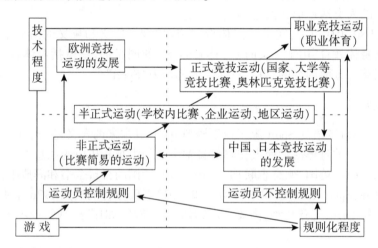

**图1-2　竞技运动的发展演变过程**

由此可见,竞技运动这个词逐渐失去了"sport"本来的含义,已经演变成了一个新的概念。

### 四、体育运动

体育运动的含义与广义的体育相同。关于体育的这几个基本概念是有层次的和互相联系的。体育科学作为一个独立的体系,是近几十年才发展起来的,并且正处于逐步完善的过程中。由于不同的国家体育的发展情况不同,对体育的要求和所采取的措施也不一样,甚至区别很大。所以,在用词上一时也难以求得统一,像"sport"一词可以多用,而一个总概念又可能是多词一用的这种状况,不仅在国际上存在,即便是在一个国家内也存在。

在我国,多数人习惯于把"体育"一词分为广义和狭义两种用法,广义的"体育"与"体育运动"是同义词。但也有人主张总概念应称为"体育运动","体育"仍为狭义体育的专用词;有的人认为广义的"体育"既然与"体育运动"是同义词,则狭义的"体育"就应采用"体育教育"一词为好,以利区别和便于使用;也有人主张总概念就用直译外来语"身体文化",以利国际交往;还有人主张用"体育"和"运动"作为两个不同的科学体系的总名称;等等。

这里需要明确指出的是,目前,不论是"体育""运动""竞技运动",还是"体育运动",一般都翻译为"sport"。"physical education"(简写为"P.E.")指诸如学校中的"体育教育",如各大学中的"体育部",一般翻译为"physical education department";"physical culture"仅指"体育文化"。

### 五、本书中对"体育"的界定

在我国,虽然有关体育的定义有很多,争议也很大,但一般把"体育"这个名词看成是一个综合性的概念,既包含身体教育、竞技运动、身体锻炼,还包括除此之外的各种形态的运动形式,如娱乐体育、休闲体育、医疗体育、军事体育、残疾人体育、极限体育,等等。鉴于此,目前比较一致的看法是,"体育是指人类通过专门设计的身体活动,以增强体质、发展个性、愉悦身心、提高竞技水平、培养健康行为和丰富生活为目的的一种社会文化现象"。

对"体育"做出上述界定,主要是基于这样的考虑:体育是"人类专门设计的身体活动"反映了体育的基本特征,并以此来区别于其他的人类身体活动。在人类的生产劳动和生活实践中,还有许多其他的身体活动,但这些身体活动并不是为了一定的目的而专门设计的。所以,它们不能称为体育。体育,特别是现代体育已经有了一整套为了实现一定目的而专门设计的身体活动方式,而且还有一系列严格的规则要求和动作规范。在所有现代体育项目中,对身体活动的动作方式、动作形式、动作路线都有一套严格的规定和规范要求。这一点在现代高水平竞技体育中表现得近乎苛刻。就是在普通大众的体育活动中,为了娱乐或锻炼身体,也专门设计了不计其数的身体活动方式和动作规范。就连最简单的身体活动——"走",一旦把它作为体育锻炼的方法,其姿势和速度等都有一定的要求。可见,体育并不是一般的身体活动,而是人类为了实现一定目的而专门设计的身体活动,只有这样的身体活动,才能称为"体育"。

我们在界定"体育"时,并没有使用"身体运动"这一概念,而是使用"身体活动"一词。从当代体育实际发展来看,"身体运动"一词已经不能涵盖既有的运动项目了。如棋牌、麻将、电子竞技运动等项目已经不具有其他体育项目的"身体运动"特征了,如果使用"身体运动"一词的话,那么这些项目都将被排除在体育之外,也就是说,它们不属于体育项目了。这显然与既有的事实不符,与大众的需求不符。

另外,在这个定义的表述中,在种差(在逻辑学中,对一个概念下定义,一般有三种方法。一种是"种差+属"的方法,如"体育是指人类通过专门设计的身体活动,以增强体质、愉悦身心、提高竞技水平和丰富生活为目的的一种社会文化现象",其中,作为限定语的"人类通过专门设计的身体活动,以增强体质、愉悦身心、提高竞技水平和丰富生活为目的的一种"就是"种差",而"社会文化现象"就是"属"。另外两种方法是"描述法"和"罗列法"。)"丰富生活"之前,我们没有加限定语"社会"二字。因为,从体育的本质上看,它的目的并不仅仅是丰富"社会生活",而更重要的是在丰富运动者的"个人生活"。对于这一点,我们应该重塑体育的"以人为本"精神,应该反映出体

育的"人本性"本质。

　　另外,需要说明的是,目前中国把体育活动分为三种形态,即群众体育(也叫社会体育、大众体育)、学校体育和竞技体育。这种划分主要是根据我国体育事业的发展需要而确立的。

# 第二节　体育的特点与功能

　　体育是随着人类社会的发展而产生和发展的。原始人类在为生存而同自然界进行的斗争中,发展了走、跑、跳、投、攀、爬、游(泳)等基本运动技能以及其他各种技能。这些原始人类的生产和生活技能与现代人的体育活动,都是身体的活动,其区别在于前者主要用以谋生,后者主要用以锻炼身体。

　　体育是人类共同创造的一种特殊的社会文化活动。它所构建的以公平竞争为道德核心,以和平、进步和团结为目标的价值体系和价值标准,得到了全人类的普遍认同。

　　在当今社会,体育对维护政治稳定、促进经济繁荣、增强人民体质、培养意志品质、丰富文化生活、振奋民族精神、增进对外交往等诸多方面起着越来越重要和不可替代的独特作用,而且,随着经济的发展和社会的进步,体育的社会地位将更加重要,作用将更加显著。

## 一、体育的特点

　　20世纪50年代以来,体育进入了一个新的快速发展阶段。无论是在群众性的身体锻炼活动方面,学校体育方面,还是在以提高运动技术水平为主的竞技运动方面(即我国对体育划分的三种形态:学校体育、大众体育和竞技体育三部分)都有了长足的进步。各国体育工作者和体育科学研究者的探索和努力,极大地促进了体育运动的发展。

　　在物质文明和科学技术飞跃发展的现代社会,体育表现出以下几个主要特点:

　　(一)体育愈来愈成为全社会的需要,成为大众生活中不可或缺的组成部分

　　日新月异的现代科学使人们能够不断地以最少的人力、物力和较短的时间创造巨大的财富。在物质生活越来越丰富的同时,人们对精神文化生活的要求也必然越来越高,包括体育娱乐活动等。世界上工业发达的国家为人们参加体育锻炼创造了优越的物质条件。有的国家在法律上规定,凡建造居民住宅区必须有一定的体育场地和体育设施。企业也增设体育设施,鼓励职工进行体育锻炼。生产和生活中的电气化、自动化程度越来越高,体力活动越来越少,其结果出现了现代社会的"文明病",如心血管系统疾病、肥胖症等。在某些生产部门,由于劳动分工愈来愈细,某些工种的劳动极度紧张,形成身体局部的过度负担和疲劳,出现各种"职业病"。对这类疾病最积极的防治办法就是体育锻炼。在一般情况下,人们的物质生活越丰富,体育的普及程度也就越高。

　　学校体育是体育事业的基础。学校体育使青少年身心健康发展,让他们学习锻炼身体的基本技能和知识,培养他们对体育的浓厚兴趣并养成一生进行体育锻炼的良好习惯。学校体育也是发现、培养和输送竞技人才的基地。世界上许多国家都提高了体

育在整个教育中的地位,如增加体育课时等。在大多数工业发达国家,中小学体育课一般每周为 3 学时,有的达 5 学时。有的国家不仅规定体育为必修课,而且还规定体育不及格不能升学或毕业。日本在 1961 年制定了《振兴体育法》,主要内容是加强学校体育,从增强青少年的体质着手以提高国民的健康水平,实施以来卓有成效。在美国,中学体育是培养奥运会选手和职业选手的初级阶段。德意志民主共和国规定学校体育教师的任务是增强学生的体质和发现运动人才。中国从 1949 年以来,把学校体育当作增强人民体质、提高运动技术水平的战略任务来对待。广大的第三世界国家也重视发展学校体育。

### (二)竞技体育向国际化和高、难、新方向发展

国际体育竞赛吸引着千千万万的群众,它所产生的影响是多方面的,受到了各国的重视。竞技运动越来越具有国际规模。随着竞技项目的不断增加,参加的国家、地区和人数也越来越多,从而促进了运动技术水平的迅速提高,尤其是在技术的高、难、新方面要求更高。

从 1896 年开始的近代奥林匹克运动会,第一届只有 9 个项目,13 个国家和地区的 285 名运动员参加比赛,到 1972 年第 20 届奥运会,增加到 25 个项目,122 个国家和地区的 10 026 名运动员参加比赛。国际奥林匹克委员会的成员,由最初的 12 个,发展到现在的 198 个。1924 年开始的冬季奥运会,第一届只有 16 个国家和地区的运动员参加比赛,到 1972 年的第十一届发展到 35 个国家和地区的运动员参加。除奥运会外,还有各大洲的综合运动会、世界大学生运动会、世界中学生运动会和各个项目的世界锦标赛或世界杯赛,以及名目繁多的大奖赛、邀请赛等。每年举行的国际的、洲际的、地区的运动竞赛有几千次,几乎每天都有令人瞩目的具有国际影响的体育竞赛。

随着科学技术和人类体能的发展以及国际体育竞赛的频繁举行,世界运动技术水平在不断提高。每 1 分、每 1 秒、每 1 千克、每 1 厘米的提高,都包含着众多运动员、教练员的艰苦努力。有不少项目在十几年甚至几十年间,才出现一个新的世界纪录。到 20 世纪 80 年代,许多项目成绩提高到了必须改变计算方法才能计算出新的成绩的程度。田径、游泳、竞技体操和球类等各项运动成绩的不断提高,说明人类的体质、体能都有了很大的发展。国际运动竞赛的争夺也愈来愈激烈,要取得优胜绝不是轻而易举的事。

世界各国一般都注重建造现代化运动竞赛的设施。巴西里约热内卢的马拉卡纳体育场,可容纳 20 万观众,是目前世界上最大的体育场。如今,中国最大的体育场是国家体育场——鸟巢,建筑面积 25.8 万平方米,可容纳 10 万人以上。精彩、紧张的运动竞赛吸引着千千万万的观赏者,像奥运会、世界杯足球赛等重大比赛,通过卫星转播,有几千万电视观众,有的甚至达到十多亿人。观赏体育竞技已成为最广泛的群众文化生活的内容。

对于竞技运动与训练,在国际体育界特别是运动医学界中,存在着一些不同的观点。有人认为运动员要取得世界尖端水平的成绩,进行一般人所难以忍受的高强度的训练,不仅不能增进健康,而且有损人体的健康;同时认为在儿童时代就开始进行高难度的身体、技能训练,也有碍于儿童的健康成长。还有人反对举行像奥运会那样的国际体育比赛。科学的训练问题是一个极为重大的课题,运动竞技发展到现阶段,没有大运动量的训练和"超人"的高难度的训练,要攀登世界运动技术的高峰,是不可能

的。一些项目,出成绩的年龄越来越小,需要从儿童、少年时期就开始进行训练。大运动量、高难度训练和儿童早期训练中出现的一些问题,值得引起重视,必须注意训练的科学性。世界上大量的优秀运动员的实践证明,科学的训练,发挥人体的潜在能力,并不影响人体的健康发展。竞技运动从某种意义上来讲,是发掘人体的潜在能力的方法。

（三）体育科学研究不断深入,多学科、多领域的综合研究增多

把体育作为一门科学来研究,是 20 世纪初期开始的。探讨它的科学体系,是近些年来的事。体育科学有着广泛的研究范围,它不仅研究人体的生长、发育和发展,研究发掘人的潜在能力,还研究它所涉及的广泛的社会问题。体育科学涉及哲学、史学、经济学、社会学、教育学等社会科学,也涉及医学、心理学、生物化学、生物力学等自然科学。在与各有关学科的结合和应用的基础上,产生了体育科学这一新兴的学科。

体育科学的研究成果,推动体育锻炼实践的发展。近年来,国际运动医学界在研究通过体育锻炼防治人类生命的两大威胁——心血管疾病和恶性肿瘤方面取得了可喜的进展。在中国,气功疗法和其他古老的体育疗法对防治某些慢性疾病,包括肿瘤的防治,也有一定的效果。

美国军医 K.库珀创办了一个研究所,提出一种 12 分钟跑的测验方法,测定不同人的适宜的运动量。这种方法称为"有氧锻炼",最初用来训练美国空军人员和宇航员,后来也运用于一般中老年人的跑步活动和运动员的训练。近年来,新生婴儿的游泳已在逐渐开展,科学证明了它对幼儿发育的益处。残疾者的体育锻炼活动,不仅有益于身体健康,也有利于他们心理的康复。

体育科学研究的重点及其重要成果,主要还在竞技运动方面。各国往往以奥运会的周期来制定体育科研计划。选材、多年系统训练、高水平训练以及参加竞赛的全部过程,都与科学研究密切结合。世界上优秀运动员能创造出高水平的成绩,总是同教练员、医生、心理学研究人员共同配合工作的结果。美国、俄罗斯等目前在竞技运动上占优势的国家,都设有国家队的训练基地,这种基地往往也是体育科研中心。法国等国设立运动技术学院以培养优秀选手,利用现代科学的成果以获取最佳的成绩。德国体育科学研究所的研究重点是训练学和运动学。中国体育科学研究所是多学科性的科研机构,当前着重研究提高运动技术水平的问题和体育科学中的基础理论,同时研究群众体育中某些方面的课题,在运动训练、运动医学、运动生理等方面已经取得了积极的成果。

在应用现代科学的成果上,最突出的是在电子计算技术、激光、光学、电子学、无线电遥控和空间技术等方面。教练员可以利用电子计算机制定科学的训练计划,包括每天最佳的训练量和训练强度。电子计算机还可以根据某一运动员的各种数据预测出他在未来某一比赛中可能达到的成绩。1972 年慕尼黑奥运会,第一次使用激光测量出投掷标枪的距离,这种方法现在已用于跳远、三级跳远等项目。录像机、高速摄影机已用来分析运动员的技术动作。心率、心电、肌电的遥测,对于了解运动员在训练过程中的生理变化以及掌握适当的运动量有十分重要的作用。空间技术在体育上的应用,给全世界的体育爱好者带来了福音,世界各地举行的体育比赛,都能通过通信卫星转播到全世界。1976 年蒙特利尔奥运会曾利用人造地球卫星、电脉冲、激光束等科学成果,通过宇宙空间,仅用半秒钟的时间,就把在希腊雅典奥林匹亚点燃的"圣火"送到

了万里之外的蒙特利尔。在场地器材方面,如塑胶全天候跑道、人工草皮、玻璃钢杆、皮质游泳衣等的应用,对运动技术水平的提高,都有明显的促进作用。

体育科学毕竟是一门新兴的科学,还很不完善,远不能适应体育实践的要求。显然,现代体育的发展,亟待建立完备的体育科学体系。

**二、体育的功能**

"体育是社会发展与人类文明进步的一个标志,体育事业发展水平是一个国家综合国力和社会文明程度的重要体现。在现代化建设的进程中,体育伴随着经济、社会的发展而发展。"体育能在人类社会长久地存在和发展,得到不同民族和国家人们的喜爱和广泛的认同,而且发展的活力越来越大,影响和作用也越来越大,这充分说明体育对人类社会有着重要的作用,体育的功能实际上就是指体育能够给人类带来的有利的作用。

而且,经济越发展,社会越进步,人们强身健体的意识就越强烈,体育的地位就越重要,作用就越显著。体育的功能和作用随着社会发展和体育本身的发展也会不断地变化和发展。正确认识体育的功能和作用,有助于了解体育在人类社会中的作用和发挥体育的不同功能,使体育更好地为人类社会进步和发展服务。一般地,体育的功能可分为本质功能和非本质功能两大类。见图1-3。

**图1-3　体育的功能结构图**

(一)体育的本质功能

体育的本质功能和作用是指体育所独有的本质功能和基本作用,是区别于其他社会现象和事物对人和人类社会所产生的功能和作用的根本点,并且具有独特性和其他事物不可替代的基本特征。

1. 增强体质、增进健康、强国强种

增强体质、增进健康、强国强种是体育的本质功能,也是体育能在人类社会中长盛不衰和持续不断存在的原因。通过体育手段来实现增强人的体质的目的,促进人自由、全面地发展。这正是体育的独特之处,也是体育区别于其他社会活动和事物对人和社会作用的根本点,并且具有不可替代的基本特征。人的身体素质是思想道德素质和科学文化素质的物质基础,也是一个民族和国家强盛的基础。

毛泽东同志在《体育之研究》一文中指出:"体育一道,配德育与智育,而德智皆寄于体,无体是无德智也。"还指出,"体者,载知识之车而寓道德之舍也。"体育最基本的作用和本质功能恰恰是作用于一个人、一个民族的身体素质,对人民的健康和身体素质的提高以及民族的强盛具有独特作用。没有全民健康就没有全面小康。国民的

健康是实现中华民族伟大复兴的关键所在,尤其是青少年的身体健康,是每个人健康成长和幸福生活的根基。《"健康中国 2030"规划纲要》明确提出,要"加大学校健康教育力度。将健康教育纳入国民教育体系,把健康教育作为所有教育阶段素质教育的重要内容。大力培养健康教育师资,将健康教育纳入体育教师职前教育和职后培训内容"。通过体育达到增强体质、增进健康、强国强种的目的,已经成为人类社会一种普遍的做法。这也是当今世界各国普遍重视体育运动的根本原因。

**2. 体育对提高劳动生产率具有保障作用**

研究表明,体育娱乐活动参与率的增长,有利于工业生产效率的提高。在原有的设备、技术条件不变的情况下,如果某个行业具备了更健康、更轻松的工作环境,这个行业的生产率无疑会得到提高,而生产率直接关系到一个国家的经济运行和发展水平。

1987 年,英国参与体育与休闲活动的入户调查表明,体育参与者的旷工率低于不参与者的 33%~51%。1990 年,美国 Dupont 公司一项健康与健身促进方案的研究表明,实施该方案的企业工人病假率低于没有实施该方案企业工人的 14%。加拿大政府发表的《疾病的经济负担》报告指出,1993 年加拿大由于疾病造成的经济损失总额为 440 亿美元,占保健费用的 62.85%(医疗保健费用总额为 700 亿美元),而由于长期和短期的疾病使生产力水平下降造成的经济损失为 1 290 亿美元,占国内生产总值的 21%。1994 年加拿大著名体育专家奥帕茨指出:"事实证明,身体健康的群体比身体不够健康的群体较少受伤,工作的效率更高,即使是受伤,也能够更快地回到工作岗位。"

1996 年澳大利亚统计局的调查表明,1995 年 8 月,18.5%的雇员在过去的两个星期内,至少旷工 3 个小时以上,50%以上的雇员是由于"患病和身体不适"而旷工,53%的雇员属于继续请病假。加拿大 1988 年开展的"幸福调查"以及 CRLRI 调查均得出相同的结论。1998 年 2 月,澳大利亚体育联合会发表的《体育的经济影响》报告采用了"国家综合平衡账户"的方法,对体育活动对澳大利亚经济的影响进行了测算。报告指出,目前澳大利亚只有 30%的从业人员积极参加体育与休闲活动,其余 70%不参加或不经常参加体育活动。如果其余 70%的从业人员能够经常参加体育活动的话,将使他们的劳动生产率提高 4%,使澳大利亚的生产力水平提高 2.8%。

可见,提高体育活动的参与率,可以使旷工率降低,劳动力旷工率的降低将减少国家由于病假而造成的损失,结果使劳动生产率得到提高。

**3. 培养人们勇敢顽强、克服困难、超越自我的意志品质**

人们在进行体育运动时,特别是在运动训练过程中,要克服许多由体育运动产生的特有的身体困难,体验到很多在正常条件下不可能获得的身体感受。这也是人们在从事其他活动过程中很难体会得到的身体感受。它对一个人的内在意志品质具有特殊的培养和陶冶作用。强筋骨、强意志、调感情是体育的特殊功效,可以起到"文明其精神,野蛮其体魄"的作用。体育的这些功能对青少年的意志品质的培养作用尤为重要。

**4. 对倡导健康文明的社会风气和减少社会不良现象的积极作用**

在我国,体育是德、智、体全面发展的一个重要方面,是振奋民族精神,移风易俗,向人民进行先进文化教育的一个重要手段。体育事业的发展规模和发展水平是衡量社会主义精神文明发达程度的一个标志,它对促进精神文明建设、对社会思想和伦理道德的发展方向及发展水平具有一定的积极作用。体育竞赛能有效地培养人们的竞争意识和团结协作精神，没有强烈的取胜欲望和良好的团结协作精神，在体育竞赛中不可能取得胜利。人类现实社会充满着激烈的竞争，需要团结和协作精神。体育竞赛，特别是在集体项目的竞赛过程中，要想取得胜利，既要有力争胜利的顽强竞争意识，又要懂得与同伴和队友的团结协作，才可能达到目的。而体育的这种"模拟社会"的功能，是体育运动所独有的。中国运动员在国际比赛中不仅创造了优异成绩，而且表现出良好的精神面貌和新的体育运动道德风尚，已在世界上得到好评。

因此，无论是在对学生进行体育教学，还是在开展群众性体育活动以及在培训运动员中都可以培养爱国主义、集体主义精神，培养勇敢、顽强、坚毅的意志品质和优良的道德作风。

据调查，90%的青少年犯罪者都是在闲暇无事、百般无聊的情况下从事犯罪活动的。我们通过积极的体育活动和比赛，可以大大减少青少年犯罪、社会危害和暴力行为。体育把许多年轻人引向运动和竞赛，人们对共同参与体育竞赛而非互相打架的休闲方式给予了极大肯定。在对青年人的再教育中，体育运动应当成为重要手段，以告诫他们冲突的解决方式是统一的规则而非枪杆。体育追求的是一种健康、文明、科学的现代生活方式，它能帮助市民排遣精神压力、散发心中郁闷、打发闲暇时间，为青少年发泄多余精力提供一个安全释放口，为减少青少年犯罪率做贡献。

另外，它还可以回应和冲击低级、愚昧、腐朽的不良休闲娱乐方式，抵制和减少赌博、吸毒、暴力、偷窃、色情等精神污染和不良行为的发生，倡导城市健康文明的社会风气，维护城市社会安定团结，促进精神文明的健康发展。

中国已经进入了社会主义建设的一个新的发展时期，在这个时期中，体育必将发挥出比过去更重要的作用。

5. 丰富个人和社会生活，提高人们的生活质量

人们通过参加和欣赏体育运动不仅能增强体质还能够愉悦身心，丰富文化生活。世界上还没有其他任何一种活动能像体育竞赛那样有规律地举行，特别是以奥运会为最高层次的国际体育竞赛已经成为现代人们关注的焦点和欣赏的热点。各种不同形式和类型的体育竞赛，以它独有的形式和方式为人类社会生产出丰富多彩的文化精神食粮，提高人类的生存和生活质量。群众体育的趣味性和娱乐性在于体育能给他们带来特殊的享受。它改变和改善着当今人们的生存和生活方式。

6. 为社会提供和构建公平、公开、公正的价值体系和价值标准

公平是人类社会所共同追求的一种理想社会状态。竞赛是体育最鲜明的特点，通过竞赛，优胜劣汰，决出名次，可以激发荣誉感，鼓舞上进心。这是其他任何形式的社会活动和手段所不能代替的。

在一定意义上说，没有竞赛，就没有体育运动。体育竞赛就是在公平的规则下，在公开场合中，通过最大限度地发挥个人和集体的体力和智力，优胜者得到奖励和人们的尊重。体育运动向人们和社会所展示的以公平、公开、公正为核心的价值体系和价值标准得到了不同民族和国家的普遍尊重和推崇。"阳光下的公平竞争"正是现代人类社会所需要重新构建的价值体系和价值标准的道德核心。

需要指出的是，这里我们所说的也是体育在教育中的作用和功能。现代体育已经成为学校教育的重要组成部分，它在培养人们健康、合理的生活方式，集体主义精神，

爱国主义精神,吃苦耐劳、顽强拼搏精神等方面有着重要作用。

7. 体育的娱乐功能

体育运动能得到广大社会成员的喜爱,一个重要原因是体育与文化、艺术等活动一样具有较强的娱乐功能。人们在体育运动的过程中能体验到乐趣和快感,因而它也成为人们娱乐的一种形式。

（二）体育的非本质功能

现代体育的非本质功能是指人们为了达到某一目标或目的,人为地运用各种体育方式或手段,使体育的本质功能起到某一类别特征的作用,它是体育潜能的释放。它是动态的,随着社会的发展而不断推陈出新的。目前主要分为以下几种:

1. 体育的政治功能

其首先体现在为国争光、提高民族威望和国际地位上,大型的国际比赛,直接影响到国家的荣辱。世界上许多国家历来都把国际体育比赛视为显示本国制度,表现本民族意识的重要舞台。人们往往把体育竞赛看作是人类社会在和平氛围下进行的"礼仪化"战争。它对维护世界和平,促进各国人民之间的了解和国际正常关系准则的确立,以及在人类社会的自我调节的机制中都发挥着独特的作用。由于体育的超越语言障碍和非国界特征,奥林匹克运动会成为世界和平运动的重要部分。在国际政治舞台上,其不可避免地成为一种外交的工具。多年来我国政府坚持要求中华人民共和国作为中国人民唯一合法代表参加国际奥林匹克运动会,为维护国家主权,反对分裂进行了不懈的斗争;中国乒乓球队打开了中美建交的大门,在世界体育史上传为佳话等,都是体育政治功能的表现。体育对增强民族凝聚力,促进国内政治一体化亦发挥有效的作用。1990 年我国在举办第十一届亚洲运动会时,开展的火炬传递活动,就是一个典型的范例。

2. 体育的经济功能

体育看似不能产生直接的经济效益,但它可以提高生产效率,促进社会生产力的发展。当今企业里多数有见地的厂长、经理都把开展职工的体育锻炼、增进职工的健康、提高出勤率视为提高企业职工素质的一个重要环节。中国清华大学提出的"8-1大于 8"这一富有哲理性的公式正说明了这一点。体育的经济功能还体现在它的传媒作用上。在人们的商品意识日趋增强的今天,出现了各种冠以"杯赛"称号的体育竞赛活动,往往前台是体育的激烈竞争,后台则是商家的广告大战。随着人们对体育需求的不断增长,体育产业在规模和范围上都在迅猛扩大,除体育的器材装具外,还包括体育旅游、体育建筑及其他体育业态。尤其是洲际以上的大型体育比赛,不仅给一个国家或地区的娱乐、饮食、交通、旅游、酒店业和运动器材装具行业带来极大的经济效益,而且给该国家或地区的电视、广播、纪念品、体育彩票发行、商品专利以及高额门票收入等带来非常可观的经济效益。此外,大型体育竞赛还能够给人们创造为数可观的就业机会。1984 年在美国举行的第二十三届奥运会期间,经美国经济研究会对加利福尼亚地区进行研究考察,在有形直接可以量化的范围内,其全部效益达 32.9 亿美元。1990 年在我国北京成功地举行了第十一届亚运会,不仅在政治上提高了我国的国际影响和威望,而且对推动首都的建设,振兴社会主义经济,促进诸如建筑、生物检测等行业的科学发展,乃至对整个亚太地区经济的振兴,都是一个难得的契机。这些都表明了体育的经济影响力不论直接还是间接的,都是巨大的。

3. 体育的文化功能

体育活动作为一种社会文化现象,本身就蕴含着丰富的文化内涵。体育文化有着历史的渊源,古代人们举行的各种祭祀礼仪活动往往以体育的形式(如古代奥运会的产生)来表达人们的思想、精神和观念。体育的文化特征体现在鲜明的象征性、浓郁的艺术性及丰富的内涵性上。例如奥运会的五环标志,象征着五大洲的团结,圣火象征着文明之光,表示着生命、热情和朝气。各届的会徽及吉祥物也都有着丰富的寓意和象征性意义。人们在举行一些大型活动的开闭幕式以及各类文化活动时,体育表演往往不可或缺,可见体育活动不仅是人的生物体运动,也是人的精神、智力和艺术的展现。丰富的体育人体文化,在对人体解剖结构、生理机能进行积极的生物学改造的同时,还给人类劳动自身以极大的美学启迪和熏陶。宏伟壮观的体育建筑、精彩多样的体育器材设施、绚丽多彩的运动装具,既是人类劳动的产物,也是人类物质文化的结晶。体育运动作为一种文化形态,在作用于人的生物体的同时,无疑还作用于人的精神、思想和意识。体育运动中顽强拼搏、勇于进取的精神,公平竞争的精神,团结友谊的精神,爱国主义和国际主义的精神,都是体育文化在人类精神领域里的高度体现。

4. 体育的科技功能

科技是第一生产力。体育运动的发展正是得益于人类社会科学的进步,从而逐渐形成一个庞大的体育科学体系,它包括了人体生命科学的许多成分,体育科技的发展、运动水平的提高,正是有了人体解剖、运动医学、运动保健学、运动生物力学、运动生物化学等自然科学的成果才得以实现;体育的行为和精神得到社会的认同,正是有了体育社会学、体育管理学、体育经济学、体育统计学、运动心理学、体育史学和体育行为学等社会科学的论证,才得以弘扬光大。体育得益于科学技术,又反过来为科学技术的发展提供了更加广阔的实验场和市场。各种新生材料以及电子技术在体育领域里的应用,使体育的器材设施更加科学先进,使竞技体育一次次地打破了"极限"的预言。当前体育界又把注意力转向信息科学、生物遗传工程、分子生物学、激光技术、生物物理等高新技术的发展上,期待着它们能促进人类体育的发展。有人把奥运会比作一个国家综合国力的体现,而它更像是一个现代科技的实验场和各国科技实力的大展窗。

# 第三节 体育的历史与发展

随着人类文明的产生和发展,体育亦随之出现,从世界各文明古国——埃及、巴比伦、印度、中国和希腊、罗马等,都可找到体育的源头,看到它的最初状态,近代体育便是从那里发展而来的。本节我们主要以介绍中国体育活动的发展历程,来展示体育活动随着人类社会的进步而不断完善和进步的轨迹。

**一、过去**

(一)近代体育活动的发展与奥林匹克运动会的恢复

1. 近代体育的发展与传播

近代体育是伴随着资本主义的发生、发展而逐渐萌芽与兴起的。资本主义生产关系首先在欧洲出现和确立,因此近代体育的发源地主要在欧洲,其传播路径见图1-4。

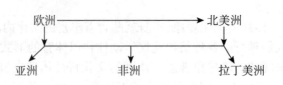

**图 1-4　近代体育的传播路径**

18 世纪前后,英国和法国相继发生资产阶级革命,欧洲许多国家出现争取自由和独立的斗争。这一时期,新兴资产阶级的代表人物在反对封建文化教育的过程中,继承和发扬了文艺复兴时期的人文主义的传统,进一步发展了近代教育,重视体育在教育中的作用。自然主义的教育家还进行了近代教育、体育的试验,学校体育的体系开始确立。这一切为近代体育的普遍实施创造了条件。

2. 奥林匹克运动会的恢复

文艺复兴时期,人文主义者对古代希腊和罗马的研究,曾唤起人们对古代奥运会的憧憬,而近代体育的兴起则进一步促使希腊人首先产生恢复奥运会的念头和行动。1859—1889 年,希腊曾经举行过四届奥运会。在此期间,德国一批建筑家和考古学家对古代奥林匹亚遗址进行了为时多年的发掘,使人们对古代奥运会有了更多的了解。19 世纪 80 年代,恢复奥运会已成为人们的共同愿望。因此,1888 年当法国教育家皮埃尔德·顾拜旦(1863—1937 年)提议恢复奥运会之后,立即得到一些国家的响应。1894 年 6 月,在顾拜旦的主持下,各国于巴黎召开了一次国际体育会议,与会的 12 国代表一致同意在国际范围恢复每四年一届的奥运会。在这次会议上,成立了"国际奥林匹克委员会"。会议决定于 1896 年举行第一届国际奥运会,并委托希腊筹办。这届运动会在雅典举行,从而揭开了近代奥运会史的新篇章。奥运会的恢复,对于促进近代体育运动的国际化、规范化和各国人民的友好往来,起了巨大的作用。

> 知识窗:
> 　奥林匹克主义是增强意志和精神并使之全面均衡发展的一种生活哲学。
> 　奥林匹克主义的宗旨是使体育运动为人的和谐发展服务。
> 　奥林匹克精神就是相互了解、友谊、团结和公平竞争的精神。
> 　奥林匹克运动的宗旨是通过开展没有任何形式的歧视并按照奥林匹克精神——以互相理解、友谊、团结和公平比赛精神的体育活动来教育青年,从而为建立一个和平而更美好的世界做出贡献。
> 　奥林匹克格言"更快、更高、更强"(Citius,Altius,Fortius)
> 　　——《奥林匹克宪章》(国际奥委会,1999 年 12 月在瑞士洛桑由国际奥委会第 110 次全会通过的,1999 年 12 月 12 日开始生效。)

(二)中国近代体育活动的发展

1840 年鸦片战争以后,中国由一个闭关自守的封建社会逐步沦为半殖民地半封建的社会。随着西方文化的输入,中国在体育运动方面发生了前所未有的变化。一方面,欧美国家的体育制度、方法及运动项目随着西方的学校教育渐渐传入中国,且经数十年的发展而成为中国体育运动的主流;另一方面,以中国武术为中心的传统体育活动虽仍在民间的广大地区流行,甚至在农民革命和起义中曾发挥重要作用,但从总体来看,已退居次要地位。外国近代体育在中国的兴起与发展构成了中国近代体育的基本内容。中国不同社会时期体育的发展形态见表1-1。

表1-1 中国不同社会时期体育的发展形态

| | | | |
|---|---|---|---|
| 原始社会 | 原始人群时期 | 约170万年前 | 打制石器、爬树 |
| | 氏族公社时期 | 约10万—4千年前 | 石球、弓箭、走、跑、跳跃、投掷、攀登、爬越、游泳、搏斗 |
| 奴隶社会 | 夏 | 约公元前21—16世纪 | 武勇、舞蹈、游猎、养生 |
| | 商 | 约公元前16—11世纪 | 青铜武器、战车、骑、骑射、舞蹈、游猎、养生 |
| | 西周 | 约公元前11世纪—前771年 | 射箭、舞蹈、田猎、跑跳、舟楫、游泳、养生、御、角力、武艺 |
| | 春秋 | 公元前770—前476 | 射、弩、御、拳勇、角力、兵器武艺、奔跑、跳跃、举鼎、拓关、操舟、游水、弄丸、投壶、舞蹈以及棋类、阴阳五行说 |
| 封建社会 | 战国 | 公元前475—前221年 | 剑术、射御、骑射、弩射、举鼎、投石、超距、导引、田猎、赛马、蹴鞠、竞渡、牵钩、飞鸢、秋千和棋类等 |
| | 秦 | 公元前221—前207年 | 角抵、俳优、骑射、弩 |
| | 汉 | 公元前206—公元220年 | 兵器武艺、剑术、蹴鞠、导引、百戏、武艺、秋千、水嬉、投壶、观灯、舞龙、耍狮、高跷、登高、郊游、骑竹马等 |
| | 三国 | 公元220—280年 | 斗鸡、打猎、蹴鞠、击鞠（马球）、兵器武艺、剑术等 |
| | 两晋 | 公元265—420年 | 投壶、棋类、歌舞、百戏、杂技、易筋 |
| | 南北朝 | 公元420—589年 | 武艺、剑术、射箭 |
| | 隋 | 公元581—618年 | 角抵、毁技、乐舞 |
| | 唐 | 公元618—907年 | 马球、蹴鞠、十五柱球、打（马球）、女子马球、女子蹴鞠、杂技、舞蹈、步打（曲棍球）、木射、踏球、抛球、养生、导引、武艺、硬气功、角抵、拔河、秋千、竞渡、滑雪、滑冰、射鸭、棋类等 |
| | 五代 | 公元907—960年 | 角抵 |
| | 宋 | 公元960—1279年 | 蹴鞠、女子蹴鞠、马球、步击、武艺、击角、捶球、板球、水球、导引、相扑等 |
| | 元 | 公元1271—1368年 | 蹴鞠、武艺、马球、杂技、赛跑 |
| | 明 | 公元1368—1644年 | 武艺、球类运动、导引、蹴鞠、马球、捶丸、竿球、掌旋球、五禽戏、摔跤、赛跑、冰床、杂技、围棋 |
| | 清（鸦片战争以前） | 公元1644—1840年 | 武艺、球类运动、导引、蹴鞠、马球、捶丸、竿球、掌旋球、易筋经、摔跤、狩猎、相扑、赛马、杂技、围棋 |

表1-1（续）

| 半殖民地半封建社会 | 清末（鸦片战争以后） | 公元1840—1911年 | 武艺、体操 |
|---|---|---|---|
| | 中华民国 | 公元1912—1949年 | 田径、体操、球类运动、武术、静坐、游泳、 |

第二次鸦片战争（1856—1860年）以后，清朝统治集团中产生了"洋务派"，在洋务运动中，近代体育的某些内容被作为军事训练的手段而首先引进中国。从1862年起，清朝政府开始对部分军队实行西式编练。如曾国藩湘军中的水师、李鸿章的淮军和清廷的禁卫军等先后聘请外国人担任教练，兵佣改习"洋枪""洋炮""洋操"。当时的兵操，主要来自英、美等国，内容包括列队、刺杀、战阵与战术等。洋务派的武装力量在1894年的中日战争中损失殆尽。因此，战后清廷又重新组织新军，并改聘德国人为教练。如张之洞的"自强军"及袁世凯的"新建陆军"等，都先后以德国军官为教习。这些德国人除了把本国的军事理论和技能介绍到中国外，也把德国体操的许多内容直接传播到中国。洋务派从19世纪70年代起陆续开办了一些以军事学堂为主的新式学堂（如福建船政学堂等）。这些近代第一批"新学堂"，也都聘请外国人担任教师或军事教练，其中尤以德、日教师居多。这些学堂从军事训练目的出发，开始设置体育课。当时北洋水师学堂体育活动的内容有击剑、刺棍、木棒、拳击、羹匙托物竞走、跳远、跳高、跳栏、足球、爬桅、游泳、滑冰、平台、木马、单杠、双杠及爬山等。上述项目，一些属于德国体操内容，一些是日本式的赛跑游戏，这与当时所聘用的多为德、日教师是分不开的。

19世纪70年代后，一些先进的中国人为了"救亡图存"，纷纷向西方国家寻求真理，由此逐步形成一种改良主义思潮。在改良派所提倡的新学中，包括了近代体育的思想内容。康有为（1858—1927年）在其所著的《大同书》"小学院"一章中说："以人方幼童，尤重养身，少年身体强健则长大亦强健，少年脑气舒展则长大益舒展……体操场、游戏场无不广大适宜，秋千、跳木、沿竿无不具备……"康有为还在长兴里自办学堂，并规定"枪"（兵操）、"体操"及"游历"为教学内容。近代中国资产阶级的启蒙思想家严复（1853—1921年）根据进化论原理，阐明了运动强身的道理，他在《原强》（修订稿）中写道，身体"逸则弱，劳则强""劳心劳力之事，均非体气强健者不为功"。资产阶级改良派是中国最早接受近代教育与体育思想的人物。他们宣传近代体育的一个重要成果，是在社会上一定范围内形成了"耻文弱"的风气。

1898年戊戌变法失败以后，清政府为缓和阶级矛盾，以维护其封建专制统治，于1901年开始宣布实行"新政"。此后数年内对文化、教育、军事等进行了一些改革。在教育方面，1903年颁布《奏定学堂章程》。该章程不仅规定了中国第一个在全国范围内付诸实施的学制（通常称为"癸卯学制"，它是仿效日本学制而制定出来的），而且也规定了各级各类学校均应开设"体操科"（体育课），并要求从小学到高等学堂，师范及职业学堂每周"体操科"时间为2或3小时。《奏定学堂章程》还强调，高等小学以上的学校体操科"宜以兵式体操"为主。1906年的《学部奏请宣示教育宗旨折》中更明确提出，"凡中小学堂各种教科书，必寓军国民主义""体操一科，幼稚者以游戏体操发育其身体，稍长则以兵式体操严整其纪律"。足见"军国民主义"教育思想对当时学校教育和体育的影响是很大的。由于"军国民主义"影响，清末至民初，各级学校的"体操科"内容，除一些徒手体操和轻器械体操外，多半是"立正""稍息""托枪""开步走"之类的兵式体操。因此人们把上体育课叫作"下操"。这种"体操科"呆板枯燥，锻炼身体的价值很小，不能适应青少年身心发育的特点，因而曾遭到社会舆论的谴责。

鸦片战争以后，一些帝国主义国家纷纷派遣传教士到中国建立教会。教会的活动，由宗教事业而推广到"慈善"事业和文化教育事业。19世纪后半叶和20世纪初，美、英等国各教派在中国开办的教会学校，一般无正式的体育课，只在课外开展田径、球类等活动，并组织运动代表队和运动竞赛。中国比较正规的田径、球类等运动及其竞赛活动，首先是由教会学校和基督教青年会开展起来的。这些运动的初期开展都受到外国人的控制，并服务于他们的目的。1890年前后，上海圣约翰书院开展了田径运动，并举办以田径为主的运动会。这是中国最早的近代运动会。1900年以后，一些教会学校较早地组织了以田径、球类为主的校际运动会。有的教会学校还与外国驻军进行球类比赛。

基督教青年会本是英、美等国对青年进行宗教宣传的组织。19世纪末叶以后，这个组织由北美向世界各地发展。从1885年起，在外国传教士的活动下，中国一些学校及学校之间开始组织青年会。至20世纪初期，该组织已遍布中国许多大、中城市。青年会在它的活动中，比较注重青年的兴趣、爱好及特点。在体育方面，青年会在传播近代体育方面发挥了积极作用。1896年前后，有美国人在天津介绍了筐球（篮球）运动。1904—1908年，天津青年会干事C.H.罗伯逊曾到京、津各校讲演，以"西洋体育"激发青年学生的兴趣。

从1911年的辛亥革命至中华人民共和国成立，中国先后经历了北洋军阀政府与国民党政府近四十年的统治。在此期间，开展体育运动受到种种限制与束缚。但是，时代在前进，体育运动仍然取得了一些进展，并在各个时期显示出不同的特点。20世纪20年代是旧式体操体系（包括德国式体操、瑞典式体操、日本式普通体操及兵式体操等）在中国由盛而衰，英美竞赛性运动、游戏在中国逐渐发展的时期。这一时期也是田径、球类等运动进一步开展，学校体育得以更新的时期。20世纪30年代是体育运动相对高涨，体育体系的形成时期，20世纪40年代是体育运动的低潮时期。

1910年以后，随着竞赛性运动的盛行，各种体育团体相继出现，其中影响最大的是精武体育会和中华全国体育协进会。精武体育会是一个庞大的群众性体育团体，它的前身是上海精武体操学校。精武体育会以研究武术，提倡近代体育为宗旨，除推广武术外，还开展篮球、足球、乒乓球等各种近代运动项目。1911年秋成立女子部。1920年后，又向华南及南洋一带发展，在印度尼西亚、新加坡、吉隆坡、槟榔屿等华侨聚居区相继设立分会。至1928年，共成立总分会42个，会员约40万人。

中华全国体育协进会是中国第一个全国性的体育组织。其第一任（1924年8月—1933年9月）名誉会长是王正廷、张伯苓，名誉主任干事是沈嗣良。该组织先后于南京、上海、重庆等地设办事机构。中华全国体育协进会为自己规定的主要会务是：进行国际有关体育问题的通信交往，引进及审编各种业余运动规则；主办分区足球赛和轮值在中国举行的远东运动会，选拔出席远东运动会、奥运会及戴维斯杯网球赛的选手，审订每年全国田径及游泳运动最高纪录；出版《体育季刊》杂志，协助各地组织进行活动并解答有关各地关于运动裁判及疑难问题。此外，还参与筹办了旧中国第

四、五、六、七届全国运动会。中华全国体育协进会从 1927 年起,代表中国陆续参加了田径、游泳、体操、网球、举重、拳击等单项运动的国际协会。

1922 年,中国开始同国际奥林匹克委员会发生关系。这一年,中国体育界人士、远东运动会的赞助者王正廷以个人身份被选为国际奥委会委员。1928 年第九届奥运会在荷兰阿姆斯特丹举行时,中华全国体育协进会派宋如海出席参观开幕式。1932 年 8 月,第十届奥运会在美国洛杉矶举行,国民党政府原不打算派代表出席,后因日本帝国主义者声称要派两名中国选手代表伪"满洲国"参加这届奥运会,引起中国人民的极大愤慨,在此压力下,全国体育协进会才募资派遣田径选手刘长春和教练员宋君复前往洛杉矶参加比赛。1936 年 8 月,第十一届奥运会在德国柏林举行,中国派了 140 人的代表团出席。比赛结果,除符保卢的撑竿跳高以 3.80 米的成绩取得决赛权外,其余各项均在初赛中被淘汰。

1927 年以后,中国共产党领导了一系列武装起义,先后在全国建立了许多革命根据地。在这些革命根据地里,中国共产党在进行经济、政治、文化建设的同时,也注意开展体育运动。革命根据地的体育运动,有力地配合了各个时期的革命斗争,特别是军事斗争,为中华人民共和国成立后开展社会主义体育积累了经验,准备了干部。其中最具代表性的是赣南闽西根据地,即通常所称中央苏区,这里的体育运动最为活跃。在中央苏区,无论工厂、机关、学校、连队,都普遍建立了"列宁俱乐部"(亦称"列宁室"),这种组织在工会和青年团的具体领导下负责筹办、组织各单位的文化体育活动。当时,各级党政领导干部注意带头参加体育锻炼。如毛泽东曾坚持冷水浴、做体操、跑步、爬山、打篮球、踢足球。毛泽东还和徐特立等领导人修建了瑞金沙洲坝的大运动场。朱德、邓发、张爱萍、杨勇等经常打篮球、排球,任弼时当时是苏区中央局篮球队的中锋,邓小平、聂荣臻经常跑步,红军女子大学校长康克清曾带领学员在双清桥下游泳。

除中央苏区外,其他革命根据地也开展了不同规模的体育运动。如在方志敏领导下创建的赣东北苏区,于 1931 年曾在列宁公园附近修建游泳池,平整大操场。这里常开展田径、球类、游泳、军事体育以及秋千、举石担、爬山、武术等民间体育活动。每逢春、秋两季还召开"赤色运动会"。

抗日战争爆发后,随着大批进步青年学生从全国各地涌入延安和许多干部学校在延安建立,延安体坛出现了新的局面。1937 年秋,中共中央青年工作委员会延安工作科下设青年俱乐部,开始筹办延安全市性的体育比赛,并组织群众在延安北门外的大砭沟修建青年运动场。1939—1942 年,延安的体育运动形成高潮。为加强对群众性体育运动的领导,1940 年 5 月 4 日成立了根据地著名的体育组织——延安体育会,由李富春任名誉会长。体育会在延安曾提倡每天"10 分钟运动",组织示范表演和体育照片展览,利用节假日组织全市性运动会和各种比赛。1941 年春,在中共中央青年工作委员会军体部领导下,在延安青年干部学校办了一个体育训练班。同年 9 月,陕北公学、中国女子大学和青干校合并为延安大学,体育训练班就扩大为延安大学体育系。1942 年 1 月 25 日,延安还成立了一个体育学术机构——"延安新体育学会",朱德被选为名誉会长。会上决议要求就体育、卫生等问题进行研究,并倡议在延安举行一次大规模的运动会(即同年召开的"九一"扩大运动会)。

抗日战争胜利后,八路军、新四军发展为中国人民解放军。在 1946—1949 年的解放战争时期,各解放区和人民解放军各野战部队、地方部队,在战争频繁的空隙,仍然结合练兵开展了各种体育运动。

(三)中华人民共和国成立后的体育活动

中华人民共和国的成立,为中国人民参加体育运动开辟了广阔的天地,体育事业的性质起了根本的变化。在中国共产党和人民政府的领导下,把为剥削阶级服务的半封建半殖民地的旧体育,改造成为人民服务的社会主义新体育。中国社会主义体育事业的主要任务是,开展群众性的体育运动,增强人民体质,提高全民族的健康水平,培训优秀运动员,提高运动技术水平,攀登世界体育高峰,丰富人民文化生活,建设社会主义精神文明。中国现代体育事业,是为造就德、智、体全面发展的一代新人,为建设和保卫社会主义服务的。

中华人民共和国成立初期,中共中央发出了《关于加强人民体育运动的指示》,强调开展体育运动是改善人民健康状况的一种最积极有效的方法,要求加强领导,使群众性的体育运动首先在厂矿、学校、部队和机关中切实地开展起来。毛泽东同志为中华全国体育总会成立的题词是"发展体育运动,增强人民体质"。1952年,中央人民政府设立了体育运动委员会,大力推动体育运动的普及和经常化,积极动员和组织群众参加多种多样的体育活动。学校体育是整个国民体育的基础,始终被放在战略地位予以重视,作为群众体育工作的重点。

1959年,周恩来同志在《政府工作报告》中指出:"在体育工作中,应当贯彻执行普及和提高相结合的方针,广泛开展群众性的体育运动,逐步提高我国体育水平。"1954年,中共中央指出,体育运动"是培养人民勇敢、坚毅、集体主义精神和向劳动人民进行共产主义教育的重要手段之一"。1958年,刘少奇同志在中国共产党第八次全国代表大会第二次会议上所做的工作报告中提出:提倡体育,移风易俗,振奋民族精神。1979年,叶剑英同志在国庆30周年讲话中,明确地把提高全民族的科学教育文化水平和健康水平,发展高尚的丰富多彩的文化生活,列为建设高度的社会主义精神文明的内容,并作为实现四个现代化的必要条件。实践证明,体育运动有益于人们的身心健康,提高德智体的全面发展,陶冶情操,振奋精神,促进社会安定和经济建设。运动员在国际比赛中创造优异成绩,表现良好的精神面貌,能够为祖国争取荣誉,提高民族自尊心和自信心,成为鼓舞士气的精神力量。近几年来,中国乒乓球、排球、体操、跳水等项目的运动员在重大国际比赛中夺得世界冠军,在全国人民中,特别是广大青少年中,激起了一股股爱国主义热流,就是鲜明的例子。

中国社会主义体育事业取得了很大成就,但它走过的道路是曲折的。由于中国共产党早期领导建设社会主义事业的经验不多,在指导思想上产生过一些错误,影响了社会主义制度优越性的充分发挥,特别是文化大革命,更使社会主义事业包括体育事业遭到了严重的挫折和损失,未能取得本应取得的更大成就。

1949年10月,原中华全国体育协进会改组为中华全国体育总会。1952年11月,中央人民政府决定成立体育运动委员会(部一级政府机构),任命贺龙兼任体委主任。各级政府部门先后建立了体委,教育部、中华全国总工会、青年团中央、军队等系统也建立了体育工作机构。同时,还建立了铁路系统等产业体育协会和基层体育协会,以及先后在北京、上海、沈阳、成都、西安和武汉创办了6所体育学院,在全国开办了11所体育学校和体育专科学校,恢复了38个师范院校的体育系科。1956年教育部颁布

了第一部中学体育教学大纲(草案)。

1954 年政务院发布了《关于在政府机关中开展工间操和其他体育运动的通知》，正式规定每天上午和下午的工作时间各抽出 10 分钟做工间操，并开展多种多样的体育活动。1954—1956 年，又编制推行了两套少年和儿童广播体操。1953 年的全国民族形式体育表演竞赛大会和 1956 年十二单位武术表演大会，推动了群众喜闻乐见的武术和各种民族传统体育的发展。

1953—1956 年就举办了 6000 多次县以上的运动会，其中全国性竞赛有 87 次。1955 年举行了全国竞赛规模最大的第一届工人体育运动大会，参加选拔的职工达到 125 万人。在国际比赛中，中国体育健儿也开始取得好成绩，游泳选手吴传玉 1953 年在第一届国际青年友谊运动会上，为中国夺得国际比赛中的第一枚金质奖章。

1960 年 5 月，中国登山队的 3 名队员王富洲、屈银华和贡布，在人类历史上第一次从北坡登上了世界最高峰——珠穆朗玛峰。

1961 年 4 月，在北京举行了由中国第一次举办的世界乒乓球锦标赛(第 26 届)，中国运动员夺得男子团体、男子单打、女子单打 3 项世界冠军和 4 个项目的亚军。这些胜利，对当时中国人民战胜暂时困难，起到了鼓舞斗志的作用。在此期间，体育工作也发生过高指标、浮夸风等错误。

1963 年前后，在总结正反两个方面经验的基础上，体育工作提出了一系列适合于中国实际情况的方针和政策。在群众体育方面，强调要根据人民群众的生产和生活水平，考虑需要和可能两个方面安排工作，提倡业余，自愿，小型，多样、因时、因地、因人制宜等原则。在运动训练工作方面，试行《运动队伍工作条例》《运动队伍思想政治工作条例》等，明确了运动队坚持思想领先，以训练为中心的原则。同时，还制定了有关的政策措施，包括按照社会主义按劳分配的原则，给创造优异成绩的运动员以一定的物质奖励。这些条例、政策和措施尽管尚有不尽完善之处，但都是比较成功的经验总结。

1966—1976 年的文化大革命，使中国人民遭到了中华人民共和国成立以来最严重的挫折和损失。文化大革命一开始，林彪、江青两个反革命集团就进行祸国殃民的罪恶活动。他们全盘否定党所领导的社会主义体育事业的巨大成就，诬蔑国家体委系统脱离党的领导，脱离无产阶级政治，钻进了不少坏人，成了独立王国等。国务院副总理兼体委主任贺龙被残酷迫害致死。体育战线的大批老干部、优秀教练员和运动员也备受摧残，著名乒乓球教练傅其芳、容国团、姜永宁含冤去世。体育设施被捣毁，体育报被迫停办，体育院校停止招生，体育工作濒于停顿，运动技术水平急剧下降，国际体育活动也几乎被取消。

1971 年，周恩来总理肯定文化大革命前的 17 年体育工作成绩是主要的。毛泽东主席、周恩来总理决定派中国乒乓球队去日本参加第三十一届世界乒乓球锦标赛，并决定邀请美国乒乓球队访问中国。这一行动打开了中国与美国之间关闭了二十多年的大门，成为中美两国复交的起点。体育作为外交的工具，起到了先行作用。

在中共中央、国务院的关怀下，大部分体育工作者回到了原工作岗位，先后恢复了体育报刊的出版、体育院校的招生工作。到 1973 年，群众体育活动和运动技术水平都逐渐有所恢复和回升。1974 年初，在所谓"批林批孔"运动中，江青、王洪文直接插手国家体委，制造混乱，体育事业又一次受到干扰和破坏。但是，由于有周恩来、邓小平等老一辈无产阶级革命家坚持斗争,关怀体育战线,也由于广大干部、运动员、教练员对"四人帮"进行了坚决的抵制,他们在艰苦的条件下努力工作,因而体育工作的某些方面还是取得了一定的成绩。这个时期中国参加了第七届亚洲运动会,举办了第三届全国运动会等。

1976年10月粉碎江青反革命集团的胜利,从危难中挽救了中国革命,使中国进入了新的历史发展时期。体育事业在拨乱反正中得到了逐步恢复和发展,出现了欣欣向荣的局面。1978年全国体育工作会议明确指出,体育工作要坚持党的领导,要促进青少年德智体全面发展,要坚持普及和提高相结合的方针,要开展体育运动竞赛,要迅速攀登体育运动技术高峰,要开展国际体育交往,还要坚持合理的规章制度,要建立一支又红又专的体育队伍等方针原则,对分清大是大非,明确前进方向,调动广大体育工作者和运动员的积极性,有着重要的意义。

### 二、现在

20世纪70年代末,国内外吹来两股强劲的东风,国内是党的十一届三中全会做出改革开放的历史性决策,神州大地处处生机勃勃;国外是国际奥委会恢复了中国的合法地位,世界大门已向中国敞开。在两股强风吹送下,20世纪80年代的中国体育,全面登上了世界舞台。

1978年12月,中国共产党十一届三中全会做出了把工作重点转移到社会主义现代化建设上来的战略决策。体育战线也把工作着重点转移到发展社会主义体育事业上来,并取得了重要的成就。国际体育方面打开了新的局面,1979年11月恢复了中国奥委会在国际奥委会的合法席位,不少单项国际体育组织相继承认或恢复中国有关项目协会的会籍,中国体育健儿全面登上了世界体育舞台。竞技体育的发展得益于业余和专业训练体系的建立健全、体育场地设施的大量增加和改善、科学选材和训练水平的提高以及对外交往的频繁。20世纪80年代,运动员一再打破世界纪录,获世界冠军394个,是此前总数42个的9倍多! 1982年,中国健儿第三次出征亚运会,金牌总数以61∶57压倒称霸亚洲半世纪之久的日本,开创了亚洲体育史上中国称雄的新纪元。1986年第十届亚运会日本尽遣精英,欲报"一箭之仇",韩国借东道主之利谋取金牌,经过一番惊心动魄的争夺,中国终于击败韩国卫冕,日本则退居韩国之后。

1984年,新中国首次全面进军奥运会,不但实现了奥运会金牌零的突破,而且以15枚金牌坐上第四把交椅。使世界体坛为之震惊,中华儿女扬眉吐气。

改革开放的大潮改变了国家包办体育的一统局面,民办体育和外资赞助体育推动着公办体育迅猛前进。群众性的武术热、长跑热、健美热、排球热、围棋热……一浪接一浪;少数民族运动会、青少年运动会、大学生运动会、中学生运动会、农民运动会、城市运动会、残疾人运动会……犹如雨后春笋。与此同时,中国女排创造了世界大赛"五连冠"的奇迹,乒乓球队建立了包揽世锦赛7项锦标和女团"十连冠"的殊勋,羽毛球队捧起象征世界团体最高荣誉的汤姆斯杯、尤伯杯;体操选手完成了由个人冠军到团体冠军的飞跃,跳水超越苏联、美国而成为跳水新盟主,女子举重一时全球无敌,男子举重也跃上世界第三、第四位;女子竞走、中长跑和铅球结束了中国田径没有世界冠军的历史;技巧登上了世界巅峰,国际象棋选手谢军荣获世界棋后之称;围棋连挫"黑白王国"日本;射击、跳伞、航海模型、航空模型、女子柔道、帆板、赛艇、射箭、速滑纷纷

在世界冠军册上留名;垒球赢得世界亚军,女篮跻身世界三强;连文革中滑到谷底的游泳,也获得3枚奥运银牌。

然而,人们高估了首次参加奥运的胜利,低估了东道主的突进,1988年的汉城奥运会,上届缺席的苏联、民主德国及其他东欧国家参与角逐,我国仅以5枚金牌降到第十一位,奖牌总数居第七位。这虽然基本反映了当时我国的实际水平,却被期望值过高的一些人指为惨败,怀疑亚洲盟主地位已为韩国取代,从而给进入20世纪90年代的中国体育带来了悬念。

20世纪90年代,我国进一步改革开放,社会主义市场经济体制逐步发展,两个文明建设成绩喜人。这十年间的体育事业,在中国历史上发展速度最快,水平最高。

1990年秋天,我国成功地举办了中国历史上第一次洲际综合性运动会——第十一届亚洲运动会。其规模(亚奥理事会成员除暂停会籍的伊拉克外全部参加)、比赛项目和运动员数量都是空前的;优异的成绩和杰出的组织工作,特别是多达1.8亿人参加的"火炬接力"活动,获得各方称赞;尤其惹人注目的是,中国健儿一举拿下183枚金牌,比其他亚洲国家和地区的总和还多,令原来以为亚洲盟主易帜的人大跌眼镜。

四年后的广岛亚运会,华夏健儿获得125枚金牌,几乎等于日、韩两国之和。1998年第十三届亚运会上,中国又以129枚金牌的优势卫冕,从而巩固了中国竞技体育在亚洲的盟主地位。

在世界体育舞台上,我国也交出了漂亮的答卷。1992年奥运会,我国金牌数仅次于苏联、美国、德国而居第四,证明了洛杉矶的辉煌并非是昙花一现。1996年在奥运大家庭首次团圆的亚特兰大奥运会上,中国又以16枚金牌坐稳第四把交椅,而且大大缩小了与"第一集团(美、俄、德)"的距离。

这十年,我国体育健儿打破世界纪录的次数和获得世界冠军的总数,都超过此前40年的总和。

乒乓球、羽毛球、体操、举重、游泳、跳水等项目继续保持强劲的势头,其他项目也不甘示弱,你追我赶,涌现出许多优秀运动员和群体,显示出即将跨入新世纪的中国体育健儿雄厚的实力和巨大的精神力量。

我国女排在郎平的率领下,于20世纪90年代后期走出低谷,再次闯入世界强队行列;辽宁女子中长跑队从1993年起,曾取得多个项目的世界冠军,并打破多项世界纪录,后虽因多种原因盛极而衰,但他们痴心不改,意欲东山再起;冰坛"常青树"叶乔波代表我国征战世界二十年,创下辉煌战果,其顽强拼搏的精神,令人感动;体操小将桑兰面对伤残,顽强乐观,谱写了一曲新中国体育运动的强者之歌;中国女足1996年获奥运会亚军,1999年7月,在第三届世界杯女足大赛中美两强的决战中以点球惜败,终获亚军,她们所展现的中华儿女自立自信、奋发图强的民族志气和同心同德、团结拼搏的集体主义精神,给全国人民以极大的激励和鼓舞;1999年8月,中国乒乓球队在第四十五届世乒赛中包揽全部五个单项冠军,尤其是一批新星的崛起给本来就天下无敌的中国乒乓球队赋予了生机和实力。

20世纪90年代的中国体育能形成这种腾飞之势,重要原因是,随着整个体制由计划经济向市场经济转移,体育体制改革逐步深化,体育社会化程度日益提高,开始形成国家办体育与社会办体育相结合的新格局,大大增强了体育事业的活力。体育队伍待遇的改善,竞争机制的引进,也极大地释放了运动员、教练员的积极性。体育产业的蓬勃兴起,体育市场的培育形成,场地建设和设备更新的速度加快,以及国际人才和技术交流的力度加大等,都给中国体育带来了新的发展条件和机遇。

进入20世纪90年代,中国体育再上台阶,还得益于实施了正确的发展方略。1995年,全国人大常委会通过《中华人民共和国体育法》,使体育事业纳入法治轨道。同年,国务院又颁布了《全民健身计划纲要》,这项国家体育基本制度的实施,促进了群众性体育运动普及化,向社会开放体育场馆,培训社会体育指导员,指导人们科学健身,建立文明的生活方式。"花钱买健康",已成为社会时尚。实施全民健身战略增强了人民体质,形成了良好的体育氛围。同时,为了加强竞技体育的基础和后续力量,国家又制定并实施了《奥运争光计划》(一般称为当代中国体育的"两大计划"),收缩了战线,突出了重点,加大了投入,加速了奥运项目水平的提高,科技兴体战略的实施,更为中国体育的腾飞,插上了有力的翅膀。

---

**知识窗:**

　　为了促进全民健身活动的开展,保障公民在全民健身活动中的合法权益,提高公民身体素质,2009年8月19日国务院第77次常务会议通过《全民健身条例》,自2009年10月1日起施行。

——中华人民共和国国务院令第560号

---

1990年,北京成功地举办了第十一届亚运会,在此基础上,北京市于1991年向国际奥委会提出举办2000年夏季奥运会的申请,可惜以两票之差未获成功。但通过申办奥运使世界进一步了解了中国,也使中国进一步了解了世界。1999年,北京市政府再次提出承办2008年奥运会的申请,经中国奥委会同意后,由北京市市长亲自前往瑞士洛桑的国际奥委会总部,正式递交了申请书。经过激烈的申办竞争,最终于2001年7月13日,中国北京击败了另外四个申办城市,在第二轮投票中以56票胜出,获得2008年夏季奥运会主办权。2004年第二十八届雅典奥运会上,中国代表队再次获得辉煌成绩,进入世界竞技体坛的"第一军团"。尤其是,中国代表队在过去一直是弱势体育的项目中(如网球等)取得了历史性成绩(网球女双首次在奥运会上夺冠),表现出了中国体育的强劲发展动力和潜力。2010年,亚运会再度来到中国广州,中国以199金的成绩,在金牌榜与奖牌榜上都高居第一。除了举办亚运会外,中国还在2008年成功举办了第29届北京奥林匹克运动会,也圆了国人百年的奥运梦。中国代表团以51金的成绩,第一次登上了金牌榜首。北京奥运会是一次无与伦比的盛会,它向世人展示了中国,中国开始了从体育大国到体育强国的跨越。

北京奥运会后,国家规定每年的8月8日为"全民健身日",这极大地促进了中国国民身体素质的提高以及群众性体育的发展。

进入"后北京奥运时代",中国奥运军团没有减缓在奥运会上争金夺银的脚步,伦敦奥运会和索契冬奥会均见证了中国代表团创造历史的时刻。游泳、田径等基础大项接连迎来突破,网球、台球、拳击等项目也硕果累累。广受关注的男足虽然鲜有亮点,但国务院46号文件、《中国足球改革发展总体方案》等政策的出台,使足球运动在中国的发展有了一个新的起点。国务院颁布实施了《全民健身计划(2011—2015年)》《全民健身计划(2015—2020年)》《"健康中国2030"规划纲要》,使全民健身上升为国家战略。草根体育生机勃勃,南京青奥会等大型赛事举办、北京成功申办2022冬奥会、杭州成为2022年亚运会举办城市……中国体育为奥林匹克运动和世界体育做出

了新的贡献。中国成就,体育事业突飞猛进;中国改革,体育政策亮点频频;中国贡献,世界见证中国担当。

### 三、未来

从中国体育的发展历程来看,体育活动已经成为让世界更好地了解中国改革开放、了解中国社会的又一个窗口。从当年所谓的"东亚病夫"到现在申办奥运会的成功,中国已经通过体育活动的振兴向世人证明了中国社会的进步和成功。北京申奥成功、中国男足冲击世界杯成功、大运会和九运会举办成功,中国体坛近年有太多的成功,每个人都沉浸在这些成功的喜悦中。在喜悦中,我们也逐渐看到了中国体育的美好未来。

中国加入WTO,标志着中国将与其他WTO成员一样,享受它的权利和义务。体育活动作为现代化中国社会不可或缺的一个重要部分,必将显示其勃勃的生机和活力。

从20世纪后半叶起,体育运动已向全球纵深发展。运动体系随人们当代生活方式的发展而逐步形成。全球化的体育运动已吸引了越来越多的参与者。时至今日,每年全世界有约10亿人加入体育活动中来。

近年来,世界各国都积极推行"全民健身"活动,它所形成的良好的健身习惯必将成为21世纪人们生活质量提高的重要保障,同时它也必将面临诸多挑战和机遇。

#### (一)劳动力市场的全球变化

工作已经主导人类生活数千年,然而现代科技和经济生产及销售已经不再需要大量劳动力,出现了伴随着大量空闲时间的呈萎缩趋势的就业现状。

在传统社会,工作和休闲时间的合理分配从未引起过足够的重视。总有忙不完的事情等待着人们去处理,人们无暇考虑如何度过"休闲时光"。今天我们又发现了一个新现象:工作的大幅减少并未满足人们逃逸体力劳动自主安排休闲时间的古老梦想。

许多失业人员认为没有工作就意味着社会地位的降低和个人机会的减少。无论是发达国家还是不发达国家,技术和经济的进步都是导致工作量骤减的主要原因。从1880年到2000年人们工时的减少是惊人的:我们的曾祖父平均每周工作60个小时,而我们只需从周一到周五工作40个小时。让我们来看看我们这一生中的空闲时间:工作外时间、职责外时间、失业时间、从少年到青年的受教育时间,以及越来越长的退休后的时间——"第三年纪"。社会学家预言,在未来社会,人们的工作比例为"三七比":30%的人工作,70%的人赋闲。很显然人们需要通过参与各种感兴趣的社会活动来填补空闲的时间,必将有更多的人选择体育活动来填补这样的空闲时间。

#### (二)日益延长的人均寿命

我们已从传统的由青年人占主导的社会转向了以中老年人为主体的社会。

无论是工业国还是后工业国,人均寿命的增长都呈惊人态势,而据世界卫生组织观察,其增长速度在发展中国家也同样十分显著。人类肌体的可训练性已经较40年前有很大提高,40年前,60岁以上的人的肌体可训练性已被否定。而现代研究表明,人的肌肉力量及肺活量到八九十岁仍是可训练的,而身体柔韧性和协调性也可以通过良好的运动习惯保持相当长的时间。大量研究表明,接近三分之二的疾病都是可以通过体育锻炼来预防的,这并非遥不可及。

据统计,青年人和老年人的比例关系正在发生替换,在不久的将来,社会的主体人群将成为40多岁的中年人。

社会居民年龄结构的变更将对经济、社会关系及文化带来重大影响。毫无疑问,要减少进入老年后疾病的发生,保持良好的健康状况,就需要减少青年时代的经济负担。体育运动能通过怎样的方式,在多大程度上使上千万人们的老年生活充满活力而又有意义呢?体育运动如何才能成为减少全球医疗花费的行之有效的方式呢?

2002年,德国用于医疗的总支出高达5500亿马克。这是一个惊人的数字,这意味着德国约有六分之一的国民生产总值用于治疗疾病。类似的情况在美国、日本、加拿大、英国以及大部分发达国家同样存在,甚至是在发展中国家用于医疗的支出也数额巨大。要减少投入大量资金用来治病,改变这种状况,那么我们首先需要了解究竟是哪些疾病在困扰我们。

现代社会传染病已经大大减少。当今社会,我们食用了太多脂类和糖类,摄入了太多酒精,我们的压力太重,我们抽烟太多,我们总是坐着不运动。纵观历史,人类曾经是猎手,是采伐者,是农民,是工人,是徒步行走者,然而今天,却有相当数量的人变成了高血压、高胆固醇、低运动量的"电视懒虫"和超重肥胖人类。

据估计,至少有三分之一的医疗花销可以通过运动减少。人们可以通过改善我们的不良习惯确保健康,从而节省资金。那么就让我们行动起来,停止吸烟,减少饮酒量,降低脂类和糖类食品的摄入,缓解自身压力。

体育活动不仅仅可以作为一种有明确目的的活动,提供强健的肌肉和有氧运动,同样也可以提供竞赛、社交活动、体能自测、探险和良好的情绪。体育活动给人们带来了更多选择和展示个人才能的机会。

(三)体育活动将更加平等地接受其参与者,将给更多人以参加机会

通过比赛,体育活动能大大减少社会危害和暴力行为。体育活动能把许多年轻人引向运动和竞赛,人们对共同参与体育竞赛而非互相打架的休闲方式给予了极大的肯定。在对青年人的再教育中,体育活动将成为重要手段,以告知青年人冲突的解决方式是统一的规则而非枪杆。

(四)增长迅速的虚拟现实文化,将对体育活动的参加者产生冲击

21世纪是知识世纪,也是我们常说的信息社会、数字化时代,其中一个显著特征就是互联网的迅速发展。通过互联网,人类第一次可以不必四处活动就满足生活的各种需求。这样,人们的运动就越来越少了。

电子工业的高速发展使人们大量放弃了体育活动而改换成简单的指法活动。穿着各自的衣服,带着特殊手套及头盔,通过互联网你可以遨游各国。因此,将有很多成年人、儿童成为电脑的"俘虏",成为"坐着运动的人"(指坐在电脑前玩体育游戏的人)。

当我们越来越多地获取智能化的生活时,人们将失去对自己身体及其功能的高度重视,给生理上、心理上及社会上带来伤害和消极作用。

事实是许多体育活动已被当今的主流电子生活方式所取代。比如观看全球化的

音乐文化,体验全球化的时尚,欣赏全球化的好莱坞影片,坐在电脑前玩电子竞技游戏。在全球沟通语言的压力下,许多俚语及成语即将在数十年内消失。现代体育活动也是全球化的代表之一——奥运会是全球文化一体化的第一媒介,比电影早了近四分之一个世纪。

毫无疑问,全球化的进步在生产、信息、商品价格及早期获得优惠待遇方面影响深远。但我们同样应当注意到在此过程中人们越来越多地放弃了事物、创意及人性的多样化。

(五)体育活动将在全球化及地方社团生活的平衡中扮演越来越重要的角色

随着社会的进步,互相沟通和交流已经是人类的基本需求之一。除家庭外,邻居、兴趣小组、工作团队、体育团队、俱乐部、比赛竞争对手等都是人们与社会不断联系沟通的必要平台。

在日新月异的现代社会中,体育活动在社团生活中的积极作用将更加突显,而且是不可或缺的文化方式。伴随着来自工作量减少、生活多样化、医疗费用增加、经济及种族差异、虚拟化现实的剧增及全球一体化的方方面面的挑战,体育活动必将接受新挑战,同时开拓新机遇。

在这样一个以体育活动为导向的未来社会里,城市中将建立更多的运动场、步行街、单车路线网,等等。间歇性的体育锻炼活动将被引入工厂和办公室,医生将更多地从保持健康而非医疗的角度给病人看病,每日30分钟的体育活动将如同每日30分钟的网上冲浪一样成为日常生活的一部分。

众所周知,未来社会是建立在现代高度发展的商品经济基础上的社会。因此,它仍将带有商品社会的烙印,如竞争性、求利性、开放性和平等性;同时,现代科学技术的快速发展,"信息高速公路"的建立,全球信息资源的共享,使全球化加速,国际、区域间合作加强,广阔的空间性、快速的时效性也不断提高,人们的生活方式也将发生深刻的变化。

体育活动,因其能满足人类对身体活动这一基本的需要,符合人类的攻击天性,是"民族战斗热情"恰当的疏泄口;同时又体现了人类对真、善、美的追求,吻合了现代人类社会发展的趋势,是人们较好的社会化途径之一。因此,无论未来社会的生活方式如何变化,体育活动仍将蓬勃发展,并适应社会的需要而相应变化。

在这样的发展趋势下,中国体育事业在振奋民族精神,建设社会主义精神文明,实现中华民族的伟大复兴中必将做出更大更新的贡献。

**四、发展趋势**

在现代社会中,体育已成为一个重要的社会现象。这不仅表现为参与体育活动的人数日益增加,而且体现在人们体育意识的全面增强,学者们将之称为"社会的体育化"。这种体育化的说法是有依据的。例如在许多国家,体育活动的种类和体育实践的途径不断增多,"户外运动"一词的普及化,体育的市场手段和作用日趋强化,旅游者进行体育活动的兴趣大增,等等。

与此同时,体育自身也受到了来自社会变革的影响,从而带动了许多"体育模式"的发展。除了高水平体育继续向更高、更难、更新、更美层次发展以外,也产生了一批可供选择的体育实践活动,它们以娱乐、休闲、嬉戏为主要特征,进而发展成为体育的不同形式。诸如休闲体育、极限体育和健身体育。这些可供选择的新的体育形式就如同非体育的"体育",即"体育的非体育化",同时表明在这些可供选择的体育形式中,体育的传统概念正在丢失。这一演变的结果,一般意义上体育的真实内容和含义变得不再清晰。这与过去传统体育的明确界定现象形成了鲜明的对照。这两种关系与体育在社会中的特征和作用的演变,在多种因素的共同作用下已经发生了变化。

但是,无论怎样变化,现代体育作为文明社会的标志之一,已经随着科学技术的进步和社会生活需要的加强,成为一种普遍的社会现象,渗透到社会各个阶层和领域。根据现代体育的变化和未来社会的发展特征,现代体育的发展趋势可归纳为以下几个方面:

(一) 全球化

一般认为,现代体育产生于19世纪中叶的欧美。当在欧洲兴起时,欧洲大陆矛盾交错,各国笼罩着浓厚的民主主义和国家主义情绪,各国都很注意军事效能,强调体育与军事训练相结合。因此,各国体操比较盛行,而英国则由于文化传统和"绅士体育"的影响,以及海外贸易和其霸权主义在全球的不断扩张的需要,户外游戏和竞技运动开始兴起。19世纪50年代,英国流行的竞技运动,越过大洋传至美国和加拿大。到了19世纪后半叶,自由资本主义向垄断资本主义过渡,随着世界市场的形成,民族间壁垒被打破,社会的生产和消费的国际化进程大大加快。

于是,体育也随之超越了国界,随着经济的全球化而广为传播,特别是通过殖民者——主要是商人、军人、传教士和各种文化人等向世界传播,形成了东西方体育以及其他不同类型体育的交流融合的体育国际化大趋势的雏形,出现了国际交流和比赛。如1851年伦敦的第一届世界国际象棋锦标赛、1858年澳大利亚的国际游泳锦标赛、1871年布德的国际射箭比赛等。

不过,这些早期的国际比赛由于没有公认的权威性组织和统一的比赛规则,秩序混乱,水平较低。在这些非正式的比赛中,一些国际单项体育组织陆续诞生。如1881年,国际体操联合会成立。这样,使一些运动项目在国际范围内有了统一的领导核心,也有了统一的标准和规则,从而使运动竞赛渐渐摆脱了地方传统,具有了真正的国际性。在此基础上,西方贵族为了激发民族精神而被挖掘出来的奥林匹克运动会开始复兴了。

跨入20世纪,体育运动的传播范围越来越大,不断向拉美、亚洲、非洲辐射。特别是第二次世界大战后,美国夺取了世界霸权,这样导致了美式的体育运动,如棒球、篮球、排球在全世界风行。至此,全球化初期的体育运动国际化趋势初具规模。由于政治、经济和军事的原因,国际运动组织几乎被少数国家如美国、英国等所垄断,从而显示出全球化过程中体育运动由发达国家向发展中国家传播的趋向。

1. 现代竞技体育的全球化

奥林匹克运动是体育全球化的产物,又是推动体育进一步全球化的动力。奥林匹克逐步扩展到全世界的过程,就是体育运动全球化的最好的例证。第一次世界大战前,与奥林匹克发生正式联系的国家仅限于少数欧美国家。两次大战期间和之后,各大洲一些国家陆续加入了奥林匹克运动,使奥林匹克大家庭发展成为当今世界上最大的国际组织。现代竞技体育在奥运会等重大国际赛事中表现出的全球化倾向越来越明显。

现代竞技体育的全球化主要表现形式之一就是国际体育合作新格局的出现。这主要表现为：

（1）区域性体育合作。如中、日、菲三国组织的远东运动会、巴尔干运动会、中美洲—加勒比海地区运动会、东亚运动会、南亚运动会、阿拉伯运动会等。

（2）大洲体育合作。1910年第一个南美洲体育组织成立；欧洲的体育合作在第二次世界大战之前；而亚洲、大洋洲和非洲各自的体育合作则在第二次世界大战之后。今天，各大洲都已建立了基于国家奥林匹克委员会的新的大洲体育组织。

（3）洲际体育合作。地中海沿岸的欧洲和非洲国家间的地中海运动会，阿拉伯地区亚洲、非洲国家间的阿拉伯运动会等。

（4）共同体的体育合作。如大英帝国运动会，后改为"英联邦运动会"，有54个参赛国；另一个是欧共体成员国之间的合作。

（5）特殊领域内的国际体育合作。在特定的领域内，如工人、学生、军队、残疾人、妇女等领域内的体育合作。如1974年第一次国际中学生运动会，两年一次的世界大学生运动会、军事运动会，曾成功举办过四届的世界妇女运动会等。

现代竞技体育的全球化主要表现形式之二是奥运会蓬勃发展。这主要表现为：

（1）比赛规模越来越大。1896雅典奥运会，有3个国家295名运动员参加9个大项43个小项的比赛；到了2012年，英国伦敦奥运会共设26个大项，总计300个小项的比赛。太大的规模、太快的发展，不得不使国际奥委会考虑要限制奥运会的规模。

（2）项目越来越多。列入奥运会比赛项目的标准是："至少在四大洲和75个国家的男子中，以及至少在三大洲和40个国家的女子中广泛开展的运动项目，才可以列入夏季奥运会。"从这一标准可看出竞技体育全球化的速度之快、范围之广。

（3）女性参与越来越普及。顾拜旦在创立现代奥运会运动时犯下的错误，莫过于忽视了妇女在体育运动中的作用和权利，致使占世界人口51%的女性被排除在第一届奥运会之外。在1900年第二届奥运会上，就有4国11名女运动员勇敢地冲破了陈规，参加了高尔夫和网球比赛。但是女性进入奥运会的进程是缓慢而艰难的。就以象征西方民主自由的选举权来说，瑞典从1921年，希腊从1952年，瑞士从1971年，葡萄牙从1976年，妇女才有了选举权。20世纪80年代，女性开始全面参与奥运会，在第26届亚特兰大奥运会上，女性运动员达3 626名，占运动员总数的35%，参赛项目占总项目的40%。在近几届奥运会上，不但增设了女子项目，还出现了女子独有的项目，如艺术体操和花样游泳。竞技运动的全球化，女性的普遍参与也是一个重要体现。

（4）高水平的职业选手参加奥运会。关于"业余选手"和"职业选手"的概念，最早见诸1823年英国牛津举行的划船比赛。当时，报名参赛的选手戴维斯是船夫，被列为职业选手而被禁赛。早期奥林匹克的非政治化、非商业化、非女性化原则，致使一些职业选手（网球）在1988年才参加第一次奥运会。这标志着奥运会对职业运动员的开放迈出了重要的一步。

2. 现代大众体育的全球化

奥林匹克运动对大众体育的影响是巨大的。多年来，奥林匹克运动在促进竞技运动水平不断提高的同时，也促进了大众体育的发展。在顾拜旦的思想中，竞技运动与大众体育是统一的。第二次世界大战以后，竞技体育与大众体育的分野越来越明显。国际奥委会逐渐感到需要用特别的努力来推动大众体育的发展。1964年，国际运动与体育理事会发表《体育运动宣言》，提出"每个人都有从事体育运动的权利"。1976年联合国教科文组织成立"政府间体育运动委员会"，1978年通过并宣布《体育运动国际宪章》，其主要任务是"促进大众体育"。国际奥委会1985年成立"大众体育委员会"，并从1986年开始举行两年一届的世界群众体育大会。第五届世界群众体育大会的主题是"群众体育与健康"。第六届大会主题是"奥林匹克运动全球化"，提出奥林匹克运动在空间的普遍性、时间的持久性的全球化战略。无怪乎，根据世界上10个不同类型国家的抽样调查，一般群众对五环标志的辨认率甚至超过了红十字标志。

20世纪80年代前，许多国家规定了体育节。一些国家还颁布了一些体育法案，如加拿大的《C—131法案》（1961年）、日本的《体育运动振兴法》（1961年）、法国的《马佐法案》（1975年）、美国的《业余体育法》（1978年）等。

20世纪80年代初，在澳大利亚推行"找30分钟"活动，号召每人每天抽30分钟进行积极性体育。瑞典在疗养地和夏令营推行"增强体质运动"。法国推出"为心脏健康而锻炼"的口号，推行"3个8运动"，即自由泳80米，跑步800米，步行8000米。比利时推行"每家1公里"，即每个家庭成员都参加不少于1公里的跑步活动，等等。

20世纪80年代后期，各国政府也纷纷推出本国的大众体育发展计划，以运动会、体育节、文化节、民俗活动、运动俱乐部、健身活动等形式开展活动。如美国的"90年代体育战略规划""2000年健康计划""美国跑步与健康日"（10月9日），日本的"迈向21世纪体育振兴计划"，澳大利亚的"国家体育娱乐计划的实施"，中国的"全民健身计划"等。到20世纪90年代，已经有100多个国家公布了自己的大众体育发展计划，"终生体育"和"休闲体育"思想已对世界产生了越来越深刻的影响。

各国的政府在推出本国的大众体育发展计划的同时，大力加强了体育设施的配置。充裕的体育设施，不但为大众体育打下了基础，推动了体育的大众化、全球化，而且使各国的体育人口大幅度上升。目前，美国体育人口达77%，德国体育人口达67%，日本体育人口达68%，加拿大体育人口超过50%，俄罗斯体育人口也超过50%，中国体育人口达37%。

另外，体育的全球化还在于国际体育学术交流日益加强，国际体育学术活动日趋频繁。一些主要学科，如运动医学、运动生理学、运动生物化学、运动心理学、运动生物力学、体育哲学、体育史学、体育社会学、体育教育学、体育情报学和比较体育学等均有国际组织。

### （二）社会化

体育是社会发展的产物，又对社会发展起到积极的促进作用。现代体育的社会功能已大大超出增强人民体质的范围，成为改善生活方式和提高生活质量的不可缺少的因素，体育活动在现代社会已越来越成为人们生活所必需的内容。

体育社会化的目的不是培养高水平运动员，而在于提高民族的总体身体素质水平。提高一个民族的身体素质，不仅关系到一个民族的兴盛，也关系到劳动力质量的提高、现代科学技术的发展、人类物质文明和精神文明的昌盛以及人们从沉重和繁忙的劳动中解放出来，也关系到社会形态的进步。因此体育社会化，不仅有助于改善全民族的体质，提高人口质量，而且能振奋人们精神，增加创造新生活的活力，从而更好地促进两个文明建设。其次，体育社会化能提高劳动生产率。现代化生产对劳动者的智力和体力提出了更高要求，劳动者的健康程度和受教育的水平，直接关系到生产的

发展。据美国商界统计,美国一年中因为职工的健康问题而损失了近 30 亿美元。"付钱给职工锻炼身体也比因他们缺席、迟到、肢体障碍所造成的损失少"。健身投资"是一种可以期望换回更多东西的投资",因此,美国一些大公司花几千万美元的巨资来为职工营造高级体育场及健身室,进行身体锻炼。可见劳动力质量的提高,可以产生更大的价值。

竞技体育的社会化主要是以俱乐部形式来实现,各运动项目均由俱乐部来开展训练和竞赛,然后由各种单项或综合性运动协会来领导。俱乐部广招会员,通过竞赛进行选拔。

社会体育本身就是社会性活动,不同年龄性别和阶层,甚至千家万户都离不开体育。社会上各行各业都把兴办体育作为一项公共事业。

学校体育的社会化在于许多国家的学校体育场地对社会开放,同时学校也可以利用社会上的体育设施。此外,学校可利用所在地区的工厂企业来帮助学生开展业余训练和课外体育活动。

(三)科学化

现代体育必须在一切领域广泛采用现代科学技术的理论与方法,其中包括体育的决策、管理、教学、训练和科研。

(1)体育管理的科学化主要体现在领导决策方法的科学化和运用现代科学理论方法制定政策,进行体育各项工作的管理。

(2)体育教学的科学化在于教学思想的科学化。

(3)在群众性体育锻炼方面,现代科学技术提供了良好的条件。在发达国家普遍采用"运动处方"来指导群众体育锻炼。

(4)现代科学技术在运动训练中的应用最为广泛,可以认为,在当今竞技水平已经很高的情况下,运动场上的竞争实质上是科学技术的竞争,没有科学训练,不可能达到高水平。

(四)产业化

随着 20 世纪末世界经济发展的一体化和全球化,作为世界经济和全球产业体系一部分的体育产业的全球化趋势也在加快。体育贸易在全球贸易中所占比率逐年上升,随着奥林匹克运动逐渐商业化和职业化,以及亚洲、东欧和非洲地区的体育产业市场的兴起,体育产业全球化趋势正加速发展。而这种全球化趋势说明,体育运动已影响到社会生活各层次的方方面面。体育产业化有如下几种表现:

(1)通过竞技体育的全球化影响,促进体育的产业化发展。随着科技发展,特别是卫星传送技术的发展,使全球各地的观众能通过电视、互联网收看世界各地举行的各种精彩的体育比赛,竞技体育在全球观众中的影响越来越大。因此,许多企业都争先恐后与体育建立密切的关系,把体育作为向全球消费者宣传和推销自己企业和产品的载体。反过来,体育运动得到资助,体育的规模越来越大,从而使体育的国际知名度不断提高。

(2)通过俱乐部在海外设办事处开拓体育产品市场,促进体育的产业化发展。一些大联盟和俱乐部在世界范围内广设办事处。如北美职业棒球 MLB 在悉尼设立办事处,其目的是通过组织各种相关活动来推广棒球运动 MLB 在澳洲的知名度。还有些体育用品公司如耐克、阿迪达斯等近年来在各大洲的发展中国家设立合资或独资企业,利用资金、品牌、技术和管理方面的优势及发展中国家廉价的劳动力成本,大搞加工贸易。

(3)通过体育中介公司进行跨国经营,促进体育的产业化发展。一些体育中介公司如国际管理集团、职业服务、英国高德等,在全世界进行体育市场开发。其中,如国际管理集团,它是世界上最大的体育经纪公司,它在全球各地设有60多家办事处,代理着世界各地优秀运动员、教练员近2000名,根据一些国家运动队或职业球队对外籍教练员和运动员的需求情况提供服务。它还成立了自己的体育广告、制片和转播公司。

(4)国际体育转播,促进了体育的产业化发展。电视机和互联网的普及以及全球数字信息传送网使视觉形象的全球传播极为方便。利用转播国际赛事的赞助和广告,企业可以提高其国际知名度,提高全球销售收入。据报道,NBA1996—1997赛季在全球188个国家和地区的观众人数达6亿。欧洲几大足球职业联赛以及每四年一次的奥运会、世界杯足球赛等,全球观众的人数都在数亿以上。

(5)标志性产品的销售,促进了体育的产业化发展。通过向海外销售标志性产品和纪念品,既可以增加联盟、俱乐部、比赛组织者的销售收入,又能使体育组织、明星及职业竞技运动同广大体育爱好者联系起来,起到沟通、联络感情的作用。同时,这些产品还可以作为载体,为体育组织在全球范围内扩大自己的影响。

(6)利用外籍球员、教练员促销,促进体育的产业化发展。俱乐部招募和引进外籍球员、教练员,除了能提高球队的比赛水平,还可以帮助俱乐部全球促销以占领更大的海外市场。如利用外籍球员与国内球迷的特殊关系,有意识地在比赛中安排外籍球员上场,还利用互联网向球迷发送球员的消息,以争取更多的观众。

(7)开展基础大众体育活动,促进了体育的产业化发展。近年来NBA、耐克、阿迪达斯等在许多国家组织的"三人篮球赛""五人足球赛"就是典型的例子。只有更多的人参与,该项运动才能长时间得到人们的喜爱,而与该项运动有关的体育组织与企业才能保持更大更稳定的市场基础。

(五)休闲化

在发达国家,体育作为休闲文化的一部分,早已进入大众的日常生活和休闲活动之中。澳大利亚、美国、英国、加拿大和日本等发达国家的国民经济产业分类中,体育产业与休闲服务产业早已合并列为正式产业,其中休闲活动的内容大多数都属于体育范畴(见表1-2)。

表1-2　当代日本社会休闲活动中的体育

| 种　类 | 具　体　活　动 |
| --- | --- |
| 创作活动(一般型) | 文艺创作、绘画、作曲、投影、做模型、组装机械、园艺等 |
| 创作活动(女性型) | 做菜、编织、刺绣、裁剪西装及和服 |
| 学习活动 | 读书、研究、调查、去图书馆 |
| *欣赏活动 | 音乐会、戏剧、电影、体育比赛、艺术展览等 |
| 练习活动 | 谣曲、净琉璃、日本乐器、茶道、舞蹈等 |
| *游戏 | 围棋、麻雀牌、纸牌、室内比赛等 |

表1-2(续)

| 种　类 | 具　体　活　动 |
| --- | --- |
| ＊赌博 | 赛自行车、赛马、赛摩托(汽)车、赛艇等 |
| ＊趣味型体育运动 | 体操(柔软、健美等)、乒乓球、羽毛球、板球、滑冰等 |
| ＊竞技型体育运动 | 棒球、排球、游泳、篮球、田径比赛、柔道、剑术等 |
| "日归型"闲暇 | 去博物馆、动物园、水族馆、游园、钓鱼等 |
| 旅行 | 赏花旅行、去洗温泉、游名胜古迹等 |
| ＊社交性体育运动 | 高尔夫、网球、骑马、滑雪 |
| ＊高山型运动 | 狩猎、野营、登山 |
| ＊海洋型运动 | 滑水、快艇、汽船、潜水、行船钓鱼 |
| ＊空域型运动 | 滑翔机、跳伞、开飞机、气球 |

注释:带＊号的均属于体育范畴。

　　休闲体育概念主要源自两个重要因素:一是体育的范畴已经超出了传统的竞技体育概念,开始以休闲、享受和健身为价值取向。所以,大众体育活动并不一定要有正规的组织和筹备,也不一定非要在正规的体育设施、场地中进行,而多是对城市时间、空间的临时性利用,具有很大的随意性和灵活性;二是城市规划也日益向城市空间混合使用的方向发展。这种发展实质上是要通过一定的布局和组合提高城市空间的利用率,使城市空间发挥出更高的效益和效应。这种效益和效应不仅可以应用于城市中心商业区的深度开发,增强城市竞争力和魅力,而且也可以应用于体育、艺术等休闲娱乐文化活动的广泛开展。

　　因而,将体育活动纳入休闲的范畴,并不是说它是新创造出来的体育项目,只是强调体育活动应属于休闲文化的一部分,它与休闲的本质特征、功能、结构、价值、意义等具有相当的一致性,是一种新的体育理念。

　　一般地说,休闲体育是以"余暇时间"这一维度为基点,是在人们工作和生理需要等必要时间之外所进行的体育活动。从词汇学角度来看,据考证,英文 sport 一词就是从拉丁文 disport 演化而来,其本身含义就是"离开工作去休闲娱乐",只不过这一含义几经演变,休闲娱乐的特征被逐渐削弱、压抑、扭曲和淡化了。当然,休闲体育也有其特殊的一面,有更深层次的内涵和意旨,即一种精神状态,一种心理感受,一种体验,自由感,或更宽泛、更高层次的哲学意义。

　　休闲体育作为休闲的一部分,不但得到国外学者的广泛研究和重视,而且许多城市还把开展休闲体育活动,建设和规划休闲体育场地、场馆和设施,提供休闲体育服务,作为促进城市经济发展、提升城市形象和精神文明建设的重要途径,受到政府和广大市民的关注和欢迎。

　　一般说来,城市居民的经济条件、余暇时间、休闲观念、体育环境、教育水平、社会保障等均优于乡镇和农村居民,他(她)们对体育休闲也有着比较稳定而强烈的需求。尤其是,城市化的日益扩张、生活节奏的加快以及大众余暇时间的增加,增强了城市大众热爱自然、喜欢与自然亲近的感情。他们向往并努力实践在休闲中放松心情、沟通情感、释放压抑、消解疲劳、发展个性、增强体力和活力,热衷于随意而自然的休闲体育活动。

另外,快速发展的城市生活也给大众的健康带来了一定的副作用。"文明病"和"亚健康"等所谓的富贵病首先在富裕和发达的城市中爆发,给城市人的健康生活造成了莫大的影响。"花钱运动,花钱买健康"的观念已经被相当的城市人所接受,并促进了各种休闲体育活动的发展。

## 第四节 习近平新时代中国特色社会主义思想进入学校体育的意义和价值

习近平新时代中国特色社会主义思想是全党全国各族人民为实现中华民族伟大复兴而奋斗的行动指南。2017年,党的十九大提出"习近平新时代中国特色社会主义思想",并科学总结和系统诠释了其是马克思主义中国化的最新理论成果,同马克思列宁主义、毛泽东思想、邓小平理论、"三个代表"重要思想、科学发展观一道写入党章。2021年7月,国家教材委员会印发《习近平新时代中国特色社会主义思想进课程教材指南》明确指出,为推动我国教育改革创新发展和培养担当民族复兴大任的时代新人,高校必须始终坚持以习近平新时代中国特色社会主义思想为指导,将其贯穿于教育教学全过程各环节,并结合各学科专业特点,有机融入相关内容,强化育人立意和价值导向。这不仅是时代对高等教育人才培养的要求,也是时代对教育事业的要求。习近平新时代中国特色社会主义思想进入学校体育还需要深入研究,特别要厘清"进什么""如何进""谁实施"等问题。只有对理论逻辑进行系统梳理,才能更加全面深入准确地把握学校体育行动指南和实施路径。

### 一、习近平新时代中国特色社会主义思想的形成和理论脉络

新时代孕育新思想,新思想引领新时代工作。党的十九届六中全会上强调,以习近平同志为主要代表的中国共产党人,坚持把马克思主义基本原理同中国具体实际相结合,同中华优秀传统文化相结合,坚持毛泽东思想、邓小平理论、"三个代表"重要思想、科学发展观,深刻总结并充分运用党成立以来的历史经验,从新的实际出发,创立了习近平新时代中国特色社会主义思想。这具有深厚的文化渊源和扎实的理论基础,不断汲取历史的沉淀精华,并与时俱进,是一套体系完整、逻辑严密、内涵丰富的科学理论体系,是马克思主义中国化,是中国的马克思主义。党的十九届六中全会上还强调,"十个明确"是习近平新时代中国特色社会主义思想的核心内容,指明了新时代各项工作原则。

习近平新时代中国特色社会主义思想的理论根基是马克思主义思想,其更是马克思主义中国化的最新成果,是中国共产党作出的最新定位,主要表现在以下四个方面:①依据马克思主义党性和人民性思想,强调坚持党性就是坚持人民性,就是坚持"以人民为中心"思想,这一论断创新促成了"人民"概念语用功能在新时代的转换,一切为了人民,从人民利益出发;②依据哲学原理、世界观和方法论,强调要善于处理局部和全局、当前和长远、重点和非重点的关系;③依据马克思主义政治经济学原理,重新定义了新时代社会的主要矛盾,把满足人民群众对美好生活需要和向往作为工作的奋斗目标;④在马克思主义国际关系理论和全球治理理论基础上,提出了"一带一路"建

设、人类命运共同体和公平公正理念等,为世界关系治理提供了"中国方案"。马克思主义思想以人民为中心的根本立场,将努力让人民过上幸福美好生活作为新思想的重要内涵,成为习近平总书记关于体育工作重要论述的理论源头。因此,在新的历史条件下,习近平总书记坚持用马克思主义理论指导中国实践,并围绕时代课题,进行理论探索,提出了一系列原创性理论贡献,既是对马克思主义的继承,也是马克思主义中国化的一次新飞跃。

习近平新时代中国特色社会主义思想是我党几代领导人的思想传承和创新,具有浓厚的历史渊源,奠基于毛泽东,开创于邓小平,推进于江泽民和胡锦涛,发展进入了一个新的时代。党的十八大以来,习近平新时代中国特色社会主义思想系统地回答了"什么样的中国特色社会主义""怎样坚持和发展中国特色社会主义"等重大时代课题,这是对马克思主义、毛泽东思想、邓小平理论、"三个代表"重要思想和科学发展观的继承和发展,以其特有的科学性、系统性和时代性,把实现中华民族伟大复兴中国梦的征程推上新的台阶。

### 二、习近平新时代中国特色社会主义思想进入学校体育应遵循逻辑

党的十九届六中全会上,《中共中央关于党的百年奋斗重大成就和历史经验的决议》凝练出指导我党前进的行动指南——"十个坚持",即坚持党的领导、坚持人民至上、坚持理论创新、坚持独立自主、坚持中国道路、坚持胸怀天下、坚持开拓创新、坚持敢于斗争、坚持统一战线、坚持自我革命。"十个坚持"体现了党的百年奋斗史的历史逻辑、理论逻辑和实践逻辑,是相互贯通的统一体,更是各项事业取得成功、不断发展的根本保障和力量源泉。

"十个坚持"具有根本性和长远性指导作用,是中国共产党引领中国未来的科学指引,更是学校体育事业发展的行动指南。因此,学校体育工作必须以"十个坚持"为行动指南。坚定不移地坚持党的领导,这是实现"体育承载着国家强盛,民族振兴的梦想"的根本保证。坚持人民至上,坚持以人民为中心的发展思想,发展以人民为中心的体育,高度重视学校体育工作,树立"健康第一"的教育理念,坚持五育融合,促进学生体育健康发展,将"全民健身"作为国家战略,强调学生体质健康是全民健康和健康中国的发展基石。坚持理论创新,推动体育均衡充分发展,把"创新、协调、绿色、开放、共享"的发展理念贯穿到体育事业发展的各个环节,推动体育事业实现高质量、高效率、可持续化发展。坚持独立自主,构建具有中国特色的体育事业发展道路,以满足人民的需求。坚持中国道路,加快落实全民健身国家战略,全面推动健康中国建设和体育强国战略进程,坚持走新时代中国特色社会主义发展道路。坚持胸怀天下,通过对外交流、体育外交、大型体育赛事,构建人类命运共同体,突出命运与共的责任担当。坚持开拓创新,体育事业要顺应时代潮流,解决时代难题,使全民健身、竞技体育、体育产业和民族传统体育协调发展。坚持敢于斗争,大力弘扬中华体育精神,突出"顽强拼搏"的体育精神和"自强不息"的民族精神。坚持统一战线,结成体育强国统一战线,早日建成体育强国,实现中国梦。坚持自我革命,敢于自我革命和净化,强调不断创新,不断洞察国际体坛发展新动向,形成具有中国特色的社会主义发展新模式。

### 三、习近平新时代中国特色社会主义思想进入学校体育的核心要义

关于习近平新时代中国特色社会主义思想进入学校体育,首先需要解决"进什么"的问题。依据《习近平新时代中国特色社会主义思想进课程教材指南》要求,习近平新时代中国特色社会主义思想进入教育学、管理学、社会学、文学、历史学和艺术学等领域的进入内容,主要体现在习近平总书记对该领域的重要论述。因此,习近平新时代中国特色社会主义思想进入学校体育,其主要内容是系统阐释习近平总书记关于体育的重要论述。党的十八大以来,习近平总书记多次在不同场合关于体育工作做出了重要论述。对于体育事业,习近平总书记亲自谋划、周密布置、形成体系,将其放在统筹推进"五位一体"总体布局、协调推进"四个全面"战略布局中去谋划和推动,是对百年来中国共产党体育工作重要思想的继承和发展,是中国特色社会主义体育理论发展的最新成果。习近平总书记关于体育的重要论述主要分为体育强国、全民健身、学校体育和体育外交等,重点强调"健康第一""全民健身""中华体育精神""体教融合"等方面的内容,做好全面性和重点性有机结合。学校体育作为党的体育事业整体布局中的重要组成部分,肩负着推动深入学习和贯彻落实习近平总书记体育重要论述的重要职责,需要深入发掘和凝练。

新时代学校体育需要以习近平新时代中国特色社会主义思想为指导,以习近平总书记关于体育的重要论述为主要内容,重点把握坚持党的领导,落实"立德树人"根本任务,坚持"健康第一"教育理念,强调中华体育精神的影响价值,培养学生终身体育习惯,努力培养能担当民族复兴大任、德智体美劳全面发展的社会主义建设者和接班人,这就是新时代学校体育工作的重要使命。

**思考题**

1. 您如何理解习近平新时代中国特色社会主义思想进入学校体育的核心要义?
2. 现代体育有哪些特点?用自己的话谈谈您对现代体育的特点的理解。
3. 现代体育有哪些功能?用自己的话谈谈您对现代体育的特点的理解。
4. 近代体育传播的大致情况如何?
5. 请简述现代奥林匹克运动会的恢复。
6. 请谈谈您对当前中国体育的理解。
7. 请谈谈中国体育的未来发展。
8. 现代体育有哪些发展趋势?除我们所讲的以外,您对现代体育的发展趋势如何理解?
9. 请论述体育产业化。
10. 请论述体育休闲化。

**参考文献**

[1]中国大百科全书编委会.中国大百科全书(体育)[M].北京:中国大百科全书出版社,1982.

［2］国家体育总局信息所.国外大众体育现状与发展趋势［M］.北京:人民体育出版社,2000.

［3］武绍祖.中华人民共和国体育史(综合卷)［M］.北京:中国古籍出版社,1999.

［4］帕尔姆.体育运动全球化的第二次浪潮［J］.新华文摘,2002(9).

［5］董杰.对近25年来中外体育概念研究研究的比较［J］.体育与科学,2001(2).

## ——学习时刻——

　　体育是社会发展和人类进步的重要标志，是综合国力和国家软实力的重要体现。"发展体育运动，增强人民体质"是我国体育工作的根本任务。希望同志们充分认识体育对提高人民健康水平的积极意义，落实全民健身国家战略，普及全民健身运动，促进健康中国建设。

　　——2016年8月25日，习近平总书记在北京人民大会堂会见第31届奥林匹克运动会中国体育代表团全体成员时发表讲话。

# 第二章

# 体育的社会功能

体育的力量,可以令人重拾信心,学会拼搏。体育运动作为一种社会现象,既有一定的独立性和它自身的规律,又是整个社会结构的一个组成部分。在社会的大系统中,体育与其他社会活动如政治、经济、教育、军事、大众传播等都有密切的关系。这种关系既是社会系统相互作用的结果,也由体育功能在社会各种关系中发挥的影响所致。这种影响也就是我们要讲的"社会功能"。

## 第一节 体育与教育

> **知识窗**
>
> 体育一道,配德育与智育,而德智皆寄于体。无体是无德智也。顾知之者或寡矣。或以为重在智识,或曰道德也。夫知识则诚可贵矣,人之所以异于动物者此耳。顾徒知识之何载乎?道德亦诚可贵矣,所以立群道平人己者此耳。顾徒道德之何寓乎?体者,为知识之载而为道德之寓者也。其载知识也如车,其寓道德也如舍。体者,载知识之车而寓道德之舍也。
>
> ——毛泽东《体育之研究》(本文由毛泽东同志于 1917 年 4 月发表在《新青年》第三卷 2 号上,署名为"二十八画生",当年毛泽东 23 岁,还在湖南第一师范学校求学。该文是迄今为止毛泽东公开发表首篇文章,也是近代史上不可多得的一份体育文化珍宝。)

体育是全面教育不可缺少的组成部分。关于全面教育的思想,历史上中外教育家早有论述。在我国,党和政府一直高度重视青少年的身体教育。中华人民共和国成立后,党和国家领导人对青少年全面教育作了一系列重点指示,明确我国的教育方针是德、智、体、美、劳全面发展,全面阐述了学校体育在全面发展教育中的地位和作用,强调了学校体育的重大意义。这些指示对于激励青年一代全面发展,注重锻炼身体,起到了积极作用,而且将继续起重要作用。

### 一、体育是教育的组成部分

体育和教育都是社会文化现象,都随着人类社会的产生而产生,随着人类社会的发展而发展。体育和教育同社会的发展,人的发展有着密切的联系,都以越来越复杂的形式适应着社会发展的需要。体育从产生时起就与教育紧密相连。体育作为培养人和教育人的必要手段,历来都是教育的重要组成部分。

原始社会时期,处于萌芽状态的教育和体育之间没有严格的界限。原始社会人类传授生产和生活技能的教育目的,往往是通过身体活动的方式去实现的。教育和体育的原始形式处在一个统一体内。

进入奴隶社会以后,为了镇压奴隶的反抗,维护奴隶主的统治,吞并弱小民族或防备邻国侵袭,统治阶级崇尚武力,因而重视对贵族子弟施行尚武教育和身体训练,在学校教育中,体育内容比重很大、地位很高。例如古希腊的学校教育中,把体育列为重要内容,奴隶主子弟从小学起就要受到严格的体操和军事训练,学习角力、竞走、跳高、掷标枪和游泳。中国周朝为奴隶主子弟设立的学校中,也很重视体育,"六艺"教育中的"射""御"都属体育内容。

在漫长的封建社会里,体育在一般教育中的地位逐渐降低,内容的比重相对减少,这主要是因为宗教禁欲主义和"重文轻武"思想的束缚和影响。但在当时的武士教育中,仍不乏体育的内容,西欧世俗封建主的骑士教育的"七技"(击剑、投枪、骑马、游泳、打猎、下棋、诵诗),主要内容都属体育范畴。

近代体育是在欧洲文艺复兴以后发展起来的。随着资产阶级登上历史舞台,近代实验科学和社会人文科学的发展,"三育并重"的教育思想的倡行,体育成为一种独立的社会文化形态并在学校教育中越来越受到重视,因而得到迅速的发展,体育在学校教育中得到更加自觉的实施。

现代社会的进步,使体育这种独立的文化形态更加完善。体育作为教育的组成部分也具有新的特征,出现了新的发展趋势。如体育教育义务化,体育实施开放化,体育方式多样化,体育手段日益科学化,等等。体育在教育中的重要作用已被更多的人所认识。体育作为一种理论、知识、方法体系已被更多的人所接受。在学校教育中"智育第一"或"唯智力论"等轻视体育的观点,实际上是封建思想残余在教育中的表现,是一种陈腐的观点。

当然,我们理解体育与教育的关系,不应该把体育仅仅理解为学校教育的组成部分,还应当看到体育的完整体系和多种功能已经远远超出学校教育的范畴。现代体育已成为全社会和全民的需要。从妇婴保健到延缓衰老即人的生命的全过程,无不与体育发生联系。从提高人口素质,改善人们生活质量,丰富现代生活方式,到提高运动技术水平,振奋民族精神,建设社会主义精神文明,树立社会主义核心价值观,也无不与体育发生联系。所以,体育过程是包括学校体育在内的全社会化过程。可以说,体育的实施范围已扩展到全社会,体育在现代社会中的价值和地位也日益提高。随着体育的科学化社会化进程,传统的"小体育"正在向现代的"大体育"转变。这种转变,将使体育在人类历史的长河中进入一个新的里程。

### 二、体育与德育、智育、美育的关系

体育作为教育的一个组成部分,由体育本身在培养人、教育人方面所具有的价值和作用决定。体育的开展、体育目的的实现,离不开德、智、美诸育的密切配合,反过来,德、智、美诸育的实施也需要体育配合。整个教育过程就是德、智、体、美诸育的相互配合、相互补充、统一作用于教育对象的过程。

#### (一)体育与德育

道德教育是塑造人们精神境界的重要工作,它的任务是将一定社会和阶级的道德

变成人们个体的思想行为。

学校中的道德品质教育就是要培养学生良好的道德意识、道德情感、道德意志和道德的行为习惯。而学校体育在传授体育运动知识、技能和增强学生体质的同时,也能成为培养和发展学生的道德品质的重要手段。体育中的道德品质教育是通过体育运动实现的。

严格的体育教学和训练,可以加强学生的组织纪律性,形成良好的道德意识。在体育教学和训练中,时时体现出严密的组织形式,严谨的竞赛规则,严格的技术规范,个人的意志应服从集体的需要,只有在符合并遵守体育的规章制度时,个人的行为才能得到认可和发展。如在上体育课时,要求开始和结束都要集合、整队、清点和报告人数,练习时要按一定秩序进行。又如,在赛跑时,当发令员还未鸣枪,就有人冲出去,便会以"抢跑"论处。正是在这些"要求"和"规则"的约束和限制下,学生们才能对自己的行为进行规范。学生通过正确处理个人与集体、自由与纪律、个性与共性的关系,从而加强组织纪律性。

体育教学和训练的集体性,可以培养学生集体主义精神,增进良好的道德情感。体育运动中有很多集体项目,而集体项目获得成功的重要保证又在于队员之间的协调配合、统一行动。这种协调配合、统一行动必须以积极的、健康的道德情感作为基础,这种道德情感是共同的责任感、荣誉感的精神升华,是集体主义的情感基础。如足球赛的金杯,从来就代表着集体的智慧、集体的荣誉,它盛着参赛的每个队员及教练员的共同汗水。中国女排的表现展现了祖国至上、团结协作、顽强拼搏、永不言败的精神面貌。同时,人与人之间正常的关系以及公共生活中的基本准则也能为学生体验和感受,从而促进他们正确的道德意识的形成。

体育教学和训练的对抗性,可以促进学生良好的心理素质的形成,培养学生良好的意志品质。由于体育教学和训练具有紧张、激烈的对抗性,并伴有一定的生理负荷,它要求运动员克服内心障碍和外部障碍,以坚定的意志和顽强的毅力去克服和战胜各种困难,在使自己的行为符合一定的道德规范和准则的情况下,为达到自己的目的表现出坚忍不拔的道德意志。例如,田径项目可培养学生灵活、机智的应变能力以及开朗、豁达的个性;体操、武术等则有利于培养机智、沉着、果断的自控能力等。因此,体育教学和训练在培养人的意志品质方面无疑是创造了一个良好的环境。

体育教学和训练为道德行为的表现提供了有利的条件,有助于形成学生良好的道德行为。在体育运动诸规则的约束下,道德行为始终沿着固定的方向发展。在体育活动中,凡表现出遵守纪律、服从裁判、尊重观众、团结同伴、尊敬教练等良好行为的运动员都会受到人们的赞赏和喜爱。反之,如动作粗野、故意伤人、无视裁判和观众、表现出锦标主义和个人主义的运动员,则会由于触犯体育"公德"而受到应有的制裁和处罚,引起公众舆论的谴责。在这样一种强制而又自然的环境中,学生都努力控制和约束自己的不良行为,努力表现出良好的道德风貌,为形成良好的道德品质和习惯打下基础。

由此可见,在学校教育中,对学生进行道德品质教育,是德育的重要任务,而体育的教学和训练则是完成这一任务的重要辅助手段和途径。

(二) 体育与智育

人的智力发展是建立在大脑这个物质基础之上的。现代科学研究发现,在人的大

脑正常发育情况下，一个人聪明与否，与其大脑的体积和重量关系不是很大，而与大脑的物质结构和机能状况（即神经细胞突起分枝的多少、神经细胞和神经细胞群之间的联系网络的复杂程度和信息传导的速度等）颇有关系。体育锻炼可以有效地促进这些方面的发展。人进行运动时的各种动作，基本上都是在短时间内甚至是在一瞬间完成的，并有一定质量要求。在这种情况下，肌肉活动产生的生物电对大脑皮层细胞的刺激越强，动员工作的神经细胞就越多。这就有利于提高大脑皮层细胞活动的强度、灵活性、均衡性及分析、综合能力，使整个大脑神经系统的功能得到加强。

体育本身也是一种文化，体育中蕴含着丰富的科学知识。通过体育教学和锻炼，学生可学习和掌握一定的体育科学知识、技术和技能，并使相应的各种能力得到发展。体育不仅在知识上与其他学科之间有着密切的联系，而且在技能方面也有着共同的要素，如思维力、记忆力、观察力、想象力、创造力等。而这几种能力正是构成智力的几大要素。作为一种教育和训练活动，体育在传授知识，培养技能、技巧，增强人的体质过程中，始终贯穿着这几种能力。所不同的是，体育是按照自己独特的方式促进智育、发展人的智力。其特点是：

第一，全面培养观察力。观察力是一种有目的、有准备、主动的知觉能力。它要求的最佳品质是敏捷、正确、深刻和完善。在体育教学中，学生学习各种身体动作，都是先通过观察教师的示范动作形成表象，而后才做出符合要求的动作。另外，运动技术学习的复杂多样，以及运动场上千变万化的环境，使学生在控制自己注意力和稳定性的同时，还要注意观察同伴和对手的变化，在一瞬间迅速改变对策。这种在观察范围和选择对象上的敏锐精细的观察力是通过比较、想象、推理等多种方式练就而成的。体育运动正是为培养学生的观察力提供了良好的环境和创造了有利的条件。

第二，广泛训练记忆力。人的记忆力的好坏是由记忆力品质来确定的。它包括识记的准确性、敏捷性和记忆持久性。体育教学对发展记忆品质的作用主要有三个方面：

敏捷性：体育教学和运动训练的实践性，决定了大部分时间都在户外和体育馆上课。不光教师不能带着书本、讲稿和借助书面材料临时参考，学生同样也不能翻阅教材、记笔记、录音以及待课后才来慢慢咀嚼所学的东西。因此，就要求学生当堂就要迅速地识记上课的内容。它包括教师的理论讲述、动作讲解（要求、方式、结构）、动作示范（幅度、节奏）。在实际练习中，通过追忆动作之间的联系、完整技术动作的先后次序和外在形象，以联想和再生的方式在头脑中形成一整套正确技术动作的运动表象，去完成练习。

正确性：体育运动通常是由若干动作环节组成的连续性活动，其成绩的好坏以及其练习的成功与否，是建立在正确的动作基础上的，尤其是在比赛中，不像其他学科那样可以用片刻时间考虑，而是要求一旦做出动作就要准确无误。在体操、武术、跳水等项目中，一环扣一环、一个动作接一个动作。表演者都能快速、准确地做出来，充分体现了记忆的正确性。在球类这样的集体项目中，对正确的记忆要求更高，因为一旦一招失灵，就会导致一次配合的失败。

准备性：在体育活动中，多数是属于对抗性的。两军对垒，一旦察觉对方的意图便应及时地采取相应的措施来制约对方。个人练习更是这样，如果做前忘后，就会由于失去了动作的连贯性和破坏了节奏感而失败。因此记忆的准备性，不但在体育活动中是缺一不可的,而且还会在其中得到充分的训练。

从体育教学和训练对记忆品质多方面的作用,我们不难看出,它对整个记忆过程的发展和扩大表象储存有一定意义。

第三,启迪诱导想象力。想象是在人们头脑中把过去感知过的形象进行加工所产生的一种新的形象。体育教学中,学生不仅只从对动作外部形象的语言描述和直观中(如模型、图表、示意图)获得知识,还要通过想象、模仿、表现活动去体验各种感知和情感,以获得运动基础知识和基本技术。而这一过程,正是想象创造性的再现。尤其是自由体操、艺术体操、跳水、花样滑冰、花样游泳等项目,从动作设计到表演,始终贯穿着想象的因素。离开了想象,就失去了生命力。可见体育教学和训练有助于发展学生的想象力。

第四,提高思维能力。体育教学的多样性和运动场上的千变万化,会使学生产生积极的思维活动。尤其是较高水平的比赛,已不仅是技术与体力竞赛,而且也是激烈的智力较量。体育教学和训练对培养学生的思维能力,在思维的高速度、灵活性、独立性三个方面有显著效果。

思维的速度感:体育教学使学生不是坐在安静的环境中,慢慢地分析和全面地讨论问题,而是在紧张、激烈的比赛过程中来思考问题。因此学生必须善于特别迅速地估计情况和立刻做出正确的决定,并在很短的时间内,果断地抛弃不成功的决定。这种高度的思维过程,常常是在结果以后才被意识到的。

思维的灵活性:由于比赛是在复杂多变的环境中进行的,比赛的双方都想控制对方,又要摆脱对方的制约,就必须破坏对方的战术。因此,事先经过深思熟虑的计划,常常得不到贯彻执行。这时学生就必须根据实际情况迅速地加以修订,临场重新布置计划。

思维的独立性:对于运动场上出现的各种问题,都是由学生自己独立思考和自行解决,有利于培养其思维的独立性。因此,人的思维能力在体育教学和训练中是能够得到促进和提高的。

综上论述,体育作为开发智力的一种手段,不仅与智育的关系密切,为智力的发展创造良好的生理条件,而且与德育、智育、美育一道,从各个角度,以不同的方法、手段,挖掘人的各种潜力。

(三)体育与美育

体育与美育也是密切相关的。体育运动对身体美的塑造有着明显的作用,可以使人身体各部分的骨骼和肌肉都得到均衡、协调和健美的发展。因此,身体美的研究既涉及体育内容,也涉及美学内容。体育活动可以有意识地美化身体。健美的体态是人类体育实践的结果,也是人的全面发展的必然要求。

体育不仅能塑造体形的外在美,而且能培养人的内在美,如勇敢、坚定、果断等意志品质,同时能使人具有坚韧、礼貌、克制、协作、友爱等高尚情操以及胜不骄、败不馁的运动员风度。一些有音乐伴奏的运动项目,如广播体操、艺术体操、自由体操、花样滑冰、花样游泳等,把健美的体态、动作,悦耳的音乐和优美的造型集中在一起,就更能使体育项目富有美的魅力,使体育运动既有健身的价值,又有审美价值。体育中的美育,主要通过具体的体育活动来实施,在学校体育中利用各种教学手段培养学生的审美意识,可以收到良好的效果。

体育中的美育是审美教育的重要组成部分,同时也是体育教学的一种较高级的形式。它的价值,与人的价值密不可分,主要表现在三个方面:

第一,体育的美育价值表现为对人的审美趣味、审美意识的培养,可以发展人的审美能力。

第二,体育的美育价值体现在对人自身健美的创造上。

第三,体育的美育价值最终表现为它是造就全面和谐发展的人,使人的潜力全面而自由地发挥出来,实现自我,即最高审美价值的一种重要手段。

总之,体育同美育有着密切的联系。从某种角度讲,体育可以说是健与美的结合。体育动作的优美、协调、节奏感、造型美等都无不渗透着美育的因素。我们常说,健美的体魄,矫健的体态,匀称的体型,优美、协调而有节奏感的动作等,就是体育与美育的结合。通过美育可以提高学生们在体育活动中感受美、鉴赏美、表现美、创造美的能力,使之更好地创造和发展体育中美的表现形式和内容,更好地培养学生认识和表现自身在运动方面的美,更加充分、更加自由、更加全面、更加完美地培养和发展人类自身。

## 第二节　体育与政治

> **知识窗**
> 体育具有改变世界的力量。体育的力量无与伦比,它能激励人民,团结人民。要打破种族藩篱,体育的力量胜过各国政府。
>
> ——纳尔逊·罗利赫拉赫拉·曼德拉

体育与政治的关系是系统互动的关系,即互相影响、互相作用。现代社会发展的现实表明,体育向社会各个领域的渗透,政治对其他各种社会活动(包括体育)的干预越来越明显,体育与政治之间有着千丝万缕的联系,这种联系既复杂又微妙,难以用一个简单的、绝对化的公式来表达。从理论上讲,体育既然是一种社会活动,首先要受政治经济的制约,为一定的政治经济服务,发挥其一定的上层建筑功能。其次,由于体育有一部分不属于上层建筑,它可以被各种不同的政治所控制和利用,因而体育与政治的关系又表现出一定的灵活性。实践证明,在现代社会发展中,体育与政治互相作用的关系,表现得越来越紧密,政治对体育的影响,体育受政治的制约日益明显。

回顾奥运发展史,体育与政治的关系高低起伏、时紧时松,政治冲突尖锐时体育比赛也深受影响。

1894 年,现代奥运会的倡导者顾拜旦爵士拒绝邀请德国参加在巴黎举行的奥林匹克大会。

1916 年,奥运会因政治的最极端表现形式——战争而停办。

1936 年,希特勒把柏林的奥运会变成了日耳曼纳粹分子的宣传表演会。作为对纳粹的让步,美国队从 4×100 米接力赛中换下了两名犹太族短跑选手。

1940 年和 1944 年,第二次世界大战中断了奥林匹克运动会。

1948 年,在英国伦敦举行的第十四届奥运会,因阿拉伯人威胁要抵制运动会,以色列被拒绝参加。

1952 年,中华人民共和国进入国际奥委会,民主德国不被承认,民主德国代表团拒绝入场,最后,民主德国与联邦德国作为一个队参加比赛。

1956 年,由于苏伊士运河战争,一些阿拉伯国家抵制了奥运会。由于国际奥委会接纳了中国台湾地区,中华人民共和国宣布退出。匈牙利事件使西班牙、瑞士、荷兰宣布退出,以示对苏联的抗议。在苏联和匈牙利比赛水球时发生了严重的骚乱。

1960 年,韩国进入奥运会,朝鲜宣布退出。

1964 年,南非因实施种族隔离制度,被禁止参加奥运会比赛。

1968 年,美国黑人运动员抗议美国的种族主义:两名黑人运动员在演奏国歌时,垂着头,挥舞着拳击手套,以至被宣布终身不得参加奥林匹克比赛。同时,在墨西哥城也发生了枪杀抗议学生的事件。

1972 年,11 名以色列运动员被阿拉伯恐怖分子枪杀,开幕式变成了追悼会。由于国际奥委会允许罗得西亚参加奥运会,激怒了非洲国家,国际奥委会只好撤销了原来的决定。

1976 年,28 个非洲国家因新西兰橄榄球队访问南非而抵制了奥运会。同时,加拿大政府拒绝对中国台湾地区的代表团发放签证。

1980 年,美国、联邦德国、加拿大、日本、中国等国家抵制了在莫斯科举行的奥运会,以抗议苏联入侵阿富汗。另有 16 个国家在开幕式、闭幕式上不打国旗,而只打奥运会五环旗。

1984 年,苏联、民主德国、波兰等国拒绝参加洛杉矶奥运会,以示对前一届奥运会的报复。

1988 年,朝鲜民主主义人民共和国拒绝参加在韩国汉城(今首尔)举办的第二十四届奥运会。

1996 年亚特兰大奥运会期间在奥林匹克公园发生了爆炸事件,一人当场死亡,100 多人受伤。

"冷战"结束以后,奥运体坛政治斗争渐趋平和,奥运会与政治似乎拉开了距离。但幕后的斗争,场外的较量仍在继续。中国申办 2000 年奥运会主办权,因非体育原因受阻便是一例。

在建设有中国特色的社会主义进程中,体育作为社会主义精神文明建设的重要内容之一,与政治的联系将更加活跃。进入新时代,体育的政治功能愈发显著,体育的制度生命力、大众亲和力、国际竞争力、世界影响力充分彰显。北京 2022 年冬奥会的成功举办,对于呈现中国形象,推动构建人类命运共同体产生了重要作用。体育作为我国政治经济的"窗口",作为展示中华风采的"橱窗",为政治服务的功能将更为强化,体育的政治功能将进一步得到发挥,对此应有深刻的理解和充分准备。

第一,作为国力强弱的标志之一,体育比赛的成绩直接影响国家的声望和威信。

决定一个国家国际声望的因素固然很多,其中,竞技比赛,特别是奥运会等大型国际竞赛,对世界各地影响面之广,输送信息之明确,产生效应之迅速,超过了很多大型活动的影响力。

比赛胜负直接关系到国家的荣誉,为胜者当场升国旗、奏国歌,向世界人民展示,让世界人民仰慕。

第二,作为强大的精神动力之一,重大竞技比赛的胜利提升民族自尊心,增强自豪

感,激发起巨大的爱国热情。

　　体育比赛的结果具有不确定性,胜负悬念引人关注,加之比赛双方各具代表性,重大比赛的胜负与他们所代表的国家名誉相联系,因此,大型体育比赛已成为各国人民瞩目的社会活动,重要赛事甚至达到倾国倾城的程度,比赛的意义远远超出竞技场,超出比赛本身。在2022年北京冬奥会上,我国运动员谷爱凌夺得自由式滑雪女子大跳台、自由式滑雪女子"U"形场地技巧两块金牌,国人沸腾,海外华侨欢呼雀跃,海内外掀起了巨大的爱国浪潮。可见竞技比赛可以抒发爱国情感,振奋民族精神,鼓舞国民士气,弘扬国家威风。这种巨大精神力量和凝聚效应,对于致力于社会主义现代化建设的中国人民来说尤其重要。

　　第三,作为社会感情的调节要素之一,体育可以欢娱身心、稳定情绪,从而有助于社会的安定与团结。

　　体育具有健身性和娱乐性,在社会上存在着最为广泛的社会需求。满足人民的需求、积极开展群众性体育活动,本身就是美化生活、稳定社会的重要措施之一。

　　当今人们工作节奏加快,心理压力增加,利用体育活动来调节身心,协调人际情感是必要的。当社会矛盾出现可能激化的苗头时,适时主办和观赏大型赛事,组织群众喜闻乐见的体育活动,则可以起到转移大众视线、缓和激烈情绪和弱化对抗行为的作用,从而为从根本上解决问题赢得时间。

　　1990年我国主办了北京亚运会。这是有史以来我国主办的规模最大的国际体育盛会。在当时的国内背景下,比赛圆满成功,对于促进国内的政治稳定、社会安宁起到了不可低估的作用。

　　第四,作为增进友谊的桥梁之一,体育能够促进各国人民之间相互了解,特定情况下还可以提供灵活的外交场合和机遇。

　　比赛具有双边性和交往性。国际比赛中,作为人民使者的各国运动员,通过场上交流和场下的广泛接触,可展示各国人民的风采,加深与他国选手的友谊,中国的"乒乓外交"就是典型的例子。同时还应看到,竞技比赛至少在形式上具有非政治性,可以使任何国家,甚至政治上有隔阂乃至敌对国家的运动员走到一起,同场竞技。与此同时,双方的官员也要进行必要的接触。

　　因此,在特定情况下,为打破外交僵局,常以比赛为契机,进行外交接触,往往在人们意想不到的时刻取得重大的外交突破。

## 第三节　体育与经济

> **知识窗**
> 　　加快发展体育产业,对拓展体育发展空间,丰富群众体育生活,培养体育人才,提高全民族身体素质、生活质量和竞技体育水平,促进我国由体育大国向体育强国的转变,促进经济社会协调发展,具有重要意义。
> 　　　　　　　　　　　　　　　——国务院办公厅《关于加快发展体育产业的指导意见》

　　体育与经济是相互联系、相互制约的。研究体育与经济之间的联系可以揭示体育与经济的依赖关系,以及体育对社会经济发展的作用。

　　体育与经济有直接的联系,也可以通过政治、文化、道德、科学等与经济发生间接联系。这里主要考察体育与经济之间的直接联系。

**一、经济是体育发展的基础**

　　经济发展为体育的发展提供物质技术条件和财力基础,又向体育事业提出新的需求。体育的发展是受到经济制约,归根到底是由社会生产力的水平所决定的。经济对体育的决定作用,主要表现在以下三方面。

　　(一)经济状况决定体育发展的规模和水平

　　物质资料的生产活动是人类最基本的实践活动,是人类社会存在和发展的基础,也是政治、科学、艺术、教育等活动的基础。作为人类精神文明组成部分的体育,是社会物质文明和精神文明发展的产物,它的产生是以社会物质生产的一定发展水平为基础的。体育事业的发展规模和速度取决于社会生产的发展水平,取决于物质资料生产能为社会提供多少剩余产品,能提供什么样的物质技术条件和多少体育活动经费,能提供多少可用于体育活动的自由时间(闲暇时间)。同时,也取决于社会经济条件所决定的社会对体育的需求性质和需求程度。社会经济的发展,不但为体育的发展创造出更多的物质条件,并有可能投入更多的人力、物力、财力,而且也创造出社会和社会成员对体育的新的需求,促使体育事业向前发展,体育事业的规模不断扩大,体育运动的水平不断提高。

　　体育运动的水平同经济的关系从历届奥运会的奖牌分布中可以看出来。因此,摩洛哥的马赫迪·埃尔曼杰教授分析统计材料后得出结论,认为奥运会能否取得奖牌和奖牌的多少,主要取决于社会经济的发展。

　　(二)经济水平制约着体育发展的结构和手段

　　18世纪产业革命后,手工生产逐渐被机器生产所代替。机器生产对劳动力的素质提出了新的要求,劳动力不但要有一定的文化素质,而且要具有一定的身体素质。适应机器大生产对劳动力素质的需要,体育成为学校教育的重要组成部分。由于当时生产机械化程度不高,资本家主要通过延长劳动日的办法加强对工人的剥削,工人劳动时间长,强度大,物质生活水平很低。在这样的条件下,体育不可能大规模地进入广大劳动群众的生活中去。因此,这时的体育主要是学校体育。随着科学技术的进步和生产的现代化,劳动者生活条件的改善和劳动时间的缩短,人们对体育产生了新的需求,同时也为实现这种需求创造了一定条件,于是,娱乐性体育、健身性体育达到了空前的规模。随着经济的发展,体育的结构越来越复杂,与社会生活各方面的联系也越密切。

　　在经济的发展基础上,体育运动项目和教学训练的物质手段也有了很大发展。在手工生产时期,体育的物质手段是比较简单的。在现代生产的条件下,新的物质手段不断地被运用到体育运动、教学训练、运动竞赛、体育科学研究中来。自行车、摩托车、汽车、飞机等在社会生活中的广泛应用,也逐渐发展成为运动手段,产生了自行车、摩托车、汽车、航空、跳伞等运动。电子竞技运动则是网络技术业发展的产物。体育运动物质手段的发展必然带来运动技术和体育教学训练方法的变化。木质乒乓球拍贴不同的橡胶贴面,使乒乓球运动技术有了很大的变化;撑竿跳高由竹竿、金属竿到玻璃钢

竿的演变,促进运动技术发生了变化,使运动员越过横竿的高度不断上升。

### (三)经济制度决定体育的社会性质

适应于社会生产一定水平的经济制度决定了体育的社会性质。体育的社会性质主要表现在体育的目的,体育的目的反映着该社会体育的本质。资本主义经济制度决定了在资本主义社会里,体育不过是资本家提供经久耐用的健壮劳动力的手段,是资本家牟取利润的工具。在以公有制为基础的社会主义社会里,体育的根本目的就是增强人民的体质,促进人的自由的、全面的发展,满足人民日益增长的美好生活的体育需要,这是社会主义体育的根本特点,也是社会主义体育优越性的根本所在。

## 二、体育在国民经济中的地位和作用

体育不仅是增进人民幸福的手段,而且对经济的发展具有重要促进作用,这就是体育的经济价值。

### (一)体育是提高劳动力质量的重要手段

劳动力是社会生产力的主要因素。社会再生产不仅是社会产品的再生产,也是劳动力的再生产。随着科学技术的进步,生产过程的机械化、自动化、科学化的程度不断提高,直接作用于劳动对象的体力劳动的比重不断下降,劳动过程逐渐智力化,对劳动力的素质提出了更高的要求。劳动力的素质包括文化技术素质和身体素质。劳动者的身体素质包括三个方面:第一,健康状况,主要表现为对自然界的适应能力和对疾病的抵抗力;第二,体力和精力,主要表现在身体运动能力和劳动能力的强弱,体力是否强盛,精力是否充沛;第三,生命力,主要表现在能够从事劳动的时间长短和寿命的长短。良好的身体素质也是提高劳动者文化技术素质的重要条件。一个人身体健康,体力强盛,精力充沛,就可以更好地学习和吸收文化科学知识和生产技能。如果身体不好,就会减少学习时间,降低学习效率,甚至丧失学习文化技术的时机,即使有了丰富的知识和熟练的技能,也不能充分发挥出来。

体育可以培养劳动力。体育在劳动力再生产中有重要作用,是提高劳动力质量必不可少的条件。青少年经常参加体育锻炼,有利于身体发育,形成良好的身体形态,发展身体的运动能力,使之成为健壮的劳动力。

体育可以保护劳动力。经常参加体育锻炼,能增强对自然的适应能力和抵抗疾病的能力,可以避免由于职业特点对身体的不良影响和身体局部机能的损害,减少疾病,降低发病率。

体育可以"修理"劳动力。适当的体育锻炼对于某些疾病具有治疗作用,如不少神经衰弱、关节炎、高血压等心血管系统疾病,通过适当的体育锻炼,都收到了很好的治疗效果,使身体得到不同程度的康复。

体育可以增强劳动力。体育锻炼能改善人体各器官系统的功能,增强肌肉的力量,使劳动者体力强盛,而强盛的体力又是旺盛精力的基础。

体育可以"恢复"劳动力。体育是一项有利于身心健康的娱乐活动,无论是参加体育活动或观赏运动竞赛,都可以得到精神上的享受和快乐,随着生产自动化的发展,劳动者的精神和注意力经常处于高度集中的状态,极易产生疲劳。体育最有利于消除精神上的疲劳,恢复和保持充沛的体力和精力。

(二)体育在经济增长中的作用

通过体育锻炼,改善劳动者的健康状况,降低患病率,提高劳动者的出勤率。经常参加体育锻炼,可以增强劳动者的体力和精力,从而提高劳动效率。苏联经济学家奥克萨尼奇根据对大量统计材料分析的结果,认为经常参加体育运动的人与不参加运动的人相比,劳动生产率平均高出 0.6%~10%。如按 3% 计算,1979 年苏联国民收入为4 380 亿卢布,物质生产部门经常参加体育活动的人占劳动者总人数的 30%,则一年中由于开展体育运动可增加国民收入 40 亿卢布。

体育可以降低医疗卫生费用。开展体育运动可以降低患病率,对某些慢性病也有一定疗效,因而可以节省医疗卫生费用。国外研究证实,1 美元体育活动投入相当于10 美元疾病预防投入,或 100 美元疾病治疗投入。

体育可以带动有关产业的发展。体育运动的发展必然扩大对有关产业部门产品或劳务的需求,为这些部门提供市场,推动这些产业的发展。目前,体育用品已经走出运动场,成为街头流行的时髦消费品之一,其销量不断增长。另外,体育运动的发展,尤其是国际国内各种运动竞赛的增加,需要建设大、中、小等不同类型不同水准的体育运动设施,带动交通、旅馆、商业、饮食业等服务行业的发展。竞赛场地的广告和电视转播既可以成为体育部门收入的一个来源,又可以起到传播商品信息、扩大商品需求、推动生产发展的作用。

(三)体育是提供劳务、可以满足劳动者的健康和文化生活需要的一个生产部门

体育部门工作人员的劳动虽然不创造物质产品,却可以生产体育劳务(服务)。马克思指出:"服务这个名词一般地说,不过是指这种劳动所提供的特殊使用价值在这里取得了'服务'这个名称,是因为劳动不是作为物,而是作为活动提供服务的。"体育劳务与教育、卫生、艺术表演等劳务一样,具有不同于物质产品的特点。第一,体育劳务不具有实物形式,它不是作为物,而是"作为活动提供的"。体育教师、教练员、运动员、体育场馆工作人员提供的都是一种"活动"。第二,产品"同生产行为不能分离"。服务产品一经生产出来就立即消失不能储存。第三,生产和消费的同时性。生产过程同时就是消费过程。精彩的体育表演或比赛的过程,实际上也就是观众作为消费者消费体育劳务满足需要的过程。"任何时候,在消费品中除了以商品形式存在的消费品以外,还包括一定量的以服务形式存在的消费品。"可见,体育劳务虽不具有实物形式,但它是确实存在的能够满足人民健康和精神需要的一种特殊消费品。

随着生产过程的日益社会化,社会对体育的需求和发展体育运动的经济条件都日益扩大,体育事业的规模日益扩大。体育的结构和功能都日益多样化、复杂化,体育日益深入社会生活的各个方面,投入体育事业的人力、财力、物力不断增加,体育机构日趋健全,体育事业已逐渐成为国民经济中一个不可缺少的独立部门,提供越来越多的体育劳务产品,满足人们健康的和文化的需要。

## 第四节　体育与大众传播

---

**知识窗**

　　体育新闻是传播人类体育运动、健身活动及其相关的一些信息。当代的体育新闻记者已不再是"主队的啦啦队队长",他们必须严肃认真地对待自己的工作,更好更专业地完成自己的报道任务。

　　　　　　　　　　　　　　　　　　——布鲁斯·加里森(美国迈阿密大学新闻学教授)

---

　　所谓大众传播,是指现代常用的一些宣传手段,如广播、报纸、杂志、电视、电影等。这是推广和普及体育运动、扩大体育影响、吸引人们参加体育运动的主要媒介。由于现代体育多方面的功能,赢得了社会各阶层的普遍认可,成了人们最感兴趣的社会活动之一。随着大众传播手段的日益现代化,录像、电子计算机和通信卫星的采用及国际通信联络网的建立,新闻通信打入了运动场,成了体育运动忠实的富有成效的传播媒介。体育运动通过大众传播的种种渠道,被输送到人们日常生活和家庭之中,而大众传播又借助于体育运动的魅力,吸引着数以亿计的观(听)众。总之,体育需要宣传,宣传可以扩大体育的影响,推动体育的发展;同时,宣传也需要体育,体育可以丰富宣传的内容,促进宣传的繁荣,而且社会越发达,体育与大众传播媒介的关系就越密切。

### 一、大众传播媒介可以对人们的体育态度与行为产生一定的影响

　　社会调查证明:看电视体育节目越多的人,其体育的参与比例越高。据2013年中央电视台所做的《中国电视观众现状报告》:"人们对体育节目的兴趣随年龄的增长而递增,青年观众的收视兴趣较浓;男性观众的收视兴趣高于女性观众;城市观众兴趣高于农村观众;经济状况较好的观众兴趣高于经济状况较差的观众;随文化程度的增高,观众对体育节目的收视兴趣也渐渐浓厚。"这一情况与我国体育人口的分布基本相符,说明大众传播媒介对人们的体育参与是有价值的。但是,传播媒介对人们的体育参与也会产生负面的影响,过多收看体育电视节目,会挤占人们的体育参与的时间。同时,大量的体育竞赛节目也会造成社会体育价值观念的偏差,麻痹一部分观众的体育意识。

### 二、大众传播媒介缩短了体育活动与社会成员之间的社会距离

　　在现代社会中,体育运动与社会成员保持着各种联系,体育活动吸引着社会成员,社会成员尽可能地参与其间。而大众传播媒介在体育与大众之间筑起了桥梁。多数社会成员通过体育宣传、体育种类介绍、体育新闻报道认识体育、了解体育,然后参与体育,许多社会调查表明,终身体育者、体育爱好者、优秀运动员都受到大众传播媒介的影响,许多青少年在大众传播媒介的潜移默化中走上体育道路。

### 三、大众传播媒介加快了体育运动的传播速度,扩大了体育运动的社会覆盖面

　　历史上体育运动的传递和传播主要依靠学校教育,这已不能适应社会的飞速发

展,特别是不能适应竞技体育国际化、高水平化和竞争激烈化的现状。大众传播媒介则大大加快了体育信息的传播速度,使许多不能直接观看体育比赛的人能够尽快甚至同时得到体育的消息,并能身临其境地享受到体育比赛带来的欢乐。因此,大众传播媒介使体育运动的社会覆盖面越来越大,影响越来越深,可以说现代竞技体育离开大众传播媒介必定寸步难行。

### 四、大众传播媒介为体育树立形象

体育运动通过大众传播媒介为社会树立体育人物和事件的形象,提高运动员、教练员、裁判员的威信和知名度,同时也在一定程度上影响了运动员和教练员在比赛前后的心理状态,有意识地利用大众传播媒介已成为教练员、运动员的重要战术手段。

### 五、大众传播媒介为社会提供体育娱乐,改变人们的生活方式

各国城乡居民在体育娱乐中通过电视观看体育比赛是一种重要的生活方式。据多项社会调查表明,我国城乡居民对体育参与的重要形式是观看电视体育节目和阅读体育报刊,这也是许多家庭的体育娱乐内容和支配闲暇时间的主要方式。这种对体育的间接参与,一方面说明体育在我国群众心目中的地位不断提高,一方面它也挤占了群众直接参加体育活动的时间。

### 六、体育运动通过大众传播媒介促进社会的精神文明建设

体育运动的信息量大,新闻价值高,对社会的吸引力很大。有意识地利用体育比赛吸引青少年,减少社会犯罪,是一个行之有效的方法。据复旦大学陈天仁教授的调查,凡电视台播放大型精彩国际比赛的夜晚,上海街头行人和交通工具上的乘客明显减少,公安局也有当夜犯罪率明显下降的报告。

### 七、大众传播媒介沟通了体育比赛与商业关系,把竞技体育推向市场

利用大众传播媒介,特别是出让大型运动会的电视转播权,在体育比赛中插播商业广告,已经成为兴办运动会筹集资金的一种公认的办法。人们称比赛、观众、电视转播、商业广告是现代竞技体育这具马车的四只缺一不可的轮子。大众传播媒介已经成为支撑竞技体育生存发展的一根重要的支柱。由于竞技体育对大众传播媒介和商业广告的依赖越来越大,竞技体育也就出现了迁就、服从商业目的的倾向。为了商业利益而修改规则,使大众传播媒介中的体育节目刺激体育消费,促进体育产业的发展。

电视体育节目与各种体育报刊都带有体育产品、体育服务的介绍或广告,人们受到这些宣传的影响可能扩大体育消费,如购买名牌体育服装、器材等,这对促进体育产业发展都是十分有利的。

### 八、体育活动是各种大众传播媒介进行新闻战的争夺内容

体育比赛的竞争性、比赛结果的不确定性和时间的紧迫性,使体育新闻成为大众传播媒介争夺的一项内容。2022北京冬奥会,各界媒体人数达到15 000人,是冬奥会历史上媒体人数最多的一届盛会。可见,体育活动在新闻等大众传播媒介中的重要性。

# 第五节　体育与社会发展

在人类社会的发展过程中,体育活动与社会的关系越来越密切。一方面体育活动本身作为一种社会行为、社会活动介入社会生活;另一方面作为社会的"缩影"和"焦点",浓缩和反映了社会变迁、社会关系、社会心理和社会行为的种种现状,能动地对社会的变革起到促进作用。在现代社会里,体育与社会的这种关系表现得尤为强烈。

## 一、体育是社会发展的重要组成部分

一个社会在经济发展的同时,必须注重社会的发展,重经济轻社会的倾向会带来一系列的社会问题,从而严重困扰社会经济的发展。一个现代化的社会必须有计划地发展社会。社会发展包括以下几个领域:环境、人口、居民生活、劳动、社会保障、卫生保健、科技教育、文化、体育、社会治安等。

体育在社会发展中,虽然不像人口、环境、劳动、教育等那样居于显著重要的地位,但它的作用和意义也是不容忽视的。

## 二、体育活动必须与社会协调发展

协调发展,是整个现代社会实现良性运行的一项基本原则,它与"综合性原则""满足需要原则"一起,构成了稳定社会、避免或减少社会失调失控的可操作性理论。体育活动是社会文化活动的重要组成部分,也是维护社会稳定的基本因素之一。体育活动与社会的协调发展,不仅有利于自身的存在和再生,也有利于社会的安定和平衡。

这里讲的协调发展,是指体育活动与社会环境之间,物质、能量、信息交换中的平衡互动达到最佳状态。在社会大系统中,大系统与子系统的协调,两个以上子系统之间的协调,都可产生协调作用,即一种等于或稍大于子系统作用总和的作用。因此,体育与社会的协调发展,是现代体育发展的一个基本特征。人类社会越文明,体育活动与社会的发展将越来越协调、越来越和谐。

# 第六节　体育与军事

> **知识窗**
> 　体育工作的任务是与国家经济任务相结合的,是为生产、国防服务的。今天的高潮是经济建设,体育工作应围绕着这一中心工作去完成自己的任务。
> 　　　　　　　　　　——贺龙(1953 年 4 月 27 日在第一次全国体育工作会议上的讲话)

体育与军事从产生的时候起,就存在着难解难分的联系,现代的许多体育项目都曾是人类的祖先用于打仗的武艺,如射箭、武术的刀、枪、剑术等。现代军事科学证明,即使在现代战争条件下,一个国家国防力量的强弱,一方面取决于武器的好坏,另一方面还取决于国民的体质、军队的身体训练等。

### 一、军事需要体育,体育要为军事服务

现代战争的条件依然是很艰苦的,指战员们往往需要在恶劣的气候、险要的地形、困难的生活条件和残酷的战争条件下,身负一定重量的装备,兼程奔袭,连续作战。这就要求指战员们具有健壮的体魄、充分的体力和旺盛的精力,否则就很难适应激烈战斗的考验。

尽管现代战争科技含量大大提高,技术装备在制胜因素中的地位也明显提高,但是取得最终胜利,实现最后征服,归根结底还要靠人。离开地面部队,离开高素质的战士,是不能取得战争的彻底胜利的。

### 二、体育能提高部队的战斗力

作为军事训练的重要内容之一,体育可用于军人和后备役训练,能增强部队的战斗力和国防实力。体育训练具有强身性,在提高士兵的身体素质和锻炼他们的意志品质方面具有重要的价值。

通过体育锻炼能提高官兵的身体素质和基本技能,有利于战斗中能攻善守;体育运动能培养指战员勇敢、顽强的品质,有助于适应艰苦的战争环境。培养指战员勇敢善战、不怕牺牲的精神,是提高部队作战素质,增强国防力量的重要手段。

**思考题**

1. 谈谈您对体育在教育中地位的认识。
2. 体育与经济有什么样的关系?
3. 体育与政治有什么样的关系?
4. 体育与大众传播有什么样的关系?
5. 体育与军事有什么样的关系?
6. 体育与社会发展有什么样的关系?
7. 请谈谈您对体育经济的理解。
8. 请查阅相关资料,解释什么叫"乒乓外交""奥运模式"?
9. 请谈谈您对现代体育的地位如何理解?
10. 在本章我们所讲的内容之外,您如何理解体育精神?

**参考文献**

[1]卢元镇.体育社会学[M].4版.北京:高等教育出版社,2018.

[2]杨文轩,陈琦.体育概论[M].北京:高等教育出版社,2021.

[3]江小娟.体育产业的经济学分析[M].北京:中信出版社,2018.

[4]杨木华.体育改革:成就、问题与突破[J].体育科学,2019(1).

[5]钟秉枢,张建会,刘益.新时代中国体育外交面临的问题与对策[J].北京体育大学学报,2018(4).

要倡导健康文明的生活方式，树立大卫生、大健康的观念，把以治病为中心转变为以人民健康为中心，建立健全健康教育体系，提升全民健康素养，推动全民健身和全民健康深度融合。

——2016 年 8 月，习近平总书记在全国卫生与健康大会上发表重要讲话。

# 第三章

# 体育对健康的价值

为进一步提升城乡居民体育健身意识,提高国民身体素质,国务院颁布《全民健身计划(2011—2015 年)》,全民健身计划已经成为全面建设小康社会的重要内容之一。《"健康中国 2030"规划纲要》明确指出,健康是促进人的全面发展的必然要求,是经济社会发展的基础条件。而体育活动不仅是实现"健康老龄化"的重要途径之一,同时也是解决青少年体质下降的重要途径之一。

## 第一节　健康概论

> **知识窗**
> 　健康是智慧的条件,是愉快的标志。
>
> ——(美)爱默生

健康是人类生存发展的要素,它属于个人和社会。以往人们普遍认为"健康就是没有病,有病就不健康"。随着科学的发展和时代的变迁,现代健康观告诉我们,健康已不再仅仅是指四肢健全,除身体本身健康外,还需要精神上有一个完好的状态。人的精神、心理状态和行为对自己和他人甚至对社会都有影响,更深层次的健康观还应包括人的心理和行为正常、社会道德规范以及环境因素的完美。可以说,健康的含义是多元的,相当广泛的。

体育活动恰恰是获得健康的重要途径和保障。正如一些名人所言,静止便是死亡,只有运动才能敲开永生的大门。运动是一切生命的源泉。健康是人类永恒的主题,而体育活动是获得健康的有力保障和有效途径。

### 一、健康的定义

(一)世界卫生组织关于健康的定义

世界卫生组织关于健康的定义:"健康乃是一种在身体上、精神上的完满状态,以及良好的适应力,而不仅仅是没有疾病和衰弱的状态。"这就是人们所指的身心健康,也就是说,一个人在躯体健康、心理健康、社会适应良好和道德健康四方面都健全,才是完全健康的人。有人对这几方面的健康做了如下解释:

（1）躯体健康。一般指人体生理的健康,既没有身体残疾,也没有生理疾病。

（2）心理健康。一般有三个方面的标志:

第一,具备健康心理的人,人格是完整的,有良好的自我状态,表现为情绪稳定、积极乐观,有较好的自控力,能保持心理平衡,有自尊、自爱、自信心以及有自知之明。

第二,一个人在自己所处的环境中,有充分的安全感,且能保持正常的人际关系,能受到别人的欢迎和信任。

第三,健康的人对未来有明确的生活目标,有理想和事业追求,能切合实际地、不断地进取。

（3）社会适应良好:指一个人的心理活动和行为,能适应当时复杂的环境变化,为他人所理解,为大家所接受。

（4）道德健康:最主要的是不以损害他人利益来满足自己的需要,有辨别真伪、善恶、荣辱、美丑等是非观念的能力,能按社会认为规范的准则约束、支配自己的行为,能为他人的幸福做出贡献。

（二）我国学者提出的健康定义

我国一些学者提出的健康定义:"在时间、空间、身体、精神、行为方面都尽可能达到良好状态。"

时间概念:指个人或社会发展的不同时期对健康不能用同一标准来衡量。不能把健康看作是静止不变的东西,应将其理解为不断变化着的概念。我国学者认为,世界卫生组织的健康定义对个人或社会来说,过去是否有过或将来是否有"身体、精神、社会都处于完好的"短暂状态是值得怀疑的。那恰恰不是也不可能是生活方式。新的健康概念强调时间的重要性,即健康概念的相对性。

空间概念:不同地区、不同国家的人,有着各不相同的健康概念和健康标准。这并不意味着没有一个可供人们遵循的健康概念。人们应根据国家、地区的不同,尽可能达到各自的良好状态。人们对保健的需要在发达国家和不发达国家不同。健康教育者应根据空间来制定保健行为。

健康不是由主观或客观的东西来决定。有些结核病人,没有自觉症状,而胸部 X 线片发现有结核病变;一些精神病患者,本人没有意识到患病,而是周围人发现他有病;有许多就诊患者认为自己不健康,而多方面检查并未发现异常。对这些目前没有一个标准来区分。我们不妨从身体、精神、行为等角度,把主观表现、客观征象结合起来去探求健康概念。身体、精神概念较易理解。行为,是一个人在社会生活中对赋予的责任和义务所采取的动态和动机。行为表现为社会性,每个人的行为必然受到他人的影响。

健康作为个体概念,就要求我们在考虑健康时必须与群体的健康进行区分。群体的健康是采用统计学上的平均值,即在一定范围内某一个时期的健康水平应为正常值,偏离了这个正常值的范围就属于不正常。但是,偏离了正常值对于个人来说就不一定不健康,作为个人会因体质、体能不同而处于一个相对健康的状态,因此健康的标准是一个人特有的。个体健康是现实的,群体健康是理想的。此外,我们必须结合世界卫生组织宪章和 2000 年人人享有卫生保健的要求,从国际社会的高度来认识,享受最高标准的健康被认为是一种基本人权。健康是社会发展的组成部分,健康是对人类的义务,人人都享有健康平等的权利。

（三）世界卫生组织提出的健康的十条标准

（1）精力充沛，能从容不迫地应付日常生活和工作的压力而不感到过分紧张。

（2）处事乐观，态度积极，乐于承担责任，事无巨细不挑剔。

（3）善于休息，睡眠良好。

（4）应变能力强，能适应环境的各种变化。

（5）能够抵抗一般性感冒和传染病。

（6）体重得当，身材匀称，站立时头、肩、臂位置协调。

（7）眼睛明亮，反应敏锐，眼睑不易发炎。

（8）牙齿清洁，无空洞，无痛感；齿龈颜色正常，不出血。

（9）头发有光泽，无头屑。

（10）肌肉、皮肤富有弹性，走路轻松有力。

然而，健康标准对不同年龄、不同性别的人则有不同的要求。世界卫生组织的年龄分期是：44岁以前的人被列为青年；45～59岁的人被列为中年；60～74岁的人为较老年（渐近老年）；75～89岁的人为老年；90岁以上为长寿者。

## 二、健康程度

（一）健康程度的分类

从不同的目的和不同的角度出发，有各种健康程度的分类，见表3-1：

表3-1　几种健康程度的分类

| 1度 | 2度 | 3度 | 4度 | |
|---|---|---|---|---|
| 特别健康者 | 普遍健康者 | 需注意者（限制运动） | 需保护者（禁止运动） | 病者（治疗） |
| 健康者 | | 虚弱者 | | |

从理论上讲，尽管分类中有第一度特别健康者和第二度普通健康者，但实际上在体育运动中二者不易明确区分。在日常生活中健康者、虚弱者及病者彼此之间是有区别的，通过体育锻炼和运动疗法，健康程度可以提高和恢复。

（二）健康水平的评价标准

（1）群体健康的评价标准。一个国家或某一地区的群体健康水平的评价标准，主要有四项指标：平均寿命、患病率、就诊率及死亡率。

（2）个体健康的评价标准。个体健康的评价标准主要是看个人各主要系统和器官功能是否正常、有无疾病、体质状况和体力水平等。

## 三、压力与健康

随着社会的进步，人们的物质生活和工作环境都有了极大的改善，面对的压力也越来越大，近几年我国不同年龄层次的人都有不同感受。这里介绍一下当前我国大众压力与健康的一些在年龄方面的特征。

（一）20岁左右：学习的压力

据中国卫生部的一项关于儿童青少年心理健康问题研究表明，32%的青少年有心

理问题。对中国 16 所大学的相关抽样调查结果也表明,精神疾病已成为大学生休学、退学的主要原因。2003 年的调查报告显示,因多种心理障碍引发心理疾病休学、退学的学生占到休学、退学总学生的 50% 左右。

尤其是在中考、高考的压力下,很多学生从小学起就在家长望子成龙的"关怀"下,在同学之间激烈的竞争下,为了考上大学,不分白天和黑夜,埋没在无边无际的题海里。学习已不是一种快乐,学习任务之重、压力之大已经使得很多学生产生了不健康的身体和心理。调查显示,69.5% 的青少年觉得学习的压力很大。

**(二)30 岁左右:婚姻、工作的压力**

由于各行各业竞争的加剧,求职难已成了不争的事实。即使有了工作,在这个飞速发展的社会里,人们又时时面临"末位淘汰""下岗"的威胁。所以现代人,尤其是刚步入社会的人工作压力也越来越重。

此外,这一时期也是年轻人寻找配偶步入围城的时期,双方生活方式、习惯爱好都处于磨合期,因此,在这一时期婚姻生活的压力也相对较大。

**(三)50 岁上下:工作、生活的压力**

人到中年,除了工作的重任外,还有沉重的家庭负担都可能引起中年人的心理紧张,造成心理负担,需要积极应付和适应。尤其是 50 岁以后,很多人又要面对"退休"等带来的角色转换的压力。

在现实生活中人们不得不面对住房紧张、环境污染、交通拥挤、扶老携幼等难题。生活的快节奏、多变性,给人们的恋爱、婚姻、家庭带来了许多不确定的因素,情感受挫机会增加。由于种种利益的冲突,人际关系变得越来越复杂,情感交流日益减少,即使人们遭遇了困难和挫折,也找不到地方宣泄。这些因素不断地作用于我们,缠绕着我们,久而久之,我们的心理就会出现异常,行为就会出现偏差,出现身体不适、情绪不佳、心理不安的现象。

另外,我们还要注意,对于健康的理解,过去往往偏重于人们处于生理上的正常状态,随着医学模式从生物因素致病转向生物、心理和社会行为的综合模式以来,现在对健康的要求,应指身体健康、生理和心理活动正常、精力旺盛、对自然环境及周围的社会环境有着良好适应能力的状态。至于疾病作为健康的对立面,应具有一系列特征性状的病理过程。但是人体由健康到产生疾病,经常会出现一个或长或短的过渡状态(除非是偶然或突发的外伤事件)。此时,人体处于既不属于健康,又难发现疾病的临界状态,有人称之为亚健康状态,也有人称为"第三状态"。上述所说的一些症状就属于亚健康范畴。

处在亚健康状态的人,可能存有各种不适的自我感觉,但各种医学检查和化验结果常为阴性,因而极易被自己忽视。如果此时得不到及时纠正,使症状继续发展下去,就会发生免疫力进一步下降,微循环发生障碍,内分泌出现失调等,进而导致各种疾病的发生。

那么,如何判断自己是否处于亚健康状态呢? 常见的自我感觉有突发性精力不足、疲劳困乏、精神不振、注意力难以集中、心神恍惚、胸闷、心悸、失眠、各处疼痛等;由于内分泌失调而出现烦躁、自汗、潮热、惊恐不安、头晕目眩、月经不调、性机能减退等等。此外,从疾病恢复期到完全健康状态,也会存在各种程度不同的不适感觉,它们也应列为亚健康状态。亚健康状态如调养不当,会出现向疾病逆转的不良后果,导致疾病复发或慢性迁延。因此一旦发现自己处于亚健康状态,就应及时纠正,使之向健康状态发展。其对策就在于设法提高自身的免疫功能,改善微循环状况,调节内分泌和植物神经功能。此时,应加强营养,注意休息,参加适当的身体锻炼,请医生指导保健活动,必要时对症下药,接受医疗检查和随访检测。

## 第二节　体育对健康的影响

> **知识窗**
> 必须从年轻时期就打好基础,随时随地去锻炼身体。
> ——徐特立(1877—1968 年,革命家和教育家)

需要指出的是,我们这里所讲的是指体育活动对健康的积极作用。换句话说,体育活动不仅仅对健康产生积极的影响或作用,非科学的、过度竞技性的、不合理的体育活动带给人体的并不是健康,有可能是伤残、疾病或更残酷的身体和心理伤害。因此,本节所讲的体育活动仅指那些科学的、合理的、对人体和社会有积极作用的活动。

### 一、体育活动对健康的积极作用

在人类社会进入 21 世纪的今天,由于各国医疗费用的增加和老龄化社会的来临,健康问题日益成为各国政府关注的焦点,并且成为政府制定国家政策的核心内容。特别是在小康社会中,体育对促进人类健康有着新的作用,对"文明病"的治理和预防有着特殊的功效。具体地,主要体现在以下几个方面:

(1)降低患心血管疾病的危险。心血管病是目前困扰人类健康的主要疾病之一。美国有 1 350 万人患冠心病,150 万人患心脏病。心血管疾病是造成加拿大人早逝的第一病因,平均每年夺走约 7.9 万人的生命,直接经济损失为 73 亿美元,间接经济损失为 124 亿美元。在加拿大,仅贫血性心脏疾病的治疗费用每年就达 23 亿美元。加拿大政府 1998 年发表的《加拿大体育》报告指出,体育活动是最有效的和成本最低的增进健康、降低医疗费用的手段。经常参加体育活动可以降低患高血压、中风和冠心病的危险,可减少50%的人患冠心病。美国政府发表的《体育活动与健康——卫生局长的报告》指出,经常参加体育活动,可以减少死于心血管疾病的危险,特别是可以减少死于冠心病的危险。经常参加体育活动,可以防止或延缓高血压的发展,体育锻炼可以使患高血压者血压降低。英国研究表明,参加任何频率的高强度体育活动的人群,患心脏病的比例远低于不参加体育活动的人群。

(2)降低患肥胖症的危险。肥胖症目前在世界许多国家都极为普遍。近年来,我国患肥胖病的人数激增,肥胖人口已占总人口 5.4%,城市人口有17%属于肥胖人口,而51%的儿童属于肥胖者。2004 年的研究表明,北京市肥胖人口已占总人口的30%。1993 年,英国13%的男子和16%的女子患肥胖症,57%的男子和48%的女子超重。美国则有 6 000 万人超重,接近美国总人口的三分之一。肥胖容易导致心脏病、高血压、糖尿病、关节炎、气管炎等疾病。发达国家研究表明,体育活动可有效地影响身体脂肪

的分布。超体重者参加有氧运动,在不节食的情况下可使体重略有下降,体育活动对肥胖有较好的控制作用。

(3)降低患癌症的危险。在美国,每年大约有 9.5 万人被诊断患乳腺癌。癌症每年给加拿大造成的直接和间接的经济损失达 131 亿美元。加拿大的研究证明,参加体育活动可将患结肠癌的危险降低 50%。美国《体育活动与健康——卫生局长的报告》指出,经常参加体育活动可以减少患结肠癌的危险,参加体育活动还可以使妇女降低患乳腺癌的危险。

(4)降低患糖尿病的危险。在美国,每年有 800 万人患糖尿病。加拿大 11% 的 65岁以上的老年人患糖尿病,每年有 5 000 人死于糖尿病。1993 年,糖尿病给加拿大带来的直接和间接的经济损失为 10 亿美元。加拿大政府 1998 年发表的《加拿大体育》报告指出,体育活动可使患糖尿病的危险降低 50%。美国《体育活动与健康——卫生局长的报告》指出,经常参加体育活动可以降低患糖尿病的危险性。

(5)降低发生骨折的危险。随着老龄社会的到来,骨折成为困扰中老年人的一种极为普遍的疾病。在英国,有将近一半以上的 70 岁以上的妇女曾经骨折过。15% ~ 20% 的老年人因为骨折而死去,许多人长期残疾,严重影响了他们的生活质量。在美国,每年有 25 万人髋部骨折。大量研究表明,负重练习有助于保持骨密度,经常参加体育活动可以使年老时患骨折的危险降低 50%。

(6)有助于心理健康。研究表明,经常参加体育活动有助于提高儿童和成年人的自尊心,还可以使老年人提高记忆力。此外,经常参加体育活动还能够有效地缓解轻度和中度压抑,对严重压抑者也是一种有效的治疗手段。

### 二、健康生活方式的获得

获得健康有三个重要原则:适度、规律、平衡。适度,就是以自己能承受的生活强度为主。如果一个人过度劳累可能会导致疾病,现代社会因过劳死的人并不少见;但是如果一个人的生活中没有劳动和运动锻炼同样也会生病。规律,就是自己要大致确定下来一天中什么时间吃饭、睡觉、工作、学习、休息、运动、娱乐的时间,把这样的生活方式相对地固定下来。没有规律的生活方式是最糟糕的事情,是损害健康的杀手。平衡,就是生活要充满乐趣、五彩斑斓的、多姿多彩的,而不是呆板的、乏味的、毫无生趣的。

为了获得健康的生活方式,美国加州大学公共健康系莱斯特·布莱斯诺博士对约7 000 名 11~75 岁的不同阶层、不同生活方式的男女居民进行了 9 年的研究。结果证实,人们的日常生活方式对身体健康的影响远远超过药物的影响。

据此,莱斯特博士和他的合作者研究出一套简明的、有助于健康的生活方式。

(1)每日保持 7~8 小时睡眠。

(2)有规律的早餐(经常不吃早餐容易患胆囊炎、低血糖、胃病、近视等疾病)。

(3)少吃多餐(每日可吃 4~6 餐,但要控制零食,特别是少吃油炸食品)。

(4)不吸烟。

(5)不饮或饮少量低度酒(少量红酒为宜)。

(6)控制体重(不低于标准体重 10%,不高于 20%)。

(7)规律的锻炼(运动量适合本人的身体情况)。

此外,每年至少检查一次身体。

　　布莱斯诺博士指出,它适用于各种年龄的人,特别适用于身体功能处于下降阶段的人。若能遵循上述七种习惯去生活,那么将会使你终身受益。一般来说,年龄超过55岁的人如果能按上述的六种至七种习惯去生活,将比仅仅遵循三种或更少的习惯生活的人长寿7~10年。

　　(一)青年人健康要点

　　(1)吃得正确:在青春期保持饮食平衡和有规律,有助于使你现在健美将来健康。

　　(2)喝得正确:干净的水和果汁是有利于健康的,不要饮酒,喝醉是不明智的;少喝饮料。

　　(3)不吸烟:如果你想健美有吸引力,请勿吸烟。

　　(4)适当放松:运动、音乐、艺术、阅读、与其他人交谈,可帮助你成为兴趣广泛的人。

　　(5)积极自信:要积极自信和富有创造性,要珍惜青春。

　　(6)知道节制:遇事三思而后行,大多数的事故是可以避免的。

　　(7)负责的性行为:了解自己的性行为并对此负责。

　　(8)运动有好处:运动可以使你健美和感觉良好;参加运动的每一个人都可赢得健康。

　　(9)散步:散步是一种轻缓的运动,而且散步能使你感到舒适。

　　(10)不吸毒:吸毒是一条死胡同,要坚决自信地说"不"。

　　(二)老年人健康要点

　　(1)吃得合理:少吃多餐。吃营养均衡的低脂肪食物。

　　(2)喝得适当:多喝水,少喝啤酒、果酒和白酒。

　　(3)不吸烟:戒烟不分迟早。吸烟可增加你患心脏病或癌症的机会,并缩短你的寿命。

　　(4)散步:散步是保持机敏灵活和健康最好的办法。新鲜空气比补药更好。

　　(5)多寻求乐趣:与家庭、朋友、邻居保持联系。记住要活到老、学到老、教到老。

　　(6)积极自信:爽朗乐观使人容易接近你。

　　(7)时时当心:你的生命和别人的生命有赖于你头脑清醒,视力清晰。

　　(8)性生活:性生活没有年龄限制。

　　(9)运动对你有好处:不是很剧烈的运动对你的健康是有益的,而且还可使你接触其他人,游泳和适应性锻炼特别值得推荐。

　　(三)男性健康的要点

　　(1)吃得正确:知道吃什么和什么时候不吃。

　　(2)喝得正确:每天至少喝两升液体——大部分为水。酒精和驾驶不能相容。

　　(3)不吸烟:吸烟和嚼烟草是不卫生的和令人讨厌的。这对你本人和周围的人都会造成严重的危害。

　　(4)散步:尽可能多散步和经常散步。

　　(5)找时间娱乐:找时间享受家庭生活的乐趣,培养兴趣,学习新技能。

　　(6)自信:头脑开放和举止大方比相反行为更有作用。微笑可以沟通感情。

　　(7)事事小心:无论你是在开车、工作还是在家里都要做到安全第一,避免疲劳和保持警觉。

（8）性生活：每人只能有一个性伴侣。

（9）运动：运动对生理和心理健康都有好处。

（10）药物：不要非法使用或滥用药物，记住你对青年人可能有榜样作用。

**（四）女性健康的要点**

（1）吃得正确：怀孕和哺乳期间，营养特别重要。要保证补充足够的维生素和矿物质。

（2）喝得正确：一天至少喝两升液体——主要是水。如果你已怀孕，酒对你和胎儿特别有害。

（3）不吸烟：为了你自己、你的家庭和未出世的孩子的健康——不要吸烟。

（4）散步：要尽可能经常散步，尤其在绝经期以后，散步可以增强你的骨骼。

（5）安排闲暇时间：在每天的经常性活动以外，培养多种兴趣。

（6）富有建设性：在为亲友等分担忧患意外时，富有建设性意味着爱和关怀照顾，微笑易沟通感情。

总之，健康是人类宝贵的社会财富，是人类生存发展的基本要素。健康水平反映生命运动水平，生命运动的协调、旺盛和长寿表现了健康的良好状态。据世界卫生组织提供的资料表明，人们的寿命在延长，而当全球死亡率降低到15‰以下时，与生活方式有关的疾病就都出现了。不良生活方式导致的疾病已成为影响世界人民健康的大敌。资料还强调指出，饮食和运动是促进人们健康的主要因素。"生活方式疾病"的发生与人类文明进步密切相关，故也称"文明病"，其中关键是社会因素，特别是不科学、不健康的生活方式和生态环境。这些因素主要包括不平衡的膳食、不懂营养卫生、酗酒、吸烟、好逸恶劳、缺乏运动等。

### 三、保持健康的几种简单易行的体育活动

**（一）走和慢跑**

走和慢跑都是自然的全身性运动，其作用相似，都属有氧训练范畴，但运动强度不同。运动时应通过调节走和慢跑的速度、距离和持续时间来准确地控制运动强度和运动量，使运动时的吸氧量达到一定水平，一般达最大吸氧量的40%～60%即可对心肺功能及新陈代谢起到有效的锻炼作用。从时间量来看，一般45分钟为宜。从呼吸和语言的状态来看，一般以走或跑时喘息和语言表达均正常为宜。

走和慢跑对增进全身健康，防治"运动不足病"，防止中老年人健康和机能过早衰退有良好作用，也是防治某些慢性病特别是高血压、冠心病、糖尿病、肥胖症等的重要方法，且因简便易行，不需特殊条件，目前在各国应用日益广泛。

正确掌握走和慢跑的运动量特别是运动强度，认真遵守循序渐进、个别对待等原则，是取得良好效果和保证安全的关键。走和慢跑的应用方式有散步、医疗步行、慢跑、走跑交替等。

---

知识窗：

健步走是一项以促进身心健康为目的、讲究姿势、速度和时间的步行运动，它行走的速度和运动量介于散步和竞走之间。突出的特点是方法易于掌握，不易发生运动伤害；不受年龄、时间和场地的限制，不同年龄人群可根据自己的时间随时随地进行锻炼；运动装备简单，只需一双舒适合脚的运动鞋；在良好自然环境中结伴健步走，不仅锻炼了身体，还能欣赏自然美景，促进人际交流，陶冶身心。

（二）散步

散步是指为了锻炼或娱乐而随便走走，漫步徘徊。散步对骨质疏松症、颈腰椎病、肥胖症、高血糖、高血脂、高血压、冠心病、动脉硬化、中风后遗症、神经衰弱、抑郁症、便秘、免疫力低下等疾病，有着辅助治疗的作用。每年的 9 月 29 日是世界散步日。

散步宜在优美的环境内进行，一般速度缓慢，全身放松，运动强度小，时间每次 10~30 分钟。它的作用是能使精神和躯体放松并对心脏进行温和的锻炼，可逐步增强心肺及代谢对运动的适应能力，从而增强心肺功能。运动强度一般属中等，常用于中老年人保健或心肺和代谢疾病如冠心病、慢性心功能不全、慢性气管炎、肺气肿、糖尿病、肥胖症等的治疗，也可作为脑力劳动者的保持健康的体育手段。散步的运动量和运动强度可由步行的距离、速度、路面坡度和中途休息次数来调节，可根据环境条件设计一套具有不同运动强度和运动量的路线和步行计划，供不同要求的运动者选用。

（三）走跑交替

常用来作为从走到慢跑的练习方法的过渡。美国 K.库珀提出的有氧训练法，是一种有计划、有指标的以走或慢跑为主的锻炼方法，在不少国家应用颇广。

库珀制订了一系列适用于不同性别、年龄及训练水平的人的锻炼计划，每周练习 5 次。前 6 周为准备期，运动量由小渐增，使身体获得初步适应。然后做"12 分钟跑测验"，叮嘱受试者尽力持续跑 12 分钟，根据 12 分钟内所跑的距离来评定训练水平。再结合性别、年龄挑选一份合适的锻炼计划来遵照锻炼。完成计划规定的每周锻炼任务，可取得一定的"得分"。例如，用 13 分钟步行 1 600 米，每周 5 次，得 10 分；用 9 分 15 秒跑 1 600 米，每周 5 次，得 20 分；等等。计划中的每周运动量逐渐增大，每周得分也逐渐增加，达每周 30 分（女性为 24 分）时，训练水平即达"良好"标准。此时，健康可有较大的进步。一般人都有可能在满 16 周时达到这一标准，锻炼基础较好的人可选择进度较快的计划，较早达到这一标准。运动反应不佳时，可中止或延缓计划的进行。中老年人进行慢跑活动，以及慢性病患者进行走和慢跑活动时，应按运动处方的原则先做体格检查及功能检查，经医生同意并在医生指导下进行。

> 知识窗：
> 健身跑又称慢跑，它是采用较长时间、慢速度、较长距离的有氧锻炼方法。其技术特点简单、易掌握，男女老少均可参加。该项运动不受场地、器材限制，可在田径场、公路、树林、公园及田间小路等地练习，是我国群众性体育活动中普遍开展的项目之一。

（四）日光浴

日光浴是一种利用日光进行锻炼或防治慢性病的方法，主要是让日光照射到人体皮肤上，引起一系列理化反应，以达到健身治病的目的。日光浴常和冷水浴、空气浴结合运用。

日光按其波长不同，有 3 种射线可用来锻炼身体：波长在 760 纳米以上的红外线、波长 400~760 纳米的可见光线、波长 180~400 纳米的紫外线。上述三种射线，对人体的作用各有不同。红外线能透过表皮达到深部组织，使照射部位组织温度升高，血管扩张，血流加快，血液循环改善。如果长时间较强烈地照射，可使全身的温度升高。日光中的可见光线，主要通过视觉和皮肤对人有振奋情绪的作用，能使人心情舒畅。紫外线是日光中对人体作用最强的光谱，能够加强血液和淋巴循环，促进物质代谢过程，

可使皮肤中的麦角固醇转变成维生素 D,调节钙磷代谢,促使骨骼正常发育。大量的紫外线照射,可使皮肤产生红斑,皮肤细胞蛋白质分解变性,释放出类组织胺进入血液,刺激造血系统,使红、白细胞、血小板增加,使吞噬细胞更加活跃。反复施行日光照射,由于紫外线使皮肤里的黑色素原转变成黑色素,照晒的皮肤便呈现一种均匀健康的黝黑色。黑色素又能把更多的日光辐射吸收,转变成热能,刺激汗腺分泌。日光又是一种天然的消毒剂,各种微生物在紫外线的照射下很快失去活力。

### 1. 日光浴方法

一般用直接照射法,可取卧位或坐位,必须按照循序渐进的原则,逐渐扩大照射部位和延长时间,使人体逐渐适应日光的刺激。一般,先照射下肢和背部,然后照上肢和胸腹部。要保护头部和眼睛免受照射,可用白毛巾、草帽遮头并戴墨镜。照射时间应根据海拔高度、季节和照射后个体反应来掌握。例如,高原比平地日光强,含紫外线多,夏季中午的日光最强,照射时间应短,冬天日光中紫外线量约为夏季的 1/6,照射时间可适当延长。日光浴一般从每次 5 分钟开始,以后可每次增加 5 分钟,若全身反应良好,可延长到 1 小时~2 小时。日光浴的地点要清洁、平坦、干燥,在绿化地区则更好,不宜在沥青地面或靠近石墙处进行,以免沥青蒸气中毒和辐射热太高。

### 2. 注意事项

(1)有严重的心脏病、肺结核、发烧及出血性素质等疾病时,禁用日光浴。

(2)照射中如有恶心、眩晕、烦热等反应,应立即中止,到阴凉处休息,以后再照射时应适当减量。

(3)日光浴后出现疲劳、失眠、食欲不振,可能为日光的蓄积作用,应休息几天,待症状消失后再继续照射。

(4)每次日光浴前,最好先做短时间的空气浴,日光浴后再用凉水擦身。

## 第三节  体育活动中需要熟知的健康知识

没有运动的生活是低质量的生活,是不健康的生活。现代社会,由于科技的发展,脑力劳动普遍代替了体力劳动,因此通过体力劳动达到锻炼身体的途径基本消失了,这就使得一个通过体力劳动锻炼身体的方式失灵了。因此,要维持身体的健康状况,我们就必须通过主动运动的途径来锻炼身体,保持或增进健康。

### 一、脑力劳动者与体育活动

脑力劳动者的特点是需要大脑持续地进行高度紧张的思维活动,且长时间在室内伏案工作,体力活动较少。

大脑是人体代谢最活跃的器官。它的需氧量约占全身用氧量的 1/4,血流量约占心脏排血量的 1/5,并需要大量的糖作为能源,可见维持大脑活动的物质消耗是很大的。脑力劳动时,要求大脑相关部位高度兴奋,但大脑各部位的兴奋能力均有一定限度,时间长了,脑组织中发生的生物化学变化和代谢废物的堆积,将对大脑产生保护性的抑制作用,大脑的工作能力就会下降。这时表现出注意力不能很好地集中,思维变得迟钝,甚至头晕、头痛,这就是疲劳现象。它提醒人们进行必要的休息,使大脑中持续兴奋的部分转入抑制,在抑制中消除代谢废物,重新积蓄能量,恢复正常的活动能力。相反,如果继续脑力劳动,使大脑过于紧张,超过它所能承受的程度,将导致兴奋和抑制功能失调。这种情况多次重复,就会引起神经衰弱的种种表现。

长期坐着工作,体力活动不足,会降低骨骼肌的张力,使心肺功能减退,胃肠蠕动减慢,消化能力下降,代谢功能紊乱,从而为各种"运动不足病"的发生创造了条件。高血压、冠心病、胃下垂、便秘、糖尿病、肥胖、颈椎病、肩周炎等,在中老年脑力劳动者中发病率都较高。

脑力劳动后的休息有一般的安静休息(包括睡眠)和活动性休息两种。后者的主要形式是体育运动。这两种休息都是必要的,可以配合运用。

脑力劳动者参加体育锻炼的作用可分为即刻作用和长远作用两个方面。即刻作用表现为大脑活动得到迅速的调节。因为肌肉运动引起大脑运动中枢的兴奋,通过负诱导使从事思维活动的中枢更快更好地转入抑制休息,保护神经细胞免受过度疲劳的损害,从而更快更好地恢复其正常功能。系统地参加体育锻炼能起到长远的良好的健身作用,表现为神经活动功能改善,兴奋和抑制过程的灵活性和稳定性提高,使人精力充沛,思维能力增强,从而提高脑力劳动的效率。另一方面,体育锻炼还能增强心肺功能,活跃血液循环和新陈代谢,降低胆固醇等血脂水平,减少多余体脂,保护血管弹性,并能改善胃肠道的紧张度和蠕动能力,维持骨关节的代谢和营养,延缓衰老,从而对"运动不足病"起有效的防治作用。

脑力劳动者的体育锻炼方法因人而异,只要符合锻炼的科学原则,进行各种各样的锻炼都有益处。在工作中初感疲劳时,可进行广播体操、太极拳或短暂的球类活动等,以达到活动性休息的目的。在工作之余,体质较好的年轻人可根据爱好和条件选择1~2项运动项目进行锻炼,中老年人可根据不同体力选择步行、慢跑、游泳、太极拳等。脑力劳动者的体育锻炼更宜在室外进行,以便充分利用日光和新鲜空气的健身作用。

### 二、体力劳动者与体育活动

体力劳动一般说来也有锻炼身体的作用,但它不能代替体育锻炼。不少工种的劳动,是在某种固定姿势下进行的,或只是身体某些局部肌群在活动,这就容易引起局部疲劳。

人们在紧张而持久劳动时,局部肌肉中的氧气和营养物质消耗过多且补充不足,形成乳酸等代谢产物在肌肉中堆积,刺激神经,产生疲劳,劳动效率逐渐降低。这是生理性疲劳,经过休息可以得到恢复,但如果继续劳累下去,则可能发展为局部劳损或形成职业病。例如"铁匠臂"和"翻砂腰",就是特殊工种引起的典型局部劳损病变。这些部位肌肉虽在劳动中用力很大,但并不发达,反而明显萎缩,表现为无力和疼痛等病状。某些体力劳动者还因长期缺少全身性活动,心肺等内脏功能下降,整个体质变弱。

人体是一个有机的整体,如果在局部疲劳之后,有目的地进行一些全身性的体育活动,使原来没有机会活动的肌肉得到活动,使大脑皮层出现新的兴奋点,而把原来劳动时的兴奋点抑制下去,那么这部分的神经细胞就能得到充分的休息。体育活动还能促进全身的血液循环,加强新陈代谢,使肌肉重新得到充足的氧气和营养物质,使堆积

的乳酸进一步代谢,消除疲劳。实验也证明,当局部肌肉疲劳后,进行适当的全身活动,可以比完全静止休息恢复得更快。此外,有些体力劳动并不需要心、肺等器官发挥很大的作用,而体育活动如长跑、打球、游泳等,能使心、肺等器官发挥最大的作用,所以,体育锻炼对体力劳动者也是很需要的。

体力劳动者参加体育锻炼,要根据工种特点和本人体质状况,选择合适的体育项目。一般早晨可以跑步、打拳,劳动之间可做工间操或生产操。另外,下班后和休息日,可参加球类、田径、游泳、举重、武术、体操等各项运动,以达到全身锻炼的目的。对于一些特殊工种,应有一些特殊的体育锻炼安排,如矿工要参加矿工操,主要是呼吸和锻炼腰部,预防硅肺和腰背痛,出井后要给以水浴和日光浴锻炼。为了预防劳损和职业病,如颈椎病、腰腿痛、脊柱畸形等,应当积极参加科学、合理、适量的体育活动。

### 三、体育锻炼的原则与方法

体育锻炼是指人们为了强身祛病、增进健康、娱乐身心以及提高运动技术水平而采取的各种内容和方法。

1. 体育锻炼的原则

(1)主动性原则,要自觉、自愿、主动、积极地进行身体练习。

(2)针对性原则,是指在身体锻炼过程中,根据锻炼者的个人特点以及季节、地域等客观条件,合理地确定锻炼内容、选择方法手段和安排运动负荷,使之符合实际需要。

(3)全面性原则,是指在锻炼中,统筹兼顾,使身体各部位、各器官、各系统的机能,各种身体素质和活动能力都能得到均衡的发展。

(4)适量性原则,是指在身体锻炼中,恰当合理地安排运动负荷,使之既能满足锻炼者增强体质等需要,又符合身体的实际接受能力。

(5)持续性原则,指锻炼者按预定的锻炼计划,持之以恒,不间断地从事身体锻炼。

2. 体育锻炼的主要方法

(1)重复锻炼法,是指在做某些练习的过程中,反复进行练习,以使负荷量达到运动负荷的有效范围。在从事体育锻炼时,重复的次数应根据具体锻炼的项目、个人体质水平、健康状况和锻炼的时间而定。

(2)间歇锻炼法,是指在体育锻炼时,在达到一定指标的前提下,重复锻炼的强度及其间的合理休整。间歇时间的长短和重复次数的多少,要根据锻炼的项目、体质、气候等不同情况而产生的不同生理反应来确定,不是固定不变的。

(3)变换锻炼法,是指在锻炼过程中,采用变换环境、条件、要求等,用来提高体育锻炼效果的一种锻炼方法。

(4)循环锻炼法,是指将各类型具有不同练习效果的手段,组合起来进行锻炼的方法。一组练习的手段可采用几个运动项目或十几个运动项目,分设成若干练习"站"。这些锻炼内容必须搭配合理,且简单易行。练习顺序要符合生理机能和体育运动锻炼规律,重复次数、适宜的间歇,都必须符合运动负荷的有效价值范围的要求。

3. 体育锻炼具体方法

（1）有氧健身方法，是指锻炼者通过呼吸能够满足运动对氧气的需要，在不负氧债的情况下进行身体锻炼的方法。这种锻炼的运动负荷强度适中，而运动时间较长，可以有效地提高心血管机能和呼吸机能，促进机体的新陈代谢，并减少脂肪积累，是国外和国内都比较流行的一种锻炼方法。

采用有氧锻炼法的关键是掌握练习强度，使锻炼强度既在有效健身阈值以上，又不超过无氧阈值。国外比较流行的是用心率控制强度的方法，具体有：①锻炼时，脉频保持在每分钟130次左右，不高于每分钟150次；②用180减去锻炼者的年龄数，所得的差作为锻炼时每分钟的平均脉搏数；③依运动强度与年龄对照表参考掌握，一般来说，运动强度掌握在70%以下，属于有氧锻炼范畴。

采用有氧锻炼法的典型项目有：长跑、竞走、游泳、骑自行车、滑雪、耐力体操及韵律操、徒步旅行等。运用其他项目锻炼，只要坚持速度较慢、距离较长或持续时间保持在30分钟左右，均可称为有氧锻炼，也能收到满意的锻炼效果。

（2）增强身体素质方法。身体素质包括力量素质、速度素质、耐力素质、灵敏素质和柔韧素质。提高身体素质的方法有：①提高全身耐力；②提高肌肉耐力；③提高肌肉力量；④提高灵敏性；⑤提高柔韧性；⑥提高平衡性。

（3）借助自然环境锻炼的方法。此种锻炼方法包括：冷水浴、空气浴、日光浴。这三种方法通常结合在一起运用。①冷水浴。冷水浴对人体的好处：增强中枢神经系统的功能；增强心血管系统的功能；增强呼吸系统的功能；另外，冷水浴还能使身体的热量消耗增多，防止过多的脂肪积聚在皮下组织而形成肥胖病。同时还能通过更多的机械性摩擦，使皮肤弹性增强，皱纹消失，保持丰满健美的皮肤。②空气浴。空气浴对人体的好处：能提高人体体温调节中枢的能力，适应外界多变的气候，使体温保持平衡，不致发生疾病；能改善内分泌的功能，抵抗力增强，抵御多种疾病，并有助于贫血、肝炎、慢性气管炎、肺结核、心脏病等患者早日康复；新鲜的空气里有很多负离子，能增加人体氧含量。③日光浴。日光浴对人体的好处：红外线对身体的作用主要是温热皮肤和肌肉组织，加速血液循环，增强新陈代谢，使人温暖舒适；可见光线能调节新陈代谢，改善人体的各种生理功能；紫外线能促进钙磷代谢，能使毛细血管扩张，血流加快，胃酸分泌增多，增强食欲和身体的抵抗力。还能消毒杀菌，起到预防疥疮、毛囊炎等皮肤病的作用。

（4）养生体育方法。传统运动养生法形式多样，既有民间自成风俗的健身法，又有自成套路的系统健身法，诸如太极拳、长拳等武术项目。

**四、运动性疾病的常见类型与防治原则**

（一）运动性疾病的常见类型

运动性疾病是由于运动训练或比赛安排不当而出现的疾病或异常，常见的有过度训练、过度紧张、某些心律失常、运动性蛋白尿、血尿、管型尿、血红蛋白尿、肌红蛋白尿、运动性贫血、运动性高血压、低热、运动员肝脏疼痛综合征和停训综合征等。

1. 过度训练

早期表现为身体机能障碍，晚期除机能紊乱外可能有形态学改变。早期临床表现常有无力、疲倦、精神不振、睡眠障碍、头晕、记忆力减退、反应迟钝等主诉，此外也可出

现胸闷、心悸、气短、食欲不佳、恶心、呕吐、腹胀等。晚期症状加重，异常体征及其他客观指标出现增多，此时可见体重下降，机能试验反应异常，血红蛋白下降，负荷后血乳酸增多，尿蛋白增多等。

过度训练发生的原因，主要是运动量过大，机体不能适应，疲劳积累而成，其次是伤病后过早进行大运动量训练。

治疗在于消除病因，促使体力恢复：首先要减少运动量，特别要控制运动强度，可暂时改变训练内容；其次要保证充足的睡眠、合理的营养，可用多种维生素和对症药物，可进行理疗或按摩等，但不要完全停止体育活动。

预防过度训练的措施有下列几方面：进行定期身体检查，制定适当的训练和比赛计划，保证良好的睡眠和营养；伤病时及早治疗，伤病恢复期运动量要小，以后渐增；要个别对待，注意外界环境变化的影响。

### 2. 过度紧张

过度紧张是在训练或比赛时，体力负担超过机体能力而产生的病理状态。一般在一次训练或比赛后即刻或短时间内发病，多见于训练不足、比赛经验较少、患病和因故长期中断训练的运动员。

过度紧张的临床表现有急性胃肠功能紊乱、运动应激性溃疡、昏厥、急性心脏功能不全、肌肉损伤、脑血管痉挛等。急性胃肠功能紊乱是较常见的一种，运动员在大强度训练或比赛后出现恶心、呕吐、头痛、头晕、面色苍白、急剧衰弱，多发生于中距离跑、短距离跑、游泳、滑冰及自行车运动员中。由于运动时胃肠血管收缩，胃肠血液循环量减少，胃血管痉挛，特别是黏膜血管痉挛，可引起出血性糜烂。此时，呕吐物呈咖啡样，化验呕吐物潜血阳性，称为"运动应激性溃疡"。一般，胃肠功能紊乱和运动应激性溃疡均恢复迅速。

发生上述情况时，应使运动员安静休息，保暖，吃软食，恢复后可开始训练。昏厥可能在运动中和运动到终点时出现。终点昏厥可能因"重力性休克"引起，有些昏厥可能与心脏异常有关，应密切注意进行详细检查。昏厥时，应使运动员平卧休息，头可稍低，嗅以氨水，针刺人中，有条件可给氧气吸入，静脉注入葡萄糖 40~60 毫升，同时注意保暖，必要时转送医院治疗。

过度紧张的预防在于遵守训练的基本原则，患病时应暂时停止训练，病愈后恢复期应避免大强度训练或参加紧张的比赛。

### 3. 运动性血尿

运动性血尿系指健康人在运动后短期内出现的一次性血尿，且经临床检查、化验检查及特殊检查找不到其他原因者。多数表现为镜下血尿，少数呈肉眼血尿。运动性血尿除运动后一般疲劳感外均无其他异常症状，消失很快，一般不超过 3 天。

发生血尿的原因，还未完全清楚。有人认为是由运动时肾血流量减少，局部缺氧使肾血管通透性增加，血液逸出所致；有人认为与肾创伤有关，是肾血管破裂出血形成；近年来还有人认为与膀胱黏膜受损伤有关。运动性血尿应与泌尿系结石、肾小球肾炎等区别，有时需与运动性血红蛋白尿区别。治疗在于消除诱因，对症治疗。

### 4. 某些心律失常

如前期收缩，可能因过度训练而引起，有时则与心脏病和感染有关。还有一些至今原因不明的阵发性心动过速，也可能因训练安排不当所引起，对运动训练有不同程度的影响,同时应注意排除器质性心脏病。第二房室传导阻滞,可能因迷走神经张力增高引起,不伴有心脏病者可以参加训练和比赛,有些则与感染有关,应停止训练和比赛进行积极治疗。

(二)运动性疾病的防治原则

1. 常见的几种运动性疾病的预防原则

(1)遵守运动训练的基本原则,主要有循序渐进、系统性、全面性、节奏性和个别对待等。要避免突然增大运动量,尤其不要突然加大运动强度。全面训练是进行各专项训练的基础,全面身体训练水平不够者,较易发生运动性疾病,也易发生创伤。

(2)注意外界环境的影响。场地条件、气象变化都对运动员身体健康有很大作用,如跑鞋、跑道过硬可能引起运动性血红蛋白尿,高原训练较易出现运动性血尿和心律失常,高热环境易发生中暑等。

(3)患病时应停止训练,病愈恢复期运动量要渐增。除患急性病或急性创伤被迫突然停止训练外,有训练的运动员不要突然中断系统训练。

2. 常见的几种运动性疾病的治疗原则

(1)调整运动量,改变训练内容。轻度过度训练,经适当调整运动量即可恢复。运动性血红蛋白尿均在直立体位下运动时发生,在卧位及坐位下不发生,所以改变训练内容后既可保持身体训练水平,又可避免发生血红蛋白尿。

(2)药物治疗。多用维生素 C、维生素 $B_1$、维生素 $B_2$、维生素 E、能量合剂(三磷酸腺苷、胰岛素、辅酶 A)、灵芝、刺五加等。根据症状,可用镇静安眠、降压、止血等类药物。

---

**知识窗:**

　　疲劳:肌肉活动时间长了,人会感到浑身没劲,生理学上把这种现象叫作疲劳。疲劳时人体还会有其他表现,如精神不振,感觉迟钝,动作不协调,不准确,运动成绩下降等。

　　人体的疲劳在体育运动和体力活动中有两种情况,一是某一局部肌肉长时间做功,随着能源物质的大量消耗,该处肌肉工作能力一点点地下降,直到再也不能随意收缩了。再有,就是属于全身性疲劳,这种疲劳是由于人体长时间地进行某种活动,使神经系统出现一种保护性抑制,表现为"整体"工作能力下降,但绝不是全身各部肌肉一点都不能活动了。

　　局部肌肉疲劳,通常采用转换肢体工作的方法来尽快恢复。锻炼时,有意识地安排一些肢体放松动作,或穿插有趣味的游戏性练习,巧妙地安排不同肢体或不同性质的锻炼内容,都可以消除或缓解肢体疲劳。

　　全身性疲劳的出现是在局部疲劳的基础上累积而成。要锻炼,就会使人体出现疲劳。从生物学角度来说,疲劳和恢复是不可分开的、人体恢复的过程取决于疲劳的深度和性质。在紧张剧烈的肌肉运动之后,人体内脏器官的功能以及人体能源物质的贮备,都会出现"超量恢复"阶段。如果下一次锻炼负荷落在超量恢复阶段,人体锻炼水平就会逐步提高;如果落在未完全恢复阶段,就会加深疲劳程度,使疲劳消除的时间延长。如果人体长时间处于疲劳不能消除的状态,就可能导致过度疲劳状态,这对于运动水平的提高和身体健康都非常有害。

　　全身性疲劳出现后,必须适当休息才能消除。休息的方式有两种:静止性休息和积极性休息。静止性休息时,大脑皮层神经细胞可大量补充被损耗的能量,使疲劳逐渐消除。每天应保证有足够的睡眠时间来消除疲劳。这点对正在生长发育阶段的少年儿童更为重要。但是在自然状态下,人体恢复过程是缓慢的;在一次大运动量锻炼后,一般需要2~3天才可恢复;有的甚至在紧张的训练和比赛之后,恢复过程达6~8天。采用积极性休息的手段就可以加快恢复的过程,较快地消除疲劳。

　　科学研究证实,通过服用某些药物(如人参、五味子),利用气功、理疗、水浴、蒸气浴、按摩、氧气吸入、气压按摩、空气负离子吸入等手段对加速疲劳的消除都有积极的作用。

## 第四节　体质健康测试的目的、意义与内容

### 一、体质健康测试的目的和意义

中华人民共和国成立七十多年来,党和国家一直非常关心和重视广大学生的身体健康,原国家教委、原国家体委等有关部门从鼓励和推动学生积极参加体育锻炼,增强学生体质的目的出发,在不同时期先后制定了《准备劳动与卫国体育制度》《国家体育锻炼标准》《大学生体育合格标准》《中学生体育合格标准》《小学生体育合格标准》及初中毕业生升学体育考试办法等一系列制度,并于2002年开始在全国试行《学生体质健康标准》。这些制度的制定和实施,对于增强学生体质,促进我国学校体育工作具有积极作用。

进入21世纪以来,我国的综合国力有了极大的提高,人民的生活水平发生了翻天覆地的变化,越来越多的中国人开始享受科学技术和现代文明所带来的便捷、舒适的现代生活。现代生活在带给人们充分的物质享受的同时,也给人类的健康带来新的威胁。由于精神紧张、营养过剩、运动不足、环境污染等因素所引发的非传染性疾病在全球的不断蔓延,处于"亚健康状态"的人群不断地扩大。对于学生来说,升学压力大、睡眠不足正成为影响他们身心健康的重要因素;生活水平的普遍改善,热量、脂肪等摄入过多及食物结构的不尽合理,加之营养科学知识的宣传普及滞后,特别是沉重的课业压力使得学生余暇锻炼时间减少,导致了肥胖发生率的不断增加。2002年学生体质健康监测结果显示,学生形态发育水平继续提高、营养状况继续改善、握力水平有所提高、几种常见疾病(低血红蛋白、龋齿等)的患病率继续下降;反映肺脏功能的肺活量水平继续呈现下降趋势;超重及肥胖学生明显增多,已成为城市学生重要的健康问题。

为了适应社会发展,适应人们对健康的迫切需要和对生活质量的不断追求,解决上述问题必须从青少年儿童的健康抓起。因此,2002年7月由教育部、国家体育总局联合下发了《学生体质健康标准(试行方案)》,作为《国家体育锻炼标准》在学校的具体实施,并在第一条指出了它的目的和意义:贯彻《中共中央　国务院关于深化教育改革全面推进素质教育的决定》提出的"学校教育要树立健康第一的指导思想,切实加强体育工作"的精神,促进学生积极参加体育锻炼,养成经常锻炼身体的习惯,提高自我保健能力和体质健康水平。

"健康体魄是青少年为祖国和人民服务的基本前提,是中华民族旺盛生命力的体现。"这是中共中央国务院在当前的历史条件下,从我国人才培养和可持续发展战略的高度出发对青少年学生提出的基本希望和要求,也为研制《学生体质健康标准》确定了明确方向,同时,青少年学生的全面发展以及增进健康的问题已成为全世界所关注的热门话题。《学生体质健康标准(试行方案)》根据学生的生长发育规律,将测试对象按照年级分组,小学一、二年级为一组,小学三、四年级为一组,小学五、六年级为一组,初中和高中每年级为一组,大学为一组。该标准从身体形态、身体机能、身体素质等方面综合评定学生的体质健康状况,在测试内容中,选择了与学生身体的发展及身体健康素质关系最为密切的一些要素作为测试的内容。例如：新增加了"身高标准、体重"这一指标对学生身体的匀称进行评价，间接反映学生的营养状况，以引导学生及家长和全社会来关注少年儿童的身体形态和肥胖（或营养不良）状况。

在《学生体质健康标准》试行过程中，对于引导学生正确认识和了解自己的健康状况，有针对性地进行身体锻炼起到了非常积极的作用。但是随着时代的发展，人们对自身健康的要求越来越高，标准也需要不断发展完善，同时这些标准在实施过程中也难免出现一些这样或那样的问题。例如，由于《学生体质健康标准（试行方案）》中部分项目的评分标准较低，原本是想激发学生锻炼的兴趣和积极性，但有的学生却因为不需要过多努力就能及格，锻炼的积极性反而下降；此外，为了较准确地对学生进行测试并减轻教师负担，《学生体质健康标准（试行方案）》没有过多选用可用于锻炼的项目和内容，而是提出通过体育课中丰富多彩的教学内容来促进学生积极锻炼，从而提高测试成绩。由于部分学校对体育课教学内容缺乏明确的要求，这些在一定程度上也影响了学生的体质健康水平。2005 年全国学生体质健康与健康调研结果表明：学生形态发育继续提高，营养状况继续改善，低血红蛋白等常见病检出率继续下降，握力水平有所提高；但同时也存在一些不可忽视的问题，包括肺活量水平继续呈下降趋势，速度、爆发力、力量耐力素质水平进一步下降，肥胖检出率继续上升，视力不良检出率仍然居高不下。为扭转这种不利局面，切实加强学校体育工作，改善学生体质健康水平，教育部和国家体育总局组织专家在广泛深入调查研究的基础上，对《学生体质健康标准》进行了完善和修改。

### 二、体质健康测试的内容

《学生体质健康标准》从身体形态、身体机能、身体素质和运动能力等方面综合评定学生的体质健康水平，是促进学生体质健康发展、激励学生积极进行身体锻炼的教育手段，是学生体质健康的个体评价标准。

《学生体质健康标准》将测试对象划分为以下组别：小学一、二年级为一组，三、四年级为一组，五、六年级为一组，初、高中每年级各为一组，大学为一组。

小学一、二年级组和三、四年级组测试项目分为三类，身高、体重为必测项目，其他二类测试项目各选测一项。小学五、六年级组，初、高中各组，大学组测试项目均为五类，身高、体重、肺活量为必测项目，其他三类测试项目各选测一项。

选测项目每年由地（市）级教育行政部门、高等学校在测试前两个月确定并公布。选测项目原则上每年不得重复。

学校每学年对学生进行一次标准测试，标准测试方法按《国家学生体质健康标准解读》（人民教育出版社出版）中的有关要求进行。

《学生体质健康标准》各评价指标的得分之和为健康标准的最后得分，满分为 100分。根据最后得分评定等级：90 分及以上为优秀，75~89 分为良好，60~74 分为及格，59 分及以下为不及格。学生体质健康标准成绩每学年评定一次，按评定等级记入《国家学生体质健康标准登记卡》。学生毕业时体质健康标准的成绩和等级，按毕业当年得分和其他学年平均得分各占 50%之和进行评定。因病或残疾免予执行本标准的学生，填写《免予执行〈国家学生体质健康标准〉申请表》。

大学一年级——大学四年级男生身高标准体重见表 3-2。

表 3-2　大学一年级——大学四年级男生身高标准体重

（体重单位：千克）

| 身高段(厘米) | 营养不良 | 较低体重 | 正常体重 | 超重 | 肥胖 |
|---|---|---|---|---|---|
| | 50分 | 60分 | 100分 | 60分 | 50分 |
| 144.0~144.9 | <41.5 | 41.5~46.3 | 46.4~51.9 | 52.0~53.7 | ≥53.8 |
| 145.0~145.9 | <41.8 | 41.8~46.7 | 46.8~52.6 | 52.7~54.5 | ≥54.6 |
| 146.0~146.9 | <42.1 | 42.1~47.1 | 47.2~53.1 | 53.2~55.1 | ≥55.2 |
| 147.0~147.9 | <42.4 | 42.4~47.5 | 47.6~53.7 | 53.8~55.7 | ≥55.8 |
| 148.0~148.9 | <42.6 | 42.6~47.9 | 48.0~54.2 | 54.3~56.3 | ≥56.4 |
| 149.0~149.9 | <42.9 | 42.9~48.3 | 48.4~54.8 | 54.9~56.6 | ≥56.7 |
| 150.0~150.9 | <43.2 | 43.2~48.8 | 48.9~55.4 | 55.5~57.6 | ≥57.7 |
| 151.0~151.9 | <43.5 | 43.5~49.2 | 49.3~56.0 | 56.1~58.2 | ≥58.3 |
| 152.0~152.9 | <43.9 | 43.9~49.7 | 49.8~56.5 | 56.6~58.7 | ≥58.8 |
| 153.0~153.9 | <44.2 | 44.2~50.1 | 50.2~57.0 | 57.1~59.3 | ≥59.4 |
| 154.0~154.9 | <44.7 | 44.7~50.6 | 50.7~57.5 | 57.6~59.8 | ≥59.9 |
| 155.0~155.9 | <45.2 | 45.2~51.1 | 51.2~58.0 | 58.1~60.7 | ≥60.8 |
| 156.0~156.9 | <45.6 | 45.6~51.6 | 51.7~58.7 | 58.8~61.0 | ≥61.1 |
| 157.0~157.9 | <46.1 | 46.1~52.1 | 52.2~59.2 | 59.3~61.5 | ≥61.6 |
| 158.0~158.9 | <46.6 | 46.6~52.6 | 52.7~59.8 | 59.9~62.2 | ≥62.3 |
| 159.0~159.9 | <46.9 | 46.9~53.1 | 53.2~60.3 | 60.4~62.7 | ≥62.8 |
| 160.0~160.9 | <47.4 | 47.4~53.6 | 53.7~60.9 | 61.0~63.4 | ≥63.5 |
| 161.0~161.9 | <48.1 | 48.1~54.3 | 54.4~61.6 | 61.7~64.1 | ≥64.2 |
| 162.0~162.9 | <48.5 | 48.5~54.8 | 54.9~62.2 | 62.3~64.8 | ≥64.9 |
| 163.0~163.9 | <49.0 | 49.0~55.3 | 55.4~62.8 | 62.9~65.3 | ≥65.4 |
| 164.0~164.9 | <49.5 | 49.5~55.9 | 56.0~63.4 | 63.5~65.9 | ≥66.0 |
| 165.0~165.9 | <49.9 | 49.9~56.4 | 56.5~64.1 | 64.2~66.6 | ≥66.7 |
| 166.0~166.9 | <50.4 | 50.4~56.9 | 57.0~64.6 | 64.7~67.0 | ≥67.1 |
| 167.0~167.9 | <50.8 | 50.8~57.3 | 57.4~65.0 | 65.1~67.5 | ≥67.6 |
| 168.0~168.9 | <51.1 | 51.1~57.7 | 57.8~65.5 | 65.6~68.1 | ≥68.2 |
| 169.0~169.9 | <51.6 | 51.6~58.2 | 58.3~66.0 | 66.1~68.6 | ≥68.7 |
| 170.0~170.9 | <52.1 | 52.1~58.7 | 58.8~66.5 | 66.6~69.1 | ≥69.2 |
| 171.0~171.9 | <52.5 | 52.5~59.2 | 59.3~67.2 | 67.3~69.8 | ≥69.9 |
| 172.0~172.9 | <53.0 | 53.0~59.8 | 59.9~67.8 | 67.9~70.4 | ≥70.5 |

表3-2(续)

| 身高段(厘米) | 营养不良 | 较低体重 | 正常体重 | 超重 | 肥胖 |
|---|---|---|---|---|---|
| | 50分 | 60分 | 100分 | 60分 | 50分 |
| 173.0~173.9 | <53.5 | 53.5~60.3 | 60.4~68.4 | 68.5~71.1 | ≥71.2 |
| 174.0~174.9 | <53.8 | 53.8~61.0 | 61.1~69.3 | 69.4~72.0 | ≥72.1 |
| 175.0~175.9 | <54.5 | 54.5~61.5 | 61.6~69.9 | 70.0~72.7 | ≥72.8 |
| 176.0~176.9 | <55.3 | 55.3~62.2 | 62.3~70.9 | 71.0~73.8 | ≥73.9 |
| 177.0~177.9 | <55.8 | 55.8~62.7 | 62.8~71.6 | 71.7~74.5 | ≥74.6 |
| 178.0~178.9 | <56.2 | 56.2~63.3 | 63.4~72.3 | 72.4~75.3 | ≥75.4 |
| 179.0~179.9 | <56.7 | 56.7~63.8 | 63.9~72.8 | 72.9~75.8 | ≥75.9 |
| 180.0~180.9 | <57.1 | 57.1~64.3 | 64.4~73.5 | 73.6~76.5 | ≥76.6 |
| 181.0~181.9 | <57.7 | 57.7~64.9 | 65.0~74.2 | 74.3~77.3 | ≥77.4 |
| 182.0~182.9 | <58.2 | 58.2~65.6 | 65.7~74.9 | 75.0~77.8 | ≥77.9 |
| 183.0~183.9 | <58.8 | 58.8~66.2 | 66.3~75.7 | 75.8~78.8 | ≥78.9 |
| 184.0~184.9 | <59.3 | 59.3~66.8 | 66.9~76.3 | 76.4~79.4 | ≥79.5 |
| 185.0~185.9 | <59.9 | 59.9~67.4 | 67.5~77.0 | 77.1~80.2 | ≥80.3 |
| 186.0~186.9 | <60.4 | 60.4~68.1 | 68.2~77.8 | 77.9~81.1 | ≥81.2 |
| 187.0~187.9 | <60.9 | 60.9~68.7 | 68.8~78.6 | 78.7~81.9 | ≥82.0 |
| 188.0~188.9 | <61.4 | 61.4~69.2 | 69.3~79.3 | 79.4~82.6 | ≥82.7 |
| 189.0~189.9 | <61.8 | 61.8~69.8 | 69.9~79.9 | 80.0~83.2 | ≥83.3 |
| 190.0~190.9 | <62.4 | 62.4~70.4 | 70.5~80.5 | 80.6~83.6 | ≥83.7 |

注:身高低于表中所列出的最低身高段的下限值时,身高每低1厘米,实测体重需加上0.5千克,实测身高需加上1厘米,再查表确定分值。身高高于表中所列出的最高身高段时,身高每高1厘米,其实测体重需减去0.9千克,实测身高需减去1厘米,再查表确定分值。

大学男生各测试项目评分标准见表3-3。

表3-3 大学男生各测试项目评分标准

| 等级 | 单项得分 | 肺活量体重指数 | 1000米(分·秒) | 台阶试验 | 50米跑(秒) | 立定跳远(米) | 掷实心球(米) | 握力体重指数 | 引体向上(次) | 坐位体前屈(厘米) | 跳绳(次/1分钟) | 篮球运球(秒) | 足球运球(秒) | 排球垫球(次) |
|---|---|---|---|---|---|---|---|---|---|---|---|---|---|---|
| 优秀 | 100 | 84 | 3'27" | 82 | 6.0 | 2.66 | 15.7 | 92 | 26 | 23.0 | 198 | 8.6 | 6.3 | 50 |
| | 98 | 83 | 3'28" | 80 | 6.1 | 2.65 | 15.2 | 91 | 25 | 22.6 | 193 | 9.0 | 6.5 | 49 |
| | 96 | 82 | 3'31" | 77 | 6.2 | 2.63 | 14.4 | 90 | 24 | 22.0 | 186 | 9.6 | 6.9 | 46 |
| | 94 | 81 | 3'33" | 74 | 6.3 | 2.62 | 13.6 | 89 | 23 | 21.4 | 178 | 10.3 | 7.3 | 44 |
| | 92 | 80 | 3'35" | 71 | 6.4 | 2.60 | 12.5 | 87 | 22 | 20.6 | 168 | 11.1 | 7.7 | 41 |
| | 90 | 78 | 3'39" | 67 | 6.5 | 2.58 | 11.5 | 86 | 21 | 19.8 | 158 | 12.0 | 8.2 | 38 |

表3-3(续)

| 等级 | 单项得分 | 肺活量体重指数 | 1 000米(分·秒) | 台阶试验 | 50米跑(秒) | 立定跳远(米) | 掷实心球(米) | 握力体重指数 | 引体向上(次) | 坐位体前屈(厘米) | 跳绳(次/1分钟) | 篮球运球(秒) | 足球运球(秒) | 排球垫球(次) |
|---|---|---|---|---|---|---|---|---|---|---|---|---|---|---|
| 良好 | 87 | 77 | 3′42″ | 65 | 6.6 | 2.56 | 11.3 | 84 | 20 | 18.9 | 152 | 12.4 | 8.5 | 37 |
|  | 84 | 75 | 3′45″ | 63 | 6.8 | 2.52 | 10.9 | 81 | 19 | 17.5 | 144 | 12.9 | 8.9 | 34 |
|  | 81 | 73 | 3′49″ | 60 | 7.0 | 2.48 | 10.5 | 79 | 18 | 16.2 | 136 | 13.5 | 9.3 | 32 |
|  | 78 | 71 | 3′53″ | 57 | 7.3 | 2.43 | 10.0 | 75 | 17 | 14.3 | 124 | 14.3 | 9.9 | 29 |
|  | 75 | 68 | 3′58″ | 53 | 7.5 | 2.38 | 9.5 | 72 | 16 | 12.5 | 113 | 15.0 | 10.4 | 26 |
| 及格 | 72 | 66 | 4′05″ | 52 | 7.6 | 2.35 | 9.3 | 70 | 15 | 11.3 | 108 | 15.6 | 10.7 | 25 |
|  | 69 | 64 | 4′12″ | 51 | 7.7 | 2.31 | 8.9 | 66 | 14 | 9.5 | 101 | 16.6 | 11.2 | 23 |
|  | 66 | 61 | 4′19″ | 50 | 7.8 | 2.26 | 8.5 | 63 | 13 | 7.8 | 94 | 17.5 | 11.7 | 21 |
|  | 63 | 58 | 4′26″ | 48 | 8.0 | 2.20 | 8.0 | 59 | 12 | 5.4 | 85 | 18.8 | 12.3 | 18 |
|  | 60 | 55 | 4′33″ | 46 | 8.1 | 2.14 | 7.5 | 54 | 11 | 3.0 | 75 | 20.0 | 12.9 | 15 |
| 不及格 | 50 | 54 | 4′40″ | 45 | 8.2 | 2.12 | 7.3 | 53 | 9 | 2.4 | 71 | 20.6 | 13.3 | 14 |
|  | 40 | 52 | 4′47″ | 44 | 8.3 | 2.09 | 7.0 | 51 | 8 | 1.4 | 64 | 21.6 | 13.8 | 12 |
|  | 30 | 51 | 4′54″ | 43 | 8.5 | 2.06 | 6.7 | 49 | 7 | 0.5 | 58 | 22.5 | 14.3 | 10 |
|  | 20 | 49 | 5′01″ | 42 | 8.6 | 2.03 | 6.2 | 47 | 6 | -0.8 | 49 | 23.8 | 15.0 | 8 |
|  | 10 | 47 | 5′08″ | 40 | 8.8 | 1.99 | 5.8 | 44 | 5 | -2.0 | 40 | 25.0 | 15.7 | 5 |

大学一年级——大学四年级女生身高标准体重见表3-4。

表3-4　大学一年级——大学四年级女生身高标准体重

(体重单位:千克)

| 身高段(厘米) | 营养不良 | 较低体重 | 正常体重 | 超重 | 肥胖 |
|---|---|---|---|---|---|
|  | 50分 | 60分 | 100分 | 60分 | 50分 |
| 140.0~140.9 | <36.5 | 36.5~42.4 | 42.5~50.6 | 50.7~53.3 | ≥53.4 |
| 141.0~141.9 | <36.6 | 36.6~42.9 | 43.0~51.3 | 51.4~54.1 | ≥54.2 |
| 142.0~142.9 | <36.8 | 36.8~43.2 | 43.3~51.9 | 52.0~54.7 | ≥54.8 |
| 143.0~143.9 | <37.0 | 37.0~43.5 | 43.6~52.3 | 52.4~55.2 | ≥55.3 |
| 144.0~144.9 | <37.2 | 37.2~43.7 | 43.8~52.7 | 52.8~55.6 | ≥55.7 |
| 145.0~145.9 | <37.5 | 37.5~44.0 | 44.1~53.1 | 53.2~56.1 | ≥56.2 |
| 146.0~146.9 | <37.9 | 37.9~44.4 | 44.5~53.7 | 53.8~56.7 | ≥56.8 |
| 147.0~147.9 | <38.5 | 38.5~45.0 | 45.1~54.3 | 54.4~57.3 | ≥57.4 |
| 148.0~148.9 | <39.1 | 39.1~45.7 | 45.8~55.0 | 55.1~58.0 | ≥58.1 |
| 149.0~149.9 | <39.5 | 39.5~46.2 | 46.3~55.6 | 55.7~58.7 | ≥58.8 |
| 150.0~150.9 | <39.9 | 39.9~46.6 | 46.7~56.2 | 56.3~59.3 | ≥59.4 |
| 151.0~151.9 | <40.3 | 40.3~47.1 | 47.2~56.7 | 56.8~59.8 | ≥59.9 |
| 152.0~152.9 | <40.8 | 40.8~47.6 | 47.7~57.4 | 57.5~60.5 | ≥60.6 |
| 153.0~153.9 | <41.4 | 41.4~48.2 | 48.3~57.9 | 58.0~61.1 | ≥61.2 |
| 154.0~154.9 | <41.9 | 41.9~48.8 | 48.9~58.6 | 58.7~61.9 | ≥62.0 |
| 155.0~155.9 | <42.3 | 42.3~49.1 | 49.2~59.1 | 59.2~62.4 | ≥62.5 |
| 156.0~156.9 | <42.9 | 42.9~49.7 | 49.8~59.7 | 59.8~63.0 | ≥63.1 |

表3-4(续)

| 身高段(厘米) | 营养不良 | 较低体重 | 正常体重 | 超重 | 肥胖 |
|---|---|---|---|---|---|
| | 50分 | 60分 | 100分 | 60分 | 50分 |
| 157.0~157.9 | <43.5 | 43.5~50.3 | 50.4~60.4 | 60.5~63.6 | ≥63.7 |
| 158.0~158.9 | <44.0 | 44.0~50.8 | 50.9~61.2 | 61.3~64.5 | ≥64.6 |
| 159.0~159.9 | <44.5 | 44.5~51.4 | 51.5~61.7 | 61.8~65.1 | ≥65.2 |
| 160.0~160.9 | <45.0 | 45.0~52.1 | 52.2~62.3 | 62.4~65.6 | ≥65.7 |
| 161.0~161.9 | <45.4 | 45.4~52.5 | 52.6~62.8 | 62.9~66.2 | ≥66.3 |
| 162.0~162.9 | <45.9 | 45.9~53.1 | 53.2~63.4 | 63.5~66.8 | ≥66.9 |
| 163.0~163.9 | <46.4 | 46.4~53.6 | 53.7~63.9 | 64.0~67.3 | ≥67.4 |
| 164.0~164.9 | <46.8 | 46.8~54.2 | 54.3~64.5 | 64.6~67.9 | ≥68.0 |
| 165.0~165.9 | <47.4 | 47.4~54.8 | 54.9~65.0 | 65.1~68.3 | ≥68.4 |
| 166.0~166.9 | <48.0 | 48.0~55.4 | 55.5~65.5 | 65.6~68.9 | ≥69.0 |
| 167.0~167.9 | <48.5 | 48.5~56.0 | 56.1~66.2 | 66.3~69.5 | ≥69.6 |
| 168.0~168.9 | <49.0 | 49.0~56.4 | 56.5~66.7 | 66.8~70.1 | ≥70.2 |
| 169.0~169.9 | <49.4 | 49.4~56.8 | 56.9~67.3 | 67.4~70.7 | ≥70.8 |
| 170.0~170.9 | <49.9 | 49.9~57.3 | 57.4~67.9 | 68.0~71.4 | ≥71.5 |
| 171.0~171.9 | <50.2 | 50.2~57.8 | 57.9~68.5 | 68.6~72.1 | ≥72.2 |
| 172.0~172.9 | <50.7 | 50.7~58.4 | 58.5~69.1 | 69.2~72.7 | ≥72.8 |
| 173.0~173.9 | <51.0 | 51.0~58.8 | 58.9~69.6 | 69.7~73.1 | ≥73.2 |
| 174.0~174.9 | <51.3 | 51.3~59.3 | 59.4~70.2 | 70.3~73.6 | ≥73.7 |
| 175.0~175.9 | <51.9 | 51.9~59.9 | 60.0~70.8 | 70.9~74.4 | ≥74.5 |
| 176.0~176.9 | <52.4 | 52.4~60.4 | 60.5~71.5 | 71.6~75.1 | ≥75.2 |
| 177.0~177.9 | <52.8 | 52.8~61.0 | 61.1~72.1 | 72.2~75.7 | ≥75.8 |
| 178.0~178.9 | <53.2 | 53.2~61.5 | 61.6~72.6 | 72.7~76.2 | ≥76.3 |
| 179.0~179.9 | <53.6 | 53.6~62.0 | 62.1~73.2 | 73.3~76.7 | ≥76.8 |
| 180.0~180.9 | <54.1 | 54.1~62.5 | 62.6~73.7 | 73.8~77.0 | ≥77.1 |
| 181.0~181.9 | <54.5 | 54.5~63.1 | 63.2~74.3 | 74.4~77.8 | ≥77.9 |
| 182.0~182.9 | <55.1 | 55.1~63.8 | 63.9~75.0 | 75.1~79.4 | ≥79.5 |
| 183.0~183.9 | <55.6 | 55.6~64.5 | 64.6~75.7 | 75.8~80.4 | ≥80.5 |
| 184.0~184.9 | <56.1 | 56.1~65.3 | 65.4~76.6 | 76.7~81.2 | ≥81.3 |
| 185.0~185.9 | <56.8 | 56.8~66.1 | 66.2~77.5 | 77.6~82.4 | ≥82.5 |
| 186.0~186.9 | <57.3 | 57.3~66.9 | 67.0~78.6 | 78.7~83.3 | ≥83.4 |

注:身高低于表中所列出的最低身高段的下限值时,身高每低1厘米,实测体重需加上0.5千克,实测身高需加上1厘米,再查表确定分值。身高高于表中所列出的最高身高段时,身高每高1厘米,其实测体重需减去0.9千克,实测身高需减去1厘米,再查表确定分值。

大学女生各测试项目评分标准见表3-5。

表3-5　大学女生各测试项目评分标准

| 等级 | 单项得分 | 肺活量体重指数 | 800米（分·秒） | 台阶试验 | 50米跑（秒） | 立定跳远（米） | 掷实心球（米） | 握力体重指数 | 仰卧起坐（次/1分钟） | 坐位体前屈（厘米） | 跳绳（次/1分钟） | 篮球运球（秒） | 足球运球（秒） | 排球垫球（次） |
|------|--------|----------|-----------|------|---------|---------|---------|--------|------------|----------|------------|---------|---------|---------|
| 优秀 | 100 | 70 | 3′24″ | 78 | 7.2 | 2.07 | 8.6 | 74 | 52 | 21.1 | 190 | 11.2 | 7.3 | 46 |
|  | 98 | 69 | 3′27″ | 75 | 7.3 | 2.06 | 8.5 | 73 | 51 | 20.8 | 184 | 11.5 | 7.8 | 44 |
|  | 96 | 68 | 3′29″ | 72 | 7.4 | 2.05 | 8.4 | 72 | 50 | 20.3 | 175 | 12.0 | 8.6 | 41 |
|  | 94 | 67 | 3′32″ | 69 | 7.5 | 2.03 | 8.2 | 71 | 49 | 19.8 | 166 | 12.6 | 9.4 | 38 |
|  | 92 | 65 | 3′35″ | 64 | 7.7 | 2.01 | 8.0 | 69 | 47 | 19.2 | 154 | 13.3 | 10.5 | 34 |
|  | 90 | 64 | 3′38″ | 60 | 7.8 | 1.99 | 7.8 | 67 | 45 | 18.6 | 142 | 14.0 | 11.5 | 30 |
| 良好 | 87 | 63 | 3′42″ | 59 | 7.9 | 1.97 | 7.7 | 66 | 44 | 17.7 | 137 | 14.6 | 11.9 | 29 |
|  | 84 | 61 | 3′46″ | 57 | 8.0 | 1.93 | 7.6 | 63 | 43 | 16.3 | 130 | 15.6 | 12.5 | 27 |
|  | 81 | 59 | 3′50″ | 55 | 8.2 | 1.89 | 7.5 | 61 | 42 | 15.0 | 122 | 16.5 | 13.2 | 25 |
|  | 78 | 57 | 3′54″ | 52 | 8.5 | 1.84 | 7.4 | 58 | 40 | 13.1 | 112 | 17.8 | 14.0 | 23 |
|  | 75 | 54 | 3′58″ | 49 | 8.5 | 1.79 | 7.2 | 55 | 38 | 11.3 | 102 | 19.0 | 14.9 | 20 |
| 及格 | 72 | 53 | 4′03″ | 48 | 8.6 | 1.76 | 7.1 | 53 | 37 | 10.1 | 98 | 19.8 | 15.6 | 19 |
|  | 69 | 51 | 4′08″ | 47 | 8.7 | 1.72 | 7.0 | 50 | 35 | 8.3 | 92 | 20.9 | 16.7 | 17 |
|  | 66 | 49 | 4′13″ | 46 | 8.8 | 1.69 | 6.8 | 48 | 33 | 6.5 | 86 | 22.0 | 17.8 | 15 |
|  | 63 | 46 | 4′18″ | 44 | 8.9 | 1.63 | 6.6 | 44 | 31 | 4.1 | 78 | 23.5 | 19.3 | 13 |
|  | 60 | 43 | 4′23″ | 42 | 9.0 | 1.58 | 6.4 | 40 | 28 | 1.7 | 70 | 25.0 | 20.8 | 10 |
| 不及格 | 50 | 42 | 4′30″ | 41 | 9.1 | 1.56 | 6.2 | 39 | 27 | 1.5 | 66 | 25.8 | 21.2 | 9 |
|  | 40 | 41 | 4′37″ | 40 | 9.3 | 1.53 | 6.0 | 38 | 26 | 1.3 | 59 | 26.9 | 21.9 | 8 |
|  | 30 | 39 | 4′44″ | 39 | 9.5 | 1.50 | 5.7 | 36 | 25 | 1.0 | 53 | 28.0 | 22.5 | 7 |
|  | 20 | 37 | 4′51″ | 38 | 9.8 | 1.46 | 5.4 | 34 | 23 | 0.6 | 44 | 29.5 | 23.4 | 6 |
|  | 10 | 35 | 5′00″ | 36 | 10.0 | 1.42 | 5.0 | 32 | 21 | 0.2 | 35 | 31.0 | 24.3 | 4 |

**思考题**

1. 谈谈您对全民健康的认识。

2. 健康程度可分为几类？

3. 请简述世界卫生组织给出的"健康的十条标准"，您认为这十条能够涵盖健康吗？

4. 体育活动对健康有哪些积极作用？

5. 为什么体力劳动者和脑力劳动者都需要参加一定的体育活动？

6. 请谈谈体育锻炼的原则和方法。

7. 什么叫运动性疾病？请您谈谈运动性常见疾病的类型。

8. 如何防治运动性常见疾病？

9. 请谈谈体育活动对健康的消极作用？

10. 请您描述一下您生活、学习中的健康威胁。

**参考文献**

[1]中国大百科全书编委会.中国大百科全书（体育）［M］.北京：中国大百科全书出版社,1982.

［2］奥尔贝奇,等.收入、地位与健康［M］.叶耀先,编译.北京:中国建筑工业出版社,2002.

［3］周西宽.体育学［M］.成都:四川教育出版社,1988.

［4］马京华.21世纪健康自助手册［M］.北京:中国轻工业出版社,2002.

［5］梁君林.西方健康社会学研究的发展［J］.国外社会科学,2010.

——学习时刻——

　　少年强、青年强则中国强。少年强、青年强是多方面的，既包括思想品德、学习成绩、创新能力、动手能力，也包括身体健康、体魄强壮、体育精神。希望通过你们在这届青奥会上的精彩表现，带动全国广大青少年都积极投身体育锻炼，既把学习搞得好好的，又把身体搞得棒棒的，做到德智体美全面发展，将来成为祖国建设的栋梁之材。

　　——2014 年 8 月 15 日，习近平总书记看望南京青奥会的中国体育代表团时发表讲话。

# 第四章

# 如何获得运动技能

## 第一节　运动技能概论

### 一、运动技能的定义

什么是运动技能？不同的心理学家有不同的定义。例如，克伦巴赫（J.Cronbach，1977）认为："最好是把技能定义为习得的，能相当精确执行且对其组成的动作很少或不需要有意识地注意的一种操作。"伍尔福克等则把运动技能定义为"完成动作所需要的一系列身体运动的知识和进行那些运动的能力"。加涅认为，"运动技能是协调运动的能力""运动技能实际上有两个成分：一是描述如何进行运动的规则；二是因练习与反馈而逐渐变得精确和连贯的实际肌肉运动"。

尽管运动技能的定义不尽相同，但一般认为，运动技能是一种习得的能力，而不认为眨眼之类的随意动作是一种运动技能。概而言之，运动技能又称"动作技能"，指人体运动中掌握和有效地完成专门动作的一种能力。运动技能包含有动作成分，但并不是说动作就是运动技能。动作是人体的一种空间造型以及驱动这种空间造型的内部冲动。只有当人们利用一组动作去完成一项具体任务或解决一个问题时，如利用一组身体动作去表现情感（艺术体操），人们这时的活动能力才被称为运动技能，也就是说运动技能是一种有意识、有目的的活动能力。因此，我们认为，运动技能是人类一种习得的能力，是人类有意识、有目的地利用身体动作去完成一项任务的能力。个体越是经济、有效、合理地利用身体动作完成任务，其运动技能的水平就越高，其能力就越强。

### 二、运动技能的分类

按不同的标准，我们可以把运动技能分成很多类型。在运动技能学习领域中，我们通常把运动技能分成两大类，即连续的运动技能与不连续的运动技能（见图4-1）。

连续的运动技能一般是较多受外部情境制约的、需要根据外部情境中的信息不断调整操作者与外部关系的动作技能，如篮球跑篮、乒乓球的步法、武术的套路等。不连续的运动技能一般是自我调节的，较少受外部情境控制，如射击静止的目标等。

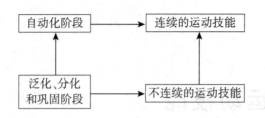

图 4-1　运动技能的分类

由于两类运动技能控制的性质不同,完成任务所需的能力和策略也不同,比如赛车运动员和举重运动员完成任务的策略就不相同。事实上,有些人偏向于完成连续性运动任务,而有些人则更喜欢完成不连续的运动任务。

### 三、运动技能的构成成分及其理论

一般认为,运动技能一般包括三个成分:

(1)动作或动作组。前面我们提到动作是指人体在空中的造型(可观察)和驱动这一造型的内部冲动(不可观察)。动作就其难易程度又可以分为反射动作、基本—基础动作、技巧动作。

基本—基础动作是由一系列的反射动作组成的,跑、跳、滚、抓等动作都是基本—基础动作,每一个基本—基础动作显然都是一组反射动作的组合。

技巧动作又是由一系列的基本—基础动作组合而成的。基本—基础动作大都是比较普通的动作,但技巧动作带有较明显的专业性或行业性。比如踢足球与打篮球,其技巧动作是不一样的。每一专业或行业所特有的技巧动作群组成了该专业或行业的动作语汇。

就动作本身而言,反射动作是成熟发展起来的,主要受遗传的影响,而非学习的结果;基本—基础动作也主要是内部发展与成熟的结果,但训练能使之精确、熟练;技巧动作则主要是习得的,专业或行业的动作语汇是教学的重要目标。

(2)知觉能力。在完成动作任务时,知觉的参与是必需的、重要的。知觉的部分缺失往往会造成不能完成某些运动技能,因此,知觉是运动技能的组成部分之一。知觉能力包括动觉、听觉、视觉、触觉辨别的能力,其中手眼协调、手脚协调、身体平衡对完成任务有重要意义。某些运动项目的技巧动作有特殊的知觉要求,如对乒乓球运动员的视觉辨别距离有较高要求。知觉的另一个重要作用是发现并有效利用反应所需的线索。知觉测验往往作为专业能力测验的一项重要内容。

(3)体能。有些动作任务的完成需要一定的体能,体能也是运动技能的组成部分之一。体能主要包括速度、耐力、力量、韧性、敏捷性等。

哈罗在她的分类中没有强调动作技能中的认知成分,事实上,认知成分也是运动技能的组成部分之一。心理学家费茨调查了 40 名教练和体育教师。尽管这些人教授与训练的运动项目范围很广,但他们一致鉴别出四种运动技能的成分:认知成分、知觉能力、协调能力、冷静与放松的个性品质。

作为学习领域之一的运动技能领域,也有难易之别。一般而言,复杂的学习是以简单的学习为先决条件的。运动技能由简至繁构成了学习的层级。

问题解决指用一定的策略、技巧动作、知觉能力、体能去解决一个动作问题。动作任务的解决往往是以各种简单学习为前提的。学习者是否具有相当的策略水平,他的动作语汇是否足够丰富,是否能正确辨别线索,是否有完成任务所需的敏捷性和力量等,这些都将影响其解决问题的合理性、可行性和经济性。

动作语汇的获得这一学习层次相当于智慧技能中所述的"概念的获得"。与每一门学科都是一系列概念体系相似,每一专业或行业都有其一整套技巧动作群,也就是动作语汇。每一个技巧动作又都是由一连串的基本—基础动作组成的,技巧动作是习得的。

辨别与连锁主要是指基本—基础动作与反射动作的联结。这一学习层次相对来说比较简单,因为它们的神经联系大都是先天的,从内部发展起来的。对于专业训练来说,这一层次的学习主要是使基本—基础动作获得"意义",也就是说,对本专业,该动作有何作用,在什么时候驱动这些动作。运动技能学习中也包含有创造性,比如用新颖、独特的方式来解决一个动作问题。

在体育学习中,运动技能的学习往往是与认知学习交织在一起的。例如,在武术课上运动技能的学习。尽管运动技能中包含了认知成分,但它有不同于一般智慧技能的特点。体育教师不仅要知道学生的文化知识和智慧技能的获得过程,也要懂得运动技能形成的过程与特点,这样才能有效地指导学生的运动技能学习。

**四、关于运动技能学习的理论**

和其他领域的学习一样,人们对运动技能的学习也提出了多种解释。在众多的解释中,可分为强调行为与强调认知两种基本不同的观点。

(一)习惯论

这种观点根源于行为主义强化概念。行为主义者认为,机体的行为被其行为后果加强。机体的某些活动产生积极的后果,行为受到强化,逐步巩固下来,以后成为它的全部行为储备中的一部分。这些活动便获得了习惯强度。以后,只要呈现适当的环境刺激,活动便会可靠地出现。这种理论把复杂的运动技能看成是一系列刺激与反应的联结的形成。

(二)认知的解释

20 世纪 60 年代以后,许多心理学家偏向于用认知的理论来解释动作技能的学习。如加拿大心理学家亚当斯就用闭环系统理论解释动作技能的学习,辛格则用信息加工理论来解释动作技能的学习。这些心理学家在承认动作本身是一系列刺激—反应联结的同时,认为动作技能的学习必须有认知的参与。理由如下:

(1)学习者被置于一定的任务情景中,首先要理解任务,并预期和假设解决问题所需的反应和动作形式,形成目标意象和目标期望。

(2)学习者要比较先前的经验与目前的任务,辨别两者的相似之处。

(3)回忆过去学习过的、与眼前任务相关的动作行为,如回想有关的线索与反应之间的联结,回忆有关的动作程序,并有效地将这些信息提取出来。

(4)根据刺激情景来理解自己所需要进行的活动的实质,理解情景的要求,以及决策时所需考虑的外部因素。

（5）识别和选择最相关的线索来进行反应，排除无关或干扰线索。

（6）利用认知控制情绪，建立起动作所需的适当的情绪状态。

（7）预期自己的作业水平，形成切实可行的、明确的目标期望。

（8）做出正确的动作反应的决策，即对动作反应的形式和参数，如高度、速度和方向等进行决策。

（9）根据作业反馈情况来调节自己的行为方式，分析性行为、自适应行为、问题解决性行为交叉使用。

（10）根据作业反馈情况不断调节情绪状态。

（11）对正在进行的行为进行评价，以监控、调节作业情况，对作业的结果进行评价，以便为后继学习提供经验。

（12）作业完成后，学习者还要对影响作业结果的因素，如能力、任务的难度，以及某些偶然因素进行归因分析。

认知心理学家偏向于把运动技能的学习看作是一个先形成目标，然后激起一定的认知策略、认知过程，最后再驱动一连串的动作的过程。

# 第二节　运动技能的形成规律

体育教学和训练的主要任务之一，就是在教师或教练员的指导下，使学生或运动员学习、掌握一定的运动技能，并能在此基础上，引导学生或运动员灵活地应用与创造新的运动技能。而运动技能的创造、发展和提高，有赖于人们对人体机能客观规律和运动技能学习、发展过程的深刻认识与自觉运用。

因此，深入了解运动技能形成的生理学本质和发展规律及其特点，对尽快掌握某项运动技能，促进运动技能的发展和创新，提高运动技术水平，科学、合理地增强体质、增进健康等都具有非常重要的作用。

## 一、运动技能形成的生理学本质

巴甫洛夫创立的条件反射学说认为，人的各种生理活动都是通过反射方式进行的，学习运动技能也是如此。

人类的反射活动分为两大类：一类是人生来就有，不需学习就会的反射，称为非条件反射。如人摔倒时用手撑地，火烫手时手立即缩回（防御反射）；身体姿势改变引起身体不同部位肌肉张力的变化（姿势反射）；婴儿吸吮乳头（吸吮反射）；食物刺激口腔出现唾液分泌（唾液分泌反射）等，都属于非条件反射。非条件反射是反射活动的低级形式，为人类群体所共有，有着固定的反射途径，不易受外界条件的影响而改变，但数量却很有限。另一类是个体在后天生活过程中，通过学习、训练，在非条件反射基础上建立起来的反射活动，称为条件反射。如人们学写字、学习各种生活和工作技能等，都是在建立条件反射。条件反射是反射活动的高级形式，其反射途径不固定，具有明显的个体差异。比如吃过酸梅的人，一看见酸梅或听见"酸梅"这个词而不吃酸梅也会分泌唾液，而从未吃过酸梅的人，无论怎样看酸梅也不会引起唾液分泌，这是因为后者尚未建立对酸梅的条件反射。

条件反射的数量是无限的,人们经过学习和训练,个体可以建立起许多不同的条件反射。但由于个体的生活环境、个人经历、知识水平和所从事的职业各不相同,所以建立的条件反射数量和种类也就因人而异,大不相同。

人们在生活过程中学习知识、积累经验、掌握各种动作技能等都是在建立条件反射,其生理本质就是在大脑皮层相关中枢之间建立起暂时性联系。

比如,让婴儿学会自己抓握奶瓶吃奶的动作,开始父母先给婴儿奶瓶看,刺激视觉器官,引起大脑皮层视觉中枢兴奋;尔后把奶瓶放到婴儿手中,同时帮助婴儿抓紧奶瓶并推放到其嘴边,这样使肌肉受到被动牵拉而引起大脑皮层运动中枢兴奋;最后婴儿吸吮到奶汁,奶汁刺激口腔黏膜使大脑皮层食物中枢兴奋,从而引起唾液分泌,起到强化作用。经过几次练习之后,婴儿就会学会自己抓握奶瓶吃奶这个动作。

学习这一动作的关键在于大脑皮层同时出现了三个兴奋中枢,即视觉中枢、运动中枢和食物中枢。在练习中,三个兴奋中枢的联系不断被接通。经过多次结合,三个兴奋中枢之间就会建立起一种暂时性神经联系,于是条件反射就建立起来了,动作也就学会了。

在体育活动实践中,掌握各种运动技能也是在建立条件反射,但这属于运动性条件反射。

由于体育动作的复杂多变性和成套性,使运动技能的学习有别于建立一般的条件反射。就拿体操运动中的跳马来说,整个动作是由预备姿势、助跑、踏跳、扶马、推马、腾越、落地等一连串动作构成,这些动作相互衔接,彼此关联,紧密结合而不可分。那么在学习这套跳马动作中,教师或教练员通过讲解、示范,使学生或运动员产生对动作的印象和概念,并在以往学会的动作基础上或别人的帮助下做模仿练习。在练习中,各种感觉器必须协调活动,如视觉判断助跑距离和跳马的高度,听觉感知助跑的节奏,位觉感知身体的空间方位,皮肤触觉感知地面硬度和推马力量,本体感觉感知肌肉活动状况和关节活动的幅度,内脏感觉感知内脏器官的活动状况等。这些感觉器官或感受器活动产生的兴奋,传到大脑皮层相应中枢,都按严格的时间和顺序产生兴奋和抑制,经反复练习(强化和刺激),使大脑皮层各感觉中枢与运动中枢之间的联系多次接通并逐步产生暂时性联系,建立了一连串阳性和阴性条件反射系统,此时就学会了跳马这一动作,形成了运动技能。

在学习这一运动技能的过程中,大脑皮层参与活动的神经中枢不是一两个,而是既有运动中枢,又有视觉、听觉、位觉和皮肤感觉、本体感觉、内脏活动等许多中枢参与反射活动,整个反射活动不是单一的,而是一连串一个接一个的,前一动作的结束便是后一动作的开始,彼此连锁,非常复杂。同时,肌肉的本体感受性传入冲动在学习动作技能、建立运动性条件反射的整个过程中起着非常重要的作用,其不断将肌肉活动的感觉冲动传向中枢,并通过反馈联系进一步调整肌肉活动状况,促进正确运动技能的形成。

因此,学习运动技能就是建立复杂的、连锁的、本体感受性运动条件反射,其生理本质也是大脑皮层相关中枢之间的暂时性神经联系。当这种暂时性神经联系经多次反复练习被巩固以后,大脑皮层运动中枢内支配肌肉活动的神经元在机能上进行排列组合,兴奋和抑制在运动中枢内有顺序地、有规律地、有严格时间间隔地交替发生,形成了一个系统,成为一定的形式和格局,使条件反射系统化,从而建立起运动动力定型。

运动动力定型建立后,肌肉的收缩和放松就会有顺序、有规律地严格按照一定的时间进行,使动作完全符合规格要求并得以巩固,这就形成了熟练自如的运动技能。

### 二、运动技能学习和发展的阶段特点与应注意的问题

运动技能从开始学习到形成熟练的技巧,整个过程可以根据人体生理机能活动和动作技能特征分为相互联系的四个阶段(见图4-2)。

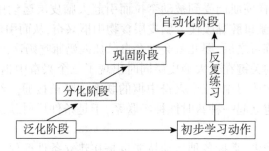

**图4-2　运动技能形成的梯阶**

(一)泛化阶段

泛化阶段是学习运动技能的初期阶段。在该阶段,学生或运动员通过教师或教练员的讲解、示范和自己的实践活动,只能获得对某一运动技能的初步感性认识,而对该运动技能的内在规律并不完全理解,因而很难对该技能形成完整正确的概念。此时由新的动作所引起的内外刺激都成为机体的新异刺激,这些刺激通过各种感受器传到大脑皮层,引起大脑皮层有关中枢的神经细胞强烈兴奋。因皮层内抑制尚未建立,所以大脑皮层的兴奋和抑制过程都呈扩散状态,使条件反射暂时联系很不稳定,出现泛化现象。因此,肌肉活动表现为协调性差,动作僵硬,不准确,不该收缩的肌肉收缩,多余动作和错误动作多,且动作不连贯,节奏紊乱,能量消耗多而有效动作少。

根据该阶段动作技能特征,学习中应注意以下几点:

(1)要抓住动作重点,抓住动作的主要环节,先形成动作的表象(轮廓、框架),不宜过多强调动作细节。

(2)要充分发挥第一信号系统的作用,多观看直观教学或形象化的教学片子,如观看教学录像片或动作图片和模型等,获得明晰的印象,建立正确的动作概念。

(3)注意运用和加强视觉、听觉、皮肤触觉等感受器的感觉功能优势并与本体感觉建立联系,形成反馈信息,促进正确肌肉感觉的建立和动作技能的形成。如看镜子练习,或练习中运用各种标志物、限制物、动作节拍器,以及按照音乐节奏进行练习等。

(4)学习时,要按照教材或教师安排的要求,遵循由易到难、由简到繁、由低到高的循序渐进原则。

(二)分化阶段

经过一段时间的学习,大脑皮层的活动由泛化阶段进入分化阶段。此时大脑皮层运动中枢兴奋和抑制过程逐渐集中,分化抑制得到发展,学生或运动员对所学动作技能的内在规律有了初步的理解和认识,对该动作技能在时间、空间和动作细节上的区

分比较精确,对各动作环节意识较为清楚,错误动作和多余动作得以纠正和消除,动作连贯准确,能比较顺利地完成整个动作,初步形成了运动动力定型。但此时运动动力定型尚不巩固,还不能运用自如,在新异刺激的作用下,动作技能容易遭到破坏,错误动作和多余动作有可能重新出现。

根据该阶段动作技能特征,学习中应注意以下几点:

(1)认真体会动作细节,全面纠正错误动作,提高动作质量,促进分化抑制进一步发展,避免形成错误的动力定型。

(2)要注意运用准确的语言,代替示范等具体信号,促进第二信号系统的活动,加深对动作内在规律的认识与理解。

(3)在保证动作质量的前提下,适当加大运动负荷,即在增加重复练习的次数和时间的基础上,逐步加大练习的强度。但对练习强度的要求,必须视动作质量而定。

(4)在运动动力定型基本形成并能较好地完成动作技能的基础上,要适当变换练习方法,加大练习难度,如改变练习的环境、动作组合、运动负荷和器材等因素,在不同条件下来完成已学会的动作。此外,还可以运用竞赛等练习方法,调动练习的积极性,从而更好地巩固动作技能。

(三)巩固阶段

运动技能的学习达到这一阶段时,大脑皮层的兴奋和抑制在时间和空间上更加集中和精确,运动条件反射系统已经稳固建立,大脑皮层相关中枢暂时性联系的接通机制稳定,形成了牢固的运动动力定型。此时,动作更加精确、协调、省力,而且某些动作环节可以在无意识或意识不清的情况下完成,即初步形成了动作自动化。同时,由于植物性神经功能与躯体性神经功能的协调配合已成为整个运动技能不可缺少的组成部分,因而在完成动作练习时感到省力和轻松自如,而且由于第一信号系统的兴奋可能选择性地扩散到第二信号系统,所以运动员可以用语言明确表达出自己所完成的动作。

运动技能达到巩固阶段后,仍然要进行练习,如果不练习,巩固了的动力定型就会消退。消退的程度与动作技术的复杂程度和难度紧密相关,即动作技术越复杂,难度越大,消退就越快。

在学习中,应注意以下几点:

(1)对已经巩固掌握的动作技能要经常进行系统的练习,进一步改进动作的某些细节,严格要求动作技能的完整性和连贯性,并加强对技术理论的学习,不断巩固动力定型,提高动作质量。

(2)进一步增加练习的难度和强度,在练习中有意识地制造多种干扰因素,提高应变能力和在复杂多变的条件下熟练完成动作技能的能力。

(3)注意启发思维,在练习中互相帮助,互相保护,提高分析问题和解决问题的能力。

(4)把动作技能练习同提高身体素质紧密结合在一起,提高身体训练水平,促使动作技能不断趋于完善,进一步向自动化发展。

(四)自动化阶段

动作自动化,就是指在练习某一套动作时可以在无意识的情况下自动地完成。在

运动技能的学习过程中,随着动作技能的巩固和发展而达到熟练程度时,大脑皮层暂时性联系也就达到非常巩固的程度,动作就可能出现自动化现象而在脱离意识的情况下熟练自如地完成。

如篮球运动员熟练掌握运球技术达到自动化后,训练或比赛时就不是费心去考虑如何控制球,而是自然地完成运球动作,此时则把注意力用在观察场上情况变化和战术配合上。又如走路是人们所熟知的动作,属于自动化动作。当人在走路时可以谈话、看报纸等,而不必有意识地去想如何迈步、如何维持身体平衡,则把注意力集中在谈话或看报纸上。在运动技能的学习过程中,动作之所以能达到自动化程度,这是因为经过反复练习后,大脑皮层相关中枢已经稳固地建立起暂时性联系,形成了巩固的运动条件反射系统和牢固的运动动力定型,当有相应的刺激物出现时就刻板式地产生以前所形成的条件反射。在完成这些反射时,第一信号系统的兴奋不向第二信号系统传递或者只是不完全地传递,同时反射中枢的兴奋性较为低落或与反射活动不相宜。因而,此时是在无意识或意识不完全的情况下完成动作,即达到了动作自动化。

动作达到自动化后,第二信号系统的活动就可以从第一信号系统的束缚下摆脱出来,以适应复杂多变的外界环境,更加灵活地调整全身活动。如篮球运动员熟练掌握动作技能后,在复杂的比赛或训练中,主要通过第一信号系统的活动来完成各种动作技能,第二信号系统的活动则摆脱了第一信号系统的束缚,而专注于场上变化和战术配合。

运动技能实现自动化以后,并不是该技能永远都是在无意识的情况下进行。当环境变化使自动化动作受到阻碍时,大脑皮层反射中枢的兴奋就会随之提高,自动化动作就又会变成有意识的。如骑自行车行进中突然遇到红灯就会使大脑皮层兴奋性提高,有意识地对蹬车动作加以控制,适应当时环境的变化。

在体育运动中,要学会运动技能、提高运动技能,就必须使动作达到自动化程度。但动作达到自动化以后,由于完成自动化动作时第一信号系统的活动经常不能传递到第二信号系统中去,如果动作发生少许变化或出现错误,往往不能被及时觉察,而重复多次就被巩固下来,使已经形成的动作技能变形。

在本阶段的学习中,应注意以下几点:

(1)经常有意识地检查动作,防止动作变形,从而达到精益求精。

(2)注意灵活运用技战术和提高随机应变的能力。

(3)充分利用运动技能间的良好影响(即技能迁移),不断掌握新的运动技能,巩固和完善原有运动技能。

此外,在学习运动技能的全过程中,必须使大脑皮层始终处于适宜兴奋状态,才有利于暂时性神经联系的建立,形成系统的运动性条件反射。如果大脑皮层兴奋性过高,兴奋则容易扩散而较难集中,就会增加学习动作的难度。若皮层兴奋性过低,暂时性神经联系就较难接通,使建立运动条件反射的时间延长。因此,在学习中应采用适当方法,如适宜的准备活动、按摩等手段等来调节大脑皮层兴奋性,使其保持良好状态,以利于运动技能的快速学习和进一步发展。

运动技能的学习过程虽然划分为四个阶段,但各阶段相互联系,彼此之间并无明显界限,不能截然分开。而且每一阶段的长短也不是固定不变的,这与许多因素有关,如训练水平高低、身体素质差异、肌肉活动强度、动作复杂程度、身体机能状况、运动器官的现状等。因此,学习中应充分注意这一点,切实做到因人而异,缩短运动技能的形成过程。

# 第三节 运动技能的获得与保持的方法

任何新的比较复杂的运动技能的学习,都需要多次练习。若要熟能生巧,则需要加倍练习。一般来说,随着练习次数的增多,作业的精确性、速度、协调性等会逐步提高。运动技能有随练习量的增加而不断提高的趋势。一般说来,有以下几个特点:第一,开始进步快。这是因为开始阶段,是一个由不会到会的质变过程,因此表现出进步很快。第二,中间有一个明显的、或长或短的停顿期(即高原期)。第三,后期进步慢。在高原期后,仍会出现进步,但速度显著变得缓慢。第四,总的趋势是进步,但有时还会有暂时的退步。那么,如何尽快获得运动技能并始终保持它呢?

## 一、理解学习情景和任务的性质

研究表明,动作技能的学习首先必须正确理解学习情景和任务性质,并由此形成一个基本判断,继而采取一定的策略。运动技能通常是以完成一定的任务为目标的,并在一定学习情景中进行。因此,学习者首先要理解学习任务,并在此基础上形成一定的动作期望。

理解学习任务,既涉及对学习任务本身的界定,说明或演示学习任务的性质,也涉及学习者积极利用以往相关的经验,让现时的学习与以往的经验相联系。学习者还应明确动作所应达到的目标,使学习者对自己的动作有一个明确的期望和目标。

一般说来,有明确的期望和目标的学习较无明确期望、目标模糊的学习有效。在学习中要注意目标的可行性和期望的现实性。有些人往往偏向于过高估计自己的能力而提出不切实际的目标,而有些人则对自己的能力估计不足,提出过低的目标。目标和期望的提出既要考虑到动作任务的难易,也应熟悉自己的实际情况。学习者可以将复杂的动作学习任务的目标分解成一系列具体的目标,分步实现。

## 二、对完成任务的动作学习策略的运用

运动技能的学习也包括学习策略问题。在尝试完成一个动作任务时,专家与新手使用的策略不同,不同的专家使用的策略也不相同。

通常,专家使用较有效的策略,同时专家使用策略时的熟练程度也较新手高,完成动作任务涉及的策略面也很广。例如,如何从自己的"动作库"中选择并组织基本动作,这一选择的结果通常是形成"目标意象",即学习者在头脑中假想出一套连贯的,并自认为有效的动作形式;如何选择动作的参数(力量、速度、角度、时间、节奏等);如何对动作进行编码;等等。在学习动作时,学习者会在以上方面有意无意地表现出自己采用的策略。这种学习者自发产生的策略,称为自发性策略。许多研究发现,自发性策略并非是有效的策略。因而,学习者有必要得到策略方面的指导。

指导者提供给学习者的策略称为外加的策略。外加的策略通常是在成功完成任务的基础上总结出来的,一般比较有效。指导者可以通过演示、解说、放有关录像等方法对学习者进行策略方面的指导。一旦学习者利用外加的策略有效地完成任务后,这些策略便会成为学习者的经验,并有可能自发地在后继学习中进行使用。尽管有关运

动技能学习策略的研究材料远比不上研究言语材料学习策略的资料丰富,但是,在记忆动作形式、动作的编码、动作的组织等方面进行策略性指导,对学习是有益的。

### 三、防止信息负担过重

许多研究表明,在动作技能学习的初期阶段,要使示范有效,则示范动作必须慢速进行。这是因为初学者在刚刚接触一个新的动作时,往往顾了手,顾不了脚,他们很容易因新的信息量过多而超载。当超载发生时,学习便终止了。有人比较过两种演示打结的方法的效果。一种方法是在电影中呈现完整的打结过程;另一种方法是给学习者提供一套部分打完的结。前一种方法不能顾及学习者的个别速度,当学习者在中途遇到困难时,影片不易停下来;后一种方法可以照顾学习者的个人需要,当他在某个部分发生困难时,可以来回研究,反复琢磨,其效果较好。也有人将上述影片的呈现与练习作不同的安排,研究结果表明,影片连续放映两遍,让学生仔细观察,其效果最好。这一研究表明,学习者的知识未达到某一关键点时,其练习是无效的。

### 四、在反馈中获得并保持运动技能

运动技能的学习贵在练习。但是,并非任何练习都会取得良好的效果。大量研究表明,给学习者在练习过程中提供适当的反馈信息是提高练习效果的有效方法。

如上所述,反馈有外部的即行为结果的知悉和内部的肌肉运动的刺激所提供的信息。在动作学习的初期,学习者主要依靠自己行为结果的知悉,来改进自己的技能。许多动作技能的结果,学习者容易察觉,如投篮是否投中,跳高是否过杆,便是一例。但是,初学者对自己的运动过程或姿势是否正确,往往不易察觉,这时教师或其他旁观者,可以提供较多的反馈信息,也可以通过录像或其他手段,记录动作的结果并记录动作的过程,让学习者自己观察自己,提供真实与客观的信息。这种反馈信息不仅能纠正学习者的错误动作,而且可以克服初学者常常过高估计自己的倾向。

动作技能的理解与身体的练习之间的关系是辩证的。初步地理解指导练习,通过练习,尤其是动作得到纠正后可以加深理解;而较深刻的理解又能使练习提高到新的水平。

在技能学习的后期,在基本动作或技术要领已经掌握的条件下,练习的目的是达到熟能生巧,培养正确的节奏感,使动作连贯、流畅、轻松自如。由于这时的反馈信息主要来自内部,而协调、平衡、节奏等感觉只能靠自己体会,所以这时应强调主动练习和发现的经验。没有来自实践经验中的真情实感,动作技能就不可能真正掌握。

反馈信息可以是及时的,也可以是延后的。一般来说,内部肌肉信息的反馈总是及时的。而对行为结果的知悉,可以有及时的和延后的。任务性质不同,及时的或延后的信息反馈的效果也不同。例如,将体育比赛中运动员的动作用录像带录下来,过了若干天以后再放给运动员本人看,对纠正他的错误动作仍然有效,这就是延后反馈原理的运用。

### 五、使用心理练习法,加强身心协调控制的能力

早在 1952 年,哈比曾对动作技能学习中的心理练习与身体练习作了比较。他发现,心理练习在自由投篮的动作技能的发展中有显著的影响,若能将心理练习与身体

练习相结合,其效果最好。以后陆续有人做过这方面的研究。

　　1967 年里查逊评述了 11 个有关动作学习的研究。这些研究涉及许多不同技能,如打网球、倒车、投标枪、肌肉耐力。他的一般结论是,心理练习与作业改进有一定的相关,如果将心身二者的练习相结合,其效果更佳。决定心理练习的有效性的关键是学习者要对练习的任务熟悉。从未进行过身体练习的动作,不可能做心理练习,若练习也只能是错误的练习。另外,心理练习的时间不能太长,否则容易产生厌烦情绪,使动作水平下降。

　　心理练习的效果也决定于任务的性质。若任务中认知因素起的作用较小,反应主要是依靠肌肉的线索,则心理练习作用甚微。例如有人研究了心理练习对单腿站在高杆上突然起跳的影响,结果表明,心理练习对这项技能的改进无帮助,因为这个动作可能主要是由脑低级中枢和小脑控制的。

### 六、在动作学习中,把握好整体动作与局部动作的学习关系

　　通常,一套完整的动作技能可以分解成同时或按先后次序出现的局部技能。例如,游泳包括腿的打水和手臂的划水,这是同时进行的;还包括转头和换气,这是在手臂划水之后进行的。学习游泳,既要学习局部技能,又要学习将局部技能综合起来。

　　在某种程度上将已经掌握了的局部技能综合起来,是技能学习的一个重要方面。

　　动作技能的学习,应根据不同性质的动作技能做出不同的安排。有些动作技能以先从局部练习开始为好,另一些则适宜从整体动作的学习开始。

　　学习中还应考虑时间安排上的分配与集中的问题。一般地说,分配学习(例如需要 10 小时学习的任务分配在 20 天内进行,每天练习半小时)的效果较好,不易疲劳。

### 思考题

　　1. 什么是运动技能,您个人认为其对新时代全民健身有什么意义?

　　2. 运动技能可分为几类?

　　3. 运动技能有几种构成成分?

　　4. 简述运动技能形成的生理学本质。

　　5. 运动技能的形成有几个阶段?

　　6. 运动技能的形成阶段有何特点?

　　7. 在运动技能形成的每一阶段,如何学习?

　　8. 如何能尽快获得运动技能?

　　9. 谈谈您是如何保持运动技能的(可就某一具体的运动项目的学习来谈)。

　　10. 谈谈您对运动技能理论的理解。

### 参考文献

　　[1]吴庆麟.教育心理学[M].北京:人民教育出版社,1999.

　　[2]杨锡让.实用体育生理[M].北京:人民体育出版社,1986.

　　[3]许传宝.动作模仿不应成为创新的起点[J].发明与创新,2002(4).

　　[4]王树明,章建成.知觉运动技能训练的国外研究进展[J].上海体育学院学报,2005(3).

# 下篇 体育专项理论与技术

勤体育则强筋骨，强筋骨则体质可变，弱可转强，身心可以并完。此盖非天命而全乎人力也。

——毛泽东

# ——学习时刻——

　　足球运动的真谛不仅在于竞技，更在于增强人民体质，培养人们爱国主义、集体主义、顽强拼搏的精神。我们正在培养全社会足球文化，深化足球管理体制改革，建立符合世界足球发展规律和中国国情、专业高效的组织管理体系，大力发展青少年足球，完善足球场地等基础设施，加强国际交流借鉴，通过扎扎实实的努力，久久为功，逐步提高中国足球水平，让积极向上的足球文化成为中国人民实现中国梦的正能量。

　　——2017年6月14日，习近平主席在北京会见国际足联主席因凡蒂诺时发表讲话。

　　足球是当今世界传播最广、参与人数最多的体育运动，具有广泛的社会影响，深受世界各国民众喜爱。英国是现代足球发源地和世界足球强国。英国足球很多方面值得我们借鉴。体育交流是中英人文交流的重要组成部分。希望双方加强包括足球在内的体育交流合作，提高两国人民健康水平，促进中英友好。

　　——2015年10月23日，习近平主席参观曼彻斯特城市足球学院时发表讲话。

　　希望同学们把足球爱好保持和发展下去，在足球运动中感受集体力量、体验运动乐趣、强健身体素质，希望通过发展校园足球成长一批优秀足球运动员。

　　——2016年9月9日，习近平总书记来到北京市八一学校看望慰问师生，向全国广大教师和教育工作者致以节日祝贺和诚挚问候。

　　足球运动的真谛不仅在于竞技，更在于增强人民体质，培养人们爱国主义、集体主义、顽强拼搏的精神。

　　——2017年6月14日，习近平主席在北京会见国际足联主席因凡蒂诺时发表讲话。

# 第五章

# 足球运动理论与技术

　　拥有"世界第一运动"美誉的足球运动,以其本身的独特魅力吸引着全世界广大球迷。足球运动是一种以脚为主支配球的、两队相互对抗、激烈竞赛的球类运动项目。它历史悠久,普及于全世界,已成为当前全世界开展最为广泛、影响最大的体育运动项目之一。

## 第一节　足球运动概述

### 一、足球运动的历史

（一）古代足球运动的起源

　　我国是具有悠久历史的文明古国,也是全世界出现足球游戏最早的国家。据史书记载,公元前475年至公元前221年的战国时期就有了称为"蹴鞠"或"蹋鞠"的以脚为主支配球的足球游戏。其中"蹴"和"蹋"都是踢的意思,"鞠"是球名。"蹴鞠"一词最早记载于《史记·苏秦列传》里,汉代刘向的《别录》和唐人颜师曾的《汉书·枚乘传》均有记载。到了唐宋时期,"蹴鞠"活动已十分盛行,场地、器材、设备方面也逐渐完善,并创造出多种游戏方式。在这一时期,开始出现球会组织,女子蹴鞠游戏也已盛行。发展到明清时期,受封建社会的局限,我国古代足球游戏逐渐走向衰落。

　　足球运动是一项古老的体育活动,源远流长。据说,希腊人和罗马人在中世纪以前就已经开展了一种类似足球的游戏了。他们在一个长方形场地上,将球放在中间的白线上,用脚把球踢到对方场地上,当时称这种游戏为"哈巴斯托姆"。

　　到19世纪初叶,足球运动在当时的欧洲及拉美一些国家特别是在资本主义的英国已经相当盛行。1848年,足球运动的第一个文字形式的规则《剑桥规则》诞生,标志着现代足球的产生。

　　众多的资料表明,中国古代足球的出现比欧洲更早,历史更为悠久。1958年7月,国际足联前任主席阿维兰热博士来中国时曾表示:足球起源于中国。2004年年初,国际足联确认足球起源于中国。当然,由于封建社会的影响,中国古代的蹴鞠活动最终没有发展成为以"公平竞争"为原则的现代足球运动。这个质的飞跃是在资本主义的英国完成的。

**（二）现代足球运动的诞生和发展**

从17世纪中后期开始,足球运动逐步从欧美传入世界各国,尤其是在一些文化发达的国家更为盛行。越来越多的人走向球场,投身到这一富有刺激性和畅快感的运动中去,以至于一度将足球运动开展的好坏作为衡量一个国家文化发达与否的标志。在这种情况下,英国人率先为足球运动的发展做出了重要贡献。

现代足球运动起源于英国。1857年英国成立了第一个足球俱乐部。1863年10月26日,英国人在伦敦皇后大街弗里马森旅馆成立了世界上第一个足球协会——英格兰足球协会。会上除了宣布英格兰足协正式成立之外,还制定和通过了世界上第一部较为统一的足球竞赛规则,并以文字形式记载下来。英格兰足球协会的诞生,标志着足球运动的发展进入了一个崭新的阶段,因而人们公认1863年10月26日,即英格兰足球协会成立之日,为现代足球的诞生日。

随着国际足球运动交往的增多和世界足球运动的发展需要,1904年5月21日在巴黎,由法国、比利时、丹麦、荷兰、西班牙、瑞典、瑞士等国家的足球组织代表发起成立了国际性的足球组织——国际足球联合会,简称"国际足联"（FIFA）。随后,各大洲相继成立了各自的足球联合会。

1928年,国际足联创办了四年举行一次的世界足球锦标赛（后改名为世界杯赛）,并于1930年在乌拉圭的首都蒙特维多百年体育场举行了第一届世界杯赛,它开创了世界足球历史的新纪元。从此,足球运动在全世界得到迅速的发展,成为覆盖世界各个角落,影响到几乎所有国家和人口的最大的单项体育运动项目。

**（三）现代足球发展的主要趋势**

（1）当今世界足坛的各大流派都朝着技能,体能和意识三者有机结合高度统一的方向发展,而片面强调单方面能力的时代已经过去。

（2）攻守平衡是现代足球运动重要的发展趋势之一。现代足球攻守转换速度快,战术灵活多变。其攻守平衡是一个机动性很强的动态平衡。

（3）足球运动的全球化,商业化。这包括足球人才的全球化、职业俱乐部的全球化以及足球技战术的全球化等。投资商和股市的参与,使这项运动走向一种新的发展轨道。足球运动的商业化就是一个很好的范例,从第一支职业足球俱乐部成立至今,足球运动已经成为一个数十亿美元的产业,足球与经济的联系也越来越紧密。经济全球化的不断发展,势必会更深入地影响到足球运动未来的发展。

## 二、校园足球

体育是一个国家综合国力和民族精神的重要标志,是展示国家形象的重要窗口,也是人文交流的重要平台。足球运动是目前全球体育界最具影响力的单项体育运动,故有世界第一大运动的美称。学校开展校园足球活动可以有效提高学生素质,促进青少年全面发展,培养践行社会主义核心价值观。校园足球工作已正式被纳入足球改革发展总体方案。但总体上看,我国校园足球发展还比较缓慢,发展不平衡,存在普及面不广、竞赛体系不健全、保障能力不足等问题。

**（一）大力发展校园足球**

**1. 大力发展校园足球的基础**

坚持改革创新、坚持问题导向、坚持统筹协调、坚持因地制宜。把发展青少年校园足球作为落实立德树人的根本任务、培育和践行社会主义核心价值观的重要举措,作为推进素质教育、引领学校体育改革创新的重要突破口,充分发挥足球育人功能,遵循人才培养和足球发展规律,理顺管理体制,完善激励机制,优化发展环境,大力普及足球运动,培育健康足球文化,弘扬阳光向上的体育精神,促进青少年身心健康、体魄强健、全面发展,为提升人口素质、推动足球事业发展、振奋民族精神提供有力支撑。

2. 大力发展校园足球的意义

学校、教师、家长对校园足球应该有足够的认识,让孩子们在课内、课余、节假日等时间里积极参与校园足球运动,使他们在快乐足球运动中,学到知识,增强技能,培养孩子"德、智、体、美、劳"全面发展。

(1)有利于提高学生的身体素质。

(2)有利于调节学生的精神状态,磨炼意志,培养坚忍不拔的毅力。

(3)有利于学生团结协作、拼搏进取的团队精神的养成。

(4)有利于培养学生良好的文明礼仪,构建和谐校园。

(5)可以为学生提供展示自我的舞台。

(6)有利于校园文化、班级文化建设。

(7)它是德育实施的重要途径,可以促进学校德育工作的开展。

(8)可以为国家足球战略培养、输送后备人才。

3. 校园足球的发展目标

到 2020 年,基本建成符合人才成长规律、青少年广泛参与、运动水平持续提升、体制机制充满活力、基础条件保障有力、文化氛围蓬勃向上的中国特色青少年校园足球发展体系。

普及程度大幅提升。各学校普遍开展足球运动,学生广泛参与足球活动,校园足球人口显著增加,学生身体素质、技术能力和意志品质明显提高,形成有利于大批品学兼优的青少年足球人才脱颖而出的培养体系。支持建设 2 万所左右青少年校园足球特色学校,2025 年达到 5 万所。重点建设 200 个左右高等学校高水平足球运动队。

教学改革更加深入。形成内容丰富、形式多样、因材施教的青少年校园足球教学体系,课程设置、教学标准、教材教法和教学资源等教学要素更加衔接配套,校园足球教学质量明显提升。

竞赛体系更加完善。形成赛事丰富、赛制稳定和赛纪严明的青少年校园足球竞赛体系,球队建设、课余训练、赛事运行等更加规范高效,校园足球运动水平稳步提高。

条件保障更加有力。师资配备补充、培养培训、评价机制和激励措施等更加多样有效,完成 5 万名青少年校园足球专兼职教师的一轮培训;鼓励学生习练足球的综合评价体系更加健全;场地设施和运动安全管理更加完善;财政资金和社会资本多元投入,形成青少年校园足球持续发展保障体系。

(二)校园足球的发展任务

1. 提高校园足球普及水平

加强统筹推进普及。统筹城乡区域布局,统筹各级各类学校,统筹各类社会资源,鼓励有基础的地方和学校探索实践,加大对农村学校的帮扶力度,着力扩大校园足球覆盖面。

2. 深化足球教学改革

各级各类学校要把足球列入体育课教学内容,积极推进足球教学模式的多样化。

鼓励有条件的学校开展以足球为特色的"一校一品"体育教学改革。足球特色学校可适当加大学时比重,每周至少安排一节足球课,不断提高教学质量。

3. 加强足球课外锻炼训练

要把足球运动作为学校大课间和课外活动内容,鼓励并引导广大学生"走下网络、走出宿舍、走向操场",积极参加校外足球运动。

4. 完善校园足球竞赛体系

开展丰富多样的赛事。各地各校要广泛开展多样化的足球竞赛活动,形成"校校参与、层层选拔、全国联赛"的足球竞赛格局。

5. 畅通优秀足球苗子的成长通道

各地要注重发现、选拔和重点培养学生足球运动苗子,认真组建本地学生足球代表队,开展多种形式的集训、比赛和交流活动。

# 第二节　足球运动的特点与价值

## 一、足球运动的特点

（一）比赛场地大、人数多、时间长、运动量大

在正式的足球比赛中,两队各 11 名队员要在面积 7 200 多平方米、两端设有球门的场地上进行 90 分钟的激烈攻守对抗,有时因平局还要加时 30 分钟甚至还要互射点球以决胜负。据统计,一场高水平的比赛,队员需跑动 10 000～12 000 米左右,体重下降3～4千克。可见足球运动对身体素质的要求很高。

（二）技术动作多、战术复杂、难度大

足球规则规定,在比赛中除守门员在本方罚球区内可以用手外,其他队员只能用脚、胸、头和其他合理身体部位来支配不同高度、不同走向、不同速度以及不同状态的球,因而技术动作多。其中大部分动作又是用脚来完成的,而用脚支配球又必须在单脚支撑维持身体平衡的情况下完成,所以难度较大,而用身体其他部位来支配球的动作难度就更大,并且有些难度较大的动作还需在身体失去平衡的状况下完成。

由于支配球的部位多,队员人数多,拼抢又凶猛,就要求场上队员充分利用场地、灵活机动、配合默契,在对方干扰、阻挠、冲撞的情况下控制好球,创造性地用身体各个部位做出极其巧妙的传球动作和复杂多变的战术配合。

（三）对抗剧烈、拼抢凶猛、不受气候和场地条件限制

足球比赛允许运动员合理冲撞和身体接触,比赛结果以攻球进多者为胜。为此,比赛双方都竭力争取取得控球权并设法将球踢进对方大门,同时尽力阻止、破坏对方控球。在这种情况下,必然凶猛地拼抢每一个球,使比赛十分紧张激烈。足球比赛是全天候的运动项目,受气候和场地等客观条件的影响较小。

## 二、足球运动的价值

（一）足球运动的健身价值

由于足球比赛对运动员的要求高,因而经常参加足球运动能增强人体的肌肉、骨

骼和有效地提高心血管系统、呼吸系统、内脏系统和神经系统的功能,增进身体健康和发展速度、力量、灵敏、柔韧、耐力等身体素质。

(二)足球运动的政治价值

足球比赛是很好的宣传教育形式,也是进行精神文明建设的重要手段。足球运动通过竞技比赛这种特有的形式向大众展示足球文化的魅力,传播足球文化的真谛,使现代足球运动赢得愈来愈多的欣赏者、参与者和关注者,且不受地域、国界、信仰等差别的限制。从而使现代足球运动有着其他任何文化形态不能取代的影响力和感召力。

1. 提高民族自信心,振奋民族精神

随着足球运动的发展,竞争愈来愈激烈,逐渐成为国家之间竞争的一个政治舞台,显示一个国家的政治、经济、文化水平的窗口。一次重大的国际比赛,人们总是把一个国家的运动员在比赛中的表现和他们所取得的成绩看作一个国家国力和民族气质的反映,使获胜者每每出现倾城欢呼,举国若狂的景象,使民族精神得到升华,爱国热情得以张扬,增进民族团结,从而提高民族自信心和自豪感。

2. 开展外交和增进友谊

由于全球性通信网络的形成和足球运动超越世界语言和社会障碍的特点,促进了足球的国际化,使足球比赛成为国家间重要的外交手段。足球运动是友谊的使者,能化干戈为玉帛,更能扩大国家、民族、地区、人们之间的交往,增进友谊。作为和平友好的桥梁,“足球”2001 年被列入诺贝尔和平奖的候选名单。

(三)足球运动的经济价值

被誉为“世界第一运动”的足球,在全球形成了巨大的足球市场,足球无孔不入,充斥全球各个角落,无论是地理分布还是社会性都远远超过其他行业。国际足联在法国世界杯期间的年收入为 2 500 亿美元,世界上最大的公司也望尘莫及。国际足联的会员有 200 多个,人员达到 2 亿(包括运动员、教练、队医、体能教练、裁判以及直接或间接服务的公司)。每个个体平均以每家 5 人计算,那么生活在国际足联的人们就达 10 亿之多,这就是说世界人口的 20%生活靠足球。国际足联成为世界上最大、最好的企业,世界杯及各大洲的足球盛事的举行更是牵动着亿万球迷的眼球,同时也给举办国或地区带来亿万的钱财。

(四)足球运动的人文价值

在深化改革的关键时期,足球运动在我国进行彻头彻尾的体育改革实践,无论作为体育项目改革的突破口,还是寻求物质生活阜丰之余,人们积极健康的精神食量,其社会价值和内涵是与实现中国梦而践行社会主义核心价值观高度一致的。习近平总书记 2013 年在对印度尼西亚、马来西亚进行国事访问并出席亚太经合组织第二十一次领导人非正式会议时接受媒体采访说:“足球是一项讲究配合的集体运动,个人能力固然重要,但团队合作才是决定比赛结果的关键。这是我爱好足球运动的原因之一。”促进建立团队精神、社会核心价值,提升社会风貌是足球改革本体价值。社会主义核心价值观与足球运动内涵的人文精神不谋而合,这也是足球改革之于社会价值的重要意义。

足球运动的人文精神严格贯彻习近平新时代中国特色社会主义思想和全国教育大会精神,积极落实《中共中央办公厅国务院办公厅关于全面加强和改进新时代学校体育工作的意见》和《关于深化体教融合促进青少年健康发展的意见》的精神,足球运

动的人文精神是承扬体育教育对培养学生全面发展的目标,肩负起推行体育项目在校园层面普及、提高、精进三个层次的改革重任,落实学校体育工作"教会、勤练、常赛"的实践目标。履行学校体育立德树人的根本任务,是通过校园足球的一系列活动涵养包括增进健康、培养兴趣、锤炼意志、健全人格等方面的育人过程,使得校园足球运动切实贯彻三全育人总体目标,对解决当前学校体育面临的学生体质、运动兴趣与运动技能等非衡性发展的困境具有重要意义。

1. 足球运动的现代性与校园足球的本土性的融会贯通

足球运动在体育全球化风卷云涌的浪潮中置于先驱位置,我国现代足球运动在体制阻力,文化惰性和体系不整的迷茫和困境之下深化改革,将对个人、社会、国家层面造成巨大影响,使其他体育项目领域渐次迈向革新之路,这是我国期望从体育大国向体育强国过渡的关键时期。校园足球在学校体育改革进程中率先尝试,是项目特性的人文内涵和与社会主义核心价值观在中华民族伟大复兴的征途上精神脊梁的作用密不可分;是建设社会主义文化强国,提升文化自觉、自信,在体育领域里的探索。

中华传统体育凝结着中华民族的精神和情感,是社会主义核心价值观重要的旗手,而足球运动既反映全球化过程体育和主流社会合作的相得益彰,在我国土壤生长的足球运动也反映传统体育与现代体育的融合转型以及价值系统的认同,它能够增强民族的认同感,提升中华民族凝聚的向心力。足球梦也是中国梦,足球运动改革的社会价值期望为培育和践行社会主义核心价值观把薪助火。

2. 校园足球文化弘扬社会主义核心价值观

社会主义核心价值观在个人、社会、国家层面上分别提出:富强、民主、文明、和谐;自由、平等、公正、法制;爱国、敬业、诚信、友善;这是汇集古老而深邃的中华优秀传统文化的精髓,并符合当代中国社会发展的需要凝练而成。毫无疑问,这就是当代青年所需培养起来的社会主义道德。校园足球文化对涵养、弘扬社会主义核心价值观的具体表现为:首先,与社会层面道德追求的联系,校园足球的各项活动的开展强调了规则、规训意识与"从心所欲不逾矩"的边界意识的有效融合。其次,与个人层面道德追求的联系是校园足球培养起来的团队精神和意志品质。最后,通过自下而上个人、人际间的个人品德塑造、社会人际资本积累,让国家层面的价值观目标接近实现,让富强、民主、文明、和谐的目标显示清晰的轮廓,增强民族的认同感,提升中华民族凝聚的向心力。

## 第三节　足球运动的基本技术与战术

足球技术,是指运动员在比赛中,用人体各个部位合理支配球的动作方法的总称。随着足球运动的日益发展,足球技术不仅在内容上更加丰富,并且动作难度也在不断提高。特别是当今的足球比赛,要求运动员能够在快速运动中和激烈对抗的条件下,准确地完成踢、停、顶、运、抢截以及起动、快跑、转身和急停等技术动作。因此,运动员只有熟练地掌握足球技术,才能在比赛中有目的地采取行动和正确地处理球,以达到战术上的要求,即使是最简单的战术配合,也需要用技术来完成,所以技术是完成战术配合的基础。而战术的不断发展,对技术又提出了更高的要求,因而又促进了技术的不断发展和提高。这就要求足球运动的教学、训练首先要加强队员足球技术的全面掌握和提高。

**一、基本技术**

足球基本技术包括：踢球、停球、运球、顶球、假动作、抢截球、掷界外球和守门员技术。

（一）踢球

1. 踢球在足球技术中的地位

踢球是足球技术中最主要的技术。在实际比赛中，一个运动员没有熟练的两脚传球和射门技术是不能完成比赛任务的。

2. 踢球的组成部分

踢球包括多种脚法，在踢球的动作结构方面，包括下列组成部分：助跑、支持脚的位置、踢球腿的摆动、脚与球接触的部位、踢球动作协调和踢球后维持身体平衡。

3. 踢球的主要方法

足球运动员主要运用脚内侧、脚背正面、脚背内侧、脚背外侧等踢球。

（1）脚内侧踢球是用脚的内侧（跖趾关节、舟骨和跟骨所构成的三角部位）接触球的一种踢球动作。它的特点是脚与球的接触面积大，出球平稳而准确。但是由于踢球时，踢球腿必须屈膝外展，腿的摆幅和摆速都受到一定程度的限制，因而出球力量小。

用脚内侧可以踢定位球，直接踢由各个方向来的地滚球、反弹球、空中球，也可以用脚内侧蹭踢球。（见图5-1）

**图5-1　脚内侧踢定位球**

（2）脚背正面踢球是用脚背的正面（楔骨和跖骨末端）部位接触球的一种踢球动作。它的特点是踢球腿的摆幅大、摆速快、踢球力量大、出球方向比较单一。用脚背正面可以踢定位球。（见图5-2）

**图5-2　脚背正面踢定位球**

(3)脚背内侧踢球是用脚背内侧部位几块楔骨、跖骨末端接触球的一种踢球动作。它的特点是踢球的摆幅大、摆速快、踢球的力量大。由于助跑方向、支撑脚站位灵活性较大,出球方向变化也较大,因此用途较广。

用脚背内侧可以踢定位球、地滚球、过顶球、弧线球和转身踢球。(见图5-3)

**图5-3　脚背内侧踢定位球**

(4)脚背外侧踢球是用脚背外侧部位(外侧几块跖骨的背面)接触球的踢球动作。它除了具备正面踢球的特点外,由于踢球时,踝关节转动的灵活性和摆腿方向变化较多等特点,使脚背外侧踢球有着较广的用途。

用脚背外侧可以踢直线球、弧线球及弹拨球和蹭踢球等。

**图5-4　脚背外侧踢定位球**

**(二)停球**

停球是指队员有意识、有目的地用身体的合理部位,将运行中的球停下来并控制在自己的活动范围之内,以便更好地做下一步处理。

停球主要是用身体的合理部位去迎撤或挡住球以缓冲来球的力量,迎撤动作是停球的关键。迎撤动作的大小、速度与来球的力量成正比。来球力量越大、速度越快,迎撤动作的幅度和速度就应越大和越快,反之则应小而慢。停球本身不是目的,而是为传球、运球、射门服务的。停球动作的好坏直接影响着下一个动作的顺利完成。因此,要求队员在停球时,动作要快速、简练,位置要合理,与下一个动作紧密地衔接起来完成。其方法主要有如下几种:

1. 脚内侧停球

脚内侧停球是最常用的停球的方法,因为它与球接触面积大,容易把球停稳,同时能转变方向和连接下一个动作。

2. 脚外侧停球

脚外侧停球是一种隐蔽性很强的停球方法。由于它是通过身体重心的移动来停球,因此它常与假动作结合起来做。一般用脚背外侧停地滚球和反弹球。

### 3. 脚底停球

脚底停球主要是针对从正面运行过来的落点在脚下的空中球和地滚球。由于脚底接触球的面积大，易把球停稳，便于与下一个动作衔接。它的方法有停地滚球和停反弹球。

### 4. 脚背停球

脚背停球常用于停高空下落的球，这种停球动作简单，幅度小，便于掌握。

### 5. 胸部停球

胸部停球是停空中高球和空中平球最常用的一种方法，它接触胸部面积大，有弹性，容易停稳。胸部停球有挺胸停球和缩胸停球两种方法。

### 6. 大腿停球

大腿停球一般适用于平行于大腿高度和高空下落的来球。由于它接触球的面积大，易将球停稳。大腿停球有两种方法：停高空下落球和平行球。

### （三）运球

运球技术包括运球与运球过人技术。运球是指运动员在跑动中连续地推拨球，并将球始终控制在自己的脚下。过人则是指运动员利用合理的运球动作越过对手。

### 1. 运球的主要方法

运球的方法主要有：脚背正面运球、脚背内侧运球、脚背外侧运球和脚内侧运球。

（1）脚背正面运球。脚背正面运球常用于在无对手紧逼或突破对方防守后。采用正脚背运球能放开步子快速奔跑。

（2）脚背外侧运球。脚背外侧运球十分灵活，便于快速奔跑和改变方向，是比赛中普遍采用的运球方法。

（3）脚背内侧运球。脚背内侧运球常用于遇到前方阻截时，以改变运球方向，保护球和侧运球。

（4）脚内侧运球。脚内侧运球的特点是球和脚接触面积较大，便于掩护和改变运球方向，容易将球控制住。

### 2. 运球过人的主要方法

运球过人是突破对方防守的最有效的方法之一。在过人时，首先要掌握过人的时机，速度的变化要突然。当遇到对方抢截时，控球者要先向一侧拨球，诱使对方重心向一侧移动，在对方伸脚争抢的一刹那，控球者应运用过人动作突然地改变方向或加快速度，从对方重心的另一侧越过对方；或者用运球速度的快、慢和急停以及方向的变化摆脱对方防守。其主要方法有：拨球、拉球、扣球、挑球、推球或捅球。

### （四）头顶球技术

头顶球是足球运动中一项重要的基本技术，不论前锋或后卫，都要熟练地掌握。头顶球是争夺空中球的有效方法，它可在高空中将球传出或射门。它是进攻和防守中不可缺少的基本技术。进攻时，可利用头顶球技术直接攻门或直接传球进行战术配合；防守时可解除门前的危机，转守为攻。

### （五）抢截球技术

抢截球技术是在规则所允许的情况下，用身体某部分的合理动作，把对方所控制的球夺过来、破坏掉或将对方队员的球堵截住、破坏掉。

抢截球技术可分为三个步骤和三种方法,三个步骤是指断球、抢球和捅球(破坏球),三种方法是指正面抢截、侧面抢截和侧后抢截。

(六)掷界外球战术

掷界外球是足球基本战术的一种。在比赛中越出边线的球为界外球。一次掷界外球,如能掷好对进攻将起很大作用,是一次很好的进攻机会,特别是在对方罚球区附近,一次掷界外球比一次角球的威胁性还大。

掷界外球的方法有原地掷界外球和助跑掷界外球两种。

(七)假动作

为了摆脱和运球突破对手,经常使用各种假动作。假动作有无球和有球假动作,这里只介绍有球假动作。

做假动作的方法:

1. 踢球假动作:当对手迎面跑来抢球时,先做踢球假动作,使对手离开传球路线,然后正式传球。

2. 停球假动作:当接同伴传球,对手上来抢球时,可先做假动作,向左方运球,再突然改变方向,向右侧停球。

3. 运球假动作:当由右侧运球越过对手时,先向左侧拨球,当对手向左侧堵截时,再突然向右侧拨球,越过对手前进。

(八)守门员技术

守门员是全队的最后一道防线,技术好坏将直接影响比赛的胜负,守门员的技术包括各种接球、扑球、掷球、抛球、踢球和发球门球等。见图5-5。

图5-5 守门员扑空中球

**二、基本战术**

根据双方的实力和自身的特点,运动员充分发挥技术、体力、意志和集体力量以战胜对方的手段和谋略,称为足球战术。

战术分为进攻战术和防守战术,在攻守战术中又分为个人战术和集体战术。

个人战术,是指个人在比赛中配合全队攻守战术而采取的动作和方法。

集体战术,是指在比赛中,两个或两个以上队员为完成全队攻守战术而采取的动作和配合方法。

个人战术是集体战术的组成部分,集体战术是一系列个人战术的综合。

集体战术一般分为定位球战术、比赛阵形和攻守战术。

（一）基础战术

基础战术是集体战术的基础,是个人技术的合理运用。传球、摆脱对手跑空位、运球过人、射门等动作是进攻中的基础战术动作,而封锁、抢截是防守中的基础战术动作。

"二过一"具体配合形式有以下几种:

1. 斜传、直插"二过一"

这种配合一般由后面队员 10 号发动,第一次传球要传出快速脚下球,便于 11 号接应。这时的关键在于 11 号快速直向插上,10 号根据 11 号的速度和防守者的位置,及时把球传到有利空当。在禁区前,二人之间默契地完成这样的配合,可以直接威胁对方大门(见图 5-6)。

2. 横传、直传、斜插"二过一"

这种配合是在对方基本站好位置的情况下采用的渗透性传球:先故意把球横传,来扰乱防守和拉大防区,当 8 号传球后迅速插上的同时,9 号根据 8 号的速度,迅速把球传到有利空当(见图 5-7)。

3. 回传、直插"二过一"

这种配合又可称为回传、反切"二过一",在对方采用紧逼盯人时使用(见图 5-8)。

4. 交叉掩护"二过一"

当对方紧逼盯人防守时,为了拉开对方的防线,掩护本方队员突破而采用。10 号故意向中路运球吸引 3 号上来防守,这时 9 号同伴插上,10 号拨球给 9 号,两人在防守者前交叉换位。9 号接球后迅速运球直捣对方球门(见图 5-9)。

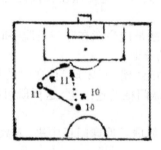 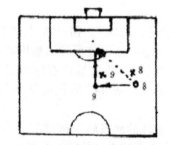

图 5-6　斜传、直插"二过一"　　　图 5-7　横传、直传、斜插"二过一"

 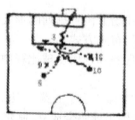

图 5-8　回传、直插"二过一"　图 5-9　交叉掩护"二过一"

5. 踢墙式"二过一"

这种方法在队员间靠得较近时使用。持球人快速运球,接近防守人时及时向接应队员传球。接球人一次出球,起到一面墙的作用。6 号向墙传球后,立即越过对手插

入空当接球(见图5-10)。

**图 5-10　踢墙式"二过一"**

(二)定位球战术

定位球战术是指在死球状态下的攻守战术,包括任意球、角球、掷界外球、球门球和中线开球战术。

定位球战术在现代足球比赛中起着重要的作用,有时甚至可以决定一场比赛的胜负。据近年统计资料表明,在世界杯大赛中,进球总数的25%左右是定位球破门的。

规则规定,罚球者可以直接或间接地踢入球门得分的叫直接任意球;罚球者必需经过另一名队员触及之后进球得分的叫间接任意球。

(1)任意球进攻。前场任意球进攻,是现代足球破门得分的重要手段之一。

任意球在比赛中常用的进攻方式有直接射门(直接任意球)和配合射门。

直接任意球可以一脚射门得分,只要能一脚射门,就不要再打配合,以免坐失得分时机;如果不能直接射门或有更好的传球空当,也一定要抓住直接任意球通过配合得分的机遇。

任意球也包括"点球"。罚点球时,主罚队员应注意在守门员脱手时球的补射,其他进攻队员则注意碰球门柱反弹回场内球的补射。

(2)任意球防守。防前场任意球时必须组"墙"封闭球门,守门员要指挥组"墙"的位置。一般第二个站"墙"队员应站在与球门柱的连线上,这样既可防直线射门又可防弧线球。

按照罚任意球的地点确定排"墙"人数,如球靠近球门正中央,人数为5~6人;如偏向一侧,人数逐渐减少,排3~4人即可。

中场一般要安排一定力量,以便在对方罚任意球失败后组织快速反击。

(三)比赛阵型

阵型是指队员在场上位置排列的形式,也就是一个球队在比赛中为了实现总体计划而配备攻守力量的布阵方式。

历史上曾经出现的和现代足球比赛中经常采用的比赛阵型有以下几种:

1. 起源阵型

起源阵型包括"9锋1卫""6锋4卫"和"塔式"。

1863年10月英国足球协会成立,制定了最初的比赛规则,促进了现代足球运动的兴起。当时英国人创造的第一种比赛阵型是"9锋1卫"式。随着技术水平的提高,一名后卫难以抵挡九名前锋的进攻。为了使攻守力量达到相对平衡,1870年苏格兰人创造了"6锋4卫"式阵型。接着,英国人又创造了"塔式"阵型,使攻守力量更趋平衡。

2. 过渡阵型

过渡阵型包括"WM""334"和"424"阵型。

1930 年英国兵工厂足球队主教练契甫曼创造了"WM"式阵型(见图 5-11),使攻守人数的分布呈现均衡状态。这种阵式在当时是较先进的,因此由欧洲很快就盛行于全世界。

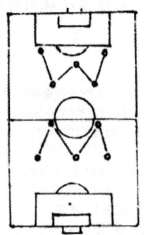

图 5-11　"WM"阵型

1953 年,匈牙利人运用"334"(四前锋)式突破了"WM"式的传统打法,战胜了足球王国——英国队,并在第 15 届奥运会足球比赛中夺冠,震动了世界足坛。这被称为足球运动的第一次革命。

1958 年,巴西人创造了攻守趋于平衡的"424"阵型,使其夺取了第 6、第 7、第 9 届世界杯冠军。1970 年巴西队第三次获得世界杯冠军时,永远拥有了雷米特杯。这被称为足球运动的第二次革命。

3. 现代阵型

现代阵型包括两大类,一类是"424"阵型的变体,如"433""442""4123";另一类具有未来阵型味道的阵式,是总体型全攻全守打法。

"424"和它以前的阵型被现代足球彻底抛弃,都成了历史阵型。现代重大比赛采用的比赛阵型是"424"式的变体阵型,国际上更高水平的球队则采用总体型全攻全守打法。

"424"变体阵型产生于 20 世纪 60 年代末,现代足球中场争夺愈来愈重要和激烈,在实战中人们广泛地应用"424"阵型的变体阵型,其势头至今不衰。

1974 年,在第十届慕尼黑世界锦标赛上,出现了以荷兰为代表的总体型全攻全守打法,使人们看到了足球阵型发展的趋势和未来阵型的影子。其代表阵型为"352"阵式。

总体型全攻全守的打法,攻守转换速度快,战术灵活多变。被称为足球运动的第三次革命。如"352"阵型,在加强中场控制的基础上,进攻时五个前卫可插上助攻,防守时则可就地抢截或退后到后卫线防守,攻守力量都加强了。

(四)攻守战术

攻守战术是指队员在进攻和防守中,为完成整体战术配合所采用的分工配合方法。

进攻和防守都不是孤立进行的,必须做到攻中有守、守中有攻,以适应现代足球比赛攻守转变的快节奏。

# 第四节　足球运动规则与裁判法

## 一、比赛场地

尺寸:比赛场地必须是长方形,边线的长度必须长于球门线的长度。

长度:最短 90 米(100 码),最长 120 米(130 码)。

宽度:最短 45 米(50 码),最长 90 米(100 码)。

国际比赛用场地尺寸:

长度:最短 100 米(109 码),最长 110 米(120 码)。

宽度:最短 64 米(70 码),最长 75 米(82 码)。

世界杯采用的长度是 105 米,宽度是 68 米。

场地标记:比赛场地是用线来标明的,这些线作为场内各个区域的边界线,应包含在各个区域之内。

两条较长的边界线叫边线,两条较短的边界线叫球门线。

所有边界线的宽度不超过 12 厘米(5 英寸)。

比赛场地被中线划分为两个半场。

在场地中线的中点处做一个中心标记,以距中心标记 9.15 米(10 码)为半径画一个圆圈。

球门区:球门区在场地的两端。规定如下:

从距每个球门柱内侧 5.5 米(6 码)处,画两条垂直于球门线的线。这些线伸向比赛场内 5.5 米(6 码),与一条平行于球门线的线相连接。由这些线和球门线组成的区域范围是球门区。

罚球区:罚球区在场地的两端。规定如下:

从距每个球门柱内侧 16.5 米(18 码)处,画两条垂直于球门线的线。这些线伸向比赛场地内 16.5 米(18 码),与一条平行于球门线的线相连接。由这些线和球门线组成的区域范围是罚球区。

在每个罚球区内距球门柱之间等距离的中点 11 米(12 码)处设置一个罚球点。在罚球区外,以距罚球点 9.15 米(10 码)为半径画一段弧。

旗杆:在场地每个角上各竖一根不低于 1.5 米(5 英尺)的平顶旗杆,上系小旗一面。

在中线的两端、边线以外不少于 1 米(1 码)处,也可以放置旗杆。

角球弧:在比赛场地内,以距角旗杆 1 米(1 码)为半径画一个四分之一圆。

球门:球门必须放置在每条球门线的中央。它们由两根距角旗杆等距离的垂直的柱子和连接其顶部的水平的横梁组成。

两根柱子之间的距离是 7.32 米(8 码),从横梁的下沿至地面的距离是 2.44 米(8 英尺)。

两根球门柱和横梁具有不超过 12 厘米(5 英尺)的相同的宽度与厚度。球门线与球门柱和横梁的宽度是相同的。球门网可以系在球门及球门后面的地上,并要适当地撑起以不影响守门员。

球门柱和横梁必须是白色的。

足球比赛场地如图 5-12 所示。

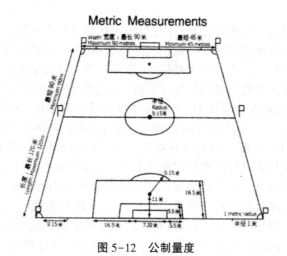

图 5-12　公制量度

## 二、球

质量和测量：

球：圆形；用皮革或其他适当的材料制成；圆周不长于 70 厘米（28 英寸）、不短于 68 厘米（27 英寸）；重量在比赛开始时不多于 450 克（16 英两）、不少于 410 克（14 英两）；压力在海平上面等于 0.6~1.1 个大气压力（600~1 100 克/平方厘米、8.5~15.6 磅/平方英寸）。

坏球的更换：如果球在比赛过程中破裂或损坏，可以暂时停止比赛，再用更换的球在原球破漏时所在地点以坠球方式重新开始比赛。

球在开球、球门球、角球、任意球、罚球、点球或掷界外球等成死球时破裂或损坏：按照相应的规定重新开始比赛。

在比赛中未经裁判员许可不得更换球。

## 三、队员人数

队员：一场比赛应有两队参加，每队上场队员不得多于 11 名，其中必须有 1 名守门员。如果任何一队少于 7 人则比赛不能开始。

在由国际足联、洲际联合会或国家协会主办的正式比赛中，每场比赛最多可以使用 3 名替补队员。

竞赛规程应说明可以有几名替补队员被提名，一般为从 3 名到最多不超过 7 名。

## 四、队员装备

安全性：队员不得使用或佩戴可能危及自己及其他队员的装备或任何物件（包括各种珠宝饰物）。

基本装备：队员必需的基本装备是运动上衣、短裤、护袜、护腿板和足球鞋。

### 五、裁判员

裁判员的权力:每场比赛由一名裁判员控制,他被任命具有全部权力去执行与比赛有关的竞赛规则。

裁判员的权限和职责:执行竞赛规则;与助理裁判员及当有第四官员时,和他们一起控制比赛;确保任何比赛用球符合规则二的要求;确保队员装备符合规则四的要求;记录比赛时间和比赛成绩;因违反规则停止、推迟或终止比赛;因外界干扰停止、推迟或终止比赛;如果他认为队员受伤严重,则应停止比赛,并确保将其移出比赛场地;确保队员因受伤流血时离开比赛场地,该队员经护理后流血停止,并在得到裁判员信号后方可重回场地;当一个队被犯规而根据"有利"条款能获利时,则允许比赛继续进行,如果预期的"有利"在那一时刻没有接着发生,则判罚最初的犯规;当队员同时出现一种以上的犯规时,则对较严重的犯规进行处罚;裁判员不必立即向可以被警告和罚令出场的队员进行处罚,但当比赛成死球时必须这样做;向对自己行为不负责任的球队官员进行处分,并可酌情将其驱逐出比赛场地及其周围地区;对于自己未看到的情况,可根据助理裁判员的意见进行判罚;确保未经批准的人员不得进入比赛场地;将在赛前、赛中或赛后向队员和球队官员进行的纪律处分及其他事件的情况用比赛报告提交有关部门。

裁判员的决定:裁判员根据与比赛相关的事实所做出的决定是最终的决定。只有在比赛未重新开始前,裁判员才可以根据自己的判断或助理裁判员的意见而改变确实不正确的决定。

### 六、助理裁判员

每场比赛应委派两名助理裁判员,他们的职责(由裁判员决定)应为:当球的整体越出比赛场地时,决定应由哪一队踢角球、球门球或掷界外球;可以判罚处于越位位置的队员;当要求替换队员时,应告知裁判员;当发生裁判员视线外的不正当行为或任何其他事件时,应予制止;当犯规发生时助理裁判员比裁判员更接近于犯规地点(特点是这种犯规情况发生在罚球区内)时,应予裁决;当踢点球时,裁决在球被踢之前守门员是否向前移动,以及球踢出后是否进门。

助理裁判员还应依据竞赛规则协助裁判员控制比赛。在特殊情况下,助理裁判员可以进入场内协助裁判员控制好 9.15 米(10 码)的距离。

助理裁判员如有过分干预或不合适的表现时,裁判员可解除其职责并将报告提交有关部门。

### 七、比赛时间

比赛时间:比赛分为两个半场,每半场 45 分钟。特殊情况经裁判员和双方同意另定除外。任何改变比赛时间的协议(如因光线不足每半场减少到 40 分钟)必须在比赛开始之前制定,并要符合竞赛规程。

中场休息:队员有中场休息的权利。中场休息不得超过 15 分钟。竞赛规程必须阐明中场休息的时间。只有经裁判员同意方可改变中场休息时间。

扣除损失的时间:根据裁判员的判断扣除损失的时间。

决胜期:竞赛规程可以规定再进行两个半场相等时间的比赛。

### 八、比赛开始和重新开始

预备：通过掷币，猜中的队决定上半场比赛的进攻方向，另一队开球开始比赛；猜中的队在下半场开球开始比赛。

开球是比赛开始和重新开始的一种方式。开球：在比赛开始时；在进球得分后；在下半场比赛开始时；在决胜期两个半场开始时；开球可以直接射门得分。

程序：所有队员在本方半场内；开球队的对方队员，应距球至少 9.15 米（10 码），直到比赛进行；球应放定在中心标记上；裁判员发出信号；当球被踢并移动时比赛即为进行；开球队员在球未经其他队员触及前不得再次触球；某队进球得分后，由另一队开球。

如果开球队员在其他队员触球前再次触球，由对方队员在犯规发生地点踢间接任意球。

在开球程序上的其他犯规：重新开球。

坠球：坠球是在比赛进行中因竞赛规则未提到的原因而需要暂停比赛之后，重新开始比赛的一种方法。

裁判员在比赛停止时球所在的地点坠球，当球触地比赛即为重新开始。

重新坠球：如果球在接触地面前被队员触及；如果球在接触地面前未经队员触及而离开比赛场地。

特殊情况：判给守方在其球门区内的任意球，可从球门区内的任何地点踢出。

判给攻方在对方球门区内的间接任意球，从距犯规发生地点最近的、与球门线平行的球门区线踢出。

比赛暂停之后，在距比赛停止时球所在的球门区内的地点最近、与球门线平行的球门区线上坠球，重新开始比赛。

### 九、比赛进行及死球

下列情况比赛成死球：当球不论从地面或空中全部越过球门线或边线时；当比赛已被裁判员停止时。

其他所有的时间均为比赛进行中，包括：球从球门柱、横梁或角旗杆弹回场内；球从比赛地区上的裁判员或助理裁判员身上弹回场内。

### 十、计胜方法

进球得分：当球的整体从球门柱间及横梁下越过球门线，而此前未违反竞争规则，即为进球得分。

获胜的队：在比赛中进球较多的队为胜者。如两队进球数相等或均未进球，则比赛为平局。

竞赛规程：竞赛规程应说明，若比赛结束为平局，是否采用决胜期或国际足球理事会同意的其他步骤以决定比赛的胜者。

### 十一、越位

越位位置：队员处于越位位置本身并不是犯规。

队员处于越位位置时：队员较球和最后第二名对方队员更接近于对方球门线。

队员不处于越位位置时:他在本方半场内;他齐平于最后第二名对方队员;他齐平于最后两名对方队员。

处于越位位置的队员,在同队队员踢或触及球的一瞬间,裁判员认为其就下列情况而言"卷入"了现实比赛中时才被判为越位犯规:干扰比赛;干扰对方队员;利用越位位置获得利益。

如果队员直接从下列情况下接到球,则没有越位犯规:掷界外球;角球发球门球。

对于任何越位犯规,裁判员应判对方在犯规发生地点踢间接任意球。

### 十二、犯规与不正当行为

1. 直接任意球

裁判员认为,如果队员草率地、鲁莽地或使用过分的力量违反下列六种犯规中的任何一种,将判对方踢直接任意球:踢或企图踢对方队员;绊摔或企图绊摔对方队员;跳向对方队员;冲撞对方队员;打或企图打对方队员;推对方队员。

如果队员违反下列四种犯规中的任何一种,也判对方踢直接任意球:为了得到对球的控制而抢截对方队员时,于触球前触及对方队员;拉扯对方队员;向对方队员吐唾沫;故意手球(不包括守门员在本方罚球区内)。

受侵害方在犯规发生地点踢直接任意球。

2. 罚点球

在比赛进行中,无论球在什么位置,如果队员在本方罚球区内违反了上述十种犯规中的任何一种,应被判罚点球。

3. 间接任意球

如果守门员在本方罚球区内违反下列五种犯规中的任何一种,将判对方踢间接任意球:用手控制球后在发出球之前持球超过6秒;在发出球之后未经其他队员触及,再次用手触球;用手触及同队队员故意踢给他的球;用手触及同队队员直接掷入的界外球。

裁判员认为,队员在出现下列情况时,也将判对方踢间接任意球:动作具有危险性;阻挡对方队员;阻挡对方守门员从其手中发球;违反规则十二以前未提及的任何其他犯规,而停止比赛被警告或罚令出场。

在犯规发生地点踢间接任意球。

4. 纪律制裁

如果队员违反下列七种犯规中的任何一种,将被警告并出示黄牌:犯有非体育道德行为;以语言或行为表示异议;持续违反规则;延误比赛重新开始;当以角球或任意球开始比赛时,不退出规定的距离;未得到裁判员许可而进入或重新进入比赛场地;未得到裁判员许可而故意离开比赛场地。

罚令出场的犯规:如果队员违反下列七种犯规中的任何一种,将被罚令出场并出示红牌:严重犯规;暴力行为;向对方或其他任何人吐唾沫;用故意手球破坏对方的进球或明显的进球得分机会(不包括守门员在本方罚球区内);用可判为任意球或罚点球的犯规破坏对方向本方球门移动着的明显的进球得分机会;使用无礼的、侮辱的或辱骂性语言及动作;在同一场比赛中得到第二次黄牌警告。

### 十三、任意球

任意球的种类:任意球分为直接任意球和间接任意球两种。无论是直接任意球还是间接任意球,踢球时必须将球放定,踢球队员在球未经其他队员触及前,不得再次触球。

1. 直接任意球

如果直接任意球直接踢入对方球门,判为得分。

如果直接任意球直接踢入本方球门,判对方踢角球。

2. 间接任意球

信号:当裁判员判间接任意球时,应单臂上举过头,并保持这种姿势直到球踢出后被其他队员触及或成死球为止。

球进门:只有当球进门前触及另一名队员才可得分。

如果间接任意球直接踢入对方球门,判为球门球;如是间接任意球直接踢入本方球门,判对方踢角球。

### 十四、罚点球

在比赛进行中,一个队在本方罚球区内由于违反了可判为直接任意球的十种犯规之一而被判罚的任意球,应执行罚点球。罚点球可以直接进球得分。在每半场比赛或决胜期上下半场结束时,应允许延长时间执行完罚点球。

### 十五、掷界外球

掷界外球是重新开始比赛的一种方法。掷界外球不能直接进球得分。

当球的整体不论从地面或空中越过边线时;由对方从球越出边线处掷界外球。

如果对方队员不正当地阻碍掷球队员或分散其注意力,他将因非体育道德行为被警告并出示黄牌。

对于任何其他违反规则的,由对方掷界外球。

### 十六、球门球

球门球是重新开始比赛的一种方法。球门球可以直接射入对方球门而得分。

1. 判为球门球

当球的整体不论从地面或空中越过球门线,而最后触球者为攻方队员,且根据规则十不是进球得分时。

2. 程序

(1)由防守方从球门区内的任何一点踢球。

(2)对方应在罚球区外直至比赛进行。

(3)踢球队员在其他队员触球前不得再次触球。

(4)对于任何其他违反此规则的,应重踢。

### 十七、角球

角球是重新开始比赛的一种方法。角球可以直接射入对方球门而得分。

1. 判为角球

当球的整体不论从地面或空中越过球门线,而最后触球者为守方队员,且根据规则十不是进球得分时。

2. 程序

（1）将球放在离球出界处最近的角旗杆的角球弧内。

（2）不得移动角旗杆。

（3）对方应在距球至少9.15米（10码）以外，直至比赛进行。

（4）由攻方队员踢球。

（5）当球被踢并移动时比赛即为进行。

（6）踢球队员在其他队员触球前不得再次触球。

（7）对于任何其他犯规，应重踢。

### 十八、踢点球

踢点球决胜是根据竞赛规程的要求，当比赛打平后需要决出胜队时而采用的一种方法。其相关规则是：

裁判员选定用于踢点球的球门。

采用投币方式，猜中的一方先踢。

裁判员对踢点球做记录。

按照下列解释，两队应各踢5次。

双方轮流踢。

如果两队在踢满5次前，一队的进球数已多于另一队踢满5次时可能射中的球数，则不需要再踢。

如果两队均已踢满5次，双方进球数相同或均未进球，则按同样轮流的顺序踢点球，直至双方踢球次数相同（无须踢5个球），而一队较另一队多进一球时为止。

在踢点球的过程中，场上守门员受伤不能继续比赛时，可由竞赛规则规定的最大限额内被提名而尚未使用过的替补队员进行替换。

除上一条所述的情况外，只有在比赛结束时，包括在规定的延长期结束时，在场上的队员方可参加踢点球。

每次应由不同的队员踢点球，直至双方符合资格的队员均踢过一次后，方可踢第二次。

在踢点球的过程中，符合资格的队员可以与守门员互换位置。

在踢点球的过程中，只允许符合资格的队员和执法裁判员在场内。

除踢点球的队员和两方守门员外，其他所有队员必须在中圈内。

踢点球的队员一方的守门员必须在罚球区以外的球门线与罚球区线交汇处的比赛场地内。

除非另有所述，有关足球竞赛规则和国际足球理事会的决议应在踢点球决胜时实施。

比赛结束时，如果双方人数不等，人数多的一方应减去多余人数以与对方人数一致，并通过裁判员确定出场队员的名字和号码。球队队长负责此事。

在开始踢点球决胜之前，裁判员应确定留在中圈里的双方队员人数一致后再执行踢点球。

### 十九、技术区域

在规则三国际足球理事会决议二中解释了技术区域的概念，它是联系比赛与替补席的特殊区域。

技术区域的大小和位置可以根据体育场的情况做适当改变,以下提供的是一般性指导:

技术区域的范围是指从替补席两侧向外 2 米及向前延伸至距边线 1 米的区域。

建议用标记线明确该区域。

技术区域内的人数由竞争规程决定。

根据竞赛规程,在比赛前确认替补席内的具体人员。

只允许 1 人在技术区域内进行战术指挥,指挥后立即返回替补席。

教练员和其他官员须待在替补席上,除非诸如场上队员受伤,裁判员允许教练员或医生进场察看伤情时。

教练员或其他在技术区域内的人员要对自己的行为负责。

## 二十、第四官员

第四官员由竞赛规则指派,在其他三名比赛裁判中的任何一名不能担任执法工作时上场替补。

比赛开始前,组委会一定要明确在裁判员不能继续担任临场工作的情况下,应由第四官员担任比赛的裁判员,还是由第一助理裁判员担任裁判员,而第四官员担任助理裁判员。

根据裁判员的要求,负责赛前、赛中和赛后的赛场管理:

(1)负责比赛中的换人。

(2)负责比赛换球。如果比赛中需要更换比赛球,则必须征得裁判员的同意后,方可使用备用球。

(3)负责检查替补队员入场前的装备,如发现上场的替补队员装备不符合竞赛规则的要求,应告知裁判员。

(4)第四官员应在整场比赛中协助裁判员进行工作。他必须向裁判员指正被误给警告的队员或已经被警告了第二次的队员而并未将其罚令出场,以及发生在裁判员和助理裁判员视野以外的暴力行为。不过,裁判员拥有对比赛相关事实做出决定的权力。

(5)比赛结束后,第四官员应向有关负责机构提交有关裁判员和助理裁判员没有看到的任何不正当行为或其他事故的报告。第四官员必须对裁判员的报告和助理裁判员的报告提出建议。

(6)第四官员有权将技术区域任何人的不负责任的行为通知裁判员。

(7)第四官员应在整场比赛中全力协助裁判员进行工作。

**思考题**

1. 简述参加足球运动对学生意志品质的提升有什么价值?

2. 简述足球运动的特点。

3. 简述足球技术、战术概念。

4. 简述脚背正面踢球的动作技术要领及踢球时易犯的错误。

5. 简述裁判员的职责。

6. 裁判员在什么情况下必须鸣哨?

7. 简述如何判罚越位?

8. 简述比赛阵型的概念并简述足球比赛阵型的发展。

9. 二人局部传球的配合形式有哪几种?

**参考文献**

[1]刘晓宇.现代足球教学与训练[M].武汉:湖北科学技术出版社,2012.

[2]刘丹.足球运动训练与比赛监控的理论实证［M］.北京:人民体育出版社,2012.

[3]汤信明.足球运动教学与训练［M］.武汉:华中科技大学出版社,2012.

[4]赖利,威廉姆斯.足球与科学［M］.北京:人民体育出版社,2011.

[5]《中国足球年鉴》编委会.中国足球年鉴［M］.武汉:武汉出版社,2011.

[6]吕然.中国足球发展探究［M］.长春:东北师范大学出版社,2011.

[7]张瑞林.足球运动［M］.北京:高等教育出版社,2010.

[8]朱宏庆.足球技战术分级教学研究［M］.济南:山东大学出版社,2010.

[9]美国国家足球教练员协会.经典足球指导教材［M］.北京:北京体育大学出版社,2009.

[10]刘涛.足球理论与实践［M］.北京:北京体育大学出版社,2009.

[11]英格兰足球协会.足球［M］.沈阳:辽宁科学技术出版社,2008.

[12]何永超.足球［M］.北京:人民体育出版社,2008.

[13]朱盛文,庞云泽.足球［M］.昆明:云南大学出版社,2007.

　　篮球是世界上拥有重要影响力的一项体育运动，也深受中国人民群众喜爱。中国重视篮球运动发展，积极参与国际篮球事业，支持国际篮联为篮球运动发展作出的努力。体育既是国家强盛应有之义，也是人民健康幸福生活的重要组成部分。中国正在建设体育强国。我们愿与国际篮联继续开展合作，推动中国篮球运动的普及和提高。

　　——2019 年 8 月 30 日，习近平主席会见国际篮联主席穆拉托时发表讲话。

# 第六章

# 篮球运动理论与技术

## 第一节　篮球运动概述

### 一、篮球的起源

现代篮球运动起源于美国,是由美国马萨诸塞州斯普林菲尔德市基督教青年会干部训练学校的体育教师詹姆斯·奈史密斯(James Naismith)于 1891 年发明的。奈史密斯在该校担任体育教师期间,由于美国东部地区入冬较早,天气较冷,因此面临冬季体育课难以应付的困难。由于缺少一项适合在冬季进行的室内运动项目,冬天参加青年会活动的人明显减少。因此,奈史密斯产生了发明一种适宜冬季能在室内活动的体育活动的想法。根据当时的情况,他认为要想新的体育竞技项目收到预期效果,必须做到以下几点:①消除人们对当时体育活动因粗野行为而产生的恐惧心理,新的竞技运动必须是文明的,严禁粗野的。②改变足球、棒球受季节气候影响的局限,需要一种不受环境气候影响而能在室内随时进行的体育活动。③不同年龄性别的人都能参加该运动,尤其是吸引更多的青年人参加该运动。在有了以上三点设想之后,詹姆士·奈史密斯尝试把各种运动项目搬进室内进行,但是弊端都很多。后来,他受少年时期在家乡玩过的"打小鸭"游戏和当地人用桃子向篮子内做投准的游戏的启发,发明了篮球运动。

### 二、篮球运动的演进过程

篮球运动发展到现在已经有一百多年的历史了,总结其发展历程,可以分为五个阶段:

1. 初创时期(1891 年—20 世纪 20 年代)

1891 年 12 月 15 日,詹姆斯·奈史密斯博士发明了篮球运动。最早的篮球是使用装桃子的竹筐,悬挂在健身房两侧的栏杆上,离地面 10 英尺(1 英尺＝0.304 8 米),用足球作比赛用球,投球入篮得 1 分,每次球投中后要登上梯子把球取出来,再重新开始比赛。1891 年 12 月 21 日举行了第一场篮球比赛。1892 年,奈史密斯编写了《青年会篮球规则》,概括为 5 项原则 13 条规则,主要有竞赛中只允许用手接触球、不准拿球走或跑、争抢中不能有粗野的身体冲撞动作等规则内容。1893—1894 年,形成了类似

现代的篮板、篮圈和篮网等比赛器材。1897 年在场地内增设了罚球区、球场界线已成雏形,场上队员也有了位置分工,现代篮球运动基本形成。1896 年,美国成立篮球规则委员会;1898 年,美国成立世界上第一个职业篮球组织"国家篮球联盟"即 NBL,并开始了最早的职业篮球联赛;1904 年美国青年男子篮球队在第三届奥运会上进行了第一次国际篮球表演赛;1915 年在上海举行的第二届远东运动会将篮球列为正式比赛项目,篮球运动第一次成为国际体育竞赛正式项目。

2. 完善与推广时期(20 世纪 30—40 年代)

进入 20 世纪 30 年代后,篮球运动迅速向欧洲、亚洲、非洲、大洋洲四个洲的许多国家推广发展,技术水平不断提高,单兵作战的基本形式逐渐被集体间的相互配合所充实。1932 年在瑞士日内瓦由葡萄牙、阿根廷等欧美 8 个国家的代表酝酿组织国际业余篮球联合会,在会上以美国大学生篮球竞赛规则为基础,制定了国际统一的 13 条竞赛规则:规定了竞赛人数为 5 人;场地上增改了进攻限制区;进攻投篮时防守者犯规,若投中加罚一次球,若未投中则加罚两次球;竞赛时间改为 20 分钟一节,共赛两节;进攻队在后场得球必须在 10 秒钟内过中线,并不得再回后场等。1936 年第十一届奥运会上篮球运动被列为男子正式竞赛项目,奥运会后,国际业余篮球协会(FIBA)宣告成立。同年,中国加入国际篮联,国际篮联出版第一部国际统一的篮球规则。1939 年 11 月 28 日詹姆士·奈史密斯博士逝世,终年 78 岁。进入 20 世纪 40 年代后,随着篮球技术、战术的不断演进、发展,高大队员开始涌现,篮球规则也进行了补充和修改,攻防更强调集体战术,比赛更加精彩。1949 年,美国成立"国家篮球协会",即NBA,统一领导当时全美 21 支职业篮球队,也推动了世界篮球运动的发展。

3. 普及与发展时期(20 世纪 50—60 年代)

20 世纪 50 年代以后,篮球运动在世界范围内广泛普及,国际篮联的会员国迅速增加,国际大型运动会都将篮球列为正式比赛项目。1950 年和 1953 年,首届世界男、女篮球锦标赛分别在阿根廷和智利举行。随后篮球运动技战术水平不断提高,出现大批 2 米以上的高大队员,高度成为决定篮球比赛胜负的重要因素。国际篮联多次修改比赛规则使得篮球运动高度与速度、进攻与防守获得均衡发展,队员技术趋于全面,形成了欧、美、亚洲不同的篮球流派和打法。1960 年第一届亚洲男子篮球锦标赛在菲律宾举行;1963 年,亚洲业余篮球联合会成立;1965 年,第一届亚洲女子篮球锦标赛在韩国举行。

4. 全面飞跃时期(20 世纪 70—80 年代)

20 世纪 70 年代以后,现代篮球运动进入全面提高时期,运动员身高迅速增长,逐渐形成组合技术和综合战术,攻守对抗日趋激烈,并且向既重力量又重技巧、既有高度又有速度的方向发展。FIBA 修改规则,增加了球回后场、控制球队犯规和全队 10 次犯规的规则。1976 年,在第二十一届奥运会上,女子篮球被列为正式比赛项目。1984年 FIBA 又对规则进行了重大修改,扩大了球场面积为 28 米×15 米,设定了 3 分投篮区,鼓励外线队员投篮。本次规则的修改对篮球运动的迅速、全面发展起了决定性的作用。

5. 创新与攀高峰时期(20 世纪 90 年代后)

20 世纪 90 年代以后,现代篮球运动进入创新与攀高峰的黄金发展时期。国际业余篮球联合会更名为国际篮球联合会,并取消了对职业球员参加国际篮球大赛的限制,众多优秀的职业球员给国际篮坛带来了新观念、新技术和新战术。篮球运动融竞技化、智谋化和艺术化于一体,向着职业化、商业化和社会化迈出新的步伐。1996 年,中国开始举办篮球职业联赛。

百年来,篮球运动从游戏型活动到竞技运动再到科学门类型学科不断地演进发展。截至 1999 年年底已有 200 个国家和地区成为国际篮球联合会成员,篮球运动已真正成为国际体育组织中单项运动人口最多、最受世界人民喜爱的体育项目。

### 三、篮球运动的走向

世界篮球运动有两个明显的走向:一是以市场经济为基础的职业化趋向,对全世界的高水平运动员具有很强的吸引力,水平越来越高;二是以运动健身休闲娱乐为目的的大众化趋向,具有雄厚的大众基础,态势越来越强。篮球运动的大众化,是当今社会的一种文化现象。人们喜爱或参与篮球运动,更多的是对体育文化的亲切体验,追求身心的完善和发展。许多人不再满足于站在场外为篮球明星们喝彩,而是纷纷行动起来,志在参与,乐在运动,品味一下篮球的激烈精彩,体验一下运动中的生命快乐。篮球场上的人们,运动伸展的是肢体,吐故纳新的是心肺,强健壮硕的是身躯,欢快愉悦的是精神。人们体验到的是篮球运动的文化价值和文化意义,实现的是现代人的文化享受和文化追求。

篮球运动今后发展的新趋势将继续向着"高""快""全""准"和"女篮男化"等方向发展。20 世纪 80 年代中期以来,随着世界篮球职业队伍参加奥运会,世界篮球运动跨入了一个崭新的创新发展时期,同时也达到了技艺化的新阶段。1992 年巴塞罗那第 25 届奥运会篮球赛中美国"梦之队"的绝妙表现,充分表明了篮球运动整体内容结构和优秀运动员队伍综合智能、技能、能力结构都发生了质的变化。今后的发展新趋势在继续向着"高""快""全""准""变"的方向发展,且含义将更富有新意,相互间将更融为一体。从而使人感受到篮球竞赛的球场越来越小、竞赛的时间越来越短、篮架越来越低、篮圈越觉越大、球场变化越来越快、攻守队员身体接触越来越近、比分越来越高、女子与男子的对抗形式越来越难分等。

篮球文化是一种特殊的文化,通过参与篮球运动,不仅可以强健体魄,还可以培养一个人的领导能力、意志品质、团队精神、纪律观念、竞争意识、自信心等。篮球运动既是一种增进健康的手段,也是一种艺术追求和享受,还是一种扣人心弦的竞赛项目。NBA、CBA 以高水平的竞技吸引了无数的球迷,CUBA 以浓郁的文化气息赢得了众多的观众,他们演绎了篮球文化的魅力。

## 第二节　现代篮球运动的特点与价值

现代篮球运动的主要特点是高速度、高强度。无论传球、运球、突破,都要快速、突然、有力,并在激烈对抗中完成技术动作;强调高空技术、高空优势;传、运、投等技术动作要求达到熟练自如、出神入化的地步;攻守对抗异常激烈,对争抢能力要求很高。

### 一、篮球运动的特点

#### (一)篮球运动"高"的内涵

一是世界强队普遍重视队伍的整体身体平均高度的增长。美国等世界优秀队伍中的高大队员在第二十五届奥运会上能将惊人的弹跳力、敏捷的奔跑移动以及无与伦

比的技术和技巧融于一身,展示绝妙的表演,并已成为当代世界篮球运动中高大队员的典范。

二是随着高大运动员的大量涌现,高空争夺更为突出。能否占据制空优势,已成为衡量队伍水平的重要标志。各种创新的立体型的战术配合方法,是世界篮球运动发展的必然趋势。

(二)"快"的延伸

篮球竞赛规则进攻有时间限制,一次进攻必须在30秒内结束。世界篮球运动强化了"快"的意识,掀起了"快"的浪潮。今后的趋势有可能还要将进攻时间限制更短些,这便给篮球运动提出了更高的速度要求,进一步形成各种快的技战术方法。

一是继续加快进攻速度,主动争取时间,增加攻击次数;二是继续强调提高攻守转换速度;三是继续提高运用技术和战术间衔接的速率,加快转换战术变化的节奏。

(三)"准"的发展

一是以3分球为重点的投篮准确性继续提高;二是掌握攻守技术、运用攻守技术与变化准确性提高;三是战术配合的时间与空间、地面的接球和运球准确性提高。

(四)"全"的演进

现代篮球运动对"全"的要求是:一是运动员素质全面;二是重视全面综合素质水平,使自己成为既全面又有特长的队员;三是对教练员来说,必须高度重视并善于科学地使运动员具有以上诸多因素的开发与全面利用的才能,同时反映出教练员的全面才华和综合水平。

总之,未来要想成为世界性强队必须具有以下几个条件:一是增加和提高整体成员中高大队员的数量和质量。二是在高大中锋队员方面具有数量和质量的优势,因其能给对方构成威胁力和实战攻击力。三是具有全面型明星队员的核心组织才能并掌握绝招。四是全面提高个人和整体作战的速度与节奏。五是具有独特的个人与全队整体防守的意识作风和看家本领。六是教练员智能结构的高层次和科学化训练与管理相结合的高水平。

**二、篮球运动的价值**

篮球运动是用球向悬在高处的目标进行投准比赛的球类活动。由于最初是用装水果的篮筐作投掷目标,故名"篮球"。现代篮球运动已经发展成为一项具有灵活巧妙的技术和变化多端的战术相结合的竞赛活动。从事篮球运动能促使人体的力量、速度、耐久力、灵活性等素质全面发展,并能提高内脏器官、感觉器官和神经中枢的功能。它对培养勇敢、机智、集体主义和组织纪律性等品质都有很大益处。

(一)篮球运动有激烈的对抗性

人们要在全场内进行进攻与防守、突破与堵截、投篮与封盖、篮下争夺和空中拼抢,具有较强的身体激烈对抗。这种对抗对青少年的身体、技战术、意识和比赛能力是一个良好训练,更是对他们的人格精神和意志品质的培养,从而为他们的健康成长打下坚实的基础。

(二)篮球运动具有娱乐性

游戏是人们的天性,没有人会拒绝游戏。三人篮球就是最喜闻乐见的运动游戏,能使人们的童趣和欲望得以实现和满足。三人篮球比赛蕴含着极大的娱乐性:节奏明快的音乐,拉起了一道听觉诱惑的热闹背景,笼罩着欢乐的氛围;攻防拼抢带来新异的刺激;比赛变化带来身心的激情;巧妙配合带来合作的享受;获得胜利带来精神的愉悦。你可以去身临其境地感受一下,他们踏着音乐的节拍,追随着自己的偶像,吟唱着心中的梦想,用身体、心灵、球和音乐构建起自己的欢乐天地。

(三)篮球运动不仅给人们带来运动快感,还带来身体的全面发展

激烈比赛时每分钟心跳可以达到 160 次,对内脏系统和循环系统有极好的益处。跑、跳、投动作能促进骨骼、肌肉系统的发育,促进四肢的均衡协调发展。比赛能提高他们神经系统的灵敏性,使他们判断快、反应快、行动敏捷,改善了神经系统的功能。

(四)篮球比赛是表现个性的体育运动

争强好胜、表现自己是一般人的心理特点。篮球比赛就给他们提供了一个充分展示的空间。矮小的队员机敏灵活;高大的队员强打硬拼;诚实的队员稳扎稳打;聪慧的队员变化多端。比赛成了天经地义的竞争方式,人的动物天性、个体的攻击本能和胜利的欲望,在规则的方圆中得以尽情地宣泄和升华。通过比赛,可以最直接最富有力度地表现人的素质力量。在这有限的时间和空间里,用自己的素质、身体、技巧和智慧,为自己谱写一曲青春与活力之歌。

(五)篮球运动的形式多种多样

可以是三人的比赛,也可以是五人的比赛;可以是半场的比赛,也可以是全场的比赛。不论男女老幼、年龄大小都可以根据自己的爱好、条件去自由地选择参加。人们可以自由组合、自由搭配,组成一个球队来比赛。三人篮球比赛中,还可以给自己的球队起一个别致的名字,"淘气男孩""天才少年"等,队名体现了自由自在的心态。它的自由性给比赛创造了有利的条件,给人们运动提供了更大的便利。

## 第三节　篮球运动的基本技术

### 一、篮球技术的概念

篮球技术是篮球比赛中为了达到进攻与防守目的所采用的专门动作方法的总称,亦是篮球运动进攻和防守动作体系的总和。其是比赛的基础,是队员以动作的形式作用于自身和球体来实现特定目的的方法过程,并体现出进攻与防守的专门性。篮球技术应符合竞赛规则的要求、人体解剖功能以及动生物力学原理和个人的特点,体现其合理性和实效性,并能解决比赛中的具体问题。

篮球技术的每个动作方法,都是人体各个关节按一定顺序组合进行运动的,它们大多数是既平动又转动的复合运动,既包含周期性运动成分又包含非周期性运动成分。在实际运动中,其表现为以复杂的动作结合为基础的大固定动作。

篮球技术包括移动动作(指跑、跳、急停、转身等无球的动作方法)、控制支配球动作(指接球、传球、运球、投篮等有球的动作方法)和争夺球动作(指抢球、打球、断球、抢篮板球等动作方法),以及由这些动作所组成的动作体系。

篮球技术动作结构的主要特点:

一是动作复杂多变。篮球比赛过程较其他球类项目复杂、技术动作繁多、战术形

式多样,比赛中攻防双方队员和球的变化无常,要求队员随着外界环境条件的变化果断及时地做出不同的动作。这就确定了在运动过程中一个完整动作的结构常常是不稳定的,是多变的。

二是固定与不固定相结合。篮球技术动作中某些成分应是固定的,而且有其比较固定的动作结构特点(如投篮的手法),但在运动过程中又表现出不固定性。这种不固定性是指比赛中完成动作的条件,指在比赛运用过程中动作组合是千变万化的。从固定的基本动作成分转变为组合应变的不固定动作,要以环境条件转移为前提。在相同条件下,队员所做出的动作组合不尽相同,当条件不利时,固定的基本动作成分有可能被破坏。但是,经过训练或训练水平较高的运动员,不仅能在对抗条件下完成动作,还能随机应变创造出新的动作。

篮球技术是在运动实践中逐步形成、发展和完善起来的。随着篮球运动进攻与防守的发展,竞赛规则的演变,队员身高、素质与文化素养的提高,各类技术动作将得以不断改进、完善和创新。在篮球比赛中,各类技术动作的运用是根据队员的训练水平、战术方法的需要和比赛的具体情况,通过个人或集体加以组合或配合的。这些动作的运用,既相互联系、相互制约,又相互影响、相互促进。

篮球比赛是一项集体对抗性质的竞技项目,它不仅要求运动员具备良好的身体素质、技术水平,而且要求运动员具备良好的篮球意识。运动员具备了良好的篮球意识,就能在比赛场上根据攻守态势,主动地寻找和掌握战机,采取恰当的对策和行动,最大限度地发挥本人和本队的优势,克敌制胜。在篮球比赛中,队员的智慧、技能、运动素质、心理品质、文化素养等都是通过篮球技术集中表现出来的,从而也体现出运动技巧、应变能力和创造性。现代篮球比赛是在高水平上的全面对抗(身高、素质、机能、技术、战术、意识、心理、意志、作风等),衡量运动技巧的标准在不断提高,因此要求队员在激烈的对抗条件下,完成各种技术动作要具有快速性、准确性、稳定性、配合性和创造性。

篮球技术是篮球战术的基础,篮球技术的提高是一个漫长的过程。其首要前提是必须理解该项技术的核心环节,并在此基础上初步掌握(学会、学好)该项技术。然后,要通过大量有效的练习方法来巩固、促进和提高该项技术,最后在比赛中进行检验,并能有意识地加以合理运用,以求达到战术的要求。

先进的技术必然促进战术的发展和变化;战术的不断发展和演变,又反过来对技术提出更高的要求,从而促进技术的发展和更新。因此,队员必须掌握全面的技术,并不断提高,以适应现代篮球比赛和战术发展的要求。

**二、篮球基本技术介绍**

篮球基本技术的分类主要是根据动作在比赛中的作用和动作结构来进行的。篮球技术分为进攻技术和防守技术两大类。进攻技术有传球、投篮、运球、持球突破等;防守技术有防守对手、抢球、打球、断球等。进攻技术和防守技术中都有移动和抢篮板球技术,各类技术动作又各有许多不同的动作方法,如传球中有双手胸前传球、单手肩上传球等多种动作。有些动作是在不同状态下完成的,因此又有原地、行进间、跳起的各种动作之分。

(一)传球

传球是篮球比赛中进攻队员有目的地转移球的方法,是队员之间在场上互相联系和组织攻击的纽带,是实现攻击战术配合的桥梁。传接球技术的优劣能直接影响进攻战术质量的高低和比赛的输赢;实时、正确的传接球,能够创造更多更好的投篮得分机会。

采用何种方式传球取决于实际情况,方式虽然不同,但有几点是一致的:所有的传球都用手指完成,而不用手掌。为了控制球的速度、方向,手指应该尽可能地张开(但不能太僵硬),手腕要有弹性。

胸前传球。胸前传球快速、有效,是最常用的传球方式。两手五指自然张开,两个大拇指成八字形,用指根以上部位持球,手心空出。两肘自然弯曲于体侧,球于胸腹部位,身体成基本姿势站立,脚分前后。传球时,目视传球方向,两臂前伸,手腕由下向上转动,再由内外翻,急促抖腕,同时拇指用力下压,食、中指用力弹拨,将球传出。出球后手心和拇指向下,其余四指向前。远距离传球,则需要下肢蹬地和腰腹协调用力。

击地传球。击地传球应该击在距离接球者3/1距离点时效果最好,是接近其进攻的一侧,双手击地传球通常用来将球从防守队友张开的手臂下传出,传球者击地传球时力度需要把握。双手击地传球的技术要领与上面讲到的从胸前传球一样,只是球传出时手指向下用力,使球碰地板反弹后,到达接球队友的腰部位置。

低手传球。低手传球是一种近距离的传球,通常用于将球传递给离自己较近的队友。具体要领:用手指托住球的下半部,伸臂出球时,向传球方向迈一步,做传球动作时固定手腕,将球传向接球队友的腰部位置。

单手肩上传球(以右手为例)。双手胸前握球,两脚前后站立,左脚下在前,左肩对传球方向,将球引至右肩,右手执球,肘关节外展,右手腕后仰,指根以上托球,掌心空出,重心落在右脚上。传球时,右脚蹬地,转体,前臂迅速向前挥摆,手腕前屈,通过拇指、食指、中指拨球,将球传出。球出手后身体重心移到左脚上。

头上传球(双手)。在篮球比赛中,我们经常看到抢到篮板球的队员用这种方式将球传给位于远处前场处于有利位置的队友。双手头上传球可以越过防守队员,并且可以传得很远。具体要领:双手持球举于头上,两肘稍屈,持球手法与双手胸前传球相同,传球时小臂前挥,手腕前扣外翻的同时,拇指、食指、中指用力拨球。传球距离较远时,加脚蹬地,腰腹用力,全身协调发力,将球传出。

(二)投篮

篮球运动是集体同场抗衡的比赛项目,它以投篮得分为目的,以投篮得分多少决定比赛输赢,得分多者获胜。所以,投篮是篮球运动中最重要的技术。投篮是指在篮球比赛中,持球队员将球从篮圈上方投进球框所采纳技术动作方法的总称。

单手原地投篮。特别是对青少年来说,这是一种基本投篮方式。我们以右手投篮为例:双手持球置于与眼睛同高的位置,右手五指自然分开(手心空出),指根以上部位触球,向后屈腕、屈肘持球于肩上耳部左右,肘内收,前臂与地面接近垂直,左手扶住球的左侧,右脚稍前,左脚稍后,重心放在两脚之间,两膝微屈,目视投篮目标。投篮时,两脚前脚掌用力蹬地,伸展腰腹,抬肘,手臂上伸,即将伸直时,手腕用力前屈,手指拨球,球最后以中指和食指的指端投出。球出手后,腿、腰、臂自然伸直。

跳投。跳投是跳起在空中完成投篮动作,具有突然性强、出手快、出手点高、不易防守的特点。跳投的好处是不像原地投篮那样容易被对手封盖。青少年选手可能会因为腿、手臂、肩部及背部肌肉力量不足而做不好跳投,可以暂时放弃,否则因力量不

足而造成的错误动作会影响自信心，即使以后力量达到要求后也难以获得理想的跳投技术。跳投的技术要领：以右手为例两手持球于胸前，两脚前后或左右自然站立，两腿微屈，重心在两脚之间。起跳时两腿迅速屈膝，前脚掌用力蹬地向上起跳，同时迅速举球于头侧上方（起跳和举球动作要协调一致），用右手托球，手腕后屈，左手扶球。当身体接近最高点时，左手离球，右臂伸向前上方，前臂即将伸直时，手腕用力前屈，食、中指拨球，通过指端将球投出，手臂向出球方向自然伸直。落地时屈膝缓冲，保持身体重心稳定。

当今的篮球运动极具创新意识，有着高体能、高速度、高对抗、高技艺的比赛特点，投篮技术也有所更新，快、高、远、变、全、准成了投篮技术发展的新特点与新趋势。那么，如何创造更多的得分机会，提高投篮的命中率，下面介绍一些基本方法：

一是加强规范化投篮动作的练习。投篮是篮球运动中要求高、难度大的一个环节，它是由持球方法、瞄准点、出手动作、球的旋转、抛物线及球入篮角等环节组成，必须经过认真的刻苦练习，才能掌握其基本技术。在教学中要根据运动技能形成的规律和人体生理机能活动的变化规律去加强学生投篮技术的学习与训练。

在初学阶段，重点掌握正确的投篮方法和全身协调用力，发现错误及时纠正，使学生形成正确规范的投篮动作。投篮技术中，上肢和手指、手腕的动作是最难掌握的，必须把这一动作要领作为难点结合实践进行反复练习，这样更有利于学生对篮球投篮动作的体会。同时要按照循序渐进的原则进行教学，不论采用哪种方式都要严格地按规范化动作去做，培养和掌握投篮的肌肉感觉优先于一切的先决条件。

二是要有良好的身体素质才能保证投篮命中率的稳定和提高。随着现代篮球技、战术水平的迅猛发展，场上攻防速度越来越快，对抗越发激烈，运动员必须具备相应的良好的专项身体素质，才能在激烈的比赛中立于不败之地。

在身体素质训练中，要加强速度素质、力量素质、耐力素质的训练。速度素质是篮球运动员必须具备的重要素质之一，是篮球比赛中争取时间优势的重要条件。篮球运动员的速度素质特点是重心低，不断改变运动方向，在短距离内发挥最大的速度能力。因此，篮球运动员速度素质的训练必须在发展动作速度的基础上，重点提高比赛要求的快速完成技术动作能力和快速反应的能力。篮球运动员力量素质训练主要通过负荷强度、练习密度、运动量和练习间歇时间来实现。训练结构的不同组合对力量训练的效果也不同，肌体所出现的适应性反应也不一样。力量素质练习的部位要交替重复安排，上肢、下肢和躯干要配合，以全面发展力量素质。耐力素质是篮球运动员的重要素质。篮球运动员必须具备很好的耐力素质，才能在比赛中始终保持充沛的精力和旺盛的斗志，才能保证技术、战术水平的正常发挥。现代篮球比赛需要在长时间、高速度移动、激烈对抗中完成各种复杂动作，对耐力特别是专项速度耐力提出了很高的要求。因此，一定要在耐力训练中采用重复多、密度大、间歇短的大强度和高速度的训练方法，来提高运动员神经系统的稳定性，增大肺活量，促进心血管系统的功能。身体素质训练是完成各种技术动作的基础，对投篮命中率有明显的影响，如身体训练较差的队员，运动量增大时，命中率就会明显下降。有了良好的身体素质才能实现投篮姿势的准确性，因此，应把投篮与身体训练结合起来，在一定强度下进行限时限数投篮训练，以便在紧张激烈的比赛中，有足够的体力保证投篮命中率的稳定和提高。

三是选择良好的投篮时机，果断出手。良好的投篮时机是提高投篮命中率的关键，一次好的得分机会是靠个人和全队配合来创造的，要善于捕捉投篮的时机。

当今篮球比赛非常激烈，运动员在比赛中不仅要进行技、战术的比拼，还要进行激烈的心理素质较量,而运动员的自信心水平对投篮的命中率起到关键性的作用。当运动员面对投篮机会时,如若不具备高水平的自信心,很容易会失掉经过全队努力所得到的宝贵投篮机会或投篮不中。干扰自信心的因素有两点:一种是来自运动员自身的干扰,包括运动员技术水平、比赛经验等;另外一种是来自外界的客观因素干扰,包括观众情绪、队友情绪以及教练的信任等。因此,在教学中要使队员得以全面锻炼,多一些鼓励和表扬,培养投篮者的自信心。一个充满自信的运动员肯定能在竞赛中发挥出色,取得优异的成绩;而缺乏自信的运动员在场上则常常连正常的技术水平也无法发挥。所以在平时训练时要注意激发队员强烈的取胜动机和欲望,充分发挥其能动性,使其树立必胜的信心,不要受裁判、场地、观众、气氛和比分的影响,采取合理、果断的行动进行投篮,提高投篮的命中率。在练习或者比赛时投篮者要观察防守队员的重心、位置、防距,一旦防守者失掉了正常的防位,或投篮者利用假动作诱使防守者失掉重心、位置和防距,不能干扰投篮时,投篮者就应果断出手。利用全队战术创造出来的机会或利用攻防双方出现暂时的时间差和空间差立即投篮。

四是加强全身协调性和出手动作稳定性的训练。比赛中,常看到有些投篮者,在突然受到外力作用失去身体平衡时,仍能将球投进,这说明投篮者身体协调性好,在球出手的瞬间,身体是相对稳定的。投篮者的时空感强、手感好、自信心强,使整个投篮动作力量均匀、柔和,动作自然、连贯、流畅。

五是选择合适的投篮出手角度和球的飞行路线。据科学和实践证明,球的出手角度影响着球的飞行路线。球的飞行路线一般有低弧线、中弧线和高弧线三种,一般以中弧线为最佳。但由于投篮距离的远近、队员身材的高矮和弹跳素质的不同,在投篮时,球的飞行路线也就有所不同,在训练中要根据实际情况来定。

在篮球的训练和比赛中,可以有很多不同的投篮方式,但无论哪种投篮方式,有两点是必须做到的:

一点是从脚底发力,也就是说虽然是用手投篮,但力量是从脚前掌发起,然后通过脚踝、膝盖、胯部、上体、手臂、手腕,最后力量传递至手指尖将篮球投出。力量的整个传递应该是一个连贯协调的过程。另一点是手臂姿势,应该是上前臂呈90度,而手腕后伸也与前臂呈近90度,并与上臂平行。投篮时,向上、向前用力屈手最后用手指将球拨出,还应该让手与篮球接触的时间尽量长(即随球动作时间长),这样有利于控制球的运动方向,增加投篮的命中率。在开始时不要过多考虑球是否投进了篮筐,应把注意力集中到身体的姿势上。每次投篮要重复同样的动作要领,正确的投篮姿势变得流畅时,命中率自然会因此而提高。还应该在离篮筐不同的位置、角度练习投篮。总之,要提高投篮命中率,首先要刻苦地训练投篮,在每次训练比赛中要善于总结,不断地纠正错误动作和不良状况。在每次训练中还应留出时间专门做投篮练习,加大规范化投篮动作的练习,最终达到动力定型。尽量适时多举行、多参加篮球赛,在激烈对抗的篮球比赛中,提高自信心和克服紧张情绪,掌握投篮时机,摆脱防守干扰,提高投篮命中率,从而达得良好的教学效果。

(三)运球

运球是指持球队员在原地或移动中,用手连续按拍使球借助地面反弹起来的动作。运球在篮球训练或比赛中相当重要,它是指球员在不能传给队友时可以自己带球向前进攻,带球移动至更有利的位置,自己向篮筐方向运球并完成上篮或者投篮,但是运球不能过多。如果在比赛中过多地运球,会使其他队友只能站在原地无法进行配

合,从而失去了篮球运动所提倡的团队合作精神,而且运球比较慢(传球可以更快地把球传向篮筐方向)。所以应该学会怎样运球,更应该学会什么时候该运球,什么时候该传球。

运球技术动作由身体姿势、手按拍球的动作、脚步动作的合理运用三个环节构成。运球技术的要素是运球队员手对球的控制能力,支配能力,脚步动作的娴熟程度以及手、脚、躯干的协调配合。运球高度最好不要超过腰部(这样比较容易控制球)。运球时手腕要放松,用向下挤压动作拍球,而不是抽打动作,要训练两只手都能熟练地运球。开始先学习在原地运球,熟练后可以一边运球,一边走动。不要过多考虑运球时的移动速度,先掌握好运球技术。走动中的运球技术掌握好以后,再开始逐渐增加移动速度训练,直至全速。在进行运球训练时要注意以下几点:

### 1. 身体姿势

两脚应前后开立,两腿屈折(屈膝程度视运球高低而定,低运球,腿深屈;高运球,腿稍屈),身体稍前倾,重心在两脚之间(略偏前脚)。运球时,运球手臂自然曲折,以肩、肘为轴随球上下摇动,另一臂自然屈肘抬起,仰头领视前面。

### 2. 手的动作

运球主要靠手指、手腕对球进行控制与支配。运球时,五指自然张开,掌心空出,用手指和指根以上部位控制球,以肩为轴,上臂带动小臂,最后作用于手腕,手指使劲向下按拍球。按拍球的部位是依据运球的方向、速度等因素决定的。按拍的部位不一样,球反弹的角度也不一样。按拍球的力量不一样,球反弹的高度和速度也不一样。原地运球时,按拍球的正上方;变向运球时,按拍球的左边或右边上方,使球向右边或左边上方弹起;向前运球时,按拍球的正后上方。

### 3. 球的落点

运球时,要控制好球的落点,使球在自己所控制的范围内,利用躯干、腿、臂来保护球,并且还要便于和其余技术动作联合。球的落点和高度变化,由运球技术的不一样和防守地点的远近来决定。一般状况下,向前推动的球,落点在运球手同侧脚的侧前面,速度越快,落点越远,反弹越高;在防守队员较近时,运球的落点应在体侧或侧后方,身体侧对防守队员,以肩关节为轴,上臂带动小臂,经过腕指使劲运球,使球的落点远离防守者。

### 4. 手脚的协作配合

运球时,脚步动作和手段、手臂动作能否保持协调一致,要点在于脚步动作、按拍球的部位、球的落点和力量大小能否正确运用。所以,在运球过程中,要想熟练控制球的落点、方向和力量,一定要保持好身体重心的稳固,控制好身体重心变化,保持运球手臂和脚步动作的协作配合。

运球时应该抬头,时刻观察场上情况。如果运球时只顾低头看球,很容易被对手盗球,而且也看不到处于有利位置的队友,甚至处于容易投篮的位置也不知道,从而错失良机。

运球的技术动作分为以下几点:

控制性运球。运球时当你感到既难以传球,又不可能快速向前时,或者你在场上准备传球或投篮时,应该采用控制性运球。控制性运球的技术要领:在膝盖到腰部的高度运球,抬肘关节,压小臂,手掌尽可能多时间地接触球,双膝微屈,身体前倾,这样使你容易控制好球,也容易急停变速。不参与运球的那只手臂应该屈肘并向外伸,保持平衡,阻止对手靠近。

快速运球。在你要带球快速冲向前场时选择快速运球。此时身体也要前倾,将球稍微拍向前方,运球高度稍高,在胸部与腹部之间。身体正对移动方向,眼睛观察全场。

变速运球。运球队员要突破对手防守可以采用变速运球(当然也可以采用突然变向或其他假动作)。变速运球要求除了改变运球速度,还要改变运球高度。用小的步幅接近对手,然后突然加速(步幅也加大),并把运球高度降至膝部位置,快速突破向前。变速运球需要很多练习才能有效地使用。

（四）控球

控球时最怕背对防守而被掏球。面对防守时,对方有两种抢断方法:一种是在你右手控球时上一大步,其身体贴在你身体右侧,胳臂长伸,插入你身体与球之间,将球拍掉;另一种是在你右手换左手过人时上一小步,胳膊正好放在你的下球路线上,等你把球送入他手中。

对付第一种抢断法,只需在对手冲上来时,猛地向右侧身,用左肩挡在对方前进路线上,对方要么知趣减速,要么头撞在你肩上。对付第二种抢断法,记住球控得低一点就行。背对防守时,对方往往又逼又掏,对付对方逼你掏你的最好方法就是主动去挤他,一旦挤住他,他就行动不便,自然断不了你的球了。在打快攻一对一时特别有效,不用冲得特别快,只要死死抵住对方,一边控球一边上篮。同时你还要发挥左手的作用,右手控球,左手一定要伸长,最好挡在对方腰上,这样对方的动向你就一清二楚了。

（五）持球突破

持球突破是持球队员合理运用脚步动作与运球技术快速超越防守者的一项攻击性进攻技术。持球突破在篮球基本技术中是一门应用广泛、攻击性强的基本技术。依据其动作构造,突破可分为交叉步突破和同侧步(顺步)突破两种;依据运用形式,突破可分为跳步急停突破、跨步急停突破、前转身突破和后转身突破。下面是其中有代表性的几种:

1. 交叉步突破

特点:从防守者前脚外侧突破时多采用这项技术,应用时可结合投篮、跨步等假动作。

动作方法:以右脚做中枢脚为例。由基本姿势开始,突破时,左脚前脚掌内侧用力蹬地,上体稍右转,左肩向前下压,左脚向右侧前方跨出,同时右手迅速推放球于左脚侧前方,接着右脚蹬地上步运球超越对手。

技术要点:重心降低、探肩、保护球、蹬跨积极,推放球要及时。

2. 顺步突破

特点:当从防守者的前脚内侧突破时多采用这项技术,也可以与交叉步突破、投篮、跨步等假动作结合应用。

动作方法:突破时,左脚内侧用力蹬地,右脚迅速向右前方跨出,同时上体右转探肩用右手向前推放球。左脚蹬离地面后迅速向右前方跨出,继续运球前进,超越对手。

技术要点:蹬跨有力,转身探肩,加速积极。

3. 前转身突破

特点:当对手贴身防守时,可结合后转身、投篮等动作突破对手。

动作方法：以左脚做中枢脚为例。背对球篮和防守者，突破时，以左脚为轴做前转身，右脚随着转身向球篮方向跨出，左肩向防守者的一侧空当下压，右手推放球后左脚蹬离地面向前跨出，超越对手。

技术要点：重心要稳，跨步、蹬地、运球动作连贯。

4. 后转身突破

特点：与前转身突破运用时机相似，可结合前转身、投篮等动作突破对手。

动作方法：以左脚做中枢脚为例。背对球篮和防守者，突破时，以左脚为轴做后转身，右脚随着转身向右后方的球篮方向跨出，脚尖指向侧后方，右肩向防守者的一侧空当下压，左手向右脚前方推放球后左脚蹬离地面向前跨出，超越对手。

技术要点：重心要稳，右脚向侧前方跨出时脚尖方向要正确，推放球后左脚内侧用力蹬地加速。

能否正确地掌握突破技术与突破机遇，是权衡队员攻击能力强弱的标记。所以运用持球突破要注意以下几个方面：

（1）突破技术要与传球、投篮及假动作联合运用，防止盲目运用和独自运用，发挥突破的攻击性和主动性。

（2）选择正确的突破方向和突破形式，依据防守队员的防守能力，从其单薄环节进行突破。

（3）擅长创造突破机遇，依据攻击战术需要，做到个人突破与整体战术协调一致。既要运用突破技术搅乱防守阵形，创建攻击机遇；又要利用防守者的错误，增强个人攻击力。

（4）增强突破意识，提升察看、判断能力，灵巧多变，合理运用突破技术，做到敢于打破，擅长打破。

（六）个人防守技术

个人防守技术是指防守队员为阻止和破坏对方进攻回合，合理运用脚步、手臂动作和身体姿势，抢占有利位置以达到控球目的所采纳的技术动作的总称。

1. 个人防守技术的基本要求

个人防守技术作为整体防守战术中的个人行动，从其技术构造看，既是全队防守的表现，又是个人防守技术的综合表现。个人防守技术要求做到以下几点：

（1）要有激烈的防守意识。

（2）脚步动作和手臂动作协分配合。

（3）选择有利位置是防守的要点。

（4）保持正确的姿势，重心均衡，保持适合的距离。

（5）依据对手的进攻状况，采取平步防守和斜步防守步法。

（6）以球为主，人球兼顾，视线宽阔。

2. 影响个人防守技术质量的基本因素

（1）位置。抢占有利身位是防守技术的要点，把握好防守人、球、球框间的位置是选择防守地点的基本原则。防守无球队员，要保持"球—我—他"的地点关系，防守人、球、对手三者形成钝角三角形，防守人一直站在钝角处。防守有球队员，防守人应选在与篮球之间的有利位置上。

（2）距离。防守距离的选择取决于对方是否有球。一般状况下，防有球队员，防守队员要和持球队员保持一臂距离，近篮则近，远篮则远；防无球队员是近球紧，远球松。

（3）姿势。选择防守姿势要便于向各个方向移动进行补防。防守无球队员时，要一手指向对方，另一手伸向球；防守有球队员时，一只手向球伸出，另一手侧举，阻挠敌手攻击。

（4）步法。防守步法的选择，以滑步为主，配合其余脚步动作。在脚步的选择上有两种，一是两脚平行站立的平步防守步法；二是两脚前后开立的斜步防守步法。平步防守便于左右挪动，对防突破有益；斜步防守便于前后移动，对防投篮较为有益。

（5）视线。防守过程中利用视线控制对手，调整自己的防守行动，做到人球兼顾。

（七）抢篮板球

抢篮板球是指比赛双方在空中争抢投篮未中的球。攻击队员在空中争抢到投篮未中的球，称之为前场篮板球或攻击篮板球；防守队员在空中争抢到投篮未中的球，称之为后场篮板球或防守篮板球。

要设法抢占在对手与球篮之间的有利位置，抢进攻篮板球时要判断球的落点，利用各种假动作冲抢；抢防守篮板球时要注意用转身挡人的动作先挡人，后抢篮板球。不论抢进攻还是防守篮板球，都要抢占在对手与球篮之间的位置上。

起跳动作要做到，起跳前两腿微屈，重心降低，上体稍前倾，两臂屈肘举于体侧，重心置于两脚之间，注意观察判断球的反弹方向，及时起跳。起跳时两脚用力蹬地，同时两臂上摆，手臂上伸，腰腹协调用力，充分伸展身体，并控制身体平衡。

抢球动作分双手、单手和点拨球。双手抢篮板球时，指端触球瞬间，双手用力握球，腰腹用力，迅速将球拉入胸腹部位，同时两肘外展，以保护球。单手抢篮板球，跳起达到最高点时，指端触球后，迅速屈指、屈腕、屈肘收臂，将球下拉，另一只手扶球护球于胸腹部位。点拨球是在跳起到最高点时，用指端点拨球的侧方、侧下方或下方。进攻抢到篮板球时或补篮或投篮，或迅速传球给同伴重新组织进攻；防守抢到篮板球时，或在空中将球传出或落地后迅速传出或运球突破后及时传给同伴。

动作要点。抢篮板球的关键是抢占位置，要设法抢占对手与球篮之间的位置。进攻要强调"冲抢"；防守要强调"挡抢"。抢不到篮板球的原因可能是对投篮球的反弹点判断不好，挡人抢位不积极；起跳不及时；抢球落地后没有及时护球。纠正方法可以是强调篮板球反弹的一般规律，练习移动、抢位、挡人、起跳的技术动作。

在现代篮球运动中，能否抢得篮板球是影响比赛胜负的重要因素之一。要想在比赛中抢得更多的篮板球，平时必须刻苦地训练。俗话说，表演看进攻，赢球靠防守，而抢篮板球则是进攻和防守两方面均要着重掌握的重点技能，是攻守转换的关键环节。

1. 抢篮板球的作用和重要性

争抢篮板球是获取控制球权的重要条件之一，是攻守两方抢夺的焦点，是攻守变换的要点。一支球队抢篮板球次数的多少，对比赛的主动与被动、成功与失败有特别重要的影响。所以目前篮坛都把抢篮板球次数的多少作为评判球队实力和运动员技术水平的重要指标之一。抢篮板球是一项比较复杂的技术。攻击队员一般处于防守队员的身后，大多要采纳挣脱"冲抢"的方法；防守队员处于攻击队员与篮板之间的有益地点，要采纳"先挡后抢"的方法。

2. 技术特点

抢篮板球技术是篮球运动中的一个重要技术部分，任何队员要想成为优秀的抢篮板球能手，必须具备以下几个特点：

（1）必须具备勇猛顽强的作风和每投必抢的思想及行动准备

现代篮球运动高水平全面对抗，表现为争夺篮板球凶猛、身体接触频繁而激烈。怕顶撞、不敢身体接触的运动员抢不到篮板球。如果不敢与对手进行剧烈的身体对抗，任由对手随意抢位，就等于是把抢篮板球的有利位置和主动权让给对手，使对手获得抢篮板球的优势。"两强相遇勇者胜。"要培养勇猛、顽强、敢拼敢抢的作风；另外，必须做好每投必抢的思想及行动准备，等到不中再去抢球，往往就比对方慢了半拍，失去极好的位置和时机。一个队员的身体技术水准再好，一旦缺乏这种每投必抢的意识，就难以取得抢篮板球的优势。

（2）掌握篮板球反弹的基本规律

熟练掌握篮板球反弹的基本规律是迅速做出准确判断，快速、及早抢占有利位置的前提。篮板球反弹的方向与投篮距离、角度、篮圈、篮板和球的弹力有密切关系。必须熟悉抢篮板球的规律，准确判断投篮不中时球反弹的方向和落点，抢占有利位置，及时起跳。要养成每投必抢、外投内抢、左（右）投右（左）抢的良好习惯，增强抢篮板球的欲望和意识，才能取得主动权。

（3）增强"挡"和"冲"的意识，抢占有利位置

抢占有利位置是抢篮板球的关键环节。要想养成强烈的"挡""冲"意识，就要让队员深刻认识篮板球在比赛中的重要作用，懂得"谁赢得篮板球，谁将赢得胜利"的道理。对篮板球的重要性有了足够的认识，才能全力以赴地投入篮板球的拼抢中去。当投篮出手时，应力争抢占对手和篮板之间的有利位置，把对手挡在身后。如果抢不到内线位置，也应力争到对手侧面去。若被对手挡在身后，力争用手点拨技术使球到有利于自己再起跳、抢获的位置上。

抢防守篮板球关键是挡人，可利用前、后转身的方法，把对手挡在身后面，堵"死"进攻队员向篮下冲抢的路线，同时双臂屈肘张开，增加挡人的面积，防止对手挤进来。抢进攻篮板球关键在冲抢。由于进攻人身处外线，所以当投篮出手后，球在空中飞行时，就要判断球可能的反弹方向，突然起动，插向防守人身前，或借助虚晃等假动作绕过防守人抢球。也可用后转身挤到防守人身侧，抢占有利位置。

（4）及时起跳，充分伸展，扩大控制范围

及时起跳才能在最高点抢到篮板球。运动员在起跳前，要占据有利位置，将对手挡在身后，双膝微屈，两臂微张下垂扩大控制面积，眼睛注视球，进一步判断反弹的方向、高度和落点。起跳时双腿用力蹬地的同时，两臂用力上摆，上下肢协调用力，尽力跳至最高点去拼抢篮板球。在与对手平行站位或处于不利位置时，两臂微张开，举至肩上，扩大空间控制面积，迫使对方的手臂难以举过头，阻扰对手的起跳与空中动作。如果起跳后球落在侧方或后方，就要用腰腹力量，将上体和手臂伸向球去抢球。起跳的步法要采用上步、撤步或跨步的双脚起跳。如果起跳前和对方已有身体接触，接触的部位要主动用力，顶靠对手，以便先于对方起跳和维持身体平衡。

（5）空中抢球要牢固、落地保护好球

在起跳抢球过程中，拼抢异常激烈，抢到球后必须把球握牢，否则极容易得而复失。因此，起跳腾空后要用肩、背挡住对方，手臂和身体充分伸直、用双手（或单手）抢球。在指尖触球后，腰腹用力、屈指屈腕、回收手臂，拉球于腹前。单手抢球时，另一手

要及时扶住球。抢球后一般是双脚同时落地、屈膝、降重心;上体前倾,保持身体平衡。要利用转体、跨步,不断移动球的位置,避开对方抢、打、掏,或把球放在远离对手一侧,保护好球。抢得前场篮板球就立即衔接二次进攻;抢得后场篮板球就迅速运球突破或传球发动快攻反击。

## 第四节 篮球运动规则与裁判法

### 一、比赛通则

1. 球场规格

NBA 的球场尺寸是长 94 英尺(28.65 米),宽 50 英尺(15.24 米)。球场的丈量是从界线的内沿量起,线宽为 2 英尺(5.08 厘米)。

球场两端标有长方形的罚球区,长 19 英尺(5.79 米),宽 16 英尺(4.88 米)。

球场两端标有 3 分投篮线,划法是:从底线引出两条平行于边线的线,各距边线 3 英尺(0.91 米),与以球篮中心点为圆心、以 23 英尺 9 英寸(7.24 米)为半径的圆弧相交。WNBA 的圆弧半径为 19 英尺 9 英寸(6.02 米)。

圆圈的半径是 6 英尺(1.83 米)。中圈内圆圈的半径是 2 英尺(0.61 米),一条中线横贯其中。

另有 4 条垂直于边线宽 2 英寸(5.08 厘米)的标志线,各距底线 28 英尺(8.53 米)向场内延伸 3 英尺(0.91 米)。(位置区和中立区域以及一些短标志线略。)

具体规格如图 6-1 所示。

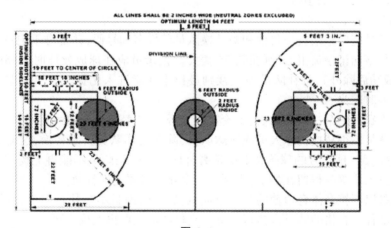

图 6-1

2. 比赛时间

每场比赛分两个半时共 4 节,每节 12 分钟。加时赛为 5 分钟。

在第一节和第二节、第三节和第四节之间休息 130 秒。两半时之间休息 15 分钟。在第 4 节和加时赛之间和任何加时赛之间休息 100 秒。

在第一节、第二节和第三节的最后一分钟期间,投篮成功后应停止比赛计时钟。

在第四节和加时赛的最后两分钟期间,投篮成功后应停止比赛计时钟。

3. 球队

比赛时,每队由 5 名队员组成,场上队员不得少于 5 名。

如果队员第六次侵人犯规,而且该队已无有资格的替补队员,该队员应留在场上,并应登记一次侵人犯规和全队犯规;还要判罚该队一次技术犯规。所有后来发生的侵人犯规(包括进攻犯规),应照此处理。

如果只有 5 名合格的队员,其中一名队员受伤必须离场或被驱逐,他应由最后一名因 6 次侵人犯规而被取消比赛资格的队员来替换。每一次需要替换受伤或被驱逐的队员时,均应照此倒转的顺序处理。任一被取消比赛资格的队员再进入比赛,应判罚一次技术犯规。

4. 比赛开始

第一节比赛和加时赛应以在中圈自跳球开始。

第二节和第三节比赛应由第一节比赛开球后失掉球权的队在端线掷界外球开始。

第四节比赛应由第一节比赛开球后获得球权的队在端线掷界外球开始。

5. 死球、活球、压力球

当出现下列情况时球成死球:争球;球停留在球篮上或卡在篮圈与篮板之间;任一节时间终了;技术犯规的罚球;侵人犯规(拳击犯规、非赛犯规);多次罚球中的第一次罚球;场上违例(带球走,3 秒,10 秒,24 秒等);打架犯规;疏漏的鸣哨;投篮或罚球成功后;在队员占有界外之前。

下列情况球成活球:在任何跳球中,裁判员抛球时;掷界外球队员可处理球时;罚球队员可处理球时。

下列情况球成活力球:球被一名跳球队员合法拍着时;球离开掷界外球队员的手时;球离开罚球队员的手时。

6. 替换

替补队员应向记录员报告他和被替换队员的姓名和号码,并置身于记录台前的替换区内。如不向记录员报告,则罚款 25 美元。记录员应在球成死球时就鸣哨宣告替换(投篮成功后除外),替补队员需经裁判员招手才能进入比赛。替换被取消比赛资格的队员的时间为 30 秒钟。

在多次罚球的第一次罚球后,不论罚中与否,允许替补队员进入比赛。

替补队员不得替换罚球人员或跳球队员,除非受伤队员要求替换,这时应由对方教练员在罚(跳)球一方的球队席上挑选替补队员。受伤队员不能再上场比赛。替补队员一旦进入比赛就得留在场上,直到下一个死球时才允许替换。

如果是以不符合体育道德的行为造成队员受伤,而且不能执行罚球,他的教练员可指定该队任一合格的队员来执行罚球。受伤队员也可再上场比赛。

7. 暂停

(1)20 秒暂停

每队每半时有权请求一次 20 秒暂停。每场比赛(包括加时赛)共可请求两次 20 秒暂停。

队员请求 20 秒暂停,只有当球成死球或该队控制球时才给予。队员要喊出:"20 秒暂停"。

在 20 秒暂停期间,球队只可替换一名队员。如果请求暂停的队替换一名队员,对方队也可替换一名队员。

如果在半时(包括加时赛)中请求第二次 20 秒暂停,应予允许,但要登记一次常规暂停。

如果 20 秒结束时比赛不能继续进行,也应登记一次常规暂停。

(2)常规暂停(100 秒)

每队有权请求 7 次要登记的常规暂停。限定每队在第四节中不得超过 4 次暂停;在第四节的最后两分钟内不得超过 3 次暂停。在加时赛内,允许每队 3 次暂停。

队员请求 100 秒暂停,只有当球成死球或该队控制球时才给予。队员要喊出:"暂停"。

每节比赛必须有两次暂停。如果每节比赛剩下 6 分 59 秒时没有任一队叫暂停,记录员应在第一次死球时采取强制暂停,这一暂停登记在主队名下。在每节比赛剩下 2 分 59 秒时没有任一队叫第二次暂停,记录员应在第一次死球时采取强制暂停,这一暂停登记在该节先前没有登记的队的名下。

允许有追加的暂停,但要判罚一次技术犯规。主教练员可以在比赛中止时,请求 20 秒或 100 秒暂停。

8. 24 秒钟规则

当某队在比赛中获得新的球权时,或在掷球入界中当球在场上被队员合法触及时,24 秒钟计时器将开动。拥有球权的队必须在获得球后的 24 秒钟内投篮。完成投篮的条件是:

(1)在 24 秒钟结束之前,球必须离开队员的手;

(2)球离开队员的手后,球必须与篮自接触。

如果在 24 秒钟内球未接触篮圈,为 24 秒钟违例。

**二、违例及其罚则**

1. 3 秒钟规则

某队控制球,该队队员不得在罚球区停留超过 3 秒钟。

某队在前场控制球,开始计算 3 秒钟。

罚则:失去球。将球判给对方在罚球线延长部分的边线掷界外球。

2. 肘的摆动

不允许队员过分地或有力地摆动肘部(无接触)。当一名防守队员在附近,并且进攻队员持有球,此即为违例。

罚则:失去球。将球判给对方在靠近违例地点的边线掷界外球。

3. 非法协助得分

队员不得使用篮圈或篮板来吊起、支撑或提高自己,以有助于投篮得分。

队员不得协助同伴在投篮时增加高度。

罚则:失去球。将球判给对方在罚球线延长部分的边线掷界外球。

4. 孤立

如果进攻队在圈顶外或无球一侧放置 3 名或 3 名以上的队员,应宣判违例。

罚则:失去球。将球判给对方在圈顶延伸部分的边线掷界外球。

**5. 界外的进攻掩护**

进攻队员不得为了建立掩护而离开前场端线处的地面区域。

罚则:失去球。将球判给对方在罚球线延长部分的边线掷界外球。

**6. 黏性物质**

队员不得使用黏性物质或任何类似的物质。

罚则:第一次违例,罚款 25 美元。再发生违例罚款加倍。

### 三、犯规及其罚则

**1. 技术犯规**

对场上或球队席上的球队成员的没有体育道德的行为或违例的处罚,是技术犯规。在球成活球前,与对方队员发生非法的接触,也可判为技术犯规。

(1)没有体育道德的行为

对任何队员、教练员或训练员的没有体育道德的行为最多可判罚两次技术犯规。任何违犯者只要有一次没有体育道德的行为,就可被驱逐;有两次没有体育道德的行为必须被驱逐。

没有体育道德的行为如:与裁判员讲话无礼貌;以身体接触裁判员;对宣判公开表示不满;使用亵渎的言语;未经裁判员允许教练员进入场地;故意伸肘或试图动手脚但未包含接触。

还有一些技术犯规不是由不符合体育道德的行为造成的,如:延误比赛;球队席区域的违例;球成活力球时场上队员不足或多于 5 名;进攻队员故意地吊在篮圈或篮板上,等等。

在死球期间发生非法接触,如果在性质上被认为是不符合体育道德的,可判为一次技术犯规;如果接触是不必要的和过分的,可判为恶意犯规。

(2)打架犯规

比赛中或死球期间,队员、教练员或训练员打架,要登记技术犯规,不判给罚球,参加打架的人员应立即被驱逐。另根据情况判打架人员不超过 20 000 美元的罚款和停赛。

NBA 比赛中,对犯规的判罚是较为严厉的。如队员、教练员或训练员出现下列情况即可被驱逐:接触肩的水平或以下部位的肘部犯规;没有体育道德行为的技术犯规;以不必要的或过分的接触造成的恶意犯规。

队员、教练员或训练员出现下列行为则必须被驱逐:拳击犯规;打架犯规;接触肩的水平以上部位的肘部犯规;试图挥拳虽无接触;不是比赛的延续动作而是故意地进入看台。

为了惩罚和制止犯规,NBA 规则中还列有罚款的规定,如:裁判员认为队员是故意地吊在球篮上,应判一次技术犯规和罚款 100 美元;第一次因不符合体育道德的行为判罚技术犯规的罚款 100 美元,第二次犯规加罚 150 美元,等等。

**2. 侵人犯规**

在球成活球后,与对方队员发生非法的身体接触,是侵人犯规。

队员不准拉、推、撞对方队员;也不准靠伸展臂、腿、膝或弯曲身体成不正常姿势以阻碍对方队员行进。违反规定,将判为侵人犯规并按相关的罚则处理。

（1）双方犯规

双方犯规是指两名非同队的队员大约同时互相发生侵人犯规或技术犯规的情况。

罚则：

不管是侵人犯规或是技术犯规都不判给罚球，只给队员登记犯规，不登记全队犯规。如果宣判双方犯规或打架犯规时某队拥有球权，应保留球权，在靠近比赛中断地点的边线掷界外球继续比赛。如果宣判双方犯规或打架犯规时双方球队都未拥有球权，或投篮未成球在空中，应由任何两个非同队的队员在中圈跳球继续比赛。如果投篮成功，得分有效，在底线掷界外球继续比赛。如果双方犯规是作为裁判员意见不同的结果，不计得分，应由任何两个非同队的队员在中圈跳球继续比赛。

（2）进攻犯规

在球成活球后，进攻队员与对方发生非法的接触，是进攻犯规。

进攻队员侵人犯规，如不是肘部犯规、拳击犯规，也不是恶意犯规，应按如下罚则处理：不判给进攻队得分；登记犯规队员一次侵人犯规；不登记该队全队犯规（队员第六次侵人犯规，并且该队已无有资格的替补队员除外）。

（3）无球权犯规

在球成活力球后，在双方球队均未拥有球权时与对方发生非法的接触，是无球犯规。

队员侵人犯规，如不是拳击犯规、恶意犯规，也不是肘部犯规，而且发生犯规时双方球队均未拥有球权，应按如下罚则处理：登记犯规队员一次侵人犯规；登记犯规队一次全队犯规；如果全队犯规罚则未出现，判给对方队在靠近犯规地点的边线掷界外球；如果全队犯规罚则出现，判给被侵犯的队员一次罚球加一次罚球。

如果判了防守队一次无球权犯规，接着投篮（罚球）成功，应判给被侵犯的队一次罚球，使有可能得3分或4分。这条规定适用于：不管是对哪个进攻队员犯规；不管全队犯规罚则是否出现。

如果判了进攻队一次无球权犯规，接着进攻队员投篮成功，不计得分。

（4）拳击犯规

队员用拳猛击对方，是拳击犯规。

因拳击宣判队员的非法的接触，是一次侵人犯规和一次全队犯规。应判给一次罚球，不论罚球成功与否，将球判给被侵犯的队在中场掷界外球。

任何队员挥拳猛击对方，无论是否击中，都是不符合体育道德的行为，他应立即被驱逐并至少停止一场比赛。

这条规定既适用于比赛进行中，也适用于死球状态。

如果接连发生拳击犯规，这条规定的所有内容都将适用，并由最后被侵犯的队在中场掷界外球。

另外，根据情况判该队员不超过20 000美元的罚款和停赛。

（5）非赛犯规

在第四节或加时赛的最后两分钟内，防守队对拥有球权的进攻队发生非法的接触，而这种接触发生在远离球附近的区域或界外球未离手时，为非赛犯规罚则：登记一次侵人犯规和一次全队犯规；判给一次罚球（肘部犯规或恶意犯规罚球两次），任一场上队员可执行此罚球；并由被侵犯的队在靠近比赛中断的地点掷界外球继续比赛。

（6）全队犯规

每节比赛每队的全队犯规超过4次,加时赛每队的全队犯规超过3次,要判一次罚球加一次罚球。

如果每节前10分钟全队犯规未满4次,或加时赛前3分钟全队犯规未满3次,允许该队在最后两分钟内有一次全队犯规不用加罚。

对正在做投篮动作的队员发生侵人犯规,判给两次罚球,如果全队犯规罚则出现也不判给增加的罚球;如投篮成功,判给一次罚球,如果全队犯规罚则出现也不判给增加的罚球。也就是说,在成功的两分投篮中最多可得3分,在成功的3分投篮中最多可得4分。

**思考题**

1. 简述现代篮球运动的特点。
2. 简述篮球运动的价值。
3. 如何理解准确性是篮球运动的本质?
4. 篮球运动伤害的防治如何进行?
5. 怎样才能提高篮球命中率?
6. 简述篮球技术动作结构的主要特点。
7. 如何区别活球与死球?
8. 谈谈你对我国篮球发展的看法。

**参考文献**

［1］王军.现代篮球运动学程［M］.成都:西南交通大学出版社,2013.

［2］李承维.篮球运动教学与训练［M］.武汉:华中科技大学出版社,2012.

［3］陈洪鑫,李伊,马志兰.篮球运动理论与方法研究［M］.长春:吉林大学出版社,2012.

［4］刘畅.篮球教程［M］.北京:北京理工大学出版社,2011.

［5］张秀华.现代篮球运动发展现状与对策研究［M］.北京:人民体育出版社,2011.

［6］冯晓丽.篮球［M］.长春:吉林科学技术出版社,2011.

［7］陈国瑞.篮球［M］.福州:福建科学技术出版社,2010.

［8］张瑞林篮球运动［M］.北京:高等教育出版社,2010.

［9］赵映辉.篮球运动教程［M］.北京:北京体育大学出版社,2009.

［10］孙民治,陈钧,孙凤武.现代篮球运动科学化探索［M］.北京:北京体育大学出版社,2009.

［11］英国篮球协会.篮球［M］.沈阳:辽宁科学技术出版社,2008.

［12］张锐,吴冶.篮球［M］.北京:北京体育大学出版社,2004.

你们不畏强手、敢打敢拼,打出了风格、赛出了水平。在提前一轮锁定冠军的情况下,你们在最后一场比赛中没有丝毫懈怠,尊重对手,尊重自己,坚持打好每一个球,很好诠释了奥林匹克精神和中华体育精神。广大人民群众对中国女排的喜爱,不仅是因为你们夺得了冠军,更重要的是你们在赛场上展现了祖国至上、团结协作、顽强拼搏、永不言败的精神面貌

——2019 年 9 月 30 日,习近平总书记会见中国女排代表时发表讲话。

# 第七章

# 排球运动理论与技术

## 第一节 排球运动概述

排球(Volleyball)运动从一项娱乐休闲项目发展到现在拥有奥运会、世界锦标赛、世界杯、世界男排联赛、世界女排大奖赛等比赛的竞赛大项;从奥运会仅设有男、女排球两项,到今天发展到排球、沙滩排球,男、女共四块金牌;从美国的一种民间健身娱乐活动,到现在发展到拥有全球200多个国家和地区参加的排球运动。百余年来,排球运动在世界各大洲蓬勃发展,并涌现出无数排坛明星,各领风骚。这些明星造就了排球运动的独特魅力,也使排球运动日益发展、壮大,并倾倒无数球迷。如今,排球运动已衍生出众多不同的形式,如四人排球、沙滩排球、气排球、软式排球、草地排球、雪地排球等大众排球运动。本教材选取广为人们熟知并深受大众喜爱的排球、沙滩排球、气排球三项运动做全面的介绍。

### 一、排球运动起源和发展

世界排球运动的发展主要可分为三个阶段:娱乐排球、竞技排球和现代排球。

(一)娱乐排球(1895—1936年)

排球运动本就是为娱乐休闲而创造的(1895,美国,威廉·摩根),因此排球从诞生之初就被大众认可为一项娱乐性较强的游戏。人们进行排球运动,是以休闲、健身为主要目的。

但游戏也需要有规范,因此,从1896年制定第一个排球规则开始,排球的各项规则开始逐步建立:1900年,采用21分制;1912年采用运动员轮换制和三局两胜制;1915年,采用15分制。尤其是1921—1938年间,因排球技术水平的提高和技术手段的多样化,其规则进行了一系列的修改和完善,除划定了比赛场地外,技术动作被归类为发球、传球、扣球和拦网,场上队员也有了明确的位置分工。此外,1924年,单独制定了为妇女参赛的女子比赛规则。

(二)竞技排球(1947—1980年)

第二次世界大战期间,世界排球运动一度停滞不前。直到1947年7月,在法国、前捷克斯洛伐克和波兰三国的倡议下,国际排球联合会(FIVB)在巴黎召开成立大会,制定了国际排联宪章,成立了技术委员会、竞赛委员会和裁判委员会,正式出版了通用

国际排球竞赛规则,并选举法国人保尔·黎伯为第一任主席。从此,排球运动从娱乐阶段进入了竞技阶段。

根据国际排联大会的决议,1948 年在意大利罗马举行了第一届欧洲男子排球锦标赛,1949 年在布拉格举行了第一届世界男排锦标赛。

其后,第一届欧洲女子排球锦标赛(1949)、世界女子排球锦标赛(1952)、世界杯男子排球赛(1965)、世界杯女子排球赛(1973)、世界青年男、女排球锦标赛(1977)、世界少年锦标赛(1989)年先后在国际排联的领导和组织下成功举办,竞技排球在全球范围内得到蓬勃发展。

1964 年,排球成为奥运会正式比赛项目,出现在了第 18 届东京奥运会的赛场上。

竞技时代的全面到来,也掀起了世界排坛诸强争霸和各大技术流派竞相绽放的潮流。

20 世纪 50 年代的排坛霸主是苏联队。苏联无论男队、女队,均身材高大、力量强劲,进攻扣球势大力沉,多次蝉联世界冠军,他们被称为"力量派"。

能与"力量派"抗衡的是以前捷克斯洛伐克男排为代表的"技巧派",他们战术细腻,以球的线路变化和落点控制为特色,曾在 1956 年巴黎世锦赛上击败苏联队获得冠军。但在"力量派"和"技巧派"的多次交锋中,"力量派"占据了明显的上风。

20 世纪 60 年代初期,日本著名"魔鬼教练"大松博文率领日本女排创造了"滚翻防守""勾手飘球"等技术,打破了苏联女排称霸的格局。凭借出色的防守、飘忽的发球、迅捷的快攻和顽强的意志,"东洋魔女"横扫女子排坛,除了诸多世界冠军,她们还获得了东京奥运会女子排球的冠军。

20 世纪 60 年代中期到 70 年代末,世界排坛出现了"百花齐放,百家争鸣"的局面,日本女排学习了中国的"近体快""平拉开"等快攻技术,创造了"短平快""时间差""位置差"等打法,成为"速度派";苏联队保持了"力量派"的特点并加以改进;捷克斯洛伐克队仍是"技巧派"的先锋;民主德国队则以高大队员的"超手扣球"和高成功率著称,被称为"高度派"。

(三)现代排球(1980 年至今)

20 世纪 80 年代开始,世界排球进入了现代排球阶段。它包括全攻全守排球,社会化、商业化、职业化排球和"大排球"三个内涵。

(四)走向社会化、商业化与职业化

1984 年,墨西哥人阿科斯塔当选为国际排联主席。上任伊始他就郑重宣布:他的目标是把排球发展成世界上最受欢迎的运动项目之一。于是,他领导国际排联对机构本身和排球运动进行了一系列的改革和调整,将排球运动推向了市场:改革赛制、修订规则、配合并利用现代化传播媒介、创办世界男排联赛和女排大奖赛等,把排球运动推到了竞技体坛的高端,取得了巨大的社会效益和经济效益。

意大利在国际排联的倡导下率先走上了职业化道路,大力推行排球职业化和俱乐部制度。科学的理念和运营机制带来了巨大的成功,意大利排球水平在职业化后显著提高,原先战绩平平、连进入前 8 名都困难的男排甚至获得了 4 次世界冠军,5 次世界亚军。

随后,法国、德国、荷兰等西欧国家的职业排球也获得了巨大发展,中国、韩国、日本、美国等国家也都先后建立了自己的排球职业联赛。

## 二、中国排球运动的发展

新中国排球运动大致可以分为三个阶段：1949年至1976年卧薪尝胆，学习先进阶段；1976年至1995年，冲出亚洲、走向世界阶段；1995至今，体制改革与赛制改革阶段。

（一）卧薪尝胆，学习先进

1949年以前，我国和亚洲的排球比赛都采用9人制的比赛，且主要是在几个大城市中开展，水平很低。而国际上普遍采用6人制的排球比赛。由于9人制排球比赛队员的位置是固定不变的，而6人制排球比赛队员的位置要轮转。因此，暴露出9人制排球运动员的技术不够全面。

中华人民共和国的成立，百废俱兴，体育运动迅速发展。中央政府为了提高全国人民的健康水平，为了能与国际比赛接轨，更好地与各国人民交往，决定采用6人制排球。

1950年7月在全国体育工作者会议上，中华全国体育总会，第一次介绍了国家队伍到苏联和捷克斯洛伐克访问，学习6人制排球的情况。1951年5月在北京举行了全国篮、排球比赛，这是中华人民共和国成立后第一次举办全国排球比赛。8月组成第一支男子排球队——中国大学生代表队，赴布拉格参加了世界大学生第二届排球赛。1951年正式成立了国家男、女排球队，并到14个城市作巡回表演，介绍和推广6人制排球比赛的规则、技战术和比赛训练方法。对6人制排球的推广起到了积极作用。

1953年中国排球协会（CVA）成立，1954年1月11日国际排联正式接纳我国排球协会成为会员。1956年8月中国男女排球队参加了巴黎男子第3届，女子第2届世界锦标赛。分别获得第9名和第6名。

1964年，在日本女排夺得十八届奥运会冠军后，周恩来总理邀请大松博文教练率领日本女排再次来华访问，并执教中国女排。之后，周总理亲自观看了中日女排比赛和日本女排的训练，号召我国运动队要学习日本女排的训练和比赛作风，当时的体委主任贺龙元帅，总结了日本女排的训练方法，提出了著名的"三从一大"原则，即从难、从严、从实战出发，大运动量训练。日本女排带来的新技术、新战术，以及她们的训练作风和方法对我国排球运动起到了推动作用，并有着较为深远的影响。所以当1981年中国女排在东京的第三届世界杯女排比赛中，首次夺得世界冠军时，袁伟民教练语重心长地对记者说，要感谢日本排球界对提高中国排球运动水平所做出的贡献。

十年动乱严重地干扰了排球运动的发展，技术水平下降，运动队伍青黄不接。中国排球运动水平与世界排球运动水平的差距也拉大了。

1972年，为了中国体育运动重新崛起，周恩来总理在极其困难的情况下，组织国家体委召开了五项球类运动会，使竞技体育运动得以恢复。同年又召开了"三大球"训练工作会议。明确了排球技战术的指导思想，当时国家体委决定建立国家排球训练基地。通过多次实地考察，决定在我国著名的排球之乡、中国古城——漳州，建立排球训练基地。漳州排球训练基地的建立，给各省市的优秀选手提供了一个同台竞技的大舞台，在此，各队充分交流技战术方法、训练手段，创造了不少先进的技战术，如快板扣球、小抡臂和大抡臂扣球、单脚起跳扣球、冲跳扣球、勾手大力发球、盖帽式拦网、鱼跃救球等技术以及近体快、平拉开等战术，使得我国的技战术水平有了显著的进步，打造

了一套独具中国特色的、以快球为中心的快球掩护进攻体系。在艰苦的训练环境中，也培养了运动员吃苦耐劳、敢打敢拼的优良品质，为我国排球运动冲出亚洲、走向世界打下了坚实的基础。

（二）冲出亚洲，走向世界

没有走出十年动乱阴霾的中国排球队于1974年参加世锦赛，我国男女队仅获得15名和14名的成绩。1976年，国家体委决定重新组建国家男、女排球队。任命袁伟民为中国女排主教练，戴延斌为中国男排主教练。刚上任的袁伟民主教练就提出了"三年打败韩国队，五年打败日本队"的口号，确立了"建立一支具有高度、攻防兼备的全面性队伍"的培养目标。在其后的训练中，创造性地实践了"在以技术方面为主的基础上，向全攻全守型发展。坚持快速，发展高，力争网上的优势……"的中国排球运动技战术指导思想。形成了攻防全面，战术多变，以高制亚洲、以快制欧美的全方位技战术打法。为了实现所确定的建队方针和技战术指导思想，在"严"字上下功夫，同时积极创新技战术，使我国的排球技战术水平有了飞速的发展。新组建才一年的国家男、女排球队在1977年的世界杯比赛中就获得了女子第四名、男子第五名的好成绩。这也说明了我国排球运动水平已进入了世界的先进行列。而且由于我国女排球队员曹慧英在比赛中的突出表现，一人获得了优秀运动员奖、拦网奖和敢斗奖三个奖项。

中国女排在1981年的世界杯上第一次获得了世界冠军。全国人民欢欣鼓舞，掀起了学习中国女排拼搏精神的热潮。中国女排再接再厉，在1982年的第九届世界锦标赛、1984年的洛杉矶奥运会、1985年的世界杯和1986年的世界锦标赛上，克服了前进道路上的重重困难，连续获得了五次世界冠军，极大地振奋了中华民族精神，开创了现代排球的新纪元。

经过漫长的18年，中国女排经历了多年的风风雨雨后，在陈忠和教练的带领下，在2004年的雅典奥运会上，又一次登上了世界冠军的宝座，这也是中国女排的第六个世界冠军。近年来，中国男女排球在世界排球运动中成绩趋于下滑，女排勉强保留住世界强队的位置，但男排依然处在十分尴尬的中下游位置。2008年北京奥运会上，中国女排获得铜牌，艰难地完成了自己的使命，男排则与其他四支队伍并列第五名。在2012年的伦敦奥运会，中国女排也仅获得第五名的成绩。

时隔11年，在2015年9月6日结束的第12届女排世界杯比赛中，中国女排在著名教练郎平的带领下不负众望，以11战10胜，并且在最后一场比赛中3∶1战胜东道主日本队，第8次捧起世界冠军的奖杯，站在了国际排球的最高领奖台！女排精神再次扬威华夏大地。而在2016年8月23日，中国女排依旧保持着世界冠军的底蕴，以顽强拼搏的斗志，从小组赛第四的位置，力擒东道主巴西、欧洲强队荷兰后，在决赛中以3∶1战胜塞尔维亚，第九次捧起世界冠军的奖杯，这也是时隔12年后中国女排重新夺回奥运冠军。更值得庆贺的是，中国女排于2019年9月14日参加在日本举办的女排世界杯上以11战全胜且只丢3局的成绩成功卫冕，极大地振奋了人心，又掀起了一阵爱国热潮。

（三）管理体制与赛制改革

1. 中国排球改革与俱乐部制

20世纪80年代，中国社会主义市场经济的进一步确立和发展，加快了我国改革的步伐。当时的排球体制中有许多亟待解决的问题，改革的呼声日渐高涨，顺应世界排球运动的发展，走职业化道路，成为我国排球体制改革的热点话题。如何走，国家体育总局业务部门曾提出"从赛制改革入手,主客场为主要突破口""开辟排球市场""向实体化过渡",努力"推进中国的排球职业化"建设的排球改革思路。1995年以赛制改革为先导,开创了排球改革的步伐,赛制的改革使队伍充满了活力,技、战术水平有了较大的进步。

1997年中国排球管理中心成立,在改革的道路上迈出了一大步。中国排球界期盼已久的体制改革方案——协会制管理正式出台。排球运动管理中心是自20世纪80年代以来,原国家体委提出运动项目向协会化、实体化过渡,对运动项目管理体制改革进行探索,并在以足球改革为突破口的改革取得初步成绩、积累了经验的情况下,第二批改革中批准成立了6个新的管理中心中的一个。排球管理中心是国家体育总局承担排球运动管理职能的直属事业单位,是中国排球协会的常设办事机构。其主要任务是在国家体育总局领导下,统一组织和指导全国排球运动,提高其普及水平,推进排球运动的职业化进程。

2. 中国特色的俱乐部制

排球改革以来,经过排球界的努力,各方面如市场、经费等状况都有改善。在1998年的第13届亚运会上,中国男女排球队双双夺冠。一步一步从低谷走出。

1999年中国排球运动管理中心决定继续坚持以赛制改革为中心,加大排球改革的力度,宣布2000年参加全国排球联赛的男女球队将由目前的8支球队增加为12支,而且必须是俱乐部球队参加。排球运动管理中心认为,只有实行俱乐部制才是排球改革的方向所在。在开始阶段,不要求必须注册多少钱,也不要求一步登天,主要目的是建立像西方那样完善的俱乐部。我们要借鉴他们的经验,但要在"中国特色"上下功夫。倾向企业与运动队相互合作,充分发展各自的优势,互利互惠,走"合作俱乐部"的道路。

如今,中国的排球联赛开展得如火如荼,男女A组队伍各有12支,B组队伍各有4支,联赛采用升降级外加挑战赛制度,联赛排名A组第11、12的两支队伍将和B组排名1、2的队伍捉对进行挑战赛,获胜的队伍获得下一年度联赛A组的比赛资格。另外,各省市还建有不同年龄组的青少年队伍,国家体育总局排球运动管理中心每年都主办从U16到U21年龄段的青少年排球锦标赛,为中国排球储备了大量后备人才。

### 三、世界三大排球赛事发展历程

国际排球联合会(FIVB)于1947年在巴黎成立,1949年举行第一届男子排球锦标赛,1964年排球被列为奥运会正式比赛项目。世界杯男女排球赛则分别于1965年和1973年举行首届。

(一)世界排球锦标赛

世界排球锦标赛是由国际排联(FIVB)主办的全球性排球比赛,是排球最早的、规模最大的世界性比赛。世锦赛每4年举行一届,受到各国普遍重视。原与奥运会同年举行,1962年起改在奥运会后第2年举行(女子第5届除外),冠军获得者可直接参加下届奥运会(历届世界排球锦标赛男女前三名见表7-1)。

表7-1　历届世界排球锦标赛前三名

| 届次 | 女子冠军 | 女子亚军 | 女子季军 | 男子冠军 | 男子亚军 | 男子季军 |
| --- | --- | --- | --- | --- | --- | --- |
| 第1届 | 苏联 | 波兰 | 捷克斯洛伐克 | 苏联 | 捷克 | 保加利亚 |

表7-1(续)

| 届次 | 女子冠军 | 女子亚军 | 女子季军 | 男子冠军 | 男子亚军 | 男子季军 |
|---|---|---|---|---|---|---|
| 第2届 | 苏联 | 罗马尼亚 | 波兰 | 苏联 | 捷克 | 保加利亚 |
| 第3届 | 苏联 | 日本 | 捷克斯洛伐克 | 捷克 | 罗马尼亚 | 苏联 |
| 第4届 | 日本 | 苏联 | 波兰 | 苏联 | 捷克 | 罗马尼亚 |
| 第5届 | 日本 | 美国 | 韩国 | 苏联 | 捷克 | 罗马尼亚 |
| 第6届 | 苏联 | 日本 | 韩国 | 捷克 | 罗马尼亚 | 苏联 |
| 第7届 | 日本 | 苏联 | 韩国 | 德国 | 保加利亚 | 日本 |
| 第8届 | 古巴 | 日本 | 苏联 | 波兰 | 苏联 | 日本 |
| 第9届 | 中国 | 秘鲁 | 美国 | 苏联 | 意大利 | 古巴 |
| 第10届 | 中国 | 古巴 | 秘鲁 | 苏联 | 巴西 | 阿根廷 |
| 第11届 | 苏联 | 中国 | 美国 | 美国 | 苏联 | 保加利亚 |
| 第12届 | 古巴 | 巴西 | 俄罗斯 | 意大利 | 古巴 | 苏联 |
| 第13届 | 古巴 | 中国 | 俄罗斯 | 意大利 | 荷兰 | 美国 |
| 第14届 | 意大利 | 美国 | 俄罗斯 | 意大利 | 南斯拉夫 | 古巴 |
| 第15届 | 俄罗斯 | 巴西 | 塞黑 | 巴西 | 俄罗斯 | 法国 |
| 第16届 | 俄罗斯 | 巴西 | 日本 | 巴西 | 波兰 | 保加利亚 |
| 第17届 | 美国 | 中国 | 巴西 | 巴西 | 古巴 | 塞尔维亚 |
| 第18届 | 塞尔维亚 | 意大利 | 中国 | 波兰 | 巴西 | 德国 |

　　第一届世界锦标赛只有男子比赛,女子比赛始于1952年。最初的世锦赛并不受洲际队数的限制,即提出参赛申请的队,都可获得参赛资格。从1986年(男第11届,女第10届)国际排联规定只允许16个队参加世锦赛,因为排球运动已逐渐成为一项世界性的热门运动,希望获得参赛资格的国家越来越多。如今世界排球锦标赛已成为排球运动的重要赛事之一。

　　(二)世界杯排球赛

　　这项赛事的前身是(亚、欧、美)"三大洲"排球赛。1964年国际排联将其更名为"世界杯"排球赛,并决定于1965年9月在波兰举行首届世界杯男子排球赛,1973年在乌拉圭举办了第一届世界杯女子排球赛(历届世界杯排球赛男女前三名见表7-2)。

　　世界杯是由全球高水平的男、女球队参加的国际性的排球比赛,每四年举办一次。从1991年世界杯赛被改为在奥运会的前一年举行,相当于是奥运会的资格赛。获得前三名的队伍则有资格进入奥运会。世界杯的参赛的资格是:举办国、当年举行的各大洲锦标赛的冠亚军、下一届奥运会的举办国共12队。目前世界杯已取消,奥运资格赛将代替世界杯。

表 7-2　历届世界杯排球赛男女前三名

| 届次 | 女子冠军 | 女子亚军 | 女子季军 | 男子冠军 | 男子亚军 | 男子季军 |
|---|---|---|---|---|---|---|
| 第1届 | 苏联 | 日本 | 韩国 | 苏联 | 波兰 | 捷克 |
| 第2届 | 日本 | 古巴 | 韩国 | 民主德国 | 日本 | 苏联 |
| 第3届 | 中国 | 日本 | 苏联 | 苏联 | 日本 | 古巴 |
| 第4届 | 中国 | 古巴 | 苏联 | 苏联 | 古巴 | 巴西 |
| 第5届 | 古巴 | 苏联 | 中国 | 美国 | 苏联 | 捷克斯洛伐克 |
| 第6届 | 古巴 | 中国 | 独联体 | 古巴 | 意大利 | 苏联 |
| 第7届 | 古巴 | 巴西 | 中国 | 苏联 | 古巴 | 美国 |
| 第8届 | 古巴 | 俄罗斯 | 巴西 | 意大利 | 荷兰 | 巴西 |
| 第9届 | 中国 | 巴西 | 美国 | 俄罗斯 | 古巴 | 意大利 |
| 第10届 | 意大利 | 巴西 | 美国 | 巴西 | 意大利 | 塞黑 |
| 第11届 | 意大利 | 美国 | 中国 | 巴西 | 俄罗斯 | 保加利亚 |
| 第12届 | 中国 | 塞尔维亚 | 美国 | 俄罗斯 | 波兰 | 巴西 |
| 第13届 | 中国 | 美国 | 俄罗斯 | 美国 | 意大利 | 波兰 |

(三)奥运会排球赛

1964 年在东京举行的第 18 届奥运会上,排球运动第一次被列为奥运会的比赛项目。

奥运会是世界最高水平比赛,每 4 年举行 1 次。有资格参加的队是:各洲的冠军队、主办国的代表队、上一届世界排球锦标赛的前三名,还有由国际排联直接管辖的预选赛产生的三支球队,加起来共 12 支球队(历届奥运会排球赛男女前三名见表7-3)。

表 7-3　历届奥运会排球赛男女前三名

| 届次 | 女子冠军 | 女子亚军 | 女子季军 | 男子冠军 | 男子亚军 | 男子季军 |
|---|---|---|---|---|---|---|
| 第18届 | 日本 | 苏联 | 波兰 | 苏联 | 捷克 | 日本 |
| 第19届 | 苏联 | 日本 | 波兰 | 苏联 | 日本 | 捷克斯洛伐克 |
| 第20届 | 苏联 | 日本 | 朝鲜 | 日本 | 德国 | 苏联 |
| 第21届 | 日本 | 苏联 | 韩国 | 波兰 | 苏联 | 古巴 |
| 第22届 | 苏联 | 德国 | 保加利亚 | 苏联 | 保加利亚 | 罗马尼亚 |
| 第23届 | 中国 | 美国 | 日本 | 美国 | 巴西 | 意大利 |
| 第24届 | 苏联 | 秘鲁 | 中国 | 美国 | 苏联 | 阿根廷 |
| 第25届 | 古巴 | 独联体 | 美国 | 巴西 | 荷兰 | 美国 |
| 第26届 | 古巴 | 中国 | 巴西 | 荷兰 | 意大利 | 南斯拉夫 |
| 第27届 | 古巴 | 俄罗斯 | 巴西 | 南斯拉夫 | 俄罗斯 | 意大利 |

表7-3(续)

| 届次 | 女子冠军 | 女子亚军 | 女子季军 | 男子冠军 | 男子亚军 | 男子季军 |
|------|---------|---------|---------|---------|---------|---------|
| 第28届 | 中国 | 俄罗斯 | 古巴 | 巴西 | 意大利 | 俄罗斯 |
| 第29届 | 巴西 | 美国 | 中国 | 美国 | 巴西 | 俄罗斯 |
| 第30届 | 巴西 | 美国 | 日本 | 俄罗斯 | 巴西 | 意大利 |
| 第31届 | 中国 | 塞尔维亚 | 美国 | 巴西 | 意大利 | 美国 |
| 第32届 | 美国 | 巴西 | 塞尔维亚 | 法国 | 俄罗斯 | 阿根廷 |

### 四、现代排球运动发展趋势

(一)技术动作的攻防两重性更加显现

现代排球比赛攻防节奏加快,技术的攻防两重性也更加明显。发球不再是比赛的开始技术,而是攻击性极强的进攻技术,跳发球的球速可达120~140千米/小时,超过了扣球的速度。拦网早已不是单纯的防守技术,而是最前沿的进攻技术,成功的拦网威力绝不亚于扣球。随着防守反击的水平大大提高,防守击球不再是一般意义上的防守,而是进攻的开始,是发起进攻的首要环节。

1. 技术动作模式发展变化

在现代排球的高水平比赛中,由于球速的增快和战术变化莫测,防守动作由原先的准备姿势——判断——移动取位——击球的模式,已发展到了边判断边取位——反应动作——控制球的模式。这种模式多采用集中精力向一侧边判断边取位。反应动作则是用肩、臂、手、脚等身体的适应部位去拦截来球。身体部位接触的瞬间,注意控制球的反弹方向和力量则是现代防守技术的动作关键。防守时不再是清一色的运用双手垫球技术,耸、翘、抬、挡、搪、拍等多样化击球动作都在防守中成功运用,大大提高了防守的成功率。现代高水平排球不仅要求运动员跳得高,而且还要求运动员跳得快,跳得远。身体后仰双脚制动的两步、三步助跑起跳模式,已不能适应现代排球进攻战术的发展变化,踮跳、单脚起跳、冲跳等多种起跳方式使进攻战术空间更为广阔。

2. 跳发球技术多样化

跳起大力发球力量大、球速快,给对方接发球带来很大困难。但一成不变的跳起大力发球容易被对方摸到规律而威力减弱。以同样的跳起动作或发平飘球、轻飘球,或发侧旋球、下旋球,或轻发落点球等各种性能变化的发球以及组合性能球的发球技战术已逐渐流行。

(二)训练发展趋势

1. 提倡逆向思维

欧美教练员提倡"批判与否定自己",打破自己原有的思维定式,建立逆向思维定式。他们认为应该经常变换立场、变换角度看问题,应审慎、批判地对待自己的思维方式和训练手段,这将有利于打破常规,有助于突破与创新。

2. 发挥教练员的主导作用

欧美国家重视发挥教练员的主导作用,但对发挥教练员主导作用的认识却有别于

20 世纪 60 年代的大松博文。大松博文最典型的训练思想是将教练员作为运动员的对立面来进行训练,教练员身体力行。而欧美国家的教练员的训练思想则认为,教练员主导作用主要体现在设计训练方案上,所采用的训练方法不仅要调动运动员的积极性,并且要建立运动员之间的对抗。

(三)心理训练的发展趋势

现代高水平排球的竞技对抗已逐渐逼近了人体的心理、心理限度,教练员、运动员的良好心理素质显得格外重要,没有良好的心理素质是不能胜任高水平比赛的。心理训练已引起人们的高度重视。

(四)身体训练的发展趋势

现代高水平排球比赛对运动员的体能提出了更高的要求。世界各国的教练员都重视体能训练。

当前世界排球强队在体能训练上多采用以下办法:聘请体能训练专家进行训练,训练指标及训练过程由计算机管理,多采用非田径式的体能训练方法,并多在排球场上进行体能训练。

(五)规则修改的原则趋势

近年来比赛规则修改频繁,特别是 1999 年 1 月 1 日实施的规则,被国际排联主席阿科斯塔称之为排球发展史上的历史性变革。但规则的修改始终遵循一定的原则,即保持排球运动特色,适应和推动排球运动的发展,提高比赛的观赏性,适应市场和观众的需求,扩大排球运动的社会效益和经济效益。

## 第二节　排球运动的特点与价值

### 一、排球运动的特点

排球运动对场地的要求不是很高,设备比较简单,主要的规则容易掌握。运动量可大可小,适合于不同年龄、不同性别和不同训练程度的人。人们可以在球场上训练和比赛,也可以在空地上围成圆圈,将球打来打去,都能达到锻炼身体的目的。因此,排球运动具有广泛的群众性。

排球比赛是在激烈的对抗中、快速的运动中、突然的变化中、连续的动作中和复杂的竞争中进行的。排球基本技术内容较多,要领要求精细,形成了排球运动高度的技巧性。

排球比赛规则规定要进行位置轮转,因此,每一个队员都必须掌握全面的攻、防技术,要能攻善守。所以排球运动可以促使机体各部的全面发展。

比赛中,除发球一次击球过网外,如果没有两人以上的密切配合,是无法发挥个人技术赢得比赛的,这就使排球运动具有高度的协同配合的集体性。

排球比赛中,球落地为失误,因此要求队员在比赛中要有精确的判断和快速的反应能力去抢救大力扣球和各种险球。又因为排球比赛有击球的次数限制,速度快,动作大,对技术动作要求精确准确。所以这促使排球运动员必须具备积极主动、灵活快速、勇猛顽强的良好战斗作风。

### 二、排球运动的价值

排球运动像其他球类运动项目一样,通过训练能发展力量、弹跳、速度、灵敏、耐久力等身体素质;提高人体中枢神经系统和内脏各器官的功能,增进身体健康;并培养勇敢顽强、机智灵活、吃苦耐劳、遵守纪律、团结友爱等集体主义精神。排球运动不仅仅有强身健身的价值,而且还有许多其他的价值。

（一）排球运动的时代价值

1981 年 11 月 16 日,中国女排在日本举行的第 3 届世纪杯排球赛中首次获得世界杯冠军,全国妇联贺电写道:"你们是祖国的骄傲、妇女的骄傲,向你们学习、向你们致敬,让女排精神在我国四化建设的道路上永放光辉"。这被认为是"女排精神"的首次提出,而在 2019 年 9 月 14 日于日本举行的女排世界杯上,中国女排以 11 连胜的战绩第十次登顶,极大地鼓舞了人心,再次激励了一代又一代的中国人。之后,在 9 月 30 日,中共中央总书记、国家主席、中央军委主席习近平亲切会见了获得 2019 年女排世界杯冠军的中国女排队员、教练员代表,并指出了 8 年前,中国女排首夺世界冠军时,举国上下心潮澎湃,亿万观众热泪盈眶。中国女排"五连冠",万人空巷看女排。广大人民群众对中国女排的喜爱,不仅是因为她们夺得了冠军,更重要的是她们在赛场上展现了祖国至上,团结协作、顽强拼搏、永不言败的精神面貌。女排精神代表着一个时代的精神,喊出了为中华崛起而拼搏的时代最强音。

（二）排球运动的社会价值

排球运动具有广泛的群众性和形式的多样性。排球运动的场地设备比较简单,可设在室内外,可在水中,也可在草地、雪地、泥地上等,如雪地排球、水中排球、泥地排球、墙排球等。其形式多种多样,比赛规则容易掌握且适合于不同年龄、性别、体质和训练程度的人在不同环境条件下进行活动,如适合于少年儿童、老年人的软式排球、气排球、小排球,适合于残障人的残疾人排球（坐地排球）,以及专门为妈妈们设计的妈妈排球等。

（三）排球运动的商业价值

在商品经济的前提下,体育不但是一种社会文化现象,同时它又是一种商业现象,人们可以通过对它的开发利用,获得巨大的经济效益。在商品社会,排球项目本身也是一种商品,它被摆放在"货架"上,依据价值规律,估价出售。在商品经济的体制下,开拓排球市场,以球养球,自食其力。开发排球市场具体来说包括竞赛市场的搞活（如门票、广告、体育彩票等）,排球器材的建设（如球、球网、球柱等）,以及排球界名人潜能的再利用（如名人效应）等。这些都有待于从事排球事业的人士去发掘和利用,使之产生社会效益和经济效益。

（四）排球运动的职业化价值

职业化,代表着世界排球发展的趋势,巨额奖金促使比赛更加精彩,而精彩绝伦的比赛既能吸引观众,又能创造出更大的经济效益。正如国际排联主席阿科斯塔在 1994 年 12 月雅典国际排联代表会上所说的:"作为 2010 年以后的发展计划,那就是全面实行职业化,这是形势发展的需要。"因为职业化能促使世界排球运动技术水平提高。这是大势所趋。

职业化的实质是商品化,职业化排球向社会出售的商品是比赛,如果比赛激烈、水平高、观赏性强,则观众多,赞助商多,所得回报就高。而高水平的比赛是拥有众多的优秀选手、高质量的训练和完善的赛制的结果,职业队对训练的比赛的物质投入多,运动员的精力投入多,才能换来高效益,才能使运动员更自愿地投入到训练和比赛中去,才能有更强的职业自控力。

职业排球运动员高超的技艺,丰厚的收入,这对年轻一代的诱惑力极大,可以吸引与鞭策他们,为成为一名职业排球运动员而发奋努力,从而不断增加竞技后备人才,形成强烈的竞争意识和竞争环境,推动排球整体水平的提高。

职业化排球具有无可比拟的管理优势,其独特而完整的管理体系和竞争机制,充分调动了教练员、运动员及管理人员的积极性。所实行的聘任制和合同制,有利于人才流动,选择所需要人员的范围更大;竞争机制则有利于优胜劣汰,促使人才涌现。

职业化排球可以引起新闻界广泛的注意,借助于电视、报刊等媒体的宣传,有利于扩大排球的影响,争取到更多的支持者。

总之,职业化本质上是社会办体育的一种形式,也是利用市场经济运作竞技体育项目的有效方式。对促进人才交流、提高运动水平、增强队伍的生存发展能力是一种十分有利的手段。职业化造就了球星,球星又加速了排球的职业化进程。

# 第三节　排球运动的基本技战术

## 一、准备姿势和移动

准备姿势和移动的关系密切,不可分开,准备姿势主要是为了移动,反过来,要移动迅速就必须做好正确的准备姿势。移动技术是由起动、移动步法、制动三个环节所组成。

移动的特点:移动的距离短;原地起动多;身体重心低。

移动的种类:跨步、交叉步、并步、滑步、跑步、综合步等

## 二、传球

(一)传球的特点

1. 准确性高

传球是以手指成半球状击球,所以手指对球的控制面积大,容易把握住球的方向。

2. 变化灵活

传球的击球点在距头 20~25 厘米左右的前上方。由于击球点比较高,在传球出手的瞬间用手指、手腕动作来改变传球方向比较方便。

(二)传球的作用

传球主要用于二传。

(三)传球技术的分类

传球技术分为:正面双手上手传球、背传球、跳传球、侧传球、调整二传球。

正面双手传球的动作要领:传球前身体正对传球目标,上体保持前倾,击球点在额前上方约一个球的距离。迎球时,两手后仰,两拇指向后上方成八字形并与球的后下部接触,拇指、食指、中指承担球的压力,无名指和小指帮助控制球。在下肢蹬地的同时,上体向前上方伸展。击球时,利用手臂送肘的动作使手指、手腕主动向斜前方将球传出。如图7-1所示。

图 7-1

### 三、垫球

(一)垫球的特点与作用

1. 垫球的特点

动作简单易学,便于初学者掌握;便于接离身体远、速度快、弧度低的球;垫球的准确性不及双手传球高

2. 垫球的作用

垫球在比赛中主要用于接发球、接扣球、接拦回球以及防守和处理各种困难球。

(二)垫球的种类

正面双手垫球、背垫球、防守垫球、体侧垫球、单手垫球。

(三)正面双手垫球的动作要领

1. 垫球的准备姿势

比赛中应根据不同情况采用相应的准备姿势。初学垫球时,由于是垫击一般的轻球,故可采取一般准备姿势。上体稍前倾,两脚开立,两脚间的距离稍宽于肩,两臂微屈置于腹前,两肘稍内收,两眼注视来球。

2. 击球手型、击球点和击球部位

(1)垫击手型:目前常用的方法有两种。

叠指法:两手手指上下相叠,两拇指对齐平行相靠压在上面一手的中指第二指节上,掌根紧靠,两臂伸直相夹。注意手掌部分不能相叠。如图7-2所示。

图 7-2

包拳法：两手抱拳互握，两拇指平行放于上面，两掌根和两小臂外旋紧靠，手腕下压，使前臂形成一个垫击平面。

（2）击球点、击球部位：正面双手垫球的击球点，一般应尽量保持在腹前约一臂距离的位置。用腕上 10 厘米左右的两小臂桡骨内侧所构成平面击球。如图 7-3 所示。

图 7-3

3. 垫球的动作要领

插——及时移动取位，降低重心，两臂前伸插至球下，使两前臂的垫击面对准来球，并初步取好手臂的角度。

夹——是指两手掌根紧靠，手臂夹紧，手腕下压，用平整而稳定的击球面去迎击球。

提——由下肢蹬地，提肩、顶肘、压腕的动作去迎击来球，身体重心要随球前移，两臂在全身协调动作的配合下伴送球。

（四）体侧双手垫球

动作方法如图 7-4 所示。

图 7-4

左侧垫球时，应先以右脚前脚掌内侧蹬地，左脚向左跨出一步，身体重心随即移至左脚，并保持两膝弯曲。与此同时，两臂向左侧伸出、左臂高于右臂，右肩微向下倾斜，两臂组成的击球面对准来球并拦击来球。击球时，以腰部发力，并借助左脚蹬地的力量，使身体重心微向内转，同时提肩抬臂将球垫起。

### 四、发球

#### (一)发球技术的特点

发球是比赛的开始,也是发动进攻的开始。发球是排球比赛三项主要的得分技术之一(扣球、拦网、发球),因此,它是先发制人的进攻性技术。攻击性的发球不仅可以直接得分,还可以破坏对方的进攻战术,迫使对方调整进攻,减少本方的防守压力,力争主动权。

#### (二)发球技术

正面上手飘球的动作规格及要领(如图7-5所示)。

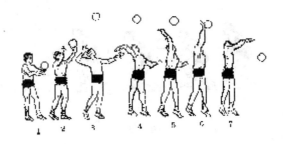

图 7-5

1. 准备姿势

面对网站立,左手持球于胸前。

2. 抛球

右掌心平稳地抛送在右肩前上方,把球抛在击球的有效轨迹上,以便于在挥臂击球时能够"平行加速"用力击球,注意初学者不要把球抛得过高,适度最佳,否则会导致击球不准造成失误。

3. 挥臂击球

击球臂"平行"直线挥臂猛烈击球,击球时要用掌跟加速击球体后的中下部,击球要短促有力,用力要集中,击球面积要小,用闪击突停的击球动作。

(1)作用力:使击球的作用力穿过球体的重心。

(2)要领:小臂直线加速,手腕固定,用力短促有力。

(3)关键:闪击突停,击球面积小。

### 五、扣球

#### (一)准备姿势

准备姿势就是助跑前的站立姿势。两脚左右开立,右脚向前迈出一小步,两脚的前后距离应稍大于左右的距离;两膝稍弯曲,身体重心落在两脚之间或稍靠近前脚;上体稍前倾,两臂屈肘自然垂于体侧;两眼注视球。

（二）助跑起跳

1. 助跑

两步助跑：助跑开始时，先以左脚向球的落点自然迈出第一步，其作用是确定助跑和接近球。接着向球的落点迈出第二步。第二步要先以右脚跟在起跳点着地，接着左脚迅速并上来，在右脚的左侧约与肩宽并稍靠前半脚的位置着地，准备起跳。

摆臂的方法：当助跑的第一步迈出时，两臂稍微弯曲且自然前摆；当第二步迈出时，两臂以肩关节为轴，由体前经体侧斜下方向身体的侧后方迅速摆动，在右脚跟着地时后摆完成。

2. 起跳（如图7-6所示）

起跳动作，当起跳脚完成制动后，身体即成两膝弯曲（弯曲程度与腿部力量成正比，一般大小腿的夹角为100~110度），上体稍前倾的起跳准备姿势。随即两脚迅速而有力地蹬地起跳。起跳时，两臂配合由体侧下方继续屈臂向体前上方摆动，同时迅速展腹、伸膝、屈踝提踵，使身体腾空而起。

图7-6

3. 空中击球

（1）击球前身体在空中的姿势：当起跳使用全身体腾空后，左臂摆至身体前方（或前上方），击球臂屈臂置于头侧，肘高于肩，展腹、挺胸、敞肩，身体呈反弓形。眼睛注视球。

（2）击球臂挥臂方法：击球时，大臂前旋肘节向前上方，小臂放松迅速后振（似有失重的感觉），手腕放松。随之，小臂借后振加速之势上摆，整个手臂甩直并成弧形前摆至击球点击球。击球时整个手掌要包住球，并有一个向前推压的动作。如图7-7所示。

图 7-7

（3）击球后和击球部位：击球点对发挥扣球力量关系很大。正确的击球点应在右肩的前上方，击球臂与躯干的夹角约为 160 度的位置。正确的击球部位是击球的后中上部。

4. 落地

扣球后要求平稳落地，如果单腿落地，整个身体的重量将会全放在支撑腿上，导致单膝压力过大，长此以往会加重单膝负荷，造成不必要的损伤。因此应力争用双脚同时着地。

### 六、进攻与防守技术战术

（一）基本理念

战术是根据规则和运动规律以及交战双方的具体情况和临场变化，有意识地运用技术配合所采取的有目的、有预见性的行动，充分发挥本队的特长和特点，最大限度地攻击对方的弱点。

技术通过战术来运用和贯彻才能更好地发挥它的效能，提高它的效率，反之，战术必须以技术为基础，一个队战术的选择必须以本队实际条件和技术水平为依据。

（二）进攻战术

（1）个人战术和集体战术

（2）接发球及其进攻（一攻）

（3）接扣球及其进攻（反攻）

（三）防守战术

（1）双人拦网"心跟进"防守战术就是固定由 6 号位队员跟进保护以防吊球的防守形式。如图 7-8 所示。

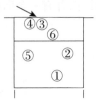

图 7-8

（2）双人拦网"边跟进"防守战术就是由 1 或 5 号位队员跟进作保护的防守形式。前排不拦网的队员要后撤参加防守,与后排三名队员形成面对进攻点的弧形防守区。如图 7-9 所示。

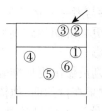

图 7-9

（3）"边跟进"防守,一般多在对方进攻力量较强、运用吊球较少时采用。如图 7-10 所示。

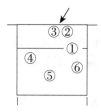

图 7-10

## 第四节　排球运动规则与裁判法

### 一、排球运动比赛的特性

排球比赛是两个队在球网分开的场地上进行比赛的集体项目。它可以有多种比赛方式,以适应各种不同性质比赛的需求,从而不断推动本项运动的广泛开展。

比赛的目的,是各队遵照规则,将球击过球网,使其落在对方场区地面上,而防止球落在本方场区的地面上。每队可以击球三次(拦网触球除外)将球击回对方场区。

比赛由发球开始,发球队员击球使其从网上飞至对区。比赛由此连续进行,直至球落地、出界或某一队不能合法地将球击回。

排球比赛中某队胜一球,即得一分(每球得分制)。接发球队胜一球时得一分,同时获得发球权,队员按顺时针方向轮转一个位置。

### 二、基本规则

排球运动是当今世界上兼具竞技性和娱乐性,最流行、最成功的体育运动项目之一。它快速、刺激,并极具爆发力,几项运动要素,如:发球、进攻、防守、轮转、隔网对峙、空中截击、集体配合、弹跳力、爆发力等相互作用,在比赛的往返回合中交相辉映。

竞技比赛激发潜能。它可以展示人的最佳能力、精神、美感和创造力。规则就是要构建一个竞技的平台,以保证所有这些素质的弘扬。

排球运动几乎使所有的参赛者参与网前的进攻及后排的防守和发球。

若干年来,国际排联一直致力于改革这项运动以迎合现代观众的需求。制定排球规则的目的在于使广大排球运动参与者——运动员、教练员、裁判员、观众及评论员:

①了解规则的精神,让运动员更加淋漓尽致地发挥技能,让教练员更加合理地缔造球队和创建战术,令比赛更加精彩。

②了解规则的内在联系,使裁判员做出更加准确的判定。

排球运动创始人威廉·莫根如果在世的话,他依然会看到,虽然已经历百年,但排球运动的特色依旧,几种不同于其他运动项目的基本元素与网和球一起构造了比赛特性:

——发球

——轮转(按序发球)

——进攻

——防守

球不断通过球网飞翔不落,在同伴中交流传递后击回对方,是排球独有的特质。

比赛场地包括比赛场区和无障碍区,其形状为对称的长方形。

1. 面积

比赛场区为 18 米×9 米的长方形。四周至少有 3 米的无障碍区。比赛场区上空的无障碍空间从地面量起至少高 7 米其间不得有任何障碍物。国际排联世界性比赛场地边线外的无障碍区至少宽 5 米,端线外至少宽 6.5 米,比赛场地上空的无障碍空间至少高 12.5 米。

2. 比赛场地的地面

场地的地面必须平坦、水平并且是划一的。场地的地面不得有任何可能伤害队员的隐患。不得在粗糙、湿或滑的场地上进行比赛。室内比赛场地的地面必须是浅色的。国际排联世界性和正式比赛场地界线为白色。比赛场区和无障碍区分别为另外不同的颜色。室外场地为了排水,每米可有 5 毫米的坡度。禁止用任何坚硬的物体作为场地界线。

3. 球场界线

(1)所有的界线宽 5 厘米,其颜色应是与地面和其他项目画线不同的浅色。

(2)界线:比赛球场由两条边线及两条端线所构成。边线与端线均包含在比赛球场范围内。

(3)中线:中线在网下连接两条边线的中点。中线的中心线将比赛场区分为长 9 米,宽 9 米的两个相等的场区。

(4)进攻线:进攻线位于距中线的中心线 3 米处。进攻线是被无限延长的,在每条进攻线两端向无障碍区各画 5 段长 15 厘米、宽 5 厘米、间隔 20 厘米的虚线,虚线道长 1.75 米。

(5)前场区:中线与进攻线之间为前场区。前场区被认为是向边线外无限延长的,直至无障碍区的边沿。

(6)发球区:发球区宽 9 米,位置在端线后。发球区的深度延长至无障碍区的终端。

（7）换人区：两条进攻线的延长线之间，记录台一侧边线外的范围为换人区。

（8）准备活动区：国际排联世界性和正式比赛的无障碍区外的替补席远端,画有 3 米×3 米的准备活动区。

（9）判罚区：判罚区长宽各 1 米,线宽 5 厘米,为红色。位于比赛场地端线延长线处的控制区内,并放两把椅子。

4. 温度

最低温度不得低于 10℃（50℉）。国际排联世界性和正式比赛的室内温度,最高不得高于 25℃（77℉）,最低不得低于 16℃（61℉）。

5. 照明

国际排联世界性比赛室内照明度在距比赛场地地面 1 米高度进行测量,应为 1 000~1 500 勒克斯。

### 三、球网、网柱和球

1. 球网高度

球网架设在中线上空,高度为男子 2.43 米,女子为 2.24 米。球网的高度应用量尺从场地中央丈量,球网两端（边线上空）的高度必须相等,并不得超过规定网高 2 厘米。

2. 球网构造

球网为黑色,宽 1 米,长 9.50~10 米（每边标志带外 25~50 厘米）,网眼直径 10 厘米。球网上沿的全长缝有 7 厘米宽的双层白帆布带。帆布带的两端留有孔,用绳索系在网柱上使网上沿拉紧。用一根柔韧的绳索穿过帆布带,拉紧球网上沿固定在网柱上。球网下沿的全长缝有另外一条构造与球网上沿相同的 5 厘米宽帆布带,用绳索系在网柱上使网下沿拉紧。

3. 标志带

两条宽 5 厘米、长 1 米的白色带子为标志带,分别系在球网的两端,垂直于边线。标志带被认为是球网的一部分。

4. 标志杆

标志杆是有韧性的两根杆子,长 1.80 米,直径 10 毫米,由玻璃纤维或类似质料制成。两根标志杆分别设在标志带外沿球网不同两侧。标志杆高出球网 80 厘米,高出部分每 10 厘米涂有明显对比的颜色,最好为红白相间。标志杆被视为球网的一部分,并视为过网区的边界。

5. 网柱

两根网柱分别架设在两条边线外 0.5~1 米处,最好可以调节高度。国际正式比赛中网柱应架设在两条边线外 1 米处。网柱应光滑并无拉链。一切危险设施和障碍物都必须排除

6. 球的规格

球是圆形的,由柔软皮革或合成革制成外壳,内装橡皮或类似质料制成的球胆。国际排联世界性比赛中使用合成革球或彩色球须经国际排联同意并符合其标准。圆周:65~67 厘米。重量:260~280 克。气压:0.30~0.325 千克/平方厘米（294.3~318.82 毫巴）。

7. 统一性

在一次比赛中所用的球,其特性,包括圆周、重量、气压、牌号及颜色等都必须是统一标准的。国际排联世界性比赛、国家的联赛和锦标赛所用的球必须是国际排联批准的用球,使用合成革球或彩色球须经国际排联同意并符合其标准。

8.5 球制

国际排联世界性比赛采用 5 球制。设 6 名拣球员,无障碍区的 4 个角落各 1 人,第一、第二裁判员后面各 1 人。

### 四、比赛参加者

(一)球队的组成

(1)一个队最多有 12 名队员。另加 1 名教练员,最多两名助理教练员;1 名治疗师和 1 名医生。只有登记在记录表上的成员才可以进入比赛控制区,参加赛前的正式准备活动和比赛。

在国际排联世界和正式比赛中,医生和治疗师必须事先得到国际排联的认可。

(2)只有登记在记录表上的队员才可以进入场地和参加比赛。教练员和队长在记录表上签字以后,已登记在记录表(和电子记录表)上的队员名单不得更改。

在国际排联世界和正式成年比赛中,记录表中最多可登记 14 名运动员上场参赛。经主教练指定,最多 5 人(包括主教练)可以坐在球队席上,这 5 人必须登记在记录表上。

(二)比赛队的位置

比赛时,替补队员应坐在他们场地一侧的球队席上或在准备活动区内,教练员和其他成员也应坐在球队席上。但可暂时离开。球队席设在记录台的两侧,无障碍区之外。只有队的成员才允许在比赛中坐在球队席上并参加赛前的准备活动。

替补队员可以做无球的准备活动如下:在比赛中,在准备活动区内;暂停或技术暂停时在他们比赛场地一侧后面的无障碍区内;两局比赛之间的休息时间内,队员可以在无障碍区用球做准备活动。

(三)服装

(1)队员服装包括上衣、短裤、袜子(必须一致)和运动鞋。全队队员上衣、短裤、袜子必须统一、整洁和颜色一致(后排自由防守队员除外)。运动鞋必须是没有后跟的柔软轻便的胶底或皮底鞋。

(2)队员上衣必须有号码,序号为 1~20 号。号码必须在身前和身后的中间位置,并与上衣的颜色明显不同。胸前号码至少 15 厘米高,背后号码至少 20 厘米高,号码笔画宽至少 2 厘米。国际排联世界性比赛,短裤右腿处须有 4~6 厘米高的号码,号码笔画至少宽 1 厘米。

(3)队长的胸前号码下方应佩戴一条长 8 厘米、宽 2 厘米的带子以便识别。

(4)禁止穿着带有不符合规则规定号码的服装和与同队其他队员不同颜色的服装(后排自由防守队员除外)。

(5)禁止佩戴可能造成伤害及有利于人为加力的物品。队员可以戴眼镜或隐形眼镜进行比赛,但风险自负。

（四）队的领导

1. 队长

比赛开始前,队长在记分表上签字并代表本队进行抽签。比赛中,队长担任场上队长。当队长不在场上时,教练员或队长应指定除自由防守队员外的一名队员担任场上队长代其行使职权,直到该队员下场,或队长返回场上,或该局结束。仅有场上队长在球成死球时可以和裁判员讲话,请求对规则和规则的执行进行解释,转达本队队员提出的问题和请求。如果他对解释不满意,必须立即提出声明,并保留其在比赛结束时将此意见作为抗议记在记分表上的权利。队长可以请求允许更换全部或部分服装;核对对方队员的场上位置;检查地板、球网和球等。在教练员缺席的情况下对长可以请求暂停和换人;比赛结束时队长要感谢裁判员,并在记分表上签字承认比赛结果。如果他曾向第一裁判员提出过声明,可进一步确认后作为对裁判员解释或执行规则的正式抗议记录在记分表上。

2. 教练员

教练员应自始至终在比赛场区之外进行指挥。比赛前,他在记分表上登记和检查队员姓名、号码并签字。每局开始前填写位置表,签字后交给记录员或第二裁判员;比赛中坐在靠近记录员一端的球队席上,但可暂时离开;可以请求暂停或换人;可以对场上队员进行指导。教练员在进行指导时可以在替补席前自进攻线延长线至准备活动区之间无障碍区内站立或行走,但不得干扰或延误比赛。

3. 助理教练员

助理教练员坐在球队席上,但无任何权利。教练员因任何原因,包括被处罚必须离队,但不包括作为队员上场时,由场上队长向裁判员请求,1 名助理教练员可以在教练员缺席期间承担其职责。

**五、比赛方法**

（一）得一分

（1）得分:某对得一分有下列三种情况——球成功的落在对方场区;对方犯规;对方受到判罚。

（2）犯规:当运动队的比赛行为违背规则时(或其他方式的犯规),裁判员按以下规则进行判断和做出决定:如果两人或更多的犯规先后发生,则只判罚第一个犯规;如果双方队员同时犯规,则判"双方犯规",该球重新进行。

（3）比赛过程和完整的比赛过程:比赛过程是指从发球击球起至该球成死球止的比赛行为。完整的比赛过程是指造成了得分结果的比赛行为,包括判罚得分、发球超时失误等。

如果发球队获胜,得一分并继续发球;如果接发球队获胜,得一分并获得发球权。

（二）胜一局

每局(决胜局第五局除外)先得 25 分并超出对方 2 分的队胜一局。当比分为24∶24时,比赛继续进行至某队领先 2 分(如 26∶24、27∶25……)为止。

（三）胜一场

胜三局的队胜一场。

如果 2∶2 平局时,决胜局(第五局)打至 15 分并领先 2 分获胜。

**(四)弃权与整容不完整**

某队被召唤之后拒绝比赛,则宣布该队为弃权。对方以每局25:0的比分和3:0的比局获胜。

某队无正当理由而未准时到场,则宣布该队为弃权。

某队被宣布一局或一场比赛阵容不完整时,则输掉该局或该场比赛,应给对方胜该局或该场比赛所要的分数和局数。阵容不完整的队保留其所得分数和局数。

## 六、比赛的组织

**(一)抽签**

比赛开始前由第一裁判员主持抽签,决定第一局首先发球的队和场区。进行决胜局比赛前,第一裁判员应再次召集抽签。抽签由双方队长参加。抽签的获胜方可选择:发球或接发球或场区,另一方在获胜方选择之后,挑选余下部分。如果两队先后进行准备活动,则首先发球队先使用球网。

**(二)准备活动**

在比赛开始前,如另有场地供比赛队进行活动,则每队可上网活动3分钟;如另无场地,则每队可活动5分钟。如双方队长同意,可根据规则规定共同上网活动6分钟或10分钟。

**(三)开始阵容**

场上每个队必须始终保持6名队员进行比赛。队员轮转次序应按位置表登记的顺序进行。直至该局结束。

每局比赛开始前,教练员必须及时将上场阵容登记在位置表上,签字后交给第二裁判员或记录员。未列入上场阵容的队员为该局的替补队员(后排自由防守队员除外)。位置表一经交给第二裁判员或记录员,除正常换人外,不得更改。当场上队员的位置与位置表不符时:一局开始前,场上队员的位置与位置表不符时,必须按位置表进行纠正,无其他判处。如果一局开始前,场上有一名或更多队员没有登记在位置表上,则必须按位置进行纠正,无其他判处。如果教练员要保持未登记的队员在场上,则他必须请求正常的换人,并登记在记分表上。

1名没有在记录表上登记的队员在比赛中被发现,对方所得比分保留的同时得1分并得发球权,该队将失去发现之前所得的比分和/或局数(0:25,如果必要),同时必须提交一份修订后的位置表并选派1名新的注册队员进场,代替非注册队员的位置。

**(四)位置**

发球队员击球时,双方队员(发球队员除外)必须在本场区内按轮转次序站位。

队员场上位置为:靠近球网的3名队员为前排队员,其位置为4号(左)、3号位(中)和2号位(右)。另外三名队员为后排队员,其位置为5号位(左),6号位(中),和1号位(右)。

队员的位置应根据其脚的着地部分进行判定。每一名前排队员至少有一只脚的一部分,比同列后排队员的双脚距中线更近。每一名右边(左边)的双脚距右(左)边线更近。球发出后,队员可以在本场区和无障碍区的任何位置上。

（五）位置错误

当发球队员击球时,如果队员不在其正确位置上,则构成位置错误犯规。当发球队员击球时的犯规与对方位置错误同时发生,则发球犯规被认为在先而被判罚。如果发球队员是击球以后的犯规则位置错误犯规在先,判位置错误犯规。位置错误的判罚如下:位置错误的一方被判失一球,队员恢复到正确的位置。

（六）轮转

轮转次序包括发球次序及其他队员的站位,在整局中均按位置表填写顺序进行。接发球队获得发球权后,该队队员必须按顺时针方向轮转一个位置(2 号位队员转至1 号位发球,1 号位转至 6 号位等)。

（七）轮转错误

没有按照轮转次序进行发球应判为轮转错误,进行如下判罚:该队被判罚失一球。队员的轮转次序被纠正。记录员应准确地确定其错误从何时发生,从而取消该队自错误发生以后的所得分。对方得分仍然有效。如果不能确定在轮转错误中所得的分数,则仅给予失一球的判罚。

**七、比赛行为**

（一）比赛的状态

(1)比赛开始:裁判员鸣哨允许发球,发球队员击球时比赛开始。

(2)比赛的中止:裁判员鸣哨中止比赛。但如果裁判员是由于比赛中出现犯规而鸣哨的,则比赛的中断实际上是由犯规的一刻开始的。

(3)界内球:球触及比赛场区的地面包括界线,为界内球。

(4)界外球:下列情况为界外球:球接触地面的部分完全在界线以外;球触及场外物体、天花板或非比赛成员等;球触及标志杆、网绳、网柱或球网标志杆以外部分;球的整体或部分从过网区以外过网;球的整体从网下穿过。

（二）击球

比赛队必须在其本场地内及其空间(球的整体或部分从延长空间进入对方无障碍区,可以在下列情况下将球击回:队员不得触及对方场区;球被击回时,球的整体或部分必须从同侧延长空间通过。对方队员不得阻碍此击球)进行比赛,但允许队员越出无障碍区进行救球。

1. 球队的击球

比赛中队员与球的任何触及都视为击球。每队最多击球三次(除拦网外)将球从球网上击回对区,超过规定次数的击球,判为“四次击球犯规”。

(1)连续击球:一名队员不得连续击球两次(球可以触及身体的不同部位,但必须是同时;拦网时,球可以迅速连贯地触及拦网队员;拦网后可以由任何一名队员进行第一次击球,包括拦网时已经触球的队员)。

(2)同时触球:两名或三名队员可以同时触球。同队的两名(或三名)队员同时触到球时,被计为两次球(或三次)击球(除拦网以外)。如果只有其中一名队员触球,则只计为一次击球。队员之间发生碰撞不算犯规。两名不同的队员在网上同时触球,比赛继续进行,获得球的一方仍可击球三次。如果球落在某方场区外,则判为对方击球出界。如果双方队员同时触球造成"持球",则判"双方犯规"。该球重新进行。

（3）借助击球:队员不得在比赛场地以内借助同伴或任何物体进行击球。但是,一名队员可以拉住或挡住另一名即将造成犯规（如触网或过中线等）的同队队员。

2. 击球的性质

球可以接触身体的任何部位。球必须击出,不可接住或抛出,球可以向任何方向弹出。球可以触及身体不同部位,但必须是同时。下列情况例外:拦网动作中,同一队员或同一拦网中的不同队员可以连续触球,但必须仅发生在一个单一动作中。在第一次击球时,允许身体不同部位在同一击球动作中连续触球。

3. 击球时的犯规

四次击球:一个队连续触球四次。借助击球:队员在比赛场地以内借助同伴或任何物体的支持进行击球。持球:没有将球地击出,造成接住或抛出。连击:一名队员连续击球两次或球连续触及他身体的不同部位。

（三）球网附近的球

1. 球通过球网

球必须通过球网上空的过网区进入对方场区。过网区是球网垂直平面部分,其范围:下至球网上沿;两侧至标志杆及其延长线;上至天花板。球的整体或部分从过网区以外进入对方无障碍区,可以在下列情况下将球击回:队员不得进入对方场区;球必须由同侧过网区以外击回;对方队员不得阻碍此击球。

2. 球触球网

球通过球网时可以触网。

3. 球入球网

球入网后,在该队的三次击球内,可以再次击球。如果球击破球网或使球网坠落,则该球重新进行。

（四）球网附近的队员

1. 越过球网

在拦网时,允许越过球网触球,但在对方进攻性击球前和击球时不得妨碍对方。进攻性击球后允许手过网,但击球时必须在本场区空间。

2. 网下穿越

在不妨碍对方比赛的情况下,允许队员在网下穿越进入对方空间。穿越中线进入对方场区;队员的一只（两只）脚越过中线触及对方场区的同时,其余部分接触中线或置于中线上空是允许的,但不得干扰对方比赛。队员身体的任何其他部位都不允许接触对方场区。比赛中断后队员可以进入对方场区。在不干扰对方比赛的情况下,队员可以穿越进入对方的无障碍区。

3. 触网

触网是犯规的。击球过程触及标志杆以内球网部分为犯规。击球过程包括（但不限于）起跳、击球（或试图击球）、落地。队员击球后可以触及网柱、全网长以外的网绳或其他任何物体,但不得影响比赛。由于球被击入球网而造成的球网触及队员,不算犯规。

4. 队员在球网附近的犯规

(1)对方进行进攻性击球前或击球时,在对方空间触及球或对方队员。

(2)从网下穿越进入对方空间并妨碍对方比赛。

(3)越过中线进入对方场区。

(4)队员击球时或干扰比赛情况下触及球网或标志杆。

(五)发球

后排右的队员在发球区内将球击出而进入比赛的行动是发球。

1. 首先发球

第一局和第五局由抽签选定发球权的队首先发球。其他各局由前一局未首先发球的队首先发球。

2. 发球次序

队员发球的次序按位置表上的顺序进行。

一局的首先发球后,队员按下列规定进行发球:当发球队胜一球时,原发球队员或其替补队员继续发球;当接发球队胜一球时获得发球权并轮转,由前排右侧队员转至后排右侧,到发球区发球。后排右侧队员在发球区将球击出而进入比赛的行动是发球。

3. 发球的允许

第一裁判员检查发球队员已握球在手,而且双方队员已做好比赛准备时,鸣哨允许发球。

4. 发球的执行

球被抛起或持球手撤离后,必须在球落地前,用一只手或手臂的任何部分将球击出。球只能被抛起或撤离一次,但拍球或在手中摆弄球是允许的。发球队员在击球时或击球起跳时,不得踏及场区(包括端线)和发球区以外地面。击球后可以踏及或落在场区内或发球区以外。发球队员必须在第一裁判员鸣哨允许发球后8秒钟内将球发出。裁判员鸣哨允许发球前的发球无效。

5. 发球掩护

在发球时,发球队个人或集体挥臂、跳跃或移动,或集体密集站立遮挡了发球和球的飞行路线,构成发球掩护。

6. 发球时的犯规

(1)发球犯规。下列犯规应判为发球犯规,即使对方位置错误。发球队发球次序错误;没有遵守"发球的执行"的规定。

(2)发球击球后的犯规。球被发出后出现以下情况仍作为发球犯规(除非位置错误):球触及发球队队员或整体没有从过网区通过球网垂直平面;界外球;球越过发球掩护。

(3)发球时的犯规与位置错误。如果发球犯规与对方位置错误同时发生,判发球犯规。如果发球击球后的犯规与对方位置错误同时发生,判位置错误犯规。

(六)进攻性击球

1. 进攻性击球的特性

(1)除发球和拦网外,所有直接向对方的击球都是进攻性击球。

(2)在进攻性击球时,吊球是允许的,但击球必须清晰并不得接住或抛出。

(3)球的整体通过球网垂直平面或触及对方队员,则认为完成进攻性击球。

2. 进攻性击球的限制

前排队员可以对任何高度的球完成进行性击球。但触球时必须在本方空间。后排队员可以在 3 米线线后对任何高度的球完成进攻性击球,但是起跳时脚不得踏及或超过进攻线,击球后可以落在前场区,自由人除外。后排队员也可以在前场区完成进攻性击球,但触球时球的一部分必须低于球网上沿且不能起跳,自由人不允许在前场区进攻性击球。接发球队队员不能对处于前场区内高于球网上沿的对方发球完成进攻性击球。

3. 进攻性击球的犯规

(1)在对方空间击球。

(2)击球出界。

(3)后排队员在前场区完成进攻性击球,并且击球时球的整体高于球网上沿。

(4)对处于前场区内高于球网上沿的对方发球完成进攻性击球。

(5)后排自由防守队员对高于球网上沿的球完成进攻性击球。

(6)队员在高于球网处,对同队自由防守队员在前场区用上手传的球完成进攻性击球。

(七)拦网

1. 拦网

(1)拦网的定义:拦网是队员靠近球网,将手伸向高于球网处阻挡对方来球的动作。只能前排队员可以完成拦网。

(2)拦网试图:没有触及球的拦网行动为拦网试图。

(3)完成拦网:触及球的拦网行动为完成拦网。

(4)集体拦网:两名或三名队员彼此靠近进行拦网为集体拦网,其中一人触球则完成拦网。

2. 拦网的触球

在一个动作中球可以连续(迅速连贯地)触及一名或多名的拦网队员。

3. 进入对方空间拦网

拦网时队员可以将手或手臂伸过球网,但不得妨碍对方击球。过网拦网的触球必须在对方进攻性击球之后。

4. 拦网与球队的击球

(1)拦网的触球不算作球队三次击球的一次。

(2)拦网后可以由任何一名队员进行第一次击球,包括拦网时已经触球的队员。

5. 拦发球

拦对方的发球是被禁止的。

6. 拦网的犯规

(1)在对方进攻性击球前或击球的同时,在对方空间完成拦网。

(2)后排队员或自由防守队员完成拦网或参加了完成拦网的集体。

(3)拦对方的发球。

(4)拦网出界。

(5)从标志杆以外伸入对方空间拦网。

(6)后排自由防守队员试图进行个人或参加集体拦网。

### 八、比赛间断与延误

**(一)正常的比赛间断**

正常的比赛间断有"暂停"和"换人"。间断则是完整的比赛过程后至下一次裁判员鸣哨发球。

1. 合法间断的次数

每局比赛中,每队最多请求 2 次暂停和 6 人次换人。

2. 合法比赛间断次序

(1)在同一次比赛间断中,可以请求 1 或 2 次暂停,一个队请求换人后,另一个队也可以请求换人。同一个队再次请求换人必须经过一次完整的比赛过程。

(2)在同一次比赛间断中,同一队不得连续提出换人请求。但在同一次换人请求中可以替换两名或更多的队员。

(3)请求合法比赛间断:只有教练员或教练员缺席时场上队长可以请求正常比赛间断。

一局开始前请求换人是允许的,但应计算在该局的正常换人次数之内。

3. 暂停与技术暂停

(1)请求暂停,必须在比赛成死球后、裁判员鸣哨允许发球前,并使用相应的手势。所有被请求的暂停时间均为 30 秒钟。在国际排联世界和正式比赛中,必须使用蜂鸣器然后做出手势请求暂停。

(2)国际排联世界和正式比赛第 1~4 局中,每局另外有两次时间各为 60 秒的技术暂停,每当领先队达到 8 分和 16 分时自动执行。

第五局(决胜局)没有技术暂停,每队可以请求时间各为 30 秒钟的两次正常暂停。

所有暂停时,比赛队员必须离开比赛场区到球队席附近的无障碍区。

一名队员离开比赛场地,而由另一名队员经记录员登记后占据其位置的行为称换人(自由防守队员的替换除外)。

当一名受伤队员被强制替换时,教练员(或场上队长)须做出换人手势。

4. 换人

在裁判员的允许下,一名队员离开比赛场地,而由另一名队员经记录员登记后占据其位置的行为称换人(后排自由防守队员的进出除外)。

5. 换人的限制

(1)每一局每队最多可换 6 人次。可以同时换 1 人或多人。

(2)每局开始阵容中的队员,在同一局中可以退出比赛和再上场一次,而且只能回到原阵容的位置。

(3)替补队员只能上场比赛一次,替换开始阵容的队员。而且他只能由被他替换下场的队员来替换。

6. 特殊换人

某一队员受伤不能继续比赛时(后排自由防守队员除外),必须进行合法的换人。如果不能进行合法的换人时,可采用超出规则限制的"特殊换人"。特殊换人时,场外的任何队员除后排自由防守队员或由他(她)替换下场的队员外,都可以替换受伤队

员,但受伤队员不可在本场比赛中返回场上。在任何情况下特殊换人都不作为换人的次数计算。

7. 被判罚出场和取消比赛资格的替换

某队员被"判罚出场"或"取消比赛资格"时,必须进行合法换人。不能进行合法换人时,该队被宣布为"阵容不完整"。

8. 不合法的换人

(1)超出规则限制的换人是不合法的换人。

(2)某队进行了不合法的换人,而且比赛已重新开始,应按如下步骤进行处理:判该队失一球;对不合法的换人给予纠正;取消该队在此犯规中所得的分数。

9. 换人的程序

(1)换人必须在换人区内进行。

(2)换人时所持续的时间,仅限记录员登记和队员进出场必需的时间。

(3)场外队员在比赛间断时只要进入了换人区,并做好了上场的一切准备,就是提出了换人的请求,此时,除了受伤队员或局前的替换,教练员不必做出换人的手势;没有做好准备的请求给予拒绝,并判为延误比赛;第二裁判员或记录员应以哨声或蜂鸣器认可换人的请求,第二裁判员负责换人的请求。国际排联世界性比赛中,队员换人时须使用换人牌。

(4)如果运动队想替换 1 名以上的运动员,则所有请求上场的队员都必须进入换人区,替换时队员都必须一对一相继进行。如其中有不合法的替换,必须予以拒绝并给予延误判处。

10. 不符合规定的请求

(1)在比赛进行中或裁判员鸣哨允许发球的同时或之后提出请求。

(2)无请求权的成员提出请求。

(3)同一队没有经过比赛过程再次请求换人,除非运动员受伤或生病。

(4)超过规定的正常暂停和换人次数的请求。

比赛中第一次没有影响和延误比赛的不符合规定的请求,应给与拒绝而不进行判罚,但必须登记在记录表中。如再次提出不符合规定的请求应判延误犯规。

(二)延误比赛

1. 延误比赛的类型

一个队拖延比赛继续进行的不当行为为延误比赛。

(1)延误换人时间;

(2)在裁判员鸣哨恢复比赛后,拖延暂停时间;

(3)请求不合法的换人;

(4)再次提出不符合规定的请求;

(5)球队成员拖延比赛的继续进行。

2. 对延误比赛的处罚

"延误警告"和"延误处罚"是对全队的延误比赛的判罚。延误比赛的处罚对全场比赛有效。所有延误比赛的处罚都记录在记分表上。在一场比赛中,对一个队的成员的第一次延误比赛,给予"延误警告"。在一场比赛中,同一队的任何成员造成不论任何类型的第二次以及其后的延误比赛,都给予"延误处罚"。局前和局间的延误比赛判罚记在下一局中。队员受伤时属于例外的比赛间断。

3. 例外的比赛间断

(1)受伤/生病:比赛中出现严重受伤事故,裁判员应该立即中断比赛,允许医务人员进入场地。该球重新比赛。如果受伤/生病队员已不能进行合法换人和特殊换人,则给予受伤队员3分钟的恢复时间。一场比赛同一名队员只能给予一次供恢复的时间。如果队员不能恢复,该队被宣布为阵容不完整。

(2)外因造成的比赛中断:比赛中出现任何外界干扰,都应停止比赛,该球重新比赛。

(3)被拖延的间断:任何意外情况阻碍比赛继续进行时,第一裁判员、比赛组织者和管委会成员共同研究决定,采取措施恢复比赛。一次或数次间断时间累计不超过4小时。如果比赛仍在原地进行,则间断的一局应保持原比分、原队员(判罚出场和取消比赛资格都除外)和原场上位置。已结束的各局比分保留。如果比赛改为其他场地进行,则间断的一局应取消,但保持该局开始时的阵容(判罚出场和取消比赛资格都除外)和位置重新比赛,已登记的所有警告和处罚有效,换位置重新比赛,已结束的各局比分保留。一次或数次间断时间累计超过4小时,全场比赛重新开始。

4. 局间休息与交换场区

(1)局间休息:所有局间休息均为3分钟。局间休息用于交换场区和在记分表上登记球队的阵容。应比赛主办方或组织者的要求,第2、第3局之间的休息时间可延长至10分钟。

(2)交换场区:每局结束后比赛队交换场区,决胜局除外。决胜局中某队获得8分时两队交换场区,不休息,队员在原来的位置继续比赛。如果未能及时交换场区,则应在此错误发现时立即交换,保留交换场区时两队已得的比分。

**九、后排自由防守队员**

(一)自由防守队员的指定

(1)每支球队有权在在记录表上登记的队员名单中指定最多2名特殊防守队员:自由防守队员。

(2)所有的自由防守队员必须在比赛前登记在记录表规定的位置。

(3)自由防守队员在场上时为场上自由防守队员,如果该队还有另外1名自由防守队员,将成为第2自由防守队员。任何时候只能有1名自由防守队员在场上。

(4)由防守队员不能担任队长和场上队长。

(二)自由防守队员的装备

自由防守队员的服装颜色(主体)(或为新任命自由防守队员准备的背心)不能与其他队员服装颜色有任何的相同。自由防守队员要着与其他队员制式一致的号码。

国际排联世界和正式比赛,新指定的自由防守队员如果可能应与原自由防守队员服装一致,但应着自己的号码。

(三)自由防守队员涉及的行为

1. 比赛行为

自由防守队员可以替换在后排的任何一名队员。作为受限制的后排队员,他/她不可以在任何位置上(包括场区和无障碍区)完成球整体高于球网上沿的进攻性击

球。他/她不能进行发球、拦网和拦网试图。如果自由防守队员在前场区进行上手传球,其他队员在球的整体高于球网上沿的情况下不能进行进攻性击球。同样的传球行为在进攻区之外无妨。

2. 自由防守队员的替换

自由防守队员替换不受次数限制,但涉及一个自由防守队员的两次替换之间必须有一个完整的比赛过程(一个处罚造成自由防守队员轮转到 4 号位或场上自由防守队员受伤造成的不完整过程除外)。场上队员可以被任何自由防守队员替换,场上自由防守队员可以由原场上队员替换,也可以由第 2 自由防守队员替换。每局比赛开始时,自由防守队员在第 2 裁判员核对场上位置后才能进场进行替换。此后的自由防守队员的替换必须在死球之后与裁判员鸣哨发球之前进行。替换在鸣哨之后击球之前进行不被拒绝,但此行为不属合法程序,在该轮次结束时必须提醒场上队长,再次发生则给予延误处罚。导致比赛中断的替换延误将立即受到延误处罚,由延误处罚的程度决定发球权。自由防守队员替换上下的地点在自由防守队员替换区。所有涉及自由防守队员的替换必须在自由防守队员管理表上做记录(或登记在电子记录表上,如果使用)。不合法的自由防守队员替换如下(不仅限于此):

(1)自由防守队员的替换没有经过完整的比赛过程;

(2)自由防守队员被不是原场上队员或第 2 自由防守队员的其他队员替换。

不合法的自由防守队员替换的处理等同于替换错误。如果自由防守队员的不合法替换在下一比赛过程开始之前被发现纠正,该队应被判延误比赛。如果自由防守队员的不合法替换在发球击球之后被发现,则应判该队替换错误。

3. 指定新自由防守队员的指定

当自由防守队员因受伤、生病、被判罚出场或取消比赛资格等不能继续比赛时,经第一裁判员的同意,教练员或队长可指定任何一名队员替换受伤的后排自由防守队员。本场比赛中被替换的受伤的后排自由防守队员,不能再次上场比赛。被指定替换他的队员,按照后排自由防守队员的规定完成本场比赛。

新指定的后排自由防守队员的号码,必须记在记分表的备注栏内。

**十、参赛者的行为要求**

(一)体育道德

(1)参赛者必须了解并遵守规则。

(2)参赛者必须以良好的体育道德作风服从裁判员的裁定,不允许争辩。如果有疑问,可以并只能通过场上队长提请解释。

(3)参赛者不得有任何目的在于影响裁判员判断,或掩盖本队犯规的动作和行为的表现。

(二)公正竞赛

(1)参赛者的行为必须符合"公正竞赛"的精神,不仅对裁判员,而且对其他工作人员、对方、本方以及观众都要尊重、有礼貌。

(2)比赛中队的成员之间的交流是允许的。

### 十一、不良行为及其判罚

**（一）轻微的不良行为**

对轻微的不良行为不进行判罚，但裁判员有责任用手势或口头通过场上队长给予警告。这个警告无须记在记分表上。

**（二）给予判罚的不良行为**

球队成员对裁判员、对方、同伴或观众的不良行为，根据其程度分为三类。

（1）粗鲁行为：违背道德准则和文明举止，或有侮辱性表示。

（2）冒犯行为：诽谤或侮辱的言语或形态。

（3）侵犯行为：人身侵犯或企图侵犯。

**（三）判罚等级**

第一裁判员根据不良行为的程度，分别给予如下判罚，并记在记分表上。

（1）判罚：用于全场比赛中任一成员的粗鲁行为，判该队失一球。

（2）判罚出场：任何成员被判罚出场，都必须坐在判罚区域内，不得继续参加该局的比赛，没有另外的判处。教练员被判罚出场，坐在判罚区域内，失去该局的指挥权利。某成员第一次出现冒犯行为，判罚出场，无其他判罚。同一成员在一场比赛中的第二次粗鲁行为，判罚出场，无其他判罚。

（3）取消比赛资格：任何成员被取消比赛资格，必须离开比赛控制区域，不得继续参加该场的比赛，没有另外的判处。某成员第一次出现侵犯行为，取消比赛资格，无其他判罚。同一成员一场比赛中的第二次冒犯行为，取消比赛资格，无其他判罚。同一成员一场比赛中的第三次粗鲁行为，取消比赛资格，无其他判罚。

**（四）判罚的实施**

不良行为的判罚是针对个人的，对全场比赛有效，记录在记分表上。同一成员在同一场比赛中重犯不良行为时，按判罚等级加一级判罚（该成员接受的判罚要重于前一次）。对冒犯行为或侵犯行为的判罚出场或取消比赛资格，无须有先一次的判罚。

**（五）局前与局间的不良行为**

任何局前与局间的不良行为，都应按规则进行判罚，并记录在下一局中。

**（六）判罚牌的使用**

警告：口头或手势，无牌。判罚：黄牌。判罚出场：红牌。取消比赛资格：红牌+黄牌（同持于一手）。

### 十二、裁判人员及其职责与法定手势

**（一）裁判员的工作程序**

1. 裁判员的组成

一场比赛的裁判员由以下人员组成——第一裁判员；第二裁判员；记录员；四名（两名）司线员。国际排联世界性比赛设一名助理记录员。

2. 工作程序

（1）比赛进行中只有第一裁判员和第二裁判员可以鸣哨。

第一裁判员鸣哨发球开始比赛。

第一裁判员和第二裁判员确认犯规发生并判明其性质，鸣哨终止比赛。

在比赛中断期间,他们可以鸣哨表示同意或拒绝某队的请求。

(2)第一裁判员鸣哨终止比赛后,应立即以法定手势表明:①应发球的队;②犯规的性质;③犯规的队员(如果必要),第二裁判员重复其手势。如果第二裁判员鸣哨,应立即以法定手势表明:①犯规的性质;②犯规的队员(如果有必要);③跟随第一裁判员指出发球队。第二裁判员鸣哨中止比赛后,第一裁判员不用做犯规性质手势,应做发球队手势。如果双方犯规,裁判员应立即表明:①犯规的性质;②犯规的队员(如果有必要);③应发球的队。

（二）第一裁判员

1. 位置

第一裁判员坐或站在球网一端的裁判台上执行其职责,他的视线水平必须高出球网上沿约50厘米的高度。

2. 权力

(1)第一裁判员自始至终领导该场比赛。他对所有裁判员和比赛队成员行使权力。在比赛中他的判定是最终判定。如果发现其他裁判员的错误,他有权改判。他甚至可以撤换一名不称职的裁判员。

(2)他同样掌管捡球员和擦地板的工作。

(3)他有权决定涉及比赛的一切问题,包括规则中没有规定的问题。

(4)他不允许对其判定进行任何争辩。但当场上队长提出请求时,他应对其判定所依据的规则和规则的执行给予解释。

如果队长立即表示不同意他的解释,并提出在比赛后对此提出正式抗议权力的声明,第一裁判员必须给予准许。

(5)在比赛前和比赛中,他负责决定赛场条件是否符合比赛要求。

3. 责任

(1)比赛前,第一裁判员检查场地、器材和比赛用球;主持双方队长的抽签;掌握两队的准备活动。

(2)比赛中,只有第一裁判员有权向球队提出警告;对不良行为和延误比赛进行判罚;判定:①发球犯规和发球队位置错误,包括发球掩护。②比赛击球的犯规。③高于球网和球网上部的犯规。④后排队员和后排自由防守队员进攻性击球犯规。⑤后排自由防守队员在他的前场区进行上手传球后,同伴的进攻性击球犯规。⑥球的整体从网下穿越。⑦后排队员完成拦网,或后排自由防守队员试图拦网。

(3)比赛后,在记分表上签字。

（三）第二裁判

1. 位置

第二裁判员站在第一裁判员对面的比赛场的外网柱附近,面对第一裁判员执行其职责。

2. 权力

(1)第二裁判员是第一裁判员的助手,但是他还有自己的职责。当第一裁判员不能继续工作时,他可以代替第一裁判员执行工作。

(2)他可以用手势指出他职权以外的犯规,但不得鸣哨,亦不得向第一裁判员坚持自己的判断。

（3）他掌管记录员的工作。

（4）他监督坐在球队席上的球队成员，并将他们的不良行为报告给第一裁判员。

（5）他掌管准备活动区中的队员。

（6）他允许比赛间断的请求，掌握间断的时间和拒绝不符合规定的请求。

（7）他掌握各队暂停和换人的次数，并将第二次暂停和第五、六次换人告诉第一裁判员和有关教练员。

（8）发球队员受伤，他可以允许特殊替换或给予3分钟的恢复时间。

（9）他检查比赛场地地面的条件，主要是前场区。比赛中他还要检查球是否符合比赛要求。

（10）他监督判罚区中受罚队的成员，并将其不良行为报告给第一裁判员。

3. 责任

（1）在每局开始、决胜局交换场地，以及任何必要的时候，检查场上队员的实际位置是否与位置表相符。

（2）在比赛中，第二裁判员对以下犯规做出判断，同时鸣哨并做出手势：①网下穿越并进入对方场区和空间；②接发球队位置错误；③队员触及球网下部和第二裁判员一侧的标志杆；④后排队员完成拦网或后排自由防守队员试图拦网犯规；⑤后排队员或后排自由防守队员进攻性击球犯规；⑥球触及场外物体；⑦第一裁判员处于难以观察的情况时的球触及地面；⑧球的整体或部分从过网区以外过网，飞入对方场区，或触及他一侧的标志杆。

（3）比赛结束后在记分表上签字。

（四）记录员

1. 位置

记录员坐在第一裁判员对面的记录台处，面对第一裁判员执行其职责。

2. 职责

根据规则填写记分表，与第二裁判员进行合作。在必要时，用蜂鸣器通知裁判员以履行其职责。

（五）助理记录员

1. 位置

助理记录员坐在记录台前记录员的身旁执行职责。

2. 职责

记录有关后排自由防守队员的替换；协助记录员工作；记录员不能继续工作时，替代他。

（六）司线员

1. 位置

如果是两名司线员，其位置应站在每名裁判员右手的角端，距场角1~2米。他们各自负责一侧的断线和边线。国际排联世界性比赛必须有四名司线员。他们站在无障碍区距场角1~3米的位置上，各负责一条界线。

2. 职责

（1）他们用旗（40厘米×40厘米）按照规定的旗示执行其职责：①当球落在他所负责的线附近时，示以"界内"或"界外"；②触及接球人身体后出界的球，示以"触手出界"；③示意球触及标志杆、发球后球从过网区外过网；④示意发球击球时队员脚踏出场区之外（发球队员除外）；⑤发球队员脚的犯规；⑥队员击球时或干扰比赛的情况下，触及他一侧的标志杆；⑦球从标志杆外过网并进入对方场区、或触及他一侧的标志杆。

（2）在第一裁判员询问时，司线员必须重复其旗示。

（七）法定手势

1. 裁判员的手势

裁判员鸣哨后必须用法定手势指出所犯规的性质或准许比赛间断的目的。手势应有短时的展示。如果是单手做手势，则应该用与犯规队或提出请求队同侧的手表示。

2. 司线员的旗示

司线员必须用法定的旗示指出犯规的性质，并作短时的展示。

### 十三、如何做一名优秀的排球裁判员

任何级别的排球裁判员在从事裁判工作时，除在生理和心理上做好履行其裁判职责的准备外，还必须十分理解其工作对发展排球运动的重要意义。

裁判员在一场比赛中仅仅以规则作为判断的基础来指挥比赛是不充分的，因为裁判员不能机械地运用规则，而需要具有杰出的能力，这种能力可通过参加多年排球比赛的个人亲身经验而获得。裁判员要认识到，你不是比赛的局外人，而是比赛不可缺少的一部分。因此，你不应以警察的方式进行裁判工作，只注意运动队和队员技术或行为上的各种犯规并予以相应的处罚。相反，你必须是一名专家和朋友，始终为比赛和运动员工作，只有在非常必要的时候，你才可做出中断比赛的判决。

裁判员不应在比赛中炫耀自己，而只在必要的时候介入比赛。这样的态度为当代排球运动所必需。比赛时，观众不愿总听到裁判员判断的哨音，而是希望看到运动员和运动队为了争夺每一回合的胜利而进行的精彩表演。

现代排球应具有观赏性，不但现场的观众，而且通过传媒使大众都能欣赏到精彩的体育表演。当今，高水平的排球运动不仅仅是满足运动员的比赛需要，而是要使其在全国范围内推广。

优秀的裁判员从不突出个人在比赛中的作用。拙劣的裁判员想充当比赛中的领导角色，这不但违背了中国排协的要求，并且妨碍了比赛的正常进行。对于运动队和运动员在规则允许情况下所表现出来的精彩动作和行为，裁判员必须予以鼓励。

此外，裁判员的举止行为应具模范作用，并应同运动员、教练员保持一种良好的关系，同时裁判员应对运动队作风进行严格管理，对明显的违纪和不良作风应坚决制止不能姑息。

比赛中，裁判员必须能够区分运动员在比赛压力下所表现出的正常的情感流露同有意识的违背体育道德行为之间的差别，为了使比赛在一种热烈的气氛下进行，应允许运动队成员表露合理、适当的情感，如站起来为同伴的精湛击球动作喝彩，或鼓励队

友,等等。但是,对有意识的不良行为,如用不友好的姿态、动作刺激对方,或对裁判员的判决进行争议是被严格禁止并应给予判罚的。

裁判员要具备如下素质才能获得运动员的充分信任,使他们满怀信心,毫无拘束地投入比赛之中:

(1)准确的判断。

(2)对规则精神的了解。

(3)有效的组织能力。

(4)把握比赛的流畅进行。

(5)教育不文明和处罚违背公正的行为。

一名优秀的裁判员会通过对排球竞赛规则的执行,使比赛给所有参与者带来美好体验。

## 第五节 沙滩排球运动

沙滩、蓝天、碧海、阳光,一项独具魅力、风靡世界的运动项目——沙滩排球(Beach Volleyball),以其很强的竞技性和独特的艺术性,被誉为"21 世纪最杰出的运动"和"21 世纪三大休闲运动之一",并成为与"F1 赛车巡回赛""大师杯网球巡回赛"齐名的"三大国际巡回赛事"。运动员和观众们头顶蓝天,背靠碧海,耳听涛声,脚踩柔沙,这诗情画意般的境界,很自然地将人们与大自然融为一体。人们投身于大自然的怀抱中,陶冶身心,娱乐健身,锻炼体魄,这是人类与自然的完美结合。

### 一、沙滩排球的起源

20 世纪 20 年代后期,在美国加利福尼亚的 Santa Monica 海滩上出现了一种别开生面的海滩运动——沙滩排球。每当夏季来临,人们成群结队地涌向海滩躲避夏季的炎热,在明媚的阳光下,人们或立上架子拉上一条绳,或在空旷松软的沙滩上,身着泳装赤着脚击打追抢空中飞行的排球,别有一番情趣。这项运动最早纯粹是一种民间的娱乐活动,大多在家庭或朋友聚会时以室内排球的形式在海边游戏,一时间风靡加利福尼亚海滩,成为海滩上消闲的一种时尚娱乐活动。在当时也是法国"裸体主义者"的活动项目之一。由于沙滩排球这种形式具有很强的娱乐性和大众性,故受到越来越多的人的喜爱。

### 二、沙滩排球的传播

1927 年沙滩排球开始传入欧洲。进入 20 世纪 30 年代,沙滩排球的普及已形成一定的规模,在美洲和欧洲的海滨沙滩上,沙滩排球处处可见。那时的比赛一般没有奖金,选手们一场比赛下来,可能只获得一桶可乐作为奖励。20 世纪 40 年代前后,沙滩排球在美国加利福尼亚海滨和巴西的沿海地区及太平洋沿岸国家传播开来。此时,人们再也不满足于将它作为一种消闲娱乐活动,借助于那些热爱沙滩排球运动的民间赞助商的大力支持,各种组织、各种规模、各种水平的沙滩排球比赛不断,开始了进一步的发展。1947 年,在加利福尼亚第一次出现了 2 人制的正式沙滩排球比赛。

1965 年,加利福尼亚沙滩排球协会成立,该协会第一次对沙滩排球的规则作了统一规定,开始了 2 人、3 人、4 人和 6 人的规则不尽一致的比赛。1974 年,诞生了男子 2 人沙滩排球的正式比赛。

### 三、沙滩排球运动的现状与发展

#### (一)走向职业化

20 世纪 70 年代至 20 世纪 80 年代初是沙滩排球运动由民间娱乐活动发展成集娱乐、竞技于一体的体育活动的关键时期。随着社会经济的发展,物质生活水平与文化生活水平的提高,社会和个人对体育的需求也越来越强烈。

1974 年首届商业化 2 人制沙滩排球巡回赛在美国圣地亚哥举行,这表明沙滩排球从此进入了商业化运作轨道,拉开了沙滩排球商业化、职业化的序幕。

1976 年,广告、奖金等商业因素介入了在美国加利福尼亚举办的第一届世界沙滩排球锦标赛,比赛设 5 000 美元的奖金。这是职业化沙滩排球的开始。由于首次出现了职业性沙滩排球运动员,因此这届沙滩排球比赛被称为“职业沙滩排球比赛的源头”。职业性沙滩排球运动员的出现,使沙滩排球运动的水平有了质的飞跃,比赛水平不断提高,沙滩排球的观赏性越来越强,观众人数也越来越多。

1980 年商业赞助性的全美沙滩排球巡回赛第一次被列入美国官方体育日程计划。1982 年美国成立了职业沙滩排球联合会(简称 AVP)。这些都成为沙滩排球转型的标志。

20 世纪 80 年代是国际排球联合会在世界范围内开始宣传、普及这一崭新排球运动形式的时期。1986 年,第一次国际性沙滩排球比赛在巴西里约热内卢举行,该运动在一批优秀巴西选手的带领下,进一步职业化、商业化。1987 年在巴西举办了国际排联认可的第一届世界男子沙滩排球锦标赛,共有巴西、美国、意大利、阿根廷、智利、墨西哥和日本 7 个国家参加。1987—1989 年,在巴西里约热内卢先后举行了 3 届世界沙滩排球锦标赛。

1989 年,国际排联将 2 人制“世界男子沙滩排球锦标赛”更名为“国际排联世界男子沙滩排球巡回赛”,赛场分别设在巴西、意大利和日本。首次比赛吸引了世界众多的优秀沙滩排球运动员参加,并大大增加了现场和电视观众的人数,极大地加快了沙滩排球运动的普及速度,获得了巨大成功。通过此次比赛,国际排联不仅将沙滩排球列为其正式竞技比赛项目,而且还确定了其最高等级的赛事为世界沙滩排球锦标赛、世界沙滩排球巡回赛和世界沙滩排球大满贯三大赛事。至此,沙滩排球有了统一准确的竞赛规则,比赛采用双败淘汰赛制,参赛运动员必须事先注册并通过比赛进行积分排名。

20 世纪 90 年代开始,沙滩排球进入了一个快速发展的历史阶段。承办男子世界沙滩排球巡回赛的国家由 3 个扩大为包括法国在内的 4 个,1991 年和 1992 年,又增加了澳大利亚和西班牙两个国家。1992 年,国际排联(FIVB)成立了沙滩排球部,同年,沙滩排球作为表演项目首次出现在巴塞罗那奥运会上,有来自五大洲的 100 名男、女运动员参赛。首届世界女子沙滩排球巡回赛也于当年在西班牙举行。1988 年,国际排联又设立了挑战赛、卫星赛和业余赛,作为国际巡回赛以外的重要赛事。

（二）进入奥运会

1993年9月24日，在国际排联的努力下，国际奥委会第101次代表大会确定了沙滩排球为1996年亚特兰大奥运会正式比赛项目。1996年7月23日至28日，在亚特兰大海滨，举行了第一次奥运会沙滩排球比赛。1998年，国际排联经协商，设立了挑战赛、卫星赛和业余赛，作为国际巡回赛以外的重要赛事。

沙滩排球以其高超的体育竞技性、出色的个人表现能力和富有青春气息的新颖形式将观众融入比赛中，使他们成为比赛的一部分。沙滩排球为奥林匹克运动增添了新的项目，带来了新的理念。在1996年亚特兰大奥运会和2000年悉尼奥运会上，沙滩排球以其独特的魅力备受球迷和体育爱好者的喜爱。悉尼奥运会结束后，当时的奥委会主席萨马兰奇先生称："亚特兰大奥运会和悉尼奥运会的沙滩排球比赛取得圆满成功。在奥运会的历史上，沙滩排球是最好的比赛项目之一。"

2000年，国际排联将沙滩排球项目列入奥运会常设比赛项目。目前沙滩排球运动竞技水平较高的国家大多集中于普及程度较高的欧美等沿海国家。在巴西、美国、澳大利亚、意大利等国家，分别都有几十万人从事专业沙滩排球运动。亚特兰大奥运会沙滩排球男子比赛，美国包揽了金银牌，加拿大获铜牌；女子比赛，巴西选手获金银牌，澳大利亚获铜牌。在总体水平上，巴西、美国处于世界领先地位，澳大利亚、意大利、德国等国家紧随其后。历届奥运会沙滩排球比赛男女前三名见表7-4。

表7-4 奥运会沙滩排球比赛男女前三名（第26届—第32届）

| 届次 | 女子冠军 | 女子亚军 | 女子季军 | 男子冠军 | 男子亚军 | 男子季军 |
| --- | --- | --- | --- | --- | --- | --- |
| 26 | 巴西 | 巴西 | 澳大利亚 | 美国 | 美国 | 加拿大 |
| 27 | 澳大利亚 | 巴西 | 巴西 | 美国 | 巴西 | 德国 |
| 28 | 美国 | 巴西 | 美国 | 巴西 | 西班牙 | 瑞士 |
| 29 | 美国 | 中国 | 中国 | 美国 | 巴西 | 巴西 |
| 30 | 美国 | 美国 | 巴西 | 德国 | 巴西 | 拉脱维亚 |
| 31 | 德国 | 巴西 | 美国 | 巴西 | 意大利 | 荷兰 |
| 32 | 美国 | 澳大利亚 | 瑞士 | 挪威 | 俄罗斯 | 卡塔尔 |

（三）世界沙滩排球锦标赛

世界沙滩排球锦标赛（Beach Volleyball World Championships）又称为"Swatch FIVB World Championships"，每两年举办一次，是世界一流的沙排赛事，获国际排联高度认可。第一届世界沙滩排球锦标赛于1997年9月10日—13日在美国加利福尼亚州的洛杉矶举行，至今已举办了10届。其中中国女子沙排组合薛晨/张希获得2013年第九届沙排世锦赛冠军，也是我国沙滩排球获得的第一个世界冠军的组合。

（四）我国沙滩排球发展现状

在亚洲，沙滩排球开展较好的有泰国、印度尼西亚、日本等国家和地区。中国也已成为重要的沙滩排球开展国家，但目前中国只有1 000多名沙滩排球的专业人才。

沙滩排球运动在我国起步较晚。从沙滩排球植根于国土的那一天起，宏伟的理想

与难以逾越的现实之间便无时无刻不在"打架"。最初,我国大部分省市都没有专门的沙滩排球队,多是从事室内排球的兼职沙滩球员。由于沙滩排球对场地有特殊的要求,在内陆城市根本不可能有天然沙滩球场。为了发展这项运动,一些省市开始建设人工沙滩排球场。

我国开展沙滩排球的时间仅 20 余年,虽然取得了不小的进步,但与世界强队相比还有很大差距,身体素质和技战术意识都有待进一步提高。

在我国沙滩排球运动员中,混合型运动员占了很大比例。所谓混合型,即同时在室内排球和沙滩排球注册的运动员。沙滩排球在中国起步伊始,运动员都是由室内排球运动员转过来的,打沙滩排球时室内技术痕迹太多,距世界先进水平有很大差距。虽然国内良好的室内排球技术为沙滩排球在起步阶段的发展起到了良好的推动作用,但队员既参加室内排球赛,又参加沙滩排球赛,两头牵扯,难以"专而精",对沙滩排球的发展制约很大。第八届全国运动会后,有关沙滩排球的政策规定了除个别水平较高的老运动员外,不允许运动员兼项,即同时注册沙滩排球和室内排球。此举对推动我国沙滩排球技术向专业化发展起到了极大的作用,为追赶世界领先水平奠定了基础。

1987 年 7 月,我国首次组队参加了沙滩排球国际邀请赛。在以后的几年中陆续在北戴河、深圳、海南、烟台等沿海城市举办了不同形式的沙滩排球赛。1993 年我国派出了男女各 2 名队员参加了亚排联举办的沙滩排球巡回赛。这一系列活动使沙滩排球在我国逐步被人们认识和喜爱,掀起了中国沙滩排球史上的第一个高潮。

由于沙滩排球被列为奥运会正式比赛项目,因此中国排球协会加强了对沙滩排球的普及和提高工作。1994 年我国将沙滩排球列为全国正式比赛项目,并列入全国运动会的比赛项目。1994 年的广岛亚运会上,沙滩排球作为表演项目,中国男女队均获得第 5 名。同年我国举办了首届全国沙滩排球巡回赛。1995 年在上海举办了亚洲沙滩排球系列赛,中国派出了 4 支队伍参赛。1997 年第八届全运会上,沙滩排球第一次进入全运会,共有 32 支队伍参加了比赛。决赛中,上海一队和四川一队分获男女冠军。1997 年中国首次派出 4 支沙滩排球队参加了世界女子沙滩排球巡回赛日本大阪、韩国釜山站的比赛。从 1998 年开始,我国先后在大连市和广东省茂名市连续五年承办了国际排联的世界女子沙滩排球巡回赛,较好地向世界宣传了我国改革开放以来的新面貌。1998 年第十三届亚运会,我国选手李桦和谷宏宇获男子冠军。2000 年,我国设立全国沙滩排球锦标赛和全国沙滩排球冠军赛。1994 年以来,我国一直坚持承办国际排球联合会和亚洲排球联合会的沙滩排球比赛,有 10 多个省市举办过国际性和全国性沙滩排球比赛。2000 年在我国广东举行的第一届亚洲沙滩排球锦标赛,我国选手包揽了女子冠亚军。在 2001 年世界沙滩排球锦标赛上,我国选手迟蓉和熊姿、田佳和王菲分别获得第 5 名和第 17 名,这是我国沙滩排球在世界单项最高级别的比赛中首次取得的最好成绩。在 2001 年友好运动会的沙滩排球比赛中,迟蓉和熊姿代表中国队参赛,获第 6 名,这是我国沙滩排球在世界综合性运动会上取得的第一个最好成绩。2003 年 8 月 13 日至 17 日,在我国江苏连云港举行了 2003 年世界女子沙滩排球巡回赛第八站的比赛,作为东道主,中国派出了 4 对选手直接参加正选赛,田佳和王菲最终获得第五名。2004 年 5 月 26 日至 30 日,中国上海金山承办了当年 FIVB 女子沙滩排球世界巡回赛第 4 站的比赛。

1998 年国际排联决定,1999 年 1 月 1 日起至 2000 年 8 月 15 日止,在此期间举行的世界沙滩排球巡回赛各站比赛,均为 2000 年悉尼奥运会的积分资格赛。2000 年 8 月,经过长达一年零八个月的各站世界沙滩排球巡回赛、世锦赛和大满贯赛的"奥运积分马拉松赛",中国选手迟容和熊姿(四川)以优异的成绩成为 24 支进入悉尼奥运会的队伍之一,张静昆和田佳(解放军)也在随后的资格赛中杀出重围,获得奥运会入场券,这是中国女子沙滩排球选手第一次获得奥运会参赛资格。迟容和熊姿在悉尼奥运会上最终取得了令人鼓舞的第 9 名的好成绩,张静昆和田佳获得第 19 名。

作为一项集运动与休闲为一体的新兴项目,沙滩排球在我国受到了相当的重视,各地相继有了沙滩排球队。但受到种种因素的影响与制约,我国与国外强队还有一定差距。总体而言,中国沙滩排球目前在亚洲乃至世界沙滩排球领域表现出"阴盛阳衰"的局面,女队在世界的地位远远高于男队,女子两次 8 人次进入奥运会决赛,男子运动员却表现平平。

2008 年北京奥运会沙滩排球比赛在朝阳公园内举行,朝阳公园将是一座大型的、现代与自然风景相融合的绿色生态公园。按照不同的功能特点,朝阳公园被划分为中心活动区、体育文化活动区、生态科普区、综合服务区、园林艺术观赏区、文化休闲区、行政管理区和古代文化保护区共八个不同的功能区域,能极大地满足不同类别游客的不同需求。

随着沙滩排球运动的发展和对其前景的看好,世界各国将越来越重视这个项目在本国的发展。一方面各国投入大量的人力和物力,建造沙滩排球场,组建沙滩排球队;另一方面积极开展本国的沙滩排球巡回赛,并参加地区、洲际、全球的各项大赛。与此同时,大力从事沙滩排球运动的科学研究,使沙滩排球运动真正成为一项世界性的集休闲娱乐与竞技为一体的重要体育运动项目。

### 四、沙滩排球运动的特点

#### (一)比赛特点

沙滩排球是一项每队由两人组成的两队在由球网分开的沙地上运用 6 人排球"发、垫、传、扣、拦"等基本技术及沙滩排球本身特殊的"拍、扑、挡、顶"技术进行攻防对抗,集竞技体育、旅游、娱乐为一体的新兴体育运动项目。其特点是比赛场地风景如画,场地松软,队员少,移动、跳跃等动作难度大,防守面积宽,对队员的生理、心理及综合素质要求高。

沙滩排球规则规定的场地为 8 米×16 米,球网与室内排球一样高,两名运动员要在 64 平方米的场地上,完成室内排球 6 名运动员共同完成的诸如发球、垫球、传球、扣球、拦网和防守等在内的各种技术动作。沙滩排球需要运动员具备良好的体能、超凡的球技、优良的品质和惊人的毅力。沙滩排球不仅仅只是一种高水平的竞技比赛,而且更是一项融休闲、娱乐和健身为一体的观赏性极强的体育运动项目。

#### (二)比赛特性

沙滩排球比赛的目的是各队遵照规则,将球击过球网,使其落在对方场区内。比赛是由发球队员以一只手或手臂击球开始,球越过球网飞向对方场区内。每队可击球三次将球击回对区。一个队员不能连续击球两次(拦网和第一次击球除外)。比赛应连续进行直至球落地、出界或某一队不能合法地将球击向对方场区为止。采用"每球

得分制"以及三局两胜赛制——前两局最高分为 21 分,第三局最高分为 15 分,且每局均需领先对方 2 分才能获胜。

（三）技战术特点

沙滩排球是一个独立的运动项目,它和室内排球有联系,更有自己的规律,不能拘泥于传统室内排球的思路。由于沙滩排球只有 2 名队员,其技术由于环节、动作的连续性要求特别高,不能有半点的滞后。其次是跑动进攻技战术的形成,特别是进攻与防守的快速转换,都有其独到之处。另外,沙滩排球的网上对抗是取胜的关键,拦网和防守要形成两位一体的体系。虽然两名队员各司其职,但在比赛中,要迅速组成拦网、补防、撤防、补位的战术,要求两名队员要有高度的默契和配合,要能心意相通。

**五、沙滩排球运动的价值**

（一）商业化价值

20 世纪 70 年代以来,由于广告、奖金等商业因素的介入,沙滩排球开始步入职业化。

沙滩排球,是一项具备了技巧、竞争、观赏性等所有卖点的运动。实况直播是沙滩排球职业化的第一步。它带来的收益可以说是立竿见影,频频插播的电视广告不仅为球员和主办者带来了"第一桶金",也使饱受经济低迷之苦的企业找到了一个激动人心的新卖点。1989 年,首届"国际排联世界男子沙滩排球巡回赛"分别在巴西、意大利和日本展开,吸引了世界众多优秀沙滩排球运动员参加,现场和电视观众的人数,极大地加快了沙滩排球运动的普及速度。

沙滩排球可以和篮球、网球一样,成为商业运动赛事的大热门,沙滩排球运动员也可以在夺魁之际和其他体育明星一样,浑身写满赞助商标识,高举金杯,喷洒香槟。事实上沙滩排球在最近两次夏季奥运会中已成为最受欢迎的项目之一。"沙滩文化"对赞助商而言,意味着一个可观的市场。以明星代言的各种相关的装备,从帐篷到服饰,都可以激起球迷潜在的购买欲望。迄今为止,已有上百个国家和地区成立了沙滩排球组织,每年有一百多个国家和地区转播沙滩排球赛事,电视观众超过五亿。

中国的沙滩排球选手在奥运会上出现以来,国人分外关注。沙滩排球因其本身所具备的观赏性、对抗性及观众的广泛性,也掀起了一个前所未有的热潮,这一切,使国内外赞助商的投资获得了超值的回报。2004 年"全国沙滩排球巡回赛"冠名权赞助金额标的达到了 200 万,协办赞助金额标的 30 万元,唯一指定用品企业赞助金额标的 10 万元。赞助商的企业形象和产品品牌获得了很好的展示机会,使赞助商及其产品与健康时尚、活力浪漫的沙滩排球建立了关联,更容易获得消费者的好感,使品牌形象深入人心,从而让赞助商以更小的投入,获得更大的回报。

（二）强身健体价值

1. 锻炼意志品质

沙滩排球运动是在广阔的天空下,背靠大海,脚踏柔沙进行的一项运动,时常在风雨和烈日中进行训练和比赛,对运动员的意志品质是极大的考验,尤其对女运动员。爱美之心人皆有之,大多数女孩子都不愿意晒黑,而沙滩排球运动总是在阳光和风雨中进行的,经受烈日和风吹雨打是必然的,同时沙滩排球对运动员的体能要求极高,两个人在 64 平方米的沙地上摸爬滚打,奔波跳跃,十分艰苦。一个人拦网,另一个人就得防守全场,一个人发球,另一个人就得准备拦网,一个人进攻,另一个人就得保护所有的拦回球或准备反击。沙滩排球的每一个训练项目几乎都是一个人满场跑。没有良好的意志品质是难以从事这项运动的。

2. 提高身体素质

沙滩排球由于是在柔软的沙地上进行的运动项目,所以移动、跳跃都非常吃力。长期的沙滩排球运动训练,可以提高灵敏性、协调性、爆发力,提高心肺功能。沙滩排球运动不仅强健肌肉和股关节力量,也能强健心血管系统功能,是提高综合身体素质能力的最佳运动项目之一。

(三)观赏价值

沙滩排球运动是一项比赛激烈、对抗性强、来回球多、具有很高观赏价值的运动。运动员身着泳装在风景如画的场地上比赛,经常大胆做出高难度的击球动作,可以给观众展示室内 6 人制排球比赛中无法出现的精彩场面。

天然的沙滩和人工的沙地都孕育着无限的风光,沙滩排球比赛总是观众爆满,如今的趋势已经超过了室内。2001 年世界沙滩排球锦标赛在澳大利亚卡拉根福特城中心广场体育馆举行时,有 5 000 多座位的场内却涌进了 8 000 名观众,还有近 5 000 名观众在外场期待有机会得到一个座位。这种现象清楚地表明了充满活力与艺术魅力的沙滩排球运动在 21 世纪已受到愈来愈多人的喜爱与欢迎。仅这届比赛就吸引了 10 万余名现场观众和球迷。

(四)休闲、娱乐、参与价值

美国《竞技者》杂志曾做过一次网上民意调查。在"参与性"一项调查中,对于"你愿意在哪里打排球"的提问,青少年调查结果的排名前三项是:①水上;②雪地;③沙滩。而成人调查的结果排名前三项是:①沙滩;②室内;③草地。在"观赏性"的调查中,对于"你更愿意看到什么样的排球赛"的提问,青少年调查结果的排名前三项是:①胖子排球赛;②校园排球赛;③沙滩排球赛。而成人调查的结果排名前三项是:①沙滩排球赛;②奥运会排球赛;③国内联赛。

沙滩排球是一项大自然中的运动,人们可以更接近蓝天、沙滩、碧水、大海。沙滩排球运动的特点之一就是它的大众性和休闲娱乐性。具有广泛的参与价值,其休闲娱乐性可以带给人们无限的乐趣。

**六、沙滩排球运动的发展趋势**

(一)普及与发展

作为奥运会项目之一,沙滩排球运动已逐步在世界各国全面普及。除了沿海国家沙滩排球强国外,内陆国家也没有放弃对沙滩排球运动的开发与发展,大量的人工沙滩排球场将出现在内陆地区。事实上,许多沿海国家的沙滩排球场也建在海滨以外。我国就曾在 2003 年首次将沙滩排球引入闹市。2003 全国沙滩排球锦标赛的赛场就设在了上海步行街的"世纪广场",开创了在中国大都市广场举行沙滩排球的先河。这对沙滩排球运动的普及与发展起到了良好的先导作用。海滨是局限的,要发展沙滩排球运动,大量兴建城市沙滩排球场将成为一种趋势。未来 5~10 年,我国学校尤其

是高等院校,将成为主要的沙滩排球运动园地,沙滩排球也将成为学生重要的健身休闲运动项目之一。学校开展了这项运动,才算真正意义上的普及,这也是沙滩排球运动发展的必由之路。

近年来,我国沙滩排球运动在普及和提高方面都有了一定的发展,并且已列入我国排球运动发展规划,每年都会举办全国沙滩排球巡回赛。自开展沙滩排球运动以来,全国已有近30个省(市、自治区)及行业体协的沙滩排球队在中国排协注册。全国沙滩排球巡回赛是国家计划内的一类大型比赛,是国内排球的重要赛事之一,也是国内级别最高、水准最高的沙滩排球比赛。此项运动既能体现拼搏与力量,又能展示健美与浪漫。作为被誉为"21世纪最杰出的运动"和"21世纪三大休闲运动"之一的沙滩排球运动必将深受国人青睐。

### (二)技战术发展趋向成熟

目前国际沙滩排球发展的趋势是更注重网上优势,战术运用更注重网上实力。所以对身高和弹跳要求更高。由于规则修改后的场地缩小,防守难度相对降低,攻防转变次数明显增多,网上争夺日趋激烈,缺乏高度和实力的组合就会显得底气不足,后劲缺乏。沙滩排球毕竟是室内排球衍生的一项运动,它最终脱离不了排球运动的基本特性,脱离不了网上的激烈争夺,没有身高和弹跳力,只有灵巧也是不行的。沙滩排球从初始阶段的运用吊、轻打等技术,强调以打点、打线为重点的战术运用逐渐过渡到了简单、实用的网上进攻战术。比赛中两人需默契配合,拦防趋向专业化,分工更加明确,拦网和防守的配合讲究整体性、区域性,特别是第一回合的争斗更加突出地集中到了网上的争斗。所以沙滩排球运动除了在应变能力与技巧方面下功夫外,在选材上必将进一步高大化。

### (三)综合素质要求更全面

沙滩排球比赛得失分的转换就在一瞬间,这就要求运动员在技术运用中要全面、准确、熟练,既要有把握又要有攻击性,要求基本功更加扎实,技术更加全面。沙滩排球是两个人的项目,要求队员要有很强的个人能力,包括身体素质能力、技术能力、战术配合能力、心理能力等若干方面,任何一方面出现问题都必将限制自身发挥并给同伴带来影响,因此对队员的综合素质要求更高更全面。

### (四)商业化道路越走越宽广

自1987年开始的首届世界男子沙滩排球锦标赛到现在世界系列沙滩排球巡回赛,每一届比赛都设有巨额奖金,而且一届比一届高。奖金主要来源于国际知名企业、跨国公司的赞助及电视转播费,这是商业化特征的重要体现。这些赞助商之所以争相投资,主要是由于比赛要么在风光优美的海岸,要么在繁华迷人的闹市大街举行,这里有发达的商业、交通、文化和旅游业,大量的人口流动,迅速而先进的通信设备,都有利于公司的广告宣传。沙滩排球运动较强的娱乐性和竞技性能赢得众多的观众,面向全球的电视报道无形中为赞助商们大做广告。一种良性循环吸引了更多的赞助商纷纷加入,导致比赛奖金数额猛增。赞助商对沙滩排球运动的争相投资,激发了运动员训练与参赛的欲望,从而使沙滩排球运动发展速度加快,技战术水平不断提高,比赛规模日趋扩大,使沙滩排球运动商业化道路越走越宽广。

### 七、沙滩排球运动的基本技战术

（一）基本技术

1. 移动

在沙地上，起动时的蹬地角度越小，蹬地时越容易滑倒，支撑反作用力也越小，抬腿的高度也将受到影响。因此，移动前身体的准备姿势应稍高，处于半蹲与稍蹲之间。移动步法多用并步、跨步和跑步。跑步时腿要抬高，使脚高出沙面，减小阻力。

2. 发球

发球位置，在球场两边端线延长线和底线之间的任一点，基本方式可分为低手球、高位球和跳发球。

由于参赛人数只有 2 人，队员接发球负责的区域大，因此宜采用发弧度平的球，球飞行时间短，给接发球队员的判断和移动造成困难。发球时，充分利用阳光和风向等自然条件，如顺风时，多用跳发轻飘球；逆风时，多用跳发大力球和发侧旋球。运用飘晃、旋转、高吊等不同性能的发球和控制发球落点以增加攻击性；发点、找人，迫使对方在移动中接发球，如发后场，加长一传队员垫球后扣球的助跑距离；发前场，使其冲至网前，一传后不能即时后撤做扣球前的准备；对方右边队员是右手扣球队员时，发到对方场区的左后角。发球找人时，找接发球、扣球技术相对差的，身体疲劳体力下降的人。

3. 垫球

垫球一般用双手合握的方式，两手拇指伸直靠拢在上，一手四指合拢放于另一手虎口处，另一手四指合拢紧握，以拇指合并处的平坦部位接球。接球时身体前倾，两脚分开，眼睛紧盯来球，根据球路调整步伐，手臂要斜下伸直，将球击向预定位置。

一般垫球的弧度稍高，垫球技术运用多样化，除双手前臂垫球外，挡球、单手垫球、前扑、鱼跃、侧倒垫球等被广泛运用。由于规则对传球过网的限制严格，垫球技术除用于一传和防守，还大量用于二传和攻击性处理球。

4. 挡球

挡球是在胸以上部位双手叠置，用手掌内侧击球的一种辅助防守动作。通常在距离球网较近而来球较突然时使用。有时也用单手挡球。随着沙滩排球运动的发展，上手挡球技术的运用越来越多，已占整个防守近四分之一，挡球技术正成为一种主要的防守技术。

5. 传球

传球时两手抬起，肘部稍高于肩部，拇指打开，触球刹那伸直手腕，以腕和肘的力量将球弹出。要注意的是，传球时以手指前两个指节面的部位触球，而不仅是指尖触球，否则易造成扭伤。

鉴于规则对传球持球尺度的放宽，传球既用于组织进攻，也广泛用于一传和防守。二传球一般稍远网，以利于扣球队员由一传转为扣球时助跑的距离。一传较好时，可组织快球、短平快、平拉开、围绕等战术。二传技术多用侧传和跳起侧传，便于完成二次球进攻或直接传球过网，干扰对方的拦防布局。传球过网时，身体必须面对或背对出球方向。传出的方向必须与双肩连线垂直。为了减少风的影响，运动员上手双手传球多采用"软化"传球，并且传出的球不能旋转。

**6. 扣球**

扣球是最主要的得分方法,要求是快、准、狠。扣球时要注意助跑起跳与空中击球的时间关系,当身体跃至最高点时,以手掌的下部触球,再以全手掌盖住球体,以全身力量将球往下扣击。沙滩排球的扣球经常采用轻拍球技术,打点,打线。

由于从一传或防守转入扣球起跳点的距离一般较长,助跑多采用多步助跑,其目的主要是接近球,选择起跳点,而不是增加弹跳高度。助跑的最后一步一般不宜过大,以免在起跳时重心过于滞后而滑倒。起跳大多用并步起跳,以利稳定重心。

**7. 顶球**

顶球是一种辅助进攻技术动作。由于沙滩排球进攻不允许张开手指吊球,因此运动员在处理某些网上球时,必须用手指戳或指关节部位去顶球。

**(二)基本战术**

**1. 进攻战术**

进攻多依靠扣球队员的个人战术和二传队员的二次进攻及其转移来迷惑对方。扣球以打出不同线路和落点的技巧扣球为主,攻击对方薄弱点。扣球不仅需要有力量,更强调手的控制技巧和手腕的主动变化。沙滩排球比赛中,重扣进攻出现并不多,主要以轻打和巧打为主,一方面可以保存体力,另一方面摆开架势的重扣在没有掩护的情况下反而容易被对方看破,从而被拦死或拦起,得不偿失。侧旋扣、轻打、搓球、指关节顶击球和掌根吊球等被大量运用。在沙滩排球比赛中,不允许用手指吊球。

**2. 接发球战术**

接发球站位多采用两人各负责二分之一场区的平行站位,尽量由本方扣球技术好的人接发球,以利于进攻。一传的弧度稍高,落点应在网前 1~2 米附近,便于二传。一传时,也可将球直接垫到球网附近,供同伴二次球进攻。

**3. 防守战术**

沙滩排球的防守阵形只能是无人拦网两人防守和单人拦网单人防守。沙滩排球的远网扣球多,拦网的起跳时间大多在对方击球时或击球后。拦网时,手尽量接近球,力争拦死或拦回。无人拦网防守阵形与接发球阵形相似。单人拦网单人防守的拦防配合要事先约定,不能轻易改变,以免出现大的漏洞。在球网中部拦网时,后防队员应选择中场偏后的位置;在球网一侧拦网时,拦直线防斜线。防守垫球应稍高,便于拦网队员接应,拦网触球后,应力争使防起的球同伴能完成进攻,也可以有目的地把球垫到对方场区的空当。

**八、沙滩排球运动竞赛规则及裁判方法简介**

**(一)场地与器材设备**

**1. 场地**

正式比赛场地包括比赛场区和无障碍区。比赛场区为长 16 米、宽 8 米的长方形。四周至少有 5 米的无障碍区,从地面向上至少有 12.5 米高的无障碍空间。

比赛的地面必须是水平的沙滩,尽可能平坦和划一。没有石块、壳类及其他可能造成运动员损伤的杂物。国际排联正式国际比赛的场地,沙滩至少 40 厘米深并由松软的细沙组成。如图 7-11 所示。

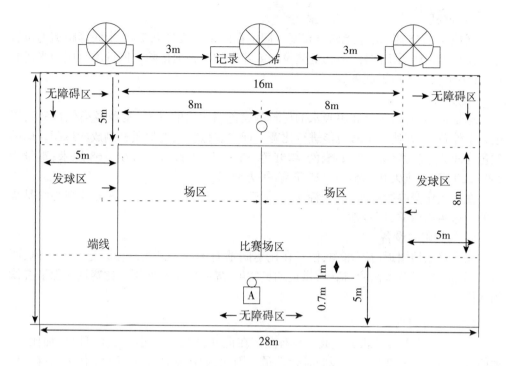

**图 7-11　沙滩排球比赛场地**

各两条宽 5~8 厘米的由抗拉力和耐腐蚀材料的带子构成的边线和端线划定了比赛场区,带子平放在沙地上并固定好,露在沙面的固定物必须是柔软和灵活的。场区没有中线和进攻限制线,界线包括在比赛场区内,颜色必须与沙滩明显不同。

2. 球网、网柱和球

(1)球网

球网设在场地中央中心线的垂直上空,拉紧时其长度为 8.5 米,宽 1 米(±3 厘米)。球网上下沿各缝有 5~8 厘米的双层帆布带,最好是深蓝色或鲜明的颜色。用一根柔软的钢丝贯穿上沿的帆布带,用一根绳索贯穿下沿的帆布带,使它们与网柱固定,以将球网拉紧。允许在水平帆布带上设置广告。

两条宽 5~8 厘米(与界线同宽)、长 1 米的彩色带子为标志带,分别设在球网两端,垂直于边线。标志带是球网的一部分。允许设置广告。

在标志带的外沿,球网的不同侧面设置标志杆。标志杆是由玻璃纤维或类似质料制成的有韧性的两根杆子,长 1.80 米,直径 10 毫米。标志杆高出球网 80 厘米,高出部分每 10 厘米应涂有明显对比的颜色,最好为红白相间。标志杆为球网的一部分,并视为过网区的界线。

球网的高度男子为 2.43 米,女子为 2.24 米。网高可以根据不同年龄组有所区别:16 岁以下男女 2.24 米;14 岁以下男女 2.12 米;12 岁以下男女 2.00 米。

球网的高度应用量尺从场地中间丈量。球网两端(边线上空)离地面的高度必须相等,并不得超过规定网高 2 厘米。

（2）网柱

网柱高 2.55 米,最好能调节高度。固定在两条边线外 0.7~1 米同等距离的位置上。禁止用拉链固定网柱,一切危险设施或障碍物都必须排除。网柱本身应为光滑圆柱,并用柔软物体包裹起来。

（3）球

球是圆形的,由柔软和不吸水的材料制成色调明快的外壳(皮革或类似材料),以适合室外条件,即使下雨时也能进行比赛。球内装橡胶或类似质料制成的球胆。球的颜色为浅黄色或其他浅色,如橙色、粉红色、白色等;球的圆周为 66~68 厘米;重量为260~280 克;内压为 0.175~0.225 千克/平方厘米。

在一次比赛中所用的球,其特性,包括颜色、圆周、重量、内压、牌号等都必须是统一的。这叫用球的"同一性"。

3. 其他附属设备

在比赛场地附近应有水源,便于在比赛间歇向场地上洒水降温。记录台一侧、两边无障碍区应设置太阳伞、椅子,供运动员暂停、局间休息时使用。比赛场内保证有饮用水供应。

（二）主要规则

（1）一个队由两名队员组成。只有登记在记分表上的两名队员才可以参加比赛,他们分别为 1 号和 2 号。不设替补运动员。因此,如运动员在比赛中受伤无法继续比赛,该队只能弃权,输掉该场比赛。国际排联正式比赛中不允许教练员进行指导。

（2）队员的服装包括整洁的短裤或泳装。除比赛有特殊规定外,队员可以选择穿上衣或胸衣。队员的上衣(如允许不穿上衣则为短裤)号码必须是 1 和 2 号。号码必须在胸前(或短裤前)。除裁判员特许外,队员必须赤脚。

（3）禁止佩戴可能造成伤害的任何物品,如首饰、徽章、手镯、发卡等。可以戴帽子、眼镜、太阳镜进行比赛,但所引起的一切后果自行负责。

（4）队员必须以良好的体育道德作风服从裁判员的判定,不允许争辩。如有疑问,场上任意一名队员可以在球成死球时请求裁判员对规则和规则的执行进行解释。

（5）比赛采用"每球得分制"和三局两胜赛制。前两局最高分为 21 分,第三局最高分为 15 分,且每局均需领先对方两分才能获胜。

（6）在前两局的比赛中,当双方得分累积为 7 分及 7 分的倍数时,双方交换场地;在第三局的比赛中,当双方得分累计为 5 分及 5 分的倍数时,双方交换场地。

（7）队员可以在场内随意站位,没有固定的位置。但发球秩序必须在整局比赛中始终如一(队长在选边时即确定)。

（8）发球时,发球队员的同伴不允许有意无意地挡住接发球队队员的视线,在对方要求下必须让开。当发球队员发球击球时,双方队员(除发球队员外)必须在本场区内。

（9）每队最多可击球三次将球从过网区上空击回对方。无论是主动击球或被球触及,均作为该队击球一次。一名队员不得连续击球两次(拦网除外)。当同队的两名队员同时击球时,被计为击球两次(拦网除外)。

（10）身体任何部位都允许触球,但球必须被击出,而不能被接住或扔出,球可以向任何方向弹出。下列情况例外:①用上手传球做防守重扣球动作时,球在手中可短暂停留;②当双方队员网上同时触球时可以"持球"。

(11)球可以触及身体的不同部位,但必须是同时触及。下列情况例外:①在拦网中,允许一名或更多的拦网队员在同一拦网动作中连续触球;②在第一次击球时,除上手传球外,允许身体不同部位在同一击球动作中连续触球。

(12)击球时的犯规,主要有以下情况:①四次击球:球在进入对区之前一个队击球四次;②借助击球:队员在比赛场地以内借助同伴或任何其他物体进行击球;③持球:队员没有将球击出。但防守重扣时或双方队员网上同时触球时造成的短暂"持球"除外;④连击:一名队员连续击球两次或球连续触及队员身体的不同部位。

(13)每队必须在其本场区进行比赛,但允许队员越出无障碍区进行救球,将球击回。在不妨碍对方比赛的情况下,允许队员进入对方空间、场区和无障碍区。

(14)除发球外,所有直接向对方的击球都是进攻性击球。

(15)进攻性击球犯规:①在对方场地空间击球;②击球出界;③用手指吊球完成进攻性击球;④对对方发过来的球在球的整体高于球网上沿时完成进攻性击球;⑤用上手传球且传球轨迹不垂直于双肩连线完成进攻性击球,传给同伴的球除外。

(16)拦网的触球算作球队的一次击球。一个队拦网触球后只能再击球两次。

(17)每局比赛中,每队只能请求1次暂停。时间为30秒。第一、二局当两队比分之和为21分时,有30秒钟的技术暂停。

(18)每场比赛队员可以并且只能有1次受伤暂停,最多可以给受伤队员5分钟的休息时间。

(19)所有局间休息时间为1分钟。

(20)球队成员对裁判员、对方队员、同队队员和观众的不良行为(包括非道德行为、粗鲁行为、冒犯行为、侵犯行为),裁判员将视情节轻重,分别给予口头警告、黄牌判罚(失1分)、红牌判罚(取消比赛资格)的处理。

(三)裁判工作

1. 准备工作

沙滩排球裁判工作是一项十分艰苦的工作。裁判员必须从一开始就要进入角色,头顶烈日积极投入到工作中去。每到一个赛区,要做的第一项工作便是对场地器材的整理与布置,认真检查场地是否规范,丈量球网及界线是否符合标准,沙滩是否水平划一,界线固定点及沙滩中有无可能伤害运动员的隐患存在,广告牌、桌椅、伞、裁判台、记录台、比赛用球等都要认真进行检查与布置。这些工作一般要占用半个或一个工作日。

一场正式沙滩排球比赛设第一裁判员和第二裁判员各1名,司线员2名(或4名),记录员1名(见图7-12)。

2. 比赛中

只有第一裁判员和第二裁判员可以鸣哨,第一裁判员鸣哨发球,开始比赛。

第一裁判员和第二裁判员确认犯规发生并判断其性质,鸣哨中断比赛。

(1)第一裁判员

第一裁判员坐或站在球网一端的裁判台上执行任务。其视线水平必须高出球网上沿约50厘米。

第一裁判员自始至终领导该场比赛,他对所有裁判员和两队的成员行使权力。

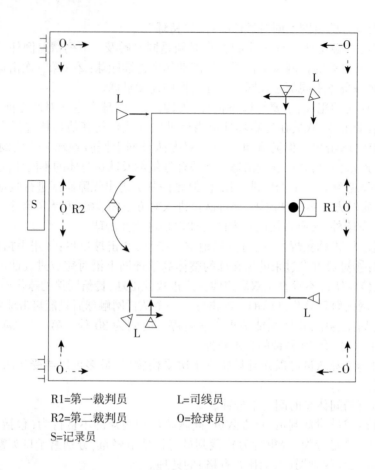

R1=第一裁判员　　　　L=司线员
R2=第二裁判员　　　　O=捡球员
S=记录员

**图7-12　裁判员和辅助人员站位示意图**

在比赛中,第一裁判员的判定为最终判定。如果发现其他裁判员的错误,他有权改判。

第一裁判员有权决定涉及比赛的一切问题,包括规则中没有的问题。

第一裁判员不允许对其判断进行任何争辩。但当队员提出请求时,他应对其判定所依据的规则和规则的执行给予解释。如果队员表示不同意他的解释,第一裁判员应允许其在比赛后对此提出正式抗议。国际比赛中,仲裁委员会必须立即做出决定,以免影响比赛进程。

在比赛前和比赛中,第一裁判员负责决定赛场条件是否符合比赛要求。

比赛前,第一裁判员必须检查比赛场地、球和其他器材;主持双方队长抽签;掌握两队的准备活动。

在高温、场地过干时,要让工作人员向场内洒水。

比赛中,只有第一裁判员有权对不良行为和延误进行判罚并判定:发球队员的犯规;发球队的掩护;比赛击球的犯规以及高于球网和球网上部的犯规。

第一裁判员在鸣哨允许发球前应观察场上所有运动员是否准备就绪,发球队员号码是否与记录台提示的一致,发球方是否有发球掩护等。从上一个球落地到下一个球发出,这个过程一般在 12 秒以内。

第一裁判员应注意区分正常的比赛间断和有意延误比赛。延误比赛的情况有以下几种：

①拖延暂停或交换场地的时间；

②在同一局中再次提出不符合规定的请求；

③试图减慢比赛节奏；

④再次询问已使用的暂停次数；

⑤没有经过同意拖延发球与上一次死球之间的 12 秒钟时间；

⑥对裁判员的判定的询问时间过长。

（2）第二裁判员

第二裁判员站在第一裁判员对面、比赛场区之外的网柱附近，面对第一裁判员执行任务。

第二裁判员是第一裁判员的助手，但仍有其自己的责任范围。他可以用手势指出他责任以外的犯规，但不得鸣哨，也不得对第一裁判员坚持自己的手势。

他同时要监督记录员的工作。

允许暂停，掌握交换场区并控制时间，拒绝不合规定的请求。

发现队员受伤，第二裁判员可给予其恢复时间。

在比赛中，第二裁判员对下述情况做出判断，鸣哨并做出手势：

①队员触及球网下部和第二裁判员一侧的标志杆；

②队员由网下穿越进入对方场区和空间干扰了对方；

③球触及第二裁判员一侧的标志杆或从过网区以外过网；

④球触及场外物体。

（3）记录员

记录员坐在第一裁判员对面的记录台处，面对第一裁判员执行其任务。

记录员根据规则填写记分表并与第二裁判员合作。在比赛前和每局前，记录员按照规定程序登记有关比赛和两队情况，并取得双方队长的签字。

在比赛中，记录员的主要职责是：

①记录得分并校对记分牌上的比分是否正确，特别要注意交换场区时的比分，随时通知裁判员和翻分员；

②一局中每一队员发球时监督并记录发球秩序；

③通过展示相应发球队员 1 号或 2 号的号码牌指明发球秩序，当运动员提出询问时及时用号码牌示意；

④记录员发现任何错误，应在发球击球后即告知裁判员；

⑤记录暂停，检查暂停次数，并告诉第二裁判员；

⑥报告裁判员不符合规定的暂停请求；

⑦每局比赛结束和交换场区时要通知裁判员；

⑧比赛结束时，记录员登记最终结果；

⑨自己在记分表上签字后，取得双方队长然后是裁判员的签字；

⑩如果有提出抗议的情况，自己或允许相关队员将有关抗议的问题写在记录表上。

（4）司线员

他们站在场区对角的两角端，距场角 1~2 米。各自负责他一侧的端线和边线。

司线员用旗示执行其任务：

①球落在他们所负责的线附近时，示以界内或界外；

②接球队触及身体后出界的球，示以触手出界；

③示以球从过网区外过网和触及标志杆等；

④示意发球队员脚的犯规；在第一裁判员询问时，司线员必须重复其旗示。

（5）法定手势

裁判员和司线员必须用法定的手势指明所判犯规的性质或准许比赛间断的目的。

手势应有短时的展示。如果是单手做手势，则应用与犯规队或提出请求队同侧的手表示，然后指出犯规队员或提出请求的队，最后用手势指出下一次发球的队。

裁判员对队员张开手指完成吊球和运用上手传球完成进攻性击球时，其出球方向与两肩的垂直面不一致进行判定时，其手势是六人制后排进攻性击球犯规的手势。其他手势与六人制排球裁判手势相同。

司线员必须用法定旗示指出犯规的性质，并有短时间的展示。

（四）沙滩排球与室内排球的主要区别

沙滩排球与室内排球的主要区别见表 7-5。

表 7-5　沙滩排球与室内排球的主要区别

| 不同之处 | 室内排球 | 沙滩排球 |
| --- | --- | --- |
| 每队人数 | 6 人 | 2 人 |
| 场地面积 | 9 米×18 米 | 8 米×16 米 |
| 边线、端线宽 | 5 厘米 | 5~8 厘米 |
| 前场进攻线 | 有 | 无 |
| 场地表面 | 模板或塑胶 | 沙子 |
| 中心线 | 有，如果过线判为犯规 | 没有，可以进入对方的场区 |
| 比赛用球 | 皮制表面 | 防水表面，充气后内压略低于室内 |
| 比赛服装 | 上衣、短裤、袜子和鞋 | 赤脚，可戴太阳镜；女选手为泳装，男选手为短裤和背心 |
| 赛制 | 每球得分，五局三胜，前四局每局 25 分，第五局为 15 分 | 每球得分，三局二胜制，前两局每局 21 分，第三局为 15 分 |
| 拦网 | 拦网时的触球，不计算为三次击球中的一次 | 拦网时的触球，计为三次击球中的一次 |
| 运动员站位 | 比赛中，运动员按赛前登记的顺序站位并轮转 | 没有固定的站位 |
| 第三次击球 | 允许运动员网上吊球时，手指张开并将球击向任意方向 | 不允许手指张开吊球；上手双手传球时，将球传出的方向必须与双肩形成垂直的夹角 |

表7-5(续)

| 不同之处 | 室内排球 | 沙滩排球 |
|---|---|---|
| 运动员受伤 | 运动员受伤后,可以替换受伤的运动员 | 无替补运动员,运动员受伤后允许五分钟的恢复时间,否则不能继续比赛,只能弃权,输掉该场比赛 |
| 交换场地 | 每局比赛结束后,双方交换场地;当第五局比赛的比分到 8 分时,双方交换场地 | 在前两局比赛中,当双方得分每次累计为 7 分或 7 分的倍数时,双方交换场地;在决胜局的比赛中,当双方得分每次累计为 5 分或 5 分的倍数时,双方交换场地 |
| 暂停 | 每局比赛,每队最多有两次暂停,时间为 30 秒;在第 1 局至第 4 局,当领先队到 8 分和 16 分时,有一次 60 秒的技术暂停 | 每队每局可以有一次 30 秒的暂停;在第 1、第 2 局,当两队比分之和为 21 分时,有 30 秒钟的技术暂停。每场比赛队员可以有一次受伤暂停,时间为 5 分钟 |

(五)沙滩排球的比赛程序

1. 比赛之前

(1)倒计时八分钟

①通知耙沙员立即平整场地并浇水;

②运动员和工作人员进入赛场(运动员必须身着正式比赛服装);

③运动员在场内做准备活动;

④工作人员检查比赛器材、记录表、比赛设备等。

(2)倒计时五分钟

在记录台前挑边(注:如果受当地条件所限,挑边时间可以提前并可放宽准备活动时间)。

(3)倒计时四分钟

正式准备活动开始(时间为 3 分钟)。

(4)倒计时一分钟

①准备活动结束,运动员回到运动员席;

②第一裁判员上裁判台;

③第二裁判员站在记录台前;

④所有工作人员各就各位;

⑤通知运动员在端线后站好;

⑥第一裁判员鸣哨后,运动员进入比赛场地,网前握手致意。

(5)倒计时零分钟

比赛开始。

2. 比赛结束

(1)双方运动员握手;

(2)站在裁判台附近,双方运动员与裁判员致意后回到记录台;

(3)双方队长在记录表上签字;

(4)所有工作人员完成各自的工作;

（5）由第一裁判员带领离开比赛场地；

（6）准备下一场比赛。

注意：

该程序的准备活动时间可由3分钟改为5分钟，挑边时间改为赛前7分钟进行。

该程序应有利于电视新闻报道的需要。

裁判员检查记录表和签字等工作不应在场内拖延太多时间，可到赛场外进行。

如果需要加快进程，挑边工作可在场外进行。

## 第六节    气排球运动

排球运动是众所周知三大球项目之一，但排球运动终究对技战术和参赛选手的各项素质要求很高，在大众中推广普及一直存在着极大的难度。于是人们又把排球倒推了一百多年，用气球替代排球，使排球成为一种人人可玩、能玩、会玩的健身项目。气排球始于我国，是我国土生土长的一项群众性排球活动，属于纯粹的"中国制造"。

1984年，呼和浩特铁路局集宁分局为了开展老年人体育活动，在没有规则限制的情况下，组织离退休职工用气球在排球场上打着玩儿。由于气球过轻且易爆，他们将两个气球套在一起打，最后又改用儿童软塑球。随后又参照6人排球规则制订了简单的比赛规则，并将这种活动形式取名为"气排球"。

气排球运动是一项集运动、休闲、娱乐为一体的群众性体育项目，作为一项新的体育运动项目，如今已经受到越来越多老年朋友的青睐。气排球作为全国老年体协的五大竞技项目之一，自从中国火车头老年体协首先推出该项目以来，先后在浙江、福建、上海、江苏、湖南、广西、重庆等地得到了很好的推广，打球健身的老年人越来越多。该项目在广西最为普及。

2017年，国家体育总局排球运动管理中心正式将气排球列入第13届全国运动会大众体育比赛项目。

气排球由于运动适量、不激烈，男女都可以混合进场参与，适合各个年龄层次的人进行。

### 一、球的特点

（1）球质软，富有弹性，手感舒适，不易伤人。

（2）球体大，重量轻，约120~125克；比普通排球轻100~150克，圆周74~76厘米，比普通排球圆周长15~18厘米；球的颜色为黄色。在空中飘游缓慢、容易控制。适合于老年人的眼、手、脚的节奏。

（3）球网低。男高2.10米，女高1.90米，混合网高2.00米；打球时可减少跳跃，运动安全。

（4）可以采用羽毛球场地。全场长13.4米，宽6.1米（采用羽毛球场地即可），比普通场地长宽各少5米和3米，室内外均可开展活动。

（5）气排球属于一项老少皆宜的群众性体育运动，简单易学。每个场只需要10个人就可以开始运动。其打法和记分方法与竞技排球基本相同。气排球活动有跑、跳、蹲、转身,使脑、眼、手、腰、脚等都运动,但活动量不大,有利于健身强体。

集体性极强,必须协调配合,有利于表现团结奋进和展现道德风范;规则宽,人体任何部位触球都可以,有时候为了救球,手来不及的情况下,可以用脚踢,只要按规则要求,将球打到对方场内地面上空为有效。气排球好学易懂,是一项老少皆宜的市民运动。

**二、技术特点**

1. 垫球

垫球技术动作要点可用"插、夹、抬、压"四个字来概括。

(1)插——双手互握插入球下。

(2)夹——两臂夹紧伸直。

(3)抬——提肩抬臂。

(4)压——手腕下压。

击球时,用手腕上 10 厘米的前臂击球的后中下部。

2. 扣球

扣球是气排球的基本技术之一,也是攻击性最强最有效的进攻手段,在比赛中占有非常重要的地位。扣球是在二传配合的基础上,完成进攻战术的最后关键一环,是得分和夺取发球权的重要的有力武器,一个排球队如能熟练地掌握多种强有力的扣球技术,就能较好地掌握比赛的主动权,为争取比赛的胜利打下良好的基础。

随着排球技术和战术的发展,扣球技术也在不断创新和提高。目前扣球技术无论是男子排球还是女子排球都向着"高、快、狠、变、巧"的方向发展。扣球技术一般分为:正面扣球、调整扣球、扣快球等。

(1)扣球动作方法和技术分析(均以右手扣球为例)

正面扣球:关于气排球正面扣球,它是扣球技术中一种重要的方法,是比赛中运用得最多的一项进攻性技术,适用于近网和远网扣球。由于正面扣球面对球网,便于观察对方拦网和防守情况,扣球队员可以有针对性地采用不同的扣球个人进攻战术,因此进攻效果较好。

正面扣球技术由准备姿势、判断和助跑、起跳、空中击球、落地等环节组成。

①准备姿势两脚自然开立,一脚在前,另一脚在后,两膝稍屈,上体自然前倾,两臂稍屈自然下垂置于体侧,两眼密切注视来球。

②判断和助跑时,首先是对一传进行判断,然后判断二传的方向、速度、弧线、落点,一面助跑,一面判断。判断贯穿在整个助跑、起跳和击球的全过程。

助跑的目的是接近来球,选择正确的起跳点,掌握好起跳时间,使身体获得足够的助跑水平速度,以增加弹跳的高度,使扣球更加有力。助跑的步法种类较多,有一步、两步、三步、多步等。两步助跑步法是最基本的助跑步法,初学扣球时,必须首先掌握。以两步助跑为例,助跑时,左脚先向前自然迈出一步,接着右脚再迅速跨出一大步,同时两臂迅速向体侧后下方划弧摆动,右脚以脚后跟先着地,迅速过渡到全脚掌落地,左脚迅速并上,落在右脚的前面,两脚之间距离与肩同宽,两脚尖稍向右转、膝关节弯曲。

助跑时应注意:

①助跑速度由慢到快,步幅由小到大。

②助跑动作要轻松而有节奏,不能过于紧张,动作要紧密连贯,不能分割和停顿。

③一边判断,一边助跑,注意掌握好上步的时间,不能过早或过晚,二传球低时,助跑上步要早一些;二传球高时,则要晚些。

(2)起跳时,两膝弯曲并稍内扣,上体前倾,在两脚迅速用力蹬地的同时,两臂由体侧后迅速向体前上方摆动,迅速展腹,带动整个身体垂直腾空而起。

起跳的目的不仅是为了获得弹跳的高度,也是为了选择好起跳点,保持正确的击球位置和掌握好起跳的时间。

起跳时应注意:

①两脚迅速用力蹬地。起跳时,两脚一定以快速有力的动作踏跳,这样才能获得最高的弹跳高度。

②直跳时,踏跳、摆臂、展腹三个动作的用力必须连贯、协调。这样才能协同配合用力,发挥最大的蹬地力量,获得最大的弹跳力。

③注意掌握好起跳时间。如助跑上步过早,起跳时,动作慢一些;反之,起跳动作要快。

(3)空中击球起跳后,右臂随之抬起,上体稍向右转,抬头挺胸并展腹,击球手臂后引,肘部自然弯曲略高于肩。挥臂时,以迅速向左转体和收腹、收胸的动作带动手臂挥动,成快速用鞭动作向右肩前上方挥击。击球时,五指微张呈勺形,并保持适当的紧张,以全手掌包住球,掌心为击球中心,手臂充分伸直,击球的后中上部或后中部,手腕猛力迅速下甩,同时主动屈指向前推压,使球向前下方加速上旋飞行,落入对方场区。

气排球击球时应注意:

①击球要准确。以全手掌击球后中上部或后中部,使全手掌包满球,手掌和手腕控制球的方向、弧线和落点。

②击球时要有提肩动作,手臂充分伸直,保持高点击球。

③挥臂要迅速,加快前臂的挥动速度,并有明显的抽鞭动作,猛甩手腕,借以加大对球的作用力。

(4)落地。一般情况往往是左脚先着地,为了避免单脚先落地造成膝关节损伤,应力争两脚同时落地。落地时,应以前脚掌先着地再过渡到全脚掌着地。同时顺势收腹、屈膝,以缓冲下落的力量,并立即做好下一个准备动作。

3. 发球

以右手发球为例,发球时,左手将球平稳地向右肩前上方抛起,高度要适中,一般抛至超过自己击球点约两个球的高度为宜。在抛球的同时,右臂抬起,屈肘后引,肘部与肩齐平,手掌自然张开,上体稍向右侧转动,抬头、挺胸、展腹,身体重心移至后脚,然后快速挥臂击球后中下部。

注意事项:

(1)击球部位为球的中下部;

(2)手形要张开,与球的接触面要充分够大;

(3)击球的同时大臂带动小臂迅速往下拉,同时将球击出。

正面上手大力发球动作要领:

准备姿势:面对球网站立,两脚自然开立,左脚在前,左手持球于体前。

抛球:左手将球平稳地垂直抛于右肩的前上方,抛球高度为 1.5 米左右。

引臂:屈肘后引,上体稍向右转,手停于耳旁。

挥臂击球:收腹、振胸、挂肘,上臂带动前臂向前上方弧形挥摆,伸直手臂,在肩的上方用全掌击球的后中部。

击球手法:包满打转,边包裹边推压;全手掌击球,使球呈上旋飞行。

动作要点:采用变向传球的方法进行传球,先转体(面向出球方向)让球(使球到达转体后的前额前上方),然后进行正面传球。

4. 正面上手传球

(1)准备姿势:看清来球,迅速移动到球的落点。对正来球,两脚左右开立,约同肩宽,左脚稍前,右脚脚跟稍提起,两膝微屈,上体稍前倾,两臂弯曲置于胸前,两肘自然下垂,两手呈传球手形,眼睛注视来球方向。

(2)手型:当手触球时,手腕稍后仰,两手自然张开,手指微屈呈半球状。两拇指相对呈"一"字形或"八"字形,两拇指间的距离不能过大,以防漏球。

(3)击球点:击球点在前额上方约一球左右。

球触手的部位:拇指外侧,食指全部,中指的二三指节,无名指第三指节和小指第三指节的半个指节。简称为"3、2、1、半和拇指外侧"。

(4)击球部位:后中下部

用力顺序:蹬腿、展腹、伸臂,最后用手指手腕的弹力将球向前上方传出。

二传技术要求:应该具备良好的大局观意识,观察对方拦网手的位置分配,观察己方攻手状态,组织好有效的进攻。

二传站位好,一传平稳的话尽量选择起跳传球,反复的起跳传球可以吸引对方一名拦网手,二传起跳吊球比攻手直接扣球更容易得分。

二传多练习跳发球,因为到二传发球再从后排移动到网前组织进攻距离较远,需要有威慑力的发球来获取更多的移动时间,快速到位组织进攻。

**三、比赛规则**

(一)球队的组成

(1)每队最多可有 8 名队员,队员上衣必须有号码,应由 1 号至 8 号。身前号码10 厘米见方,身后号码 15 厘米见方。场上队长应在上衣胸前有一明显标志。

(2)教练员和队员应了解并遵守规则,以良好的体育道德作风服从裁判员的判定。如有疑问只有场上队长可向裁判员请求解释,教练员不得对判定提出异议或要求解释。

(3)教练员和队员必须尊重裁判和对方队员,不得以任何行为影响裁判的判断。不得以任何行动和表现去拖延死球时间或被认为有意延误比赛。

(二)比赛

(1)队员场上位置:双方队员各分为前排三名,后排两名。前排左边为 4 号位,中间为 3 号位,右边为 2 号位,后排左边为 5 号位,右边为 1 号位。每局比赛开始、场上队员必须按位置表排定的次序站位,在该局中不得调换。在新的一局,每个队上场队员的位置可重新安排。

(2)暂停:每局比赛中,每个队可请求两次暂停,每次暂停时间为 1 分钟。只有成

死球时经教练员或场上队长向第二或第一裁判员请求后才准予暂停。第一裁判鸣哨后,比赛应立即继续进行。某队请求第三次暂停,应予拒绝,并提出警告。第一裁判员已鸣哨发球,队员尚未将球发出或于鸣哨的同时请求暂停,均应拒绝,如第二裁判员在此时错误鸣哨允许暂停,第一裁判员也不得同意,应再次鸣哨发球。

(3)换人:每局每队最多可替换6人次,一下一上为1人次。某队换人时应由教练员或场上队长在死球时向第二或第一裁判员提出要求,并说明替换人数和队员的号码。裁判员准许换人时,上场队员应已做好准备并从前场区上下场,如队员未做好准备,则判罚该队一次暂停。

(三)成绩计算

(1)得分:只有发球队胜一球时,才得1分,决胜局则不论发球队或接发球队胜一球即得1分。

(2)胜一局:某队先得15分并超出对方2分时,或双方得分成16:16时谁先得1分成17:16时,则高分队胜一局。决胜局谁赢得15分并超出对方2分,即算该队获胜。

(3)规定比赛时间5分钟后仍不到场者,作弃权处理,对方则以每局15:0的比分和2:0的比局取胜。各队无正当理由不得无故弃权和罢赛。否则,取消该队三年内参加体育竞赛资格。

(四)动作和犯规

1.发球

(1)发球队胜一球或接发球队取得发球权时,该队队员必须按顺时针方向轮转一个位置,由轮转到1号位的队员发球,如没有按发球次序轮转发球,则为轮转错误,必须立即纠正,并判失去发球权。

(2)发球队员必须在第一裁判员鸣哨发球后8秒钟内将球发出,球被抛出发球队员未击球,球也未触及发球队员而落地,允许继续发球。

(3)发球队的队员不得以任何方式阻挡对方观察发球队员和球的飞行路线。

(4)发球时判断队员的位置错误,应以队员身体着地部分为依据,在发球队员击球的一刹那,球未击出前,同排队员的站位不得左右超越或平行,前后排队员不得前后超越或平行。即4号位队员不得站在3、2位队员的右边,2号队员不得站在2、3、4位队员的前面或平行。否则,应判失球权或对方得分。发球队员与本方5号位队员不受站位的限制。

(5)发球触网算违例,发球和比赛过程中球触顶按违例处理。

2.击球

队员击球时,有意或无意把球接住停在手中或用双臂将球夹住停留时间较长或用手将球顺势冲至停留时间较长再将球送出,判击球犯规。队员身体任何部位连续触球多于一次,则判连击犯规(拦网除外)

3.过中线和触网

比赛进行中,队员踏越中线,应判过中线犯规,队员身体任何部位触及球网,判触网犯规,因对方击球入网而使网触及本方队员时,不算触网犯规。

4. 进攻性击球

（1）队员在后场区可以对任何高度的球做进攻性击球，但在起跳时不得踏及或踏越限制线，否则即为违例犯规。

（2）队员有前场区，采用攻击力强的扣、抹、压吊动作，将高于球网上沿的球击入对区、则判犯规。如采用攻击力小的传、顶、挑的动作，击球的底部或下半部，使球具有一定向上的弧度过网不算犯规。

（3）队员有前场区，对低于球网上沿的球，可用任何击球动作将球击入对区。

5. 拦网与过网

（1）后排两名队员不得拦网。如有参加拦网并起到拦网作用时应判犯规。

（2）拦网不算一次击球，还可再击球三次。

（3）不得拦对方的发球和对方队员进入前场区直接击过网的球，只允许拦对方队员在后场区直接击过网的球。

（4）甲方队员完成直接向对方击球前，乙方的手触及甲方地区上空的球时，应判乙方队员过网犯规。

（五）裁判员工作

1. 组成

一场比赛的裁判员由第一裁判员和第二裁判员以及两名司线员，一至两名记录员组成。

2. 位置

第一裁判员应站在球网一端的裁判台上执行任务。他的视线水平必须在高出网上沿约 40 厘米的高度上。

3. 第一裁判员的职权与职责

（1）第一裁判员是一场比赛的组织者和执行者，他决定比赛中一切事务，包括规则中未规定的事项，他的判定为最终裁决。

（2）比赛前负责检查场地设备、主持抽签并掌握双方的准备活动。

（3）比赛中掌握比赛进程，认真执行规则，及时鸣哨，准确判定，对判定有不同意见时，只接受场上队长的请求并作解释。

（4）第一裁判员鸣哨中止比赛后，应立即以法定手势表明：

①应发球的队。

②犯规的性质。

③或犯规的队员（必要时）。

4. 第二裁判员的权力与职责

（1）第二裁判员是第一裁判员的助手，站在第一裁判员对面执行其职责。

（2）比赛前及局间隙掌握比赛用球，掌握暂停和换人次数，拒绝不合规定请求。可用手势指出其职责以外的犯规，发现队员有不良行为应向第一裁判员报告。

（3）在每局比赛开始时，决胜局中交换场地时核对双方队员位置表。比赛中对接发球位置错误、队员触网、球触及障碍物、后排队员拦网犯规、队员从网下穿越进入对方场区和空间干扰对方及发现队员受伤时，必须鸣哨并做出手势。

（4）第二裁判员鸣哨后，应立即以法定手势表明：

①犯规的性质。

②犯规的队员。

③跟随第一裁判员指出发球队。

5. 司线员的职权和职责

(1)两名司线员应站在每名裁判员右手的角端,距场角1~2米。他们各自负责其一侧的端线和边线。

(2)司线员用旗(40×40cm),按照规定的旗示执行其职责。

(3)当球落在他所负责的线附近时,示以"界内"或"界外"。

(4)对触及身体后出界的球,示以"触手出界"。

(5)示意球触及标志杆或球从他一侧标志杆外过网。

6. 记录员的职权和职责

(1)记录员坐在第一裁判员对面的记录台处。比赛前和每局前按照规定程序登记有关比赛和两队的情况,并取得双方队长或教练的签字。根据位置表登记好各队上场阵容。比赛中掌握记录表的各项记录工作,并及时核对和报告场上比分。

(2)发现发球次序错误,及时通知第二裁判员。

(3)比赛结束时,自己在记录表上签字后,取得双方队长的签字,然后请裁判员签字。

**思考题**

1. 谈谈女排精神对您在学习、生活和运动的影响是什么?

2. 我国排球运动的发展大致分为几个阶段?请简要论述。

3. 国际排球联合会何时何地成立的,请写出国际排球联合会的英文缩写。

4. 中国排球协会成立于哪一年,请写出中国排球协会英文缩写。

5. 国际排球有哪些大赛,请简要论述。

6. 简述排球运动的特点与价值。

7. 简述排球运动的比赛特性。

8. 简述排球运动各项技术动作的要领和结构,包括传、垫、扣、发、拦。

9. 常用的防守阵容有哪些,常用的进攻战术有哪些,有哪些常用的阵容配备,用文字和图示表示出来。

10. 简述排球场地器材与设施(包括长、宽、球网、球柱、球、灯光、标志带、标杆等)。

11. 排球击球时容易出现哪些犯规?

12. 什么是进攻性击球?进攻性击球犯规有哪几种情况?

13. 简述比赛过程和完成比赛过程。

14. 简述一场比赛中裁判员的组成。

15. 第一裁判员和第二裁判员分别有哪些权力和责任?

16. 如何做一名优秀的排球裁判员?需要具备什么样的素质?

17. 开展沙滩排球运动需具备哪些基础条件?

18. 你对沙滩排球运动的职业化发展有何新思路?

19. 中国的沙滩排球运动应该脱离室内排球自成体系独立发展吗?

20. 中国内陆城市如何开展沙滩排球运动?

21. 沙滩排球运动有何价值?

22. 沙滩排球与室内排球有哪些不同之处?

23. 简述沙滩排球的比赛特性。

24. 简述沙滩排球传球的技术特点。

25. 简述沙滩排球扣球的技术特点。

26. 浅谈你对沙滩排球运动的认识。

27. 什么是气排球？简述其比赛特性及场地特点。

**参考文献**

1. 全国体育院校教材委员会,排球运动[M].北京:人民体育出版社,2003.

2. 孙国民,张瑞林.排球运动[M].北京:高等教育出版社,2010.

3.《排球运动教程》编写组.排球运动教程[M].北京:北京体育大学出版社,2016.

4. 中国排球协会.排球竞赛规则(2017-2020)[M].北京:人民体育出版社,2017.

5. 中国排球协会《联赛技术手册》.

6. 排球运动教程[M].北京:人民体育出版社,2017.

## ——学习时刻——

发展体育运动，增强人民体质，是我国体育工作的根本方针和任务。全民健身是全体人民增强体魄、健康生活的基础和保障，人民身体健康是全面建成小康社会的重要内涵，是每一个人成长和实现幸福生活的重要基础。我们要广泛开展全民健身运动，促进群众体育和竞技体育全面发展。

——2013 年 8 月 31 日，习近平总书记在沈阳会见参加全国群众体育先进单位和先进个人表彰会、全国体育系统先进集体和先进工作者表彰会的代表时发表讲话。

# 第八章

# 网球运动理论与技术

## 第一节　网球运动概述

### 一、起源和发展

网球运动的起源及演变可以用四句话来概括:网球孕育在法国,诞生在英国,开始普及和形成高潮在美国,现盛行全世界。早在 12~13 世纪,法国的传教士就常常在教堂的回廊里,用手掌打一种类似小球的物体,以此来调节那刻板的教堂生活。渐渐地这种活动传入法国宫廷,并很快成为王室贵族的一种娱乐游戏。开始他们只是在室内进行这种游戏,后来又转向室外,在一块开阔的空地上,将一条绳子架在中间,两边各站一人,双方用手来回击打一种裹着头发的布球。

14 世纪中叶,法国王储将这种游戏使用的球赠送给了当时的英王,于是这种游戏便传入了英国。当时这种球的表皮是用埃及坦尼斯镇所产的最为著名的绒布——斜纹法兰绒制作的,英国人就将这种球命名为"Tennis",并且流传下来,直到现在我们使用的球还保留一层柔软的绒面,"Tennis"也就成了网球运动的专用语。

15 世纪,这种游戏不再用手掌击球而是改用板拍打球了,并很快出现了一种用羊皮纸做的卵形球拍。尽管这种球拍的拍柄较重,并且也不美观,但与用手掌击球的方法相比,无疑是一种极大的革命。同时,场地中央的绳子也改换成了网子。于是这种游戏使更多的贵族产生了兴趣。16~17 世纪是这种活动的兴旺时期,它不再是一种单纯的游戏,而是形成了一种比赛,并专门建造了球场并规定了场地的大小,制定了相应的比赛规则。球拍也有了进一步改进,击球的拍面不再用羊皮纸,而是穿上了有一定弹性的弦线。在这之前,由于这种活动只是在法国和英国宫廷中流行,所以网球运动有"宫廷网球"和"皇家网球"的称谓。

18 世纪,随着资本主义的兴起,网球运动冲出了宫廷,逐渐在资产阶级和市民阶层开展起来。到 19 世纪,网球成为欧美盛行的一项运动。1873 年,英国的沃尔特·克洛普顿·温菲尔德少校将早期的网球打法加以改进,使之成为夏天在草坪上进行的一种体育活动,并取名"草地网球"。同年还出版了一本以《草地网球》为题的小册子,对这种活动进行宣传和推广。所以温菲尔德被称为"近代网球之父"。他在《草地网

球》一书中,提出了一套接近于现代网球的打法。1874年又进一步规定了球场的大小和球网高低。在美国创造了简易的草地网球比赛。1875年英国板球俱乐部修订了网球比赛规则之后,于1877年7月举办了第一届温布尔顿草地网球锦标赛。后来这个组织又把网球场地定为23.77米×8.23米的长方形、球网中央的高度为99厘米,并确立了每局比赛采用15、30、40……的记分方法。用15分为记分法始于15世纪,它是参照天文学中的六分仪而来。六分仪与1/6个圆一样共有60度,每度分为60分。当时网球比赛每局有4分,4个15分为一度,4个15度构成1/6的圆,采用15为基数来计算每一球的得失。而至于45改为40,则是为了报分发音简便的原因。1884年英国伦敦玛丽靳本板球俱乐部又把球网中央高度定为91.4厘米,至此,现代网球正式形成,并很快在欧美盛行起来成为一项深受欢迎的室外体育运动。

19世纪90年代中期,世界网球运动进入了重要发展阶段,许多国家和地区相继成立了网球协会,并定期举行比赛。第二次世界大战后,美国和澳大利亚的选手称雄网坛,并把网球的技术推向了更高的水平。

进入20世纪70年代后,网球运动飞速发展,澳大利亚和墨西哥几乎全民参与网球运动,美国有四千多万人打网球,网球运动在世界各地得到了普及。

在1984年的美国洛杉矶第二十三届奥运会上,网球被列为表演项目。在1988年的韩国汉城(今首尔)第二十四届奥运会上,网球被列为正式比赛项目。20世纪80年代以来,随着网球运动的普及与提高,职业化进一步成熟与深化,网球新秀取代老的球王,形成了一个球星很难长期独霸天下的局面。

到了20世纪90年代,又涌现出了许多新秀,他们都具有向老将挑战的实力。美国选手桑普拉斯连续6年排名世界第一,打破了伦德尔在20世纪80年代创造的270周占据世界排名第一的历史纪录。2000年的澳大利亚网球公开赛上,阿加西二度加冕,事隔6年再次捧走澳网冠军。自2003年之后,网坛正式进入"费德勒时代",瑞士网球天王费德勒以惊人的一年最多获得三项"大满贯"的速度快速登顶世界第一并常年保持榜首。迄今为止他也是保持世界第一时间最长的男子选手,其影响力相当于蓝球界的乔丹、足球界的马拉多纳。自2009年之后网坛进入以"费德勒、米尔纳、德约克维奇"三人为首的"三巨头"时代,所有"ATP1 000大师赛"以上的赛事冠军被三人瓜分,此时的世界网球风格也进入了"底线为尊"。而现如今随着"三巨头"的逐步老去,网坛又回到了20世纪90年代那个各路新秀四起、"百家争鸣"的时代。

目前,我国网球运动正在蓬勃发展,室内外网球场地不断兴建,参与网球运动的人数日益增多,业余比赛此起彼伏。从我国第一位亚洲冠军潘兵到2004年首夺奥运会金牌的中国金花李婷和孙甜甜;再到著名的"海峡组合"彭帅与谢淑薇;接着再到世界排名最高达到第二,入选世界网球名人堂,夺得两届大满贯的李娜。我国的网球运动有了飞越式发展。我国的业余网球也不甘示弱,业余网球赛事已从"贵族赛事"到"白领赛事",再向"平民赛事"过渡,赛事参与人数越来越多,奖金越来越高,赛事种类、组别、参与的城市都越来越多。

**二、现在的网球大赛**

(一)温布尔顿锦标赛

温布尔顿锦标赛是现代网球史上最早的比赛,由全英俱乐部和英国草地网球协会于 1877 年创办。首次正式比赛在该俱乐部位于伦敦西南郊的温布尔顿总部举行。首届比赛只设男子单打，冠军奖杯叫"挑战杯"。1879 年增加男子双打，1884 年增加女子单打，1899 年又增加女子双打和混合双打，1901 年才接受国外选手参赛，并且当时只限于英国自治领地的小国参加，1905 年正式向美国、法国等其他国家选手开放。1922 年进行了两项具有巨大意义的改革，一是修建可容纳 1.5 万观众的中央球场，二是废除了"挑战赛"。从这一年起要取得冠军，男子必须从第一轮打起，连胜 7 场比赛，女子必须连胜 6 场比赛，方可获得冠军。

　　1968 年国际网联同意职业选手参加该项比赛，同时组织者还设置巨额奖金，从而吸引了全世界一流好手参加，故竞技水平逐年提高。凡夺得各个单项比赛第一名者，即为该项目的世界冠军。因此，比赛期间群英荟萃，好手云集，争夺十分激烈，它体现了网球技术的最高水平及发展趋势。

### (二)法国网球公开赛

　　法国网球公开赛始于 1891 年，通常在每年 5 月下旬至 6 月上旬举行。比赛地点设在巴黎西部一座叫罗兰加罗斯的大型体育场内。该项比赛已经有 100 多年的历史了，在过去的百年中，除了两次世界大战被迫停赛 11 年外，其余 90 多年均是每年举行一届。开始只限本国人参加，到 1925 年以后对外开放，成为公开赛。该比赛规定每场比赛采用 5 盘 3 胜淘汰制，而罗兰加罗斯球场属慢速红土场地，利于底线对拉，所以一场比赛打上 4 个小时是习以为常的。在这样的球场要获得胜利是不容易的，运动员要求有超群的技术和惊人的毅力。

### (三)美国网球公开赛

　　美国网球公开赛首届比赛于 1881 年在美国罗得岛新港举行，每年举办一届，通常在 8~9 月举行。开始名为"全美冠军赛"，1915 年起移至纽约林山进行比赛，1970 年改名为全美公开赛。1968 年被列为四大公开赛之一，是一年中最后举行的大赛。由于美国网球在世界地位的卓越和高额的奖金，以及中速硬地场地，所以吸引了众多好手参加。

### (四)澳大利亚网球公开赛

　　澳大利亚网球公开赛较温布尔顿、法国、美国网球比赛等三项赛事创建得晚，它是 1908 年创办的，赛地在墨尔本，安排在 1~2 月举行，它是每年最早开赛的四大赛事。由于赛地远离欧美大陆，赛事又在年初举行，时值当地盛夏，气候奇热，欧美好手都不愿长途跋涉冒酷暑去参加比赛，因此它是当时最缺乏吸引力的比赛。然而到了 1968 年，国际网球职业化，它被列为四大公开赛之一以后，得分和奖金均高于一般巡回赛事，其身价才有所提高，目前已经成为世界主要赛事。

### (五)戴维斯杯网球赛

　　戴维斯杯网球赛是每年一度的世界男子网球团体赛，也是世界网坛层次最高、影响最大的国际性团体赛。1900 年由美国人怀特·戴维斯创始，他的计划是每年举行一次国际网球团体赛，由各国选派最佳运动员组成国家网球队参加比赛，他捐赠的银制奖杯名为"戴维斯杯"，奖给冠军队，以此来增进友谊，交流球艺，推动网球运动的发展。1900 年在美国波士顿举行第一届比赛。"戴维斯杯"比赛采用 4 单 1 双、5 场 3 胜制。比赛分 3 天进行，第一天两场单打，第 2 天 1 场双打，第 3 天两个单打交叉比赛。

第一天和第二天为 5 盘 3 胜制,第 3 天为 3 盘 2 胜制。获得戴维斯杯次数最多的国家有美国、澳大利亚、英国和法国等。

（六）联合会杯网球赛

联合会杯网球赛是每年一度的世界女子网球团体赛。它是 1963 年为庆祝国际网联成立 50 周年创办的。联合会杯与戴维斯杯大赛齐名,一个是女子网球团体赛,一个是男子网球团体赛,都是每年检阅各国网球整体实力的规模最大的比赛。该比赛采用两场单打和 1 场双打决定胜负,以淘汰制办法进行。夺冠次数最多的国家有美国和捷克等。

（七）奥运会网球赛

1896 年在雅典举行的第一届现代奥运会上,网球的男子单打与双打被列为正式比赛项目。后来,由于国际奥委会和国际网球联合会在"业余运动员"问题上有分歧,已经进行了连续 7 届的奥运会网球比赛项目被取消。直到 1984 年的洛杉矶奥运会上,网球才被列为表演项目。到 1988 年的汉城奥运会上,网球重新被列为正式比赛项目。

（八）ATP 世界巡回赛 1 000 大师赛

ATP 世界巡回赛 1 000 大师赛是 ATP 下辖的 ATP 世界巡回赛的一个系列,又被简称为"ATP 1 000 大师赛"或"ATP 大师赛"。该系列比赛共包含了 9 个站的大师赛,分别分布在欧洲、北美洲和亚洲（2009 年后）,这一系列比赛对于顶尖的男子网球选手来说极为重要,其重要程度仅次于大满贯和 ATP 年终总决赛。

# 第二节　现代网球运动的特点和价值

## 一、网球运动的特点

网球运动是一项深受人们喜爱、富有乐趣的体育活动,具有很高的锻炼价值。它既是一种自我娱乐和增进健康的手段,又是一种艺术追求和享受,同时还是一个观赏性很强的体育竞赛项目。

（一）增强体质,促进健康

网球运动是一项男女老少皆宜的运动,运动量可大可小,可以自行调节。练习网球,可以使人们动作敏捷,判断准确,反应迅速,提高速度、力量、柔韧、灵敏等身体素质,对改善人体运动系统、循环系统、呼吸系统、神经系统以及抵抗各种疾病、适应外界的能力都有重要的作用,从而有效地增强人们的体质和健康。

（二）培养良好的意志和作风

在网球运动中,特别是在比赛中,人们通过进攻与防守、控制与反控制,既斗智又斗勇。

网球运动还能锤炼个人的意志品质和心理素质,有利于培养拼搏进取的精神和胜不骄、败不馁的品格,有利于提高克服各种困难的勇气。

（三）团结协作，增进友谊

练习网球需要一个对手或球友。通过网球运动可以交流球艺，增进友谊。特别是参加双打比赛，可以培养人们相互信赖、团结协作、密切配合的合作意识。它还具有社交功能，可以促进彼此间的沟通和理解。

（四）愉悦身心，陶冶情操

网球比赛具有较强的观赏性。网球比赛中，场上热烈的气氛，激烈的争夺，使广大观众如痴如醉，豪情满怀。运动员所表现的顽强斗志，潇洒的气度，精湛的技艺，都令人赏心悦目，久久难以忘怀，让人从中得到一种精神享受。

### 二、网球运动的价值

网球运动有着极高的运动价值，它既是一种艺术的追求和享受，又是一种扣人心弦的竞赛，它既可被作为娱乐项目用来消遣，又可作为体育项目用以增进健康。文明高雅的举止，艺术性极强的击球动作，无论是参与者还是欣赏者，都是一种享受。

由于每个来球都有不同的速度、力量、旋转、方向、落点，所以击球者要根据每个来球的具体情况及自身的意图做出应变处理。因此对培养参加者的判断、速度、耐力、灵敏性及柔韧性有积极的作用。

网球运动是一项老少皆宜的体育运动，从六七岁的儿童到七十多岁的老者，均可根据自己的身体情况合理安排。长期进行网球运动的锻炼，少年儿童能开发智力，增强体质，青年人能保持青春活力和健美体态，老年人能保持旺盛的精力，延缓衰老。由于是隔网项目，没有身体接触，安全、文雅，所以通过打网球也可以促进友谊，加强团结。

## 第三节　网球运动的基本技术

网球基本技术有：准备姿势、握拍方法、正反手抽球、正反手截击球、高压球、发球、接发球等。

### 一、准备姿势

接球准备及握拍动作：准备接球时，双腿自然分开，大约比肩稍宽，并自然弯曲，身体前倾，脚后跟离地。球拍自然地置于腹前，拍头指向前方，微上翘，手腕低于拍头。右手以大陆式正手轻握球拍，左手扶住拍颈，眼睛注视对方动作以及随后的来球，从而判断应该使用正手或反手接球，同时准备起跑出击。

当对来球判断完毕，即刻变化握拍。用左手扶住球拍颈部，在球拍向后摆动准备击球之前，握拍必须调整完毕。

击球完毕后一定回到初始状态。养成良好习惯，你的网球技术就有个全新的开始了！

### 二、握拍方法

正手握拍法分东方式、大陆式和西方式三大类,随着网球理论的发展,人们越来越倾向于东方式和西方式之间的半西方式,半西方式最大的好处是手掌和拍面在同一个平面上,最大限度地允许使用者在稳定的基础上发力,并且容易培养手感。半西方式没有统一标准,要初学者自行体会。

#### (一)东方式握拍法

东方式握拍法:亦称"握手式"握拍法。拍面与地面垂直,手握拍柄好像与人握手一样。准确地说,用握拍手的虎口对正拍柄右上侧楞,手掌根与拍柄右斜面紧贴,拇指垫握住拍柄的左垂直面,食指稍离中指,食指下关节压住拍柄右垂直面,五指握紧拍柄。如图 8-1 所示。

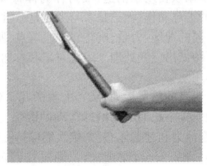

图 8-1

#### (二)大陆式握拍法

大陆式握拍法:是将球拍侧立,从上而下握拍,犹如手握铁锤柄的姿势。正确的握法是虎口对拍柄上面楞面正中间,手掌根抵住拍柄上部的小平面,拇指直伸围住拍柄,食指下关节紧贴拍柄右上斜面,无名指和小指都紧贴拍柄。如图 8-2 所示。

图 8-2

#### (三)西方式握拍法

西方式握拍法:拍面与地面平行,用手从拍上面抓住拍柄,手掌根贴在拍柄右下斜面,拇指和食指都不前伸,拇指压在拍柄上部小平面,食指下关节握住拍柄的右下斜面。如图 8-3 所示。

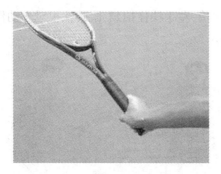

图 8-3

（四）单手反手握拍法

从正手握拍法把手向左转动 1/4 即转动 90 度（或拍柄向右转动 1/4 即转动 90 度），使虎口对正拍柄左侧楞面上，即用手掌根压住拍柄的左上斜面，拇指直贴在拍柄的左垂直面上，食指下关节压住拍柄右上斜面。如图 8-4 所示。

图 8-4

（五）双手反手握拍法

双手反手握拍法：右手是东方式反手握拍法，握在拍柄端部，左手为东方式正手握拍法，握住右手的上方。注意：尽量右手靠近拍端，左手靠近右手。如图 8-5 所示。

图 8-5

### 三、正手抽球

（一）击球准备

准备接球时，双腿自然分开，大约比肩稍宽，并自然弯曲，身体前倾，脚后跟离地。

右手以东方式轻握球拍,左手扶住拍颈,眼睛注视对方动作以及随后的来球。如图8-6所示。

图 8-6

拉拍,如图8-7所示。

图 8-7

要点:

(1)在拉拍前,右手转动拍把,调整为正手握拍。

(2)左脚微踏前,左手指向来球,右脚基本与底线平行,保持双腿的弯曲站立。

(3)转肩,令左手指向你希望的球的落点;向后拉拍,直到拍头指向后挡网;重心落到右脚上。对于初学者,以上动作越快完成,对接下来的击球动作就越有利。

(二)击球

要点:

(1)向下向前向上平滑挥拍,拍面与地面的夹角不能过大,逐渐加速,在击球时加到最快。

(2)把刚才指向来球的肩打开,同时右脚蹬地,释放储备能量,辅助肩、手的动作。

(3)在身体右前侧腰间高度击球,击球时拍面和地面垂直,击球瞬间握紧球拍。如图8-8所示。

**图 8-8**

（三）随球挥拍

随挥是任何击球中都必不可少的环节，正手击球后，实际上球拍会带着球共同滑行一段距离，这个时候一定要随着球拍的惯性做随挥动作，然后收在自己的左肩上方。随球的后半部分可以放松握紧球拍的手，让自己调节一下，准备下次击球。如图 8-9所示。

**图 8-9**

## 四、双手反拍抽球

双手反手是当今的主流反手技术，由于其发力行程短，击球动作稳定而广泛运用于职业网坛，对于初学者来说，两只手握拍击球，有利于掌握动作要领，弥补单手的力量不足。

（一）拉拍

要点：

（1）首先，拉拍之前，右手转动拍把，调整为反手握法。

（2）右脚向身体左前方踏出，基本与底线平行，保持双腿的弯曲站立，此时重心在右脚。

（3）大幅度转肩，令右肩斜指向对方；向后拉拍，直到拍头指向后挡网；重心依然稳定在右脚。对于初学者，以上动作越快完成，对接下来的击球动作就越有利。

（二）击球

要点：

（1）直接向前向上平滑挥拍，挥拍时切忌双手以球拍为杠杆做旋转，而应朝同一方向用力。

（2）把刚才指向对方的肩打开，同时双脚结合腰蹬转发力，释放储备能量，辅助肩、手的动作。

（3）在体前腰间高度击球，击球点位于身体左前侧，击球时拍面和地面垂直，击球瞬间握紧球拍。

（4）双手反手击球是左手发力，右手辅助击球。如图 8-10 所示。

图 8-10

（三）随球挥拍

双手反手的随球动作务必做到完整，双手握球拍向右肩随挥，直到下巴碰到左手臂，随球的后半部分可以放松握紧球拍的手，调节一下，准备下次击球。如图 8-11所示。

图 8-11

### 五、单手反拍抽球

单手反手始终是超级发烧友的最爱,由费德勒、瓦林卡、蒂姆、西西帕斯这些名将所画出的优美绝伦的单反曲线,让人清楚地领略到网球和艺术的完美结合。但是,单反需要更好的球感,强大的手臂力量,所以选择什么样的反手,还是依个人的身体条件决定。

#### (一)击球准备

面对球网,两脚自然立与肩同宽,两膝微屈,重心落在前脚掌上,左手扶拍颈,拍面垂直于地面,指头指向对方,双目注意对方来球。

#### (二)引拍

正确判断来球后,快速移动到位,重心移至右脚,身体向左旋转,将右肩对着来球,左右手配合转动球拍,呈东方式握拍,屈膝降低重心,右脚向击球方向跨出呈"关闭式"步法。在来球即将落地时,快速向后引指,将拍头指向场地后方,拍头降低与膝关节同高。

要点:

(1)右脚向侧前方斜跨,指向来球,双腿高度弯曲,压低重心。

(2)左手帮助右手转动握把,获得单手反手握拍法(参照前述)。

(3)大幅度转肩,几乎让背部朝对方场地;左手扶着拍颈,帮助右手向左侧后方拉拍,直到拍头指向后挡网;重心落在后脚。对于初学者,以上动作越快完成,对接下来的击球动作就越有利。

#### (三)击球

来球落地起弹后,由下向上、向前挥拍,在身体左侧前方,位于膝关节与腰之间的高度击球,击球部位与拍形与正手击球相同,拍体与地面平等,拍面与地面及击球方向垂直,用拍面中心位置击打球的后中部。

要点:

(1)向前向上平滑挥拍,逐渐加速,在击球时加到最快。

(2)把刚才指向对方的肩打开,同时双脚蹬地以左脚为主,使身体向右侧旋转。

(3)击球点应该比正手低,但更靠前,击球时拍面和地面垂直,击球瞬间握紧球拍。

#### (四)随球挥拍

击球后,球拍尽量随球前送,单手击球的右手挥拍至头的高度,左手向后伸展,两臂呈直线展开,胸部面对场地前方,转体幅度不宜过大,身体重心移至右脚。

单手反手的随球是单反的精华部分,开始向前挥拍时,左手留在身体后方,右手挥拍,击球后,右手继续上挥,左手在身体后方张开保持平衡,使这个动作看起来像在飞翔,随球的后半部分可以放松握紧球拍的手,让自己调节一下,准备下次击球。

### 六、截击球(截击)

截击球(截击)又叫拦网,也可以理解为上网球,是指在网球落地前进行凌空拦击,是网球技术中的一种攻击性击球方法,它回球速度快、力量重、威胁大。截击是网球比赛中有效的得分手段之一,也是迅速帮助自己取得攻防转换优势的战术之一。现代网球比赛的特点之一就是对抗双方都会力图占据有利地位,上网截击已成为球员必须掌握的得分手段。

（一）截击的站位及准备

截击的站位没有固定的地点，但一般情况下，准备截击时，站在球网和发球线之间偏前的位置，这样既不会太靠前而缩小了控制面，又不会太靠后，被对方打出难受的脚边球。如图 8-12 所示。同时上网截击要十分警惕对方的破网和挑高战。一般要站位于对方破网的直线与斜线之间所形成夹角的平分线上，并注意保护直线空当。

图 8-12

准备姿势为两脚自然站立约同肩宽，重心在前脚掌上，脚跟提起，身体前倾，膝盖弯曲，持拍于体前，拍头高于手腕和球网，左手扶拍颈，眼睛注视来球。截击的准备动作和正反手的准备动作完全一样，但需要提醒的是，由于和对手的距离缩短一半，截击时很容易犯下球拍还在正手位、球却已经朝反手飞过来的错误，所以，每次截完，都必须迅速回到初始位置，只有这样，才能有效地对付下一个来球。

（二）截击的握拍

由于网前没有很多的时间用以正反手换握拍法，通行的截击握拍法是大陆式，因为大陆式握拍法不用换握拍就能打正手球或反手球。而在网前截击时，回球速度极快，一般来不及变换握拍方法。力量不够的爱好者可以用左手帮助右手在反手位的时候截击。

（三）正手截击

（1）截击球的动作以"碰"和"推"为主。左脚向来球方向跨出，拍头高于手腕，手腕绷紧在身体前面撞击球，同时拍面向上，在向前推碰球的过程中略带一些切削，这样能控制将球击向对方场地。见图 8-13。

（2）体前截住来球，击球时拍头依然竖起，如果不是特别低的来球，拍面基本垂直地面或有很少的后仰。来球越低，就越压低自己的重心。

（3）简短的随球，接触球后，拍子沿击球方向前送 30 厘米左右，这样有助于控制球的飞行方向。马上以一个小跳步回到初始姿势，同时密切观察对方动作和球的去向。

图 8-13

（四）反手截击（图 8-14）

转肩引拍：判明来球方向，立即转肩向左，并用左手扶拍，使球拍做一个短短的后摆，拍头向上，高于手腕，眼睛看球。

挥指击球：左脚上步的同时，球拍向前对准球做简短的撞击动作，要求手腕紧绷，手臂伸直，在提前 15～30 厘米处击球，左手自然伸向后边，以保持身体平衡。

随球动作：球拍接触球后沿击球方向送出 30cm 左右，并及时恢复至准备姿势。

总结：截击球的后摆不应过大，击球点应保持在身体前方 30～60 厘米，要向前迎击来球，注意指头不要下垂，要保持指头高于手腕，击球时手腕固定，指子应紧握，击球时拍子不能移动。

图 8-14

## 七、发球

发球是网球比赛中最重要的环节之一，它是一分的开始，并且是唯一不受对方技术水平影响的技术，稳定而有效的发球一定可以令队员在比赛中信心倍增。

（一）握拍法

一般来说，发球采用大陆式握拍或东方式反拍握拍，以下教程也都以大陆式为基准，也有采用东方式反手握拍法来加强发球的旋转性的，对于初学者，不

排斥用正手握拍法,但以后应尽量转变为大陆式。发球前具体的准备动作:双脚自然分开站立,两脚的连线根据球员不同的习惯可与底线相垂直,也可以保持另外一个合适的角度;身体自然前倾;最好只持一个球,球自然着落在持球手拇指、食指及中指三指上,无名指和小指自然屈于球的后部。

(二)抛球

(1)左手拇指食指中指轻托住球。

(2)直臂把球往上送,送至头顶高度脱手,让球继续垂直向上运行。

(3)好的抛球脱手后,手留在原处可以接到落下的球。

(4)好的抛球应该让球的转性减到最小,你可以清晰地看见球上的商标。

(5)抛球最起码的高度应是你掂起单脚,手握球拍向上伸直可以达到的高度。

(三)发球步骤

如图8-15所示。

**图 8-15**

(1)侧对甚至背对球要发到的地方,双脚自然分开站立。

(2)左手捏球和右手的球拍靠拢。

(3)双手同时下降,分开,再同时上升。

(4)左手球准备脱手时,右手在背后准备把球拍提起。

(5)左手球脱手时,右手拍子经过头顶,然后拍头向下,肘指天。

(6)用力向前方击球,如果你身高不足185厘米,千万不要刻意向下压球。

(7)球出手后顺势前踏一步,调整好准备上网或下一次击球。

(四)一发和二发

网球比赛中发球有两次机会,一定要在这两次发球中把球发进,否则将直接失去一分。一般来说,一发常采用大力发球,而二发采用相对保险的旋转球。但是现在的网球理论更倾向旋转的变化,所以并非旋转发球就是比较弱的发球。

对于初学者来说,掌握上述一种发球就足够了,在一发中运用90%左右的力量,二发中运用70%的力量,这样既保证了速度又提高了稳定性。

## 第四节　网球运动规则与裁判法

### 一、网球竞赛规则

（一）单打比赛

1. 场地

单打场地是一个长 78 英尺(23.77 米)、宽 27 英尺(8.23 米)的长方形(见图 8-16)。中间由一条挂在最大直径为 1/3 英寸(0.8 厘米)粗的钢丝绳索上的网分开。网的两端应附着或跨在两个网柱上,网柱应为边长不超过 6 英寸(15 厘米)的正方形柱或圆柱。网柱不能超过网绳顶端以上 1 英寸(2.5 厘米)。每个侧柱的中点应距场地 3 英尺(0.914 米),网柱的高度应使网绳或钢丝绳的顶端距地面垂直距离 3 英尺 6 英寸(1.07 米)。

在双打与单打兼用的场地上悬挂双打球网进行单打比赛时,球网应该用两根高 3 英尺 6 英寸的网柱支撑起来。这两根网柱被称作"单打支柱",它们应该是边长不超过 3 英寸(7.5 厘米)的正方形或相同直径的圆柱。每侧单打支柱的中点应该距单打场地 3 英尺。

球场两端的界线叫端线,两边的界线叫作边线。在球网的每一边距离球网 21 英尺(6.40 米)的地方画一条与球网平行的线叫发球线。球网与每一边的发球线和边线组成的场地被发球线中线分为两个相等的部分叫作发球区,发球中线是一条连接两条发球线的中点与边线平行的线,线宽必须是 2 英寸(5 厘米)。第一条端线都被一条长 4 英寸宽 2 英寸的发球中线的假定延长线分为相等的两部分,这条线叫作"中心标志",它与所触的端线呈直角相连,自端线向场内画。除了端线的最大宽度可以不超过 4 英寸以外,所有其他的线的宽度均应大于 1 英寸(2.5 厘米)而小于 2 英寸。所有的测量应到线的外沿为止。

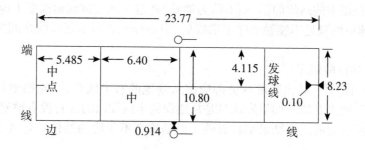

图 8-16　网球竞赛单打场地图(单位:米)

在戴维斯杯、联合会杯以及其他国际网联的正式锦标赛的比赛中,对于场地后面和两边的空地距离的详细要求,分别包含在这些赛事各自的规则中。

俱乐部和以娱乐为主的网球场地,第一条端线后面的距离不能少于 18 英尺(5.5 米),两边的距离不得少于 10 英尺(3.05 米)。

2. 永久固定物

场地上的永久固定物不仅只包括球网、网柱、单打支柱、网绳或钢丝绳、中心带及网带,当下列情况出现时,也都被看作是永久固定物。比如:后面和边上的挡板、看台、场地周围固定的和不移动的椅子、所有场地周围和上方的固定物,还有处于各自预定位置的裁判、司线裁判、脚误裁判、司线员和球童。

注释:在本条中,"裁判"一词所包含的不仅有主裁判,还有被授权在场地上有座位的人,以及被指定协助主裁判为比赛工作的人员。

3. 球

球的外表用纺织材料统一制成,颜色应该是白色或黄色。如果有接缝,应该没有缝线。

球的尺寸应该符合规则的要求。球的重量应该大于 56.7 克小于 58.5 克。

4. 发球员和接球员

运动员应该分别相对站在球网两侧,发球的运动员称作发球员,另一个运动员称作接球员。

5. 场地和发球的选择

场地的选择和在第一局中成为发球员还是接球员的权利由掷币来决定。掷币获胜的一方可以选择或要求他的对手来选择。

6. 发球

发球应该按照如下的方式进行发球。发球员在开始发球前应站立,双脚站在端线后(远离球网的一侧)、中心标志的假定延长线和边线之内。然后发球员应用手将球抛向空中的任何方向并在球触地前用球拍将球击出。在球拍与球相接触的那一时刻,整个发球即被认为结束。只能使用一只手臂的运动员,可以用他的球拍做抛送。

7. 脚误

在发球的整个发送过程中,发球员应该:

(1)通过走动或跑动来改变他原来的位置。如果发球员轻微地移动而没有从本质上影响到他原来的站位的话,则不认为他是"通过走动或跑动而改变了他的位置"。

(2)发球员的双足不能触及除了端线后、中心标志的假定延长线之间的区域以外的任何地方。

8. 发球站位的顺序

(1)发球时,每一局比赛发球员都应该从场地的右半区开始,轮换地站在右半区及左半区的后面来发球。如果发球员是从错误的半区发出的并且没有被察觉,那么由错误的发球所引起的比赛结果都将有效。但是这个不正确的站位一旦被发现应该立刻得到纠正。

(2)发出的球应该越过球网,在接球员回击之前应触及对角的发球区内的地面,或者落在任何组成发球区的界线上。

9. 发球失误

下列情况为发球失误:

(1)发球员违反了规则 6、7 或 8 的任何部分。

(2)发球员试图击打球时未能打到球。

(3)发出的球在触地前碰到了固定物(不含球网、中心带或网带)。

10. 第二发球

在一次发球失误后(如果它是第一次失误),发球员应该从他发该次失误球的同一半场的后面的规定位置再发一次。如果第一次失误是从错误的半场发出时,则按照规则 8 的规定,发球员必须从另外半场的后面发球且只有一次机会。

11. 何时发球

发球员应该在接球员做好准备以后再发球。如果后者试图回击发球则认为他已准备好了。然而,如果接球员示意他还没有准备好,他就有权要求发球方重发第一次发球,因为球没有在发球的固定限制内接触场地。

12. 重发球

所有在此规则下的重新发球或者规定比赛受到打断的例子,都应按照下面的解释来执行:

(1)单独在某次发球中呼报重发球,仅仅重发该次发球。

(2)在其他情况下的呼报,该分重赛。

13. 发球中的“重发”

遇下列情况应重新发球:

(1)发出的球触到了球网、中心带或网带后落在有效发球区内,或者在触到了球网、中心带或网带后落地前又触到了接球员或他所穿的或携带的任何物品。

(2)球发出后,无论好坏接球员没有做好准备时(见规则 11)。

在重新发球时,引起重发的那次发球不被计算,发球员重新发球,但是重新发球前的失误不能取消。

14. 发球次序

在第一局结束后,接球员应该成为发球员,发球员应该成为接球员,并按此次序在整个比赛后面所有局中依次交换。如果一名运动员发球次序有误,则应轮及发球的运动员在错误被发现后就该立即纠正,而在此错误发现前的比分均有效。在此错误发现前的一次发球失误则不予计算。如果在错误发现前该局已经结束,则后面的发球次序就按照已改变的次序进行。

15. 运动员何时交换场地

运动员应该在第一盘的第一局、第三局和后面依此相错的局数结束后以及第一盘结束后双方所得局数之和为单数时交换场地,如果一盘结束后双方局数相加之和为双数时,则在下一盘第一局结束后再交换场地。

如果发生了错误没有按照正确的顺序站位,则错误一旦被发现运动员就应立刻继续正确的站位和原先的顺序进行交换。

16. 活球

球从发出的那一时刻开始成为活球。除了失误或重发之外活球状态保持到该分结束为止。

17. 发球员得分

下列情况下发球员得分:

(1)发出的球,不属于规则 13 中重发的情况,在落地前触到了接球员或他穿戴的或携带的物品。

(2)接球员违反了规则 19 中的规定而失分。

18. 接球员得分

下列情况接球员得分：

(1)发球员连续两次发球失误。

(2)发球员违反了规则 19 中的规定而失分。

19. 运动员失分

运动员违反了下列规定的任何一条将失分：

(1)活球状态下,在球连续两次触地前不能将球直接回击过网[除规则 23 中(1)或(3)的规定以外]。

(2)他在活球状态下的回击触到了对方场地以外的地面、固定物或其他物体。

(3)他截击球失误,即使站在场地外。

(4)他故意用他的球拍拖带或接住处于活球状态中的球,或故意用球拍触球超过一次。

(5)在活球状态下的任何时候,他的身体或他的球拍(无论是否在他手中)或他穿戴的或携带的任何物品触到球网、网柱、单打支柱、网绳或钢丝绳、中心带或网带或者他对手场地的地面。

(6)在球过网前就截击。

(7)活球状态下的球触到了除他手中的球拍以外,他的身体或他穿戴的或携带的任何物品。

(8)他抛拍击球并且击到球。

20. 运动员妨碍对手

如果一名运动员的任何举动妨碍了他的对手击球,且这种行为是故意的,他将失分;如果不是故意的,这一分要重赛。

21. 压线球

落在线上的球被认为是落在由该线作为界线的场地内。

22. 球触永久固定物

如果活球状态下的球落地后触到了永久固定物(除了球网、网柱、单打支柱、网绳或钢丝绳),击出该球的运动员赢得该分;如果是落地前触到了永久固定物,他的对手赢得该分。

23. 有效回击

下列情况属有效回击：

(1)如果球触到了球网、网柱、单打支柱、网绳、钢丝绳、中心带或网带并且从上面越过后落在对方场地内。

(2)无论是发球时还是回击球时,在球落到有效区后又反弹或被风吹过网时,该轮及击球的运动员越过网击球并且没有违反规则 19(5)的规定。

(3)如果回击的球从网柱或单打支柱以外,无论是高于还是低于球网上部高度,即使触到网柱或单打支柱,只要球落在有效的场地内。

(4)如果运动员的球拍在击球后越过球网,而不是在球过网前击打并且回击有效时。

(5)无论是发球时还是回击球时,如果运动员的击球击到了停在场地内的另一个球时。

如果单打比赛在双打场地上进行并且使用单打支柱时,那么单打支柱以外的双打的网柱和那部分球网、网绳、钢丝绳和网带,在整个比赛中将被看作是永久固定物而不被看作是单打比赛的网柱或球网。

如果回击球从单打支柱和相邻的双打网柱之间的网绳下面穿过而又没有触到网绳、球网或双打支柱并且落在有效区内,这属于有效回击。

24. 运动员受到妨碍

假如一名运动员受到他无法控制的任何原因的妨碍而不能击球时,除了场地上的永久固定物,或规则 20 中的规定以外,都应该重赛。

25. 一局中的计分

如果运动员获得了他的第一分,比分计为该运动员 15 分,他获得的第二分,计为 30 分,他获得的第三分计为 40 分,这名运动员获得的第四分计为他赢得该局但是除了下列情况:如果两名运动员都获得 3 分,比分计为平分,一名运动员获得的下一分计为该运动员占先,如果同一名运动员又获得了下一分,他就胜了这一局;如果另一名运动员在平分后又连续获得两分,则该运动员胜这一局。

26. 一盘中的计分

(1)一名运动员先取得 6 局的胜利即赢得一盘;除此以外,他还必须要净胜他的对手两局,在这种情况下,一盘的比赛有可能一直延续,直到达到净胜两局的情况为止(通常称为:"长盘"决胜制)。

(2)假如在比赛前提前决定,也可以采用平局决胜制的计分替代(1)中的"长盘"比赛规则。

在这种情况下,将按照下面的规则进行比赛:

当比赛的比分为局数 6 比 6 时采用平局决胜制计分,除非事先声明,否则 3 盘 2 胜制比赛的第 3 盘或 5 盘 3 胜制的第 5 盘仍应按照普通的"长盘"进行。

27. 下面的计分制度应该在采用平局决胜制计分时使用

(1)先获得七分并且净胜两分的运动员即获得这一局以及这一盘的胜利。如果比分达到 6 比 6 时,则这一局必须继续进行直到有一方运动员达到这局净胜两分为止。在决胜的这一局中自始至终使用从"零"开始的普通的数字来计分。

(2)该轮及发球的运动员首先发第一分球,他的对手接着发第二分和第三分球,然后按照这个顺序双方轮流连续地发两分球直到一局以及这一盘的获胜方决定出来为止。

(3)第一分发球从右半场开始,之后的发球都应该按照顺序轮流从右半区到左半区来进行。如果发生从错误的半场发球的情况并且无法消除,那么从错误的半场发球所产生的比赛结果全部有效,但是一旦发现应该立即更正不正确的站位。

(4)运动员应该在每 6 分后及决胜局结束时交换场地。

(5)换球时应该将决胜局计为一局,而如果正好应该在决胜局前换球时,则应该推延到下一盘的第二局再进行。

单打里面的规则同样适用于双打比赛。

28. 发球的轮换

在决胜局中先发球的那个运动员(或在双打中的那一对选手)在下一盘开始时先接发球。

29. 比赛的最多盘数

一场比赛的最多盘数为男子5盘,女子3盘。

30. 连续比赛和休息

比赛应从第一次发球开始直到比赛结束连续进行。

(1)如果第一次发球失误,发球员应该立即进行第二次发球而不能有任何的拖延。

接球员必须跟着发球员的步调来比赛,并且应该在发球员准备发球时做好接球准备。

在交换场地的时候,从这一局的最后一分球结束时开始计算,到下一局的第一分球被击出时为止,最多有1分30秒的时间。

裁判员应该应用他的判断力来决定出现的情况是否使比赛不能继续进行。

国际性巡回赛和被国际网联认可的团体赛的组织者可以决定分与分之间的休息时间。但是在任何情况下,从上一分结束时开始到下一分球被发出时为止,间隔的时间不能超过20秒。

(2)比赛不能因为一名运动员要恢复他的体力、呼吸或身体条件而被推延、中断或干扰。但是,在出现意外伤害的情况下,裁判员可以允许比赛因为那次伤害而有一次3分钟的延缓。

(3)如果由于运动员不能控制的原因,比如他的服装、鞋或器材(包括球拍)出现问题使他不能继续比赛的情况,在运动员进行调整的时候,裁判员可以延缓比赛。

(4)裁判员可以在任何需要和合适的时候延缓或推迟比赛。

(5)男子比赛第三盘之后或女子比赛的第二盘之后,如果由于出现运动员不能控制的情况,而裁判员也认为需要的时候,每一名运动员可以有不超过10分钟的休息时间,或比赛在介于北纬15度和南纬15度之间的国家进行时,可以有45分钟的休息时间。如果比赛被延缓而且直到一天的晚些时候才恢复的话,休息只能在这一天的第三盘(女子比赛在第二盘)之后进行,前一天未进行完的一盘记作一盘。

如果比赛被延缓并且在同一天过了10分钟之后还没有恢复的话,那么休息只能在没有中断地连续进行三盘之后(女子在连续两盘之后)进行,前面未进行完的一盘记作一盘。

任何国家和组委会在组织某个赛事、某场比赛或其他竞赛时,如果在比赛开始前宣布的话,可以将本规则进行修改或取消。戴维斯杯和联合会杯的比赛,只有国际网联可以在它们的规则中修改或取消这条规则。

(6)赛事的组委会有权决定比赛开始前的准备活动时间,但是最多不能超过5分钟,并且要在赛事开始比赛前进行宣布。

(7)当使用经批准的罚分制和非累积罚分制时,裁判员将根据这些条例的内容来做决定。

(8)裁判员可以根据违反的情况在警告触犯者之后,可以继续给予处罚甚至取消他的比赛资格。

31. 指导

在团体比赛中运动员可以接受坐在场上的队长的指导,但是这种指导只能在一局结束后交换场地时进行,而决胜局中交换场地时不能进行指导。比赛中运动员都不能接受指导。本规则中的这项规定必须严格遵守。

在受到警告之后一名运动员可能被取消比赛资格。当通过批准的罚分制被使用时,裁判员将按照规定来实施惩罚。

注释:"指导"一词的含义包括建议或指示。

32. 换球

一场比赛在经过一定的局数之后要进行换球,如果没有按照正常的顺序换球的话,那么就要等到下次该由这名运动员或双打比赛中这一对选手发球时用新球来发球。在此之后的换球顺序仍然按照原先规定的局数进行。

(二)双打比赛

1. 双打比赛

上面的规则都适用于双打比赛并附加以下内容。

2. 双打场地

双打场地的宽应该是 36 英尺(10.97 米),即比单打场地的第一边宽 4.5 英尺(1.37 米)(见图 8-17)。两条发球线之间的单打边线被称作发球边线,在其他方面,场地的描述与规则 1 中的很近似,但是球网两边端线和发球线之间的单打线在不需要的时候可以去掉。

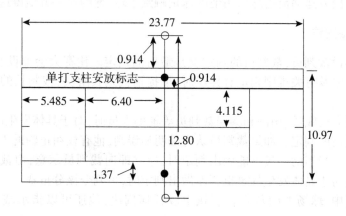

**图 8-17　网球竞赛双打场地图(单位:米)**

3. 双打的发球次序

发球顺序应该在每一盘开始前按照下面的方式决定:

在第一局先发球的那对选手应该决定哪一名运动员先发球,他们的对手应该在第二局做出同样的决定。第一局先发球的运动员的同伴在第三局发球,第二局发球的运动员的同伴在第四局发球,在这一盘的比赛中以及后面的比赛中都按照这样的顺序来发球。

4. 双打的接发球次序

接发球顺序应该在每一盘开始前按照下面的方式决定:

在第一局中先接发球的那对运动员应该决定哪一名运动员先接第一局,然后这名运动员在整个那一盘的所有单数局比赛中都首先来接发球。他们的对手应该按照这种方式决定哪一名运动员在第二局先接发球,然后在整个这一盘的所有双数局的比赛

中都先接发球。搭档的两名运动员应该在每局的比赛中轮流接发球。

**5. 双打的发球次序错误**

如果一名同伴发球次序出现错误,应该轮及发球的那名运动员在错误一经发现时就要立即发球。但是所有已经决定出来的比分都有效,在此错误发球之前的发球失误也都要被计算在内。如果该局比赛在错误被发现时已经结束,则发球次序就按照已经发生的变化来执行。

**6. 双打的接发球次序错误**

如果在一局比赛中接发球的次序被接球方改变,那么接发球的次序就保持错误被发现时的状态直到这一局结束。但是这一对运动员要在该盘下一次他们成为接球员的那一局时回到他们原来的正确的接球位置。

**7. 双打的发球失误**

发球时符合规则 10 的情况都属于失误,或者如果球触到了发球员的同伴或他所穿戴的或他携带的物品;但是如果发出的球触到了接球员的同伴,或他所穿戴的或他携带的物品,且不属于规则 14(1)中的重赛的情况,则发球方得分。

**8. 双打中的击球**

比赛中应该由相对双方的一名或另外一名运动员轮流击球,如果一名运动员违反了这条规则在同方运动员击球后用他的球拍触到了球,他的对手就赢得这一分。

### 二、网球裁判法

比赛时如设裁判员,裁判员的判定就是最后的判定。比赛大会如设有裁判长,运动员对裁判员涉及有关规则判定有异议时,可提请裁判长解决,裁判长的判定就是最后的判定。

比赛中设有司线员、司网和脚误裁判员等辅助人员时,对于具体发生的事例,他们的判定就是最后的判定。如果裁判员认为是明显误判,他有权纠正辅助人员的判定或指令该分重赛。当辅助人员不能做出判定时,应立即向裁判员示意,由裁判员做出判定。如裁判员对于具体发生的事也不能做出判定时,可判令该分重赛。

在团体赛中,球场上的裁判长有权更改任何判决,他还可以指示裁判员判该分重赛。

裁判长认为天色黑暗或因场地、气候等条件不能继续比赛时,可令比赛停止。补赛时双方运动员原有比分和原站方位仍然有效。

#### (一)裁判长职责

裁判长应由竞赛委员会推选,裁判长的名字应由竞赛委员会发布公告通知参加比赛的各单位。裁判长不应是官员,他是竞赛委员会的成员。

裁判长必须精通规则和实施运用规则,要能迅速做出决定,并对其所采取的行动负完全责任。

裁判长有权指定或更换裁判员、司线员、底线裁判员和网上裁判员。

如果一场未进行完的比赛需重赛,裁判长可以在征得比赛双方的同意后,做出仲裁或继续比赛的决定。

裁判长有权指定比赛的场地,有权决定请假运动员在限定日期比赛。裁判长有权决定无故不出场比赛的运动员和经过点名而不准备出场比赛的运动员为负方。

由于天黑或是场地、气候等条件的原因，裁判长可以随时决定延期比赛。

当裁判员表示自己不能裁决时，裁判长可以根据规则、条文决定任何得分。裁判长的决定是最后的判定。

当一场重要比赛在进行时或当决赛在进行时，裁判必须亲临现场，最好是坐在裁判椅旁边。他应当与比赛中发生的任何事情保持密切联系，如果运动员要求明确某些事实，这时他就能以此作为判决问题的依据。裁判长无权纠正裁判员、司线员、底线裁判员或网上裁判员根据实际情况做出的判决。

竞赛委员会应在现场维护比赛的正常秩序，并对比赛中发生的任何问题做出决定，此时可以组织裁判或任何两个竞赛委员会成员开会，当开这样的会时，在听取当事运动员申诉后，可以取消竞赛委员会某一成员或某一裁判员对其处分的决定。竞赛委员会几个成员在现场可组成一个合乎法定人数的审议小组。

（二）主裁判员职责

（1）比赛开始前检查球网和支柱的高度是否合乎标准。如果运动员提出请求，裁判员可以在比赛期间测量和调整网高。

（2）宣报"发球失误""重发球""出界""击球犯规""脚误"和"两跳"，以及执行除授权给司线员、脚误裁判员和网上裁判员以外的判罚。亦可重复其判决。

（3）先在记分表上登记胜方的得分。然后在运动员请求报分时亦可报分。

（4）每一局和每一盘比赛结束应报局数分和盘数分，或运动员请求报局数分和盘数分时亦应报分，并登记在记录表上。

（5）当运动员在对打过程中请求对某一个疑难判断是否是在"比赛期"之内时，裁判员可以说"好球"；当这个球足以判定是好球，直到裁判员已宣判"出界""失误""重发球""两跳""击球犯规"或"穿网球"时，运动员不应再作这样的要求。

（6）如果运动员对司线员的判决有怀疑或有争执，则裁判员应做出得分的判决；如果运动员向裁判员提出申诉，则裁判员应按规则规定做出得分判决。裁判员应根据裁判长和竞赛委员会关于网球规定的指示使用新球，在特殊情况下需用新球或需要更换球时，在得到裁判长同意后，裁判员可做出决定。

（7）认为休息时间已结束，裁判员应立即恢复比赛。

（8）裁判员在每局比赛开始时，应说明可能发生影响比赛的情况。

（9）裁判员在比赛结束时应填写记分表，将其送交竞赛委员会有关人员批准并保存。

裁判椅应置于球场中间，距网1.2~1.5米远的地方。司线员的椅子要对着各自所负责看管的线。脚误裁判应距球场3~4.5米。其他司线员应紧靠着挡网和布幕，位于球场尽可能远的地方。司线员不应面对阳光。

（三）司线员的职责

司线员的职责是报"发球失误"和"出界"，判决他所看管的那条线上的出球，并有最后决定权。如这一分球司线员不能做出决定时，裁判员应予判决，或令这一分球重发球。

司线员接受裁判长或裁判委员会的指派。只有裁判长1人有权更换司线员。

司线员应准时到达比赛场地，当宣布比赛开始时，他应就位。就座后未经裁判员

许可,或另一名司线员替代其职务之前,不得离开岗位。当然,在规定的休息时间内,他可以离开自己的位置。但是,当运动员回到球场时,他应准时返回其岗位。司线员在比赛时不应吸烟和随意走动,应尽量保持安静地坐下,任何移动都会干扰运动员。如果司线员认为他所处位置妨碍运动员击球,他可以尽一切努力给运动员让路,在这种情况下他可以暂时移动一下位置。司线员不应到场外给运动员捡球,这个工作应让捡球员来做。如没有捡球员的话这一工作应由运动员自己来做。

好的司线员应观察敏锐。比赛中大部分是比较容易判断的球,但是也可能会遇到难判的球,这时就要考验一个司线员的机警和判断能力了。

"比赛时眼睛始终要盯住球"是司线员的座右铭。

司线员精神不集中,对正确的判决是致命的。和观众交谈或注意与比赛无关的事情,会使司线员发生判断失误。底司线员不应当和脚误裁判员说话。

司线员必须记住:1个球落到线上,就应当被认为是落在球场之内。

司线员可宣布以下脚误:

发球中线司线员——负责中线。

边线司线员——负责指定给他看管的那条边线。

底线司线员——在不设脚误裁判时,负责指定给他看管的那条底线。

1. 手势

手势被公认是司线员职责中的一个组成部分。但是,手势绝不能用来代替宣布——手势只是司线员确定宣判的一个附加动作,对大声宣判来说,手势应被看作是第二位的。用正确术语进行宣布则是司线员或裁判员首先要做到的。

手势有以下几种:

(1)出界——手臂向外伸,与肩同高,指着球出界的方向。

如果球落到场外司线员的左侧或右侧,司线员随即根据情况适时地伸出左臂或右臂,同时宣布"出界"或"失误"。负责发球中线司线员应视情况而定,伸出左臂或右臂,这要根据发球区在哪一边来决定。位于裁判员侧的底线和发球线司线员伸左臂或右臂,具体情况要根据其在球场的位置来确定。

(2)发球——伸开手掌,接近地面上下移动(当裁判员或运动员对该球有怀疑并要求司线员对该球有所表示时,司线员才能做"好球"的手势)。

(3)视线被遮——当一个球落地时,球场上的线被遮挡,如果司线员不能判决该球是"好球"还是"出界球",这时他可用"视线被遮"的手势——一只手在眼前晃动,起立,使裁判员看到他所处的位置。

2. 更正判决

由于口误或来球过快,司线员觉得其所作判决是错误的,这时他必须变更其判决。如果司线员已经宣布"出界球",当时又立即意识到这是一个"好球",这时他应马上站起来向裁判员喊"更正";如果裁判员或司线员在发球员第二次发球时错判了"发球失误"或"出界球"并更正了其判决,这时应判重发球,并给予发球员两次发球权,即裁判员可决定这一分球重赛。

(四)裁判员和司线员注意事项

裁判员的裁判原则:在活球期中眼睛要盯住球,思想要高度集中于比赛。对所有的判决和报分,声音要响亮清楚。

除以下情况外,裁判员不做宣布:发球失误、脚误、在活球期内球被打出场外、球被打在网上、任何一方运动员击球犯规、球弹跳两次后打球、外界干扰比赛裁判员宣布"重发球"。

1. 裁判员在得到司线员协助时使用下列术语

当第一次发球失误,裁判员重复司线员宣布的"失误"。

当第二次发球失误,司线员再宣布"失误",裁判员这时应报"双误"。

当发出擦网好球时,网上裁判员宣布"重发球",裁判员应重复"重发球"。

如果球被连击两次、球在过网之前被拦截、在活球期内运动员用任何方式触网、在活球期内运动员的衣服或佩带物触网、运动员衣服或佩带物落入对方场区,则宣布"击球犯规"。

当司线员宣布"出界""脚误"或"重发球"时,裁判员只是重复其宣布的术语,而不要增添术语的用词。也就是不用报"已被判脚误"等类似语言,只是重复司线员所宣布的术语即可。

遇到一方得分或失分时,该比分就应登记在记分表上,然后宣布发球员得分,要始终宣布发球员的得分,例如:15 比 0、15 平、15 比 30、30 平、40 比 30、平分(不得报 40 平,也不得说"各 15"或"各 30")。

宣布"发球占先"或"接球占先"时不能报"击球员占先"或"某某占先"。

遇裁判员只有一个人单独工作,而没有司线员协助时,他当然要承担在其裁判椅上力所能及的某些司线员的职责。

2. 司线员对如下问题有直接宣布和判决的职责

关于发球——如果第一次发球宣布"失误",第二次发球仍报"失误",而不报"双误"(裁判员报)。

一个球被打到场外则宣布"出界",而不报"界外""界冲球"等。

当发出擦网好球时,宣布"重发球",而不报"擦网球"。

脚误裁判员或没有设脚误裁判员而是由底线司线员兼任,对每一次犯规动作不宣布"脚误"而应报"第一次发球脚误"或"第二次发球脚误"。

司线员意识到他所做的判决不正确时,应立即宣布"更正判决",并使裁判员看到他所处的位置。司线员的视线可能被运动员所阻挡,以至于他不能对靠近他的线做出判断,他应立即起立,用一只手在眼前晃动,同时宣布"视线被遮"。这时裁判员应根据规则做出相应决定。如果按照发球司线员所宣布的"失误"进行登记,则对网上裁判员所宣布的"重发球"应予否决。

(五)鹰眼

1. 鹰眼系统

鹰眼系统正式名称是"即时回放系统",是网球和其他运动中使用的一套电脑系统,用以追踪记录球的路径并显示记录的实际路径的图形图像,也可以预测球未来的路径。2006 年 8 月,美网率先在大满贯赛事中启用鹰眼系统,澳网紧随其后。只有法网没有使用,因为球落到松软的红土上,留下的印迹清晰可辨。

2. 挑战鹰眼

在网球比赛中,当球员对裁判判罚有异议时(球是否出界),可以申请回放由鹰眼系统模拟出的该球实际路径,以判断罚是否正确。

**思考题**

1. 简述网球运动的起源和发展。

2. 简述网球运动的特点和育人价值。

3. 网球运动的主要赛事有哪些?

4. 网球基本技术有哪些? 简述东方式握拍法和正手抽球的要点。

5. 双手反拍抽球拉拍的要点是什么? 截击球的站位和准备动作是什么?

6. 简述发球动作的步骤和底线型打法的对攻战术。

7. 什么叫端线、边线和中心标志?

8. 什么是得一分,胜一局,胜一盘?

9. 裁判长的职责是什么? 司线员的手势主要有哪几种? 裁判员宣布得分时应注意什么?

10. 什么是平局决胜制和长盘决胜制?

11. 结合自身谈谈你对网球运动今后发展的看法。试述网球与全民健身的关系。

**参考文献**

[1]刘学哲,张虎祥,吕超.高校网球教学理论与技能训练研究 [M]. 长春:吉林大学出版社,2012.

[2]陈建军,吕强国.网球运动理论与实践 [M]. 长春:吉林大学出版社,2012.

[3]张林.现代网球运动技法解析 [M]. 长春:吉林大学出版社,2012.

[4]杨忠令.现代网球教程[M]. 杭州:浙江大学出版社,2011.

[5]张博.现代网球 [M].沈阳:辽宁大学出版社,2011.

[6]王河镇,陈正,郭雅.网球运动科学训练指导 [M].长春:东北师范大学出版社,2011.

[7]陈正,周海雄.职业网球赛事规程导读 [M]. 成都:西南财经大学出版社,2011.

[8]唐小林.网球运动教学与训练 [M]. 北京:人民体育出版社,2009.

[9]李春福,陈勇,金光辉.大学生网球运动 [M]. 哈尔滨:黑龙江教育出版社,2009.

[10]王润平,贺东波,夏卫智.当代网球文化与运动教程 [M]. 北京:人民体育出版社,2008.

[11]陶志翔.网球运动教程 [M]. 北京:高等教育出版社,2003.

我看过你们不少比赛,每当看到我国体育健儿在重大国际赛事上顽强拼搏、勇创佳绩、为国争光时,我从心里面为大家喝彩。新时代的中国,更需要使命在肩、奋斗有我的精神。希望你们继续带头拼、加油干,为建设体育强国多作贡献,为社会传递更多正能量。

——2019 年 6 月,习近平总书记回信勉励北京体育大学研究生冠军班学生时写下的话。

# 第九章

# 乒乓球运动理论与技术

## 第一节　乒乓球运动概述

### 一、乒乓球运动的起源

据史料记载,乒乓球运动起源于 19 世纪的英国,最初只是一种宫廷游戏,其打球的方法、规则等与网球极其相似。国际乒乓球联合会成立以前,比赛使用的器材及比赛方法等都无统一的规定。乒乓球球拍从用羔皮纸贴成的椭圆形球拍演进为木板球拍,球从实心球改为空心的赛璐珞球;一局比赛的比分有打 10 分的,也有打 20 分、50 分甚至 100 分的。

1900 年,英国成立了乒乓球协会,在皇后大厅举行了乒乓球赛,开创了乒乓球正式比赛的先河。

1902 年,英国人古德(Goodea)发明了颗粒胶皮拍。

1902 年,在英国游学的日本人坪井玄道将整套乒乓球器材带到日本,乒乓球传入亚洲。

1904 年,上海四马路一家文具店的经理王道平,将乒乓球介绍到中国。

20 世纪 20 年代以前,乒乓球活动基本上是停留在游戏阶段。1926 年国际乒联成立以后,通过了乒乓球比赛规则草案,乒乓球才由娱乐性比赛成为一项竞技性的体育项目。1928 年,国际乒联将"乒乓"的名称正式定下来。

### 二、乒乓球运动的发展

国际乒联成立后,统一了竞赛规则,定期举办世界乒乓球锦标赛(世乒赛),以促使乒乓球运动的快速发展。回顾乒乓球运动的发展过程,大致经历了四个阶段:

1. 欧洲的全盛时期(1926—1951 年)

主要标志有:第一,举行的 18 届世界乒乓球锦标赛共 117 个冠军,有 109 个被欧洲运动员夺得;第二,欧洲运动员以削球为主的打法居主导地位;第三,欧洲国家主办了绝大多数世界乒乓球锦标赛。

2. 日本称雄时期(1952—1959 年)

日本队于 1952 年第一次参加世乒赛,运动员为三男二女。他们手握海绵球拍,采

用直拍全攻型打法，冲破了欧洲运动员的防线，一鸣惊人地夺得了四项冠军。从此，世界乒乓球技术的优势由欧洲的削球转到了亚洲的攻球。

日本队获得成功的一个最重要原因，就是勇于创新。他们革新了球拍，创新了打法。海绵球拍的最大优势在于击球力量的增加，这也正是突破稳健削球的重要原因。

3. 中国迅速崛起时期(1961—1969年)

中国于1952年3月正式加入国际乒乓球联合会，并于1953年第一次参加世乒赛，经过几年的努力，容国团在1959年第25届世乒赛中，为中国夺得第一枚男子单打世界冠军金牌。20世纪60年代共举行了五届世乒赛，中国队参加了第26、27、28届世乒赛，共获21个冠军中的11个，占全部锦标的52%。具有"快，狠，准，变"独特风格的中国近台快攻打法界乒乓球运动推向了一个新的发展阶段。

4. 欧亚对抗时期(1971年至今)

进入20世纪70年代以后，欧洲运动员经过多年探索，将旋转与速度密切结合起来，创造了以快攻为主结合弧圈球和以弧圈球为主结合快攻这两种先进打法，使技术、打法发展到一个高水平，出现了新的飞跃。进入20世纪90年代，以刘国梁为代表的中国直板正胶近台快攻选手又创造了"直拍横打"技术，使我国的近台快攻也有了新的提高和发展。欧亚之间的相互交流、相互促进使得乒乓球运动的技术、战术达到了新的水平，形成了欧、亚对抗以及多强争霸的新格局。

21世纪初，世界乒乓球运动发生了三大变革，一是从2000年10月1日起，使用40毫米大乒乓球，取代38毫米小球；二是2001年9月1日起，11分制取代21分制；三是2002年9月开始实施"无遮挡式发球"新规则。

变是一种发展，也是一种开拓，三项改革旨在提高乒乓球的观赏性、竞技性和娱乐性，促使乒乓球运动在世界范围内更广泛地发展，希望乒乓球比赛更加吸引人，希望乒乓球运动能给所有喜爱它的人带来欢乐和健康。

由此可见，在世界乒乓球运动的发展史中，每次大的技术革命，都离不开工具、器材的改革和规则的演变，正是这些变化推动了乒乓球运动不断向前发展。

### 三、顶级赛事

1. 奥运会乒乓球比赛

在国际乒联的努力下，乒乓球比赛在第24届汉城奥运会上首次成为正式比赛项目，比赛设男子单打，女子单打，男子双打和女子双打四枚金牌。奥运会乒乓球比赛现已成为最重要的乒乓球比赛。各国教练员和运动员均视奥运会冠军为最高的荣誉，多年训练计划也以奥运会乒乓球比赛为中心进行制订。许多国家增加了对乒乓球训练的投入，加强了科研和训练工作，促使乒乓球竞技水平不断提高。

2. 世界乒乓球锦标赛

世界乒乓球锦标赛是国际乒联组织的主要比赛，只有国际乒联的成员才能报名参加。比赛设7个流动杯：斯韦思林杯(男子团体赛)，考比伦杯(女子团体赛)，勃莱德杯(男子单打)，盖斯特杯(女子单打)，伊朗杯(男子双打)，波普杯(女子双打)，赫杜塞克杯(混合双打)。

第1届世界乒乓球锦标赛于1926年12月在伦敦举行，共有10支队伍参加了比赛。根据规定，每年举行一届世乒赛。从1957年开始，世乒赛改为每两年举办一届。

从 2003 年第 47 届世界乒乓球锦标赛开始,团体比赛、单项比赛分开举行。奇数年举行男女单项比赛,偶数年举行男女团体比赛。

3. 世界杯乒乓球赛

世界杯乒乓球赛是国际乒联举办的另一个高级比赛,比赛每年举行一届,1996 年前,仅设男子单打一个项目。第一届世界杯乒乓球赛于 1980 年在中国香港举行,中国运动员郭跃华获得冠军。1996 年增设女子单打项目,中国运动员邓亚萍夺得第一个世界杯冠军。

## 第二节　乒乓球运动的特点与价值

乒乓球运动特点是器材设备简单,室内外均可进行活动,运动量可大可小,不受年龄、性别和身体条件的限制,很容易被大众所接受。

乒乓球速度快、变化多,要求练习者在瞬间对来球有较强的反应能力和应变力。它能提高人体神经系统的灵敏性和协调性。

乒乓球项目设有单项、双打、团体项目。团体项目通过团体来实现,所以乒乓球项目可以培养独立思考、单独作战及集体主义精神。

### 一、从训练学角度看乒乓球运动的属性

乒乓球运动是以速度、爆发力、灵敏等为主的有氧代谢和非周期性的运动项目。以技术训练为核心,技术战术训练为重点,技术与战术训练紧密结合,没有明确的区分。身体训练以专项素质训练为主。乒乓球运动是技能、体能、智能有机结合、密不可分,高速度、强对抗的比赛项目。

1. 技能是该项目运动的核心

技能以体能为前提,通过技能和智能得到体现。根据乒乓球运动的特点及其实际运用和发展创新的要求,在技能方面包含的内容繁多而复杂。

2. 体能是该项目运动的基础

体能起着影响技能发展和比赛发挥的重要作用。随着乒乓球运动的迅速发展,对体能方面的要求日益提高。身体训练以专项素质为主,主要是速度、爆发力、灵敏度、速度、耐力等。技术训练与身体训练的比例为 70%左右比 30%左右。

3. 智能是乒乓球运动的灵魂

智能依赖于技能和体能,同时对技能和体能的发展、提高又有着极大的反作用。乒乓球运动的智能分训练智能和比赛智能,它的特点是随机性和对抗性。

### 二、从专项的角度看乒乓球运动特点

1. 球体轻,球速快,转速高

乒乓球仅 2.5 克重,但它的飞行速度最快可达 24 米/秒,最高转速可达 168 转/秒。在速度和旋转的牵制下,如何准确击球,对运动员各方面的感觉、反应、控制和调节能力有着极高的要求。

**2. 打法多样**

乒乓球项目的打法有快攻、弧圈球和削球之分;球拍有正胶、反胶、长胶、生胶和防弧圈之分;技术风格有凶狠、稳、变之分;并且每名选手都具有自己的特色,参加乒乓球比赛需要有很强的适应、调节和应变能力。

**3. 技术种类多,动作结构作用差异大**

乒乓球运动主要技术大约有 8 大类 81 项,而且旋转变化的种类也比较多。典型的旋转就有 26 种(基本旋转 6 种,混合旋转 20 种);因此常常使运动员感到棘手。

**4. 专项技能要求高而且技术动作要高度协调、灵敏、精确**

在击球时要求全身各关节、肌肉高度协调,手腕、手指动作技巧细腻、准确。在指导思想方面既要求技术全面,没有明显漏洞,又要求特长突出;在技术上有速度与旋转的结合,攻与防的转换,速度、力量、节奏落点的变化,这就需要运动员掌握多种扎实的基本技术和多种战术,并能随机运用。所以多项技战术的掌握、组合和综合能力就显得非常重要。

**5. 思想品质要求高**

要成为一名优秀运动员必须具备强烈的上进心和表现欲,优异的技战术,冷静、灵活、积极的思维,顽强的意志和稳定健康的心理素质,缺一不可。

### 三、国球与乒乓精神

没有一项运动可以比乒乓球更能代表中国。

在改革开放前,世乒赛几乎是中国获得国际冠军的唯一项目。1957 年年底,身在香港的容国团接受国家体委的邀请,回到内地,成为国家队一员。1959 年,容国团参加乒球世锦赛,为中国夺得第一个乒乓球男子单打世界冠军,也成为新中国体育史上第一个世界冠军。当消息传回国内时,国人沸腾了!圣·勃莱德杯上第一次刻上了中国人的名字。整个国家的国际自信心、荣誉归属感、民族自尊心,都得到极大的鼓舞。自此,打乒乓球成为全民运动,几乎风靡所有校园、体育场。

说到国球,不得不提著名的"乒乓外交"。1971 年 4 月,中国乒乓球队参加在日本名古屋举行的第三十届世乒赛。当时中美关系已经有了缓和的迹象,正好借助此次比赛以改善两国关系。4 月 4 日,美国球员科恩无意中搭上中国球员的交通车,庄则栋主动赠送一幅杭州织锦给科恩,科恩后来回送一件带有和平标志的运动衫。这一事件顿时成为轰动性新闻。4 月 7 日,毛泽东主席在比赛闭幕前夕决定邀请美国队访华,尼克松立即同意了中方的邀请。1971 年的春天,美国乒乓球代表团实现了对中国的历史性访问,中美两国的乒乓球友谊赛在北京上演,产生的政治影响却向太平洋两岸散播开来,为中美人民的交往和中美两国的外交突破敲开了大门。这就是被周恩来总理称为小球推动大球的"乒乓外交"。《人民日报》在纪念乒乓外交 35 周年时评论说,重温"乒乓外交",人们认识到,人民之间的友谊能够改变世界、创造历史。

"乒乓外交"后,1971 年到 1979 年与我国建交的国家达到了 100 多个。尤其是1971 年联合国大会以 76 票赞成通过了恢复我国在联合国的合法席位。所以,有人称赞说"小小银球转动了地球"。

1981 年 5 月,首都人民欢迎中国乒乓球队胜利归来的大会上,万里同志就代表党中央、国务院表彰了中国乒乓球队具有"胸怀祖国、放眼世界、为国争光的精神;发奋图强、自力更生、艰苦奋斗的实干精神;不屈不挠、勤学苦练、不断钻研、不断创新的精神;同心同德、团结战斗的集体主义精神;胜不骄、败不馁的革命乐观主义和革命英雄主义精神"。万里同志还把上述各点概括为"乒乓精神"。多年来,正是这种"乒乓精神"一直激励着乒乓健儿刻苦训练,不断创新,勇攀高峰。

## 第三节　乒乓球运动的基本技术

乒乓球是一项具有多种类型打法的运动项目。由于类型打法的不同,其基本技术也有所不同。基本技术一般分为单项技术和结合技术两种。单项技术是指各种单个的技术动作,这是初学者必须认真掌握的,结合技术是指各种单项技术的结合运用,这是战术训练和运用的基础。

我们平时一般所能用的球拍分为:

### 一、胶皮拍

胶短齿胶皮拍拍底板上贴一块胶皮,颗粒向外,颗粒高度在1.5毫米之内。性能:弹力均匀,击球稳健,易于控制球,但其弹性差,击球速度慢,力量也不够强,可以产生强烈旋转。

### 二、海绵拍

(1)正胶海绵拍:在海绵上贴一块颗粒向外的胶皮,颗粒的高度一般在0.8~1毫米,颗粒比较硬,但缺乏黏性。

(2)反胶海绵拍:在海绵上贴一块颗粒向内的胶皮,表面平整柔软,有较大的黏性。性能:摩擦力大,能击出强烈的旋转球,但反弹力差,回球速度不如正胶海绵拍快,且不易控制转球。

### 三、不同性能的球拍

(一)长胶球拍

颗粒高度在1.5~1.7毫米,颗粒向外,柔软。可直接在底板上贴一块长齿胶皮,也可在薄海绵上加贴一块长齿胶皮。性能:用长胶拍打球产生的旋转变化,往往使对手难以适应,并引起惧怕心理。它主要依靠来球的旋转或冲力增加回球的旋转强度或旋转变化。用削球回击拉过来的弧圈球,则球更加旋转;对方拉过来的上旋球用挡球回击,则变为下旋球;如果来球下旋,用搓或推(拱)回击则变为上旋转;回削一般拉球或对搓时,回球不转;发球多为不转球;控制球能力需要通过长期的训练才能形成,同时击球速度较慢,难以发力攻球。

(二)生胶海绵拍

这种球拍是在较薄的海绵上贴一块生胶皮,其胶体的含胶量比正贴胶皮大,故颗粒比较柔软,弹力较大,颗粒的高度一般在0.8~1毫米。性能:弹性强,摩擦力较小,击出的球速度较快,略下沉,能减弱对方拉弧圈球的威力,在控制球方面有一定的成

效。但不易制造差异较大的旋转变化,击球时要更多地依靠运动员本身发力。

**(三)防弧海绵拍**

这种球拍是在一块结构松、弹力差的海绵上反贴一块厚而硬、黏性小、有些发涩的胶皮。性能:这种球拍缓冲性能强,可减弱强旋转球的作用,常用于控制对方拉出的弧圈球,但减弱了回球的速度和旋转强度。

**四、握拍法**

握拍方法与击球动作有密切关系。每个击球动作,都是由手臂、手腕和手指相互配合用力来完成的。因此,较好的握拍方法既要适合自己打法的特点,又要不影响手臂、手腕和手指的灵活运用。

握拍方法有直拍和横拍两种。这两种握拍法又由于打法特点不同而在具体握法上有所差别。

**(一)直拍握法**

直拍握法的特点是正反手都用球拍的同一拍面击球,出手快,正手攻球快速有力,攻斜、直线球时,拍面变化不大,对手难于判断。如图9-1所示。

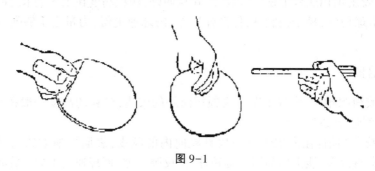

图 9-1

**(二)横拍握法**

横拍握拍法的特点是正反手攻球力量大,攻削球时握法变化小,反手攻球容易发力也便于拉弧圈。但正反手交替击球时,需变换击球拍面,攻斜、直线时调节拍形的幅度大,易被对方识破。如图9-2所示。

图 9-2

**(三)注意**

(1)无论哪种握法,握拍都不应过紧或过松。过紧会使手腕僵硬,影响发力时的手腕动作,过松则影响击球力量和击球的准确性。

（2）握拍不宜太浅。直握时，食指和拇指构成的钳形不能过大或过小，以免影响手腕动作的灵活性。

（3）在变换击球的拍面、调节拍面角度时，要充分利用手指的作用。

（4）不应经常变化握拍方法，否则会影响打法类型及风格的形成，尤其是初学者，更应注意。

### 五、基本步法

#### （一）单步

移动方法：以一只脚为轴，另一只脚向前、后、左、右不同方向移动，身体重心随之落在移动脚上。实际运用于：①接近网小球；②削追身球；③单步侧身攻来球落点位于中线稍偏左或对推中侧身突袭直线或对搓中提拉球时常用。

#### （二）跨步

移动方法：一脚蹬地，另一脚向移动方向跨一大步，蹬地脚随后跟上半步或一小步，身体重心即移到跨步脚上。实际运用于：①近台快攻打法，用来对付离身体稍远的来球；②削球打法，左、右移动击球；③跨步侧身攻，当来球速度较慢，但离身体稍远时，左脚向左前上方跨一大步，右脚随即跟上一小步，同时配合腰部右转动作，完成侧身移动。

#### （三）并步

移动方法：一脚先向另一脚并半步或一小步，另一脚在并步脚落地后随即向来球方向移动一步。实际运用于：①快攻选手在左右移动中攻或拉球；②削球选手正反手削球；③并步侧身攻，多用于拉削球，右脚先向左脚后并一步，以便转体，随之左脚向侧跨一步。

#### （四）跳步

移动方法：以来球异侧脚用力蹬地，两脚同时离地向来球方向跳动。实际运用于：①快攻选手左右移动击球，常与跨步结合起来使用；②弧圈类打法由中台向左、右移动时常用；③跳步侧身攻或拉，但在空中需完成转腰动作；④削球选手在接突击球时时常采用，但以小跳步来调整站位用得较多。

#### （五）交叉步

移动方法：以靠近来球方向的脚作为支撑脚，该脚的脚尖调整指向移动方向，远离来球方向的脚在体前交叉，向来球方向跨出一大步，身体随之向来球方向转动，支撑脚跟着向来球方向再迈一步，这是前交叉步。后交叉步是在体后完成交叉动作。实际运用于：①快攻或弧圈打法在侧身攻、拉后扑打右角空当，或从右大角变反手击球；②在走动中拉削球；③削球打法接短球或削突击球。

### 六、常用的发球技术

#### （一）正手发奔球

正手发奔球的特点是球速急，落点长，冲力大，发至对方右大角或中左位置，它能给对方造成较大威胁。正手发奔球的要点是：①抛球不宜太高；②提高击球瞬间的挥拍速度；③第一落点要靠近本方台面的端线；④击球点与网同高或稍低于网。

（二）反手发急球与发急下旋球

两者的特点是球速快,弧线低,前冲大,迫使对方后退接球,有利于抢攻,常与发急下旋球配合使用。它的要点是:①击球点应在身体的左前侧与网同高或比网稍低;②注意手腕的抖动发力;③第一落点在本方台区的端线附近。

（三）发短球

发短球的特点是击球动作小,出手快,球落到对方台面后的第二跳不出台,使对方不易发力抢拉、冲或抢攻。它的要点是:①抛球不宜太高;②击球时,手腕的力量大于前臂的力量;③发球的第一落点在球台中区,不要离网太近;④发球动作尽可能与发长球相似,使对方不易判断。

（四）正手发转与不转球

两者的特点是球速较慢,前冲力小,主要用相似的发球动作,制造旋转变化去迷惑对方,造成对方接发球失误或为自己抢攻创造机会。它的要点是:①抛球不宜太高;②发转球时,拍面稍后仰,切球的中下部,越是加转球,越应注意手臂的前送动作;③发不转球时,击球瞬间减小拍面后仰角度,增加前推的力量。

（五）正手发左侧上（下）旋球

正手发左侧上（下）旋球的特点是左侧上（下）旋转力较强,对方挡球时向其右侧上（下）方反弹,一般站在中线偏左或侧身发球。它的要点是:①发球时要收腹,击球点不可远离身体;②尽量加大由右向左挥动的幅度和弧线,以增强侧旋强度;③发左侧上旋时,击球瞬间手腕快速内收,球拍从球的正中向左上方摩擦;④发左侧下旋时,拍面稍后仰,球拍从球的中下部向左下方摩擦。如图9-3所示。

图9-3

（六）反手发右侧上（下）旋球

反手发右侧上（下）旋球的特点是右侧上（下）旋转力强,对方挡住后,向其左侧上（下）反弹。发球落点以左方斜线长球配合中右近网短球为佳。它的要点是:①注意收腹和转腰动作;②充分利用手腕转动配合前臂发力;③发右侧上旋球时,击球瞬间球拍从球的中部向右上方摩擦,手腕有一个上勾动作;④发右侧下旋球时,拍面稍后仰,击球瞬间球拍从球的中下部向右侧下摩擦。如图9-4所示。

图9-4

### 七、接发球技术

（一）接发球的判断

判断的正确与否,直接影响接球的方式和接发球的成败。为了判断发球的旋转性质、旋转强度及来球线路落点,应利用各种信息进行综合分析。

(1)就对方发球时的站位决定自己接发球的站位。

(2)观察对方发球前的引拍方向。

(3)观察球拍触球瞬间摩擦球的方向,判断球的旋转性质。

(4)观察发球时挥臂的动作幅度和手腕用力大小,判断球的落点长短和旋转强弱。

(5)根据发球的第一落点判断来球的长短。

(6)根据球在空中的飞行弧线判断旋转。

(7)根据手感判断来球的旋转。

(8)记住不同性能球拍的颜色及各自的性能。

（二）接发球技术的具体运用

(1)接上旋转(奔球)。正反手攻球或推挡回接,拍面适当前倾,击球的中上部,调节好向前的力量。

(2)接下旋长球。用搓球、削球、提拉球回接,搓或削时多向前用力。

(3)接左侧上(下)旋球。可采用攻球和推挡(搓球或拉球)回接,拍面稍前倾(后仰)并略向左偏斜,击球偏右中上(中下)部位,以抵消来球的左侧上(下)旋力。

(4)接右侧上(下)旋球。可采用攻球或推挡(搓球或拉球)回击,拍面稍前倾(后仰)并向右偏斜,击球偏左中上(中下)部位;回接要点和方法与接左侧上、下旋球相同。

(5)接近网短球。用快搓、快点或台内突击回接,主要靠手腕和前臂的力量。

(6)接转与不转球。在判断不准的情况下可轻轻地托一板或撇一板,但要注意弧线和落点。

(7)接不同性能球拍的发球。长胶、生胶、防弧胶的发球基本属不转球,用相应的方法回接。

(8)接高抛发球。如球着台后拐弯的程度大,应向拐弯方向提前引拍。

### 八、推挡球技术

（一）挡球

挡球的特点是球速慢,力量轻,动作较简单,初学者容易掌握。它可以帮助初学者熟悉球性,认识乒乓球的击球规律,提高控制球的能力。它的要点是:①挡球是推挡球技术的基础,初学者应形成正确的动作手法;②引拍时,上臂应靠近身体;③前臂前伸近球,手腕手指调节拍形,食指用力,拇指放松。

（二）快推

快推的特点是站位近,动作小,借力还击,速度快,线路变化多。适用于回击一般的拉球、推挡球和中等力量的攻球;在相持中能发挥回球速度快的优势,推压两大角或

袭击对方空当,为自己的进攻创造条件。它是推挡球最常用的一项技术。它的要点是:①击球前靠近身体,前臂适当后撤引起;②在前臂向前推送的过程中,完成外旋动作;③转腕动作不宜过大,关键是时机要恰当。

（三）加力推

加力推的特点是回球力量重,速度快,击球点较高,充分发挥手臂的推压力量。比赛中运用加力推可迫使对方离台,陷于被动局面（如侧身正手攻前一板,加力推底线或大角度）,与减力挡搭配使用,能有效地调动对方,获得主动。它适用于对付速度较慢、旋转较弱的上旋球或力量较轻、着台后弹起比网稍高的来球。它的要点是:①球拍后撤上引是为了增大用力距离;②击球点适当离身体远一点;③击球时间不宜过早或过迟;④要有效地把身体各部分的力集中在击球的一瞬间。

### 九、搓球技术

（一）慢搓

慢搓的特点是慢搓动作幅度大,在来球的下降期击球,回球速度慢,但有利于增加搓球的旋转强度。慢搓一般适用于回接旋转较强、线路稍长的来球。在对搓中,快慢搓结合起来,可以变化击球节奏,牵制对方。它的要点是:①应根据来球的具体情况,控制好拍面的后仰角度;②击球时,前臂用力为主,转腕动作不宜过大;③搓加转球,在向下用力的同时,应增加前送的幅度。

（二）快搓

快搓的特点是动作幅度小,回球速度快,借来球的前进力将球搓回,常用于接发球或削过来的近网下旋球,在对搓中,利用快搓变化击球节奏,缩短对方回球的准备时间。它的要点是:①身体重心前移,身体靠近来;②前臂主动前伸插向球的中下部;③快搓一般借力还击,若来球下旋弱可用力下切。

（三）搓转与不转球

用相似的手法搓出转与不转球（相对而言）,使对方判断错误而直接得分,或为抢攻创造条件。在对搓中,把旋转变化与落点变化巧妙地结合起来,可以获得更多的进攻机会,在对付削球时,能使自己从被控制的局面中解脱出来。它的要点是:①加转是前提,转与不转间差异越大越有威力;②搓加转时,以手腕爆发式用力为主;③搓不转时,要注意回球的弧线。

### 十、削球技术

（一）远削

远削的特点是击球动作大,球速慢,弧线长,有利于削转与不转球和以落点变化来牵制对方。常适用于对付对方的扣杀球、弧圈球和提拉球。它是以削为主打法的选手必须掌握的基本技术之一。它的要点是:①向上引拍,是为了增大削击球的用力距离;②在下降期击球,但不能过于低于台面;③要保持足够的撞击力,否则球不会过网。

（二）近削

近削的特点是动作幅度小、回球速度快、前进力较强，多用于近削逼角，有一定的威胁，往往能获得主动或直接得分。主要用来对付轻拉球和一般的上旋球。它的要点是：①向上引拍比肩略低；②根据来球的情况调节拍面后仰角度；③前臂发力为主，手腕配合下压，击球后没有前送的动作。

（三）削弧圈球

削加转弧圈球是削球手必须掌握的一项重要技术。由于加转弧圈球上旋强，触拍后向上的反弹力极大，处理不好容易回出高球甚至出界，所以难度较大。它的要点是：①应在来球的下降后期触球，此时，球的旋转已减弱；②击球点一般选在右腹前为宜，并适当放低些，这样可利用来球部分向上的反弹力形成自然的回球弧线，有利于提高削球的准确性；③球拍触球时，拍面不能过分后仰，应触球的中下部；如来球旋转较强，可使拍面竖直些，并适当加大手臂向下压球的力量；④触球时，手腕应相对固定，以免回球过高。

**十一、攻球技术**

（一）正手近台攻球

正手近台攻球的特点是站位近台，击球时间早，球的速度快，动作幅度小，是近台快攻打法的主要技术之一。常用于还击正手位的发球、推挡球、一般的上旋球等，使对方措手不及，在对攻中以线路、落点变化相结合，调动对方，伺机扣杀。它的要点是：①充分利用全身协调用力（蹬地、转腰、移重心）；②前臂发力为主，手腕辅助用力；③击球点在身体右前侧（大约为前臂的长度），触球瞬间向前打为主，略带向上摩擦。

（二）正手中远台攻球

正手中远台攻球的特点是站位稍远，动作幅度大、力量重，进攻性强，但步法移动的范围较大。它多用于对攻中，以力量配合落点变化直接得分或为扣杀创造条件；也用于侧身后扑正手打回头，防御时，在相持中寻找机会；还用于削球选手的削中反攻。它的要点是：①加大向右手引拍幅度，是为了增大击球的动作半径；②上臂带动前臂发力，上臂向前，前臂和手腕向上发力为主；③身体其他部位的协调用力不可缺少。

（三）正手扣杀

正手扣杀的特点是动作幅度大、力量重、球速快、攻击性强，它是得分的重要手段。常用来对付着台后弹起比网高的机会球或前冲力不大的半高球。它的要点是：①击球点离身体稍远，球拍应与球水平位置相同；②在高点期击球，不宜打"落地开花球"；③击球瞬间，整个手臂应发挥到最大力量，配合腰部转动及蹬地的力量；④如来球带有下旋，球拍略低于来球，触球瞬间手腕向上抖动发力。

（四）正手拉球

正手拉球的特点是站位近、速度快、动作小、线路活和稳健性好。它是回击发球、搓球、削球等下旋球的一种必备技术。常用于接发球抢位，对搓中抢位。对付削球时稳拉，以落点、弧线和旋转程度的变化，伺机进行突击。它的要点是：①身体重心略下

降,右肩稍下沉;②在球的下降前期击球,不可过于低于台面;③触球时应尽量增大、增长摩擦球体的面积和时间。

### (五)反手近台攻球

反手近台攻球的特点是站位近、动作小、速度快、突击性强。它一般用来回击落在左半台的来球,与反手推挡、正手攻球结合,能加强攻势,取得更多的主动权,但反手攻球因受身体妨碍,攻球力量不如正手大。它的要点是:①击球过程中要注意收腹,转髋转腰;②以肘关节为轴心,前臂发力为主,手腕有一向前上方摩擦球的动力;③保持适宜的击球点尤为重要,离身体太远或太近难于发力。

### (六)反手快拨

反手快拨是横拍进攻型运动员常用的一项相持性技术。具有站位近、动作小、落点变化多的特点。它主要用来对付弧圈球、直拍推挡或反手攻球,虽有一定的速度,但力量较差,应与侧身攻或反手突击技术等结合运用。它的要点是:①上臂贴近身体,前臂迅速前伸迎球;②手腕控制拍面前倾,借来球反弹力将球拨回;③掌握好击球时间;④注意线路落点变化并与突击结合运用,为进攻创造条件。

### (七)反手扣杀

反手扣杀的特点是动作大、力量重、球速快、攻击性强,是还击机会球的一种方法,是得分的有效手段。它一般在发球、相持中取得机会后运用。它的要点是:①击球点不宜离身体太近;②要以整个手臂和腰的协调配合来增加击球的力量;③球拍触球瞬间用力要集中,避免仅用手腕弹击球。

### (八)侧身攻球

侧身攻的特点是速度快、力量重、攻势强,它是各种不同类型打法都必须掌握的一项重要技术。侧身攻运用多少在很大程度上标志着进攻能力的强弱。侧身攻球应注意的问题有:①侧身后,要保持上体与球台的合适角度,既能攻斜线,也能打直线,同时不妨碍下一次击球;②要有足够的击球空间(收腹);③应尽量避免在移动过程中击球;④攻球时要利用右脚蹬地的力量,重心适当前移,前臂稍向前发力。

## 十二、弧圈球技术

### (一)正手前冲弧圈球

正手前冲弧圈球的特点是飞行弧线低,速度快,前冲力强,落点后弹起不高,但急向前冲并向下滑落,能起到与扣杀同样的作用。常用于对付发球、推挡球、搓球以及中等力量的攻球,离台相持时,也可以利用它进行反攻。在实际运用中,步法移动的速度快、范围广。它的要点是:①引拍的幅度大,尽可能增大挥拍的动作、半径;②加快挥拍速度,在球拍达到最大速度时触球;③单纯用上肢发力,前冲力不强,因此腿、髋、腰的配合不可缺少;④摩擦力大于撞击力,球拍与球的吻合面要合适,防止打滑。如图9-5所示。

图 9-5

（二）正手加转弧圈球

正手加转弧圈球的特点是飞行弧线高，上旋很强，速度较慢，但着台后向下滑落较快，对方回击容易出高球，甚至出界，可以直接得分或为扣杀争取机会。它是对付削球、搓球和接出台发球的重要技术。另外，由于球出手弧线的弯曲度较大，落到对方台面后迅速下滑，还可起到变化击球节奏的作用。它的要点是：①引拍时，球拍必须低于来球，但不要下沉太多；②拉球时，持拍手臂由下向上发力，前臂快速收缩，触球瞬间，尽量加长摩擦球体的时间；③身体重心随右脚蹬地、转腰、挥臂提高。

（三）反手拉弧圈球

反手拉弧圈球，是横拍握法的优势之一。拉球的速度比正手稍快，但力量和旋转略逊于正手。它可用于发球抢冲、接发球、搓中转拉以及一般的对攻和中台对拉，运用得当，可以直接得分，而且能为正手的冲杀创造机会。它的要点是：①击球点不宜高身体太近；②充分利用肘关节的杠杆作用，先支肘，再收肘，借以增加前臂的挥摆幅度和力量；③近台快拉的击球时间为上升后期或高点期，中远台发力拉的击球时间为下降期，但不可过分低于台面。

**十三、乒乓球基本战术**

（一）发球抢攻战术

发球抢攻是力争主动、先发制人的主要战术。各种类型打法的运动员都普遍采用发球抢攻来抢占每个回合的上风。发球战术运用的效果主要取决于发球的质量和第三板进攻的能力。发球抢攻战术因打法的类型不同而有所差异，但常用的发球抢攻战术主要有以下几种：

（1）正手发转与不转球；

（2）侧身正手（高抛或低抛）发左侧上（下）旋球；

（3）反手发右侧上（下）旋球；

（4）反手发急球或急下旋球；

（5）下蹲式发球。

（二）接发球战术

接发球战术与发球抢攻战术同样重要，在某种意义上讲，接发球水平的高低可以反映运动员的实战能力以及各项基本技术的应用程度。事实上，接发球者只是暂时处在被控制状态，如果你破坏了发球者的抢攻意图或者为他制造了障碍，减弱了对方抢攻的质量，也就意味着已经脱离被控制状态，变被动为主动了。控制与反控制是辩证

统一的。常用的接发球战术有以下几种：

(1)稳健保守法；

(2)接发球抢攻；

(3)盯住对方的弱点处，寻找突破口；

(4)控制接发球的落点；

(5)正手侧身接发球。

(三)搓攻战术

搓攻战术是进攻型打法的辅助战术之一，主要利用搓球旋转的变化和落点的变化为抢攻创造机会。这一战术在基层比赛中被普遍采用。搓攻战术也是削球型打法争取主动的主要战术之一。常用的搓球战术有：

(1)慢搓与快搓结合；

(2)转与不转结合；

(3)搓球变线；

(4)搓球控制落点；

(5)搓中突击；

(6)搓中变推或抢攻。

(四)对攻战术

对攻战术是进攻型打法在相持阶段常用的一项重要战术。快攻类打法主要依靠反手推挡(或反手攻球)和正手攻球(或正手拉弧圈球)的技术，充分发挥快速多变的特点来调动对方。常用的对攻战术有以下几种：

(1)紧逼对方反手，伺机抢攻或侧身抢攻、抢拉；

(2)压左突右；

(3)调右压左；

(4)攻两大角；

(5)攻追身球；

(6)变化击球节奏，加力推和减力挡结合，发力攻、拉与轻打轻拉结合，也可造成对手的被动局面；

(7)改变球的旋转性质，如加力推下旋；正手攻球后，退至中远台削一板对方往往来不及反应，可直接得分或创造机会球。

(五)拉攻战术

拉攻战术是以攻为主的选手对付削球的主要战术。为了发挥拉攻的战术效果，首先要具备连续拉的能力，并有线路、落点、旋转、轻重等变化，其次要有拉中突击和连续扣杀的能力。常用的拉攻战术主要有：

(1)拉反手后，侧身突击斜线或中路追身球；

(2)拉中路杀两角或拉两角杀中路；

(3)拉一角或杀另一角；

(4)拉吊结合，伺机突击；

(5)拉搓结合；

(6)稳拉为主，伺机突击。

（六）削中反攻战术

我国乒坛名将陈新华以及第四十三届世乒赛男单冠军丁松成功地运用削中反攻的战术创造了辉煌,令欧洲选手手足失措,无以应对。这种战术主要靠稳健的削球,限制对方的进攻能力,为自己的反攻创造有利条件。它不仅增强了削球技术的生命力,也促进了攻防之间的积极转化,常用的削中反攻战术主要有:

（1）削转与不转球,伺机反攻;

（2）削长短球,伺机反攻;

（3）逼两大角,伺机反攻;

（4）交叉削两大角,突击对方弱点;

（5）削、挡、攻结合,伺机强攻。

（七）弧圈球战术

由于弧圈球战术把速度和旋转有效地结合起来,稳健性好,适应性强,许多著名选手已用它去替代攻球或扣杀,常用的战术如下:

（1）发球抢攻;

（2）接发球果断上手;

（3）相持中的战术运用。

# 第四节　乒乓球运动规则与裁判法

## 一、球台

（1）球台的上层表面叫作比赛台面,应为与水平面平行的长方形,长 2.74 米,宽 1.525 米,离地面高 76 厘米。

（2）比赛台面不包括与球台台面垂直的侧面。

（3）比赛台面可用任何材料制成,应具有一定的弹性,即当标准球从离台面 30 厘米高处落至台面时,弹起高度应约为 23 厘米。

（4）比赛台面应呈均匀的暗色,无光泽,沿每个 2.74 米的比赛台面边缘各有一条 2 厘米宽的白色边线,沿每个 1.525 米的比赛台面边缘各有一条 2 厘米宽的白色端线。

（5）比赛台面由一个与端线平行的垂直的球网划分为两个相等的台区,各台区的整个面积应是一个整体。

（6）双打时,各台区应由一条 3 毫米宽的白色中线,划分为两个相等的"半区"。中线与边线平行,并应视为右半区的一部分。

## 二、球网装置

（1）球网装置包括球网、悬网绳、网柱及将它们固定在球台上的夹钳部分。

（2）球网应悬挂在一根绳子上,绳子两端系在高 15.25 厘米的直立网柱上,网柱外缘离开边线外缘的距离为 15.25 厘米。

(3)整个球网的顶端距离比赛台面 15.25 厘米。

(4)整个球网的底边应尽量贴近比赛台面,其两端应尽量贴近网柱。

### 三、球

(1)球应为圆球体,直径为 40 毫米。

(2)球重 2.7 克。

(3)球应用赛璐珞或类似的材料制成,呈白色或橙色,且无光泽。

### 四、球拍

(1)球拍的大小、形状和重量不限。但底板应平整、坚硬。

(2)底板厚度至少应有 85% 的天然木料。加强底板的黏合层可用诸如碳纤维、玻璃纤维或压缩纸等纤维材料,每层黏合层不超过底板总厚度的 7.5% 或 0.35 毫米。

(3)用来击球的拍面应用一层颗粒向外的普通颗粒胶覆盖,连同黏合剂,厚度不超过 2 毫米;或用颗粒向内或向外的海绵胶覆盖,连同黏合剂,厚度不超过 4 毫米。

(4)覆盖物应覆盖整个拍面,但不得超过其边缘。靠近拍柄部分以及手指执握部分可不予以覆盖,也可用任何材料覆盖。

(5)底板、底板中的任何夹层以及用来击球一面的任何覆盖物及黏合层均应为厚度均匀的一个整体。

(6)球拍两面不论是否有覆盖物,必须无光泽,且一面为鲜红色,另一面为黑色。

(7)由于意外的损坏、磨损或褪色,造成拍面的整体性和颜色上的一致性出现轻微的差异,只要未明显改变拍面的性能,均可被允许使用。

(8)比赛开始时及比赛过程中运动员需要更换球拍时,必须向对方和裁判员展示他将要使用的球拍,并允许他们检查。

### 五、定义

(1)“回合”:球处于比赛状态的一段时间。

(2)“球处于比赛状态”:从有意识发球前,球静止在不执拍手掌中的最后瞬间,到该回合被判得分或重发球。

(3)“重发球”:不予判分的回合。

(4)“一分”:判分的回合。

(5)“执拍手”:正握着球拍的手。

(6)“不执拍手”:未握着球拍的手。

(7)“击球”:用握在手中的球拍或执拍手手腕以下部分触球。

(8)“阻挡”:自对方最后一次击球触及本方台区后,如果在台面上方或正向比赛台面方向运动的球,在没有触及本方台区、也未越过端线之前,即触及本方运动员或其穿戴的任何物品。

(9)“发球员”:在一个回合中,首先击球的运动员。

(10)“接发球员”:在一个回合中,第二个击球的运动员。

(11)“越过或绕过球网装置”:除从球网和比赛台面之间通过以及从球网和网架之间通过的情况外,球均应视作已“越过或绕过”球网装置。

（12）球台的"端线"：包括球台端线以及端线两端的无限延长线。

### 六、合法发球

（1）发球时，球应放在不执拍手的手掌上，手掌张开和伸平。球应是静止的，在发球方的端线之后，比赛台面的水平面之上。

（2）发球员须用手把球几乎垂直地向上抛起，不得使球旋转，并使球在离开不执拍手的手掌之后上升不少于16厘米，球下降到被击出前不能碰到任何物体。

（3）当球从抛起的最高点下降时，发球员方可击球，使球首先触及本方台区，然后越过或绕过球网装置，再触及接发球员的台区。在双打中，球应先后触及发球员和接发球员的右半区。

（4）从抛球前球静止的最后一瞬间到击球时，球和球拍应在比赛台面的水平面之上。

（5）击球时，球应在发球方的端线之后，但不能超过发球员身体（手臂、头或腿除外）离端线最远的部分。

（6）运动员发球时，应让裁判员或副裁判员看清他是否按照合法发球的规定发球。

（7）运动员因身体伤病而不能严格遵守合法发球的某些规定时，可由裁判员做出免予执行的决定，但须在赛前向裁判员说明。

### 七、合法还击

对方发球或还击后，本方运动员必须击球，使球直接越过或绕过球网装置，或触及球网装置后，再触及对方台区。

### 八、比赛次序

（1）在单打中，首先由发球员合法发球，再由接发球员合法还击，然后两者交替合法还击。

（2）在双打中，首先由发球员合法发球，再由接发球员合法还击，然后由发球员的同伴合法还击，再由接发球员的同伴合法还击，此后，运动员按此次序轮流合法还击。

### 九、重发球

一个回合中出现下列情况应判重发球：

（1）如果发球员发出的球，在越过或绕过球网装置时，触及球网装置，此后成为合法发球或被接发球员或其同伴阻挡。

（2）如果接发球员或接发球方未准备好时，球已发出，而且接发球员或接发球方没有企图击球。

（3）由于发生了运动员无法控制的干扰，而使运动员未能合法发球、合法还击或遵守规则。

（4）裁判员或副裁判员暂停比赛。

（5）可以在下列情况下暂停比赛：①由于要纠正发球、接发球次序或方位错误；②由于要实行轮换发球法；③由于警告或处罚运动员；④由于比赛环境受到干扰，致使

该回合结果有可能受到影响。

### 十、一局比赛

在一局比赛中,先得 11 分的一方为胜方。10 平后,先多得 2 分的一方为胜方。

### 十一、一场比赛

(1)一场比赛由单数局组成。
(2)一场比赛应连续进行,除非是经许可的间歇。

### 十二、发球、接发球和方位的选择

(1)选择发球、接发球和选择这一方、那一方的权利应由抽签来决定。中签者可以选择先发球或先接发球,或选择先在某一方。

(2)当一方运动员选择了先发球或先接发球,或选择先在某一方位后,另一方运动员必须有另一个选择。

(3)在获得每两分之后,接发球方即成为发球方,依此类推,直至该局比赛结束,或者直至双方比分都达到 10 分实行轮换发球法,这时,发球和接发球次序仍然不变,但每人只轮发一分球。

(4)在双打的第一局比赛中,先发球方确定第一发球员,再由先接发球方确定第一接发球员。在以后的各局比赛中,第一发球员确定后,第一接发球员应是前一局发球给他的运动员。

(5)在双打中,每次换发球时,前面的接发球员应成为发球员,前面的发球员的同伴应成为接发球员。

(6)一局中首先发球的一方,在该场下一局应首先接发球。在双打决胜局中,当一方先得 5 分时,接发球方应交换接发球次序。

(7)一局中,在某一方位比赛的一方,在该场下一局应换到另一方位。在决胜局中,一方先得 5 分时,双方应交换方位。

### 十三、发球、接发球次序和方位的错误

(1)裁判员一旦发现发球、接发球次序错误,应立即暂停比赛,并按该场比赛开始时确立的次序,按场上比分由应该发球或接发球的运动员发球或接发球;在双打中,则按发现错误时那一局中首先有发球权的一方所确立的次序进行纠正,继续比赛。

(2)裁判员一旦发现运动员应交换方位而未交换时,应立即暂停比赛,并按该场比赛开始时确立的次序,按场上比分运动员应站的正确方位进行纠正,再继续比赛。

(3)在任何情况下,发现错误之前的所有得分均有效。

### 思考题

1. 谈谈您对我国运动员在乒乓球运动训练和比赛中所表现出的顽强意志品质的看法。

2. 中国乒乓球运动发展大致分为哪几个时期?乒乓球运动的特点与价值是什么?

3. 比赛前,双方队员如何选择发球权、接发球权或场区?何谓合法发球?

4. 什么叫阻挡？重发球有几种情况？解释轮换发球法。

5. 主裁判员的职责有哪些？

6. 简述发反手上旋球的技术特点。

7. 谈谈你对我国的乒乓球发展的看法？

8. 有 A、B、C、D、E、F、G、H、I、J、K、L、M 共 13 人参加女子单打,其中,A、M 分别为第一、二号种子选手,请安排比赛秩序表。

9. 如何控制和改变球的旋转？简述直握球拍与横握球拍的优缺点。

10. 裁判长的职责有哪些？

**参考文献**

[1]吴健,刘杰,洪国梁.乒乓球[M].北京:化学工业出版社,2012.

[2]潘施伊.乒乓球教程[M].北京:北京理工大学出版社,2011.

[3]张瑞林.乒乓球运动[M].北京:高等教育出版社,2010.

[4]姜涛.乒乓球教育[M].长春:吉林大学出版社,2010.

[5]詹英,吴志刚,李博.乒乓球教学与训练[M].哈尔滨:东北林业大学出版社,2009.

[6]李淑芬,王忠喜,杨俊伟.大学生乒乓球运动[M].哈尔滨:黑龙江教育出版社,2009.

[7]汪百祥,韩力.乒乓球教程[M].西安:陕西人民出版社,2009.

[8]英国乒乓球协会.乒乓球[M].沈阳:辽宁科学技术出版社,2008.

[9]刘建和.乒乓球[M].北京:人民体育出版社,2006.

体育承载着国家强盛、民族振兴的梦想。体育强则中国强，国运兴则体育兴。加快建设体育强国，就要坚持以人民为中心的思想，把人民作为发展体育事业的主体，把满足人民健身需求、促进人的全面发展作为体育工作的出发点和落脚点，落实全民健身国家战略，不断提高人民健康水平。

——2017 年 8 月 27 日，习近平总书记在天津会见全国群众体育先进单位、先进个人代表和全国体育系统先进集体、先进工作者代表以及在天津全运会群众比赛项目中获奖的运动员代表时发表讲话。

# 第十章

# 羽毛球运动理论与技术

## 第一节 羽毛球运动概述

### 一、世界羽毛球运动的渊源与发展历程

据我国和欧美出版的部分辞书记载,早在两千多年前,一种类似现代羽毛球运动的游戏就已经在中国、印度以及其他一些欧亚国家出现。中国称其为"打手毽",印度称其为"普那",西欧等国则称其为"毽子板球"。当时这些游戏没有固定的规则,游戏方法大致是用一块自制的木板或用牛犊皮做成的毽子板,2~4人击打一个用羽毛插在球托上的"毽子球"。

1873年,在英格兰格拉斯哥郡伯明顿(Badminton)庄园举行的一次宴会上,几个从印度退役回来的军官,用球拍和球(香槟酒的软木瓶塞插上鹅羽毛)隔着宴会桌对击。此游戏很快被英国人广为接受并流传开来。因此,人们以伯明顿这一地名为此项运动命名。

1875年,世界上第一部羽毛球比赛规则诞生于印度的普那。

1878年,英国制定了统一和渐趋完善的羽毛球比赛规则。

1899年,英国举行了第1届全英羽毛球锦标赛;1903年,在都柏林举行了世界最早的由爱尔兰和英格兰参加的羽毛球国际比赛。最早的羽毛球场地两端宽,中间网处窄小,形状类似古代的计时器——沙漏。

1934年,由加拿大、丹麦、英格兰、法国、爱尔兰、荷兰、新西兰、苏格兰和威尔士创立了国际羽毛球联合会(International Badminton Federation)。当年,国际羽联第一任主席汤姆斯爵士捐资制作了一座奖杯,该奖杯作为世界羽毛球男子团体赛的流动奖杯颁发,所以世界羽毛球男子团体赛又称汤姆斯杯赛(Thomas Cup)。1948年,举行了第1届比赛,每3年举行一次,每场比赛由5场单打、4场双打,共9场比赛,比赛分两天完成。1984年改为每逢偶数年举行,并将9场制的比赛改为5场制,分别是3场单打,2场双打。

1956年,由世界著名羽毛球运动员尤伯夫人捐赠的奖杯,作为世界羽毛球女子团体赛的流动奖杯。1956年举行第1届尤伯杯赛(Uber Cup),每场比赛有3场单打、4场双打,共7场比赛组成。1984年改为与汤姆斯杯同时同地举行,采用同样的5场制

比赛方法。

1977 年,在瑞典的马尔摩举行了首届世界羽毛球锦标赛(World Badminton Championships),设 5 个单项比赛,原为每逢奇数年举行,现改为每年举行一届。

1989 年,在印尼举行第 1 届苏迪曼杯比赛(Sudirman Cup)。印度尼西亚向国际羽联捐赠了以印度尼西亚人苏迪曼名字命名的奖杯,作为世界羽毛球男女混合团体赛的流动奖杯。苏迪曼杯赛由男、女单打,男、女双打和混合双打 5 场比赛组成。

1992 年第 25 届巴塞罗那奥运会,羽毛球作为正式比赛项目进入了奥运会,每 4 年举办一次。

国际羽毛球联合会每年组织的世界羽毛球系列大奖赛(World Grand Pris)总决赛始于 1983 年。前 3 届只设男女单打两个项目;1986 年开始设男女单打、男女双打和混合双打 5 个项目。该项大奖赛分成若干站,在不同的国家或地区举行。根据赞助商提供比赛奖金的数量,将比赛分成 6 个星级。国际羽毛球联合会根据参赛者各站比赛累计的成绩积分作为每站比赛选手的依据。自 2001 年起,总决赛停办。

国际羽毛球联合会于 2006 年正式更名为羽毛球世界联合会,简称世界羽联。2007 年世界羽联举办世界羽联超级系列赛,取代之前的系列大奖赛,共有 11 个羽毛球协会会员国举行共 12 场的系列赛,名列前茅的选手将被邀请参加年底举行的总决赛。

**二、中国羽毛球运动的发展历程**

现代羽毛球运动约于 1910 年传入我国,最早在上海,随后在广州、天津、北京、成都等城市的基督教青年会和学校中有所开展。中华人民共和国成立后,党和政府十分关心人民群众的健康,体育运动得到了蓬勃的发展,羽毛球运动也逐渐为群众所喜爱,并作为我国重点开展的项目之一。1953 年在天津首次举办了全国比赛,当时只有 5 个队 19 名选手参加。

1954 年,先后一批报效祖国的赤子回国,并带回了先进的羽毛球技术,同时组建了国家集训队。继而我国在东南沿海几个主要大城市也成立了以归国华侨青年为骨干的羽毛球队,在"破除迷信,解放思想,走自己的路"的思想指导下,我国羽毛球运动员总结了国内外羽毛球运动的经验教训和技术资料,结合自己的运动实践进行了探索,不断改进了训练方法。其中,福建省运动队主要在技术的手法上、广东队主要在步法上进行了改革和突破。同时借鉴我国乒乓球运动的成功经验,并通过对多年训练和比赛实践经验的总结,提出了"以我为主、以快为主、以攻为主"的积极打法。后来,又经过不断的总结和完善,逐步形成了中国羽毛球运动所特有的"快、狠、准、活"技术风格。我国运动员怀着一颗勇攀世界羽坛技术高峰、为国争光的雄心大志,吸取了国外的一些先进的运动训练方法,勤学苦练,自觉地贯彻了"从难、从严、从实战出发,进行大运动量训练"的"三从一大"训练方针,运动技术水平得到了进一步的提高。

但由于政治上的原因,当时我国未加入国际羽联,故未参加世界性锦标赛。但是在国际交往中,多次与当时的世界强队进行过较量,都取得了优异的成绩。被许多外媒誉为"无冕之王"。

直到 1981 年 5 月,国际羽联重新恢复我国在国际羽联的合法席位,实现了我国运动员多年的夙愿——逐鹿世界羽坛,争夺世界桂冠,为国争光。

1981 年 7 月,在第 1 届世界运动会上(美国洛杉矶),我国运动员陈昌杰、孙志安、姚喜明、刘霞和张爱玲夺取了男女单、双打的四项冠军。1982年,我国第一次参加了全英羽毛球比赛,张爱玲夺得女子单打冠军,徐蓉/吴健秋夺得女子双打冠军,李劲勇夺男子单打冠军。同年,中国队第一次参加"汤姆斯杯"赛,在第一天1:3非常不利的情况下,奋力拼搏,最终以5:4击败羽坛劲旅印尼队,夺得冠军。1984年,在马来西亚的吉隆坡,我国羽毛球女队又夺得了第10届"尤伯杯"冠军。

紧随其后,我国又涌现出了杨阳、赵剑华、熊国宝、李永波、田秉义和林瑛、吴迪茜、李玲蔚、韩爱萍等一批世界羽坛顶尖高手,从而进一步奠定了我国羽毛球技术水平处于世界羽坛领先地位的基础,在一系列世界大赛中为祖国夺得了众多的金牌,创造了中国羽毛球历史上的辉煌时期。进入20世纪90年代,随着杨阳、赵剑华、李玲蔚等一批优秀运动员的相继退役,我国暂时出现了一段青黄不接的时期,而印尼经过了多年的励精图治,涌现了一批以阿迪、王莲香为代表的新秀。欧洲也重新崛起,韩国、马来西亚又时有新人涌现,世界羽坛进入了群雄抗衡的时代。

在巴塞罗那奥运会上,我国羽毛球项目竟与金牌无缘。直到1995年才逐渐步出低谷,首次夺得"苏迪曼杯"。1996年,在亚特兰大奥运会上,葛菲/顾俊勇夺女双冠军,实现了我国羽毛球项目在奥运会上零的突破。1997年,我国运动员再次夺得"苏迪曼杯",同时在世界锦标赛上获得了女单、女双和混双三块金牌,开始步入再铸辉煌的历程。在2000年悉尼奥运会上,中国队获得4金1银3铜的历史性最好成绩,也奠定了中国羽毛球在国际上的领头位置。2004年雅典奥运会,中国队取得5块金牌中的3块。2008年中国队再次包揽"汤姆斯杯"和"尤伯杯",又于8月举办的北京奥运会中,夺得了3枚金牌。2012年伦敦奥运会中国羽毛球队包揽了全部5枚金牌。

## 第二节 羽毛球运动的特点与价值

### 一、羽毛球运动的特点

(一)娱乐性

羽毛球运动有很强的娱乐性。既可自娱又可娱人。

1. 自娱性

人的本性是自由、富于幻想的。一旦生活中失去了自由创造的条件,人们就要寻求新的寄托,羽毛球运动无疑是人们寻求某种满足的较好选择。人们寄情于此,在娱乐和竞争中克服各种心理和生理的障碍,既在运动中锻炼了身体,又陶冶了情操。

2. 娱人性

羽毛球运动有很高的可观赏性。如猛虎下山般的上网技术、蛟龙出水一样的跳起击球、身如满弓般的扣杀,一切都在展示着羽毛球运动的力与美,如浏览一幅悦目的画,令人心旷神怡,流连忘返。

(二)简便性

1. 户外、室内皆宜

羽毛球活动的设备比较简单,只需两个球拍一个球,一条绳索即可。在风不大的

情况下,可以在户外进行活动,只要把球网架起来,就可以在一定长度和宽度的空地上画上几条线,双方对练。在室内进行活动既不需要多大的场地,又可免去风雨的困扰,打起球来更是得心应手。

户外活动可以使锻炼者吸入新鲜空气,受到阳光照射,改善人体的血液循环与新陈代谢,在运动中怡心健体。室内活动可以使锻炼者保持心身清静,在祥和的氛围里展示自己并陶冶情操。

2. 集体、个人皆宜

羽毛球活动既可采用单兵作战(两人对练),亦可集体会战(双打练习或三人对三人对练)。单人对练时,练习者可以随心所欲地打出任何弧线、远度、力量、速度和任何落点的球来;集体会战可以培养练习者的集体主义精神。

3. 男女老少皆宜

羽毛球运动游戏性较强,运动量可大可小。身强力壮的年轻人可以将球打得又刁又重,尽情散发自己的青春气息;年老体弱的练习者可以把球轻轻地击来打去,根据自己的要求来变换击球节奏,从而达到锻炼身体、延年益寿的功效,既活动了身体,又娱乐了心情。不同年龄、不同性别的人都能在羽毛球运动中找到乐趣。

(三)锻炼性

羽毛球运动的特点是球小、速度快、变化多,并且球网较高。球小能锻炼练习者的反应、观察能力;速度快能锻炼练习者的应变能力以及启动和动作速度;变化多则能锻炼练习者的判断力和思维能力;球网较高又使练习者不能轻易将对手置于"死地",相对击球回合较多,既提高了趣味性,又对练习者的速度、耐力有很好的锻炼作用。经常从事这项运动能使人的身心都得到良好的锻炼。

## 二、羽毛球运动的价值

(一)增强体质

羽毛球运动可以全面增强人的体质。羽毛球需要练习者有较好的力量、速度、耐力、灵敏、柔韧素质以及快速的反应能力。因此,经常从事该项体育活动可以发展人体的灵活性、协调性,可以提高人们上下肢及躯干的活动能力,改善呼吸系统和心血管系统的功能,提高有氧供能和无氧供能的能力,调节神经系统并提高其抗乳酸的能力,而且能起到增进健康、抗病防衰、调节精神的作用。

(二)锤炼意志

羽毛球运动因其竞争性、对抗性、大强度等诸多因素的要求,使意志品质在该项运动中占有非常重要的地位。羽毛球比赛经常遇到这类情况,即运动员出现了"极点":喘不上来气、身体无力、眼前发黑、感觉自己再也坚持不下去了。在势均力敌的情况下往往是双方先后都会出现,甚至几乎同时出现"极点"(如一个球打了很多回合),这时就看谁能再坚持一下,胜利往往存在于再坚持一下之中。那么靠什么去坚持?就要靠顽强的意志品质和坚定的信念。即使不是在比赛中,这项活动也需要较强的意志,否则你将不会很好地完成该项练习,使练习中应该产生的愉悦、趣味及锻炼价值荡然无存。

(三)健全人格

羽毛球运动包括对对方战术意图的揣摩、对各种战机的把握、对自己运用什么战术的选择等智力因素,因此经常从事该项运动可以使人思维敏捷。同时,由于比赛的紧张、竞争的激烈,练习者的心理素质将得到很好的锻炼,在竞争中,强化进取精神,使人的智、勇、技在竞争与对抗中得以升华。经此磨炼,能够做到临危不乱,泰然处之,既增长了智慧又陶冶了性情,不仅能在羽毛球活动中应付自如,而且能以良好的心态,正确的人生观去面对事业、家庭、荣辱。

# 第三节　羽毛球运动的基本技术

## 一、步法

步法可称为羽毛球运动技术之母,根据击球的需要,步法大致分为三类:上网步法、后场步法、中场步法。

羽毛球步法中常运用并步、垫步、交叉步、单足跳步、跨步、蹬步、腾跳步等(以下步法介绍均以右手为例)。

(一)上网步法

上网步法是指从场地中央位置向网前移动的步法。上网步法可以分成正手上网步法、反手上网步法和蹬跳上网扑球步法三种。为了便于随时启动,准备姿势应为两脚稍前后开立。右前左后,轮换弹动,以便随时调整身体的重心。上网步法具体可分为跨步、垫步、蹬步。

1. 跨步

当判断来球是网前时,两脚轻轻向上弹跳将重心调至右脚,左脚迅速蹬地向前迈出一步,当左脚刚着地时,右脚加速蹬地向前跨出,左腿用力使右脚向前大跨一步,着地时,以右脚跟、脚掌外侧的顺序着地。上体前倾,右腿成弓箭步,前腿用力缓冲,制动住身体,保持正确的击球姿势。如图10-1所示。

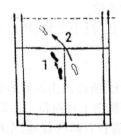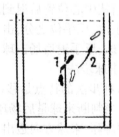

图10-1

2. 垫步

当判断来球是网前球时,两脚轻轻上跳将重心调至左脚,右脚迅速向来球方向迈出一步,紧接着左脚迅速跟上右脚并用力蹬地使右脚向前迈出一大步。脚跟、脚掌外侧先着地,然后全脚着地立即缓冲,右腿成弓箭步,制动住身体,保持下一次击球的正确姿势如图10-2所示。

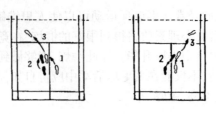

图 10-2

3. 蹬步

蹬步用于离网较近、击球员争取高点击球时采用。其动作要领为：当判断来球是网前球时，两脚轻跳将重心调至左脚，同时左脚用力蹬地，右脚向来球方向大步跨出，使身体迅速向来球方向移动，击完球后，右脚先着地，左脚紧跟着着地，并迅速制动，返回球场中心位置(也可以根据当时的具体情况调整身体的位置)。准备下一次击球。如图 10-3 所示。

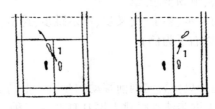

图 10-3

上网步法另外还有几种，但移动后总是有其基本规律的。无论是跨步，还是蹬步，最后一定要形成右脚在前的姿势。因为这样便于持拍手在网前最大限度地击球，扩大击球范围。当用正手击球时，右脚最好用脚掌外侧着地，这样便于身体右转，引拍击球。当用反手击球时，最好右脚内侧着地，这样便于身体左转，以及引拍击球时能发挥出身体的协调用力。

(二)退后场步法

退后场步法是指从中心位置后退到底线的步法。

后场来球有正手位、反手位之分，击球也有正、反手之别，所以退后场步法也有两种，即正手退后场击球、反手退后场击球。

1. 正手退后场击球步法

(1)交叉步。这种步法的特点是移动范围大，所以回击端线附近的球多用这种步法。其动作要领是：当判断来球是后场球时，两脚向上轻跳将重心调至右脚，紧接着右脚蹬地，身体右转，右脚向来球方向迈出一步；随着右脚的着地，左脚经体后交叉移至右脚外侧；然后脚迅速向后再移动一步，当右脚着地时，迅速向上蹬，使击球点增高，同时左脚向身后伸出。当击球完成时，左脚以前脚掌先着地，然后右脚着地，左脚着地时要缓冲、制动、回蹬连接紧凑，使身体迅速返回球场中心位置。如图 10-4 所示。

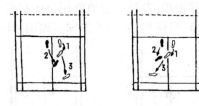

图 10-4

（2）正手垫步退后场击球步法。垫步和交叉步的区别是：当右脚向来球方向移动后，左脚跟着向后移动，左脚着地时不是后交叉，而是在右脚内侧着地，然后再移右脚，最后一步和交叉步相同。如图 10-5 所示。

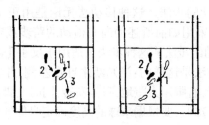

图 10-5

## 2. 反手退后场击球步法

两步移动退后场击球步法。这种步法适用于反手击距身体较近的来球。其动作要领为：当判断来球为后场球，并且距身体较近时，两脚轻跳，重心移至右脚，右脚蹬地上体右转，左脚向来球方向迈出一步，同时，右脚迅速经体前向来球方向移动一大步，右脚着地时，出手击球。如图 10-6 所示。

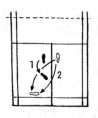

图 10-6

### （三）中场左右横动击球步法

左右横动主要是还击中场球（包括上手击球和下手击球）时所使用的步法。左右横动大致有两种方法：一是向左移动，二是向右移动。

### 1. 向右移动的步法

（1）跨步。当来球距身体较近时，可采用这种方法。其动作要领为：当来球在右侧距身体较近时，两脚向上轻跳，将重心调至左脚，左脚用力蹬地，使右脚向来球方向跨出一大步，右脚着地时右腿成弓箭步，身体前倾，前倾幅度大小要根据来球高度而定。如图 10-7 所示。

（2）垫步。当来球距身体较远时，采用这种步法移动，其动作要领是：两脚轻跳使

重心落在右脚,左脚向右脚并一步,左脚一着地就用力向右蹬,使右脚迅速向右跨出一大步,右脚着地后腿成弓箭步,身体前倾,出手击球。如图 10-7 所示。

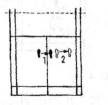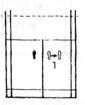

图 10-7

2. 向左移动的步法

(1)身体正对球网移动的步法。这种移动法无论是用正手击球,还是用反手击球都可以采用。脚下移动可采用如前所述的向右横动的跨步或垫步。如图 10-8 所示。

(2)身体背对球网移动的步法。这种步法只适用于反手击球,身体背对球网的移动方法,即反手击球的移动方法是这样的:当判断来球在左侧,并决定用反手技术击球时,两脚轻跳,将重心移至右脚,右脚用力蹬地,身体左转,同时左脚向左侧移动一大步,形成背对球网,用反手击球。击球时,要根据来球的高度确定身体的姿势。如图 10-8 所示。

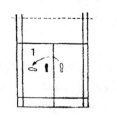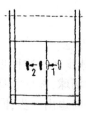

图 10-8

羽毛球的步法是很多的,这里介绍的只是其中几种最常见、最主要的步法。根据运动员的技术打法特点和身材及身体素质可灵活采用。也可以总结、创新出一些适合自己特点的步法来。

**二、手法**

手法被称为羽毛球运动技术之父。没有手法,羽毛球的技术动作完成就无从谈起。

手法从类别上分,又可把它分为三种:握拍法;发球法;击球法。

(一)握拍法

正确的握拍法,对于掌握合理、准确、全面的基本技术,关系重大。

1. 正手握拍法

握拍之前,先用左手拿住球拍,使拍面与地面垂直。如图 10-9 所示。

再张开右手,使手掌下部靠在球拍的握柄底托部位,虎口对着球拍框(即对着球拍的侧面)。如图 10-10 所示。

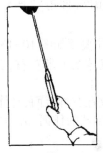

图 10-9　　　　　　图 10-10

小指、无名指、中指自然并拢,食指与中指稍稍分开,自然弯曲并且贴在球拍上。如图 10-11 所示。握拍的时候,不要过于用劲,手部肌肉要放松。只是在击球的一刹那,手指突然紧握拍把而发力。

2. 反手握拍法

一般来说,常见的反手握拍法有两种:一种是由正手握拍法把球拍框往外转(即往右方向转),拇指前内侧部位贴在球拍把的窄面部位,食指往中指、无名指、小指方向稍收回。如图 10-12 所示。另外一种是由正手握拍法把球拍框往外转,拇指伸直贴在球拍把的宽面部位,食指、中指、无名指、小指并拢。通常反手握拍的时候,手心与球拍把之间有一定的空隙,这种握拍法有利于手腕力量和手指力量的灵活运用。

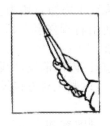

图 10-11　　　　　　图 10-12

羽毛球的握拍法,基本上就是以上所说的两种。尽管羽毛球运动对握拍法有一些要求,但并没有提出十分严格或者是规范化的要求。无论是哪种握拍法,最基本的要求是有利于自己手腕的灵活转动和手指力量的发挥。

(二)发球法

羽毛球比赛的规则规定只有发球一方得分才算得分,而接发球者得分只能夺得发球权。因此,发球的好与坏,可以直接影响我们争取主动或者使我们处于被动局面。

发球大致可分为正手发球部分和反手发球部分。基本的发球技术有:发高远球、发平高球、发平球和发网前球。在单打比赛中,以上几种发球应用得较普遍;而在双打比赛中,则以发网前球结合发平球或者发高球为常见。

1. 正手发高远球

顾名思义,高远球就是把球发得又高又远,使球向对方的后场上方飞行,发球后的路线与地面形成的角度(仰角),要大于 45 度角,而在对方场区底线附近(界内),形成垂直下落。

发高远球的动作要领如图 10-13 所示:

(1)站在离前发球线 1 米左右、发球场区中线附近,面对球网,左脚在前,右脚在后,两脚之间自然分开。

(2)身体重心放在右脚上面,身体自然地微微向后仰,右手向右后侧举起,肘部稍弯曲,左手拿球(可拿球的任何部位)并自然地在胸前弯曲。

图 10-13

(3)发球的时候,左手把球举在身体的靠右前方并放下,使球落下;右手同时由大臂带动小臂,从右后方向前,往左前上方挥动,大臂开始挥动的时候,身体重心由右脚慢慢地移到左脚。

(4)当球落到击球人手臂向下自然伸直能触到球的部位的一刹那,握紧球拍,并利用甩手腕的力量,向前上方鞭打用力击球,当把球击出的同时,手臂向左上方挥动,击球之后,身体重心也由右脚移至左脚,身体微微向前倾。

2. 正手发网前球

把球发到对方发球区内的前发球线附近叫作发网前球。

比赛中发网前球可以避免对方接发球时往下压球,限制了对方的一些进攻技术。

3. 反手发球

由于动作结构、解剖因素和力量等原因,一般只是通过反手来发网前球和平球。反手发球多用于双打比赛当中。

(1)反手发网前球。站位靠近前发球线,左脚或右脚在前均可,身体重心在前脚,上体前倾后脚跟提起。右手反握在拍柄稍前部位,肘关节部位提起,手腕稍前屈,球拍低于腰部,斜放在小腹前。左手持球在球拍面前方。发球时,球拍由后向前推送击球,使球的最高弧线略高于网顶,通过拍面的切削动作使球落到对方场区的前发球线附近。如图 10-14 所示。

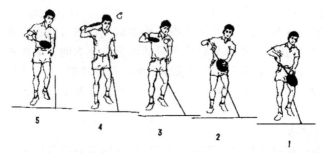

图 10-14

（2）反手发平球。发球时,球拍的挥动方向与反手发网前球一样,只是在击球的一刹那,手腕采用弹击力量的方法,拍面角度接近垂直将球击到双打后发球线以内附近。

（三）击球法

合理、协调、有力、有效的击球是运动员夺取胜利的最基本保证。

1. 后场击球技术

（1）后场击高球。击高球是后场基本技术之一。高球分为高远球和平高球。击高远球就是打得又高又远,球飞至对方底线上空垂直落到端线以内附近。平高球是从高远球发展而来的,它飞行的速度比高远球快,弧线比高远球低,是后场进攻的有效技术之一。

击高球可分为正手、头顶、反手击直线和对角线高球。

（2）吊球。把对方击来的高球,从后场轻击或轻切、轻劈到对方的近网附近,叫作吊球。①吊球从其动作方法、球的飞行弧线的不同可分为轻吊、拦吊、劈吊（其中每一项都包括正手、头顶、反手等方法）。②吊球根据出手的位置和球落向的位置又可分为:正手吊直线球、正手吊对角线球、头顶吊直线球、头顶吊对角线球、反手吊直线球、反手吊对角线球。

（3）扣杀球。扣杀球是把高球用力向前下方重击、重切或重"点"击球。这种球速度快、力量大。比赛中,杀球可以直接得分,也可以使对方处于被动防守的地位。这一技术是羽毛球进攻中的主要技术之一。

扣球从击球力量的大小分为:大力杀、轻杀、劈杀、点杀、开网大力杀等。扣杀球从击球点距身体的位置可分为:正手扣杀、头顶扣杀和反手扣杀。①正手侧身扣杀直线球。准备姿势与正手击高球相似。不同之处是右脚起跳后,身体后仰成反弓后收腹用力,靠腰腹带动大臂、大臂带动前臂、前臂带动手腕,形成向下鞭打的用力,球拍正面击球托的后部,无切击,使球沿直线向前下方快速飞行。击球后立即成还原准备姿势。②正手侧身扣杀对角线球。准备姿势同正手扣杀直线球。不同之处是右脚起跳之后,身体向左前方转动用力,协助手臂向对角方向击球。③头顶扣杀直线球。准备姿势同头顶击高球,不同之处是挥拍击球时,靠腰腹带动大臂、前臂、手腕的鞭打动作,全力往直线下方击球,拍面和击球用力方向的水平夹角小于90度。如图10-15所示。④头顶扣杀对角线球。准备姿势同头顶击高球。不同之处是挥拍击球时,靠腰腹带动上臂、前臂、手腕的鞭打动作,全力向对角线下方击球。球拍面和击球方向的水平夹角小于90度。如图10-16所示。

图 10-15

**图 10-16**

2. 前场击球技术

前场技术包括网前的放、搓、推、勾、扑、挑球等。其中搓、推、勾、扑属进攻技术,要求击球前期动作有一致性;击球刹那间产生突变;握拍要活,动作细腻,手腕、手指要灵巧,以控制好球的落点。

网前进攻威胁较大,因球飞行距离短,落地快,常使对手措手不及而直接得分。即使不能直接得分,也能迫使对方被动回球,创造下一拍进攻的机会。若网前进攻和中后场进攻能紧密地配合起来,则能发挥前后场的连续进攻,掌握主动权。

(1)正手放网前球。侧对球网,右腿跨成弓箭步,重心放在右脚,正手握拍,做好放网前球的准备,球拍随着前臂向右前上方斜举,当球拍举至最高点时,前臂开始外旋转动,手腕稍后伸,左臂自然后伸,起平衡作用,这就是网前进攻技术击球前期动作的一致性。

击球时,前臂稍外旋,手腕由后伸至稍内收闪动,握拍手的食指和拇指夹住球拍,中指、无名指、小指轻握拍柄,使球拍在手腕和手指的挥摆用力下,轻击球托把球轻送过网。挥拍的力量、速度和拍面角度的大小,主要取决于来球离网的远近和速度的快慢。来球离网远,速度快些,则放球时的力量要大些,反之则力量小些。放球后,身体还原至准备姿势。

(2)反手放网前球。击球前的动作要领同正手放网前球动作,只是方向相反,反手握拍,反面迎球,击球时,主要靠前臂的前伸、外旋和手腕由内收至外展的合力,轻击球托底部把球轻送过网。击球后,整个动作还原成下次击球的准备姿势。

(3)正手网前推球。正手网前推球分为推直线和推对角线两种:①推直线。站右网前,球拍向右侧前上举。在肘关节微屈回收时,前臂稍外旋,手腕稍后伸,球拍也随着往右稍下后摆,拍面正对来球。这时,小指和无名指稍松开,使拍柄稍离开鱼际肌。在推击球时,便于发挥指力的作用。拇指和食指稍向外捻动拍柄,拍面更为后仰。推球时,身体稍往前移,右前臂往前伸,并带内旋,手腕和手指控制拍面角度,手腕由后伸至伸直并闪腕,食指向前压和小指、无名指突然握紧拍柄,拍子急速地由右经前上至左地挥动推球,使球沿边线飞向对方后场底角。如图 10-17 所示。②推对角线。引拍基本同原地推直线球,击球点在右肩前,推击球托的右侧后部,使球沿对角线方向飞进。这时,手腕控制拍面角度,闪腕时手臂不要完全伸直。如图 10-18 所示。

图 10-17

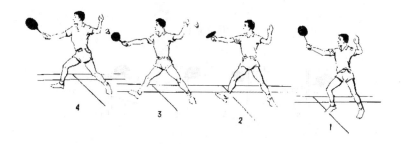

图 10-18

（4）反手网前推球。反手网前推球分为推直线和推对角线两种：①推直线。站在左网前，以反手握拍举于网前，球拍随着前臂往前上方伸举，前臂稍向左胸前收引，肘关节微屈，手腕外展，这时由反手握拍变成反手推球的握拍法，球拍松握，反拍面迎球。当前臂往前伸的同时稍外旋，手腕由外展到伸闪腕，中指、无名指、小指突然紧握拍柄，拇指顶压，往左边沿线方向挥拍，击球时，推击球托的后部，使球沿边线方向飞行。击球后，还原到击球前的准备姿势。如图 10-19 所示。②推对角线。击球动作基本同推直线，区别点在于击球一刹那急速向右前方挥拍，推击球的左侧后部，使球沿对角线方向飞行（图 10-20）。

（5）正手网前扑球。左脚先蹬离地面，然后右脚向右网前蹬跃而起扑球。当身体往前倾时，正拍朝前，球拍随手臂往右前伸，斜上举起。蹬跳后，身体凌空跃起，前臂往前上伸稍外旋，腕关节后伸，同时虎口对着拍柄的宽面，小指和无名指稍松开，使拍柄离开鱼际肌。击球时，手腕由后伸略内收闪动至外展。随着手腕的闪动，拍子从右侧向左前挥动，这时击球的力量主要靠身体前扑的冲力与前臂、手腕鞭打击球的合力。如果球离网顶较近，那就要靠手腕从右前平行球网处向左前滑动挥拍扑球。这样可避免球拍触网违例。扑球后，球拍随手臂往右侧前下回收。如图 10-21 所示。

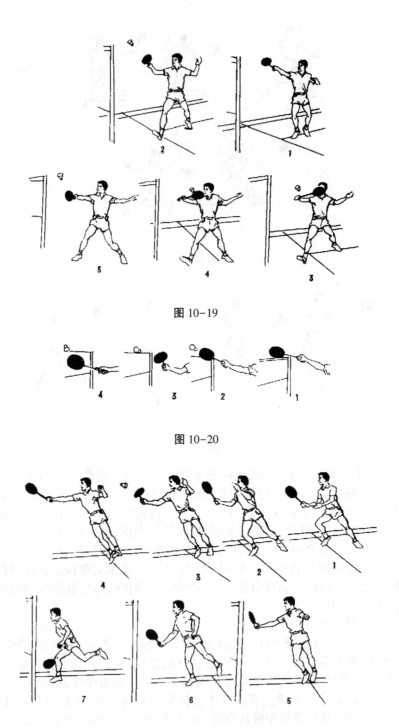

图 10-19

图 10-20

图 10-21

(6)正手网前挑高球。准备动作同正手放网前球。击球前前臂充分外旋,手腕尽量后伸。击球时,从右下向右前方至左上方挥拍击球。在此基础上,若球拍向右前上方挥动,挑出的是直线高球;若球拍向左前上方挥动,挑出的则是对角线高球。

（7）反手网前挑高球。准备动作同反手放网前球动作。击球前右臂往左后拉抬肘引拍。击球时前臂充分内旋，手腕由屈至后伸闪动挥拍击球。若球拍由左下向左前上方挥动，则球向直线方向飞行；若球拍由左下向右前上方挥动，则球向对角线方向飞行。

3. 中场击球技术

中场击球技术大致可分为：挡网前球技术、挑高球技术、抽球技术、快打技术。

（1）挡网前球技术。①正手挡直线网前球技术。该技术多用于接对方杀球。接球前用接杀球的步法移至右场边线，身体右倾，手臂右伸，前臂外旋，手腕外展。击球时，前臂内旋稍翻腕带动球拍由右下向前上方推送击球，把球挡向直线网前；也可以在击球时前臂由外旋到内收，带动球拍由右向前切送挡直线到网前。击球后，身体左转成正面对网，然后右脚上前一步，球拍随身体向左转收至体前。如图 10-22 所示。②正手挡对角网前球技术。准备姿势同上。挥拍击球时，在肘关节屈收的同时前臂稍旋内，手腕由后伸到内收闪动击球托的右侧。击球点在右侧前，手腕、手指控制拍面角度，使球向对角线网前坠落。如图 10-23 所示。③反手挡直线网前球技术。同正手，也是多用于接杀球。首先用接杀球的步法移至左场区边线，身体左转前倾，右肩对网，右肘弯曲，手腕外展，引拍至左肩前上方。击球时，借对方来球的冲力，以前臂带动球拍由左上方向左前方用拇指的顶力挥拍轻击球托，把球挡回直线网前。击球后，身体右转成正面对网，球拍随身体的移动收至体前。如图 10-24 所示。

图 10-22

图 10-23

图 10-24

（2）挑高球技术。①正手接杀挑直线后场高球。当对方杀右边线球时,右脚向右侧跨一大步到位。随步法移动往右侧引拍,右臂稍向右后摆的同时稍带有外旋,手腕后伸到最大限度,使球拍迅速后摆,紧跟着右前臂急速向前挥动时略有外旋,手腕从后伸到伸直闪腕,这时,肘起着"支点"作用,拍面对准来球,击球托的中下部,使球向直线高远方向飞行。击球后,前臂内旋,球拍往体前上方挥动,球拍回收至体前。如图10-25 所示。②反手接杀挑后场高球。击球前,前臂内旋,手腕外展,引拍至左侧前。击球时,上臂支撑,前臂急速往右前方挥摆,手腕由外展至后伸闪动握紧球拍,加上拇指的顶力,全速挥拍击球,使球向直线方向飞行。若向对角线方向挥拍,则球向对角线方向飞行。

图 10-25

## 第四节　羽毛球运动规则与裁判法

在掌握了羽毛球运动的基本技术、战术和训练方法以后,就要学会观看、参加和组织羽毛球比赛,首先学习、掌握羽毛球运动的竞赛规则。

### 一、羽毛球比赛规则

(一)计分原则
(1)21分制,3局2胜。
(2)每球得分制。
(3)每回合中,取胜的一方加1分。
(4)当双方均为20分时,领先对方2分的一方赢得该局比赛。
(5)当双方均为29分时,先取得30分的一方赢得该局比赛。
(6)一局比赛的获胜方在下一局率先发球。

(二)赛间休息与交换场区
(1)在一局比赛中,当领先的一方达到11分时,双方有60秒休息时间。
(2)在两局比赛间,双方有2分钟的休息时间。
(3)在决胜局中,当领先的一方达到11分时,双方交换场地。

(三)羽毛球场地标准
(1)羽毛球场地应是一个长方形,用宽40毫米的线画出。
(2)场地线的颜色最好是白色、黄色或其他容易辨别的颜色。
(3)所有的线都是它所界定区域的组成部分。
(4)从球场地面起,网柱高1.55米。
(5)网柱必须稳固地同地面垂直,并使球网保持紧拉状态。
(6)网柱应放置在双打的边线上。
(7)羽毛球球网应由深色优质的细绳编织成,网孔为均匀分布的方形,边长15~20毫米。
(8)羽毛球球网上下宽760毫米。
(9)绳索或钢丝须有足够的长度和强度,能牢固地拉紧并与网柱顶部平行。
(10)场地中央网高1.524米,双打边线处网高1.55米。
(11)球网的两端必须与网柱系紧,它们之间不应有空隙。
(12)场地长13.40米,双打宽6.10米,单打宽5.18米,双打球场对角线长14.723米,单打球场对角线长14.366米。如图10-26所示。

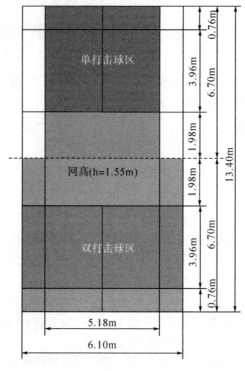

图 10-26

（四）单打比赛规则

（1）在一局比赛开始时（比分 0∶0）或发球方得分为偶数时，发球方在右半场进行发球。当发球方得分为奇数时，在左半场进行发球。

（2）如果发球方取得一分，那么下一回合其继续发球。

（3）如果接发球方取得一分，那么下一回合其成为发球方。

（五）双打比赛规则

（1）与单打一样，发球方得分为偶数时，发球方在右半场进行发球。当发球方得分为奇数时，在左半场进行发球。

（2）如果发球方取得一分，那么下一回合其继续发球，且发球人不变。

（3）如果接发球方取得一分，那么下一回合其成为发球方。

（4）当且仅当发球方得分时，发球方的两位选手交换左右半场。

（5）单打发球有效区域为图 10-27 中上部的区域，双打发球有效区域为图 10-27 中下部的区域。

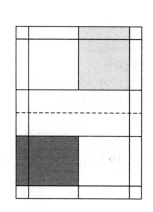

图 10-27

（六）比赛进行中违例

（1）球落在场地界线外。

（2）球从网孔或网下穿过。

（3）球未从网上方越过。

（4）球触及天花板或四周墙壁。

（5）球触及运动员的身体或衣服。

（6）球触及场地外其他物体或人。

（7）球被击时停滞在球拍上，紧接着被拖带抛出。

（8）球在一个回合中被同一方队员多次击中。

（9）运动员的球拍、身体或衣服，触及球网或球网的支撑物。

（10）过网击球（击球时，球拍与球的最初接触点在击球者网这一方，而后球拍随球过网的情况除外）。

## 二、裁判职责

（1）裁判长对竞赛全面负责。

（2）临场裁判员主持一场比赛并管理该场地及其周围。裁判员向裁判长负责，未设裁判长时，向竞赛负责人负责。

（3）发球裁判员负责宣判发球违例。

（4）司线员负责宣判界内球或界外球。

（5）裁判员应维护和执行《羽毛球比赛规则》，及时地宣判"违例"或"重发球"等。

（6）裁判员对申述应在下一次发球前做出裁决。

（7）裁判员应使运动员和观众能了解比赛的进程。

（8）裁判员可与裁判长磋商、安排、撤换司线员或发球裁判员。

（9）裁判员不能推翻司线员和发球裁判员对事实的裁决。

（10）在缺少临场裁判人员时，裁判员应就无人执行的职责做出安排。

（11）有临场裁判人员不能做出判断时，由裁判员执行他的职责或"重发球"。

（12）裁判员有权暂停比赛。

（13）裁判员应将所有仅与规则问题有关的申述提交裁判长（这类申述，运动员必

须在下一次发球击出前提出；如在一局结尾，则应在离开场地前提出）。

**思考题**

1. 谈谈您对羽毛球运动具有健全人格的价值的看法。
2. 中国羽毛球运动发展大致可以分为哪几个时期？
3. 羽毛球运动的特点与价值是什么？基本的发球技术有哪四种？
4. 步法大致分为哪三类？请举出至少 5 种羽毛球常用步伐。
5. 吊球从其动作方法、球的飞行弧线的不同可分为哪几种？
6. 前场技术包括哪些？中场击球技术大致可分为哪几种？
7. 发球区错误有哪几种？重发球有几种情况？什么情况被称为死球？

**参考文献**

［1］王兴,杨清元,王文毅.羽毛球运动理论与方法研究［M］.长春:吉林大学出版社,2012.
［2］贺慨.看图跟我学系列(羽毛球)［M］. 北京:北京体育大学出版社,2012.
［3］牛清梅.羽毛球理论与实训［M］. 西安:西北工业大学出版社,2012.
［4］杨敏丽.羽毛球教学与训练［M］.北京:北京体育大学出版社,2012.
［5］黄萍婷,戴劲.图解羽毛球入门［M］. 北京:化学工业出版社,2011.
［6］颜秉峰.羽毛球运动教程［M］. 西安:西安地图出版社,2011.
［7］郑兆云,许绍哲.羽毛球［M］. 北京:北京体育大学出版社,2010.
［8］邵永儒.羽毛球·乒乓球·台球［M］. 北京:京华出版社,2010.
［9］郑超.羽毛球教程［M］. 北京:北京交通大学出版社,2010.
［10］朱建伟.羽毛球概论［M］. 西安:西安地图出版社,2009.

要坚持健康第一的教育理念，加强学校体育工作，推动青少年文化学习和体育锻炼协调发展，帮助学生在体育锻炼中享受乐趣、增强体质、健全人格、锻炼意志。

——2020 年 9 月 22 日，习近平总书记在教育文化卫生体育领域专家代表座谈会上的讲话。

# 第十一章

# 棒垒球运动理论与技术

## 第一节　棒垒球运动概述

### 一、垒球的起源与发展

垒球是从棒球演变而来的,约比棒球运动晚 50 年。垒球运动的发明者是美国人乔治·汉考克。

据资料记载,1887 年的感恩节,美国芝加哥市的法拉格特划船俱乐部的会员们在体育馆里聚会时,用拳击手套做投掷的游戏,有的会员用扫帚柄作为棒子去打掷过来的手套。与会者都兴高采烈。汉考克就把会员分成两队,用垫子铺在内场区,用扫帚柄作球棒,用拳击手套作球,打起棒球比赛来。这件事启发了汉考克,如把在室外进行的棒球运动进行一番改革,使之适合在室内游戏,当严冬和风雨天气时,就能满足嗜爱打棒球的人们的需要了。汉考克拟定了一些简要的规则,又对器材设备做了必要的准备和修改后,组织会员们再次分队比赛。这是第一次室内棒球比赛。

1933 年为了把室内棒球与棒球区别开,把它定名为"Soft Ball",中国称为"垒球"。同时成立了美国垒球协会,并制定出统一的垒球规则。

由于垒球运动的特点,使它具备广泛的适应性,它的发展速度和参加人数迅速增长,并在 1950 年发展成为国际运动项目。1952 年成立了国际垒球联合会,总部设在美国俄克拉荷马州的俄克拉荷马市。1977 年国际奥林匹克委员会决定把垒球运动列为奥运会的正式比赛项目。

### 二、棒球、垒球在中国的发展

中华人民共和国成立后,棒球、垒球被列入全国体育竞赛和正式比赛项目,并举行全国联赛等,同时也被列为体育院校、体育系科的球类课程。随着国际交流的扩大,我国的棒、垒球水平迅速提高,已走出国门,达到亚洲和国际水平。1979 年 3 月,中国棒、垒球协会在北京成立,1981 年中国棒球从协会分出,并加入了国际业余棒球联合会。1984 年中国在亚洲棒球联盟中取得合法地位,中国棒球协会主席连续被选为亚棒联副主席,秘书长被选为亚棒联青年委员会委员。从 1985 年起,中国派队参加了亚棒联每两年举行一次的亚洲棒球锦标赛,1991 年在我国北京举办了第 16 届亚洲棒球锦标赛。中国队成绩一次比一次好。亚洲的棒球已具世界水平,除日本、韩国和中国

台湾地区是亚洲"三强"外,澳大利亚、关岛、菲律宾等队实力都很强。经过艰苦努力,中国队于1989年第十五届亚洲棒球锦标赛上击败关岛,苦战菲律宾,取得第四名。中国棒球队在冲出亚洲、走向世界的道路上已取得长足进步,展望未来尚任重道远,仍须倍加努力。

垒球运动20世纪初传入中国。1915年在上海举行的远东运动会上,菲律宾女子垒球队作了表演。此后,垒球逐渐在中国的上海、北京、天津等地的教会学校中开展。1924年旧中国第三届全国运动会首次将女子垒球列为表演项目。1933年旧中国第五届全国运动会将女子垒球正式列入比赛项目。中华人民共和国成立后,1959年第一届全运会上有21个省、市的女子垒球队参加比赛。女子垒球在全运会上除第二届和第五届外,其余8届都是正式比赛项目。中国垒球协会于1974年成立,并于1979年11月加入国际垒球联合会。2003年10月12日至10月21日在我国南京举办了第七届世界青年女子垒球锦标赛,有14个国家和地区的青年队参赛。2006年8月27日至9月5日在北京举办了第十一届世界女子垒球锦标赛,有15个国家和地区的队伍参赛,同时也是2008年奥运会的资格赛,这是目前我国举办的最高级别的国际垒球赛事。

**三、棒球与垒球的区别**

垒球脱胎于棒球,它们在各自的发展过程中不断演变,专项特点越来越明显。但由于它们的溯源关系,垒球与棒球从开始到现在其发展演变过程中总是互相影响又彼此取长补短。这种关系仍在继续,并成为促进棒、垒球运动发展提高的一个积极因素。

由于棒、垒球运动的不断发展,领导和制约它的竞赛规则几乎每年都有某些内容的补充和修改。这里只将它们的主要区别介绍于下:

棒球、垒球场地是一直角扇形区域,直角两边是区分界内地区和界外地区的边线。两边线以内为界内地区;两边线以外为界外地区。界内和界外地区都是比赛有效地区。界内地区又分为内场和外场。内场呈菱形,四角各设一个垒位,在尖角上的垒位是本垒,沿反时针方向顺序为一垒、二垒和三垒,如同手表的3点、12点和9点,本垒的位置相当于6点。内场以外的地区为外场。防守时,队员的位置名称与代码是:1.投手;2.接手;3.一垒手;4.二垒手;5.三垒手;6.游击手;7.左外场手;8.中外场手;9.右外场手。其中,代码1~6号为内场手,代码7~9号为外场手。位置代码是固定的,用于棒球、垒球比赛记录表中可详细记录全场比赛每个队员的全部攻守活动情况。

## 第二节　棒垒球运动的特点与价值

棒球、垒球运动包括跑、跳、投、传接、击球及滑垒等多种动作和技巧,能有效地发展速度、力量、耐力、柔韧性、协调性和弹跳等素质,不但具有游戏性、竞赛性、灵活多变和集体性等球类运动项目的共同特点,而且还有它独特的、通过实践才能体会到的专项特点。

棒球、垒球的比赛规则复杂,局数、出局人数、垒上跑垒员的人数和所在垒位、击球员的棒次和几击几球、击出球的性质(高飞球或地滚球等)、相对位置(界内球或界外球)等,都与比赛规则直接关联。只掌握运动技术而不懂规则,连传、接球也会出错,例如击出的界外球,有的要全力接住,有的即使能接住也不要接。再如守方有时把球传向跑垒员欲进占的垒,有时却传向跑垒员原占有的垒,在传杀两个跑垒员时,有时是逆时针方向,有时却正相反……技术虽没有错,但不同情况有不同规则。这是一项灵活运用规则与技术相结合的球类游戏。再从行动上看,棒、垒球的每个技术动作和战术配合,都要求运动员从完全静止准备状态,根据场上突然出现的情况和变化做出迅速反应,并在最短的时间内,以最高的行动速度正确地完成攻守动作或配合,再随即转入间歇状态,如果单从运动量来衡量,肌肉的负担量并不算大,但在整个运动过程中,神经思维的负担量大、刺激程度强、持续的时间长,这是其他运动项目所不及的。

攻、守截然分开,攻、守力量对比不均衡,以局数(七局或九局)作为交换攻守的时间,以"消灭对方有生力量"(使对方三人出局)作为交换攻守的条件,是棒、垒球区别于其他运动项目的又一特点。棒、垒球的进攻首先是由单个队员轮流上场击球,去突破守方的全队防守,再以合理的跑垒技巧,在集体默契的配合下积极行动,逐垒攻坚,最后返回本垒得分。攻方即使在优势局面时,也只能是四个队员(三个跑垒员和一个击球员)对抗守方的九个队员。而守方只有把单纯防守变为积极进攻,尽快造成三个进攻队员出局,才能改变被动挨打的局面。

## 第三节　棒垒球运动的基本技术

棒球、垒球是集体项目,但就其组成部分而言,大多数是一对一、个人对个人的对抗,可以说,51%是个人之间的对抗,49%才是集体对抗。棒球、垒球运动员个人的基本技术包括:接球、传球、打击、跑垒。

### 一、接球技术

#### (一)怎样戴和使用手套

接球的作用就是用于把正在运动着的球停住。根据测速仪对部分女子运动员传接球的测定,25米距离的平均球速为88.2千米/小时。要把速度这么快又很硬的球接住,需要两手对球施加阻力,使球速减弱到接近于零,这就要借助于特制的工具。手套不但可以保护手,把来球的冲击力减小,而且增大接球范围和取得好的效果。

接球时手自然张开,拇指与中指相对,无名指和小指贴近中指,这样,虎口、拇指、食指和中指及相连的手掌就形成一个凹兜,它就是接球的部位。接球时,用这个部位对准来球,两臂及手要放松并保持正确接球手形和身体姿势。

根据来球的高低或左右,接球者要移动接球的位置,变换手指和手套的方向,使人和手套的接球部位对准来球。

#### (二)正手接球与反手接球

接球时身体以腰部为高低分界线,以人体中轴线作为左右分界线,接球的方向因此有所不同。如果接接球手这一侧的球,通常称正手接球。接球手必须先翻转手套使接球部位拦住球的前进路线,往往脚也要更早移动到接球的恰当位置。不论接高低左右的球,都要尽可能双手接球,以便迅速传球。决不能使手指对着来球接球。

（三）接球技术

1. 接平直球

面对来球的方向，两脚平行开立约与肩同宽，脚尖稍内转，两膝稍弯曲，上体稍前倾，重心放在两脚脚掌上，两眼平视来球方向或传球人，两臂自然向前伸出，手套上缘要低于眼的视平线，两肘放松弯曲，两手拇指靠近并使传球手的拇指轻贴在戴手套大拇指的背侧部位。

球即将接触手套时，两手应顺势后引——两肘轻柔而短快地后收，同时翻起手腕用手套凹兜处接住来球，并立即将手套向右肩（传球手）转腕、推送。传球手放松弯指护球，随接球手套的推送动作，将食、中指沿球体的上方顺势滑进，握住缝线，撤臂后引，转入传球的准备动作。

2. 接地滚球

实战中接地滚球少于平直球，多于高飞球，但地滚球是最难接的球。一是打出来的地滚球在速度、旋转、方向、弹跳等方面各式各样；二是比赛场地的平整、硬软度、水分等都影响地滚球的弹跳或方向。必须掌握地滚球的旋转、弹跳规律，熟练接地滚球的技术，在接球前认真判明球路和迅速抢占落地点，才能接好地滚球。

准备姿势：面对来球，两脚开立稍宽于肩，脚尖稍内转，两膝弯曲，上体前倾，重心置于两脚掌内侧，双手自然放在两膝前面，两眼注视球。两脚开立也可以使伸踏脚较轴心脚错前半个脚掌。

接球：应首先判断球的方向、球速、弹跳和着落点，并立即起步迎球接球。迎球接球是为了调整好步与球的关系，抢占落点（弹跳点），使身体正面对球，也是为了赢得防守时间。起动迎球的跑动应先快后慢，到距球 2~3 米处，轴脚制动，伸踏脚顺势上步停稳。双手配合脚的动作放松伸向来球，手套张开，对准球的前进路线和预定的接球点。必须双手接球，球接触手套时，双手顺势后引，准备垫步传球。

无论向前、向侧或其他方向跑动迎球，两手应自然随跑摆动，在接近接球点时，随身体降低重心和上体前弯动作向前伸向来球。

接球时，全神贯注于球的活动，两眼一直注视球进入手套里面。

3. 接高飞球

高飞球有多种，但都呈抛物线飞行，按其下落路线分为直线下落和抛物线下落两种。这是决定用上举接球还是前伸接球的依据。上举接高飞球是主要方法。

准备姿势：面对来球方向，两脚开立稍比肩宽，前导脚可稍前，两膝微屈，上体前倾，双手放松伸在双膝前或胸腹部前，两眼注视来球方向。

接高飞球的关键是能迅速准确地判断出球的路线和落点，早于球到达落点处接球。

接球：接呈抛物线下落球时，两脚前后稍分开站稳在落点的稍后方 1~2 米处，正对来球，眼注视球的运动，随着球的下落，两手拇指靠近，指尖向上，放松上举到面部的前上方，用掌心接球，两肘弯曲，两眼从指尖上方注视球。球即将接触手套时，两臂及手放松后撤，右手顺势内转护球。

**二、传球技术**

传接球是限制对方进攻争取得分的重要手段，也是防守战术配合的联系纽带。

（一）握球方法

无论是握棒球或垒球，无论用三指或四指握球，都要把食指、中指横压在球上方的缝线上,拇指压在球下方的缝线上并对着球上方稍微分开的食指和中指之间。手掌以及虎口与球之间,都不要接触球体。食指与中指分开或并拢在一起,对球的作用是不同的。食、中指并拢握球或球握得稍紧,可以增加传球的旋转和前进速度,但影响飞行的稳定性——容易偏向某一侧;如果两指分开些,能提高飞行路线的稳定性,但影响球速。握球太紧,影响手腕的灵活性;握球太松,传球用不上拨指的力量。因此,握球的松紧要适度。如果食、中指要分开握球时,也以不大于一个指尖的宽度较好。无名指与小指曲卷,放松托在球侧部位,手腕放松。还有顺压缝线握球,食指与中指顺着压在两条缝线的最窄处。

(二)肩上传球

肩上传球不但传球有力和准确,而且动作符合人的生理结构,肩臂不易受伤。它是运动员最基本、用得最多的传球方法。

准备姿势:面对传球目标,两脚开立约同肩宽,膝部微屈,两手持球于胸前,两眼注视接球队员的胸(传球的那只臂)上缘,这是传球应到达的目标。

传球:传球臂从胸前握球姿势放松下落至提肘屈腕后引,肘关节弯曲,手腕放松握球。上体以轴心脚为轴支持身体重心,向传球方向侧转,伸踏脚也向侧前方踏出一步(约2.5~3.5个脚掌长度)。完成引臂、伸踏、转体的姿势应是侧对传球目标,两臂前后分展,头部保持正视目标。

随着伸踏脚落地,完成引臂握球动作,身体重心从轴心脚前移,并借轴心脚蹬地前送转腰,带动上体向左转。传球臂握球,肘与肩平,球高于耳。借转体带转肩带动传球臂加速前挥,身体重心继续前移到前腿上并支撑住,传球臂约在右耳前上方,向传球目标屈腕、拨指、出球。在整个传球过程中,头部应始终保持正视目标。出手后的球应当向自己(由下向上)旋转,使球平稳向前。

球一离手就应放松,任臂自由前摆经体前至左侧,上体随势前倾,轴心脚自然前移到与伸踏脚平行成开立姿势,准备迎接新情况。两眼应始终注意场上局面。

肩上传球适用于各个位置,适合中、远距离传球。如果传球距离较远时,例如外场员回传内场或本垒时,传球前应加大传球臂的后引幅度和伸踏脚的前伸步幅,传球时更加大轴心脚前蹬的力量和转体的速度,出手时用力拨指,使飞行的球向自己旋转。这样的球会平稳、走直线,飞行的距离也更远些。

(三)体侧传球

当接住地滚球或低于腰部的来球,在时间较紧迫,传球距离较近,来不及垫步、直起身来做肩上传球时,可以用体侧传球或低手传球。特别是时间紧迫,来球方向与传球方向所形成的角度较大时,用体侧传球更为有利。

接住低球后,传球手随缓冲动作持球后引,并根据传球方向的需要,决定髋、腰的角度和伸踏脚是否伸踏以及伸踏的方向,但重心应移到屈膝的后腿(轴心脚)支撑,上体转呈左肩对出球方向,头保持能两眼正视目标。一般情况下,上体收腹前屈,传球臂后引到体侧转为屈肘上提,臂与手腕放松。

传球是用后脚蹬地使重心自后向前,带动转腰送髋和摆臂,摆臂经体侧前挥时,肘应前引,小臂伸展约与地面平行并伴以屈肘、拨指把球传向目标。

体侧传球横向所及的角度大,屈腕与拨指务必对准目标完成,以免左右偏离太多而造成失误。

(四)低手传球

当屈膝、上体前俯接住低球或地滚球,需要立即争取时间向体侧或侧后方较近距

离传球时,右手持球顺势引臂,轴心脚制动并迅速反向蹬地,传球臂快而短地挥小臂和屈腕、拨指,把球传出。在手接到球的同时,两眼就应立即找寻目标。

低手传球的身体动作较小,传球臂向目标挥小臂和屈腕拨指是关键。

（五）正手抛传和反手抛传

接球后如果与目标（将接球的同队队员）距离很近时,若用挥臂传球既耽误时间又使接球队员来不及接球,使用抛传,既稳妥又迅速。

正手抛传是面对传出方向,借伸踏脚前移,右手持球经体侧向前摆,掌心向目标,臂和手腕自然伸直。身体重心伴随臂的前摆由后向伸踏脚前移,上体跟进,两眼注视接球队员的双手位置。

反手抛传往往是传向的目标在持球人的一侧或者侧后方,持球队员在体前屈时握球,两腿屈膝平行开立,上体前屈。抛传时,传球臂向传球目标摆出并自然伸直,掌心摆到正对目标时,松开手指出球。

抛传球不要屈肘和屈腕、拨指,出球时两脚与重心要稳住。如用接球手套直接抛传,动作要点同上,应特别用好掌心向目标的摆送动作。

### 三、击球技术

击球是进攻时首先用以对抗对方投手投球的手段。把投球击向场内并且突破对方的防守是取得上垒的条件,然后才有机会进垒和返回本垒得分,没有击球就没有进攻。

击球也是一项最复杂、最难学的运动技术。一是因为击球是用挥动着的球棒去碰击飞行着的投球,是速度与速度的较量;二是因为击球者各有其不同的身体条件,必须探索适合本人的技术技巧;三是因为守方利用各种投球方法改变球的速度、飞行路线和性质等,来遏制击球效果等。这些都增加了击球技术的难度和复杂性。当然,还有一些其他因素也影响击球。

（一）球棒

球棒是击球的工具,也是影响击球效果的一个因素,应了解球棒的特点,选用合适的球棒,以提高击球的效果。

1. 球棒的种类

随着运动技术的提高和科学技术的进步,球棒的种类越来越多,各有其优缺点。目前,比赛中通常使用的是木质棒和金属棒。

木质棒分普通木质棒和压缩木质棒。特点是捏棒和击中球时手感舒适,弹性较好。用木质棒打革制球,由于棒击球时的弹性所产出的反作用力,可以把球打得更远些,这是其他种类球棒所不及的。木质棒要求木材的木纹直而均匀,没有结节,重量及硬度合适。但木质棒容易折断,保管不善时也易变形。

金属棒是用铝或镁合金材料制成的,特点是坚固耐用。用金属棒打橡胶球能打得较远,但打革制球的效果不及木质棒。金属棒的手感和弹性稍差,击球时更明显。

2. 球棒的形状与结构

球棒因用途不同可分为垒球棒、棒球棒和教练棒,比赛中不准混用。不论哪种球棒都由尾箍、握柄、棒干和棒头四个部分组成,相互对称并保持一定的比例关系。规则对球棒也做了明确规定。

3. 球棒的重量

球棒的轻重影响挥棒速度和击球效果。如果球的重量、投球的速度和挥棒的速度不变,那么较重的棒因质量大而会产生更大的惯性,从而把球碰撞出去的速度更快,距离也更远。

规则对垒球棒的重量作了限制,而对棒球棒则没有限制。要把球打得远,一应增加球棒重量,二应提高挥棒力量和速度。但并不是球棒越重越好,而应根据自己的体力、反应、技术等特点选用重量合适的球棒。球棒太重影响挥棒速度,还可能破坏正常的击球动作,得不偿失。

4. 球棒的重心

球棒在设计和制造过程中,已对它的重心作了仔细研究和计算,它适合普遍情况。但作为个人使用,应亲自通过实践选择。

球棒的重心约可分成两类:第一类重心在前,在球棒长度(从棒的后箍向棒头处)2/3 处,误差在±5 厘米范围内,木质棒、胶合棒、教练棒等多属于这一类;第二类重心居中,约在球棒长度 1/2 处,各种金属棒、玻璃纤维棒、陶瓷棒等多属这一类。

(二)挥击技术

击球分为挥击和触击两类,各有不同用途,达到不同的战术目的。每位运动员都必须掌握两种击球方法,但应首先学习挥击技术,这是最基本的击球技术。

1. 准备姿势

它指击球员在击球员区持棒准备迎击投手扔球的身体姿势。准备姿势的好坏对后继动作的影响很大,其中最重要的是击球员两脚站立的位置与本垒板的关系,它影响对来球的反应时间,球棒的有效击球部位能否覆盖本垒的有效范围,优性眼与优性手是否在同一侧。

脚的基本站法有平行式、开立式和封闭式三种。其中平行式是基本和常用的站法,指两脚站立在本垒板中心点与投手板中心点连线的平行线上。这种站法既可以较迟挥棒,又能较有力地击球。

开立式站法:击球员的腕、肩、臂转向前方的程度比平行式和封闭式站法都大些,这使球棒挥到击球位置所须移动的距离比较短,也就是说挥棒动作所用的时间也较短些。它适合于不够果断,挥棒前需要多点时间判断来球,或者力量较弱的击球员。优性手(习惯手)与优性眼如果在同一侧的击球员,用开立式站法更为有利。

封闭式站法:击球员转髋、肩、臂的距离长,可以更有效地发挥向前转动的肌肉力量,击球时向球施加更大的力。如果击球员的挥棒有足够大的速率,又能在合适的击球位置上击中投球,那么可以使用这种站法。站立时两脚约相当于自己的肩宽,技术熟练的击球员稍大于肩宽。不要站得太窄,这往往是造成伸踏过大的原因。两膝弯曲稍向内侧扣,身体重心稍偏后腿,上体自然前倾,头部侧转向投球的方向,下巴贴近前面的肩,两眼注视投手。注意身体不要紧张,只保持正确的姿势。

2. 握棒方法

有两种:①两手的第二指关节成一条直线;②上位手的第二指关节对着下位手的第二、三指关节的中间。无论用哪种握法,都应用手指握棒,不要用手掌握棒。一般是左手握在下位,小指靠近球棒的尾箍;右手在上位,两手紧靠,中间不留空隙。如果球棒较长或比较重,可以将双手向上移几厘米,取得平衡。

握棒站立时,球棒可成垂直式或者折角式。垂直式的球棒重心在两手的正上方,握棒较省力,但击球时转动(从上向下)的角度大,球棒约需向下转动 90 度才能与球接触。折角式击球时需转动的幅度较小,但由于肌肉必须多作功而紧张些。

3. 伸踏

其目的是把准备姿势的重心从后向前移,为随后的挥棒迎击投球动作做好准备。伸踏是击球技术的组成部分,直接影响击球动作,伸踏要做到伸踏方向和伸踏距离都很稳定,也就是不论击哪种球,伸踏脚都在同一地点着地,这样才能准确地判断球的飞行及变化,准确地击中球。

伸踏的距离一般应短些,约 8~30 厘米。伸踏动作幅度小,身体的移动和重心的起伏也较小,容易保持挥击动作稳定,还能减小头部的起伏,对注视投球的视线影响也小。完成伸踏刹那的击球员如同拉成满弦的弓,后续的是有力而准确地挥击。

4. 挥击

击球员在准备击球的过程中,眼睛要特别注意投手伸踏脚和投球臂的动作,要集中精神看清投球离手后的旋转,判明来球到达本垒的时间和位置,从而决定是否起棒挥击。

正确的挥击动作是:后腿蹬地,转髋,转肩,挥臂,转腕由下向上挥动,逐级拉紧,以最快的速度将力量集中到球棒与球碰撞的那一点上。

当对方投手开始"握球下拉"时,击球员应提伸踏脚使重心再后移,双手握棒放松后引,后移重心时应保持前肩不起伏,眼睛盯住投手。动作要轻松,配合投手的投球动作节奏。

当对方投手开始"重心前送"时,击球员应立即伸踏;投手"投球出手",击球员应立即转体挥棒击球。

要想挥棒有速度和击球有力量,必须用脚抓牢地面,以转腰带动挥棒。转腰必须以身体中轴为中心,重心向前移、转动并保持不起伏。这样,眼睛能对来球判断得准确,挥棒的轨迹没有起伏和直线对准来球撞击。判断球的要点是把投球出手至本垒板上空的飞行"看"成一条线,而不是孤立的球。对于球棒的运用,要能感觉到它是(下位)手的延长部分。在挥棒迎击、球棒又尚未碰撞来球前,肩与髋不要过早展开。挥击的全部速度和力量集中到棒与球的撞击和前送的一刹那。这时,伸踏脚以脚掌内侧着力蹬直,"顶"稳重心不再前移,使转体、挥臂、双手及全身力量集中到棒头的中间部位上;将髋部和前肩展开正面对球,两臂及手腕也随前挥展开并前送,两眼始终注视球。这是挥击的关键。

5. 随挥

球离开球棒后顺势放松,球棒随惯性随挥,经体前向肩后方,两手顺势滚腕、挥棒,起步跑垒。

很明显,棒球投球的路线由于投手板、投球方法和投手的身高等原因,投球所经过的路线是从高向低的斜线。为了提高命中率和击球效果,击球时,球棒挥至正对来球时,应稍向前上挥击,使碰撞的机会更多些。这就是棒球人所常说的:"球从哪里来的,就把它打回到哪里去。"根据摄影对投球路线的分析,如果出手时的高度(包括投手高度)为 1.77~2.00 米且投至球与棒的碰撞点所用的时间为 0.4 秒时,则直线快球的角度为 4.5~5 度,曲线球的角度为 10~15 度。据分析证实,斜上挥棒的角度以 10度最合适。

**四、跑垒**

(一)跑一垒和跑多垒

击球员完成击球任务后就是跑垒、随挥动作紧密连接。

跑出击球区的起步是右脚,这一步要小些,并用前脚掌用力蹬地以获得速度。跑时应注视一垒包的前沿,沿边线外侧和跑垒限制线内全速冲刺跑,可用任何一脚踏垒,然后才减速,从界外回一垒,眼要注视场上的球和有关的防守。

跑到跑垒限制线处,要注意跑垒指导员发的信号来决定冲过一垒,或连续跑垒。跑多垒时,应使用左脚踏一垒垫子的内角近角,身体左侧倒,左膝弯曲,左臂用力后摆。不要减速,拐弯时外侧脚踏垒垫的内角近角,拐的角度小些。

跑垒过程中,如守方队员在垒线处做防守活动,跑垒员应绕过以避免冲撞。凡因避免妨碍防守和拐弯绕出跑垒限制道,都同合法跑垒。

### (二)在一垒上的离垒和回垒

跑垒员在比赛进行中可以随时离垒。因此,跑垒员要掌握离垒和回垒的正确步法,在保证安全(不被投手的牵制球传杀)的前提下,争取离开垒多点,以求早几步到达下一垒。跑垒员积极的跑垒意图,也增加防守上的难度和投手的负担。

当投手踏投手板后,跑垒员就快步离垒2~3米,面向场内,屈膝弯体,两脚开立,脚尖稍内收支持体重,两手垂于膝部,眼睛注视投手的动作。离垒和回垒的基本路线是在垒线上,离垒后踏停,再用小滑步左右调整自己与垒位的恰当距离,眼睛始终注意投手的前导臂和伸踏脚的动作,抓住投手是起动投球还是将传牵制球的动作特点,及时起步跑垒或回垒。从这个姿势回垒或起动跑二垒的步法应是重心移向近侧脚,近侧脚提脚跟转动并转体,远侧脚用前交叉步起动。

回一垒时,边跑边注视一垒手的手套位置和接球动作,距垒两步时,脚跟着地制动,重心下降,后面脚顺势前伸,脚跟着地脚掌踏垒,避开一垒手的触杀位置。

### (三)离垒和跑垒

跑垒员确认投手起动投球时,就可以再多离开几步或者全速跑向下一垒,这叫作“偷垒”。跑垒员应看垒位、守方队员回垒的防守位置和接球动作,避开对方的触杀,踏垒和停在垒上。从一垒离垒主要是看准投手将传牵制球(看投手前导肩及伸踏脚转向一垒)还是向击球员投球。从三垒的离垒或回垒也是看投手的动作意图,因为投手面对三垒,传牵制球更方便,还因在二垒行动举足轻重,可影响全局。

二垒的离垒、回垒和跑垒情况有些不同:一是投手的投球臂对着二垒,传牵制球必须转体180度,跑垒员可以离垒再远几步;二是上二垒接杀的有二垒手或者游击手,两人从两侧牵制,跑垒员不免受到影响,不敢多离。正确的办法是盯住投手动作,再听从三垒跑垒指导员的提醒或手势。

二垒的离垒可以在二、三垒线上或者在垒线后2~3米处,各有优缺点。

离垒与跑垒要利用守方的延误、失误或漏洞,既要判断准确又要善于抓住时机。

还要注意规则。例如二人出局前高飞球,跑垒员如判断不准守方是否能直接接住球时,应迅速回垒踏垒并注视球。当球一旦与守方队员接触,跑垒员立即离垒跑垒。跑垒员应避免被击出的球直接打中,因此在三垒的跑垒员离垒或回垒应在边线外,这样即使被球直接击中,也不会被判出局。

跑垒、偷垒都要冒风险,有成有败,故跑垒员要认真对待每一步和每一动作,胆大心细,机智灵活。精彩的成功会鼓舞全队斗志,莫名其妙地被牵制球传杀会造成严重后果。

### (四)垒球的跑垒

垒球的跑垒方法在原则上与棒球相同,最明显的区别在于离垒的时间。跑垒员必

须在投手"投球出手后"才可以进垒。在此之前,跑垒员至少一脚应与垒垫接触做起跑姿势。

## 第四节  棒垒球运动的比赛规则

### 一、棒球、垒球的比赛方法

棒球、垒球比赛是在两队之间进行的,两队各有九名参赛队员。比赛在一名主裁判和三名司垒裁判主持下开始和进行。正式棒球比赛为九局,垒球比赛为七局。赛满局数,以累积得分区分胜负,得分多的一队获胜。如果两队得分相等,应继续比赛,直到决出胜负。比赛中遇到天黑或风雨等意外情况,裁判认为不能继续比赛,如双方已赛满五局或五局以上,则按已得分数计算胜负,如比赛未满五局,比分无效,应改期重赛。

比赛开始前,双方教练员应将本队按击球次序排列的上场队员名单提交给主裁判,并在主裁判的主持下,以抽签的方法选择攻守权——中签的队有权优先选择本场比赛的先攻或先守权。

比赛开始先守队九名队员进入场内各自的防守位置先攻队应在场外自己一侧的运动员席并按排定的击球次序逐个进场击球(击球员),另有两名教练队员,分别站在一、二垒界外场区的两个跑垒员指导区内,指导本方的跑垒和进攻。轮到击球的击球员有三次合法的击球机会,如果三击不中,或击出的界内或界外球在落地以前被守方队员接住,或站在出击球员区击球等,该击球员都将被判出局——失去继续进攻的机会。如果击球员把守方投手的投球打进两条边线组成的扇形场区以内,就取得跑垒继续进攻的权利。如果守方投手累计给击球员投了四个坏球——不符合规则规定的球,或投球触及击球员身体的任何部分,或接手妨碍了击球员击球等,都保送击球员安全上一垒,成为跑垒员。前位击球员或出局、或上垒,由后位击球员进场击球,继续进攻。各垒上的跑垒员在比赛进行过程中都可以合法跑垒但不得妨碍或扰乱正常防守活动,不得故意颠倒跑垒顺序等,违反规定的跑垒员应被判出局。跑垒员如能在本方三人出局以前,合法地跑过一、二、三垒并安全返回本垒,每次可得一分;只有进攻队才可以得分。

当攻方队员累计有三人出局时,双方队交换攻守,赛完一局中的上半局,转入下半局比赛,先攻队进场防守。守方防守的第一关是投手投球。投手与接手配合,力求使投球既符合规则又投向击球员难打中或打不好的点上,使击球员得不到上垒机会。如果击球员把投球打入场区内,守方队员则用跑动、接应来截接击出的球,再用传球组成严密的防线,传向击球员或跑垒员企图进占的垒——安全站。如果球早传到垒,应判企图进占该垒的攻方队员出局。在比赛进行过程中,任何守方队员都可用封杀——持球踏垒,或触杀——持球触人的方法来应对跑垒员离开垒位、漏踏垒位、应退回而没能退回原垒或两个跑垒员同占一个垒等情况,使跑垒员出局。跑垒员不得为躲避守方的触杀或夹杀而越出跑垒限制线或故意颠倒跑垒顺序等,违反的跑垒员应被判出局。守方也不得在手中无球时故意阻挡跑垒员的跑垒或进垒,不得抛出手套、球帽、护面或衣物等去拦截击球员击出的或守方队员传出的界内球。如守方违反规则,应判跑垒员安全进站应进的垒,或者判击球员和跑垒员都安全进三个或两个垒。守队只能遵守规则,积极行动,默契配合,争取尽早使攻方三人出局才能夺回进攻权。当比赛的双方队进攻、防守各一次即为一局,比赛连续进行,直至赛满局数并分出胜负。

比赛前所填报的击球次序在本场比赛中不能变动,进攻时,每个队员必须按填报的击球次序上场击球。第一局以后,每局的第一个击球员应为上一局最后完成击球任务(已上垒或出局)的下一个击球员。

比赛在成死球局面时,向主裁判说明后,替补队员可以随时上场替补场上比赛的任一队员,并按被替补队员的击球次序击球。被替补下场的队员,不准再次上场比赛。

### 二、棒球、垒球的规则

棒球、垒球的规则复杂,涉及双方队员的攻守活动和技、战术运用的先后顺序,身体部位与方法,球的高度、落点、滚动、弹跳,球先接触攻方还是守方或者是裁判,球与击球员、跑垒员身体的关系,脚和垒垫的关系等。当情况变了判罚条例和规则也要相应改变。下面简略介绍一些必须了解的规则,以便大家更好地从事这项运动。

(一)界内球与界外球

击球员合法击出的球如符合下列任一情况时均为"界内球":停止在本垒至一垒或本垒至三垒之间界内地区时;地滚球越过一、三垒垒位后从垒位后面的界内地区滚向外场或滚出界外时;触及一垒、二垒或三垒垒包时,先落在一、三垒垒位后界内地区时;先在界内触及裁判员、比赛队队员身体时;从界内地区上空直接越出本垒打线时。

判别界内球的依据可概括为——内场看停点,外场看落点。场地上各线的宽度为7~6厘米,线的宽度包括在各区域的有效范围之内。

合法击出的球如遇下列任一情况时为界外球:停在本垒至一垒或本垒至三垒之间的界外地区;地滚球在经过一、二垒垒位时,从垒位后界外地区滚入外场或继续滚出界外地区;当腾空球落点在一、三垒垒位后界外地区时;在界外触及裁判员、比赛队队员的身体或其他障碍物时。

界外球为死球局面,跑垒员不得进垒。

(二)好球区

在本垒板的垂直上空,高度以击球员通常采取的击球姿势为标准,整个球体要低于击球员的腋部,高于击球员的膝盖上沿之间的立体区域叫"好球区"。好球区的宽度以本垒板的宽度为准,好球区的高度则每个击球员各不相同,并且规定"整个球体"必须在这个高、低范围以内。

又按规则精神,只有"整个球体"在好球区的范围以外才不是"好球",也就是说,只要球体的某一部分仍然"挂连"好球区的宽度范围(高度符合规则规定)的投球,仍应是"好球"。如图,按上述规则精神,好球区的外下角整个球体超出好球区宽度,内下角大部分球体高出好球区高度,均不符合"好球"规定,另外两球则是"好球"。

(三)好球与坏球

这里是指投手向对方击球员的投球。

投手的合法投球如符合下列任一情况时为"击"(也就是"好球"):击球员击球未中(不论投球是好球还是坏球);"好球"未击;两"击"前击成界外球(如已有两"击",再打成界外球时只判"界外球"而不判"三击"或"四击",因每个击球员轮到上场击球时只有三次"好球"的机会);触击成界外球(三次"好球"机会都可以用触击或挥击,如打成界外球则判"一击"或"两击",但在"两击"以后,如果再用触击法打成界外球

时,则判击球员出局);击球未中而球触及身体(第三个"好球"时出现这个情况,判击球员出局);未落地而通过"好球区"的球触及击球员(同上条判罚)。

投手的投球没有进入"好球区"或在进入"好球区"前落地而击球员又未挥击,叫"坏球"。如果投手对某个击球员累计投了四次坏球,则判击球员安全上一垒。

（四）投手犯规

垒上有跑垒员时,投手的不合法行为叫"投手犯规",这时判各跑垒员安全进一个垒。

（五）投手的违禁行为

①在投手区内用投球的手接触口或嘴唇;②在球上涂抹任何外加物质;③在球、手或手套上吐口沫;④将球在手套、身体或衣服上涤擦;⑤损坏球面;⑥投所谓"发亮的球""吐有口沫的球""涂上泥土的球"以及"用砂纸擦过的球",但投手可以用双手擦球;⑦携带任何对投球有影响的物品(应令其退出比赛);⑧故意不投球给击球员而传球给守场员以拖延比赛时间(但传杀跑垒员除外);⑨故意对准击球员身体投球(如确实,裁判员应立即警告投手及其教练员,并宣布如果再犯,则将投手驱逐出场。同时也提醒对方教练员,不要让投手故意对准击球员身体投球,否则与投手一样被驱逐出场)。投手违反①时,判给击球员"一球",如再犯则令其退出比赛。投手如违反②~⑥时,应判给击球员"一球",并警告投手;如果投手再次违反,则令其退场,取消其参加比赛的资格。

（六）投杀

击球员被判三"击"而取消其继续击球权利的投球行为。

（七）暴投

偏离本垒板致接手无法经过正常努力接住的投球。

（八）急投

击球员尚未做好击球准备,投手突然急速向其投球的行为。

（九）不合法投球

投手违反下列任一规则的投球均判"不合法投球":投手脚没有触踏投手板而向击球员投球;急速向没有准备好的击球员投球。"不合法投球"判击球员"一球"。垒上有跑垒员时的"不合法投球"判"投手犯规"且垒上跑垒员安全进一个垒,但不判击球员"一球"。

（十）死球和死球局面

暂停比赛的击球、传接球或投球叫"死球",这种暂停比赛的局面叫"死球局面"。常见原因如:攻或守方违反规定;比赛受到意外的干扰;球碰到障碍物或越出赛场;裁判宣布"暂停"等。待主裁判宣布"继续比赛",即结束死球局面。

（十一）妨碍行为

凡影响比赛队员进行正常攻守活动的行为叫"妨碍行为"。它包括:攻队队员对正在进行防守的守场员进行阻碍或干扰;守场员阻碍或干扰击球员击球;裁判员阻碍或影响接手;击出的球在界内碰触裁判;观众妨碍行为是指观众进入赛场内,触及正在进行攻守的投球、击球或传球。

（十二）阻挡

守场员在没有持球和接球的情况下阻碍跑垒员进垒的行为。

（十三）准备区

在本垒后的两侧各 11.23 米处有一直径为 1.52 米的圆就是击球员准备区,当击球员进入击球员区准备击球时,该轮到击球的击球员应进入击球员准备区做好击球准备。

（十四）击球中身

在比赛进行中,场上的进攻队员,无论在垒上或跑垒时被击球员击出的界内球直接碰触身体时,判跑垒员出局。如击出的界内球穿过内场手(不包括投手)后随即碰触跑在该内场手后面的跑垒员,或者经内场手(包括投手)碰触并使球改变路线后碰触跑垒员时,不判跑垒员出局。如果跑垒员将内场手失接的球故意踢开,属于妨碍行为,要判跑垒员出局,成死球局面。

（十五）投球中身

投手投出的球碰触正在合法击球的击球员或其衣服时,是死球局面,被投球中身的击球员可安全进一垒;如果垒上跑垒员属被迫进垒,也可以安全进一个垒。

（十六）不合法击球

击球员合法击球姿势是双脚站在击球员区内。击球员的一脚或双脚完全踏出击球员区把球击中时(即球与棒碰触的刹那双脚的位置),不论击成界内球或者界外球,都应判击球员出局。规则还规定,击球员也不能跳出(可以跳起)击球员区击球,判罚的原则同上。

（十七）击球员的违规行为

①一脚或双脚完全踏出击球员区把球击中时;②投手已经做好投球准备,击球员由一侧击球员区进入另一侧击球员区时;③踏出击球员区或以其他动作妨碍接手在本垒进行传杀时,但是跑垒员试图进垒或下垒而被传杀时,不判击球员出局;④使用或试图使用裁判员认为能够增加击球距离或使球造成不正常反应的变形球棒击球时。这类变形球棒包括:在球棒内填充东西,把球棒面削平,在球棒上打钉,把球棒挖空,把球棒弄凹,在球棒上涂以石蜡、白蜡等物质。违规击球员应被判出局,违规行为还应受到警告和退出比赛处分。

（十八）击球员次序的错误

击球员在一场比赛中应按赛前提交给裁判员的击球次序轮流上场击球。如应轮及击球而未击球,误由其他击球员完成其击球任务时,经申诉判原应轮及的击球员出局。这是判罚的原则,实际判罚可根据不同情况而定。如:不应轮击的击球员尚未完成击球任务时;已完成击球任务成为跑垒员或被判出局时;任何攻守行为开始前时;守队投手已向下一击球员投球时;等等。

（十九）封杀与触杀

在比赛中,跑垒员的进或退往往受其他进攻队员或客观条件制约,可以是被迫进垒或者自由进垒,因而防守也应采取相应措施。①被迫进垒。击球员把投球合法击入场内后,必须离开本垒上一垒,这就是被迫(不跑不行)进垒。这种情况下,守方把球早于击跑员传到一垒而使击跑员出局的防守行为称"封杀"。如果此情况出现前,一垒已有跑垒员,那么在击球员击出球后,击球员必须离开本垒进一垒,而每个垒上只允许有一个跑垒员,所以原在一垒上的跑垒员必须让出一垒进二垒。这样,一垒跑垒员与击跑员同样是被迫进垒了,以此类推。②自由进垒。守方如先将球早于一垒跑垒员传到二垒上,就可以封杀一垒跑垒员了。但如果守方将球不是先传到二垒,而是先传

到一垒上,击跑员就先被封杀出局了,那么就解除了一垒跑垒员被迫进二垒的条件,使他既可以进二垒甚至三垒又可以退回一垒,这就是自由进垒。在比赛进行中和符合规则的前提下,各垒跑垒员既可离开原垒向下一垒前进,又可以权衡情况而退回原垒,这种"前可进后可退"有两个垒可选择的跑垒都是自由进垒。这种情况下要使跑垒员出局,用传到垒上触踏垒垫的办法就无效了,守方队员必须用持球的手或手套碰触尚未踏停在垒位上的跑垒员身体的任何部分,才能使跑垒员出局。这种防守行为就称"触杀"。

有两个或两个以上的跑垒员被迫进垒时,守方的封杀必须"从前向后"移。如果先杀后位的跑垒员或击跑员,就解除了此跑垒员或击跑员前面所有跑垒员的被迫进垒条件,于是必须用触杀才有效。也就是说"触杀"局面时不能用"封杀"代替,"封杀"时可用"触杀"代替。如:垒上没有跑垒员,击球员打出沿一垒线前进的慢地滚球后即跑向一垒。这当然是击跑员被迫进垒局面,使用封杀。一垒手冲前接球后持球触到跑向一垒的击跑员身体,即可使他出局。

(二十)双杀

防守队员没有失误而使攻方两名队员连续出局的防守行为。双杀局面主要出现在进攻队有两人或两人以上被迫进垒时。有两种形式:

双封杀——用封杀造成的双杀。如:一垒有跑垒员,击球员击出地滚球被游击手接住传给上二垒的二垒手(封杀一垒跑垒员),二垒手中转传一垒,并早于击跑员到一垒又封杀一击跑员。

封触双杀——先用封杀,再用触杀造成的双杀。如:满垒,无人出局,击球员击出地滚球到三垒手,三垒手接球触三垒(封杀二垒跑垒员),传给接手触杀回本垒的三垒跑垒员成封触双杀。双杀是棒、垒球比赛中精彩的防守配合之一。

(二十一)三杀

防守队员防守无失误而将攻队三名队员连续传杀出局的防守行为,是极难见到的精彩场面。曾有一记载:两垒有跑垒员,击球员击出二垒左一平直球,游击手跃出飞接(封杀击跑员),落地踏在二垒上,封杀来不及退回二垒的二垒跑垒员(第二个封杀),立即传给一垒上的一垒手,封杀来不及退回一垒的一垒跑垒员(第三个封杀)。

(二十二)击跑员与跑垒员

击球后向一垒跑进的攻队队员叫"击跑员";正在进垒、触垒或回垒的攻队队员叫"跑垒员"。一般将已经到达一垒后的各垒进攻队员都称作跑垒员,为了更确切,把其所在的垒位冠在前面如一垒跑垒员、二垒跑垒员……

(二十三)传球

守场员用手或手臂把球送到既定目标的防守行为叫"传球"。"传球"与投手向击球员的"投球"应予区别。

(二十四)接球

守场员用手套或手把球握住的防守行为。规则明确禁止用帽子、护具、口袋或运动服装的任何部分来接球,包括接击球员击出的界内球或者同队队员的传球;也禁止守场员故意抛出手套、帽子、护面、衣服等任何物品阻挡或改变击出、传出的球的路线。

(二十五)申诉

守队队员对攻队队员的犯规行为要求裁判员判以出局的行为。

（二十六）野传球

防守队员将球传偏，致使球进入看台、队员席，或穿越设在球场周围的围墙、篱笆，或越过野传球线，或夹在围网的铁丝网上等，都是野传球。发生野传球时，判跑垒员、击跑员安全进两个垒。

（二十七）安打

凡不是由于防守队员失误而能安全上垒的击球叫"安打"。按安全到垒的数目分别称作"一垒打""二垒打""三垒打"和"本垒打"。

（二十八）本垒打

击球员把投手的投球打到防守队员防守不到的空当，特别指击球直接越过所有的外场守场员上空，落到本垒打线以外地区的合法、超远距离的击球。击球员和垒上所有的跑垒员都可安全通过各垒回到本垒得分，棒球的本垒打线，两边线距本垒为97.54米，二垒打线距本垒121.92米。本垒打线距本垒60~70米，通常为68.58米。

（二十九）接手区

在本垒尖角后与本垒左右两边的两个击球员区界线相连的长方形区域。投手准备投球时，接手应在这个区域内准备接球。

（三十）击球员区

在本垒左右两侧的两个长方形区域。击球员击球时可以选择任何一侧的区，但击球过程中不得使任何一脚或双脚完全踏出击球员区；投手做好投球准备时，击球员也不准从这一区换到另一区，违者应判出局。击球员区包括该区的白线是界外地区，但击球员区与边线所形成的在场区内的三角形区是界内。

（三十一）跑垒指导员区

在一垒和三垒外各有一个与边线平行的区，比赛时，供进攻队的教练员指挥时使用。每个区内只能有一名身穿与该队队员队服相同的教练员或队员。他们的位置和活动不得妨碍防守队员的防守。

（三十二）跑垒限制线

在本垒至一垒的中点和沿边线到一垒后的场外的一条垂直线，距边线0.91米。这条线是跑垒限制线的标志，表示在各垒之间的垒线的内、外两侧都各有0.91米无形的跑垒限制线组成各垒间的跑垒限制道。正式比赛场地的各垒间跑垒限制道是一条土质地面。通常情况下的跑垒不受跑垒限制道的约束，但当触杀或夹杀时，被追击的跑垒员的躲避行动只限在这个范围内，如果越出判其出局。

（三十三）投手区

无论棒球或垒球场地，都将投手板周围标示成一圆形白线区，这就是投手区。垒球场地的投手区与地面齐平。棒球场地的投手区应是一个中心高出地面、直径5.46米并向外成斜坡形的土墩。投手板在土墩中间部位，板周围是一宽0.60米、长1.51米的平台。投手板和这个平台都高出场地平面0.25米。

（三十四）队员席

正式比赛场地的队员席应分别建在一垒及三垒外的看台下，上面应有顶棚，背后和两侧要求封闭起来。规格高的专用棒、垒球场的队员席多是半地下式，在看台下面。

按比赛规定，比赛的双方队在赛前应以抽签的办法选择攻守权，获得先进攻权的

队应到三垒外的队员席就座。一般比赛的惯例是让客队先攻,那么主队应在一垒外队员席。

**(三十五)手套**

手套是每个队员防守时使用的接球工具,但不同的位置所用的手套也有区别。接手和一垒手用的是连指手套(参阅技术部分的有关图例),也就是食指、中指、无名指和小指连在一块的手套。这两个位置的队员接球次数多,投球的速度快,所以接手的手套既圆又厚,能很有效地保护手。一垒手的手套较长较厚,便于接更大范围的各种来球,其他位置的队员都戴分指手套,但外场手用的手套较内场手的手套稍长、稍薄些,因为内场手传球的次数多,要求便于接稳又容易"掏"出球来,外场手则要在奔驰、跃起等情况下接各种击出的球,手套稍长有利接球。

**(三十六)护具**

规则规定场上的接手必须戴面具、护胸和护腿,击球员和跑垒员都要戴带有护耳的护帽,以维护运动员的安全。

**(三十七)运动服**

同队队员应穿颜色和式样一致的整齐运动服,包括球帽、内衣、运动衣、球裤、球袜等。不允许穿衣袖破烂或撕裂成条的、露在外面的内衣或球裤,也不允许佩戴金属、石膏等硬质装饰品或手表、手镯、耳环、项链等首饰。

**思考题**

1. 浅谈社会主义核心价值观与棒垒球运动之间的联系。
2. 棒球与垒球的主要区别是什么?
3. 现代棒球运动的特点是什么?
4. 棒球、垒球守方各位置运动员名称是什么?
5. 什么是安打?
6. 什么是本垒打?
7. 棒球、垒球有哪些基本技术?
8. 什么是封杀?什么是触杀?
9. 简述棒球、垒球的比赛方法。

**参考文献**

[1]吴兆祥.体育百科大全 [M].合肥:安徽人民出版社,2010.
[2]樊小兵,吴红雨,李凤雷.大学体育教程 [M].北京:北京邮电大学出版社,2010.
[3]俞继英.奥林匹克棒垒球[M].北京:人民体育出版社,2006.
[4]王健,岑汉康.棒垒球·手球 [M].桂林:广西师范大学出版社,2005.
[5]张可宏.学生体育知识丛书:棒球与垒球 [M].北京:人民体育出版社,2001.

**特别提示**

由于棒垒球投球、传球以及击棒后的球速非常快,球的体积小,力量也很大,没有经过一定训练的同学参加练习,容易在头、脸、小腿、手臂上受伤,希望慎重练习,注意安全!同时提醒大家可以用软式垒球代替,一样可以达到锻炼身体和娱乐的效果。

——学习时刻——

　　我们要坚持以增强人民体质、提高全民族身体素质和生活质量为目标，高度重视并充分发挥体育在促进人的全面发展中的重要作用，继续推进体育改革创新，加强体育科技研发，完善全民健身体系，增强广大人民群众特别是青少年体育健身意识，增强我国竞技体育的综合实力和国际竞争力，加快建设体育强国步伐。

　　——2022年4月8日，习近平主席在北京冬奥会、冬残奥会总结表彰大会上发表讲话。

# 第十二章

# 武术运动理论与技术

## 第一节　武术运动概述

### 一、武术的概念

中华武术,源远流长。它有着悠久的历史和广泛的群众基础,是中华民族在长期生活与斗争实践中逐步积累和发展起来的一项宝贵的文化遗产。武术的内容丰富多彩,形式多种多样,风格独特。它具有强身健体、防身自卫、锻炼意志、陶冶性情、竞技比赛、娱乐观赏、交流技艺、增进友谊的功能,是一项具有广泛社会价值和民族文化特色的中国传统体育项目。

武术的概念是人们认识、研究武术的基本依据。在漫长的历史进程中,不同的时期对武术概念的表述不尽相同,它的内涵和外延是随着社会历史的发展和武术本身的发展而发展变化的。

从历史上看,有不少归属武术类的名称。春秋战国时称"技击";汉代出现了"武艺"一词,并沿用至明末;清初又借用南朝《文选》中"偃闭武术"(当时泛指军事)的"武术"一词;民国时称"国术";中华人民共和国成立后仍沿用"武术"一词。

随着历史的变迁,冷兵器的逐步消亡,专用武术器械的生产及拳术的出现,对抗性项目、武术竞赛规则的制定,武术已演化成为体育运动项目之一。武术的体育化使其内容、形式及训练手段等都发生了很大变化,反映事物本质属性的概念也在不断变化。发展到今天,武术的基本定义可概括为:武术是以技击为主要内容,以套路和搏斗为主要运动形式,注重内外兼修的中国传统体育项目。

首先,武术属于中国传统的技击术。它以踢、打、摔、击、刺等技击动作为主要内容,通过徒手或借助于器械的身体运动来表现攻防格斗的能力。无论是对抗性的搏斗运动,还是势势相承的套路运动,都是以中国传统技击方法为其技术核心的。就人类的社会生活来说,技击术不可能是中国独有的。比较世界各地的技击术,武术不仅在技击方法上更为丰富(诸如各种踢、打、击、刺之法),而且有自己的传统特点(诸如快摔法、擒拿法等)。在运动形式上,既有套路的也有散手的,既是结合的又是分离的。这种发展模式,也迥然有别于世界上其他技击术。在演练方法上注重内外兼修,演练风格上要求神形兼备,无不反映了中国传统的技击术的运动特点。

其次,武术是体育项目。它明显区别于使人致伤致残的实用技击术。套路运动中

尽管包含丰富的技击方法,但其宗旨是通过演练以提高人的身体素质和攻防能力,进行功力与技巧上的较量,在技术要求上与实用技术有一定的区别;散手运动的技术固然更接近于实用技击,但由于受竞赛规则的规定,其也限制在体育竞技运动之内。总之,武术具有明确的体育属性,体育是当今武术的主要社会功能,技击性从属于体育性。

最后,武术是优秀的民族文化。任何体育项目都含有一定文化意义,但是,没有任何项目像武术这样具有浓郁的文化特征和民族特色。武术是传统的、固有的,它在民族文化的总体氛围中孕育、产生、衍化发展,自然地融合了易学、哲学、中医学、伦理学、兵学、美学、气功等多种传统文化思想和文化观念,注重内外兼修,诸如整体观、阴阳变化观、形神论、气论动静说、刚柔说等,逐步形成了独具民族风貌的武术文化体系。它内涵丰富,从一个侧面反映了东方的民族文化光彩。因此,从广义上认识,武术不仅是一种运动项目,而且是一项民族体育,是中国人民长期积累起来的一宗宝贵文化遗产。

**二、武术的历史演变**

武术文化同其他人类文化一样,有其萌芽、发展和推陈出新的历史过程。如果从武术的萌芽说起,早在原始社会人们在同大自然搏斗中,为了猎取兽物作食作衣,为了抗拒野兽侵袭和自然灾害,就自然产生了拳打脚踢、指抓掌击、跳跃翻滚一类的初级攻防手段,出现了原始形态的"武术"。在进入奴隶社会和封建社会后,频繁的部落间、国家间的战争中,作战的武器和技术也为武术的发展提供了众多的条件。应当说,在相当长的时间里,武术是穿插于军事作战技术之中的,是为战争服务的。但是,即使在奴隶社会,为了作战取胜不能不进行讲武授武,这就是古书里说的"三时务农,而一时讲武"。三时指春、夏、秋,一时是冬,"孟冬之月,天子乃命将帅讲武"。古代祭天地祭祖先等祭祀活动甚多,还有不少宗教活动和娱乐活动都离不开武。当时武与舞难分,于是武舞开始出现。古代的武舞为后来武术套路的形成奠定了基础。到了春秋战国时期,各地诸侯都提倡拳勇技击的武功。春秋时期人们为了交流武艺,每年春秋两季集中武艺高强的人来比武,这就是相搏。当时既有两人对抗的相搏格斗,也有为相搏打基础的单人练习,后来演变为武术套路。到了秦代,手搏比赛又把相搏向前推进了一步。此时,除了单练套路又出现了对练套路。受秦代的影响,汉代的武术套路在形式和内容上都有新的发展,并且出现了模拟动物动作的象形拳种。汉代是武术大发展的时期,"武艺"的名称就是从汉代开始使用的。汉代武艺的特点是体育性质比较明显,并形成了多种技术风格。唐代开始实行武举制,制定出了选拔力士的应试标准,并用奖赏和授予称号的方法鼓励练武,这对民间练武活动是一大促进。进入宋代,为御外侮,尚武之风更浓。官方建立了武学,由知兵法、精武艺的人担任教师。此时民间武术组织的"社"大量涌现,"弓箭社""锦标社""英略社"等是当时颇负盛名的练武社团。宋代的套路技术已比较完善,每练一套要有起势、收势,其中都有以手示礼的礼仪。及至明代武术大兴,当时的名将戚继光等还写下有关兵法武术的书籍。清代初期虽然严禁民间练武,但扎根于民间的武术,在秘密的"社""馆"中得到传播。拳术在明代有内外家之说,后来又有南派、北派之说。清代民间拳术派别林立,流行的套路有几百种之多。纵观历史上的武艺是同历代统治者的征战分不开的。尽管民间把武术作为强身健体、自卫防身和反抗封建统治者的手段,但还不是现代意义上的体育。

在1949年中华人民共和国成立之前,可以说我国的武术处于江河日下之势,尽管不少仁人志士为武术奋斗一生,但仍能挽回颓势。中华人民共和国成立以后,党和政府关心人民健康,重视优秀民族文化遗产的继承和发展,武术得以新生。武术和武术家的地位提高了,武术的糟粕被剔除了,武术的不足也被弥补了,今日的中国武术正在向规范化、科学化大步迈进。国家不仅定期举行武术汇演,还在体育学院等开设武术专业和武术选修课,并组织专业人员在继承传统拳术的基础上,广收众家之长,整理出简化太极拳、中级长拳、初级长拳以及器械套路。为了弘扬武术这一中华民族的宝贵文化,发展体育运动,全国各地都建立了武术协会,吸引武术爱好者前去习武健身,极大地推动了武术的普及和研究工作,使武术运动得以长足发展。国家还设有专门机构负责开展武术运动,将武术列为正式的体育竞赛项目,使武术套路在技术风格上、结构布局上、质量和难度上,都有了很大的提高和突破。

1990 年,在北京亚运会上武术被定为正式比赛项目,展现了它的雄姿。同时,国际武术联合会也正式成立,武术从此开始了走向世界的新里程。把武术推向世界,扩大中华武术在海外的影响,对展示中华民族特有的智慧和力量、发展国际文化交流、增进世界各国人民之间的友谊,都有着深远的意义。2008 年,武术曾以表演项目的形式出现在北京奥运会上。2011 年国际奥委会把武术和其他七个项目列为 2020 年奥运会的备选项目,只可惜在 2013 年 9 月的裁决中,武术不敌重返奥运家庭的摔跤。虽然很遗憾,但能和摔跤一起在奥运会的大舞台上平起平坐,这本身就说明,武术在全世界的接受度已经越来越高。2008 年北京奥运会期间,国际武联会员国只有 16 个,到如今已增加到 150 个,遍布五大洲,数量在世界各单项体育联合会中处于中等偏上。近几年,我国曾先后派人到五大洲 80 多个国家进行武术表演和交流,目前中国武术已风靡欧美及其他地区。美国已成立了"全美中国武术协会",芝加哥、纽约、莫斯科、罗马等城市还成立了"少林功夫学校"。在国际上,武术热正方兴未艾。"功夫""少林""太极""武术"的汉语拼音—"GongFu""ShaoLin""TaiJi""WuShu"已成为英语中的常用词。

源远流长的中国武术在它的发展演进过程中,始终充满着人民的智慧。长期的社会实践使它形成了独特的民族风格和特点,蕴含着深邃的哲学思想和道德观念,武术作为国术、文化瑰宝,不但深受我国人民喜爱,而且受到国际友人的青睐。我们要让全世界爱好中国武术的人们都来分享中华民族的这一宝贵文化遗产,使之成为全人类共同的文化财富。

### 三、现代武术的分类

中国武术按其运动形式可分为套路运动和搏斗运动两大类。

套路运动,是以技击作为素材,以攻守进退、动静疾徐、刚柔虚实等矛盾运动的变化规律编成的整套练习形式。套路运动按练习形式又可分为单练、对练、集体演练三种类型。

单练包括拳术、器械。

对练包括徒手对练、器械对练、徒手与器械对练、推手与短兵等。

集体演练包括拳术演练、器械演练、徒手与器械演练。

## 第二节　现代武术的特点与价值

　　博大精深、源远流长的中国武术,随着社会的进步,政治、经济的发展,其思想政治方面的价值功能愈发显著。武术课程所蕴含的文化内涵以及开展的相关活动,间接或直接地影响着民众的身体素质和生活方式、价值观念和审美情趣,在中国教育史上具有其他学科不可替代的作用。纵观整个武术文化体系,围绕以"武德"为教育原则和道德标尺,贯穿习武人整个习武过程和人生历程,培养和塑造习武人"爱国修身、尊师重道、立身正直、锄强扶弱、重义轻利"等中华优秀传统美德。近百年来,武术课程一直是学校体育教育的必修内容。武术教育活动更是集健身价值、德育价值、文化传承价值等多元教育价值为一体,承担和发挥着知识传递、技能形成、智能培养和个性发展的重要作用。同时,武术能够引领学生养成积极进取、奋发向上的人生态度,有助于培养学生形成正确的价值观念和人生方向,把学习武术同自身承担的社会责任和义务紧密联系起来,厚植"为国为民"的爱国主义情怀。

　　(1)提高素质,健体防身。武术套路运动其动作包含着屈伸、回环、平衡、跳跃、翻腾、跃扑等,人体各部位几乎都要参与运动。系统地进行武术训练,对人体速度、力量、灵巧、耐力、柔韧等身体素质要求较高,人体各部位"一动无有不动",几乎都参加运动,使人的身心得到全面锻炼。实践证明,武术对外能利关节,强筋骨,壮体魄;对内能理脏腑,通经脉,调精神。武术运动讲究调息行气和意念活动,对调节内环境的平衡,调养气血,改善人体机能,健体强身十分有益。

　　武术套路运动和搏斗运动,都是以技击作为它的中心内容,因而通过武术锻炼,不仅能够达到增强体质的作用,而且能够学会攻防格斗技术,特别是武术功力训练,更能发挥技击的实效性。

　　武术的搏斗运动,通过攻防技术练习,拳打、脚踢、快摔等动作的运用,并在交手中互相扬长避短,攻彼弱点,避彼锋芒,讲究得机、得时、得势,从而提高人的判断力和应变能力。这无疑能提高了人们克敌制胜和防身自卫的能力。

　　(2)锻炼意志,培养品德。练武对意志品质的考验是多面的。练习基本功,要不断克服疼痛关,磨炼"冬练三九、夏练三伏"、常年有恒、坚持不懈的意志品质。套路练习,要克服枯燥关,培养刻苦耐劳、砥砺精进、永不自满的品质。遇到强手要克服消极逃避关,锻炼勇敢无畏、坚韧不屈的战斗意志。长期锻炼,可以培养人们勤奋、刻苦、果敢、顽强、虚心好学、勇于进取的良好习性和意志品德。

　　"教武育人"贯彻在武术教习全过程中,"未曾习武先学礼,未曾习武先习德",传统文化中始终把武德列为习武教武的先决条件。武术在中国几千年绵延的历史中,一向重礼仪,讲道德,"尚武崇德"。诸如尊师爱友,包含了深刻广泛的道德内容,如互教互学,以武会友,切磋技艺,讲礼守信,见义勇为,不凌弱逞强。激烈的攻防技术和人生修行结合起来,是中国武术传统道德观念的体现。在社会的发展中,武德的标准和规范也不尽相同,尚武而崇德不仅仅能很好地陶冶情操,还会大大有益于社会主义精神文明建设。

　　(3)竞技观赏,丰富生活。武术具有很高的观赏价值,无论是套路表演,还是散手比赛,历来为人们喜闻乐见。古时,唐代大诗人李白曾写下"起舞拂长剑,四座皆扬眉"的诗句;杜甫在著名诗篇《观公孙大娘弟子舞剑器行》中有"昔有佳人公孙氏,一舞剑器动四方。观者如山色沮丧,天地为之久低昂"的描绘;汉代打擂台,则有"三百里内皆来观"的情景。如今,李小龙、成龙、李连杰、赵文卓等武术演员将中国武术搬上银幕,征服了世界各地的观众,为中国武术走向世界发挥了巨大的作用,在海内外影响巨大,观众如云。无论是显现武术功力与技巧的竞赛表演套路,还是斗智较勇的对抗性散手比赛,都会引人入胜,给人以美的享受,都具有很高的观赏价值。武术在我国的历史源远流长,是中华民族传统文化的瑰宝。在1936年的柏林奥运会上,我国就曾经派运动员前往表演,受到了各国观众的好评。从1996年起,中国武术协会开始筹备将武术列入奥运会的正式比赛项目。截至目前国际武术联合会已经拥有150多个会员,成功举办了十三届世界武术锦标赛,我国武术运动员都取得了令世人瞩目的成绩。经过十余年的努力,我们已经使武术的国际影响力得到很大提高。

(4)武术产业,提升效益。随着社会的发展,武术的经济价值越来越突显。"郑州国际少林武术节"就以武术搭台、经贸唱戏为一体,由此促进了当地经济的发展,还提高了河南在全球的知名度。神州大地武术学校和培训班层出不穷,为举办者带来了丰厚的利润。武术器械、服装、书籍、保健品处于热销之中。尽管"中国功夫对泰拳比赛"门票高达800元,但现场依然人山人海,为社会带来了极大的商机。武术产业成为朝阳产业,具有很好的经济效益。

(5)交流技艺,增进友谊。武术运动内涵丰富,技理相通,入门以后会有"艺无止境"之感。群众性的武术活动,便成为人们切磋技艺、交流思想、增进友谊的良好手段。武术在世界广泛传播,还可促进我国武术爱好者与国外武术爱好者的交流。许多国家武术爱好者喜爱武术套路,也喜爱武术散手,他们通过练武了解认识中国文化,探求东方文明。武术通过体育竞技、文化交流等途径,在我们与世界各国人民友好交往中发挥着越来越大的作用。

## 第三节　现代武术的基本技术

### 一、单练

(一)拳术

拳术是徒手练习的套路运动。主要拳种有长拳、太极拳、南拳、形意拳、八卦掌、八极、通背、臂挂、翻子、地躺拳、象形拳,等等。

长拳:长拳是一种姿势舒展、动作灵活、快速有力、节奏鲜明,并有蹿蹦跳跃、闪展腾挪、起伏转折和跌扑滚翻等动作与技术的拳术。主要包括拳、掌、勾三种手型,弓、马、仆、虚、歇五种步型,和一定数量的拳法、掌法、肘法,和屈伸、直摆、扫转等不同组别的腿法,以及平衡、跳跃、跌扑、滚翻动作。长拳技术以姿势、方法、身法、眼法、精神、劲力、呼吸、节奏为八要素。长拳套路主要包括适应普及的初级、中级套路,以及适应竞赛的规定套路和自选套路。

太极拳:太极拳是一种柔和、缓慢、轻灵的拳术。它以掤、捋、挤、按、采、挒、肘、靠、进、退、顾、盼、定为基本十三势。动作柔和缓慢,处处带有弧形,运动绵绵不断,势势相连。传统的太极拳有陈式、杨式、吴式、孙式和武式等较有影响的流派。各式太极拳又有不同的特点。国家体育总局先后整理出版了《简化太极拳》《四十八式太极拳》及各式太极拳竞赛套路。

南拳:南拳是一种流传于我国南方各省的拳势刚烈的拳术。南拳的拳种流派频多,各自又有不同的特点。一般腿不高踢,多桥法,擅桥手。运动特点是动作紧削,刚劲有力,步法稳固,手法多变,身居中央,八面进退,常以发声吐气助发力、助拳势。

形意拳:形意拳是以三体式为基本姿势,以劈、崩、钻、炮、横五拳为基本拳法,并吸取了龙、虎、猴、马、龟、鸡、鹞、燕、蛇、鹰、熊等动物的形象击法而组成的拳术。其运动特点是:动作整齐简练,严密紧凑,发力沉着,朴实明快。

八卦掌:八卦掌是一种以摆扣步为主,在走转中换招变势的拳术。它以单换掌、双换掌、顺势掌、背身掌、磨身掌、回身掌、转身掌、蹚泥掌为基本八掌,步法变换以摆扣步为主,并包括推、托、带、领、搬、拦、截、扣等技法。其运动特点是沿圆走转,势势相连,身灵步活,随走随变。

地躺拳:地躺拳是以跌、扑、滚、翻等地躺摔法和地躺腿法为主要内容的拳术。技巧性较强,动作难度也较高,全套中常出现的动作有抢背、盘腿跌、摔剪、乌龙绞柱、虎扑、栽碑、扑地蹦、鲤鱼打挺,及勾、剪、扫、绞等腿法。其运动特点是顺势而跌,旋即而起,卧地而击,高翻低滚,起伏闪避,一气呵成。

象形拳:象形拳是模拟各种动物的特长和形态,以及表现某些古代人物的搏斗形象和生活形象的拳术。如鹰爪拳、螳螂拳、猴拳、蛇拳、鸭形拳,以及八仙醉酒、鲁智深醉跌、武松脱铐等,都属于象形拳。象形拳分象形、取意两种。象形是以模仿动物和人物的形态为主,很少有技击的动作;取意则以取意动物的搏击特长为主,以动物的搏击特长来充实技击动作的内容。

(二) 器械

器械的种类很多,可分为短器械、长器械、双器械、软器械四种。短器械主要有刀术、剑术、匕首等;长器械主要有棍术、枪术、大刀等;双器械主要有双刀、双剑、双钩、双枪、双鞭等;软器械主要有三节棍、九节鞭、绳标、流星锤等。

剑术:剑是短器械中的一种,由刃、背、锋、手柄等部分组成,剑的长度以直臂垂直反手持剑的姿势为准,剑尖不低于本人的耳上端。剑术主要是以刺、点、撩、截、格、洗等剑法,配合步型、步法等构成套路。其运动特点是轻快洒脱,身法矫捷,刚柔相兼,富有韵律。

刀术:刀是短器械的一种,是由刃、背、尖、护手盘和刀柄等构成,刀的长度是以直臂垂肘抱刀的姿势为准,刀尖不得低于本人的耳上端。刀术是以缠头裹脑和劈、砍、斩、撩、扎,挂、戳、刺等基本刀法为主,并配合各种步型、步法、跳跃等运动构成的套路。其运动特点是勇猛快速,激烈奔腾,紧密缠身,雄健测悍。

枪术:枪是长器械的一种,由枪头、枪缨和枪杆所组成,多用白蜡杆作为枪杆。枪术是以拦、拿、扎为主,还有崩、点、穿、挑、云、劈等枪法,配合各种步型、步法、跳跃构成的套路。其运动特点是力贯枪尖,走势开展,上下翻飞,变幻莫测。

棍术:棍是长器械的一种,棍的长度同本人的身高。棍术是以劈、扫、戳、挑、撩等棍法为主,并配合步型、步法、身法等构成的套路。其运动特点是勇猛泼辣,横打一遍,密集如雨,气势磅礴。

九节鞭:九节鞭是软器械的一种,主要以抢、扫、缠、挂等软鞭鞭法所组成的套路。主要动作有手花、腕花、缠臂、绕脖、背鞭等。其运动特点是鞭走顺劲,抢舞如轮,横飞竖打,势势相连,时硬时软。软时似绳索缠绕,硬时似铁棒抢转。

三节棍:三节棍是软器械的一种,主要以抢、扫、劈、舞花等棍法构成的套路。其运动特点是能长能短,软硬变幻,勇猛泼辣,势如破竹。

绳镖/流星锤:二者均属软器械,是以绳索缠绕身体各部而变化出各种击法和技巧构成的套路。主要动作有踢球、拐线、缠脖、十字披红、胸前挂印等。练习流星锤和绳镖都须用巧劲,一根长索在身前、身后、腿部、肘部、颈部缠绕收放,出击自如,变幻莫测,是技巧性较强的项目。

### 二、对练

对练是两人以上,按照预定的程序进行的攻防格斗套路。其中包括徒手对练、器械对练、徒手与器械对练等三种练法。

(1)徒手对练。它是运用踢、打、摔、拿等方法,按照进攻、防守、还击的运动规律编成的拳术对练套路。有对打拳、对擒拿、南拳对练、形意拳对练等。

(2)器械对练。它是以器械的劈、砍、击、刺等技击方法组成的对练套路。主要有长器械对练、短器械对练、长与短对练、单与双对练、单与软对练、双与软对练等多种形式。常见的有单刀进枪、三节棍进棍子、双匕首进枪、对刺剑等。

(3)徒手与器械对练。它是一方徒手,另一方持器械进行的攻防对练套路,如空手夺刀、空手夺棍、空手进双枪等。

### 三、集体演练

集体演练是集体进行的徒手、器械、徒手与器械的演练。在竞赛中通常要求六人以上,可变换队形、图案,也可用音乐伴奏,要求队形整齐、动作协调一致。

## 第四节 武术运动规则与裁判法

随着武术事业的发展,武术不仅成为我国体育运动竞赛项目之一,而且成为亚运会的正式竞赛项目。国际赛事逐步开展了武术竞赛活动。这就使武术竞赛的组织和裁判更加向正规化、科学化发展。

### 一、武术竞赛裁判人员的组成

总裁判长1人,副总裁判长1~2人。裁判组设裁判长1人;A组评分裁判员3人;B组评分裁判员3人;C组评分裁判员3人。编排记录长1人,检录长1人。

### 二、武术竞赛裁判人员的职责

(1)总裁判长的职责:组织领导各裁判组的工作,保证竞赛规则的执行,检查落实赛前各项准备工作;解释规则,但无权修改规则;在比赛过程中,根据比赛需要可调动裁判人员工作,裁判人员发生严重错误时,有权处理;审核并宣布成绩,做好裁判总结工作。

(2)裁判长的职责:组织本裁判组的业务学习和实施裁判工作;参与B组裁判的评分,负责运动员比赛套路创新难度的加分;执行比赛中对套路时间不足或超出规定时间的扣分;裁判员发生严重的评判错误时,可向总裁判长建议给予相应的处理。

(3)副总裁判长的职责:协助总裁判长进行工作。第一副总裁判长参与A组裁判的评分;第二副总裁判长参与C组裁判的评分。

(4)裁判员的职责:服从裁判长的领导,参加裁判学习,做好准备工作;认真执行

规则,独立进行评分,并做好详细记录:A 组裁判员负责运动员整套动作质量的评分,B 组裁判员负责运动员整套演练水平的评分,C 组裁判员负责运动员整套难度的评分。

### 三、武术竞赛的有关规定

(1)难度填报。参赛的运动员必须根据竞赛规则和规程要求选择难度和必选动作,于赛前 20 天在规定网站填报"武术自选套路难度及必选动作申报表",并确认打印,签字、盖章后寄往赛区(以到达邮戳为准)。

(2)套路完成时间。长拳、南拳、刀术、剑术、棍术、枪术、南刀、南棍套路,成年组不少于 1 分 20 秒,青少年组(含儿童)不少于 1 分 10 秒。太极拳、太极剑自选套路为 3~4 分钟,太极拳规定套路为 5~6 分钟。对练不得少于 50 秒。集体项目为 3~4 分钟。传统项目、单练不得少于 1 分钟。

(3)比赛音乐。规程规定的配乐项目必须在音乐(不带歌词)伴奏下进行,音乐可以根据套路的编排自行选择。

(4)比赛服装。裁判员应统一着装,佩戴裁判等级标志;运动员应穿武术比赛服装。

(5)竞赛场地。个人项目的场地为长 14 米、宽 8 米,其周围至少有 2 米宽的安全区。集体项目的场地为长 16 米、宽 14 米,其周围至少有 1 米宽的安全区。场地四周内沿,应标明 5 厘米宽的白色边线。场地的地面空间高度不少于 8 米。两个比赛场地之间的距离在 6 米以上。根据实际情况比赛场地应高出地面 50~60 厘米。场地灯光垂直照度和水平照度在规定范围之内。

(6)比赛器械。比赛必须使用国家体育总局武术运动管理中心指定的器械。

(7)比赛设备。大型比赛必须配备摄像机 4 台、放像设备 3 台、电视机 3 台,以及全套电子评分系统和音响系统。

### 四、武术竞赛的评分方法与标准

(一) 自选项目的评分方法与标准

1. 评分方法

(1)评分裁判员由评判动作质量(A 组)的裁判 3 人、评判演练水平(B 组)的裁判 4 人(含裁判长)、评判难度(C 组)的裁判 3 人组成。

(2)各项比赛的满分为 10 分。其中动作质量的分值为 5 分;演练水平的分值为 3 分;难度的分值为 2 分。

(3)A 组裁判员根据运动员现场完成动作的质量,用动作质量的分值减去各种规格错误和其他错误的扣分,即为运动员的动作质量分(所示分数可列小数点后一位数)。

(4)由 B 组裁判员根据运动员整套动作的现场演练,按照劲力、节奏、编排以及音乐的要求整体评判后,确定示出的分数(所示分数可到小数点后两位,小数点后第二位数可为 0 至 9),即为运动员的演练水平分。裁判员评分时,取三个分数的平均值为运动员的演练水平应得分。

(5)C 组裁判员根据运动员现场整套难度完成的情况,按照各项目动作难度和连接难度的加分标准,确定运动员现场完成动作难度、连接难度的累计分,即为运动员的难度分。C 组裁判员评分时(所示分数可到小数点后一位数),两名以上裁判员对运动员同一个动作难度和连接难度确认分数的累计之和,即为难度应得分。

2. 评分标准

(1)动作质量的评分标准。运动员现场完成套路动作的规格与要求不符,每出现一次扣0.1分;其他错误每出现一次扣0.1~0.3分。

(2)演练水平的评分标准。①劲力、节奏、音乐的评分标准。分为3档9个分数段,其中:很好为3.00~2.70分;一般为2.60~2.30分:较差为2.10~1.80分。②编排的评分标准。运动员现场完成套路时,规程规定的必选动作每缺少一个扣0.2分;套路的结构、布局与要求不符,每出现一次扣0.1分。

(3)难度的评分标准。①动作难度(1.4分)。根据各项目"动作难度等级内容及分值确定表",每完成一个A级动作可获得0.2分的加分,每完成一个B级动作可获得0.3分的加分,每完成一个C级动作可获得0.4分的加分。每种动作难度的加分只计算一次,动作难度加分的累计中,如超过了1.4分,则按1.4分计算。运动员现场所做的动作难度不符合规定要求,则不计算动作难度加分。②连接难度(0.6分)。据各项目"连接难度等级内容及分值确定表",每完成一个A级连接可获得0.05分的加分,每完成一个B级连接可获得0.1分的加分,每完成一个C级连接可获得0.15分的加分,每完成一个D级连接可获得0.2分的加分。每种连接难度的加分只能计算一次,连接难度加分的累计中,加分超出了0.6分,则按0.6分计算。运动员现场完成的连接难度不符合规定要求,则不计算连接难度加分。

(二)对练、传统拳术、传统器械、集体项目、无难度组别要求的竞赛项目评分方法与标准

1. 评分方法

(1)评分裁判员由评判动作质量分的裁判3人(A组)和评判演练水平分的裁判3人(B组)组成。

(2)各项比赛的满分为10分。其中动作质量的分值为5分;演练水平的分值为5分。

(3)A组裁判员根据运动员现场完成动作的质量,按照各项目动作规格及其他错误内容扣分标准的要求,用动作质量的分值减去各种动作错误和其他错误的扣分,即为运动员的动作质量分。

(4)B组裁判员根据运动员整套的现场演练,按照劲力、节奏、编排以及音乐的要求整体评判后确定示出的分数,即为运动员的演练水平分。

2. 评分标准

(1)动作质量的评分标准。运动员现场完成套路时,动作规格与要求不符,每出现一次扣0.1分;其他错误每出现一次扣0.1~0.3分。

(2)演练水平的评分标准。分为3档9个分数段,其中:很好为5.00~4.10分;一般为4.00~3.10分:较差为3.00~2.10分。

(三)最后得分的确定

裁判长从运动员的应得分中加上或减去"裁判长的加减分",即为运动员的最后得分。

(四)无电脑系统评分的操作

当竞赛中无电脑计分系统时,裁判员评分则采用笔录方式进行。

（五）裁判长的扣分

裁判长执行对比赛中套路时间不足或超出规定的扣分。

（1）完成集体项目、太极拳、太极剑套路不足或超出规定时间在 5 秒以内者（含 5 秒），扣 0.1 分；在 5 秒以上至 10 秒以内者（含 10 秒），扣 0.2 分；以此类推。

（2）自选长拳、南拳、剑术、刀术、枪术、棍术、南刀、南棍、对练、传统拳术、传统器械套路大足规定时间在 2 秒以内者（含 2 秒），扣 0.1 分；在 2 秒以上至 4 秒以内者（含 4 秒），扣 0.2 分，以此类推。

**思考题**

1. 谈谈您对武术运动具有锻炼意志、培养品德价值的看法。
2. 什么是武术套路和搏击，它们是怎样分类的？
3. 简述武术的作用。
4. 请你阐述什么是"武德"。
5. 结合自己的观点谈谈武术产业的发展。
6. 长拳的运动方法及特点有哪些？
7. 我国流传较广的太极拳有哪几种？
8. 太极拳的主要运动方法及运动特点有哪些？
9. 简述武术竞赛裁判人员的组成。
10. 武术裁判员的职责有哪些？

**参考文献**

[1]邱丕相,等.中国武术教程[M].北京:人民体育出版社,2003.

[2]蔡龙云,邱丕相,习云太,等.武术理论基础[M].北京:人民体育出版社,2001.

我们要分类指导，从娃娃抓起，扎扎实实提高竞技体育水平，持之以恒开展群众体育，不断由体育大国向体育强国迈进。

——2014 年 2 月 6 日，习近平主席在俄罗斯索契同国际奥委会主席巴赫交谈时的讲话。

# 第十三章

# 散打运动理论与技术

## 第一节　散打运动概述

散打是两人按照一定的规则,运用武术中的踢、打、摔等攻防技法制胜对方、徒手对抗的现代竞技体育项目,它是中国武术的重要组成部分。

现代散打运动已经形成了自己独特的技术风格,它的技术包括进攻技术、防守技术和防守反击技术三大类。它与中国传统技击术的关系,应该说有些继承的成分,但更多的则是经过整合而有所发展。整合后的散打技术更加符合竞技体育项目的特征,是中国传统技击术发展的必然结果,也是东西方文化相互交融、渗透的典型表现。

散打运动具有对抗性、体育性、民族性等特点。

### 一、对抗性

相对于武术套路运动,徒手对抗格斗是散打的基本运动特征。比赛双方没有固定的动作顺序,而是以对方技击动作随机转移,斗智、较技,互相捕捉对方的弱点以所长制所短。散打由于自身的特性以及社会的需要,更突出地反映了武术的本质——技击性。打击对方、保护自己是散打运动的基本目的。

### 二、体育性

相对于传统的防身自卫技术,散打作为竞技体育项目,必须体现体育的本质属性,即把人体安全和健康作为自身生存和发展的前提。散打是一种激烈、残酷的运动,虽然其技术总是在不断追求最大的攻击效果中发展,但出现对运动员健康有害的行为是绝对不允许的。因此,散打技术的攻防招法明显区别于使人致伤、致残的技术方法。散打竞赛规则严格规定了后脑、颈部、裆部等为禁击部位。另外,从技法上,不管用哪种技术流派的击打方法,均不允许使用反关节的擒拿动作,以及用肘、膝等技法进攻对方。其技法的实用性限制在一定范围内起作用。

### 三、民族性

指现代散打运动在比赛形式和技术运用上,通过继承与发展,都体现了中国武术的民族特点。首先,散打在 8 米×8 米的擂台上进行比赛和三局两胜制就是沿袭了中国古代民间打擂比武的风俗习惯。其次,在散打技术的应用上,"远踢近打贴身摔"的

技击方法的多样化和打击部位的多层次,充分体现了中国武术的技术整体性运动特点。现代散打技术还对世界各国搏击技术进行大胆的借鉴,摄取其中的有益成分,使现代散打运动形成现今流行的模式。

# 第二节　散打运动的价值

## 一、培养竞争意识

散打是比较激烈的搏击运动。直面拳脚的攻击与身手比试,成功与失败、痛苦与高兴、失落与得意,两者必居其一。竞争意识是现代社会各种人才必须具备的基本素质,可以说散打最能培养胜不骄败不馁的竞争精神。青少年经过一段时间散打的练习,成人以后,进入社会的竞争行列,将会更加朝气蓬勃而又充满竞争活力。

## 二、健体防身

散打运动是斗勇斗智、较技较力的运动。通过散打练习,能掌握自卫防身的技能,同时能够提高人的速度、力量、耐力、灵巧等身体素质,增强人体内脏器官的功能,尤其是对提高人的神经系统的灵活性有很好的作用。

## 三、锻炼意志

散打运动对意志品质的锻炼是多方面的。首先,在功力训练上是十分单调的,训练过程中要克服全身肌肉的疼痛,从不适应到适应,是一个艰难的过程。其次,两人交手比试时,要克服心理上的胆怯,逐步增强敢拼的意识。比试中如果遇到强手,可能要挨打,此时的皮肉之痛,使意志薄弱者望而却步,而意志坚强者则会咬紧牙关,在艰难中拼搏,直到最后胜利。通过多年的散打训练,能培养出顽强拼搏的意志品质。

## 四、发展心智

散打绝不是凭蛮力来拼命的,而是要讲究方法和技巧的,要灵活机动地运用战略技术,它是一项以巧取胜的格斗技术。中国传统武术中的"以小胜大""四两拨千斤"等技击法则,始终是散打技术应用追求的最高境界。因此,通过散打练习,能有效地提高人的反应与应变能力,发展思维的敏捷性与灵活性,尤其是培养人在危难之际保持一种冷静而又从容应对的心理智能。

# 第三节　散打运动的基本技术

根据动作的组成,可将散打技术大致分为单个动作技术和组合动作技术两大类。其中单个动作技术有实战姿势、拳法、腿法、摔法、步法、防守法、跌法等,组合动作技术有拳法组合、腿法组合、拳腿组合、拳摔组合等。另外,根据动作的应用功能,可将散打技术大致分为主动进攻型技术和防守反击型技术两大类。

**一、实战姿势(预备姿势)**

散打的实战姿势一般分为左手在前的"正架"和右手在前的"反架"两种。运动员可以根据自己的习惯和爱好,选择合适的一种实战姿势作为最初学习散打的定势。本书均以正架为例。

下面介绍对身体各部位的要求:

(1)步型:两脚前后开立,距离稍大于肩。前脚掌稍内扣,后脚跟微离地。两膝微屈,身体重心在两腿之间。

(2)躯干:身体侧向前方,含胸收腹。

(3)手臂和头部:手型要求四指内屈,并拢握拳,大拇指横压于食指和中指的第二个指节上。

前臂的肘关节夹角在90~100度,拳与鼻同高,肘下垂;后臂的拳在颌下,屈臂贴靠于胸肋,下颌微收。目平视,合齿闭唇。

**二、基本拳法**

**(一)冲拳**

**1. 左冲拳**

动作过程:由实战姿势,即由左脚、左手在前的正架势开始,右脚微蹬地面,重心微向前脚移动,上体微右转。同时左臂由屈到伸并内旋90度,直线向前冲出,发力于腰,力达拳面。

**2. 右冲拳**

动作过程:右脚微蹬地,并以前脚掌向内转,转腰送肩,上体左转。同时右臂由屈到伸并内旋90度,直线向前冲出,力达拳面。

**(二)掼拳**

**1. 左掼拳**

动作过程:上体微向右转,同时左拳向外(约45度)、向前、向内成平面弧形横击,臂微屈,拳心朝下。同时转腰发力,力达拳面或偏于拳眼侧。

**2. 右掼拳**

动作过程:右脚微蹬地并以前脚掌向内转,合胯并向左转腰,右拳向外(约45度)、向前、向内成平面弧形横击。同时上体左转,腰胯发力,力达拳面或偏于拳眼侧。

**(三)抄拳**

**1. 左抄拳**

动作过程:上体微左转,重心略下沉,腰迅速向右转,发力于腰,左拳由下向前上方勾击,上臂和前臂夹角在90~110度,拳心朝里,力达拳面。

**2. 右抄拳**

动作过程:右脚蹬地,扣膝合胯,腰微右转。同时右拳由下向前上方勾击,上臂和前臂夹角在90~110度,拳心朝里,力达拳面。

**(四)转身右鞭拳**

动作过程:右脚经左脚后插步,身体向右后转180度。同时左拳与右拳一起收回至胸前。动作不停,上体继续向右转体180度,同时右拳反臂由屈到伸,向外、向右横向鞭打,拳眼朝上,发力于腰,力达拳背。

（五）弹拳

动作过程：左拳以伸肘弹腕的力量反臂向前弹击，力达拳背。右手弹拳转腰顺肩。

### 三、基本腿法

（一）蹬腿

1. 左蹬腿

动作过程：右腿微屈支撑，左腿提膝抬起，勾脚，当膝稍高于髋时，以脚领先向前蹬出，髋微前送，力达脚掌。

2. 右蹬腿

动作过程：身体重心前移至左腿，左腿微屈支撑，身体稍左转；右腿屈膝前抬，勾脚，以脚领先向前蹬出，髋微前送，力达脚掌。

（二）踹腿

1. 左踹腿

动作过程：身体重心前移至右腿，右腿微屈支撑；左腿屈膝抬起与髋同高，小腿外翻，脚尖勾起，由屈到伸展髋挺膝向前踹出，上体微侧倾，力达脚底。

2. 右踹腿

动作过程：身体左转180度，左脚尖外摆，重心移至左腿，左腿微屈支撑；同时右腿屈膝抬起与髋同高，大腿内收，脚尖勾起，脚掌正对攻击目标，随后由屈到伸向前踹出，上体微侧倾，力达脚底。

（三）鞭腿

1. 左鞭腿

动作过程：右腿微屈支撑，上体稍向右侧倾；左腿屈膝向左侧摆起，扣膝，绷脚背，随即向前挺膝甩小腿，力达脚背至小腿前下端。

2. 右鞭腿

动作过程：身体左转90度，重心移至左腿；同时右腿以大腿带动小腿屈膝前摆，扣膝绷脚，随即向前挺膝甩小腿，力达脚背至小腿下端。右腿屈膝落地成反架。

（四）勾腿

1. 左勾腿

动作过程：右腿弯曲，膝稍外展，上体稍右转，收腹合胯；左腿以大腿带动小腿，直腿向前、向右弧线擦地勾踢，挺膝勾脚，力达脚弓内侧。

2. 右勾腿

动作过程：重心移至左腿，左腿弯曲，左脚外展，身体左转180度，收腹合胯；右腿以大腿带动小腿，直腿向前、向左弧线擦地勾踢，挺膝勾脚并内扣，力达脚弓内侧。

（五）摆腿

1. 左摆腿

动作过程：右腿向左前上步，腿微屈独立支撑，身体向左后转体360度，上体稍侧倾；同时左腿经右后向前摆起，脚面绷平，力达脚掌，目视左脚。

2. 右摆腿

动作过程：重心移至左腿支撑，身体向右后转360度，随转体，上体稍侧倾；同时右脚离地，右腿经左后向前摆起，脚面绷平，力达脚掌，目视右脚。

（六）扫腿

1. 前扫腿

动作过程：以右前扫腿为例,重心移至左脚,左腿屈膝全蹲后,以左脚掌为轴,身体左转180度;右腿由后向前旋转横扫,发力于腰,力达脚弓内侧至小腿下端。同时左臀着地,左腿盘叠。

2. 后扫腿

动作过程：重心移至左腿,屈膝全蹲,以左脚前脚掌为轴向右后转体180度,两手扶地;右腿向左后方弧线擦地直腿后扫,脚掌内扣,发力于腰,力达脚后跟至小腿下端背面。同时臀部着地,左腿盘叠。

（七）劈腿

1. 左劈腿

动作过程：身体重心移至右腿,左腿屈膝抬起送髋,上体保持正直或稍后倾,左脚高举过头后快速下压(如劈木柴一样),用脚掌或脚后跟下砸对方的头部。

2. 右劈腿

动作过程：身体重心移至左腿,右腿屈膝抬起送髋,右脚高举过头后快速下压(如劈木柴一样),用脚掌或脚后跟下砸对方的头部。击打目标后,右脚自然下落成反架,再还原成预备势。

（八）截腿

动作过程：左腿弯曲支撑,右腿由屈到伸,勾腿并外翻,使脚弓内侧朝前,向前下方截出,力达脚掌。

## 四、基本摔法

（一）贴身摔

1. 抱腿前顶

动作过程：由实战姿势开始,上左步,身体下潜闪躲,然后两手抱对方双腿膝窝下部,两手用力回拉。同时用左肩前顶对方大腿根部或腹部,将对方摔倒。

2. 抱腿旋压

动作过程：右脚蹬地,上左步,身体下潜,重心移至左腿。同时左手抄抱对方大腿内侧,右手抱住对方小腿后,以左脚为轴,身体向右后方旋转,以右手提、左肩压的合力,将对方摔倒。

3. 抱腿搂腿

动作过程：上步,身体下潜闪躲,然后左手抱对方右后腰,屈肘;右手抱其左膝窝用力回拉,使对方的左腿离地。左腿抬起前伸,由前向后搂挂住对方的支撑腿,同时用左肩向前顶靠对方肋部将其摔倒。

4. 折腰搂腿

动作过程：下闪,两臂抱住对方腰部,右腿抬起,并以小腿由前向后搂挂对方左小腿。同时两手抱紧对方腰部,上体前压其胸,使其后倒。

5. 压颈搂腿

动作过程：双腿被对方抱住后,立即俯身屈髋并向左转腰,以左手压推对方后颈部,右手向上搂托对方左膝关节,将对方向前翻滚倒地。

6. 夹颈打腿

动作过程:左手虚晃对方,左脚上步,并向右转体,右手迅速抓住对方左前臂,左臂从对方右肩穿过后屈臂夹抱对方颈部。右脚向后插半步与左脚平行,臀部抵住对方小腹,身体立即右转,同时用左小腿向后横打对方小腿外侧,将对方挑起摔倒。

(二)接招摔

1. 抱腰过背

动作过程:左臂由对方右腋下穿过,搂抱对方后腰;右手挂挡对方左拳后迅速夹握对方左前臂。然后身体右转,右脚向后插半步,双腿屈膝,臀部抵住对方小腹。继而两腿蹬伸,弓腰,头向右转,将对方背起后摔倒。

2. 夹颈过背

动作过程:对方用左掼拳攻击头部时,立即以右手挂挡对方左拳后迅速夹握对方左前臂,同时左臂由对方右肩穿过后,屈臂夹住对方颈部。右脚向后插半步与左脚平行,两腿屈膝,臀部抵住对方小腹。然后身体右转,两腿蹬伸,弓腰,头向右转,将对方背起后摔倒。

3. 穿臂过背

动作过程:对方用左掼拳攻击头部时,立即向左闪身,同时左脚向前上半步,右手挂挡对方左拳后迅速夹握对方左前臂,同时左臂从对方右臂下穿过并上挑至肩上,身体右转,右脚向后插斗步屈膝,臀部抵住对方小腹。继而两腿蹬伸,弓腰,头向右转,将对方背起后摔倒。

4. 接腿前切

动作过程:当对方以左踹腿或左鞭腿进攻时,立即用里抄抱腿方法,抄抱其小腿后,左腿随即向前上步,换右臂掀抱其小腿,以左前臂下端外侧为力点向前切压对方的胸部或面部,使其摔倒。

5. 接腿下压

动作过程:当对方以左鞭腿进攻时,立即用里抄抱其腿后,右腿立即向后撤步,上体右转,左手回拉。同时躯干前屈,用肩下压对方左腿内侧,将对方摔倒。

6. 接腿勾踢

动作过程:当对方以右鞭腿进攻肋部时,立即抢先进步,并向左转身,同时用右手臂抄抱其膝关节以上部位,左手搂抱对方小腿。随后用右手迅速向对方颈部下压,右脚勾踢对方支撑腿脚踝处,同时上体右转,右手回拉,将对方摔倒。

7. 接腿挂腿

动作过程:当对方以右鞭腿进攻肋部时,立即以左脚抢先进步,用左手外抄抱其右小腿,右腿抬起前伸,以小腿由前向后搂挂其支撑腿。同时右手用力向前、向下推压其右肩,将其摔倒。

8. 接腿摇涮

动作过程:当对方以左踹腿或左蹬腿进攻时,立即用双手抄抱其脚踝处,然后两腿屈膝退步,两手用力回拉,继而跨左步,上右步,双手由内向下、向左上方弧形摇荡,将对方摔倒。

9. 接腿上托

动作过程:当对方以左踹腿或左蹬腿进攻胸部时,立即用双手抄抱其脚踝处,然后双手屈臂向前上方推托,将对方摔倒。

10. 接腿别腿

动作过程：当对方以左鞭腿进攻时，立即抄抱其腿，接着身体下潜上左步，右脚跟半步，继而左脚插在对方的支撑腿后面别腿，上体右转用胸臂下压对方前腿，将对方摔倒。

### 五、基本步法

（一）前进步

后脚蹬地，前脚先向前进半步，后腿紧接跟进半步。

（二）后退步

前脚蹬地，后脚先后退半步，前脚再收回半步。

（三）收步

左脚向后收步到右脚旁，脚掌点地，重心偏于右腿。

（四）撤步

左脚向后撤一步，脚跟离地，成右脚在前、左脚在后。右脚脚尖外展，重心偏于右腿。

（五）上步

后脚经前脚上一步，同时两臂前后交换，成反架姿势。

（六）进步

基本动作同前进步，但要求前后两脚同时快速移动。

（七）退步

基本同后退步，唯两步要快速移动。

（八）插步

后腿经前腿后插一步，脚跟离地，两脚略呈交叉。

（九）垫步

后脚蹬地向前脚内侧并拢，同时前腿屈膝提起。

（十）纵步

单腿纵步：前腿屈膝上提，后腿连续地向前移动。

双腿纵步：两脚同时蹬地，使身体向上或向前后左右跳跃移动。

（十一）闪步

左（右）脚向左（右）侧移半步，右（左）脚随之向左（右）滑步，同时身体向右（左）转动约90度。

（十二）跳闪步

双脚同时蹬地跳起，快速轻灵地向前后、左右闪躲。

（十三）侧跨步

左（右）脚向左（右）侧跨半步，右（左）脚略向左（右）脚靠近，两膝弯曲。同时右拳向斜下方伸出，左拳回收到左腮旁。

（十四）换步

左脚与右脚同时蹬地并前后交换，同时两臂也前后交换成反架姿势。

### 六、基本防守法

（一）接触性防守

**1. 拍挡**

动作过程：由正架实战姿势开始，左（右）手以拳心或掌心为力点向里横向拍挡，同时上体微左（右）侧闪。完成动作后即刻回位。

**2. 挂挡**

动作过程：左（右）手屈臂向后挂接置于同侧耳廓处，肘尖下垂，同时上体微左（右）转。完成动作后即刻回位。

**3. 拍压**

动作过程：左（右）拳变掌，以掌心为力点由上向下在腹前拍压，屈肘，前臂接近水平，指尖朝内。完成动作后即刻回位。

**4. 外抄抱**

动作过程：左手屈臂外旋，上臂紧贴肋部，前臂水平且手心朝上，同时右手屈臂紧护胸、面部位，立掌或半握拳，手心朝左形成合抱状。同时上体微左转。

**5. 内抄抱**

动作过程：左手屈臂向下、向里紧贴腹前，手心朝上，同时右手屈臂紧贴胸前，立掌或半握拳，虎口朝上，掌心朝前，两手形成合抱状。上体微含蓄。完成动作后即刻回位。

**6. 外截**

动作过程：左（右）拳由上向下、向左（右）后斜挂，拳心朝里，肘尖朝后，臂微屈。同时上体微左（右）转。完成动作后即刻回位。

**7. 里挂**

动作过程：左臂内旋，左拳由上向下、向右斜下挂防，拳眼朝内，拳心朝左，同时上体微右转。完成动作后即刻回位。右手的方法一样，方向相反。

**8. 掩肘**

动作过程：左（右）臂弯曲回收，前臂外旋，上臂贴近左（右）肋，在腰微向右（左）转的同时向内、向腹下滚掩，拳心朝里，以前臂尺骨下端（小指侧）为防守力点，含胸、收腹、低头。完成动作后即刻回位。

**9. 阻挡**

动作过程：身体微前移，提肩缩颈，以肩部和手心阻挡对方直线拳法或腿法的进攻。

**10. 阻截**

动作过程：左腿屈膝略抬，脚尖朝上，以脚掌为力点前伸阻截，脚掌朝前下方。

（二）非接触性防守

**1. 提膝**

动作过程：重心移至右腿，同时左腿屈膝提起。

**2. 收步**

动作过程：由实战姿势开始，前脚由前向后脚收步，接近后脚时前脚掌虚点地，重心落于后腿。

**3. 后闪**

动作过程：重心右移，梗脖缩颈，躯干略向后闪躲。

4. 侧闪

动作过程:两膝微屈,俯身,躯干向右侧或左侧闪躲。

5. 下躲闪

动作过程:两腿屈膝,沉胯、缩颈,使重心下降,上体向下弧形躲闪,两手紧护躯干以上部位。

6. 跳步躲闪

动作过程:两脚蹬地使身体向后、向左或向右跳闪。

### 七、基本跌法

（一）前滚翻

由站立姿势开始,身体全蹲,双手撑地,重心移到两手上。两脚用力蹬地,同时低头屈膝,团身向前滚动,然后双手抱小腿成蹲立,再站起。

（二）后滚翻

身体全蹲,双手向后撑地,低头含胸,团身快速后倒,经臂、腰、肩、后脑依次向后滚动。然后双腿蹲立,双手推撑站立。

（三）鱼跃抢背

1. 鱼跃左抢背:左脚在前,右脚在后,屈膝蹲立。两脚蹬地,同时闭气,两臂向前摆伸,身体腾空。随后左臂向右下伸,低头,左肩顺势触地,团身向左前方滚翻,右腿着地的同时右手拍地,完成后站起。

2. 鱼跃右抢背:同鱼跃左抢背,惟方向相反。

（四）前倒(栽碑)

并腿站立,上体前倒。同时闭气,两臂摆伸,顺势双手撑地,屈臂缓冲。

（五）后倒

两脚分开或并步站立,屈膝下蹲。然后闭气,上体后倒,收下颌,在肩背触地的同时,两手在体侧拍地。

（六）左右侧倒

两脚分开站立,下蹲。然后闭气,上体向左(右)侧倒,左(右)前臂内旋,在大腿外侧触地。

（七）左右斜后倒

两脚分开站立,左(右)向右(左)前伸,左(右)膝弯曲。上体向左(右)侧后倒,同时闭气,随后小腿、大腿、左(右)臀依次触地,右(左)手内旋在体侧拍地。

## 第四节 散打运动规则与裁判法

### 一、竞赛规则简介

（一）竞赛性质与办法

散打竞赛的性质分团体比赛、个人比赛,竞赛办法可采用分级循环赛、单败淘汰赛、双败淘汰赛。

（二）散打比赛的体重级别

散打比赛的体重级别分 48 公斤、52 公斤、56 公斤、60 公斤、65 公斤、70 公斤、75 公斤、80 公斤、85 公斤、90 公斤、90 公斤以上级共 11 个级别。

（三）服装护具

散打比赛时，服装护具分为全护型和点护型两种。全护型运动员应戴拳套、护头、护齿、护胸、护裆、护腿、赤脚穿护脚背。运动员必须穿与比赛护具颜色相同的背心和短裤，护裆必须穿在短裤内。比赛护具颜色为红、黑两种。点护型运动员只戴拳套、护齿和护裆。护裆也必须穿在短裤内。

（四）竞赛局数与时间

每场比赛采用三局两胜制。每局净打 2 分钟，局间休息 1 分钟。

## 二、评判方法简介

（一）攻击方法

不准使用头、肘、膝和反关节的动作进攻对方。不许死拉硬推对方下台，不许用迫使对方头部先着地的摔法或有意砸压对方。不许用腿法攻击倒地者的头部。

（二）禁击部位与得分部位

禁击部位有后脑、颈部、裆部。得分部位有头部、躯干、大腿和小腿。

（三）得分标准

得 4 分：在一局比赛中，一方第一次下台，对方得 4 分；用转身摆腿击中对方躯干部位而自己站立者得 4 分；用主动倒地的动作致使对方倒地，而自己即刻站立者得 4 分；使用勾腿将对方勾倒而自己站立者得 4 分。

得 2 分：一方倒地，站立者得 2 分；用腿法击中对方躯干部位者得 2 分；被强制读秒一次，对方得 2 分；受警告一次，对方得 2 分。

得 1 分：用手法击中对方得分部位者；用腿法击中对方头部和大腿或小腿（脚除外）者；运动员消极 8 秒钟，被指定进攻后 8 秒钟内仍不进攻，对方得 1 分；主动倒地超过 3 秒钟不起立，对方得 1 分；受劝告一次，对方得 1 分；使用方法双方先后倒地，后倒地者得 1 分。

不得分：方法不清楚，效果不明显；双方下台或同时倒地；双方互打互踢；使用方法主动倒地，对方不得分；抱缠时击中对方。

（四）犯规与罚则

技术犯规：消极搂抱对方；处于不利状况时举手要求暂停；比赛中，场外进行指导；比赛中，对裁判员有不礼貌的行为或不服从裁判；比赛中大声喊叫；有意拖延比赛时间；上场不戴或吐落护齿；有意松脱护具；运动员不遵守礼节。

侵人犯规：在"开始"的口令前或喊"停"后进攻对方；击中对方禁击部位；用不允许的方法击中对方。

罚则：每出现一次技术犯规，劝告一次；每出现一次侵人犯规，警告一次；受罚失分达 6 分者，判对方为胜方；运动员故意伤人，取消比赛资格，判对方为胜方；运动员使用违禁药物，局间休息时输氧，取消比赛资格。

（五）胜负的评定

每局胜利：每局比赛结束时，依据边裁判员的评判结果，按胜方色牌多者为胜方的原则判定每局胜负。若出现平局,则按受警告少者为胜方、劝告少者为胜方、体重轻者为胜方的顺序判定每局的胜负。如上述三种情况仍相同,则为平局。一局比赛中,一方受重击被强制读秒两次,另一方为该局胜方;一方2秒下台,另一方为该局胜方;两次有效使用4分动作者,为该局胜方。

每场胜利:一场比赛,先胜两局为该场胜方。若比赛中一方犯规,另一方诈伤,经医务监督确诊后,则判犯规一方为该场胜方;若因对方犯规而受伤,不能再比赛者,则为该场胜方,但不能参加以后的比赛。淘汰赛时,一场比赛中,如获胜局数相同,则按下列顺序决胜负:受警告少者为胜方;受劝告少者为胜方;体重轻者为胜方。若三种情况仍相同,则加赛一局,依次类推。循环赛时,一场比赛中,若获胜局数相同,则为平局。

优势胜利:在一场比赛中,3次有效使用4分动作者可判为优势胜利;比赛中,双方实力悬殊,台上裁判员征得裁判长的同意,判技术强者为该场胜方;被重击倒地不起达10秒钟,或虽能站立但知觉失常,判对方为该场胜方;一场比赛中,被重击强制读秒达3次,判对方为该场胜方;比赛中,运动员出现伤病,经医生诊断不能继续比赛者,判对方为该场胜方。

### 三、散打竞赛裁判法

#### (一)台上裁判员裁判方法

台上裁判员依据规则,用手势和口令指挥运动员进行比赛。通过对运动员比赛时倒地、下台、犯规、消极、强制读秒、得4分、临场治疗以及"2秒"等事宜的处理,使比赛公平、公正、顺利地进行。

1. 对技术性动作的裁判方法

(1)倒地

倒地是指运动员两腿以外的身体任何部位支撑台面(主动倒地除外)。运动员是否倒地,关键看有没有失去平衡而附加支撑的过程,如果只是拳套一擦而过接触台面,则不为倒地。比赛中若出现倒地,台上裁判员必须立即喊"停",然后一手指向倒地者,同时发出"某方"口令,做倒地手势。倒地在比赛中可分为被拳、腿击倒和被摔倒以及自行滑倒三种情况。

(2)倒地在先

倒地在先是指运动员使用方法时依次倒地的一种现象。比赛中,"倒地在先"一般出现在双方运动员搂抱过程中。为了准确判断运动员倒地的先后,台上裁判员应靠近并注视双方运动员,随着运动员倒地的轨迹移动。当出现"倒地在先"时,台上裁判员应立即喊"停",示意双方运动员站立后,一手指向先倒地者,发出"某方"的口令,做"倒地在先"的手势。

(3)同时倒地

同时倒地是指双方运动员在比赛当中因使用方法而出现同时倒地的现象。判断运动员是否同时倒地,台上裁判员应靠近运动员,并根据运动员倒地时的运动轨迹或倒地的声音进行判断。当出现"同时倒地"时,台上裁判员立即喊"停",做"同时倒地"手势。

(4)消极8秒

消极8秒是指比赛中,一方或双方运动员8秒钟内没有进攻动作,台上裁判员用手势指定进攻后,8秒钟内仍不进攻的现象。比赛中,若一方消极,则台上裁判员指定该方进攻。若双方消极,则任意指定一方进攻。指定进攻后,台上裁判员开始默读时

间,同时"单手计秒"(单手计秒:台上裁判员一只手臂握拳自然垂于体侧,拳心向后,由拇指至小指,间隔1秒钟依次张开),明示计时。若8秒钟内仍不进攻,则台上裁判员应立即喊"停",一手指向指定进攻方,发出"某方"的口令,做"消极8秒"手势。裁判员应注意,如果双方消极,那么台上裁判员第一次指定一方进攻后,为公平对待,第二次则应指定另一方进攻。

(5)"3秒"

所谓"3秒"是指运动员使用主动倒地动作进攻对方,没有将对方击倒,而自己在3秒钟之内没有站立起来的现象。比赛中,当运动员使用主动倒地动作进攻时,台上裁判员不得急于喊"停",应从倒地时起默计时间,到了3秒钟倒地者还没有站立起来,立即喊"停",一手指向主动倒地者,发出"某方"口令,做"3秒"手势。

(6)"2秒"

"2秒"是指双方运动员相互抱缠,没有进攻动作或无效进攻超过2秒钟时的一种状态。这时台上裁判员应喊"停",将双方运动员分开后继续比赛。台上裁判员对"2秒"喊"停"的时机掌握,直接影响到比赛的精彩和激烈程度以及运动员的技术发挥,所以在运动员处于抱缠状态时,台上裁判员首先默计时间,同时观察有无产生效果和分开的可能,如果没有则到2秒钟时立即喊"停",将运动员分开后再继续比赛。如果喊"停"后运动员发力产生效果,则判无效,做"无效"手势。如果在喊"停"前或喊"停"的同时运动员发力产生了效果,则应判有效,并做相应的手势。

(7)"4分"动作

规则规定"4分"动作共有四种,即用转身摆腿击中对方躯干部位而自己站立者、用腾空腿击中对方躯干部位而自己站立者、用主动倒地的动作致使对方倒地而自己即刻站立者、用勾腿将对方勾倒而自己站立者。

运动员在比赛中使用第1或第2种"4分"动作有效时,台上裁判员不要喊停,直接用手指向使用动作者,迅速做"4分"手势;使用第3或第4种"4分"动作有效时,台上裁判员则立即喊"停",直接用手指向使用动作者,同时发出"某方"口令,做"4分"手势。

(8)强制读秒

强制读秒是指运动员受到重击之后,产生强烈的震动、晃动、失衡、倒地、痉挛、疼痛难忍等现象时,台上裁判员采用读秒的方法,使受击者有短暂的恢复时间,从而保证运动员的安全。

强制读秒时,台上裁判员应迅速靠近被读秒的运动员,既能保护受重击的运动员,又能清楚地观察其面部表情。站的位置不要挡住裁判长的视线,让裁判长也能观察到被击运动员的情况。

(9)下台

下台是指运动员身体的任何部位接触了台下的保护垫或场地。一般有以下几种情况:

①一方被对方打下擂台,另一方仍在台上,判一方下台。

②死拉硬推下台。一方没有采用清楚有效的方法,只是一味抱缠死拉硬推造成对方下台,判为犯规,给予警告。

③双方下台。指比赛中双方运动员都掉下擂台。只要一方下了擂台的同时,另一方在擂台上但没有和掉下擂台的运动员完全分离,那么均作为双方下台处理。

④下台无效。台上裁判员喊"停"口令后,再发力造成对方下台的情况判下台无效。

2. 对侵人犯规的裁判方法

在比赛当中，侵人犯规的主要表现有以下四种。

（1）踢裆

踢裆是较容易出现的一种侵人犯规动作。在比赛中，一旦一方运动员被击中裆部，台上裁判员必须立即喊"停"，同时面对该运动员开始读秒。如读秒过程中该运动员举手示意继续比赛，必须读完 8 秒，然后一手仰掌指向犯规运动员发出"某方"的口令，另一掌心向内摆至裆前，最后做"警告"手势。如读秒过程中该运动员没有继续比赛的表示，则必须读秒到 10 秒钟，表示该场比赛结束。做"急救"的手势示意医务人员将伤员扶到后场检查。根据大会医生的检查结果判定胜负。

对"踢裆"的处理一定要慎重。如发现一方运动员的技术动作有踢裆的可能，台上裁判员应及时提示该运动员注意。若出现踢裆的效果，台上裁判员应根据击中的声音、击中的部位和被击中一方的本能反应进行判断。如果击中部位是背朝着自己，则必须征求最近距离的边裁判员的意见，再给予判罚。如果运动员伪装被击中裆部，则按"强制读秒"处理。

（2）击后脑

击后脑的关键看有没有击中效果。如果一方运动员击中了对方的后脑，台上裁判员应立即喊"停"，一手仰掌指向犯规者，同时发出"某方"口令，做"击后脑"手势。如果击中后产生相应的效果，例如出现失衡、晃动等现象，则喊"停"后首先读秒，根据读秒的情况进行处理，处理方式和踢裆相同。

（3）头、肘、膝犯规

用头、肘、膝犯规的动作一般少见，一旦出现并产生了效果，台上裁判员应立即喊"停"，然后一手仰掌指向犯规者，同时发出"某方"口令，根据犯规动作分别做出相应的犯规手势，最后做"警告"手势。如果没有产生效果，则即时提示该运动员注意。

（4）采用"死拉硬推"的方法使对方下台

比赛中双方处于搂抱或推拉状态并持续一定时间没有采用踢、打、摔的方法而是靠硬推、硬拉的方法使对方下台，这种现象属侵人犯规。一旦出现，台上裁判员立即喊"停"，一手指向台上运动员发出"某方"口令，做"死拉硬推"手势，再做"警告"手势。

3. 对技术犯规的裁判方法

在比赛当中，技术犯规的主要表现有以下两种。

（1）消极搂抱

消极搂抱是指为了达到不让对方进攻或反击的目的而采取抱住对方的一种行为。在比赛中，台上裁判员若发现某运动员有消极搂抱的趋向，可提示该方注意。如先出现明显的消极搂抱，则立即喊"停"，一手指向搂抱者，发出"某方"口令，并做"消极搂抱"手势，然后再做"劝告"手势。

①用方法击中对方后，迅速抱住对方，既不使用任何方法进攻，又不让对方使用方法反击，消极等待台上裁判喊"停"。

②因体力不支或不用方法防守对方进攻，一有机会就抱住对方，消极等待台上裁判喊"停"。

（2）大声叫喊和场外指导

比赛进行时，运动员大声叫喊、怪叫或者教练员在场外进行指导，干扰比赛的正常进行时，台上裁判员应立即喊"停"，一手仰掌指向犯规者，同时发出"某方"口令，做"禁止发声"手势，然后做"劝告"手势。

(二)边裁判员记分方法

1. 得分部位

得分部位,是指运动员击中后要根据相应的评分标准给予记分的部位,包括头部、躯干、大腿和小腿。头部,是指除了后脑以外的面部和头两侧的部位。躯干,是指胸部、腹部、背部、腰部。大腿,是指髋关节以下、膝关节以上,包括臀部在内的部位。小腿,是指膝关节以下、踝关节以上的部位,包括膝关节。

2. 击中

击中,是指运动员使用方法,打中对方后产生相应效果的一种表现。运动员在比赛中,只要击中对方,就应该照有关的判罚标准进行处理。经过多年比赛实践的总结,击中的标准应该确定在最佳状态。

(1)看位移。击中头部、躯干,必须造成对方震动、晃动、后退等位移现象。震动,是指对方攻击力量大,遭受沉重打击造成的一种现象。晃动,是指前后或者左右来回移动的现象。

(2)听声音。击中臀部以下的部位,不容易造成位移,但会产生清脆或沉闷的击打动作响声。

(3)看防守。被击中者,对于对方的攻击动作没有任何相应的防守动作,或者有防守动作,但击中在先、防守在后,完全没有防住(提膝防守时击中小腿一样得分)。

符合上述三条标准,就是击中。否则,就是方法不清楚,效果不明显。方法不清楚,效果不明显,是指运动员完成动作的质量和动作所产生的效果两方面,都不符合击中的要求。

3. 记分

记分,是指边裁判员根据运动员使用的不同方法,击中的不同得分部位,产生的不同效果。台上裁判员对运动员的不同判罚情况,按照得分标准,及时记录运动员的得分。

同一动作击中对方相同的得分部位而产生的不同效果,按规则中规定的高分记分。如一拳击中对方记1分;一拳击倒对方按倒地记2分;一拳击倒对方后造成强制读秒,应累计倒地和强制读秒的得分;一拳将对方打下擂台按下台处理;一拳将对方击倒而不能继续比赛,按优势胜利处理。

**思考题**

1. 简述散打运动具有培养学生竞争意识的价值。
2. 散打基本技术有哪些?
3. 简述自卫防身的概念和特点。
4. 散打和自卫防身的关系。
5. 谈谈自卫防身对当代大学生的现实意义。
6. 散打的比赛有哪些禁击部位和得分部位?
7. 散打比赛的技术犯规、侵人犯规有哪些?
8. 散打比赛中什么是消极搂抱?有哪几种情况?
9. 散打比赛中什么是得分部位?有哪些是得分部位?
10. 从继承和发展的角度谈谈散打如何走向世界。

**参考文献**

[1]马明达.说剑丛稿[M].兰州:兰州大学出版社,2000.

［2］翁士勋.《角力记》校注［M］.北京：人民体育出版社,1990.

［3］《中国散手》编写组.中国散手［M］.北京：人民体育出版社,1990.

［4］《中国武术百科全书》编撰委员会.中国武术百科全书［M］.北京：中国大百科全书出版社,1998.

［5］中国国家体育总局.中国体育教练员岗位培训教材武术（散手）［M］.北京：人民体育出版社,1999.

［6］中国武术协会.武术散打竞赛规则［M］.北京：人民体育出版社,1998.

［7］张锐,陈工.安全教育与自卫防身［M］.北京：北京体育大学出版社,2004.

［8］《中国武术教程》编委会.中国武术教程［M］.北京：人民体育出版社,2003.

现在孩子普遍眼镜化，这是我的隐忧。还有身体的健康程度，由于体育锻炼少，有所下降。文明其精神，野蛮其体魄，我说的"野蛮其体魄"就是强身健体。

——2019年4月21日，习近平总书记在陕西省安康市平利县老县镇考察调研时的讲话。

# 第十四章

# 跆拳道运动理论与技术

## 第一节　跆拳道运动概述

　　跆拳道是一项利用拳和脚进行搏击的对抗性运动。它由品势修炼、搏击格斗、功力检验三部分内容构成,通过竞赛、品势和功力检验等运动形式,使练习者增强体质,掌握技、战术,并培养坚忍不拔的意志品质。

　　跆拳道的本意由三个方面组成:跆是表示以脚踢;拳是以拳头击打;道是一种精巧的艺术方法,同时也是对练习者在道德修养方面的要求。传统的跆拳道包括套路(品势)、兵器、擒拿、摔锁、对练自卫术和其他基本功夫。现代竞技跆拳道只是传统跆拳道的一部分,它技术动作简单、实用、易学,寓搏击、规范、教育于一身,不需要花费太多的埋单就能达到健身、防身、修身的效果,是一项在全世界都受到欢迎的搏击运动项目,有世界"第一搏击运动"之称。

### 一、跆拳道的起源与发展

　　跆拳道古称跆跟、花郎道,是起源于古代朝鲜的民间武艺。早在公元688年,新罗王国统一了朝鲜,经济繁荣,百业兴旺,建立了一种"花郎制度"。到真兴王时,便创立了"花郎道"。花郎道是花郎制度的组织形式,即将年轻人组织到一起进行武艺锻炼。其宗旨是"事君以忠,事亲以孝,事友以信,临阵无退,杀身有择"。以此磨炼人的意志、锻炼人的体魄,培养造就了一批又一批忠君事孝、英勇顽强、无所畏惧的战士。在一本描写新罗风俗习惯的书《帝王韵记》中,记载着跆拳道活动。

　　公元935年,勇敢善战的高句丽军队推翻了新罗王朝,建立了高句丽王朝。士兵们的战斗力来自平日的训练和对跆拳道的喜爱。他们平时常常用拳掌击打墙壁或木块,以磨炼手部的攻击能力。十分喜爱徒手搏斗的忠惠王曾专门邀请臂力过人、武功超众的士兵金振都(亦有称金扼郁的)到宫廷表演手搏技艺,使跆拳道声望大震,并日渐被广大民众所接受。1392年,高丽王朝被李朝取代,武功及跆拳道没有得到足够的重视,但在民间,这一活动却始终没有停止。1790年汇编成书的《武艺图谱通志》中收录了"手搏""跆跟"等武艺的技术与方法,以及动作图解和一些器械的使用方法,并将很多技击性很强的武术技艺融会到跆拳道的技法之中。

　　1910年日本侵占朝鲜后,建立起殖民政府,一度下令禁止所有的文化活动,跆拳道自然在劫难逃,在朝鲜境内销声匿迹。一些不甘寂寞或被生活逼迫的人远离国土,

到中国或日本谋生,同时把跆拳道延续下来。更为重要的是将其与中国武术和日本武道交融与结合,孕育了新的技术体系。第二次世界大战后,自卫术再度兴起,从异国他乡回归故上的朝鲜人也将各国的武道技艺带回本国,逐渐与跆拳道融为一体,形成了现在的跆拳道体系。1955 年正式称朝鲜的自卫术为"跆拳道"。1961 年 9 月韩国成立了唐手道协会,后更名为跆拳道协会,并成为全国运动会正式竞赛项目。1966 年第一个国际组织——国际跆拳道联盟成立。1973 年 5 月在汉城成立了世界跆拳道联合会。

1975 年"世界跆拳道联合会"(简称世界跆联)被国际体育联合会接纳为正式会员。1980 年国际奥委会正式承认世界跆联。迄今为止,世界跆联已有 144 个会员国,6 500 多万爱好者参加练习。1973 年,"世界跆拳道协会"成立。有美国、中国香港、中国台湾、日本、马来西亚、新加坡、朝鲜、菲律宾、沙巴、柬埔寨、澳大利亚、象牙海岸、乌干达、英国、法国、加拿大、埃及、奥地利、墨西哥等二十多个国家和地区加入。目前会员仍在不断增加。1988 年,跆拳道在韩国汉城奥运会首次亮相后,为了适应国际重大比赛,跆拳道的技术在不断地变革和发展。世界跆拳道联盟的总部中有一特别技术委员会,其主要任务就是改进现今的跆拳道技术。当然,今日的跆拳道动作似乎不像以前那样圆滑流畅,也不似以前那样重视运动中身体的平衡。然而对当今跆拳道技术的检验并不在它的外观,而是在于实战之中。具体地说,就是在实战对抗中或在大街上遭受袭击被迫自卫的情形下,新型跆拳道的技术无疑要比拘于形式的老技术更胜一筹。时代是不断变化的,随着它的变化,跆拳道也将不断地发展延伸下去。

**二、我国的跆拳道运动**

1992 年 10 月 7 日,中国跆拳道协会筹备小组的成立,标志着我国跆拳道运动的正式开始。1994 年 5 月,在河北正定举办了我国首届跆拳道教练员和裁判员学习班,1994 年 9 月,在云南昆明举行了第一次全国性的跆拳道比赛,当时有 15 个单位的 150 多名运动员参加了比赛。1995 年 5 月,共有 22 个单位的 250 多名运动员参加了在北京体育大学举行的第 1 届全国跆拳道锦标赛。从此以后,跆拳道运动在全国各省、市得到了快速的发展。1995 年 7 月,中国跆拳道协会成立,魏纪中任主席,并于同年 11 月被世界跆拳道联合会接纳为正式会员。

1997 年 11 月,在我国香港举行的世界跆拳道锦标赛上,我国女子 43 公斤级运动员黄鹂获得该级别的银牌。1998 年 5 月,在越南举行的第 13 届亚洲跆拳道锦标赛上,贺璐敏战胜了包括韩国运动员在内的强手夺得了一枚金牌。1999 年 6 月,在加拿大埃特蒙多举行的世界跆拳道锦标赛上,我国运动员王朔战胜多名世界跆拳道知名高手,勇夺女子 55 公斤级冠军,成为我国获得该项目的第一个世界冠军。2000 年 9 月,我国女子 67 公斤以上级选手陈中,在澳大利亚的悉尼奥运会上,成功地站在了最高领奖台上。2004 年 8 月的雅典奥运会上,我国女子跆拳道选手罗薇、陈中再创佳绩。在 2008 年 8 月北京奥运会上,吴静钰以绝对优势击败对手,获得女子 49 公斤级以下级别冠军,实现中国女子跆拳道小级别突破。2012 年伦敦奥运会上,吴静钰再次蝉联该级别冠军。2016 年里约奥运会上,赵帅获得男子 58 公斤级金牌,实现了中国男子跆拳道零的突破,郑姝音获得 67 公斤级以上级别冠军,续写了中国女子跆拳道奥运金牌佳绩。至此,我国女子跆拳道选手已经成为各国强手都不敢轻视的"黑马",跆拳道运动在我国也得到了普遍的开展,成为我国七大奥运优势项目之一。

# 第二节　跆拳道运动的特点与价值

### 一、跆拳道运动的特点

1. 以腿为主,手脚并用

跆拳道是以踢法为主的技击术,其腿法所占的比例高达 70% 以上,跆拳道理论认为,腿的力量远高于上肢的力量,因此提倡运用腿法。在比赛中,规则也规定,腿法的得分要优于手法,且对手法的攻击部位有一定的限制。虽然手法可以得分但主要还是起到防守格挡的作用,而腿法却可以攻击规则没有禁止的任何部分。攻击时因注意送髋,力求出腿的力度和击打的效果,所以造就了跆拳道灵活多变、丰富精妙的腿法。

2. 直来直往,以刚制刚

在跆拳道竞技实战中,运动员使用的技术,多是以刚制刚,直接对抗,方法简练硬朗,极少采用躲闪避让的方法。进攻时,多采用直线的连续进攻,以快速连贯的腿法组合打击对手,令人防不胜防。防守时,强调硬碰硬,快对快,直接接触。

3. 功力测试,方法独特

功力测试作为跆拳道的手段,方法独特,在跆拳道向世界推广时,大多是以这种方式向人们展示其无坚不摧的功夫。传统的跆拳道练功经验认为:经过训练,手脚所能发挥的巨大威力是令人生畏的,只能用那些没有生命的物质作为目标,如以掌、拳、脚分别去击碎砖瓦、木块来检验练习者的功力程度。功力测试是跆拳道训练、晋级考试、表演乃至比赛的一项重要内容,构成跆拳道的重要组成部分和固有的特点。

4. 发声助威,强调气势

无论是竞技跆拳道还是品势,都要求在气势上给人以不可侵犯的威严,多以发出洪亮并带有威慑力的声音来显示自己的威力,特别是在竞技跆拳道的比赛中,双方对会以规则没有限制的发声来提高自己的斗志,在气势上压倒对物。特别是在攻击时,获得有效击打得分,更能借此以取得心理上的优势和战胜对手的信心。正因为如此,跆拳道练习者,都进行专门的发声练习。

### 二、跆拳道运动的价值

1. 健体防身

跆拳道运动对抗性强,它对人体的体能有较高的要求。通过长期的练习,能促进人体的力量、速度、灵敏、协调等身体素质和内脏器官机能的全面发展。由于跆拳道攻防的直接对抗,还可以使练习者掌握自卫防身的技术及应变能力,培养临危不惧的优良品质。

2. 修身养性

"以礼开始,以礼结束"是跆拳道最基本的精神,并作为训练的内容备受推崇。其宗旨是"礼义廉耻,忍耐克己,百折不屈",因此我们所看到的跆拳道练习者在各种场合行鞠躬礼,通过行礼的方式,表达对长辈、教练、队友、对手等的敬意,并养成了发自内心的行礼习惯和恭敬谦虚、友好忍让、宽容大度的高尚品德。跆拳道能锻炼人摈弃软弱、怯懦而勇于积极向上的健康人格,培养人顽强、果断、坚毅的精神。

3. 娱乐观赏

跆拳道是一项对抗性很强的项目,比赛中选手之间不仅斗力斗勇,还较技斗智。令人眼花缭乱的踢法,干净利索的击打,特别是在功力检验中,选手击破砖瓦、木块的功大更令人惊叹叫绝。比赛者能享受到成功的愉悦,观众也能获得极具观赏价值的快乐。

### 三、跆拳道运动的礼节

严格的礼仪教育是跆拳道的重要内弈。"以礼始,以礼终"贯穿于跆拳道整个学习、训练、比赛过程中,是跆拳道运动必须具备的行为规范。

跆拳道中的礼仪是跆拳道基本精神的具体体现,跆拳道练习虽以双方格斗的形式进行,但不管过程多么激烈,结果如何,都应以提高技艺和磨炼意志品质为主要目的,因此,双方内心深处都必须有向对方表示敬意的学习心理,所以,在跆拳道所有活动的前后都一定要向对方敬礼。由于跆拳道运动是练习者精神和身体的综合修炼,使练习者在艰苦的磨炼中培养出理想的人格和体魄,能够真正掌握自卫防身的本领,同时从一开始就养成谦逊、宽容、礼让的高尚品德和尊师重道,讲礼守信等理想人格,以有益于社会,真正做到"未曾学艺先学礼,未曾习武先习德"。最终目的是调整人的心态,磨炼人的意志,振奋人的内在精神,其正身、正心、正气与立德树人的理念不谋而言。跆拳道运动区别于其他项目,其在课程中,对礼仪礼节的要求格外突出。以跆健身、立德树人,用"礼义廉耻,忍耐克己、百折不掘"的精神来培养学生良好的意志品质和精神修养,培养学生具备自信、忠诚、尊敬、明礼、诚信、正直、协作、友爱、恒心、健全的人格。礼仪虽然是其内在精神的一种外在的表现形式,但其文明的举止能够潜移默化地影响一个人的精神,使学生逐步形成良好的品德,具备高尚的思想品质。

对跆拳道礼仪的理解,不仅要从形式上加以认识,还要从心理上变成自觉的行为过程和心理动力,更要对跆拳道的历史、内容、特点、作用及教育有全面的了解和认识,把在跆拳道练习中对礼仪的领悟,贯穿于自己所从事的一切人类活动中,只有这样,才能达到跆拳道的最高境界。

在跆拳道竞技场上,运动员所表现出的勇敢斗志和拼搏精神让世人惊叹,而这其中的内涵,正是跆拳道礼仪教育中的内容。如向国旗敬礼,意味着心中时刻装着为祖国争夺荣誉的信念,充分体现出爱国主义精神;向教练、队友敬礼,体现出尊敬守道、集体主义、团结一致、互助友爱的精神等等。具体礼节姿势如下:

1. 跆拳道的站姿

两脚开立约同肩宽,两脚尖外转约30°,抬头挺胸、收腹,右手自然握拳,左手五指握住右手腕部置于身后,两眼平视前方,神态自然。

2. 跆拳道的坐姿

两脚交叉,右脚在前坐于地上,抬头挺胸、收腹。双手成自然掌形置于双膝上,两肘内收自然下垂,两眼平视前方,神态自然。

3. 跆拳道的敬礼

两脚并立成立正姿势,两手自然放松下垂,置于体侧,挺胸收腹,两眼目视对方,神念祥和。

身体前倾弯腰约成15°鞠躬做礼,两手自然下垂,置于体前或体侧,略作停顿,然后还原成原来姿势(相互行礼时,姿势相同,唯要注意双方的距离)。

## 第三节　跆拳道运动的基本技术

随着现代跆拳道运动的发展,基本形成了以竞技跆拳道为主体,健身防身和品势练习相结合的整体格局,并在不断发展过程中,使跆拳道的技术日益丰富和实用。本章重点介绍竞技跆拳道基本技术。

竞技跆拳道技术是指跆拳道竞赛中所使用的能够充分发挥运动员机体能力、合理有效完成动作的方法。竞技跆拳道的基本技术简单实用,是所有其他技术的精髓和灵魂。任何技术的变化、运用都是在基本技术的基础上发展、衍生而来的。但是,基本技术只是跆拳道技术规范化和理想化的单个技术,在比赛中,基本技术需要根据时机、距离、战术和运动员自身的身体条件加以拓展和变形才能有效地使用。

跆拳道品势(又称型拳套、套路)是练习者以技击为主要内容,通过攻守进退的动作编排,以达到强身健体、培养意志的一种练习形式。跆拳道品势练习,可以使练习者正确掌握攻防动作的基本技能,熟练地掌握手、脚及身体各部位动作的各种力量,提高各方面身体素质,增强练习者体能和技能,树立自信心,培养健康向上的意志品质。跆拳道品势有许多种,基本品势有太极、高丽、金刚等。

### 一、跆拳道技术的分类

跆拳道运动技术种类繁多,其分类方法也很多,可根据动作的结构分类,也可根据动作的功能分类或根据人体的解剖结构分类。

(一)按技术动作的结构分类

竞技跆拳道在基本技术的基础上,衍生出为数众多的各种技术,这些技术的总和构成了跆拳道的技术体系。将这些技术按其动作结构可分为三类。

(1)基本技术,即竞赛中允许使用的最基本的技术动作,一般都是单一动作技术。

(2)组合技术,即根据需要将几个动作组合在一起,形成连续的基本动作使用方法和技术。

(3)综合技术,即将基本技术和组合技术,以及步法结合起来,综合运用的技术。

(二)按技术动作的功能分类

跆拳道的技术就其本质来讲,其目的和作用就是为了攻击对手而不被对手攻击,或是为了化解对方的进攻并对其进行反击。运动员为了取得比赛的胜利,围绕这一目的对技术进行选择、运用和发挥,不同的选手根据自身条件的不同选择不同的技术,并对技术进行各自不同的变形,由此产生了不同的技术风格。无论技术简单或复杂,就其功能来说,可归纳分类如下:进攻技术、防守技术、反击进攻技术、反反击技术、连接技术、假动作技术、攻防组合技术、攻防综合技术。通过分析可归纳出完整的跆拳道运动技术体系:由基本技术、综合技术构成跆拳道一级技术体系;由进攻技术、防守技术、反击进攻技术、反反击技术、连接技术等构成跆拳道二级技术体系;由拳法技术、步法技术、腿法技术等构成跆拳道三级技术体系。而各级技术体系有机地互相联系构成一个完整的跆拳道运动技术体系。

### 二、跆拳道的使用部位

在竞技跆拳道中,由于受到竞赛规则的限制,运动员仅可使用拳、臂及脚的部位进攻和防守,但在品势练习和实战中跆拳道可使用任何便于攻击的身体部位。

（一）手

手的使用包括拳、掌、指三部分。

1. 拳

拳是跆拳道中使用最广泛的部位之一。拳的作用是攻击对方的面部、胸、腹部和用于防守。跆拳道中拳的握法主要有正拳、平拳、指节拳等。

（1）正拳

四指并拢,回屈紧握,拇指扣压在食指和中指的第二指关节上(图14-1)。拳面要平。在竞技跆拳道中只允许使用正拳的拳面攻击对方的胸、腹部和用于防守。

（2）平拳

手指的第二指关节弯曲、四指尖贴紧手掌,拇指扣于虎口处(图14-2),用第二指节击打。这种拳动作短促有力,实战时可用平拳冲击对方的上唇、眼睛等部位。

（3）指节拳

正拳握紧后,食指或中指的第二指关节特别突出(图14-3),实战时主要击打对方的上唇、眼睛、太阳穴、两肋等部位。

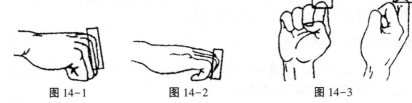

图14-1　　　　　图14-2　　　　　图14-3

2. 掌

（1）手刀

亦称空手刀。四指并拢伸直,拇指弯曲贴紧食指,小指的外侧沿形成手刀(图14-4),拇指的内侧形成背刀(图14-5)。手刀和背刀在实战中用于砍击或截击。

（2）掌根

亦称熊掌。将四指并拢,从第二指关节处全部弯曲扣紧,拇指扣紧虎口处(图14-6)。实战中用掌根击打。

（3）底掌

亦称弧形掌。四指并拢,指关节微屈,拇指外展微屈,掌成弧形(图14-7)。实战中可用掌根底部攻击,也可用拇指和食指之间掐击颈部。

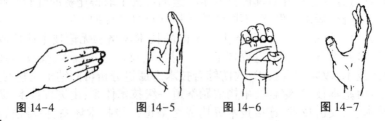

图14-4　　　　　图14-5　　　　图14-6　　　　图14-7

3. 指

（1）贯手

手形和手刀相似,中指和食指微屈,基本保持四指尖平齐,大拇指向掌内贴紧(图14-8)。实战中用指尖戳击对方。

（2）二指贯手

伸展食指和中指呈"V"形，拇指压紧无名指第二指关节处，小指内扣（图14-9）。实战中用来插击对方眼睛。

（二）臂

臂的使用包括腕部、肘部、前臂和上臂。

1. 腕部

是指腕关节的四周部位，主要用于防守格挡。

2. 肘部

是指前臂、上臂之间的骨连接——肘关节部分（图14-10）。实战中主要用鹰突关节攻击，亦可用于防守格挡。

3. 前臂和上臂

主要用外侧进行防守格挡，其中前臂的格挡在竞技跆拳道比赛中经常被运动员使用。

（三）腿

腿部主要使用的是膝关节。

膝是股骨和胫、腓骨之间的连接部分，是人体最典型的关节。组成骨骼大而粗壮，股肌和腓肠肌直接作用于膝关节，因而既灵活又有力量，在实战中，可攻可守，杀伤力极大（图14-11）。

图14-8　　　　图14-9　　　　图14-10　　　　图14-11

（四）足

足是指踝关节以下的各部位。在竞技跆拳道中，运动员主要以腿攻为主，所采用的部位是正脚背、足刀、脚后跟等。

1. 正脚背

脚的正面，踝关节以下至第一趾关节以上部位（图14-12）。进攻的脚法是前踢、横踢等，使用的距离远、力量大。

2. 足刀

足刀是脚底和脚背相联结的脚外侧边缘部位（图14-13）。进攻的脚法主要是侧踢。

3. 脚前掌

指脚底前部的骨和肌肉部分（图14-14）。脚前掌进攻时主要是脚趾前端部位攻进对方，多用于劈腿、推踢等。

 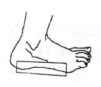 

图14-12　　　　　图14-13　　　　　图14-14

4. 脚后掌

指脚后跟部的跟骨下缘和肌肉部分(图 14-15)。进攻的脚法是后踢、推踢等。

5. 脚后跟

指脚后部踝关节以下的部位(图 14-16)。进攻的脚法毫劈腿、肝旋踢动作。

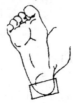

图 14-15          图 14-16

### 三、实战姿势

实战姿势或称准备姿势,是使身体处于最有利于进攻和防守的一种站立姿势。其作用是使身体随时处于攻防的最佳状态,保护自己并快速进攻与反击。由于运动员存在内在的、身体的和心理的特点不同,这种准备的姿势也存在一定差异,但一般应符合以下条件:

(1)所有动作的施行都必定受柔韧性的限制;

(2)身体在做动作时应该是自然的,而不是被强迫的;

(3)所有动作的练习和实际应用要最大限度地快速敏捷;

(4)不要将攻击的意图暴露给对方。

(5)在实战中左脚在前称为左势,右脚在前称为右势。

(一)实战姿势的类型

1. 标准实战姿势

动作规格:以左势为例,两脚前后开立,略同肩宽,前脚尖内扣约 45°斜向右前方,后脚跟抬起,两膝关节微屈,重心落在两脚中间;上身自然直立,45°斜向右前方,双手握拳,拳心相对,两臂弯曲置于胸前,头部直立,目视前方(图 14-17、图 14-18)。这种姿势利于从前面进攻。

图 14-17          图 14-18

动作要领:身体自然,肌肉放松,两腿要富有弹性。

易犯错误:全身紧张,肌肉僵硬;重心偏前或偏后,不利于启动,膝关节不弯曲,缺乏弹性。

2. 侧向实战姿势

身体姿势基本要求同标准实战姿势,惟身体完全侧向,前后脚在一条直线上。这种姿势利于向后转体进攻(图 14-19、图 14-20)。

图 14-19　　　　　　　图 14-20

身体姿势基本要求同标准实战姿势,惟双膝弯曲加大,重心降低。这种姿势重心稳固,利于跳起进攻和格挡防守反击,但移动相对较慢(图 14-21、图 14-22)。

图 14-21　　　　　　　图 14-22

在实战中,无论采用何种实战姿势,都应根据临场的情况、自身的身体条件与技、战术水平随时变换。灵活性、稳定性和隐蔽性是实战姿势的三大要素。灵活性使自己始终处于攻防的最佳状态,能攻善守,各种技、战术运用自如。重心的稳定性保证了攻击力量与进攻实效性得到最大限度的发挥。隐蔽性有利于突然起动,使假动作更趋欺骗性。

(二)与对手相关的站位
1. 开式站位
把自身可攻击部位暴露在对方面前,即左势对右势,右势对左势(图 14-23)。
2. 刚式站位
把自身可攻击的部位隐蔽起来的站位,即左势对左势,右势对右势(图 14-24)。

图 14-23　　　　　　　　　　　　图 14-24

**四、基本步型与步法**

(一)基本步型
跆拳道的基本步型是指在跆拳道的套路练习和实战过程中练习者的脚步形状。基本步型有多种,每一种步型都和随后的动作有直接联系,是练习跆拳道必要的基本姿势。

（1）并步。两脚并拢，身体直立，两脚内侧贴紧并拢（图 14-25）。

（2）开立步。两脚左右开立与肩同宽，身体自然直立，两膝微屈，两脚平行向前，两手握拳置于体侧（图 14-26）。

图 14-25　　　　图 14-26

（3）马步。两脚开立、较肩宽，两脚尖平行，挺胸直背，两腿屈膝半蹲，重心落在两腿之间（图 14-27）。

（4）弓步。又称前屈立，两脚前后开立，相距一步半，前腿屈膝，后腿伸直，前腿膝头节垂直脚面，重心大部分落在前腿上（图 14-28）。

图 14-27　　　　图 14-28

（5）后弓步。又称后屈立，两脚前后开立，相距一步，后脚尖外展 90°，后腿微屈，前腿膝关节略屈，重心大部分落在后脚上（图 14-29）。

（6）前行步。又称高前屈立，两脚之间距离小于弓步，姿态和平时向前走路相似，重心落在两脚之间（图 14-30）。

图 14-29　　　　图 14-30

（7）交叉步。一脚向另一脚的前侧（前交叉步）或后侧（后交叉步）落步，脚掌着地，两腿屈膝（图 14-31）。

（8）虚步。又称猫足立。身体姿势和后弓步相似，只是前脚的脚尖点地，脚跟提起，两膝关节微内扣，重心落于后脚（图 14-32）。

（9）独立步。又称鹤立步。一腿直膝站立，脚尖外展约 90°，另一腿屈膝上提，脚贴于支撑腿内侧或腘窝处（图 14-33）。

图 14-31 图 14-32 图 14-33

（二）基本步法

步法是移动身体、维持平衡、调整距离,配合拳法、腿法等技术动作快速出击和防守的一种技术。步法对于跆拳道运动来说具有很重要的意义。在跆拳道实战或比赛中,不论进攻、防守,还是防守反击都离不开步法。以灵活、快速、多变的步法来正确使用技术,才能充分发挥出真正的威力,为自己创造有利条件。

1. 上步

（1）动作过程:左实战姿势,后脚经前脚内侧向前上一步,转成另一侧实战姿势（图 14-34）。

（2）要领:注意拧腰转髋,重心不要起伏过大,两臂自然移动。

（3）实战应用:调整与对手的相对距离,可根据实战需要左右变化,伺机阻击或反击。

2. 后撤步

（1）动作过程:和上步相反,后脚以前脚掌为轴,前脚经后脚内侧向后撤一步,转成另一侧实战姿势（图 14-35）。

（2）要领:同上步。

（3）实战应用:调整与对手的相对距离,可根据实战需要左右变化,伺机阻击或反击。

3. 前滑步和前跃步

（1）动作过程:后脚前脚掌蹬地,前脚先向前方滑行一步,后脚迅速跟上称前滑步。后脚前脚掌蹬地,两脚同时向前跃进一步称前跃步（图 14-36）。

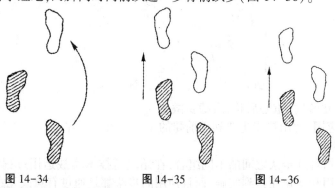

图 14-34 图 14-35 图 14-36

（2）要领:重心尽量平衡,两脚稍离地即可。

（3）实战应用:常用在快速接近对手,是主动进攻时采用的步法。也可用于假动

作并配合手臂的动作进行迷惑、调动对手。

4. 后滑步和后跃步

(1)动作过程:前脚脚前掌蹬地,后脚先向后滑行一步,前脚迅速后退跟进,称后滑步。前脚脚前掌蹬地,两脚同时后跃一步称后跃步(图14-37)。

(2)要领:同前滑步和前跃步。

(3)实战应用:常用在对方进攻,自己需要快速与对手拉开距离时。此时由于自己有一个向后撤的惯性,应快速稳定重心,迅速反击。

5. 侧移步

(1)动作过程:第一种步法是以前脚为轴,后脚向左(右)移动。第二种步法是两脚同时向左(右)侧移动(图14-38)。

图14-37　　　　　图14-38

(2)要领:一般是将身体重心移向前脚,以利于后腿移动后随机进攻。

(3)实战应用:改变与对方的站位或避开对手快速有力的进攻,移动到对方侧面,准备反击。

6. 原地换步

(1)动作过程:两脚同时蹬地后互相交换位置,身体则换成另一侧实战姿势(图14-39)。

(2)要领:腾空不易过高,换步时拧腰转髋,迅速敏捷。

(3)实战应用:干扰对方的进攻思路,选择利于自己的进攻方位,或不让对方的优势腿发挥威力,同时争取反击的空间和时间,马上转入进攻。

7. 垫步

(1)动作过程:后脚向前脚内侧上步,同时前脚迅速抬起(图14-40)。

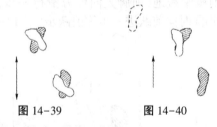

图14-39　　　　　图14-40

(2)要领:垫步时,重心后移,后膝要微屈。

(3)实战应用:使用垫步主要利用前腿的主动进攻或防守。

8. 组合步

组合步是指各种步法之间的不同组合,在跆拳道技术实战运用过程中,无不通过各种步法的运用和变化而得到实施,而且使用的步法都是通过有意或无意的组合来综合运用,其目的是为了调整距离,使自己的动作更加快速灵活,进而达到进退自如、控制节奏、有效地进攻和防守的目的。步法的组合应根据实际情况变化而改变,把进攻和反击的技术与步法紧密结合起来,做到在移动中进攻,在移动中防守,在移动中反击,使步法的运用和拳法、腿法融为一体,成为进攻、防守、反击的有机连接技术。

**五、基本进攻技术**

竞技跆拳道的基本进攻技术主要有拳法和踢法技术。只有认真学习基本技术,体会基本技术的动作含义,研究基本技术的实际运用规律,才能为实战能力的提高打下基础。

（一）拳进攻

拳进攻是跆拳道比赛中较为常用的动作技术之一。由于受到竞赛规则的限制,拳攻在跆拳道比赛中只有一种方法被经常使用,即冲拳技术,他可直接进攻有效部位得分,也可用来防守和配合腿的进攻。

1. 前手拳

（1）动作过程:出拳时,右脚蹬地,左手握拳于胸前,随蹬地转腰的力量,由屈到伸,内旋向前冲击,力达拳面,拳心向下。当手臂伸直击中目标后,拳沿出击路线立即放松回收（图 14-41、图 14-42）。

图 14-41　　　　图 14-42

（2）要领:蹬地、转腰、旋臂一气呵成,击打目标前,腕头节紧张,拳握紧。出拳方向一般在肩关节以下、髋关节以上,不能过高或过低。另一手臂放于胸前,或自然下落成防守姿势。

（3）实战应用:在距离较近时,出拳击打后使两人之间距离拉大,趁机使用腿攻技术,如劈腿、横踢等。

2. 后手拳

（1）动作过程:出拳时,右脚蹬地,右拳自胸前准备状态,随蹬地转腰的力量,由屈到伸,内旋向前冲击,力达拳面,拳心向下。当右臂伸直击中目标后,拳沿出击路线放松回收,成实战姿势（图 14- 43、图 14-44）。

图 14-43　　　　图 14-44

（2）要领:从右拳出击到击中目标,拳要逐步握紧,将蹬地、转腰、送肩的力量依次集中到拳面上。沉气,利用爆发力击打目标,提高击打效果,注意击拳方向。另一手臂屈于胸前,或自然下落。

（3）实战应用：贴近对手时，拉开与对手的距离，或用拳击破坏对方的进攻，击打时随时准备起腿进攻或反击。时机较好时，后手拳可直接攻击得分。

（二）脚踢的进攻技术

跆拳道以其变幻莫测、优美潇洒的腿法著称于世，被世人称为踢的艺术，这是跆拳道区别于其他格斗术的一个重要特点。用脚踢中目标比用拳击中目标攻击距离相对较长，攻击更有力，这也是跆拳道命名原因之所在。跆拳道的主要踢法有前踢、横踢、后踢、侧踢、劈腿、后旋踢等。腿法中讲究变化多样和灵活多端，对人体的柔韧性、灵敏性、稳定性都有很高的要求。实战应用时要根据具体情况，如对手所处的位置、暴露的部位、防守的姿势以及双方的距离等选择不同的踢法。练习主要依靠平时用各种踢法击打沙袋、手靶等，以提高动作的质量和效果。

1. 前踢

（1）动作过程：左实战姿势（图 14-45）。右脚蹬地，髋关节稍左旋转，右腿屈膝上提，脚面稍绷直，双手握拳自然置于体侧（图 14-46）；髋关节前送，大腿前抬，当抬至水平或稍高时，快速弹击小腿，用脚背或前脚掌击打目标（图 14-47）。击打后快速右转髋，使小腿折叠回原位，或向前落地成另一侧实战姿势。前踢主要攻击部位有面部、下颚和腹部，也可用于防守。

图 14-45　　　　　图 14-46　　　　　图 14-47

（2）要领：

①起腿时，两大腿之间的距离应尽量小，即右腿尽量直线出腿。

②膝关节夹紧，小腿放松，有弹性。

③髋关节前送，高踢时髋往上送。

④在小腿弹直的一刹那，要有一个制动的过程，使脚产生鞭打效果。

⑤小腿回收要快。

（3）易犯错误：

①小腿与大腿不折叠，膝关节不夹紧，直腿踢。

②不转髋、送髋。

③支撑腿没有积极配合髋部的转动。

2. 横踢

（1）动作过程：右实战姿势（图 14-48）。左脚蹬地，重心右移，左腿屈膝上限人小腿折叠，脚面绷直（图 14-49）；右脚以脚掌为轴外旋约 180°，左腿膝关节向前抬至水平状态后，膝向右侧，小腿快速向前踢出（图 14-50）。击打目标后迅速放松，收回小腿，重心前移落下或收回原处成实战姿势。横踢主要攻击对方的胸腹部、头部及两肋部。

图 14-48　　　　图 14-49　　　　　　图 14-50

（2）要领：

①膝关节夹紧，向前提膝。

②提左膝应靠右大腿内侧，尽量直线出击。

③髋关节前送，身体与大小腿成直线。

④击打时脚面绷直，力点应在正脚背。

⑤为保持平衡，身体应向右后倾。

（3）易犯错误：

①转身，踢腿动作脱节，二次发力。

②踢击时腿外摆弧形太大，没有直线向前提膝。

③重心控制不当，过度前压，腿的长度没有充分利用。

④右脚转动角度不够，或与转髋配合不当，形成"甩腿"。

3. 侧踢

（1）动作过程：右实战姿势（图 14-51），左脚蹬地，重心移至右腿，左腿屈膝提起，脚尖内扣，右脚以脚掌为轴外旋约 180°（图 14-52）；同时左脚向前方快速直线踢出，力点在足刀或足跟（图 14-53），发力后沿起腿路线收腿或重心或前移下落成实战姿势。侧踢主要攻击对方胸腹部、肋部和头部。

图 14-51　　　　图 14-52　　　　　图 14-53

（2）要领：

①起腿时大小腿夹紧，膝关节与上体收束成一团。

②提膝、转体、展髋一气呵成。

③踢击时上体略侧倾，直线踢出，直线收回。

④右脚转动角度不够，或与转髋配合不当，形成"甩腿"。

（3）易犯错误：

①大小腿折叠不紧，击打无力。

②髋部没有展开，致使肩、髋、膝、踝不在一条直线上。

③提膝时上体前倾过大，动作僵硬、重心被动过早前移。

### 4. 后踢

（1）动作过程：左实战姿势（图14-54），左脚以脚掌为轴内旋约120°，身体向后方转动（图14-55）；右脚外旋蹬地，重心移至左腿，同时右腿屈膝抬起靠于左膝，脚尖勾起，头稍向右后方转动（图14-56）；右脚向后方随展髋、伸膝沿直线向后方踢出，力达脚跟（图14-57）。

图14-54　　　　图14-55　　　　图14-56　　　　图14-57

踢出后重心前移落下成右实战姿势，或快速回撤步成原实战姿势。后踢主要用于攻击对方的胸腹部、头部及两肋。

（2）要领：

①提膝后上体和大小腿折叠收紧，蓄势待发。

②右腿应"擦"左腿直线出击。

③转身、提膝、出腿动作连续一次性完成，不能停顿。

④击打目标应在正前方稍偏左。

（3）易犯错误：

①上身与大小腿不收紧，形成直腿上撩。

②转身、踢腿有停顿、不连贯。

③头部配合身体转动时，肩和上体跟着转动，形成侧面起腿，或旋转发出，踢击无力且易被对方反击。

### 5. 劈腿

（1）动作过程：左实战姿势（图14-58），右脚蹬地，重心前移至左腿，右腿随蹬地力屈膝上提（图14-59）；当上提膝至胸部时，右小腿以膝关节为轴向上伸直，将伸直的右腿贴紧胸部举于体前，右脚过头（图14-60）；然后右腿快速下压，用脚掌或脚跟劈击对方头部、胸及锁骨等部位（图14-61）。发力后，右脚顺势下落成实战姿势。

图14-58　　　　图14-59　　　　图14-60　　　　图14-61

（2）要领：

①起腿时向上送髋让脚往高处、头后举，身体重心尽量高抬。

②起腿要快速，果断。

③发力时，上体略后倾，髋关节微前送。

④下劈后,放松踝关节,落地有控制。

(3)易犯错误:

①起腿高度不够。

②支撑腿脚跟未离地,没有向上送髋举腿的动作。

③踝关节紧张、下劈时用力僵直。

④重心控制不当,下劈时重心过于前压或后倾,使得下劈无力。

6. 推踢

(1)动作过程:左实战姿势(图14-62),右脚蹬地,重心前移至左腿,左脚的脚掌为轴外旋约120°,右腿屈膝提起(图14-63);随即重心前压,右脚直线向前踢出,力达脚掌或脚跟(图14-64)。推踢后迅速屈膝,重心前落成异侧实战姿势。推踢主要攻击对方腹部。

图14-62　　　　图14-63　　　　图14-64

(2)要领:

①提膝时尽量收紧小腿。

②重心前移、充分利用身体的重量,提高击打力量。

③推踢时送髋,腿往前伸展。

④推踢的方向水平向前。

(3)易犯错误:

①大小腿收不紧,易被阻截。

②上体僵直或后倾过多,重心不能迅速前移,不利于发力与接下一技术动作。

7. 摆踢(或称勾踢)

(1)动作过程:有实战姿势(图14-65),左脚蹬地,重心前移,右脚以脚掌为轴外旋约180°,左腿屈膝上提(图14-66);上体稍侧倾,右腿以膝关节为轴继续向前上方伸直(图14-67);随即右腿向右侧屈膝鞭打,用脚跟或脚前掌击打对方的头部(图14-68),顺鞭打之势,右腿屈膝回落,或重心前移下落,成实战姿势。

图14-65　　　　图14-66　　　　图14-67　　　　图14-68

（2）要领：

①提膝、伸膝、屈膝鞭打动作连贯，没有停顿。

②鞭打同时挺髋、展髋，使身体与大小腿成反弓形，增加鞭打力度。

③左腿应积极配合髋部转动，调整好重心，二体稍侧倾，维持平衡。

④鞭打前小腿自然放松，鞭打时再瞬间绷紧。

（3）易犯错误：

①提、伸膝高度不够，或下体僵直，鞭打过低形成"后勾"动作。

②展髋与鞭打配合不当、击打无力。

③提、伸隙用力过大，致使鞭打动作无力。

8. 后旋踢

（1）动作过程：左实战姿势（图14-69），以两脚掌为轴，左脚内旋约90°，右脚外旋，上体右转，重心前移至左腿（图14-70）；右腿屈膝收腿，借转体力量，右腿向右后方约40°蹬伸（图14-71）；上体继续右转，伸直的右腿顺势向右后以水平弧线屈膝鞭打（图14-72）。力在脚掌，击打后，右腿放松收回成实战姿势。后旋踢主要攻击对方头部。

图14-69　图14-70　图14-71　图14-72

（2）要领：

①转身、旋转、踢腿连贯，中间没有停顿。

②屈膝抬腿的速度要快，保持身体在原地旋转360°。

③鞭打前小腿自然放松，击打瞬间绷紧脚面。

④在击打目标时，脚应呈水平弧线鞭打，以扩大击打范围。

（3）易犯错误：

①右腿开始时没有蹬伸动作，而是抡圆了划弧。

②转身、踢腿停顿，二次发力，动作不流畅。

③上体位置不合适，往前、往后或往下都会造成旋转时体态不平衡，重心不稳。

9. 旋风踢

（1）动作过程：左实战姿势（图14-73），右脚蹬地，重心左移，左脚内扣，身体右旋转约180°，右腿随身体右转向右后摆起（图14-74）；右摆腿带动身体继续旋转180。后，左脚蹬地跳起，利用身体旋转的力量迅速屈膝（图14-75）；随即小腿快速向前方踢出，拧腰顺髋，力达脚背（即左横踢）（图14-76），重心前移落下成寅战姿势。旋风踢主要攻击对方的胸、腹部及两肋。

图 14-73　　　　　图 14-74　　　　　图 14-75　　　　　图 14-76

（2）要领：

①动作迅速果断，身体连续旋转360°。

②右后侧摆腿时不应过高，以能带动身体旋转起跳为宜。

③旋转时头要向上顶，身体不要太松，注意身体平衡。

（3）易犯错误：

①旋转前支撑脚内扣角度过大或过小，使后面的动作改变方向。

②转体、摆腿、起跳动作不连贯，动作幅度过大。

③旋转时，重心控制不稳，左右摇摆不定。

④身体旋转过程中出现停顿，降低旋转产生的力量，使横踢攻击无力。

10. 双飞踢

（1）动作过程：右实战姿势（图14-77），先用左脚踢出一个横踢（图14-78）；当左腿还未收回落地时，左脚迅速再踢出一个横踢动作（图14-79、图14-80）右脚落地成实战姿势。双飞主要攻击对方头部、胸腹部及两肋。

图 14-77　　　　　图 14-78　　　　　图 14-79　　　　　图 14-80

（2）要领：

①基本要求同横踢，唯上体略后仰，身体重心应随腿的踢出向前平行推移。

②左腿横踢出时，衔接要紧凑，快速果断。

③左腿横踢目标的同时，右脚蹬地起跳。

④使用时，可视情况的不同，运用三飞、四飞踢，甚至更多。

（3）易犯错误：

①两腿起跳机不协调，过早或过晚。

②两横踢间隔时间过长，无连续性。

**六、跆拳道的防守技术**

在跆拳道技术体系中，防守技术是不可缺少的内容，它与进攻技术同样重要。防守是在实战中利用身体各部位结合各种步法抗击、闪躲、阻挡、堵截或转移对手进攻攻势的一种技术。在实战中，合理利用防守技术，是争取实战格斗主动权的最有效的方法。只进攻而无防守，是不能克敌制胜的。影响防守技术实施的因素包括对手的技术

程度、力量、速度以及和对手相持的距离等。只有在适当的时机采用适当的防守技术，才能达到防守的目的。跆拳道主要防守法有三种：一是利用闪躲、贴近等方法，通过步法的移动使对方进攻落空；二是利用手臂和脚的技术格挡，阻截对方的进攻；三是以攻对攻，用进攻的方法阻止对手的进攻。

（一）利用闪躲、贴近等方法进行防守

闪躲是运用身法和步法使身体向各个方向移动，避开对手的进攻，并在保护自己的同时，使身体处于良好的反击状态。在跆拳道实战中，闪躲的方法主要有左、右闪躲，后闪躲，左、右环绕闪躲等，在使用这些闪躲防守技术时，应根据临场情况，采用向不同方向的移动来避开攻击，快速反击。具体要求是：时机恰当，位移准确，整体协调。时机恰当是要求闪躲防守的时间与对手进攻的时间要恰到好处，不早不晚。闪躲过早，对于则转移进攻，晚了则有被击中的可能，因此，良好的反应能力是闪躲防守技术的关键。位移准确是指在闪躲对于进攻时，身体姿势的改变，距离的移动要有高度的准确性。闪躲的本质就是保持和控制与对手的距离。在这个距离范围内，对手无法找到适当的进攻距离。因此，谁能控制距离，谁就掌握了实战的主动权。整体协调是对身体协调性的要求，无论左右闪躲还是向后闪躲，都必须注意身体的整体性和一致性，表现在步法的移动过程中，身体要随步法的移动而移动，真正做到步走身随。而贴近就是当对手进攻猛烈、快速时，迅速上步与对手靠近、贴在一起，使对手由于距离过近而无法发挥进攻的威力。

（二）利用格挡的方法进行防守

格挡防守是跆拳道防守技术中一种很重要的方法。一般来说，采用格挡的方法出于以下原因：一是对方进攻速度较快，自己来不及闪躲或贴近，下意识地用格挡进行防守；二是自己预测到对方使用的技术，使用针对性的格挡技术是为了迅速做出反击动作，使格挡成为转化攻防的连接技术。实施格挡技术时要准确判断双方的相互距离、对手进攻时使用的技术方法、攻击的部位以及攻击的速度等，根据临场实际情况采用与之相应的格挡动作。经常使用的格挡方法有四种，即向上格挡、向下格挡、向左右侧格挡及阻挡，按部位可分为防上段和防下段等。

1. 向上格挡

（1）动作过程：左实战姿势（图14-81），左手握拳（手刀）由下而上，用左前臂上架格挡（图14-82）或右手握拳（手刀）上架格挡（图14-83）。根据对手来拳或脚的方向选择左手还是右手防守。格挡时手臂应有一个向上外旋横拨的动作，同时手臂紧张，身体微沉，立腰。向上格挡主要防守对手用劈腿对头、颈部及锁骨的攻击。当对手劈腿的速度、力量较大时，还可采用上"十"字防守（图14-84），即双手拳迅速抬起，在头部上交叉防守。

图 14-81          图 14-82          图 14-83          图 14-84

（2）要领：

①抬臂要迅速，前臂弯曲上架，头稍后仰与上架手臂离开一个垂直面。

②格挡手臂外旋横拔。

（3）易犯错误：

①上架时手和头部在一个垂直面上。

②手臂没有外旋动作。

③仅单纯上架没有立即反击。

2. 向左右侧格挡

（1）动作过程：左实战姿势（图14-85），左（右）手臂（刀）由内向外旋臂外拔（图14-86、图14-87），格挡对方攻击自己的头部及胸腹部。格挡时肩肘同高，手臂紧张，身体微沉拧腰，使对手的攻击腿落在前臂外侧。向左右侧格挡是比赛中运用最多的防守技术，只要是对方沿水平方向攻击自己的拳和脚都可用侧向格挡方法防守。

图 14-85　　　　　图 14-86　　　　　图 14-87

（2）要领：

①抬臂迅速，并配合脚步的动作，稳定重心。

②格挡要短促有力，应有旋臂。

③格挡时蹬地拧腰，即身体要有一个向格挡反方向移动的动作，否则当对方力量较大时，很容易手臂连同身体一起被击打。

（3）易犯错误：

①格挡时手臂幅度过大，有一个外撩的动作，使对方有时间调整重心。

②单独格挡没有反击。

③格挡时身体重心没有反向移动。

3. 向下格挡

（1）动作过程：左实战姿势（图14-88），左（右）手握拳（刀），自上而下，由屈到伸，用左（右）前臂格挡（图14-89、图14-90），当对方攻击的力量较大时，亦可用下"十"字防守（图14-91），即两手握拳（或掌）迅速交叉下压。向下格挡主要防守对方击打自己胸、腹部及两肋的横踢、前踢等踢法。

图 14-88　　　　　图 14-89　　　　　图 14-90　　　　　图 14-91

（2）要领：
①格挡动作短促有力且有旋臂动作。
②格挡时身体要有一个向格挡反向移动的动作。
③格挡对手腿胫骨以下部位。
（3）易犯错误：
①格挡手臂幅度大，手臂外撩。
②横臂硬格，没有旋臂。
③格挡无拧腰或反向移动身体，无反击意识。

4. 阻挡防守

阻挡防守是把手臂放在自己的得分部位上，使对手的击打力度和效果大大降低。阻挡防守主要用于来不及做其他防守动作或有意识连接后面的反击动作时。阻挡防守一般都有相应的连接技术，在比赛中即使被对方攻击得分，但自己技术运用恰当可连续得分，如现在流行的"二比一"战术。

腿的格挡是把脚的内侧向外展开，把对方的出腿路线完全堵死，或者用膝关节以下踝关节以上来防守对手两侧的攻击。

### （三）利用进攻动作进行防守

利用进攻动作进行防守，即利用进攻动作化解对方的进攻，从而达到防守的目的。随着跆拳道比赛技术的日益完善和提高，运用进攻技术进行以攻代防的防守技术方法也日益增多，而且以攻代防的目的是为了进一步反击。以攻代防的技术动作应根据具体情况运用，如当对方用拳攻时，可用前踢攻击对方手臂；当对方用前踢进攻时可用摆踢以攻代防，并随即进行反击。以攻代防、随即反击技术是跆拳道比赛技术的完善和提高。

## 七、防守反击技术

防守反击技术足一种复合技术，即由防守技术和进攻技术组合而成，它是跆拳道技术体系中的重要组成部分，也是从事跆拳道运动必须掌握的基本技能。

从技术角度讲反击和进攻没有什么区别，往往防守反击的效果比直接进攻更好，因为当对手的进攻动作被扼制的同时，其身体、精神和技术准备都处在一个正在变动的分散期，这瞬间其连续攻击和防守能力处于相对薄弱的环节，更容易被击中。有效反击也是挫败对方锐气，增加其心理压力的良好手段。竞技跆拳道常用的防守反击技术有三种，即防守后进行反击，防守的同时进行反击和在对手的反击后进行反击。

### （一）防守后进行反击

防守后进行反击是指在有效防守对方的进攻之后再进行反击。防守和反击有先后之分，有一定的时间间隔，这种方法优点是防守成功率高，缺陷是反击速度太慢，其实效性大为降低，这是初学者掌握和提高防守及进攻技术必须经过的阶段。

### （二）防守的同时进行反击

防守的同时进行反击是指在对方进攻时自己进行防守同时又进行反击，让防守和反击同时进行，防中寓攻，迅速扭转形势。防守的同时进行反击是种高难技法，是对运动员身体素质和专项技术的综合考验。在比赛中，只要对方进攻就能根据对方的进攻技法采用相应的防守反击技术，会给对方造成无所适从的心理压力和打击。防守的同时进行反击须长时间刻苦训练和潜心揣摩，而且只有相当熟练后才能运用于实践。

（三）在对方的反击后进行反反击

反反击是比赛中连续进行攻防动作的延续，是跆拳道比赛中攻中有防，防中有攻的具体体现，是常见的攻防转换现象。反反击对运动员有更高的身体素质和攻防转换技巧的要求，属更高层次的竞技，反反击技术的运用和发挥，必须经过长期刻苦训练和实践磨炼。

**八、组合技术**

组合技术，就是根据比赛中攻防情况的变化，将两个以上的动作串联在一起的连续动作技术。由于跆拳道比赛的日趋激烈，运动员的技术水平越来越接近，可能运动员在进攻的同时就要防守，或是在防守的同时要反击，虽然身体素质、体能、技术、临场发挥等是比赛必不缺少的条件，但使用单个技术，往往会被有经验的选手化解或反击，为了战胜对手，就必须在熟练掌握单个基本技术的基础上，掌握和应用组合技术，使对手在短时间内很难适应，占据主动权。各种技术动作的组合串联和应用须符合以下基本要求：一是要求基本技术娴熟；二是应根据自己的身体条件、技术风格、战术特点等来实施各种技术的组合；三是动作间的衔接要迅速流畅，保持技术动作的连续性；四是要善于根据临场情况的变化而改变，提高应变能力。因此，组合技术是提高实践技能水平的有效途径，刻苦练习会起到事半功倍的效果。

跆拳道的组合技术种类有许多，按攻防性质可分为三大类型，即进攻型、反击型和攻防反击结合型。进攻型的组合技术包括：原地进攻、移动进攻、假动作结合进攻、防守结合进攻；反击型包括直接反击；攻防反击结合型包括进攻结合防守利用步法反击、防守后进攻再防守反击、防守后反击再进攻等。可以说组合技术的实施是利用步法将进攻、防守和反击有机结合在一起的运动形式，是跆拳道技术体系中最重要的组成部分。

# 第四节　跆拳道运动规则与裁判法

**一、竞赛场地**

竞赛场地应为平整、无障碍物的场地，铺设有弹性的防滑垫。必要时，赛场地可置于离地面 0.6~1 米高度的平台上。边界线外缘部分应以低于 30 度的坡度向下倾斜，以保障参赛运动员的安全。

可选择下列一种形状的竞赛场地。

（一）正方形赛场

竞赛场地由竞赛区域与安全区域构成。正方形竞赛区域为 8 米×8 米。赛区周边为安全区，四面距离应相等。竞赛场地（竞赛区和安全区）应不小于 10 米×10 米，不大于 12 米×12 米，如果竞赛场地在平台上，安全区可按需扩大，以确保参赛运动员的安全。依据竞赛操作指南，应以不同的颜色划分竞赛区域和安全区域。

（二）八角形赛场

竞赛场地由竞赛区域与安全区域构成。竞赛场地应为正方形，应不小于 10 米×10 米，不大于 12 米×12 米。竞赛场地的中央为八角形的竞赛区，该赛区直径约为 8

米,八角形的每一侧边长度约为3.3米。竞赛场地的外围线和竞赛区的边界线之间为安全区。依据竞赛操作指南,应以不同的颜色划分竞赛区域和安全区域。

### 二、比赛服装和竞赛装备

参赛运动员须穿着世界跆拳道联盟所认证的道服、护胸、头盔、护裆、护臂、护腿、手套、电子脚套,并在进入竞赛区之前配戴护齿。进入竞赛区域时,头盔必须紧夹于左臂下。在竞赛开始前,应遵循主裁判指示戴上头盔。穿着道服时,护臂、护腿、护裆应戴在道服内。少年运动员的头盔必须备有面罩。禁止穿戴护头盔之外的任何物品。任何宗教物品,应佩戴于头盔与道服内,且不得对对方运动员造成伤害或妨碍。

### 三、称重

比赛日前一天进行统一称重,比赛日开赛前进行随机称重。男子级别称重或女子级别称重必须由相同性别的1名裁判员、1名仲裁委员和至少1名运动队代表现场监督,最后由技术代表和裁判员长共同签字确认,并于赛前公布。称重全过程在保证运动员隐私的前提下仅对运动员证件信息与重量读数进行录像,并存档备查。

(1)称重时男子运动员着内裤,女子运动员着内衣内裤,允许裸体称重。未成年人不允许裸体称重,需着内衣裤,体重浮动100克。

(2)体重精确到小数点后一位:

如:+80公斤:80.0合格,80.1不合格;+74公斤:74.1合格,74.0不合格。

(3)统一称重两次机会,2小时内完成,随机称重1次机会(允许体重上浮5%,最大级别不参加随机称重)。

(4)称重裁判员检查运动员脚指甲和手指甲是否过长过尖,并监督运动员剪短磨平指甲;

(5)称重裁判员核对运动员证件,称重完毕运动员签字确认。

### 四、竞赛种类、方法、时间

跆拳道竞赛分为个人赛和团体赛两种。

个人赛:一般在相同重量级别的参赛运动员之间进行。必要时,相邻重量级别可重组为新级别。参赛运动员在一场赛事中只允许参加一个级别的比赛。

团体赛:团体赛的竞赛方法和量级区分在《世界跆拳道团队锦标赛指南》中规定。

跆拳道竞赛办法分为:单败淘汰制、循环赛制。

单败淘汰制:参加比赛循环赛制。

奥运会跆拳道项目和四年一次的洲际综合赛事采用单败淘汰制,或单败淘汰制与复活赛制相结合的方式。

比赛时间:每场比赛进行3局,每局2分钟,局间休息1分钟。如果3局过后分数持平,休息1分钟后进行第4局时长1分钟的黄金加时赛。

### 五、允许的技术和攻击的部位

(一)允许的技术

(1)拳的技术:紧握拳头并使用正拳进行正面攻击的技术。

(2)脚的技术:使用踝关节以下脚的部位进行攻击的技术。

（二）允许攻击的部位

（1）躯干：允许使用拳的技术和脚的技术攻击被护具包裹的躯干部位，但禁止攻击后背脊柱。

（2）头部：指锁骨以上的部位，只允许使用脚的技术进行攻击。

### 六、有效得分与分值

（一）得分区域

躯干：护胸的蓝色或红色区域。

头部：头盔底边上方的所有头部区域。

（二）有效得分标准

通过合法技术，以一定力度打击躯干得分区域，则得分。通过合法技术，打击头部得分区域，则得分。除拳的技术外，技术、击打强度和（或）击打部位的有效性将由电子计分系统判定。

（三）有效得分分值

（1）使用有效拳的技术击打躯干得分部位得 1 分。

（2）使用有效踢击技术击打躯干部位得 2 分。

（3）使用有效旋转踢技术击打躯干部位得 4 分。

（4）使用有效踢击技术击打头部得 3 分。

（5）使用有效旋转踢技术击打头部得 5 分。

（6）被判罚 1 个"扣分"则给对方运动员加 1 分。

### 七、犯规行为

（1）出界。

（2）倒地。

（3）回避或拖延比赛（对峙不攻、举手要求整理护具、伪装受伤）。

（4）抓或推对方运动员。

（5）提膝以阻挡对方进攻，或者脚的高度超过对方腰部在空中踢击动作超过 3 秒以阻碍进攻，或瞄准对方运动员腰部以下的意图踢击。

（6）故意踢击对方腰部以下部位。

（7）"分开"口令后攻击对方运动员。

（8）用手攻击对方运动员头部。

（9）用膝部顶撞或攻击对方运动员。

（10）攻击倒地的运动员。

（11）在贴靠的状态下，膝部向外，用脚两侧或脚底击打躯干电子护具（"猴踢"或"鱼踢"），如有得分，判罚：扣分后抹去得分。

（12）运动员或教练员的不良言行。

### 八、金赛局及优势判定

比赛结束双方总分数相同时，休息 1 分钟后，进行 1 分钟金赛局；进入金赛局，运动员前两局的得分清零；金赛局中，首先获得 2 分及以上分数的运动员为获胜方，或者一方运动员被判罚两个"扣分"时，对方运动员获胜。

金赛局结束时,双方均未能得到2分,根据优势标准顺序判定获胜方:

(1)金赛局中使用拳得1分运动员获胜。

(2)金赛局中没有运动员使用拳得1分,或者双方均使用拳得1分时,金赛局比赛中,未计入得分但电子护具感应到击打次数更多的运动员获胜。

(3)所有三局比赛中被判罚扣分更少的运动员获胜。

(4)优势判定临场主裁判员和边裁判员根据金赛局双方运动员的表现(主动进攻性,使用更多的技术动作,使用难度更高更复杂的技术,更好的比赛礼仪)进行优势判定。如果优势判定决定为2比2,则由主裁判员的判定来决定获胜方。

### 九、即时录像审议

每场比赛双方运动员都拥有即时录像审议配额。比赛时,临场教练员可对以下行为进行录像审议,并遵循5秒原则,即需在要审议的技术动作发生后5秒内,或主裁判员给出判罚后5秒内,以及主裁判员未给出判罚并发出继续比赛口令5秒内提出审议。录像审议委员原则上在30秒内给出结果。审议成功,配额继续保留;审议失败,则失去再次审议的机会。

(一)教练员审议内容(使用教练员审议牌)

1. 针对本方运动员

(1)本方所有的判罚。

(2)拳的技术计分错误(如果是双方同时使用拳的技术,审议失败)。

(3)旋转技术漏加技术分。

(4)未犯规并加回被抹去的分数/点数或得分/点数在犯规之前。

(5)本方运动员被判罚"倒地"或"出界"的"扣分"由对方运动员的犯规行为造成,以及相关的分数/点数。

(6)击头技术后,主裁判员读秒但电子护具未计分,且主裁未进行录像审议。

2. 针对对方运动员

(1)倒地与相关得分/点数。

(2)出界与相关得分/点数。

(3)"Kal-yeo(分开)"口令后攻击与相关得分/点数(金赛局)。

(4)攻击倒地运动员与相关得分/点数(金赛局)。

(5)非旋转技术加错分。

(6)判罚后未抹去得分/点数。

3. 设备技术问题

(1)第二局和金赛局任何时候使用教练员审议牌申请测试护具,如护具正常,审议失败,并判罚"不良言行"。

(2)电子护具无故计分。

(3)时间问题。

①"Kal-yeo(分开)"口令后时间未停止,调回正确时间。

②"继续"口令后时间未开始,以裁判员口令为准,视为比赛已经开始,如有判罚,视为有效。

③比赛时间归零,但主裁判员未发出"Keuman"口令,视为时间结束。

(4)计分牌错误。

(5)金赛局中关乎胜负时,(合议后)两名及以上边裁判员认可的拳的技术与另一方运动员得分技术的先后。

(6)金赛局中关乎胜负时,被读秒的击头动作与另一方运动员得分技术的先后。

(二)主裁判员可以审议的内容

1. 针对运动员

(1)伪装受伤。

(2)第三局最后 10 秒,教练员没有审议配额,由边裁判员发起旋转技术漏加分或旋转技术错加分的审议。

(3)击腹技术后主裁判员读秒到 10,但电子护具未计分,审议是否犯规行为。

(4)击头技术后主裁判员读秒但电子头盔未计分,审议是否得分技术。

2. 设备技术问题

### 十、获胜方式

(1)主裁判终止比赛胜(RSC):如果一名参赛运动员被对手的合规技术击倒且在读秒至"8"后仍无法继续比赛,或无论计数过程如何,主裁判认定该参赛运动员无法继续进行比赛。

(2)最终得分胜(PTF)。

(3)分差胜(PTG):如在第 2 局结束时和(或)在第 3 局比赛期间,两名运动员的分差达二十(20)分,主裁判应宣布比赛结束,并通过分差获胜宣布获胜方。在半决赛或决赛通过分差获胜不适用于成年组的锦标赛规程。

(4)金赛局得分胜(GDP):金赛局先得 2 分者获胜。

(5)比分或优势胜(SUP):判定胜。

(6)弃权胜(WDR):一方运动员在比赛中因受伤或其他原因弃权;教练向比赛场地扔毛巾示意自己的运动员弃权。

(7)失去资格胜(DSQ):一方运动员称重不合格或在检录台传唤 3 次仍未检录。

(8)判罚犯规胜(PUN):运动员累计犯规次数达 10 次。

(9)因不道德行为被取消参赛资格获胜(DQB):当发现选手或任何他/她的队员操控 PSS 的传感器或计分系统,或运动员在称重时作弊,或运动员违反 WT 反兴奋剂规则。

### 十一、裁判员

每场比赛由 1 名值班裁判长、1 名主裁判和 3 名边裁、录像审议员、技术助理、记录员判组成。

主裁判:裁判掌握和控制整场比赛,比赛过程中根据场上情况,即时发出"开始"(Shi-jak)、"分开"(Kal-yeo)、"暂停"(Shi-gan)、"继续"(Kye-sok)、"计时"(Kye-shi)、"扣分"(Gam-jeom)、"结束"(Ke-man)等口令,并判定胜负;原则上主裁判不参与计分,但是,如果比赛中 1 名以上的边裁判举手提示有得分未被计分,主裁判将召集边裁判(1 位主裁判+3 位边裁判)进行合议。在两位边裁判的编制下,可以在 1 位主裁判与 2 位边裁判中有 2 位裁判同意的情况下修改计分结果。

边裁判:即时计分,当主裁判提出要求时,如实回答主裁判的问询。

录像审议员:录像审议员应审查即时回放,并在 30 秒内将决定通知主裁判。

技术助理:技术助理应在竞赛过程中保持对计分牌计分、宣告判罚与时间是否正确的监控,

并立即通知主裁判在这方面出现的任何棘手问题。技术助理应与系统操作与记录人员保持密切沟通以通知主裁判开始或停止竞赛。技术助理应手动记录所有的分数、判罚与实时录像回放审查(IVR)结果于技术助理的报表上。

记录员：负责竞赛计时、暂停时间、终止竞赛，以及记录并公布比分与违规的记录。

**思考题**

1. 谈谈您对习近平总书记强调"野蛮其体魄就是强身健体"的看法。
2. 简述跆拳道的概念和特点。
3. 跆拳道基本技术有哪些？
4. 跆拳道的礼节有哪些？
5. 跆拳道比赛有哪些禁击部位和得分部位？
6. 跆拳道比赛有哪些犯规行为？
7. 主裁判和边裁判的任务分别有哪些？
8. 跆拳道品势与基本技术有哪些区别和联系？
9. 谈谈大学生练习跆拳道的现实意义。

**参考文献：**

[1]李梁华,孙焱,声闯健.大学体育与健康实训教程[M].南昌:江西高校出版社,2009.

[1]中映良品.跆拳道双节棍 [M].成都:成都时代出版社,2007.

[2]王双忠.武道跆拳道 时尚健身导航 [M].福州:福建科学技术出版社,2006.

[3]曾庆国.现代跆拳道教程[M]. 广州:暨南大学出版社,2006.

[4]李京明,李天植.跆拳道对打技术[M].北京:人民体育出版社,2003.

[5]杨世勇,刘青,徐明.跆拳道 [M].成都:四川科学技术出版社,2001.

——**学习时刻**——

　　深化体教融合促进青少年健康发展，要树立健康第一的教育理念，推动青少年文化学习和体育锻炼协调发展，加强学校体育工作，完善青少年体育赛事体系，帮助学生在体育锻炼中享受乐趣、增强体质、健全人格、锻炼意志，培养德智体美劳全面发展的社会主义建设者和接班人。

　　——2020 年 4 月 27 日，习近平总书记主持召开中央全面深化改革委员会第十三次会议时发表讲话。

# 第十五章

# 健美操运动理论与技术

## 第一节　健美操运动概述

随着现代科学技术的飞速发展，人类在利用自然规律改造世界的同时，也在不断地改造和完美自身。近年来，虽然人类的物质文化生活水平不断地提高，但生活节奏却更加紧张，人们起居、饮食的空间也更加狭窄，与大自然的接触也越来越少。为了抵御现代人的这种健康危机，人们不得不采用各种手段和方法进行身体锻炼，以增进健康，塑造形体，实现自身的完美。现代健美操是人们健身的方法之一。

### 一、健美操的起源

健美操，源于英文"Aerobics"，意译为"有氧运动""有氧健美操"。什么是健美操？在世界各国存在着不同流派的解释。

被冠为韵律操的创始人、著名的瑞典现代体操家 Meekman 为健美操下的定义是："系基于体操的根本理念，与柔和音乐的节奏，且创造性特强的一种运动类型。"她强烈主张韵律操动作的创造应"将人体的运动规律融贯进动作中去"，韵律操应体现"运动的喜悦、运动的创造性和现代音乐与身心的结合"。韵律操为"节奏体操之新式动作形态体操"。

日本佐藤正子是瑞典体操家 Meekman 的推崇者，她认为健美操的定义应该是："将具有效果的爵士技巧中之独立性与多中心性应用于身体运动上，并根据体操的原理，融会于运动之中，使之成为体操之体系化上的一环。"佐藤正子所创编的健美操，大部分采用"爵士技巧"动作，流畅、自然、别具风格。

两千多年前，古希腊雕塑家米隆塑造了一个显示男子健与美的典型形象——"掷铁饼者"，爱神维纳斯也是当时希腊人最理想的女子健美楷模。古希腊人喜爱采用跑跳、投掷、柔软体操和健美舞蹈等各种体育项目进行人体健美的锻炼，认为在世界万物之中，只有健美的人体才是最匀称、最和谐、最庄重、最有生气和最完美的。他们提出"体操锻炼身体，音乐陶冶精神"的主张，对人体健美的崇尚举世闻名。

古印度人很早就流行一种瑜伽术，它把姿势、呼吸和意念紧密结合起来，通过调身（摆正姿势）、调息（调整呼吸）、调心（意守丹田入静），运用意识对身体自我调节，使人身心完全得到伸展、放松，精神得到恢复，进而延年益寿。瑜伽健身术的站立、跪、坐、卧、弓步等各种基本姿势，都与当前世界流行的健美操所常用的基本姿势一致。

欧洲文艺复兴运动,重振了被遗忘的古希腊、古罗马等古典文化,使人体美受到格外重视。许多教育家认为古希腊体操是健美人体最完整的体育系统,并因此提倡进一步开展体操运动。17世纪意大利医生墨库里奥斯在《体操艺术》等著作中,详细论述了各种形式的体操动作。18世纪德国著名体育活动家艾泽伦开设了培训体育师资课程,创设了哑铃、吊环等运动。其既是现代体操的雏形,也是健美操的起源。

瑞典体操学派的创始人佩尔·亨里克·林(1776—1836年)把解剖学、生理学的知识用于体操,强调身体各部位及身心应协调发展,培养健美体态,并根据体操动作的练习功能将其分为教育、军事、医疗和美学等四大类。他的理论研究为现代健美操的发展打下了一定的理论基础。

法国人弗郎索瓦·德尔沙特(1811—1871年)要求表演者在表演中体态自然,举止仪表富有表现力,他所建立的德尔沙特体系,赋予了体操动作两个新的特征:美感和富有表情。由于重视优美和均衡,其对发展形体作用较大。所以在19世纪,本体系成了女子体操中非常流行的形式。美国的热纳维芙·斯特宾斯女士,综合了德尔沙特体系和瑞典学派亨里克体系,又创造了一套体操体系,目的是使身体训练成为一种可以表达优美艺术的有效工具。她的观点和方法,对发展欧洲现代健美操产生了强烈的影响。

我国在两千多年前对人体美就有众多论述。三国时魏国大诗人曹植在《洛神赋》中描写洛神的形体美时说:"浓纤得衷,修短合度,肩若削成,腰如约素。"就是说不胖不瘦,不高不矮,肩膀鲜明而圆滑,腰肢纤细而柔软。封建社会曾以女子弱不禁风的体形和缠足为美。现代人则追求强壮的体魄,发达的肌肉,丰满优美的体形,舒展的姿态和良好的气色及风度。

第一次鸦片战争后,欧美各国体操相继传入我国。1905年由徐锡麟、陶成章在大通师范学堂开设了"体操专修科",1908年又在上海创办了我国最有影响的第一所体操学校,教学的主要内容有徒手体操、器械体操、兵式体操、音乐体操和舞蹈等。1937年由我国康健书局出版发行了马济翰先生写的《女子健美体操集》专著,该书从"貌美与健美""妇女健康的运动""中年妇女的美容操""增进机体美的五分钟美容操""女子健康柔软操"共五章,阐述了人体美的价值、练习方法等,书中介绍说:"本书所选欧美各国最新发明的体操数种……皆为驻颜之秘诀,增美之奇方,至于身体健康,自不待言,但能恒心练习,立可获得美满之奇效。"后继又出版了《男子健美体操集》,增加了哑铃等轻器械的练习内容,许多动作与现代健美操十分相近。

综上所述,各种体操学派教育思想、教学方法以及对体操的理念各具一格,但他们的共性都是注重人体的健康和优美,注重自然的全身动作,注重动作节奏的流畅性。可以看出,健美操是融体操、音乐、舞蹈、美术于一体,通过徒手、手持轻器械和专门器械的练习,达到健身、健美、健心目的,具有竞技性、娱乐性和观赏性的一项新兴体育运动项目,同体操有着千丝万缕,密不可分的联系。

**二、健美操运动的发展**

**(一)世界健美操的发展**

随着健美操在世界范围的广泛开展,参与健美操锻炼的人越来越多,形成了全球性的"健美操热"。人们逐渐认识到了健美操作为一项运动,具有强大的生命力。同时,也看到了健美操运动在诸多体育健身项目的市场竞争中有着良好的运作前景,具有潜在的商业价值。一些热衷于健美操运动的有识之士发起并成立了国际健美操组织,使健美操成为一项有组织的体育运动,促进了健美操运动的普及与发展。

1983 年国际健美操联合会成立,简称 LAF,总部设在日本,共有 20 多个会员国,每年举办世界杯健美操比赛。

20 世纪 80 年代中期,国际健美操与健身联合会成立,简称 FISAF,总部设在澳大利亚,会员国有 40 多个,每年举办健美操培训班,要通过严格的考试,才能获得国际健身指导员称号。

1990 年成立国际健美操冠军联合会,简称 ANAC,总部设在美国,每年举办世界健美操冠军赛。

有着悠久历史的国际体操联合会成立于 1881 年。在原有的体操、艺术体操等项目上,于 1994 年吸收了健美操项目为所属的委员会。国际体操联合会健美操委员会,简称 FIG,于 1995 年在法国巴黎举办了首次比赛,此后每年举办 FIG 健美操世界锦标赛。

(二)我国健美操的发展趋势

1. 重视难度的训练

同过去相比,新规则更注重难度,难度分不断变化,分值从原来的 20 分增加到 30 分。并且水平越高的比赛,对难度要求越高。在训练中难度动作贯穿始终,因为难度动作是运动员综合素质、综合能力的体现。从难度组别来看,力量柔韧素质尤为突出。

重视难度动作的规格,高质量完成动作,已是大势所趋。所谓的高规格,主要表现在完成动作的技术正确、姿态优美、幅度大、节奏好、稳定性好。只求数量不求规格的做法是不可取的,往往会被裁判判为选择动作不当而扣分。在动作素材上允许大胆创新,提高规格。因此要求运动员平时加大对难度动作的学习与掌握,加强身体各项素质的练习。只有如此,在比赛中才能轻松完美地完成难度动作。

2. 重视艺术质量时间的利用与动作的密度

(1)成套动作的时间利用率。

规则规定健美操成套的时间为 1 分 45 秒加减 5 秒。据统计我国运动员成套动作的时间平均为 1 分 43 秒,国外为 1 分 47 秒。我国运动员通常需要完成操作动作、个人小技巧动作、个人难度动作,而配合动作、空中地面的转化动作及队形变化的数量都比外国运动员少。可以看出,我国运动员未充分利用时间,从而直接影响动作选择、强度、负荷的达到程度。

(2)密度强度的相互配合。

在规定的时间内高频率大负荷地完成各种不同类型不同强度的难度动作、配合动作、技巧动作及特色动作,是当今竞技健美操发展的趋势。用快节奏的身体动作来表现美是健美操的突出特点,这就要求健美操运动员具有全面的身体素质与良好的艺术表现力。

3. 明确表现力的特点及因素

所谓表现力,就是通过人的各种动作表达出内心的思想和情绪,并能感染他人的能力。健美操作为力与美的统一体,其表现力具有独特的意义,这是一种无声的体态语言,是对动作和音乐的解释和补充,是内心的感受和情感的体验,是通过动作表达心愿而达到健与美最佳境界的方式。

(1)力与美的结合是体现健美操运动员表现力的突出特征。

在比赛中,运动员不仅要表现其健的体质,也要突出力的表现力,与美要进行完美的结合。动作的优美性是指内在美与外在美的统一。运动员要善于理解美、欣赏美、评价美。男子应体现阳刚之美和力度感,女子动作应体现柔美。只有将力与美有机完美地结合起来,健美操的动作才更具有表现力与感染力。

(2)音乐感受能力决定其表现力。

音乐刺激人之后,可使之产生对节奏与旋律的感受,同时还可以唤醒人的情感方面的感受。因而当音乐刺激人之后使之产生了意识,而这种意识又会影响人的行为,即用动作去表现它,这种表现也是意识的反映。所以,我们认为,表现能力受音乐刺激的制约是将音乐刺激反映到动作上。因而要注重健美操音乐的选择。健美操音乐可以从交响乐,轻音乐、摇滚乐等各种类型中选取,以其优美的旋律、鲜明的节奏、多彩的风格给运动员表现的机会,丰富运动员的想象力与创造力。只有音乐与动作的和谐统一才能达到增强表现力的效果。

(3)动作编排是否合理直接影响表现力。

富有巧妙合理性、创造性及新颖性的编排和具有风格独特、与众不同的特色动作编排能使表现力达到趋于完美的境地。健美操比赛要求男子单人动作要有阳刚之美,女子单人动作有阴柔之美,刚柔结合、动作完美;混合动作突出两人之间的默契配合及彼此之间的情感交流;三人动作强调情绪、风格上的协调;混合多人动作要体现统一风格和动作节奏,强调多人之间的情感交流。同时还应考虑运动员的个性特点、技术水平及表现力,来选择内容风格和表现手法,精心进行编排。

### 三、现代健美操运动的发展趋势

(一)竞技健美操运动的发展趋向

新颖的音乐、创新的动作、巧妙的配合和流畅的连接与过渡是当今健美操运动发展的主要趋向。

1. 新颖的音乐

一套高质量健美操的灵魂是音乐,音乐是获得美好结果的重要因素之一,现在任选一首曲调来设计竞技健美操的动作已不符合当前创编求新的需要。根据动作的特点、运动员的个性用高科技手段制作新颖、独特、符合竞赛规则的音乐已成为竞技健美操发展的趋势。制作音乐能发挥教练员的想象力、创造力,让运动员更能体会其动作的表现力、感染力和活力,使健美操动作、风格、音乐融为一体,起到锦上添花、突出特点的作用。

2. 创新的动作

健美操的特点之一是活力、趣味和快乐的外在表现。其规则中对创造性要求是:成套动作必须是令人难忘的、与众不同的;必须是展现音乐、动作设计和配合的独特与创造性的结合。另外若想在竞赛中成为第一,还要了解国内外竞技健美操发展的现状和趋向,并总结、发展自己的创作结晶,选准动作、队形、音乐、难度和连接创新的突破口,因为没有创新就没有发展。

3. 巧妙的配合

巧妙的配合造型在成套健美操中起着画龙点睛的作用,会给观众和裁判留下很深的印象,是竞技健美操发展的特点之一。配合动作在设想和编排时要根据运动员的特点,取长补短,使运动员配合动作时干净利落,具有感情的交流和协作,使其看上去不是单个动作的独立完成,而是一个有机的整体表现。

4. 流畅的连接与过渡

一套竞技健美操动作组合、难度、托举或一个动作转换到另一个动作,其中巧妙的连接和流畅是当今动作创新的根本所在。在竞技健美操技艺发展到了一定高度和水平的今天,其动作、难度、托举及步伐在演示的过程中能新颖地连接、流畅地过渡非常重要。且连接与过渡必须处理得恰当巧妙、连贯自然,因为连接与过渡的好坏直接影响到整套操的效果和价值。

（二）大众健美操的发展趋势

随着人们生活水平以及健康需求不断提高,其健康意识也不断增强,这也为大众健美操打开了广阔的市场。为满足健身锻炼者的各种需求,大众健美操向着科学化、普及化和塑形健体发展的趋势越来越明显。

1. 向科学化方向发展

健美操锻炼效果得到保证的关键在于科学化的锻炼方法。如果不科学合理,是达不到锻炼目的的,甚至还可能造成运动损伤,适得其反。随着人们科学有效锻炼意识的不断增强,活动一下,排排汗的锻炼方式已不再是人们所注重的了,而是针对某个关节、某部分肌肉进行系统的锻炼。所以大众健美操向更科学化的趋势发展。

2. 向普及化方向发展

因我国的国情和人口老龄化的加剧,大众健美操朝着更普及化的方向发展。首先大众健美操在文化以及素质方面对练习者都没有很高的要求,既可以欣赏也能够健身,动作简单易学。其次,随着生活水平的提高,只需几平方米的地方就可以开展大众健美操,投资少收益大,便于广泛开展。再次,我国大部分地区的体育设施比较陈旧且不足,在公园、广场等地就可以进行大众健美操锻炼,不受人数、时间、地点的限制。最后,我国老龄化问题日益严重,老年人通过大众健美操运动还能弥补运动不足的问题。总体来说,大众健美操更容易得到推广普及。

3. 向塑形健体方向发展

能在健身活动中保留一席之地是由大众健美操的功能所决定的,因为它比其他运动项目有更鲜明的塑形健体的作用。自古以来女性一直保持着对美(外形结构)的追求。而健美操通过科学动作使身体各关节及肌肉得到充分的锻炼,促进人体正常、健康发展。健美操是健、力、美的综合表现,健美操的练习本身需要良好的外形做基础,而长期的练习又可以进一步塑造人的体型。因此,大众健美操将向塑形健体这个方向发展。

## 第二节　健美操运动的特点与价值

### 一、健美操运动的特点

（一）高度的艺术性

健美操是融体操、舞蹈、音乐于一体的追求人体健与美的运动项目,因此,健美操属于健美体育的范畴,具有高度的艺术性。健美操的艺术性主要体现在其“健、力、美”的运动特征上。“健康、力量、美丽”是人类有史以来所追求的身体状况的最高境地,而健美操运动中,无论是健身健美操还是竞技健美操,无不处处表现出“健、力、美”的特征,包含着高度的艺术性因素,使健美操有别于其他运动项目,这也正是人们热爱健美操运动的原因之一。健美操运动协调、流畅而有弹性,使练习者不仅锻炼了身体、增强了体质,而且从中得到了“美”的享受,提高了艺术修养。特别是健美操运

动员在比赛中所表现出的健美的体魄、高超的技术、流畅的编排和充沛的体力等,更无不给观众留下深刻的印象,充分体现出健美操运动的"健、力、美"特征和高度的艺术性。

### (二)强烈的节奏性

健美操动作具有强烈的节奏性特点,并通过音乐更充分地表现出来,因此音乐是健美操运动不可缺少的组成部分。健美操音乐的特点是节奏强劲有力、旋律优美,具有烘托气氛、激发人们情绪的效应。健美操运动之所以深受人们喜爱,除其练习本身的功效性、动作的时代感外,很重要的因素之一是现代音乐给健美操带来的活力。健美操动作与音乐强烈的节奏性使健美操练习更具有感染力,健美操比赛和表演更具有观赏性。

### (三)广泛的适应性

健美操练习形式多样,运动量可大可小容易控制,对场地器材的要求也不高,因此,对各个年龄层次、不同性别、不同身体素质、不同技术水平的人都适宜,各种人群都能从健美操练习中找到适合自己的方式,从中得到乐趣。例如,中老年人可选择低强度的有氧练习,达到锻炼身体、娱乐身心、保持健康的目的;而对具有较好身体素质、有意进一步提高的年轻人来说,可选择难度较高、运动量较大的竞技健美操作为练习的手段,通过竞技健美操练习,不仅锻炼了身体,而且可提高技术水平,满足其进取心的要求。因此,健美操运动具有广泛适应性的特点。

## 二、健美操运动的价值

健美操以培养学生团队协作、拼搏精神,增强学生顽强意志品质为根本目标。体育强则中国强,国运兴则体育兴。党的十八大以来,中共中央总书记、国家主席、中央军委主席习近平高度关心和重视体育事业,始终从中华民族伟大复兴和人民群众的美好生活向往的高度引领体育事业健康有序发展。正如习近平总书记在2018年全国教育大会的讲话中强调开齐开足体育课,帮助学生在体育锻炼中享受乐趣,增强体质,健全人格,锤炼意志,要全面加强和改进学校美育,坚持以美育人,以文化人,提高学生审美和人文素质。健美操追求人体健康与美,满足了各类人群对运动的需求,深受广大学生喜爱。

# 第三节　健美操运动的基本技术

健美操的基本动作是学习成套健美操的基础,是健美操中最具有代表性、典型性的动作,是根据身体的各部位特点而确定的,所有的动作都可以此为核心加以扩展和变化。

通过基本动作的练习,可使练习者的肌肉得到均衡、全面的发展,提高关节的灵活性和动作的协调性,并使练习者尽快建立正确的动作技术概念,学会如何用力,体会动作的内在感觉,并养成正确的身体姿态。

## 一、基本概念

### (一)方面术语

方面术语见图15-1:

1 点——正前方;　　　　　5 点——正后方;
2 点——右前方;　　　　　6 点——左后方;
3 点——正右方;　　　　　7 点——正左方;
4 点——右后方;　　　　　8 点——左前方。

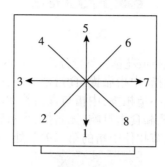

**图 15-1**

(二)站立的基本姿态

头正直,肩下沉,胸挺起,背直立,腹收回,胯提起,臀夹紧,腿上收。

(三)腿形及脚的基本部位

1. 腿形要求

脚面、膝盖绷直,并向外转。

2. 脚的基本部位

一位:脚跟靠拢,脚尖向外转 90 度,两脚成一直线;

二位:两脚跟分开距一脚,脚尖向两侧成一直线;

三位:两脚一前一后,前脚跟紧贴后脚内侧脚弓部;

四位:两脚平行前后分开相距一脚;

五位:两脚平行相靠,脚尖向两侧。

脚的五个位置站立时,必须注意把身体的重心均衡地落在每只脚的三个支点上,即大拇指、小脚趾和脚跟。

八字步:脚跟靠拢,两脚尖向斜前方成八字形。

正步:两脚并拢,脚尖向前。

丁字步;一脚跟靠另一脚弓处,成丁字步,脚尖向斜前方。

(四)手型及两臂的基本部位

1. 手型

健美操中有多种手型,是从爵士舞、芭蕾舞、西班牙舞、迪斯科、武术等中吸收和发展来的。手型的选用可以使两臂动作更加丰富多彩、生动活泼。下面介绍几种常见的手型。

(1)五指并拢式:五指伸直并拢,见图 15-2。

(2)五指分开式:五指用力伸直并张开,见图 15-3。

(3)推掌式:手掌用力上屈,五指稍弯曲(五指指关节屈成鹰爪式),见图 15-4。

图 15-2

图 15-3

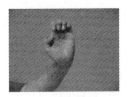

图 15-4

（4）西班牙舞式（也称健美指或花掌）：五指分开，小指内旋，拇指稍内收，见图 15-5。
（5）芭蕾舞式：小指、无名指、中指靠拢，食指稍分开，拇指内扣，见图 15-6。
（6）剑指：拇指与无名指、小指相叠，中指与食指并拢伸直。
（7）响指：拇指与中指摩擦和食指打响，无名指、小指屈指。
（8）拳：握拳，拇指第一关节扣住中指的第二关节处，见图 15-7。

图 15-5

图 15-6

图 15-7

2. 两臂的基本部位

两臂的基本部位选用芭蕾舞的两臂位置。

一位：两臂体前弧形下垂，食指、拇指相对掌心稍向上方；

二位：两臂弧形前举，掌心向内、手指相对；

三位：两臂弧形上举，稍偏前掌心相对；

四位：一臂弧形上举，一臂弧形前举；

五位：一臂弧形上举，一臂弧形侧举；

六位：一臂弧形前举，一臂弧形侧举；

七位：两臂弧形侧举，掌心稍向前稍低于肩。

3. 下肢动作

（1）踏步类：要求脚落地时膝关节自然弯曲，有弹性，由前脚掌过渡到全脚掌落地，同时躯干伸直，髋微收，两臂自然前后摆动。

踏步种类很多：有踏步、踏点步、并步、交叉步、"V"字步、恰恰步、弓步、移重心等。

（2）跑跳类：跑跳动作运动强度适中，在一个周期中有双脚腾空的过程，练习中应轻松自然有弹性，落地时膝关节自然屈膝缓冲，脚跟有落地动作，同时上体不能含胸屈体。

跑跳有：前踢腿跑、后踢腿跑、吸腿跳、钟摆跳、蹬摆跳、弹踢腿跳、踢腿跳、弓步跳、开合跳、并足跳、点地跳等。

（3）脚与腿的基本位置与姿态。脚与腿的基本位置包括：直立、开立、点地立、提踵立、蹲、跪等。脚与腿的基本姿态有：坐（直角坐、分腿坐、跪坐、盘腿坐）、卧（仰卧、俯卧、侧卧）、撑（仰撑、俯撑、跪撑）等。

（4）目前国际流行七种步伐的技术要点。踏步：脚尖、脚跟落地圆滑。它是传统的低强度步伐。后踢腿跑：髋和膝在一条线上，脚在后。它是高强度动作。弹踢腿跳：指膝关节和髋关节运动，伸展要有控制。吸腿跳：上体正直吸腿，膝关节最低 90 度。踢腿跳：腿上踢时，须加速用力；立腰；上体尽量保持不动。开合跳：分腿时，两腿自然分开,膝关节沿脚尖方向弯曲;跳起与落地时,注意屈膝缓冲。弓步跳:一腿屈膝,脚尖与膝垂直,另一腿伸直,重心落于两腿之间。

**二、健美操的基本素质**

健美操的基本素质包括速度、力量、灵敏、柔韧性、协调性等,其中柔韧和力量素质最为重要,下面着重介绍。

**(一)柔韧性练习**

柔韧性是指身体某个关节或关节组活动范围的幅度。良好的柔韧性能使人的动作十分舒展,帮助肌肉轻松、高效地活动,有助于完成某些特定的动作,并可减少某些运动损伤。柔韧性练习是健美操练习者必不可少的练习,发展柔韧性主要通过做一些伸展性练习,通过这种伸展练习可使身体各部位肌肉关节、韧带的活动度增大,灵活性增强。这些练习主要针对肩、胸、腰、躯干、腿等各部分进行,包括静力性练习、动力性练习和本体感受神经肌肉练习,每个练习应持续15秒左右。

柔韧性练习方法很多,主要有:

(1)肩部伸展练习(持棍棒练习、左右伸肩、肩绕环等)。

(2)胸部伸展练习(扶门框拉肩、垫上压胸等)。

(3)腰部伸展练习(把杆体侧屈、下腰、垫上腰背肌练习等)。

(4)躯干伸展练习(坐在地板上,躯干侧面伸展、左右转体、绕环等)。

(5)腿部伸展练习(正、侧、后压腿,正、侧、后踢腿)。

(6)两臂伸展练习(盘腿坐两臂交叉,手掌相对,经耳朵上抬两臂超过头,尽可能向上伸展)。

(7)垫上练习(纵叉、双人后搬腿等)。

**(二)力量练习**

发展肌肉力量对完成动作是非常必要的,一套健美操完成的质量高低,其力度是不容忽视的。根据健美操的特点,以及竞技健美操中特定动作的要求,发展肌肉力量的练习分为上肢力量练习、下肢力量练习以及躯干肌肉力量练习。

(1)发展上肢肌肉力量(两臂侧举、侧负重扩胸、负重弯举、俯卧撑等)。

(2)发展下肢肌肉力量(负重半蹲、弓腿练习、俯撑交叉腿、侧卧侧抬腿、侧卧前后举腿)。

(3)发展躯干肌肉力量(仰卧起坐转体、俯卧挺身、俯卧两头起、仰卧两头起等)。

# 第五节 健美操运动的规则与裁判法

**一、比赛项目**

**(一)项目分类**

世界健美操锦标赛的项目包括:

1. 竞技健美操

男子单人操(IM)。

女子单人操(IW)。

混合双人操(MP)。

三人操(TR)。

五人操(GR)。

2. 有氧舞蹈和有氧踏板

有氧舞蹈(AD)。

有氧踏板(AS)。

(二)参赛人数

各项目运动员参赛人数和性别:

男子单人操:1 名男运动员。

女子单人操:1 名女运动员。

混合双人操:1 名男运动员和 1 名女运动员。

三人操:3 名运动员(男子/女子/混合)。

五人操:5 名运动员(男子/女子/混合)。

有氧舞蹈:8 名运动员(男子/女子/混合)。

有氧踏板:8 名运动员(男子/女子/混合)。

## 二、参赛资格

(一)基本资格

具有参加健美操世界锦标赛资格的运动员为:

(1)经由 FIG 所属的国家/地区协会报名。

(2) 满足 FIG 现行有效章程及 FIG 技术规程的要求。

(二)年龄

参加国际体联成年组比赛的运动员,参赛当年必须年满 18 周岁。

(三)国籍

运动员和裁判员更改国籍必须符合奥林匹克宪章和国际体联章程的要求。

更改国籍由国际体操联合会执行委员会负责。

## 三、竞赛服装

运动员的着装必须符合竞技健美操项目的规定与要求。运动员外表应给人留下整洁、合体的总体印象。

不正确着装将由裁判长扣分(每出现一处扣 0.2 分)。

(一)国徽与广告标识

按照国际体联最新规程,每个运动员均要求在比赛服上佩戴其国家标示或国徽。每个运动员要求穿戴印有国际体联最新规程规定的广告标识和赞助商标识的服装,否则扣 0.3 分。

(二)比赛服

1. 女装

(1)女运动员必须身着一件带有肉色或透明裤袜的比赛服或者连体衣(连体衣从颈部到脚踝是一体的),允许有亮片。

(2)紧身衣前后领口的开口必须得体,前面不得低于胸骨中部,后面不得低于肩胛骨下缘。

（3）腿部上缘的开口必须在腰部以下并且要遮住髂骨。比赛服装必须完全遮住臀纹线。

（4）女装的两袖（一个或2个均可）可有或可无，长袖袖口止于手腕处。

（5）长裤袜和连体紧身衣都是允许的。

比赛认可的女装样例如图15-8所示。

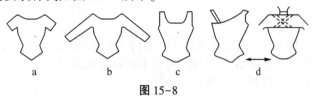

**图 15-8**

2. 男装

（1）男运动员必须身着一件长款紧身比赛服，或短裤配以合体上衣或配以适当装饰物的紧身连衣裤（如腰带等）

（2）整套服装前后都不能有开口。

（3）袖口处不得在肩胛骨下有开口（无袖）。

（4）不允许有任何亮片。

（5）3/4的裤长、长体操裤（紧身服+裤子）、一件套连体服等都是允许的。

比赛认可的男装样例如图15-9所示。

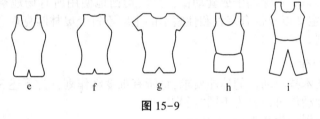

**图 15-9**

（三）正确着装

（1）头发必须固定在头上。

（2）参赛运动员必须穿着让所有裁判员都能清晰辨认的白色健美操鞋和运动袜。

（3）女运动员可化淡妆。

（4）比赛服上禁止使用松散或附加的装饰。

（5）禁止佩戴饰物。

（6）比赛时，不允许穿带有裂口的衣服且不得露出内衣或打底衣。

（7）比赛服不含有任何透明的材料，女款比赛服的袖子除外。

（8）比赛禁止穿有描绘战争、暴力、宗教信仰为主题的服装。

（9）运动员身体禁止涂抹油彩。

（10）服装要符合健美操运动特质。

（四）出场服

（1）所有运动员必须穿本国官方出场服参加开幕式和闭幕式。

（2）领奖时必须身着比赛服。

### 四、成套动作的构成

**（一）竞技健美操定义**

竞技健美操起源于传统的有氧运动，是一项以在音乐伴奏下连续展示丰富多样的操化动作为基础的竞技运动。成套动作需展示高规格的操化动作、过渡连接动作和技术动作。

**（二）成套时间**

常规音乐的长度如下所示，可以±5秒（允许1秒的偏离）。时间从听到音乐的第一个声音（不包括"哗"等提示声）开始，到听不到音乐时结束。

男单／女单：1分20秒（±5秒）。

混双／三人／五人／有氧舞蹈／有氧踏板：1分25秒（±5秒）。

**（三）成套内容**

成套动作必须把下列内容与音乐结合起来：

操化动作。

过渡动作/连接动作。

难度动作/技巧动作。

动力性配合/团队协作（混双/三人/五人/有氧舞蹈/有氧踏板）。

成套动作中对上述内容的使用必须要均衡。所有的动作都必须要精确并且展示出清晰的身体形态。贯穿整个成套动作，合理、均衡地使用所有场地空间都是很重要的。暴力、种族主义以及带有宗教和性暗示的主题不符合奥林匹克理念和国际体操联合会的道德准则。

**（四）难度动作**

根据每种技术技巧动作的体能要求，将所有难度动作划分为下述3组。组内具有相似技术的难度动作再被分为不同"类别"。

难度水平被划分为0.1分~1.0分。

运动员在成套动作中可以选择使用不同的难度动作，但在成年组国际比赛中，只有0.3分~1.0分的难度动作才被认定为有效。

A组：地面难度。

B组：空中难度。

C组：站立难度。

男单、女单：最多允许完成9个难度动作，且只对9个难度动作进行评分。

混双、三人、五人：最多允许展示8个难度动作。

**（五）新难度动作**

国际体操联合会健美操技术委员会每年只对新难度动作进行一次评定。申请必须在1月15日前提交至国际体操联合会秘书处。

提交的新难度动作必须满足以下条件：

（1）不是现有难度的多样化形式。

（2）有书面的难度名称及文字描述。

（3）有两台摄像机从两个不同角度拍摄的视频（前方和侧方）。

（4）符合"认定为一个有效动作"的要求。

（5）动作要在比赛地板或是不超过15cm的海绵垫上完成。

如果没有满足上述全部条件,FIG 健美操技委会将不会对新动作进行认定。新难度动作的认定通知将在 3 月 30 日前下发给提交申请的协会成员。FIG 健美操技术委员会将在信息公告中公布新难度动作,每年公布一次。

**五、裁判**

所有裁判员必须持有有效的国际体操联合会健美操项目裁判资格证书。

(一)裁判/裁判组

1. 高级裁判组

世界锦标赛高级裁判组的组成见表 15-1

表 15-1　世界锦标赛高级裁判组的组成

| 职位 | 涉及人员 | 职责 |
|---|---|---|
| 高级裁判组主席(SJP) | 技委会主席 | 把控整场比赛 |
| 难度监督(DS) | 2 名技委会成员 | 把控难度得分 |
| 完成监督(ES) | 2 名技委会成员 | 把控完成得分 |
| 艺术监督(AS) | 2 名技委会成员 | 把控艺术得分 |
| 助理(A) | 1 名技委会成员 | 协助高级裁判组主席 |

2. 裁判组

裁判组在如下级别的比赛:

第二级别:世界锦标赛、世界运动会。

第三级别:洲际锦标赛、世界杯赛事。

裁判组的构成见表 15-2。

表 15-2　裁判组的构成

| 职位 | 第二级别 | 第三级别 |
|---|---|---|
| 裁判长 | 1 | |
| 完成裁判 | 6 | 4 |
| 艺术裁判 | 6 | 4 |
| 难度裁判 | 2 | 2 |
| 视线裁判 | 2 | 2 |
| 计时裁判 | 1 | 1 |
| 总计 | 18 | 14 |

(二)各类裁判的职责和准则

1. 高级裁判组必须做到

(1)监督整个比赛进程,处理影响比赛进程的一切违纪或特殊情况。

(2)及时处理裁判员出现的严重的评分错误。

(3)反复审核裁判员的评分,对在评判工作中表现不佳或有倾向性打分的裁判提

出警告。

（4）必要时更换被警告后仍表现不佳的裁判。

国际体联执委会有权决定比赛中高级裁判组的工作准则和技委会成员的分工。

2. 裁判组

裁判组的职权和责任见表15-3。

比赛时,国际体联执行委员会有权决定高级裁判组的工作准则以及委员成员的分工。

表 15-3　裁判组的职权和责任

| 职权 | 时机 | 结果 |
|---|---|---|
| 对于比赛结束的公正性,高级裁判组承担全部的责任 | 当裁判长未发现违背规则的行为,未正确应用处罚措施,或与难度裁判的评数不能达成一致时,高级裁判组主席将给予高级裁判组成员以权力进行干涉 | 只要涉及高级裁判组,高级裁判组都要对分数负责 |
| 裁判长帮助难度裁判解决问题 | 解决分歧 | 若难度裁判未请求裁判长帮助而出现分数错误,由难度裁判负责<br>如果裁判长参与讨论,则三人一起为错误评分承担责任 |
| 主席对裁判予以警告(经过个人的判定或高级裁判组的考虑建议) | 一旦发现情况立刻进行口头警告<br>情节严重或重复口头警告可以经过高级裁判组(技委会)同意后进行书面警告 | 高级裁判组共同承担责任 |
| 主席对高级裁判组成员予以警告 | 首次出现给予口头警告<br>若问题比较严重,在征得高级裁判组其他成员的同意后给予书面警告,并在此后上报给国际体操执行委员会 | 评委会主席对最终的结果负责 |

3. 艺术裁判

（1）要求。在竞技健美操项目特质的基础上,成套创编所有内容必须完美地融为一体,将竞技健美操这一体育运动转化为一种富有创新性的独特性的艺术体现。

混双、三人和五人操。项目中只需要一个托举动作。

成套中渲染暴力、种族歧视、宗教信仰以及性爱等内容,违背了奥林匹克精神和国际体联道德标准。

（2）成套创编。

成套动作(复杂性和原创性)：

①音乐和乐感。

②操化内容。

③主体内容。

④空间利用。

⑤艺术性。

（3）职责。

艺术裁判根据下列标准评价成套动作创编（总分10分），评分尺度如下：

范围：优秀（2.0）

很好（1.8~1.9）

好（1.6~1.7）

满意（1.4~1.5）

差（1.2~1.3）

不可接受（1.0~1.1）

（4）评分标准。

①音乐和乐感（最多2.0分）。

音乐的选择和运用是成套必不可少的部分。

一首优质音乐的选择有助于构建成套动作的结构与节奏，同时有利于动作主题的表达；它也将支撑与突出成套动作的表演效果；对成套创编质量、风格以及运动员的表现起到促进作用。

音乐应该反映竞技健美操运动特点。在成套的表演和音乐的选择之间应有强烈的一致性。表演者诠释音乐时，不仅要展示出音乐的节奏、速度以及与节拍的一致程度，更在于用肢体动作演绎出音乐的流畅、风格、强度和激情。

②操化内容（最多2.0分）。

成套动作中应贯穿清晰可辨的操化动作，这是竞技健美操的项目特质，也是成套动作重要组成部分。操化动作要在均衡使用健美操7种基本步伐和手臂动作的基础上，以高超的身体协调性展示良好的技术和动作质量。

③主体内容（最多2.0分）。

主体内容包括除操化以外的所有动作：过滤、连接、托举和动力性配合，以及团队协作。

④空间运用（最多2.0分）。

艺术裁判将评分竞赛场地的平面区域，立体空间层次，成套动作的分布，以及混双、三人、五人操项目的队形使用的有效性进行评价。成套动作内容在比赛场地内的分布要均衡。

⑤艺术表现力（最多2.0分）。

艺术性是指运动员把一个具有良好结构的成套动作演绎成艺术表演。此过程中在考虑运动性别差异（男、女、年龄组）的基础上通过高质量的完成充分展示自己的能力。运动员必须要通过体育运动的方式把艺术和体育元素融合成极具表现力和吸引力的表演并传达给观众。

针对混双、三人和五人：

运动员必须突显团队协作，展示出一个团体不同于个人的优越性，并表现出队员之间的配合关系。

4. 完成裁判

成套中所有动作必须表现出最高的准确性且无失误。

（1）职责

完成裁判对成套动作的技术技巧进行评价

A 难度动作（难度和技巧）；

B 操化动作；

C 过渡与连接动作；

D 托举动作；

E 配合及团队协作；

F 一致性。

（2）技术技巧、以完美的技术高度准确地展现成套动作的能力。

（3）评分标准和减分

小错误（每次减 0.1）：轻微偏离完美的完成。

中错误（每次减 0.3）：明显偏离完美的完成。

不可接受的错误（每次减 0.5）：错误的技术、多个错误叠加、触地等。

摔倒（每次减 1.0 分）：掉落或完全没有控制地跌落到地板上。

（4）一致性（混双、三人、五人）。完成所有动作的一致性，无论在混双、三人或五人项目中，全部动作的完成犹如一人。这技术必须有相同的动作幅度，同时开始或结束动作，相同的动作完成质量。这个标准同样适用于手臂动作，每个动作组合必须精确、同步。

5. 难度裁判

（1）要求。女单、男单项目成套动作中最多 10 个难度动作，混双、三人、五人项目成套动作中最多 9 个难度动作。成套中 9 个或 10 个不同难度任选三个组别，每个组别至少一个。成套动作中最多允许有 3 个 C 组难度动作落地成俯撑及/或劈腿。

（2）职责。

难度裁判对运动员完成的难度动作进行评价并给予正确的分值。难度裁判必须要辨别并确认运动员完成的每一个难度动作是否达到了最低完成标准。

难度动作没有达到最低完成标准，摔倒或出现重大错误时，计为难度动作数量，得不到分值。

（3）难度评分。

记录成套中所有难度动作。

计算难度动作的数量并给予分值。

进行难度减分。

6. 视线员

（1）职责。

视线员裁判坐在赛台的 4 个角落的两个对角，对出界错误进行评判。每名裁判员负责赛场的两条边线。

（2）评分标准和减分。

标志带是比赛场地的一部分，因此身体接触到标志带不算出界。

但身体任何部分接触标志带意外的场地将被减分。

肢体在空中出界将不被减分。

运动员出界时，视线员举红旗示意。

7. 计时员

（1）职责。

拖延出场/弃权

时间错误/偏差

动作中断/停止比赛

（2）评分标准和减分。

计时是从第一个可听见的声音开始（不包括提示音），到最后一个可听见为止。

若以上任何错误发生，计时裁判必须告知裁判长，裁判长予以减分。

8. 裁判长

（1）职责。

同难度裁判一样记写下全部难度动作；

对符合要求的托举动作进行评分；

依据技术规程监督裁判工作；

根据评分规则针对相关违规情况对总分进行减分；

当完成裁判和艺术裁判出现较大的打分偏差或当难度分不能协商一致为保证评分的公正性，裁判长从逻辑性和打分步骤等方面审核并做出修改。（裁判可以拒绝修改）

（2）评分标准。

托举：成套动作中要求有一个动力性、站立式的托举动作。

减分：成套动作中有超过 1 个托举动作，仅对第 1 个托举动作进行评分；其他多余的托举动作将被扣分：扣 0.5 分/个。

## 六、得分

（一）艺术分

4 名完成裁判，去掉一个最高分、去掉一个最低分，如果中间两个分数的误差在下列允许的分差范围内，这两个分数的平均分就是最终的艺术得分。

（二）完成分

4 名艺术裁判，去掉一个最高分、去掉一个最低分，如果中间两个分数的误差在下列允许的分差范围内，这两个分数的平均分就是最终的艺术得分。

（三）难度分

2 名难度裁判，一致同意的分数将是最终的难度分数。

（四）总分

艺术分、完成分与难度分相加为总分。

（五）最后得分

从总分中减去难度裁判、视线裁判与裁判长减分为最终得分。

**思考题**

1. 简述健美操运动对于推行全民健身的意义。

2. 健美操的特点和锻炼价值是什么？

3. 竞技健美操包含哪几个竞赛项目？难度动作在成套动作中最多为多少个？

4. 裁判组包括哪些类型的裁判，共多少个人？艺术裁判根据什么标准评价运动员的"艺术质量"？

5. 完成裁判根据什么标准评价运动员的"完成质量"？视线员的职责是什么？

6. 难度分的评分原则？成套动作的评分方法？如马戏或杂技类动作算违例动作吗？与自然方向用力相反的动作属于违例动作吗？

7. 健美操的基本方向包括几个点？基本脚位有哪些？手型的基本部位有哪些？

8. 肌肉力量的练习包括哪些？发展躯干肌肉力量的动作有哪些？

9. 健美操的英文"Aerobics"意译为什么意思？

10. 当今竞技健美操运动发展的主要趋向是什么？大众健美操在我国的现状？大众健美操对体育设施的要求？

**参考文献**

[1]李红,冯艳,梁宝君.健美操［M］.北京:化学工业出版社,2012.

[2]刘敏.现代健美操运动[M].北京:北京体育大学出版社,2012.

[3]陈瑞琴.健美操理论与实践创新［M］.北京:北京体育大学出版社,2011.

[4]王红.健美操教程［M］.北京:人民体育出版社,2011.

[5]沈国琴.现代健美操［M］.北京:北京体育大学出版社,2010.

[6]何荣,王常青.健美操教程［M］.北京:北京师范大学出版社,2010.

[7]张岚.健身健美操教程［M］.武汉:华中科技大学出版社,2009.

[8]谭伟平.健美操运动与实践［M］.桂林:广西师范大学出版社,2009.

[9]肖光来.健美操[M].北京:人民体育出版社,2008.

[10]赵永魁,杨华.健美操[M].北京:北京体育大学出版社,2005.

[11]田沛沛.大众健美操的发展历史及趋势的研究[J].当代体育科技,2015,5(11):180-181.

——**学习时刻**——

　　体育是社会发展和人类进步的重要标志，是人文
交流的重要组成部分。

　　——2019 年 10 月 18 日习近平主席集体会见各国防务部门和军队
领导人及国际军事体育理事会主要官员时发表讲话。

# 第十六章
# 体育舞蹈理论与技术

## 第一节 体育舞蹈概述

"体育舞蹈"一词产生于 20 世纪 90 年代,此前被称为"国际标准交际舞",也称"国际标准舞"和"国标"。国际标准舞已经有上百年的发展历史,它经历了原始舞蹈→公众舞→民间舞→宫廷舞→舞厅舞(交际舞)→新旧国际标准交际舞等发展阶段。

舞厅舞最早的权威记载是 1588 年出版的 *ORCHESOGRAPHIE*。书中记载道:最早的舞厅舞,起源于意大利的一种由五步组成的小步舞,这种舞蹈于 1650 年被引进法国巴黎,王公大臣在公开场合跳起了这种来自民间的舞蹈,并很快使之成为一种潮流。1768 年巴黎开办了第一家交际舞厅,由此跳社交舞成为一种普遍的社交方式。1924 年英国皇家舞蹈教师协会成立了舞厅舞分会,并于 1925 年正式颁布了标准舞(摩登舞),1929 年制定了《国际标准舞比赛规则》,从此掀起了国际标准舞热潮。

拉丁舞起源于拉美的拉丁风情舞,动作花样繁多,变化快,具有很强的观赏性和表演性。拉丁舞传入欧洲的时间分别为:1913 年,麦克斯舞(桑巴舞的前身);1916 年,西班牙斗牛舞;1931 年,伦巴舞;1954 年,牛仔舞;1954 年,恰恰。第二次世界大战后,英国皇家舞蹈教师协会对拉丁舞系列进行了整理,并将它纳入国际标准舞范畴。1960 年,拉丁舞被正式列为世界国际标准舞锦标赛比赛项目。

1964 年,国际标准舞又增加了新的表演和比赛项目——队列舞。

体育舞蹈的种类见表 16-1。

表 16-1 体育舞蹈的种类

| 标准舞(摩登舞) | 拉丁舞 |
| --- | --- |
| 华尔兹舞 | 伦巴舞 |
| 维也纳华尔兹舞 | 恰恰舞 |
| 探戈舞 | 桑巴舞 |
| 狐步舞 | 斗牛舞 |
| 快步舞 | 牛仔舞 |

## 一、体育舞蹈的定义

体育舞蹈是一种由男、女双人（或多对男、女组成的团队）在界定的音乐节奏内，正确展示和运用身体技术与技巧，通过展现包括身体姿势的控制能力、动作力量的表现能力、地板空间的应用能力等能突显舞蹈质感的动作，并结合艺术表现力来完成的具有一定规范性的体育运动项目。

体育舞蹈的根本属性是竞技性，它的本体是舞蹈，是通过竞技来表现不同民族和地域特色的舞蹈组合。例如能传情达意的拉丁舞舞蹈组合，具有某种抽象美感的标准舞舞蹈组合，表现某种技巧的舞蹈组合。因此欣赏体育舞蹈时，既要符合舞蹈艺术规律，又要遵循竞技体育的比赛原则，即要从竞技水平和艺术表现力两个方面进行欣赏。

## 二、体育舞蹈的分类

按舞蹈的风格和技术结构，体育舞蹈可分为标准舞（摩登舞）和拉丁舞两大类。标准舞包括华尔兹舞、探戈舞、狐步舞、维也纳华尔兹舞、快步舞；拉丁舞包括桑巴舞、恰恰舞、伦巴舞、斗牛舞和牛仔舞。每个舞种均有各自的舞曲、舞步及风格，根据各舞种的乐曲和动作要求组编成各自的成套动作。

### （一）标准舞

标准舞起源于欧洲，具有端庄、含蓄、稳重、典雅的风格，标准舞舞步流畅、轻柔、洒脱，舞姿优美、起伏有序，音乐节奏清晰，舞蹈富于技巧性，是老少皆宜的舞系。与拉丁舞系最大的不同在于其着装正式华丽，握持单一严谨，舞步起伏（跳跃）流动。

#### 1. 华尔兹舞

华尔兹舞是现代舞中历史较为悠久的舞种，也是生命力最强的舞蹈。"华尔兹"一词最初来自古德文 walzel，意思是滚动、旋转或滑动。3/4 拍子的圆舞早在 12 世纪的德国巴伐利亚和奥地利维也纳地区的农民中流行；17 世纪，其进入维也纳宫廷；18 世纪，被誉为"欧洲宫廷舞之王"；19 世纪初，传入美国波士顿；20 世纪重返欧洲，并以新的"慢华尔兹"的形式席卷欧洲大陆。

华尔兹舞的风格是音乐袅娜、舞态雍容、步法婉转、曼妙大方。华尔兹舞的音乐为 3/4 节拍，每分钟 27~30 小节。

#### 2. 探戈舞

探戈舞起源于非洲中西部的民间舞蹈探戈诺舞。16 世纪末至 17 世纪初，随着被贩卖黑奴进入美洲，当地人融合了拉美民间舞蹈风格，形成了舞姿优雅洒脱的墨西哥探戈舞和舞姿挺拔、舞步豪放健美的阿根廷探戈舞。随后探戈舞传入欧洲，融汇了欧洲民间舞蹈风格，尤其是受西班牙民间舞蹈的影响，在原有豪放洒脱的基础上，渗入了幽雅含蓄的情趣，形成了西班牙探戈舞、意大利探戈舞和英国皇家式探戈舞。

探戈舞是最早被英国皇家舞蹈教师协会肯定并加以规范的 4 种标准舞之一。它综合了世界各种探戈舞的精华，以其刚劲挺拔、潇洒豪放的风格和独有的魅力征服了舞坛。人们称 19 世纪是华尔兹舞的时代，20 世纪是探戈舞的时代。

探戈舞音乐华丽，舞态刚劲，舞步顿挫有力、潇洒豪放；舞者身体无起伏、无升降，表情严肃，有左顾右盼的头部闪动动作。探戈舞的音乐为 2/4 节拍，每分钟 33 小节。

### 3. 狐步舞

狐步舞起源于美国黑人舞蹈。1914 年夏天，美国演员哈利·福克斯模仿马在慢步行走时的动作，设计了一种舞蹈形式，迅速在全美风行。因此，人们也称狐步舞为福克斯舞。现在国际上流行的狐步舞是英国的约瑟芬·宾莉改编的。

狐步舞除具有华尔兹舞的典雅大方、舒展流畅和轻盈飘逸的特点外，更具有平稳大方、悠闲自在、从容恬适的韵味。狐步舞的舞步轻柔、圆滑、流畅，方位多变且不并步。在动作衔接中呈现出降中有升、升中有降的线形流动状。

狐步舞的音乐为 4/4 拍，速度中庸，每分钟 30 小节。

### 4. 快步舞

快步舞是由美国民间舞改编而成的，早期快步舞吸收了快狐步舞动作，后又引入芭蕾的小动作，使动作更显轻快灵巧。现在国际流行的是英国式的快步舞。

快步舞的风格是轻快活泼，富于激情，舞步洒脱自由，饱含动力感和表现力。快步舞的音乐为 4/4 拍，每分钟 50 小节，基本节奏是慢慢快快，慢快快慢。

### 5. 维也纳华尔兹舞

维也纳华尔兹舞起源于奥地利北部山区农民舞，是历史最悠久的舞蹈。

维也纳华尔兹舞的风格是动作优美、舒展大方、连绵起伏、节奏清晰、旋律活泼，舞步轻快流畅，旋转性强。

音乐使维也纳华尔兹舞更为完美，莫扎特、肖邦、柴可夫斯基、施特劳斯等音乐大师都创作了不朽的华尔兹舞曲，尤其是施特劳斯，他使华尔兹舞成为"舞蹈之王"。维也纳华尔兹舞的音乐为 3/4 拍，每分钟 60 小节。在比赛中常放在第五个舞种进行，要求选手有充沛的体力才能从容完成。

### （二）拉丁舞

拉丁舞起源于非洲和拉丁美洲，具有热情、奔放、浪漫的风格。拉丁舞舞蹈动作豪放粗犷，速度多变，手势和脚步动作丰富，充满激情，音乐节奏鲜明强烈，尤为中青年人所喜爱。其与标准舞系最大的区别：着装性感优雅，双人配合形式多变，多应用身体髋部多维度绕动动作。

### 1. 桑巴舞

桑巴舞是从巴西农村的摇摆桑巴舞传入城市演变而来的，在里约热内卢狂欢节上公开表演后，以它微妙的节奏和强烈的感情倾倒了巴西民众，逐步成为巴西的民族舞，是巴西音乐和舞蹈的灵魂。20 世纪二三十年代，桑巴舞传入欧美。

桑巴舞的风格是动作粗犷，起伏强烈，舞步奔放、敏捷，富有强烈的感染力。由于它在移动时沿舞程线绕场进行，因此它是拉丁舞中行进性的舞蹈。

桑巴舞的音乐为 2/4 拍，每分钟 50~52 小节。

### 2. 恰恰舞

恰恰舞由非洲传入拉美后，在墨西哥和古巴获得很大发展，它是模仿企鹅姿态创编的舞蹈，男女动作不求统一整齐，在动作编排上多半是男子随后，一反男子领舞的习惯。

恰恰舞由于名称鲜明，节奏欢快易记，加之邦戈斯鼓和沙锤的咚咚沙沙声与动作相吻合，舞蹈又有诙谐、花哨的风格，所以备受舞者欢迎，是拉丁舞中最流行的舞蹈。

恰恰舞的音乐曲调欢快有趣，为 4/4 拍，每分钟 30~31 小节。恰恰舞是由 4 拍跳

5 步的舞步构成。其中,第四拍跳两步,即为"恰恰"。

### 3. 伦巴舞

现代伦巴舞是由古巴舞蹈吸收 16 世纪非洲黑人舞蹈和西班牙波莱罗舞蹈逐渐完善而成的。最初的舞蹈动作曾受雄鸡走路启发,20 世纪 20—50 年代又受美国爵士乐和舞蹈的影响。20 世纪 30 年代初,皮埃尔夫妇在英国表演和推广了古巴的伦巴舞,其受到极大欢迎并风行欧洲。

伦巴舞的音乐缠绵、浪漫,舞蹈风格柔媚、抒情,是表现爱情的舞蹈,具有舒展优美、婀娜多姿的风格。其中,尤为凸显了女性婀娜多姿的美态。伦巴舞在拉丁舞中历史悠久,成熟的舞蹈技术和具有异国情调的独特风格,被誉为"拉丁舞之魂"。

伦巴舞的音乐为 4/4 拍,4 拍走 3 步,每分钟 27 小节。

### 4. 斗牛舞

斗牛舞起源于法国,是模仿西班牙斗牛士动作,由西班牙风格的进行曲伴舞的一种拉丁舞。在舞蹈中,男士象征斗牛士,女士象征斗牛士手中的斗篷,因此舞蹈表现出男子强壮英武和豪迈昂扬的气概。

斗牛舞音乐雄壮,舞态威猛,步法悍厉奋张。音乐为 2/4 拍,每分钟 60 小节,一拍跳一步。

### 5. 牛仔舞

牛仔舞起源于 20 世纪二三十年代盛行于美国西部的牛仔舞蹈,舞步带有踢踏动作。牛仔舞节奏明快,动作粗犷,带有举持舞伴和甩动的技巧,是表现牧人强健体魄和自由奔放情绪的舞蹈,具有独特的魅力。后经规范进入社交舞和表演舞范畴。第二次世界大战期间传入英国,并获得迅速推广。

牛仔舞的音乐为 4/4 拍,每分钟 44 小节,舞曲欢快,有跃动感,舞步丰富多变,其强烈的扭摆和连续、快速的旋转,常使人眼花缭乱,情绪亢奋。

## 第二节　体育舞蹈的特点与价值

### 一、体育舞蹈的特点

体育舞蹈是由属于文艺范畴的舞蹈演变而来的体育项目,它兼有文艺和体育的双重特点,是以竞技比赛为目的,具有表演性、观赏性、自娱性的竞技舞蹈。它具有以下 4 个特点:

#### (一)规范性

体育舞蹈经历了数百年历史的锤炼和几代人的加工,它具有规范、完整的舞蹈体系,在全球得以广泛推崇。体育舞蹈的规范性还表现在对技术规范的要求上。通过对世界体育联合会最新教材的分析,最新的标准舞技术要求包括了 11 个方面,每个动作都可从:步序、足位、方位、转度、足法、音乐时值、舞伴位置、身体拧转、升降、倾斜、延伸去规范;而拉丁舞技术要求包括了 14 个方面,则从步序、足位、使用动作、转度、足法、音乐时值、方位、舞伴位置、引导握持形状、髋部路线、臀部肌肉运动、身体中段横移、身体中段挤压、身体拧转去规范。

（二）艺术性

体育舞蹈是一项融技术与艺术于一体的运动项目。究其起源,体育舞蹈运动来源于高贵的宫廷,要求参与者具有良好的修养、得体的礼仪、优美的动作等,举手投足之间无不显示其是社交场合极具吸引力的表现。在现今体育舞蹈的发展历程中,体育舞蹈表演舞正向人们昭显其独特的魅力,大量优秀的体育舞蹈作品在规定的体育舞蹈技术和特性的前提下,被认为是一种"真正的艺术"。

（三）竞技性和健身性

竞技性体现在体育舞蹈比赛中,运动员必须在一轮又一轮的比赛中,每次舞蹈展示持续 90 秒到 120 秒的多样化的风格表演。例如：一个进入决赛的选手,要通过五次,每次五支舞蹈的竞赛；而对于十项舞者来说,至少四次,每次 10 曲舞蹈的竞赛。获取优异成绩、争夺冠军成为体育舞蹈运动员们的最高目标与荣誉。一对优秀的选手在力量、平衡、柔韧、协调等身体能力的展示方面都达到极致,以追求身体素质在舞蹈状态中的极限展示。

体育舞蹈的健身性表现在其锻炼价值上,从 20 世纪 60 年代至今,许多科研人员对体育舞蹈对人的生理和心理作用做过研究,通过对人体能量代谢、能量消耗和心率变化的测定,显示出：华尔兹和探戈的能量代谢为 7.57,高于网球的 7.30,与羽毛球的 8.0 相近。可见,体育舞蹈引起人的生理变化是明显的,它是陶冶情操、锻炼体魄的一种极好形式。

（四）娱乐性

体育舞蹈的娱乐性既有别于舞蹈艺术,又有别于其他体育项目。体育舞蹈强调的是娱乐性和健身性,强调身心的和谐发展。体育舞蹈是人们交流思想、抒发情感、消除隔阂和相互沟通的最好形式之一。人们的自我封闭意识在体育舞蹈活动中得到彻底消除,舞蹈中的融洽、和谐和高雅的气氛能增进人们的友谊,丰富社会文化生活。各种舞会、聚会上的舞蹈,为男女之间的文明交往搭建了平台。

**二、体育舞蹈的价值**

体育舞蹈作为一项体育与艺术结合的新兴体育项目,兼具运动与艺术的双重属性。参加体育舞蹈活动可以提高人对较大刺激的承受能力和缓解精神压力的能力,有助于开阔视野、扩大信息来源、结识朋友、交流感情、增进友谊。有研究证明,参加体育舞蹈锻炼的人群的心理健康水平显著高于普通人群,心理反应异常的检出率也较低。体育舞蹈是一项非常有益于心理健康的大众性体育活动,中等运动量的健心效果好于小运动量。从大众参与体育舞蹈锻炼来看,体育舞蹈对心理健康的促进作用主要体现在和谐关系的建立、良好性格的形成、社会交往能力的提高、审美情趣的提升、艺术表现力的培养等方面。

（一）美育价值

体育舞蹈的艺术性对它所附有的观赏功能起到了决定性作用,它所具有的独特的艺术表演功能,给参与到体育舞蹈运动当中的人们以及观赏者以强烈的美的享受,无形之中提高了人们的艺术修养和审美情趣,从观赏的角度来看,体育舞蹈的美育价值主要从以下几个方面得到体现。

1. 服饰美

体育舞蹈的艺术性特点,使得参加比赛的运动员从某种程度上看都是"艺术家"。那么,为了将体育舞蹈的艺术性更好地突显出来,运动员的穿着都是非常考究的,有时甚至是苛刻的。

不同的舞种对着装的要求也是有所不同的,比如,摩登舞要求男士穿黑色燕尾服和专用舞蹈皮鞋,女士穿华丽高贵的鸵鸟毛大摆长裙和相应软底高跟鞋。男士绅士打扮,翩翩风度;女士温情脉脉,给人以高雅、庄重、华贵、大方的感觉。而拉丁舞由于舞风的缘故,着装也自然有所不同,着装通常有拉美风格,强调以快节奏衬托出热情奔放的拉丁精神,因此要求男士穿紧身衣裤,体现肌肉的力度与线条,女士穿浪漫、裸露、自由、随意的短裙装,并在衣服上镶嵌水钻、羽毛等,将背、腰、臀、胯、腿部动作的优美组合与浪漫风格和女性柔美曲线的形体美充分表现出来。

现代体育舞蹈运动员对着装问题的重视程度越来越高,由此可以看出,运动员对服饰美的要求是非常高的。成功的着装不仅是展现美的需要,它更是与所跳舞蹈想要表现出的精神内涵相吻合的重要元素。一旦出现着装与舞蹈表现的内容不相匹配的情况,则不仅不能起到"加分"作用,甚至还会被扣掉一定的分数。

2. 形体美

体育舞蹈可以把人的身体体形塑造得适中。跳体育舞蹈有着多方面的目的,不仅包括对卓越的成绩的追求,同时也包括健身娱乐。当观赏高水平体育舞蹈赛事或表演时,运动员健美的体形会给人以深刻的印象。实际上体育舞蹈运动员的体形大多并不消瘦,但是浑圆饱满的肌肉和匀称的体形依然算得上为好身材的代表。因此,欣赏体育舞蹈选手的表演,可使人意识到人体的美丽,将蕴藏于这项运动中丰富动人的人体美发掘并展现出来。

3. 礼仪美

在体育舞蹈中处处都能将礼仪之美表现出来。究其原因,主要是由于体育舞蹈是一项高雅的体育运动,再加上运动由男女双方共同配合进行,因此,其对礼仪方面的要求就比较多,也比较高。

不同的体育舞蹈舞种对礼仪的要求是不同的,比如,摩登舞对礼仪美的要求是:男士的衣着庄重,体态端庄挺拔,即使在轻快跳跃性舞步的变化中,也不失高雅风采。礼仪性审美取向对风度起着重要的决定性作用,形成高雅风度的首要条件则是体态的挺拔,挺拔的体态标志着健康、尊重、有教养、有礼貌,给人以愉快、振奋、富有青春活力的感觉,这些不仅是体育舞蹈风格的要求,也是对观众的尊重。又如男士都是挽手女士进场的,引导舞伴做急速旋转后向观众致意,以此表示男士照顾女士的风度,而女士则是向四周观众行古典的屈膝大礼,表示拥有较高的教养和对他人的尊重;舞蹈结束后,男女舞伴同样要向观众行大礼。男士挽手女士,选手面带微笑。这些气度不凡的行为举止,都给人以美的享受与回味,将体育舞蹈中蕴涵的礼仪之美充分表现了出来。

4. 运动美

体育舞蹈是运动员根据预先编排好的动作用肢体和表情等形式将情感内容展示出来的运动,运用动作造型将各舞种的艺术风格全面地展示出来是体育舞蹈重要的审美特征。锻炼者以人体为媒介,通过面、头、颈、肩、臂、手、胸、腰、胯、臀、膝、足及躯干等的动作配合,按照多变的节奏和丰富的韵律,构成点与线的移动和静与动的结合的各种造型;这种造型以不同的情境或演绎要求为依据,可以表现出爆发性、对比性、转折性、整体性等特点,进而给人以特有的瞬间美、过程美、变化美和立体美的享受。

5. 音乐美

体育舞蹈的艺术性的展示与音乐有着不可分割的密切联系。换句话说,就是音乐是体育舞蹈的灵魂。体育舞蹈是音乐和情境的具体外在表现。因此,一段好的体育舞蹈绝不可能让人忽视掉它的配乐,音乐之美也便成为人们欣赏体育舞蹈的重要方面。

音乐是通过旋律和节奏展现其内在的,而体育舞蹈也刚好需要通过这两种音乐元素将其本身的情感和内容充分展现出来。音乐与体育舞蹈的结合,能够使体育舞蹈的美感和艺术表现力更好地表现出来,两者互相依托、互相支持。一套出色的体育舞蹈必然有一段令人印象深刻的配乐,而一段令人感动的音乐必然可以使体育舞蹈的表演深入人心。音乐和体育舞蹈都是以节奏作为运动的基础,音乐能够将体育舞蹈的抽象方面表现出来,从而将体育舞蹈的情绪揭示出来。体育舞蹈选手的节奏同步和谐、动作轻快流畅、旋转优美飘逸、舞技娴熟高超的体现都是基于音乐节奏的引导和指挥,舞伴之间、舞蹈动作与音乐韵律之间的协调统一,都给人以和谐之美。

(二)体育价值

体育舞蹈的体育价值可以从多个角度来分析。它的体育价值主要从对人体的外在体形以及内在的生理机能和心理调节方面得到体现。

1. 能够有效塑造出健康的体形

体育舞蹈是一项全身性运动。经常参加体育舞蹈锻炼的人通常会接受很多形体训练,不管是基础的形体训练还是正式的体育舞蹈,都可以对人的形体进行"生物学"改造,足够的运动量能够使脂肪得到较大程度的消耗,全身的协调运动可以使体形符合一定的健美标准。体育舞蹈练习,能够使男士宽肩细腰、身材匀称、体格魁梧、四肢结实有力,形成扇形身段,显示出一种阳刚之美;而对于女士来说,经常进行体育舞蹈的锻炼,能够使其获得苗条、柔软的身材,细小的腰围,丰满的胸围,结实上提的臀部,修长的四肢,呈现出曲线流畅、此起彼伏的身形,显示出一种阴柔之美。

据测算,进行体育舞蹈锻炼 90 分钟后,练习者的平均心率可达 135～170 次/分钟,总能量消耗男女分别达 4350 千焦耳和 2850 千焦耳,相当于消耗 100 克人体脂肪。因此,通过这些数据可知,经常参加体育舞蹈锻炼,完全可以达到减肥瘦身、保持健美的体型和良好的体态的效果,塑形效果极佳。

2. 能够有效增强各项生理机能

体育舞蹈的运动负荷看似不大,实则较大,完全可以起到促进人的生理机能进一步发展的作用。因此,长期参加体育舞蹈锻炼的人心肌更为发达,每博输出量增加,血压正常。另外,体育舞蹈的运动方式也对人体的运动系统起到强健作用,特别是对腿部及腰腹力量的加强。充足的运动负荷对于机体的代谢活动更为有利,能够使人经常保持精力充沛、神采奕奕的精神状态。

3. 能够有效调节心理状态

人的心理活动的本质是脑对外界客观事物的反映。合理的运动对保持积极向上的良好心态有着重要作用。而要想保持乐观的情绪和开朗的心境往往需要某种媒介加以配合,体育舞蹈的运动特点恰恰使其非常适合。经常参加体育舞蹈锻炼能使人调整身心,促进人际交往,逐步消除情绪障碍和与人交往的心理障碍,以此保持乐观的心情,以饱满的情绪再度投入紧张的学习和工作中。

**(三)德育价值**

体育舞蹈不仅是一种体育运动项目,也是一种社交活动,更是一种让人们了解并享受舞蹈文化的方式。在现代,体育舞蹈成为人们日常生活的一部分,在社区广场、盛大宴会上都会出现。总之它与人的关系越发密切,良好的情感交流会使人感到愉快,甚至会将这种愉快感染到其他人,使人产生相互依恋的情结。体育舞蹈本身所特有的交际功能,能使参与者多掌握一种交际手段,在与舞伴的配合中形成合作与相融、忍让与互进的品格,而这些都是融入社会所必需的。因此,为了使舞伴之间和谐相处,需要注意以下几个方面:

1. 互相尊重,互相理解,礼节到位。
2. 加强自身技术的训练,具备独立完成动作的能力。
3. 双人配合有矛盾时,尽可能从技术问题出发,相互协商解决问题。
4. 舞蹈练习过程中,不要互相埋怨,要从积极的方面鼓励对方。

## 第三节　体育舞蹈的基本技术

### 一、恰恰舞

**(一)概述**

恰恰舞节奏为 4/4 拍,其节奏为 1、2、3、4&,强拍在第 1 拍,其拍值为 1 拍、1 拍、1 拍、1/2 拍、1/2 拍。由于恰恰舞的音乐的构造方式造成每小节的第 4 拍被等分成两半拍,使恰恰舞追步的第 1、2 步由被等分的第 4 拍所形成,每步各占 1/2 拍。其第 3 步则为下一个小节的第 1 拍。

**(二)基本舞步**

1. 右恰恰追步(右、左、右)(见表 16-2)

表 16-2　男士与女士右恰恰追步

| 步序 | 节奏 | 时值 | 步位 | 身体动作 |
|---|---|---|---|---|
| 1 | 4 | 1/2 | 右脚向侧,小步,脚掌平伏 | 侧向步,右膝伸直,胯部开始移至右前侧 |
| 2 | & | 1/2 | 左脚向右脚半并合,脚掌平伏 | 原地重心转移,收回左腿,胯部移至右后侧 |
| 3 | 1 | 1 | 右脚向侧,脚掌平伏 | 两膝伸直,胯部摆动至右前侧 |

2. 左恰恰追步
内容同上,唯左右交换。

3. 恰恰前进锁步(右、左、右)(见表 16-3)

表16-3 男士与女士恰恰前进锁步

| 步序 | 节奏 | 时值 | 步位 | 身体动作 |
|---|---|---|---|---|
| 1 | 4 | 1/2 | 右脚前进,小步,脚掌平伏 | 右侧身体带领,右膝伸直,胯部开始移至右侧 |
| 2 | & | 1/2 | 左脚交叉在右脚后,脚尖平伏 | 形成古巴交叉,两膝自然弯曲,胯部移回中央 |
| 3 | 1 | 1 | 右脚前进稍向右,脚掌平伏 | 右侧身体带领,两膝伸直,胯部移向右侧 |

4. 恰恰前进锁步(左、右、左)

内容同上,唯左右交换。

5. 恰恰后退锁步(左、右、左)(见表16-4)

表16-4 男士与女士恰恰后退锁步

| 步序 | 节奏 | 时值 | 步位 | 身体动作 |
|---|---|---|---|---|
| 1 | 4 | 1/2 | 左脚后退,小步,脚掌平伏 | 左侧身体带领,左膝伸直,胯部开始移至左侧 |
| 2 | & | 1/2 | 右脚交叉在左脚前,脚掌平伏 | 形成古巴交叉,两膝自然弯曲,胯部移回中央 |
| 3 | 1 | 1 | 左脚后退稍向左,脚掌平伏 | 左侧身体带领,两膝伸直,胯部移向左侧 |

6. 恰恰后退锁步(右、左、右)

内容同上,唯左右交换。

7. 恰恰纽约步(见表16-5)

表16-5 男士与女士恰恰纽约步

| 步序 | 节奏 | 时值 | 步位与身体动作 |
|---|---|---|---|
| 准备动作:重心放在右脚上,胯部摆动至右侧,左脚在旁脚尖点地,双膝伸直 | | | |
| 1 | 2 | 1 | 右转1/4,左脚前进,左肩并肩位。闭式舞姿开始,左脚前进同时转体成叉形步,视点有90度转换 |
| 2 | 3 | 1 | 右脚原地踏一步,落跟,后半拍准备左转 |
| 3 | 4 | 1/2 | 左转1/4,左脚横步,胯部移至左前侧 |
| 4 | & | 1/2 | 右脚并左脚,胯部摆至左后侧 |
| 5 | 1 | 1 | 左脚横步,直膝,胯部移至左前侧,准备左转 |
| 6 | 2 | 1 | 左转1/4,右脚前进,右肩并肩位。闭式舞姿开始,右脚前进同时转体成叉形步,视点有90度转换 |
| 7 | 3 | 1 | 左脚原地踏一步,落跟,后半拍准备右转 |
| 8 | 4 | 1/2 | 右转1/4,右脚横步,胯部移至右前侧 |
| 9 | & | 1/2 | 左脚并右脚,胯部摆至右后侧 |

表16-5(续)

| 准备动作:重心放在右脚上,胯部摆动至右侧,左脚在旁脚尖点地,双膝伸直 | | | |
|---|---|---|---|
| 步序 | 节奏 | 时值 | 步位与身体动作 |
| 10 | 1 | 1 | 右脚横步,直膝,胯部移至右前侧,准备右转 |

注:纽约步双人动作与单人动作相同,男士左脚开始时,女士右脚开始,反之亦然。

## 8. 恰恰定点转(见表16-6)

表16-6　男士与女士恰恰定点转

| 准备动作:重心放在右脚上,胯部摆动至右侧,左脚在旁脚尖点地,双膝伸直 | | | |
|---|---|---|---|
| 步序 | 节奏 | 时值 | 步位与身体动作 |
| 1 | 2 | 1 | 右转1/4,左脚进右脚前交叉,脚跟离地,双脚掌为轴再右转1/2,重心偏向左脚,注意视点转换 |
| 2 | 3 | 1 | 重心转移在右脚,身体持续右转 |
| 3 | 4 | 1/2 | 右转1周完成,左脚横步,胯部移至左前侧 |
| 4 | & | 1/2 | 右脚并左脚,胯部摆至左后侧 |
| 5 | 1 | 1 | 左脚横步,直膝,胯部移至左前侧,准备左转 |
| 6 | 2 | 1 | 左转1/4,右脚进左脚前交叉,脚跟离地,双脚掌为轴再左转1/2,重心偏向右脚,注意视点转换 |
| 7 | 3 | 1 | 重心转移在左脚,身体持续左转 |
| 8 | 4 | 1/2 | 左转1周完成,右脚横步,胯部移至右前侧 |
| 9 | & | 1/2 | 左脚并右脚,胯部摆至右后侧 |
| 10 | 1 | 1 | 右脚横步,直膝,胯部移至右前侧,准备右转 |

注:定点转双人动作与单人动作相同,男士左脚开始时,女士右脚开始,反之亦然。

(三)组合舞步练习

1. 恰恰单人组合练习(见表16-7)

表 16-7　恰恰单人组合练习

| 序号 | 动作名称 | 动作时值 | 编舞时值 |
|---|---|---|---|
| 1 | 基本动作 | 234&1. 234&1 | 12345678 |
| 2 | 分列式古巴碎步 | 2&3 4&1. 2&3 4&1 | 22345678 |
| 3 | 左脚前进步转至锁步 | 234&1 | 3234 |
| 4 | 右脚前进步转至锁步 | 234&1 | 5678 |
| 5 | 前进抑制步至 3 个后退锁步 | 234&1. 2&3 4&1 | 42345678 |
| 6 | 原地换重心至 3 个前进锁步结束与旁 | 234&1. 2&3 4&1 | 52345678 |
| 7 | 向右定点转 | 234&1 | 6234 |
| 8 | 纽约步 | 234&1. 234&1 | 5678 7234 |
| 9 | 向左定点转 | 234&1 | 5678 |
| 10 | 瓜帕恰节奏步 | 2&3 4&1. 2&3 4&1 | 82345678 |
| 结束,可循环 |||||

## 2. 恰恰双人组合练习(表 16-8)

表 16-8　恰恰双人组合练习

| 序号 | 动作名称 | 动作时值 | 编舞时值 |
|---|---|---|---|
| 1 | 分式扭臀转步 | 234&1. 234&1 | 12345678 |
| 2 | 曲棍形转步 | 234&1. 234&1 | 22345678 |
| 3 | 1~5 闭式基本动作步 | 234&1 | 3234 |
| 4 | 11~15 右陀螺转步 B 式完成 | 234&1 | 5678 |
| 5 | 闭式扭臀转步至分式相对侧行位置 | 234&1. 234&1 | 42345678 |
| 6 | 分式相对侧行位置之抑制步 | 234&1 | 5234 |
| 7 | 后退锁步追步接手对手 | 2&3 4&1. 234&1. 2&3 4&1 | 5678 6234<br>5678 |
| 8 | 分式相对侧行位置至分式<br>侧行位之分裂式古巴小碎步 | 2&3 4&1. 2&3 4&1 | 72345678 |
| 9 | 分式相对侧行位置之抑制步 | 234&1 | 8234 |
| 10 | 原地左转 | 234&1 | 5678 |
| 结束,可循环 |||||

## 二、华尔兹舞

### (一)基本架型

**1. 站位**

两舞者面对面站立,女士在男士的右前侧。当双脚并拢时,女士右脚尖直对男士双脚之间。两舞者的右肋骨下到右膝关节上部有接触,此接触点并不是固定不变的,由于男女舞伴身高的不同,接位点也会有所不同。

**2. 手臂位置**

男士的右手放在女士左肩胛骨下侧,手指并拢,并延伸,平放,手臂与小臂成一条直线。女士将左臂放在男士右臂上,手处于男士右上臂下侧。男士的左手与女士的右手相握,拇指相互交叉,其余4个手指轻轻握在女士的手背上。双手相握的高度保持在两舞者的眼角处(如两舞者身高比较悬殊,相握手的高度以身高较矮者为准)。两舞者的目光可通过对方的左肩即可。

### (二)音乐节奏

华尔兹舞的音乐节奏为3/4拍,重拍在第1拍。

### (三)元素与基本舞步

**1. 升降**

上升和下降的外部表现特征是身体重心与中心点的上下位置变化。

(1)上升。指脚跟抬离地面,膝关节由屈到伸以及身体中轴靠舞者内力向上延升的过程。

(2)下降。指支撑脚脚跟落地延续屈膝动作,便于下一步行进的动作过程。即使是通过下降产生的前进与后退,在下降前,身体处于上升的位置。支撑脚脚跟先与地面接触,同时动作脚开始向运动方向运动,支撑脚膝关节开始弯曲,带动身体继续下降,同时动作脚继续按动作要领进行或前、或后、或侧的运动。

**2. 前进并换步(见表16-9)**

表16-9　男士与女士华尔兹前进并换步

| 步序 | 节奏 | 步位 | 步法 | 升降 |
|---|---|---|---|---|
| 1 | 1 | 右(左)脚前进 | 跟掌 | 结尾开始上升 |
| 2 | 2 | 左(右)脚向侧并稍向前 | 掌 | 继续上升 |
| 3 | 3 | 右(左)脚并左(右)脚 | 掌跟 | 继续上升,结尾下降 |

**3. 后退并换步(表16-10)**

表16-10　男士与女士华尔兹后退并换步

| 步序 | 节奏 | 步位 | 步法 | 升降 |
|---|---|---|---|---|
| 1 | 1 | 右(左)脚后退 | 掌跟 | 结尾开始上升 |
| 2 | 2 | 左(右)脚向侧并稍向后 | 掌 | 继续上升 |
| 3 | 3 | 右(左)脚并左(右)脚 | 掌跟 | 继续上升,结尾下降 |

## 第四节　体育舞蹈比赛与裁判法

### 一、体育舞蹈比赛

（一）体育舞蹈比赛基本流程

1. 策划

按各级体育舞蹈管理部门的等级，提前制订相应级别的年度竞赛计划，发往下属各级体育舞蹈管理部门，协调和确定各项赛事的承办单位以及比赛冠名等事宜。

2. 预案

构建大会组织机构，确定比赛主办、承办、协办单位，比赛组别的设置，执行规则和各项要求，经费的来源与支出预算，确定比赛时间、地点、场馆、报名方法和报到地点等事项。

3. 准备

制定比赛规程并通过各种信息渠道告知下属体育舞蹈管理部门、大中专院校、行业体协以及所属俱乐部等单位，并做好报名、赛程编排、计算机编组录入、印制秩序册、选手背号、奖品、接待团队、安保团队、广告宣传、比赛场馆及场地设施、餐饮的配备、后勤保障及医务人员、酒店入住安排、交通工具和票务等准备工作。

4. 接待

赛前1~2天进行组委会人员、各代表队人员报到和接待工作，运动员试场地（走场），召开领队教练员会议和联谊会等事宜。

5. 比赛

一般白天进行淘汰赛和部分决赛，晚上举行开幕式和观赏性强的组别的决赛，其间可穿插表演或其他性质的节目。组别设置较多的比赛一般不进行当场颁奖仪式，奖品和奖金的颁发采用定点自领的方式。

（二）体育舞蹈比赛组织机构

根据比赛规模，建立相应健全的组织机构。充分发挥机构的作用是顺利完成比赛的前提与保证。比赛规模一般可分为大、中、小型三种。

比赛组织机构见图16-1。

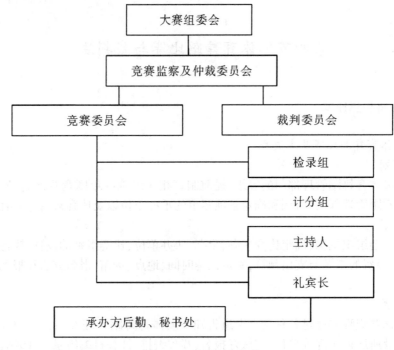

图 16-1　比赛组织机构

## 二、体育舞蹈裁判法

(一)裁判员评判要素

1. 时值和基本节奏

裁判必须确定选手是否按时值和基本节奏进行表演。时值是指每一舞步的时间正好与音乐合拍。基本节奏是指舞步在规定时间内完成并且保持舞步之间正确的时间关系。

选手的时值和基本节奏错误时,其该项舞蹈的所得分数必须是最低的。这种错误不能通过其在评判要素第五项的良好表现来弥补。

2. 身体线条

身体线条是指两位选手作为一个整体,在运动中身体各部位构成的整体效果,应表现出优美的舞姿。

身体线条分为:手臂线条、背部线条、肩部线条、髋部线条、腿部线条、颈部和头部线条、左侧和右侧线条。

3. 舞蹈的风格

裁判必须确定选手是否正确掌握该舞蹈的风格特点,标准舞中,要评估选手动作的升降、倾斜和平衡。在掌握良好的控制和平衡情况下,动作幅度越大得分越高。在拉丁舞中,必须评估每种舞蹈典型的髋部动作。

4. 节奏表现力

裁判必须评估选手的舞蹈节奏表现力。这反映出选手对舞蹈节奏的感受、理解与适应能力,以及在舞蹈中对音乐主题特性的理解与表现。但如果动作与节奏不符合,也要按违反第 1 项处理。

5. 步法技巧

裁判必须评估选手正确表现舞步的脚法,如每一步的足着点是脚掌、脚跟或脚趾等,以及脚步移动的控制和表达。

(二)裁判员评判要求

(1)评判工作自选手进入比赛位置时开始,只有当音乐停止时方告结束。在整个舞蹈表演过程中,裁判必须不断地给选手打分并在必要时修正分数。

(2)在淘汰赛和决赛中,如果音乐尚未结束而选手停止表演,则其该项舞蹈的分数列最后一位。

(3)裁判必须在规定时间内对选手的表演进行单独评判。考虑任何其他因素,比如选手的名气、以往的表现或在其他舞种中的表现都是不允许的。

(4)裁判无需向选手解释评分结果。在比赛过程中或两轮比赛之间,不允许和任何人讨论参赛选手或他们的表现。

(5)对于所有舞种,选手的时值和基本节奏是裁判打分的首要因素。因此,如果选手重复犯此错误,那么其该项舞蹈的分数列最后一位。

**参考文献**

[1]国家体育总局职业技能鉴定指导中心组.体育舞蹈[M].北京:高等教育出版社,2012.

[2]黄艳,郭玉洁,秦黎霞.形体与体育舞蹈[M].北京:清华大学出版社,2015.

[3]体育舞蹈运动教程编写组.体育舞蹈运动教程[M].北京:北京体育大学出版社,2016.

──学习时刻──

党和国家高度重视体育事业，广大人民群众对体育十分喜爱，抱有热切的期待。体育是提高人民健康水平的重要手段，也是实现中国梦的重要内容，是能够为中华民族伟大复兴凝心聚气的强大力量。

——2014 年 2 月 7 日，习近平总书记亲切看望索契冬奥会中国体育代表团时的讲话。

# 第十七章

# 形体与礼仪训练理论与技术

　　形体与礼仪，其基础是"形"。首先，从"形"的体态感觉开始，找到最佳的形体感觉及精神状态，对形体气质加以强化；然后，针对"形"的状态加以调整，对身体各个部位分别进行塑造、修饰，使身形得到改善，即形体训练；最后，对形体动作和表现加以约束，即展现礼仪美。

　　在频繁的人际交往中，在举手投足间，人们往往在不知不觉中展示着自己的教养和气质。与有声的语言相比，"形体语言"大多是不由自主的、由内而外的；因此，形体语言中所透露的信息更加真实、可靠，也就更值得人们信赖。由此，具备优雅得体的举止、良好的教养和风度就显得尤为重要了。

　　形体与礼仪集健身性、知识性、趣味性、实用性为一体，以身体练习为基本手段，融入职场礼仪规范和标准，展现个人的气质和魅力，体现个人的内在学识和文化修养，培养团队协作精神，提升自信、提升审美观，完善自我，激发学生树立乐观、积极的人生态度，树立终身体育观，全方位、多维度打造健康体质、完善体态、健全人格、内在和外在美结合的新时代大学生。

## 第一节　形体与礼仪概述

　　随着社会的发展，单纯对形体美的需求已不能满足人们的需要。心理学家马斯洛提出的需要层次理论将人的需要分成生存需要、安全需要、社交需要、尊重需要和自我实现需要。人是社会人，需要依附于群体，人际交往需要彼此帮助和赞许；需要受到别人的尊重和自身具有的自尊心；需要通过自己的努力，实现自己的人生价值，从而对生活和工作真正感到很有意义。因此，将形体美和基本礼仪知识有效地结合成为了现今大学生适应社会的需要。

### 一、形体美

　　形体是指人体结构的外在表现，即身体的外在形态，它是一门艺术。只有在四肢、躯干、头部的合理配合下才能显示出姿态优美、体形匀称的整体的形体美，形体美不单取决于好的体形，更重要的是能使人们从动作姿势中感受到自然的美。

　　形体美主要体现在三个方面：骨骼、肌肉、肤色。美好的形体应具备以下特征：体格强壮、体态轻盈、体魄健康、体形匀称；肌肉具有对称性，肌肉线条具向心脏方向的走向；动作协调以及丰富柔和的曲线形体。男子形体强调上肢力量及肌肉发达，整个体型呈倒三角形；女子形体强调身体比例匀称，线条流畅，整个体型呈曲线形；肤色红润而有光泽，健康光滑有弹性。所以形体训练的目标是：改善骨骼肌线条的走向；改善骨骼肌的不协调、不对称；改善胸、腰、髋三个围度的比例；提高关节灵活性、发展肌肉力量以提高人体在静止状态或运动状态的稳定性。

　　人类按照美的观念和规律，建设和改造世界，同样以美来塑造个体的形象。形体美是姿态美、体态美、线条美和外部形态与内部情感统一的和谐之美。人们追求反应速度、意志、品质、耐力、承受能力高度结合的健康之美，举止大方、身姿优美、体魄健壮，德、智、体同步发展的美；以适应当今社会高速发展的需要。所以，向往形体美、追求形体美，是人类不断发展进步的象征，是社会文明、民族繁荣的具体表现。

### 二、仪态礼仪

　　礼仪无处不在，它不仅可以展现一个人的风度和魅力，还能体现一个人的内在学识和文化修养。"礼"表达的是敬人的美意，"仪"展现的是表达这种美意的形式。爱美是人的天性，人总是按美的规律设计自己，这包括表达礼的形式，即仪。所以，礼仪规范是对人的美好形象的设计，施礼是对美的形象的塑造与展示。知礼懂礼，注重礼仪，是每个人立足社会的基本前提之一，是成就事业，获得美好人生的重要条件。

　　仪态是指一个人在静止或活动中所表现出来的身体姿势和举止神情，是仪态礼仪的重要内容。姿态美是一种极富魅力和感染力的美，它能使人在动静之中展现出人的气质、修养、品格和内在的美。从某种意义上说，一个人的各种姿态，更引人注目，形象效应更为显著。姿态举止往往胜于言语而真实地表现人的情操。端正秀雅的姿态，从行为上展示着一个人内在的持重、聪慧与活力，可谓"此时无声胜有声"。如果一个人容貌俊秀，衣着华贵，但没有与之相应的姿态行为美，便给人一种虚浮粗浅感。仪态礼仪主要包括站、行、卧、坐几个方面。古人的姿态范式"站如松，坐如钟，行如风，卧如弓"，今天仍值得我们借鉴。

## 第二节　现代形体训练的特点与价值

　　形体训练是以人体科学理论为依据，通过徒手或手持轻器械运用专门的动作方式和方法在音乐伴奏下以自然性和韵律性动作为基础，进行美的体形的塑造，提高灵活性、协调性和形体表现力，增强可塑性为目的的形体技巧训练和形体素质基本练习。

### 一、形体训练的特点

　　车尔尼雪夫斯基说："生命是美丽的，对人来说，美丽不可能与人体的健康分开。"而形体训练不仅能使人获得健康美，还能使人获得形体美、姿态美、动作美和气质美，也正因为这样，形体训练越来越受到大家的重视。形体训练是以具有优美性和艺术性为其主要特征的。艺术是美的体现，形体训练与其他艺术，如舞蹈、美术、音乐等都有

着内在的联系,但各有特点。形体训练的特点主要表现为以下方面:

### (一)形体训练是以节奏为中心,以自然性动作为基础的有节奏运动

节奏的希腊语原意是"流动"的意思。节奏充满在自然界和社会生活之中,万物都是按节奏运动的,节奏就是"动力在时间、空间上得到合理的分配",用最省的力量完成最大的动作,紧张与放松是节奏的根本原则。摆动、弹性、波浪动作是节奏运动的最基本动作。

自然性动作是指按照人体自然状态下的运动规律,按照人体运动的自然法则所进行的运动。如人体运动时,身体的中部是主动部位,由它牵动上肢和下肢。

在形体训练动作过程中,必须合理调节各肌群紧张与放松的关系,控制好在不同时间和空间上的肌肉用力程度,避免不必要的肌紧张,使其自然、流畅、富有韵味。形体训练的节奏,还在于内在节奏(呼吸和对音乐的理解)与外在节奏(动作的大小、快慢、强弱)的有机统一,各种动作按照音乐的内容和节奏变化表现出力度、速度和幅度上的对比和变化,形成节奏的完美和一致,从而构成了形体训练是以节奏为中心,以自然性动作为基础的协调的节奏运动的这一特点。

### (二)艺术性

音乐是形体训练的灵魂。它是完成形体训练动作必不可少的组成部分。它不仅能激发练习者的情绪,提高练习者的兴趣,而且能发展练习者的想象力和表现力,培养动作的节奏感,促进身心全面发展,同时还有助于练习者合理掌握"力"的运用,以达到准确并轻松自如地完成动作的目的。音乐可使练习者的表演更富有感染力,给观看者以更完美的艺术享受,同时也可激发练习者的欲望和激情,使人在锻炼中更加愉快,更有兴趣,达到忘我的境界。特别是根据不同风格的乐曲,选择和创造出不同风格、形式的形体训练动作,不仅提高成套形体练习的感染力,还能提高练习者的音乐素养、培养其良好气质,愉悦身心。音乐的节奏和情感必须与所做动作的节奏与情感一致,当肢体语言充分传达出音乐情感及内心情感时,音乐就起到了升华灵魂的作用。

音乐欣赏或音乐伴奏亦是对学生进行爱国主义教育及中华文化传承的重要手段。例如在形体训练中,利用《保卫黄河》《万疆》《茉莉花》《白毛女》选段等,通过音乐的感染力,让学习者充分了解伴奏音乐背景故事,通过用身体动作等对音乐进行诠释。因此,音乐也成为课堂思政融入的有效载体。

### (三)内容、方法多样性

形体训练大多为徒手练习,也可利用把杆辅助;练习可以是集体,也可以是个人;可以在统一的时间内,也可以分散安排;不同的性别、年龄、体质、体型、素质,以及不同的地点和器材均可进行。只要练习者有计划地安排,不间断地进行科学训练,目的就能达到。它不受场地、器材、时间的限制。

从形体训练的内容上看,基本动作、器械及项目都十分丰富,形体训练的动作主要有用于身体局部练习的系列动作,也有用于身体整体练习的单个动作,还有用于形体练习的健身系列的成套动作以及用于矫正康复的专门动作。

形体训练的项目:有健身强体的健美体型的练习,有训练正确的坐、立、行走姿势的专门练习,有适合瘦人发达肌肉、丰腴健美的锻炼,也有适合胖人减肥的练习,还有适合康复的练习。形体训练的器械更是繁多,有专门的单项器械,有联合器械,还有自

制的娱乐器械。

（四）广泛的群众性和针对性

不论男女老少，不论何种职业，根据各自不同年龄性别、能力、爱好，都可以参加改善和发展身体某部分需要的各种形式的形体训练。因为它不仅能够使机体新陈代谢旺盛，各器官功能得以改善，增强体质，延年益寿，同时也可以针对性地改善身体某一部分状况（发达肌肉、祛脂减肥、矫正畸形），使体形匀称、协调、优美。

## 二、形体训练的价值

著名的美学家朱光潜先生说："人体以它生动、柔和的线条与轮廓，有力的体魄与匀称的体态，滋润、光泽、透明的色彩，成为大自然中最完美的一部分，标志着我们这个星球最高级生命的尊严。"这段话精辟地表达了人们追求人体美的价值。

形体训练是一门学科，要想通过形体训练来增强体质，增进健康，从而获得一个健美的体型和强壮的体格，就必须首先了解人体肌肉的生理解剖知识，懂得人体肌肉的合理结构、功能和特性。只有这样，才能更好地掌握形体训练的方法，更好地进行针对性练习。为此，在讨论形体训练的价值问题前，我们先就实现形体训练价值的有关生理解剖知识做简单介绍。

（一）形体训练的相关生理解剖知识

形体训练在生理学分类中，其肌肉特点偏重于等长收缩。形体训练多是静力性活动和控制能力的练习，也就是通过肌肉的紧张和收缩，使身体固定于某种姿势上不动。动作结构特点，多为周期性练习和非周期性练习相结合。周期性练习是指形体练习动作比较简单，按一定顺序多次重复，连贯进行；非周期性练习是指形体训练中有些动作比较复杂，没有显著的连贯性，每个动作可以单独完成。

人体的运动系统是由骨、骨连接（关节）和肌肉构成，它们约占体重的58%。骨与骨连接构成人体的杠杆系统——骨架，肌肉附着在骨架上。运动系统的主要功能就是使人体运动，这种运动是以骨为杠杆、关节为枢纽、肌肉为动力来实现的。

1. 力量

力量是指身体或身体某部位用力的能力，是肌肉收缩或紧张时所表现出来的。人的良好站立形态，必然是头部端正，正向上顶，两眼平视，下颌略回收，双肩后张下沉，挺胸，收腹，立腰，立背，紧臀，双膝伸直，双腿夹紧，脚跟并拢，脚尖开立45~60度。要想训练好站立姿态，必须要加强腿部和膝关节的支撑力量及立腰的能力和腹部肌肉收缩的力量，通过擦地、踢腿、蹲、勾绷脚等练习，可加强肌肉力量。

2. 柔韧性

柔韧性一般称为"软度"。柔韧性好坏是由人体各个关节的运动幅度大小所决定的。影响柔韧性好坏有三个因素：一是骨节构，构成关节的关节面之间的面积差大，关节的灵活性就大，面积差小，关节的灵活性则小；二是关节周围关节囊的紧密程度和韧带数量的多少，其紧和多者柔韧性相对差些；三是关节周围的肌肉和软组织的体积大者柔韧受限制。第一个因素主要是先天形成的，不易改变。第二和第三个因素可以通过形体基本功的训练获得改进。

(二)形体训练的作用

1. 增强体质

形体训练以身体训练为基本手段,不仅在于塑造学生的形体美和仪态美,对学生身心全面发展也具有积极的促进作用。改善和提高各器官系统的生理功能,使先天的身体形态、结构、生理机能和心理因素得到"获得性"后天改变。通过协调动作、姿势优美、刚柔并济的形体训练,锻炼学生身体。形体训练可以改善神经系统的功能,使人长期保持青春活力和旺盛精力,对致病因素的抵抗力和对外界各种刺激的适应能力有明显增加;适当的形体训练可以提高理解能力、思维能力和记忆力,使大脑变得更加聪明;形体训练能矫正骨骼形状,能使骨形在训练动作的压力与拉力作用下,向正确方向发展,矫正不良骨形,健美身材。长期坚持形体训练,还有利于增强骨的抗折、抗压和抗扭能力;形体训练能提高心血管系统的功能;形体训练能使肌肉丰满结实。

2. 美化形体

形体训练能塑造健美的体型、体态,造就一种健康美。健康美主要是指在身体健康的基础上,所表现出来的良好的精神状态、气质和风度,它比一般意义上的身体健康有更高的目标和追求,要求在增进健康的同时,实现体型、身体、心理的协调统一。而形体训练能培养高雅的气质和风度,因为形体训练本质上就包含着人的精神、气质、风度,学生在形体训练中,把握住精、气、神,就会逐渐形成一种高雅的气质和风度。

因此,长期坚持形体训练,能有效促进学生的生长发育,能使人的外形美与内在美有机地融为一体,培养出高尚的气质和风度。

## 第三节 现代形体训练的基本技术

形体训练动作简单易学,内容丰富多彩,练习中大多数内容属于艺术体操和芭蕾的基本动作,掌握了这些基本的技术方法、练习要领和步骤,练习者就可以按规律举一反三,触类旁通,演绎变化,创造出更多的新颖动作,组合成各种不同风格的成套练习,从而达到锻炼身体素质和塑造健美形体的目的。

徒手练习是形体训练的基础,通过徒手动作可以培养正确的身体姿态,掌握身体运动的正确方法,发展柔韧、灵巧、速度、力量等身体素质,增强动作的协调性、节奏感和表现力,为学习持轻器械动作和成套小组合打下良好的基础。下面就介绍一些简单实用的练习动作给大家。

### 一、基本姿态

形体训练中姿态优美是练习的最基本要求和目的,在练习过程中应充分利用人体形体结构的特点,在美观的前提下加大关节弯曲、转动的幅度,使身体线条婀娜多姿,动作造型符合美学特点。

(一)手位

1. 手形

手的基本形状是:手指并拢,自然伸长,拇指与中指向手心。当手臂伸展时,手指

和手腕随之伸展,使手臂成一反弓形。当手臂成弧形姿态时,手指手腕稍放松,使整个手臂从肩至手指尖成一柔和的弧形,手形随手臂姿态而协调灵活变换。

2. 手位(芭蕾手位练习)

技术介绍:手臂以伸展或弯曲的形态向各个方向举起,构成不同的姿态造型。

(1)正方向的手臂姿态:手臂伸直或弯曲向前前举、向侧侧举、向上上举、向后后举。

(2)中间方向和斜方向的手臂姿态:两个正方向之间45度所对的方向为中间方向,例如前上举、前下举、侧上举、后上举、侧下举、后下举等。两个中间方向之间45度所对的方向为斜方向,例如前(后)斜上举、前(后)斜下举等。

各位置上的手臂姿态可以直臂、稍屈肘成弧形或屈臂。通过手形、臂形以及手臂位置的变化形成多种姿态。两臂可向同一方向,也可向不同方向举起。在手臂姿态练习中,两肩应保持放松,手指随手臂向远伸展,头随手动,眼看手指,全身协调配合。

(二)脚位和站立姿势

技术介绍

1. 脚的基本位置,常用两脚站立的位置有以下几种:

(1)并步:两脚自然并拢,脚尖向前,见图17-1(1)。

(2)小八字步:两脚跟靠拢,脚尖向斜前方成八字形,两脚的夹角约60度,见图17-1(2)。

(3)开立:两脚左右或前后分开自然站立,脚间距同肩宽,见图17-1(3)。

(4)丁字步:两脚尖斜向前方,前脚跟靠在后脚弓处形成"丁"字形,见图17-1(4)。

图17-1

2. 站立姿势

两脚在脚位上,以全脚掌或前脚掌、脚尖、脚跟等不同的部位支撑地面,两脚伸直或屈膝形成各种姿势。

(1)直立:两脚伸直站立,重心在两脚之间,见图17-2(1)。

(2)起踵立:在直立的基础上,脚跟抬起以前脚掌支撑地面,大腿用力夹紧,重心高位,头向上顶,见图17-2(2)。

(3)点地立:支撑脚全脚掌着地,摆动腿脚面绷直,以脚尖在体前、侧、后点地,重心在支撑腿上,见图17-2(3)。

(4)蹲立的姿势:屈膝站点姿势,稍屈膝为半蹲,屈膝角度小于90度为全蹲,见图17-2(4)。

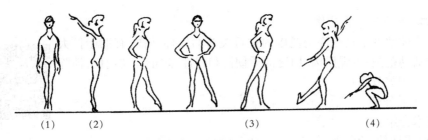

图 17-2

注意：站立姿势时要求练习者的头正直、上顶，胸挺，腰立，肩下沉，紧腹，夹臀，提胯，臀部和腿部肌肉向身体中线方向夹紧，保持稳定的重心和挺拔的姿势。

### 二、基本的身体动作

形体练习包括各种走、跑、跳、舞步、摆动、绕环、弹性、屈伸、波浪、平衡、转体等基本动作。这些动作的练习可以发展练习者全身的柔韧和力量、灵敏和协调，提高人体身体素质，形成健美的体态和优雅的气质。在这里介绍一些较简单实用的基本动作。

（一）走和跑

1. 柔软步

技术介绍：由站立开始，左腿膝盖脚面绷直向前伸出，脚面外翻，步幅不要太大，之后整个腿旋外向前伸出，由脚尖过渡到全脚掌着地，身体重心随之前移，接着换右脚向前，两腿交替进行，见图 17-3。

图 17-3

2. 足尖步

技术介绍：由起踵立开始，左腿脚面、膝盖绷直向前伸出，由脚尖过渡到前脚掌着地，上体正直收腹立腰，同时重心前移，两腿交替行进。

注意：练习足尖步时，紧腹收臀，足跟尽量向上提，重心高，头向上顶，步幅小，步频快，平稳移动，见图 17-4。

图 17-4

（二）弯曲和伸展动作

在人体解剖结构允许的范围内进行关节的屈伸动作,有助于扩大关节的活动范围,增强肌肉、肌腱的柔韧性和弹性,防止运动创伤,消除肌肉萎缩和关节僵硬。

1. 上肢屈伸

技术介绍:

（1）手屈伸:手指和手腕各关节弯曲成拳,伸展成掌。

（2）臂屈伸:手臂经屈臂姿势向前、侧、上、下等任一方向伸展成直臂姿势。

（3）手臂弹动:手或手各关节同时快速或缓慢地被动弯曲,紧接着快速或缓慢地主动伸展。屈伸动作充分,节奏连贯。

2. 下肢屈伸

技术介绍:

（1）勾脚与绷脚:脚趾和踝关节跖屈绷直,背屈为勾脚。

（2）屈腿与伸腿:支撑腿和摆动腿都可以做屈伸的动作。屈腿时膝关节放松,腿部屈肌收紧,使膝关节弯曲成90度或更小。伸腿时腿部伸肌收紧,使膝关节绷直。

（3）移重心:由点地立开始,通过支撑腿和摆动腿依次屈伸,使重心向前、后、侧移动,见图17-5、图17-6。

图 17-5　前向移动重心

图 17-6　左右移动重心

3. 躯干弯曲

技术介绍:

躯干各关节协同一致地向前、后、侧弯曲,形成上体前屈、上体后屈和体侧屈动作。躯干弯曲时下肢用力支撑,保持稳定的重心,头部随躯干弯曲,同侧肌肉强力收缩,加大幅度,手臂随躯干运动协调配合,见图17-7。

图 17-7

### 4. 躯干波浪

技术介绍(以跪坐波浪为例)：

由跪坐开始,腰、胸、颈各关节依次前挺后屈,上体前倒,使胸贴腿,接着腰、胸、颈依次后移前屈,经弓背、含胸、低头的过程伸展还原成上体正直。

注意:动作中各关节的屈伸要依次、连贯、充分,以形成波浪的推移运动,躯干波浪还可向侧,动作方法如前所述,仅躯干屈伸方向向侧。躯干波浪也可在跪立、坐、卧等条件下进行,见图 17-8。

图 17-8

### 5. 全身波浪

技术介绍：

(1)身体向前波浪:由半蹲体前屈开始,膝、髋、腰、胸、颈依次镶嵌上方挺出,经含胸、低头、挺髋的反向弯曲和上体大幅度后屈姿势,由下至上,身体各关节依次伸展还原成直立。动作中两臂由前经下向后绕至上举,全身协调配合,见图 17-9。

图 17-9

(2)身体向后波浪:由上体后屈,臂上举开始,膝、髋、腰、胸、颈各连贯依次前屈,经挺胸、抬头、屈髋的反向弯曲姿势,继续弓背、含胸、低头至上体前屈姿势,同时手臂

经后下绕至前下方,由后至前,身体各关节依次伸展还原直立,见图 17-10。

图 17-10

(3)身体向侧波浪(以左波浪为例):左脚脚尖侧点地,两臂右侧上举,上体左侧屈,左、右腿依次屈膝向左移重心并随之依次伸直,同时髋、腰、胸、头依次经前屈向左侧上方挺出至右脚尖侧点地,上体右侧屈,两臂随着经下摆至左上方,见图 17-11。

图 17-11

注意:动作的依次、连贯和用力均匀。

## 第四节　仪态礼仪的相关知识介绍

### 一、站姿

俗话说:"站如松",站姿是人类的一种象征,男子的站姿如"劲松"之美,具有男子汉刚毅英武、稳中有力的阳刚之美;女子的站姿如"静松"之美,具有女性轻盈典雅、亭亭玉立的阴柔之美。正确的站姿是自信心的表现,会给人留下美好的印象。

1. 标准的站姿

标准的站姿,从正面看,全身笔直,精神饱满,两眼正视(而不是斜视),两肩平齐,而两臂自然下垂,两脚跟并拢,两脚尖张开 60°,身体中心落于两腿正中;从侧面看,两眼平视,下颌微收,挺胸收腹,腰背挺直,手中指贴裤缝,整个身体庄重挺拔。站姿的要领是:一要平,即头平正、双肩平、两眼平视。二要直,即腰直、腿直,后脑勺、背、臀、脚后跟成一条直线。三是高,即重心上拔,看起来显得高。

2. 站姿的种类

以一个人的脚位为依据,男士、女士的站姿可以如下分类。

(1)正步站姿。这是男士、女士均适用的站姿,通常在升国旗、奏国歌、接受奖品、接受接见、致词等庄严的仪式场合适用。要领是:两脚并拢,两膝侧向贴紧,两手自然下垂,如图17-12所示。

(2)分腿站姿。这是男士采用的站姿,门迎、侍应人员可采用此种站姿。要领是两脚左右分开,与肩同宽,脚尖朝前并且两脚平行,手或交叉于前腹,或交叉于后背,如图17-13所示。

图17-12　正步站姿

图17-13　分腿站姿

(3)"丁"字步站姿。这一般是女子所采用的站姿,礼仪小姐、节目主持人多采用此种站姿。要领是:两脚尖展开,一脚向前将脚跟靠于另一只脚内侧中间位置,腰肌和颈肌略有拧的感觉。女子可以双手交叉于腹前,身体重心可在两脚上,也可以在一只脚上,通过两脚的重心转移来减轻疲劳,如图17-14所示。

(4)扇形站姿。这是男士、女士均适用的站姿。要领:两脚跟靠拢,脚尖呈45°~60°,身体重心在两脚上,如图17-15所示。

图17-14　"丁"字站姿

图17-15　扇形站姿

### 二、坐姿

俗话说："坐如钟"，坐姿是人际交往中人们采用最多的一种姿势，它是一种静态姿势。优雅的坐姿给人一种端庄、稳重、威严的美。

#### 1. 标准的坐姿

落座时，要坚持尊者为先的原则入座，不要争抢，通常侧身走近座椅，从椅子的左侧就座。如果背对座椅，要首先站好，全身保持站立的标准姿态，右腿后退一点，用小腿确定椅子的位置，上身正直，目视前方就座。用小腿落座时声音要轻，动作要缓。落座过程中，腰、腿肌肉要稍有紧张感。女士着裙装落座时，要实现从后向前双手拢裙，不可落座后整理衣裙。

坐立时，上身正直而稍后前倾，头、肩平正，腰部内收，通常只坐椅子的 1/2～2/3 处，两臂贴身下垂，两手可以搭放在椅子扶手上。无扶手时，女士右手搭在左手上，放于腹部或者轻放于双腿之上；男子双手掌心向下、自然放于膝盖上。男士膝盖可以自然分开，但不可超过肩宽；女士膝盖不可以分开。女士要注意使膝盖与脚尖的距离尽量拉远，以使小腿部分看起来显得修长些，只有脚背用力挺直时，脚尖与膝盖的距离才最远，在视觉上产生延伸的效果，会使小腿部分看起来修长，腿部线条优美。当与他人进行交谈时，要注意不能只是转头，而应将整个上身朝向对方，以示对其重视和尊敬。

离座时要先以语言或动作向周围的人示意，方可站起，突然一跃而起会使周围的人受到惊扰；同落座时一样要注意按次序进行，尊者为先；起身时不要弄出响声，站好后才可离开，同样要从左侧离座。

人在坐着时，由臀部支撑上身，减少了两腿的承受力。由于身体重心下降，上身适当放松，可减轻心脏的负担。因此坐姿是一种可以维持较长时间的姿势。它既是一种主要的白昼休息姿势，也是一般的工作、劳动、学习姿势，还是社交、娱乐的常见姿势。正因为这个缘故，坐姿要求端正、大方、舒展。

#### 2. 坐姿的分类

以一个人的脚位为依据，男士、女士的坐姿可以做如下分类。

（1）垂直式坐姿。这一坐姿就是通常说的"正襟危坐"，在最正规的场合使用，男士、女士均适用。要领是：上身与大腿、大腿与小腿、小腿与脚部都呈直角，小腿垂直于地面，

双膝、双腿完全并拢，如图 17-16 所示。

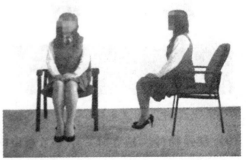

图 17-16　垂直式坐姿

（2）标准式坐姿。这一坐姿适用于各种场合。要领是：在垂直的坐姿的基础上，女士两脚保持小"丁"字步，男士两脚自然分开45°，如图17-17所示。

（3）曲直式坐姿。尤其是坐在稍微低矮一些的椅子上更为适用，是女士非常优雅的一种种坐姿。要领是：大腿与膝盖靠紧，一脚伸向前，另一脚曲回，两脚前脚掌着地并在一条直线上，如图17-18所示。

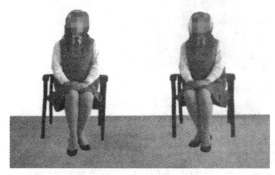 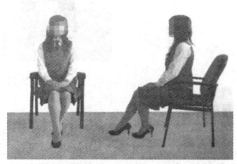

图 17-17　标准式坐姿　　　　　　　　　图 17-18　曲直式坐姿

（4）前伸式坐姿。这一坐姿适用于各种场合，一般为女士所采用。要领是：双腿与双脚并拢在一起，向前伸出一脚左右的距离，按方向共有正前伸直、左前伸直和右前伸直三种。脚的位置可以是双脚完全并拢，也可以脚踝不交叉，脚尖不可翘起，如图17-19所示。

（5）后曲式坐姿。这一坐姿实用于各种场合，以女士为主。要点是：两腿和膝盖并紧，两小腿向后曲回，脚尖着地，脚尖不可翘起，如图17-20所示。

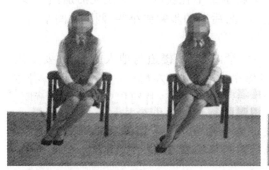 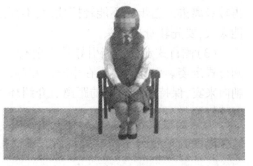

图 17-19　前伸式坐姿　　　　　　　　　图 17-20　后曲式坐姿

（6）分膝式坐姿。这一坐姿适用于一般场合，为男士坐姿。要领是：两膝左右分开，但不超过肩宽，小腿与地面垂直，两脚脚尖朝向正前方，两手自然放于大腿上，如图17-21所示。

图 17-21　分膝式坐姿

### 三、走姿

俗话说："行如风"，这说的是走姿，走姿始终处于动态之中，体现了人类的运动之美和精神风貌。男士的走姿要刚健有力，豪迈稳重，有阳刚之气；女士的走姿要轻盈如风，含蓄飘逸，又窈窕之美。

1. 标准的走姿

有人编了走路的动作口诀，体现了走姿的要领：双眼平视臂放松，以胸领动肩轴摆，提髋提膝小腿迈，跟落掌接趾推送。

2. 走姿的种类

（1）前行式走姿。身体保持起立挺拔，行进中若与人问候时，要同时伴随头部和上身的左右转动，微笑点头致意。禁止只转动头部，用眼睛斜视他人的举止。

（2）后退式走姿。当与他人告别时，扭头就走是不礼貌的，应该是先后退两三步，再转身离去。退步时不能轻擦地面，不高抬小腿，后退的步幅要小些，两腿之间距离不能太大，要先转身再转头。

（3）侧行式走姿。当引导他人前行或在较窄的走廊、楼道与他人相遇时，要采用侧行式走姿。引导时要走在来宾的左侧，身体稍向右转体，左肩稍前，右肩稍后，身体朝向来宾，保持两步左右的距离。介绍环境时要辅以手势，这样可以观察来宾的意愿，以更好地与来宾交流。

**思考题**

1. 谈谈您对"体育是提高人民健康水平的重要手段"的认识。

2. 为什么说形体训练是以节奏为中心，以自然性动作为基础的有节奏运动？你是怎样理解的？

3. 你认为形体训练能让自己在哪些方面受益？

4. 形体练习的普及趋势将对大众健身有什么样的影响？

5. 形体练习中应注意些什么事项？

6. 你喜欢在形体练习中加入什么样的流行元素？

7. 说说形体塑造的基本过程。

8. 为什么要学习形体训练课？

9. 礼仪形体的作用是什么？能给我们带来什么益处？

**参考文献**

［1］张玲.形体礼仪［M］.武汉:华中科技大学出版社,2010.

［2］蓝天.有礼走遍天下［M］.北京:北京大学出版社,2010.

［3］张岩松.新型现代交际礼仪实用教程［M］.北京:清华大学出版社,2008.

［4］杨斌.形体训练纲论［M］.北京:北京体育大学出版社,2002.

［5］张燕.形体健美［M］.合肥:合肥工业大学出版社,2004.

［6］全国高校体育教学指导委员会.大学体育［M］.北京:北京航空航天大学出版社,2004.

［7］全国体育院校教材委员会.大众艺术体操［M］.北京:人民体育出版社,2000.

**推荐阅读**

1.《有理走遍天下》,蓝天,北京大学出版社,2010。

2.《新型现代交际礼仪实用教程》,张岩松,清华大学出版社,2008。

3.《形体训练纲论》,杨斌,北京体育大学出版社,2002。

4.《形象学的实践》,王耀路,北京大学出版社,2009。

5.《抱歉的艺术》,佩吉·波斯特,电子工业出版社,2010。

——学习时刻——

　　要树立健康第一的教育理念，开齐开足体育课，帮助学生在体育锻炼中享受乐趣、增强体质、健全人格、锤炼意志。

　　——2018 年 9 月 10 日，全国教育大会在北京召开，习近平总书记出席会议并发表重要讲话。

# 第十八章

# 瑜伽运动理论与技术

## 第一节　瑜伽运动概述

### 一、瑜伽的含义

瑜伽(梵语"Yoga")是古印度哲学弥曼差等六大派中的一派。瑜伽在古印度的梵文里表示"结合",意思是自我和原始动因的结合。从广义上讲,瑜伽是哲学;从狭义讲,瑜伽是精神和肉体结合的运动。现在瑜伽是一种集智育和体育于一身的练习方法,目的是把精神和肉体结合到最完美的状态,从而增进人们的身心健康。它不同于体操和舞蹈,也不同于一般的有氧练习,只有当呼吸、意识和姿势结合成一体时,才是真正的瑜伽练习。

瑜伽作为一种运动健身的实践过程,主要是通过身体舒展、控制呼吸、意念集中以及符合科学与自然规律,使人达到阴阳平衡和身体与精神能量的和谐,从而获得身心健康。它是一种自然疗法。它在一定程度上弥补了现代医学的缺陷(如无创伤性、无交叉感染、无药物副作用等)。最令人认同的是,瑜伽对人的神经系统有非常好的放松、调解作用。它在改善紧张的精神状态、增强人的免疫力、舒缓压力等诸多方面,是其他强度较大的剧烈运动所无法替代的。根据瑜伽的理论,人的身体、精神和才智的能量若能和谐地互相配合,就会健康;反之,就会因为系统失调而生病。人们认为,神经系统能否发挥其正常功能,是身心健康的关键。瑜伽中的姿势练习和冥想练习,是最有益于整个神经系统的锻炼体系。经常系统练习瑜伽,可以使神经系统达到平衡,进而使身体各系统得到调理。所以说,瑜伽是一项真正意义上的身心双修的练习。

### 二、瑜伽的起源和发展

瑜伽作为一种心智修炼的方法,起源于印度已有 5 000 多年的历史。关于论述瑜伽的权威书籍,应是 3 000 年前印度哲学家帕堤迦利所著的《瑜伽经》,古典文献有《奥义书》《瑜伽梵歌》等。还有考古学家在印度河流域发掘到一件保存完好、距今至少已有 5 000 年历史的陶器,上面描画着练习瑜伽冥想的人物形象。可见瑜伽历史可以追溯到更久远的年代。直至现在,佛教中众多的修行方法都是在瑜伽的基础上演变的。

古人修炼瑜伽的目的,是在人类认识宇宙的客观世界的同时,也需要深刻地认识自身,寻求一种消除人生因后天与外界因素的刺激影响所产生的烦恼、疾病和痛苦,以获得身心宁静的方法,并祈求个人的意识延伸至更高的境界,这就是瑜伽哲学的萌芽。数千年来,心理、生理和精神上的戒律已成为印度文化中的一个重要组成部分。古代瑜伽信徒们为了追求以上的目标,在漫长的实践中,逐渐形成了一套系统的理论和修习的程序,包括8个步骤:①禁戒;②劝诫;③调身(体位法);④调息(呼吸法);⑤感觉控制;⑥意识集中;⑦冥想;⑧三昧地。这就是所谓瑜伽的最高目标与境界。因为瑜伽信徒们深信通过运动身体,调节呼吸和冥想,完全可以控制心智和情感,保持身体长久的健康。

19世纪90年代在美国芝加哥的一次博览会上,一位名叫维夫卡南达的印度圣人展示了各种瑜伽姿势,首次向西方介绍了瑜伽并引起了西方世界的浓烈兴趣。此后若干年里,许多瑜伽信徒和斯瓦米们(即印度教哲人)从印度来到西方传授瑜伽,在传授过程基础上继承和发展瑜伽,使瑜伽姿势以多种方式融入体育文化。既可以是有氧运动、伸展运动和力量型运动,还可与舞蹈、体操和运动热身相结合。所以,瑜伽作为一种塑身、美体、缓解精神压力的辅助治疗练习曾一度风靡整个西方世界。在美国、澳大利亚等国家每天都有数以百万的人们加入瑜伽练习的行列,其中有许多人们熟悉的著名影星、模特。如今它以一种时尚的健身方式走进了我们的生活,它一方面帮助我们塑造完美的形体,另一方面让我们得以回归宁静、祥和与自信。

### 三、瑜伽的流派

目前,最主要的瑜伽体系有哈达瑜伽(Hatha Yoga)、八支分法瑜伽(Ashtanga Yoga)、信仰瑜伽(Laya Yoga)、爱心瑜伽(Bhakti Yoga)、智瑜伽(Nana Yoga)等。而最为流行的瑜伽是哈达瑜伽,它主要包括姿势、呼吸和冥想等练习,其最终目的是为了实现精神和肉体的完美结合。

随着历史的演变,出现了各种不同的瑜伽流派,特别是近年来,随着东西方文化的交流,传统的印度瑜伽术与西方的健身概念相联系,继而产生了新的运动方法。这主要讲究健身带来的乐趣,注重身体练习,更容易被人们理解和接受并能获得立竿见影的效果,以至形成了传统的哈达瑜伽(Hatha Yoga)为代表的古典主义瑜伽和以力量瑜伽(Power Yoga)为代表的新兴主义瑜伽派别。相对而言,力量瑜伽只讲究健身带来的乐趣,强调塑身美体的功效,是迎合追求健美的人士时尚的健身运动。哈达瑜伽又称日月瑜伽。"哈达"一词是译音,源于梵文中日、月的名字,指把对立物合二为一,表示相反能量的结合,保持阴阳平衡实践,因此它又有阴阳瑜伽或健美瑜伽之称。它是集体位法、呼吸法、冥想法与清洁净化法为一体的锻炼方法,也是一种经久不衰、世界流行最广、实践最多的一种健身方法。

### 四、现代瑜伽的发展趋势

西方的科学家对瑜伽的研究已有近50年的历史,他们主要是从科学、医学的角度去探讨瑜伽对人的心理和生理所产生的作用,而其中瑜伽包含的宗教意义则不在研究范围。如1981年,美国哈佛医学院的科学家一行人专程到印度,对瑜伽修习者进行了一系列的跟踪性的人体医学实验,他们发现瑜伽的训练不仅能控制自己的体温,还能控制自己的血压和心率,使人体的潜能发挥到一个非常高的程度。他们认为,生命健康要具备5个基本条件:①正确的饮食;②废物的排泄,即新陈代谢;③循环系统、内分泌正常;④健全的神经系统;⑤健康的骨骼。而通过瑜伽练习,完全可以达到这样全面的效果。日本科学家渡边新一郎通过研究,也认为瑜伽练习的基本内容——体位法、呼吸法、冥想和均衡饮食等,完全符合身心健康的四大原则——姿势、呼吸、食物、精神。美国畅销书《女性的身体》中提到:"成千上万的妇女通过对瑜伽的锻炼,取得了身心健康的效果,这种古代的修行方法是在东方经过数千年而发展起来的,能在极大程度上放松人的身心紧张。"在西方坚持每天练习瑜伽的人多达几千万,不少大公司都会定期请瑜伽老师为职员上课,指导员工放松减压而大大提高工作效率。"Let's Do Yoga"是美国白领流行的时尚。好莱坞明星们更是把瑜伽作为一种塑造美丽体形的艺术。

国内的人们对瑜伽早就耳濡目染,但在观念上对瑜伽的理解还是"神秘"二字,也有人错误认为瑜伽就是一种软体运动,没有足够好的柔韧性是不能练好瑜伽的。现在国内人对瑜伽有了一些初步认识,也掀起了瑜伽运动热潮。但是它在国内的推广和普及还只处于初级、起步的阶段。值得高兴的是,许多中国人已经感觉到了瑜伽的好处,并加入到了瑜伽的行列。

现今,很多人也将瑜伽和其他类型的练习结合起来形成一种独特的塑身美体、健身养身的练习形式。如新西兰人利用瑜伽和芭蕾结合来塑身美体的"Body Balance";而现在更新的"Yogilates"也是将瑜伽和垫上运动以及健身器械结合起来,这样可以更广泛地让人们通过各种运动形式接触瑜伽。另外瑜伽在内容上吸收中国的太极、西方的"普拉蒂"以及芭蕾和现代舞的元素,使其更加完美、更加贴近现代人。

## 第二节　瑜伽运动的特点与价值

### 一、瑜伽健身运动的实质

东方瑜伽称古典瑜伽,强调对呼吸法、体位法、冥想法三合一的训练,达到身心和谐。这个身心整合的原理是:通过呼吸的调节(调息),让身心保持稳定;模仿动物姿势去调适、强化自身机能(调身),帮助身体伸展、放松。缓慢的动作过程配合着深长的呼吸,既可使肢体得到适当的伸展,获得平衡,又能按摩各内脏器官,使体内的各种腺体分泌趋于正常。又因神经系统得到调和而使生命中潜在的能量得到激发,从而达到全身心健康。

西方瑜伽就是流行于西方近百年的现代瑜伽,被称为"新兴主义"流派的"力量瑜伽"(Power Yoga)和"平衡瑜伽"(Blance Yoga),是对古典瑜伽的发展与创新,是古典瑜伽与西方健身理念的结合。它强调健身带来的乐趣,淡化古典瑜伽修炼的意味,在内容上吸收了中国太极、西方的"普拉帝"(一个把瑜伽用到人体肌肉训练的德国人)以及芭蕾舞和现代舞的元素,使瑜伽变成一项既古老又时尚、既优雅又健康的健身运动,使瑜伽更贴近现代生活,并成为一种适合现代人寻求身心健康的养身之道。

### 二、现代瑜伽的特点

瑜伽最主要的特点是体位、呼吸和冥想必须结合起来,达到身心完美的境界。现代瑜伽训练时,相对强调注重力量、呼吸和运动的配合,也讲究运动静止过程的控制,以此提高练习者肌肉的力量与身体的灵活性和思想的集中力与精神的忍耐力。动作设计简单实用,不需要事先的特别训练,适合于不同年龄与不同身体素质的人。现代瑜伽以动态为主,针对人体肌肉运动以及身体机能的恢复和强化(对身体柔韧性的强调不及古典瑜伽),对消耗脂肪,尤其大腿部位的脂肪,肌肉细胞密度增加,肌肉结构的重组效果显著;能调动自身潜能,依靠自身力量去改善形体,健美形体。

现代瑜伽另一个特点是动作设计针对性强,也很人性化,运动强度适中。练习者随着悠扬的音乐声,举手投足,自然流畅地运动着自己的肢体,配合缓慢的呼吸;动作静止之时,对身体刺激的部位做有意识的控制,寻求身心交融的感觉。在这种动与静、快与慢的节奏交替之间,身体在紧张与舒缓的交替中获得能量,使肌肉的弹性与伸缩性、关节的灵活性与身体的柔韧性得到改善。从而使人变得强壮,精力充沛,心态保持在宁静祥和、健康快乐的状态,生命质量得到提高。

无论是古典瑜伽还是现代瑜伽,万变不离其宗,就是瑜伽精神。

### 三、瑜伽的锻炼价值

瑜伽姿势(体位法)目的在于使你的精神集中、头脑更机敏。当你意识到所有激动、烦恼或担忧都使你的身体不适和紧张时,瑜伽练习会使你平缓下来。瑜伽每一个姿势并不是单单身体上的动作,它也是对头脑的一种轻柔的训练。当你做一个瑜伽姿势时,会去注意感觉动作,使姿势对你更起作用,姿势变成了对头脑专注力的愉悦的训练。此时可以发现,你变得更轻松,拥有了比你意识到的还要多的气力和精力;在身体上和情绪上,你都可以做到平静、安宁、强壮。瑜伽的功效有:

(1)对于失眠、忧郁症、精神幻想症及神经衰弱患者有镇定作用。

(2)有效地消除压力,调节内分泌系统。

(3)慢慢改变练习者原有的不良饮食习惯,养成健康方式。

(4)辅助治疗如哮喘、糖尿病、高血压、关节炎、消化不良等以及其他一些现代科学无法根治的慢性或先天性的疾病;对运动后体力的恢复也有很好的作用。

(5)非常有针对性地塑造身体的每一部分,从而达到健身塑身的目的。

(6)可以帮助练习者清除杂乱的思想,去发现内心真正的自我,体验平静、安宁、幸福的强烈感受。

## 第三节　瑜伽运动的基本技术

### 一、瑜伽的呼吸

在瑜伽理论中,瑜伽学者们常常形容呼吸就是吸取生命之气。"生命之气"就是精气、精力能量,你看不到但能时时刻刻感觉到。帕坦伽利在《瑜伽经》中把调息法形容为:在稳定的姿势中有控制地吸气和呼气。

瑜伽呼吸由三个部分组成——吸气、悬息(屏气)、呼气。人们常常认为吸气是呼吸中最重要的部分,但事实上,吐气才是最关键的部分。吐出去的废气越多,才能有机会吸入更多的氧气,所以在许多的瑜伽呼吸法中,吐气比吸气时间长,悬息会让氧气停留在体内的时间更长。如果是初学者把握不好呼吸,不主张做屏气的练习。

呼吸作为人的生理本能,是一种无意识的自然规律。平常人的呼吸在瑜伽的呼吸定义中,被称为"肩式呼吸";瑜伽的呼吸方法是同时运用腹部、胸部和肩部三合一的呼吸原则,对呼吸重新调整而达到"调息"的呼吸练习方法。瑜伽呼吸方法,大概有10多种,基本较为简单的也容易为初学者所掌握的有"胸式呼吸""腹式呼吸""完全呼吸""交替呼吸"等;还有稍复杂些的,也是程度较高的瑜伽研习者常用的"鸣声呼吸法""语音呼吸法""风箱式呼吸法"等。

胸式呼吸。气息的吸入局限在胸的区域,气息较浅,这种呼吸适宜做针对性较强的动作(如上背部和胸部的动作)。方法:呼吸时,意识集中于肺部,缓缓吸气,感觉自己的肋骨向外扩张,气息充满胸腔,保持腹部的平坦;缓缓呼气放松胸腔,将气呼尽。

腹式呼吸。气息的吸入局限于腹部的区域,气息较深,横膈膜下降得较为充分。方法:呼吸时,更多关注腹部,缓吸气,感觉腹部被气息充分膨胀,向前推出,胸腔保持不动;缓缓呼气,横膈膜上升,腹部慢慢向内瘪进。

完全呼吸(胸腹式呼吸)。它是瑜伽练习中最常用的呼吸方法,是胸式呼吸和腹式呼吸的结合。方法:呼吸时,缓缓吸入气息,感觉到由于横膈膜下降,腹部完全鼓起;随后,肋骨处向外扩张到最开的状态,肺部继续吸入氧气,胸腔完全扩张,胸部上提;吸满气后缓缓地呼出,放松胸腔,将胸部的气呼出;随后温和收紧腹部,腹部向内瘪进去,感觉肚脐去贴后背,将气完全呼尽为止。它提供给身体最充足的氧气,帮助身体消耗脂肪,并使血液得以净化,将体内的浊气、废气、二氧化碳最充分地排出体外;能够温和地按摩腹脏器官,促进其机能,增进体内循环,防止呼吸道的感染;消除肌肉、内脏的疲劳,尤其对平息剧烈运动后植物神经系统紊乱,内分泌不正常的就急状态特别有帮助;提高人体免疫力,改善心理状态,控制情绪,对培养注意力、集中力都有很好的效果。

呼吸时应注意:

(1)意识力集中到一呼一吸上。

(2)一般只由鼻腔参与呼吸。因为,鼻腔对灰尘和细菌有过滤作用。

(3)每一次吸气时,犹如品尝空气一般,缓慢深长地吸入;呼气时,犹如蚕吐丝一般,细而悠长,意识中要将体内废气排出。

(4)做躺、跪、坐的姿势时,眼睛闭上,向内集中你的注意力;站立的姿势时,为了保持身体平衡,需要睁开眼睛。

(5)保持自然、轻松的呼吸即可。

进行瑜伽呼吸练习,适宜在每天早上或睡前10~20分钟为最好,若以养身为目的,时间可适当延长。采用的姿势是坐姿或卧姿,宽衣松带,双手自然放置身旁,头、颈、脊柱成一直线,全身放松。

**二、瑜伽的静思与冥想**

瑜伽健康的实践是体位法、呼吸法、冥想法三者融为一体,达到身心合一的完美境

界。瑜伽中的静思与冥想不是宗教,也不是玄学,而是现代人可以利用和学习的一种与自我心灵对话的方式。冥想对许多人来说,仍感觉神秘莫测,甚至怕会"走火入魔"。其实,冥想比人们想象的要简单得多,只要你能放松自己,保持内心的平和,静观一切,心中无杂念,就已进入冥想状态。这种瑜伽静思的冥想形式常会被那些有经验的瑜伽习者采用。在体位法练习过程中也可以进行冥想。当在练习瑜伽体位法时,每个动作完成后的静止过程中,闭上眼睛,配合缓慢深长的呼吸,用心体会动作刺激身体的所在部位,即从姿势的名称联想相应的图像。例如,练习"树式"姿势时,想象身体像棵充满生机的树沐浴在阳光下,脚像有力的树根从大地吸取养分,生命变得充满活力自信;练习"胎儿式"时,想象身体就像在母亲肚子里的胎儿一样安宁、舒适、身心自然平和,幸福感觉油然滋生;练习"猫式"时,四肢着地,随着呼吸,腰背缓慢起伏,犹如猫伸懒腰,疲劳、压力、紧张之感在不知不觉中消失。这种冥想带来的乐趣使人获益良多。

　　冥想还可以延伸到我们日常生活的活动中,以专注、平和、冷静的心态去应付各种事情,提高我们的办事效率和兴趣感。现代人的精神压力越来越大,冥想可以提高人集中精神、控制自身意识以及调节身心的能力,从而帮助人们实现内心更平静、祥和的状态。因此,冥想是真正意义上的"寻找自我、认识自我"的方式。

　　瑜伽冥想有很多种方式,静坐的方式是最简单、有效,十分广泛被利用在瑜伽练习当中的方式。静坐是一种意识形态,它能让我们的心灵自然地、平和地沉静下来,让我们引导自己的心灵回归平静、祥和。我们练习的静坐有别于日常生活中的放松、睡觉,它是放松的,同时又是十分警觉的——用心的警觉;它骤集心智能量,引导心灵、肉体归于安宁,使思绪变得清晰起来。

　　初学者在进行静坐冥想练习时,如感觉难以入静,可以把意念集中在呼吸上,静静地体会自己的呼吸节奏,这样较为容易进入到心无杂念的冥想状态。选择盘腿而坐的冥想姿势,可以减缓流向下肢的血液,使更多的血液流向上肢,从而刺激、修复内脏器官与大脑细胞的功能,让人感觉轻松、安定、清醒;也可坐在椅子上,什么姿势也不做,安静地呼吸,让思绪自由自在地放飞;还可以在面前放一支蜡烛,或小油灯,或香薰,营造一个温馨、舒适的氛围。此外,也可选择缅甸坐、金刚坐、莲花坐等其他姿势。总之,只要选一个令自己觉得舒服的坐姿就行了,这样可以保证在冥想过程中身体的稳定与放松。

　　这里介绍两种冥想技巧,进入思想的途径不一。①注意力集中于呼吸,就是仔细观察和感受的呼吸过程,在任何情况下都不改变呼吸的节奏,也可把注意力集中在每一次呼气上。②注意力集中到某一物体上,将一支点燃的蜡烛,一枝花或者是一块带条纹的石头等,置于身前不远的地板上或者放在与视线等高的地方,把注意力集中在烛焰上,花上或石头等上,当注意力分散时,重新把注意力集中到这些物体上。也可闭上眼,脑子里默想着烛焰、花或石头的样子,直到它们逐渐从脑海里消失。然后睁开眼睛,再一次凝视眼前的蜡烛,花或石头。

### 三、瑜伽姿势(体位法)

　　瑜伽姿势又叫瑜伽体位法。印度瑜伽先哲帕坦迦利所著的《瑜伽经》将体位法定义为:"将身体置于一种平稳、安静、舒适的姿势。"数千年前的远古时代,当时聚居喜马拉雅山脉的雅利安人,在森林中冥想、静坐时,偶尔观察野生动物,并且分享它们美妙的姿势,以充实他们的独居生活。当时为了适应严酷的自然环境,在仔细观察天地万物变化过程中,发现自然界动物在生病时,能够利用身体的动作,刺激体内的抗病能力来治疗自己,这些动物天生具有治疗、放松、睡眠或保持清醒的方法。而雅利安人根据这些动物的姿势并亲身体验学习模仿各种动物、植物的姿势,并将动物种种紧张与松弛的方法用于人体,竟然也有意想不到的效果。经过长期实践,慢慢便形成了一系列有利于身心姿势的瑜伽体位法。这些姿势,有许多是以动、植物的名称来命名的,如眼镜式、猫式、虎式、树式等。

瑜伽体位法是一种锻炼身体、强化身体,并使之健康美丽的调身方法,它与现代人的生理和心理健康有密切的关联。瑜伽体位法通过身体的前弯后仰、扭转侧弯、俯卧、仰卧等各种姿势,对人体脊柱、中枢神经、骨骼、肌肉、内脏进行全方位的刺激与按摩,配合自身的呼吸、消化、体液分泌物的运转循环,激活了身体潜能,提升了体内的优良素质,弥补了自身的不足缺陷,增强了人的免疫力。这种配合呼吸缓慢做动作的体位法,有促进血液流通的按摩效果,可从根本上使我们的身体恢复活力,从而达到强身健体、塑身美容的功效。

瑜伽体位法是缓慢、舒适、连续完成的有氧运动,不用爆发力和反弹力,有效地避免了其他剧烈运动对身体可能产生的种种伤害(乳酸积累、精神紧张、肌肉老化),因此,它是一项非常适合各种年龄层次人的安全有效的运动。

**四、瑜伽的松弛法**

瑜伽松弛法又可叫瑜伽休息术,它对身体有莫大的裨益,可使大脑、心脏、自律神经系统和肢体得到深度的休息,令身体得到"充电"而恢复活力。正规的放松应该是一种主动、清醒、意念集中的放松,才会有松弛的感觉。放松法因不同目的、时间和环境而有不同的练习方法,如白天练习的目的在于消除疲劳,快速补充精力,你只要做15分钟的休息术便可以了。关键一点是练习过程专注自身呼吸,保持清醒,不要入睡。在晚上睡觉之前练习,时间可尽量延长,直至自己自然而然睡着为止。这样会发现,你的睡眠质量会因此而得到很好的改善。即使睡较短的时间,早晨醒来也会非常清醒,精神奕奕。结束每节课或完成一组瑜伽姿势练习后,可做10分钟的放松训练,通过松弛来消除运动所产生的紧张。缓解身体的压力,让体内的能量自由流动,保证全身心彻底放松。放松方法如下:

下面解释仰卧放松功(推尸式):

(1)双眼轻闭,采取仰卧姿势。将双腿分开20~30厘米。双臂放在身体两旁,两手掌心向上,让膝盖和脚趾自然、放松地朝外垂下。

(2)深呼吸,让手臂和腿部轻轻往里和外转动几次,头部也轻轻转动几次,然后停止身体的一切动作,去感受身体的放松状态——开始让身体有融化的感觉,每一次吐气都感觉身体不断下沉,接下来让意识从下往上慢慢放松身体的每一个部分。做缓慢、平静的呼吸。

(3)放松每一个脚趾、脚背、脚底、脚踝、小腿、膝盖、大腿、髋部;随着吐气的动作,放松腰部,感觉身体下沉;再继续让意识上行,放松肋骨、胸部、心脏、肩膀、上臂、下臂、手肘、手腕、手掌、手指;继续调匀呼吸,开始放松颈部、下巴、脸部肌肉以及嘴、牙齿、舌

头、鼻子、眼皮、眼睛、眉心、前额、太阳穴、头顶、后脑勺、整个头部。接着放松整个身体的背部:上背、中背部、下背部;放松整个脊柱;放松腰部大腿、膝盖和小腿的后侧。整个身体每一部分都变得十分放松,呼吸也随之越来越放松、越来越稳定。你可根据自身情况反复2~3次,直至你的身心完全平静、放松。

(4)最后慢慢睁开眼睛,从右边侧身起,结束。

提示:摊尸式译自梵文SAVA-SANA,意思为"尸体"。名字虽不祥,但如每天能"假死"片刻,停止一切感官活动,让身心得到彻底休息,也是一件美妙之事。每一节瑜伽体位法做完后皆做本姿势练习,也是大休息法。在练习过程中,尽量避免睡着,心灵保持清醒,注意力集中在呼吸上。初学者练习此式不要超过10分钟。

### 五、瑜伽练习注意事项

(1)空腹练习,饭后需待2~3小时后方可练习。

(2)穿着宜舒适、宽松的衣服,最好赤脚,冬天可穿袜子。尽量卸去束缚身体的饰品。

(3)开始前可做一些简单的运动,作为热身。因为只有热身后,韧带、肌肉才会变得柔软,不容易受伤。

(4)保持缓慢均匀的呼吸,用有规律的呼吸控制动作的连续性和节奏是瑜伽练习的关键。一般用鼻孔呼吸,呼吸的规律一般是身体向前下弯时呼气,身体向上、向后弯时吸气,身体扭转时吐气,身体还原时吸气,吐气时间比吸气时间要稍长。

(5)应尽量选择空气流通、安静、没有外来干扰的地方。在室内练习,则要有较宽敞的空间、适当的温度以及一张软硬适中的垫子。

(6)在练习过程中循序渐进,始终保持面部表情平和轻松,动作幅度是自己感觉舒服就可以。

(7)选择健康食品,营养、健康、自然的食品能排除体内毒素,保持身体清洁、柔软,使人身心纯净,并能提高人体免疫力。

### 六、瑜伽姿势介绍

(一)站立体位法

1. 树式

功效:改善、强化平衡感觉,提高集中力;矫正脊柱弯曲,消除腰痛;强化肩部、腿部、脚踝肌肉。

做法:

(1)站姿,双脚并拢,挺身直立,合掌胸前;吸气,身体重心放在左脚,脚趾施力压住地面,骨盆向左推移;提起右脚横置左脚背上,脚跟向外;双手同时向上伸展,高举至头顶;眼睛注视前方一点固定点,保持自然呼吸5次。

(2)吐气,双手慢慢还原胸前,脚也同时放回地面。交替两侧重复练习共3次。

2. 风吹树式

功效:舒展颈部、肩部、臂部、躯干和腿部肌肉;促进肠道蠕动,消除便秘;消除髋部脂肪,改善体态,增强均衡和灵活性。

做法：

(1)站姿，双脚并拢，合掌胸前。吸气，双手向头顶高举，手臂轻轻夹住耳际，上身有往上延伸之感觉。

(2)吐气，上身弯向左侧，与此同时，将髋部向右侧推移保持5次呼吸。

(3)吸气，还原向上，吐气，再弯向右侧，将髋部向左侧推移，保持呼吸5次。

提示：患脊椎毛病者练习时更小心；患各类肠炎及近期做过开刀手术者不宜练习。

3. 180°三角式

功效：补养脊椎神经，强化背肌，消除背痛；扩展胸部，加深呼吸，按摩脏腑，减少腰围脂肪；舒展髋部、脚部肌肉，并使之柔软、有弹性，延缓该部位的肌肉老化。

做法：

(1)合掌站姿，双脚打开约两肩宽。

(2)吸气，双手高举至头顶，双脚同时向右转。

(3)吐气，上身慢慢向右脚前方弯下，手掌贴在脚拇指前的地面上。保持这个姿势，自然呼吸5次。

(4)吸气，抬起下颚，同时扭转背部，右手向上伸展，双肩与双臂连成一直线，眼睛注视上方手掌，保持自然呼吸5次。

(5)吐气，右手放下还原。吸气，扭转背部，抬下颚，左手向上方伸展，自然呼吸5次。

(6)吸气，还原基本站姿，相反方向重复同样的练习。

提示：患脊椎病练习时要小心，患各类肠炎及近期做过开刀手术者不宜练习。

(二)坐姿体位法

1. 牛面坐

功效：促进手、臂、肩部血液循环，对五十肩、腱鞘炎、坐骨神经痛、风湿症等有疗效；矫正背部，健美胸部与肩部，改善体态；舒缓颈部僵硬，治疗失眠与落枕等疾患。

做法：

(1)坐姿，双膝弯曲，膝盖重叠，脚尖向后，脚背着地，手掌放在脚掌上，调匀呼吸。

(2)吸气，右手肘弯曲，慢慢向右肩向背后上举，手掌贴在背后，左手由下方绕到背后，与右手交握，十指紧扣。上方的手肘尽量置于颈后，背部挺直，挺胸，眼望前方，自然呼吸5次。

(3)吐气，手指松开，双手放下，回复到做法(1)，放松，调匀呼吸。左右各重复练习3次。

提示：双腿交叠，膝盖不离开，上下对齐。如右脚在上，则右手也在上，反之亦如是。

2. 束角式

功效：去除骨盆、内脏淤血，调整卵巢机能。对女性月经不调、男性前列腺和疝气泌尿系统毛病以及低血压、便秘、痔疮等症有疗效；消除腹部、腰围脂肪，美化腰部及腿部线条。

做法：

(1)坐姿，双膝尽量着地，脚掌心相贴，脚跟尽量拉向会阴处。吸气，上身挺直，保持片刻。

（2）吐气,上身腰部慢慢向前弯,双肘压放在小腿胫骨上,背肌放松伸直,额头最后着地面。保持此姿势,自然呼吸5次,逐渐延长到10次。

（3）吸气,上身慢慢还原到做法（1）,重复练习3次。

提示:身体向前弯时,用腹部放松靠近大腿的感觉去做,下颚向前,头部最后下垂。当身体完全着地时,背部尽量伸直,臀部不离开地面。

### 3. 弓箭式

功效:促进脑部荷尔蒙分泌,舒缓压力,提高自信;对腰痛、头晕、耳鸣、坐骨神经痛有疗效;矫正身体姿势,健美腿部和臀部。

做法:

（1）坐姿,双脚伸向前方,双手手指握住双脚脚趾,伸直背部,调匀呼吸。

（2）吸气,左手拉起左脚,保持片刻。

（3）深深吸气的同时左手臂将左脚继续往耳朵的方向拉,收下颚,自然呼吸。

（4）吐气,慢慢把脚放下,还原回做法（1）,松开手,调匀呼吸,放松。

（5）换脚练习,左右各做3遍。

提示:手肘尽可能抬高,脚尽可能拉近耳朵。挺胸,背部伸直。

### （三）俯卧式体位法

### 1. 眼镜蛇式

功效:促进甲状腺与肾上腺机能正常,消除疲劳,增加心脏和肺活量,舒缓身心;对记忆力衰退、改善肠胃,消除便秘、预防肾结石以及女性功能失调等有疗效;强化肩、颈、背部肌肉,增加脊椎弹性,具有健胸、收腹和美化背部的功效。

做法:

（1）俯卧,双脚并拢,脚背着地,收下颚,额头触地,弯曲手肘,双手平放胸侧,调匀呼吸。

（2）吸气,下颚慢慢抬高,头部向上后仰,上身同时慢慢离开地面（感觉是把脊椎一节一节向后弯曲,用腹肌力量而不是用臂力）,肚脐与腹部着地,眼望前方。保持此姿势,自然呼吸5次。

（3）继续吸气,双臂伸直,背部继续往后弯曲,头部尽量后仰,腹部仍然贴地,眼望上方,眼球可同时左右转动（改善视力）。意识集中在喉部、尾椎,同时收缩臀部,大腿放松。

（4）吐气,上身按从骨盆、腰椎、胸椎、颈椎、下颚到额头的顺序慢慢还原到（1）。调匀呼吸,全身放松。重复练习3遍。

提示:蛇式是一种瑜伽体位法的代表性的姿势。练习时,不可用爆发力,尽量使身体处于舒适状态。初学者先熟悉做法（2）后,才可练习做法（3）,以免身体超负荷。甲状腺机能亢奋者、结肠炎、胃溃疡和疝气患者不适宜练习。

### 2. 弓式

功效:促进内分泌、甲状腺机能正常;对月经不调、性冷感、肠胃失调、消化不良、便秘、胆结石等症有疗效;消除背部赘肉,矫正驼背,健胸瘦身,预防臀部下垂,塑造身体曲线,美容效果显著。

做法:

（1）俯卧,双脚并拢,双手平放体侧。

（2）吐气,弯曲双膝,双手向后抓住脚踝,额头触地。

（3）吸气,双腿慢慢抬高至极限,双臂要伸直,保持片刻。

（4）吐气,上身挺起,头部后仰,突出喉部与下颚,全身呈弓形姿势,意识放在腹部、腰部。保持此姿势,自然呼吸5次。

（5）吐气,将脚慢慢放下,直至膝盖着地,上身也同时放下。俯卧,头转到侧边。两手背放置身体两侧地面,脸部贴地,调匀呼吸,全身放松。重复练习3遍。

提示:甲状腺机能亢奋、脊椎异常错位、胃溃疡等症患者不宜练习。初学者,双腿可分开。

（四）仰卧体位法

1. 船式

功效:增强腹肌力量,消除腹部赘肉,能使大腿修长及腰围变细;防止内脏下垂,改善胃肠功能,消除便秘及强化背部;具有放松身体和关节的效果,对胆小、容易冲动或神经质的人有帮助。是一个全身性提高体能的练习。

做法:

（1）仰卧,双脚并拢,双臂平放体侧。

（2）吸气,同时将上身、双脚和双臂向上抬起,只有臀部着地,并以脊椎骨为支点,保持身体平衡。双手、双腿伸直,手指指向脚尖,保持此姿势,屏息约5秒。

（3）吐气,慢慢将身体放回地面,调匀呼吸,全身放松。

提示:身体上抬时,要收缩腹部,并紧张全身的肌肉。如发生腿部痉挛时,将脚踝用力蹬出,伸直脚跟韧带。

2. 卧十字

功效:刺激内脏使其活性化,促进消化功能,消除便秘、下痢症,减少腰围脂肪;活跃中枢神经,保持情绪稳定,提高自信心;有纤腰、收紧臀部和大腿肌肉效果。

做法:

（1）仰卧,双脚并拢伸直,双手向身体两侧伸展成一直线,掌贴心。

（2）吸气,慢慢将左脚抬高,膝盖与脚尖伸直,与地面成垂直状态。

（3）吐气,将左脚往右侧倾斜,直至脚部着地,然后脸部转向左方。双肩不能离地上浮,手掌心也保持贴地,意识集中胃部,自然呼吸5~10次。

（4）吸气,左脚从右侧抬高,还原回到（1）,放松,调匀呼吸。换相反方向,各做3遍。

**思考题**

1. 谈谈您对习近平总书记强调"要树立健康第一的教育理念,开齐开足体育课,帮助学生在体育锻炼中享受乐趣、增强体质、健全人格、锤炼意志"的看法。

2. 简述瑜伽的起源。

3. 简述瑜伽和其他运动的区别。

4. 简述瑜伽练习的价值。

5. 简述呼吸在瑜伽练习中的重要性。

6. 瑜伽的科学依据是什么?

7. 简述现代瑜伽与古典瑜伽的区别。

8. 你认为瑜伽的发展趋势是什么？

9. 练习瑜伽应注意什么？

10. 谈一谈你对瑜伽的认识和感受。

**参考文献**

［1］古月飞.瑜伽精粹100式［M］.广州:广东科技出版社,2003.

［2］林敏.清心瑜伽［M］.广州:广东教育出版社,2004.

［3］鲁倩.瑜伽入门［M］.广州:广东科技出版社,2003.

［4］艾扬格.调息之光［M］.海南:海南出版社,2015.

**推荐阅读**

1.《生活瑜伽》,林敏,化学工业出版社,2010。

2.《时尚健身瑜伽》,范京广,北京体育大学出版社,2003。

3.《瘦身美体瑜伽训练》,李政勋著,韩玉萍译,民生与建设出版社,2004。

——学习时刻——

　　体育不仅可以提高人民健康水平，还可以促进各国人民相互了解和友谊。团结、友谊、和平的奥林匹克精神在中国深入人心。

　　——2013 年 11 月 19 日，习近平主席会见国际奥林匹克委员会主席巴赫时的讲话。

# 第十九章

# 健美运动理论与技术

## 第一节　健美运动概述

### 一、国际健美运动的发展简况

不同时代对美的追求是不一样的,古代的健美观念以古希腊较具代表性。古希腊人认为:健美的人体具有发达匀称的胸部,灵活而强壮的脖子,虎背熊腰的躯干和块块隆起的肌肉。古希腊人主要是通过体育运动来塑造和培养健美人物的,四年一届的古代奥林匹克运动会,就是炫耀力量和人体健美的场合。运动会桂冠获得者将受到楷模般的欢迎。国家出资修建健身场,青年人在那里练习跳跃、拳击、奔跑、投枪、掷铁饼,系统地锻炼机体和各部肌肉,把身体练得强壮、轻灵和健美。古希腊人还风行裸体艺术,在运动场上从事裸体运动,喜欢欣赏裸体人力量、健康、活泼的形态和姿势;在艺术上如绘画和雕塑,则塑造健、力、美三结合的人体。著名的《掷铁饼者》雕塑,就是这时期的健美代表作,那灵活跳动的肌肉,充满了生命的活力。

到了 18 世纪,德国著名体育活动家艾泽伦(1792—1846 年),开设了体育师资培训的课程,创造了哑铃、环等运动。这些形式的锻炼,既是现代竞技举重的起源,也是现代健美运动和力量举的起源。那时从事锻炼的人们,主要追求力量的增长,而在体形上并无特殊的要求,这些大力士们力大无比,肩宽腰粗,肌肉非常发达。

从 19 世纪起,大力士们的体形逐渐有了改变。生于 1868 年的山道(Sandow)是健美运动的创始人,集健、力、美于一身。他既是体育表演家,又是艺术家。山道幼时体弱多病,后为古代角力士雕像的雄健体魄所吸引,每天锻炼身体,并从实践中摸索出一整套锻炼肌肉的方法,到 22 岁时,他的全身肌肉已非常发达。此后,他到英国、澳大利亚、新西兰和南美洲等地表演各种健美技艺和力的技巧,演毕即显露其全身发达的肌肉,并塑造各种姿势的人体形象,受到广泛的赞誉。山道还开设体育学校,宣传健美运动,创立健身函授班,向世界各地的健美爱好者传授健身训练方法。著有《体力养成法》等著作,于 1901 年组织了世界首次健美大力士的比赛,晚年创办了世界第一所健美运动学校。山道为创建和发展现代健美运动做出了卓越的贡献。

20 世纪初,健美运动在英美等国得到了广泛的开展,《肌肉发达法》和《力之秘

诀》等专著,以及《体育》《力》《大力士》《健与力》《超人》等健身杂志相继出版,英国《体育》健身杂志主编麦克法登著有健身著作 50 余本,对健美运动的开展做出了巨大的贡献。1946 年,加拿大人本·韦特和其弟弟健美大师裘·韦特一道发起创建国际健美协会,一起制定了健美比赛的国际规则,并开始举行正式的国际业余健美锦标赛。

女子健美是在 20 世纪 40 年代才兴起的运动项目。开始主要比身段、体姿和容貌。1980 年国际健美协会正式成立了妇女委员会。健美协会的竞赛规则规定,女子健美比赛是按身材比例、体型、体态的匀称性、平衡性、肌肉发达程度、皮肤和容貌以及造型表演的艺术性等六个方面作为综合评分的标准。

### 二、我国健美运动的发展简况

我国是世界文明古国之一,有着悠久的历史。我们的祖先也是崇尚健美、崇尚力量、崇尚英武的。我国古代以身体魁梧、武艺高强、健壮英俊、品德高尚为健美,提倡将健、力、美紧密结合在一起。

现代健美运动是从 20 世纪 30 年代由欧美传入我国逐渐发展起来的。赵竹光是我国现代健美运动的开拓者,创立了我国最早的健美组织沪江大学健美会,并于 1934 年和 1937 年先后翻译出版了《肌肉发达法》和《力之秘诀》两本健身著作,同时主办《健力美》杂志,积极介绍和推广健美运动。1940 年 5 月,又创办了上海健身学院,当时的校训是:"健全的身体,健全的人格,健全的头脑,健全的灵魂。"

1946 年,在上海八仙桥青年会举行了上海男子健美比赛,这是新中国诞生前举行的唯一的一次全市性健美比赛。

中华人民共和国成立后,健美运动更为广大群众所喜爱,上海先后建立了健美体育馆、强华体育社等近 10 个健美锻炼的场所,广州的健身院也发展到 10 间之多,北京、南京、苏州等地都吸引了很多青年参加健美锻炼。但是,几年之后,这项提倡健力美的运动,竟作为"资产阶级体育"而受到批判,各体育场所都转搞竞技举重,健美运动基本上停滞。

20 世纪 80 年代是我国健美运动复兴的年代。在改革开放的形势下,为了满足广大青年想使体格迅速健美起来的迫切愿望,1980 年前后,上海、北京、广州等地又恢复开展了健美运动,不到几年时间,很快就普及到了全国许多大中小城市。

1983 年 6 月在上海举办了第一届全国"力士杯"健美邀请赛,并由国家体委决定每年举行一届。1983—1989 年,已先后在上海、广州、北京、深圳、屯溪、徐州、桂林举办了共七届全国"力士杯"健美比赛。同时采取民办公助的形式,举行了多次各种健美杯赛。在前两届比赛中,只进行了男子个人比赛,从第三届开始增加了男女混双表演,1986 年第四届比赛正式增加了女子个人和男女混双比赛,女运动员第一次按照国际健美比赛规则的规定穿"比基尼"泳装参加。

1985 年 11 月,在瑞典哥德堡举行的第三十九届国际健美联合会年会上,正式接纳我国为国际健美联合会的会员。

1986 年 11 月,由国家体委主持,正式选举产生了中国举重协会健美委员会,曾维祺为主任,高程洪、孙玉昆、戚玉芳为副主任,古桥为秘书,统一领导开展我国的健美运动。

1988 年 10 月,我国首次派出何玉珊、孙伟毅二人参加了在澳大利亚举行的世界男子业余健美锦标赛,初露锋芒。

1989 年 12 月,在上海举行了我国首次国际健美邀请赛。比赛气氛热烈友好。

随着全民参与体育锻炼意识的增强,群众的体质与健康状况有了很大改善,全民健身工作日益受到全社会的重视并得到相关部门的支持。自 2000 年以来,我国在组织开展全民健身活动、落实全民健身计划、强化全民健身意识、树立健康第一的思想、使全民健身活动成为社区居民生活的重要组成部分等方面取得了长足进步。习近平总书记指出,建设体育强国,是全面建设社会主义现代化国家的一个重要目标。体育强国的基础在于群众体育。健美运动的练习方式灵活多变,是一项易于开展的群众体育运动。健美运动可以帮助学生在体育锻炼中享受乐趣、增强体质、健全人格、锤炼意志,还可以加强对学生坚韧不拔、勇于担当和团结协作等优秀品德的培养。

## 第二节　健美运动的特点与价值

### 一、健美运动的特点

1. 体育与美育融为一体

一般的体育活动主要增进健康,增强体质,而健美运动则不完全相同,其本身就规定了它既要求"健",又要求"美"。它的练习动作和手段,教学训练的内容和方法,以至比赛的内容和评分标准等,都体现了这一点。所以,在练习中不应该单纯地追求把某些局部肌肉练得大一些,而是要注意改善自己的体形体态,使其匀称、协调、优美。不仅要注意体形体态的仪表美,而且要自觉陶冶自己美好的情操,加强思想修养,注意语言美、行为美、心灵美。真正把体育和美育、外在美和内在美很好地融合在一起。

2. 有效地发达各部位肌肉

健美训练的主要目的之一是发达身体各部位肌肉,健美比赛也是以全身肌肉发达程度为主要标准之一进行评分的。为此,健美训练中应经常采用各种各样的动作方式,进行反复多次的负重练习,每次练习的次数几乎都要接近或达到极限,给肌肉以强烈的刺激,从而促进新陈代谢活动,加强超量恢复过程,使全身各部位的肌肉得到最大限度的发展。

3. 设备简单,易于开展

健美运动可以徒手或依靠自抗力进行练习,也可利用各种简单的轻重器械进行练习,还可采用一些自制的土器械乃至简单的家具进行锻炼。总的来说,设备器材比较简单。对场地的要求则更低,只要有几平方米的地方就可,因而比较容易开展。

4. 练习方式方法灵活、机动、多样,男女老少皆宜

健美的练习动作多种多样,有徒手和自抗力动作,有利用轻重器械做的各种动作,即使是重器械,也可根据需要自由调节重量、次数、组数,自由调节运动量。所以,它能够充分满足男女老少以及不同健康状况的人各不相同的需要,从而受到广大群众的喜爱。

### 二、健美运动的价值

1. 有效地发达全身肌肉、增大力量

在人体中，由肌肉、骨骼、关节和韧带等共同组成了运动器官，使有机体得以进行各种各样的复杂而精细的运动。而这一切运动的原动力就是那些大大小小的肌肉。在健美训练中，训练者要经常采用各种各样的杠铃、哑铃等器材进行负重练习，对全身各部位肌肉进行锻炼，特别是每次练习几乎都要做到极限，因此能够使肌肉得到强烈的刺激，从而使肌纤维增粗，肌肉中的毛细血管网增多，肌肉的生理横断面增大，肌肉变得丰满结实而发达，肌肉力量得到了增长。

2. 改善体形体态，矫正畸形

体形主要是指全身各部位的比例是否匀称、协调、平衡、和谐，以及主要肌肉群是否具有优美的线条。体态主要是指整个身体及各主要部位的姿态是否端正优美。如果长时间不注意体态端正，就会影响某些骨骼的正常生长和发育。如有些青少年羞于自己身高长得太快，就有意识地含胸弓背，时间一长脊柱（胸椎段）就不能呈正常的"S"形，而形成驼背。又如有不少青少年用一侧肩膀背沉重的书包，久而久之，形成一侧肩高，一侧肩低，造成脊柱侧弯。健美运动的各种动作能给予身体某些部位的生长发育以良好的影响，促使肌肉发育和骨骼生长。科学的训练还可减少肌肉中的脂肪含量，达到去脂减肥的目的。这些变化能有效地改善人的体形体态，如三角肌发达了，肩部就显得宽阔；背阔肌增大了，能使身体呈现美丽的倒三角形；腹肌发达了就会使腹部扁平、坚实，使男子变得魁梧雄健、英姿勃勃、风度翩翩，女子变得体态健美、线条优美、刚柔相济、秀丽动人。

3. 增进健康，增强体质

健美锻炼可以使心肌增强，心脏容量增大，血管弹性增强，进而提高心脏的收缩力和血管的舒张能力，使心搏有力，心输出量增加，心跳次数也可减少到约 60 次/分钟，这样心脏休息的时间就增多了，出现了节省化的现象。由于心脏的工作能力和储备能力都提高了，所以能承受更大的负荷量。健美锻炼还能使血液中的红细胞、白细胞和血红蛋白增加，从而提高身体的营养水平、代谢能力和对疾病的抵抗能力。

健美锻炼对呼吸系统的机能也有良好的影响。它能提高呼吸深度，增加每次呼吸时的气体交换量。这既有利于呼吸肌的休息，又可提高呼吸系统的功能储备，从而保证在激烈运动时满足气体交换的需要，提高机能水平。

健美锻炼还能提高消化系统的机能，提高人的激素水平等，可以达到增进健康、增强体质的目的。

4. 培养顽强意志品质

健美锻炼能提高神经过程的强度和集中能力，从而提高中枢神经系统的机能水平。同时，健美训练很苦，主要体现在训练量大、训练强度高、肌肉酸疼等方面，每次训练都要以极大的毅力才能完成，能培养锻炼者顽强的意志品质。

# 第三节　健美运动的基本技术

## 一、训练的基本原则

(1)动作的全过程用力；
(2)控制重量；
(3)不要借力；
(4)把意念集中在肌肉上；
(5)训练接近或达到极限次数。

## 二、锻炼的基本技术方法

(一)胸大肌的主要锻炼方法
(1)平板哑铃卧推、上斜哑铃卧推、下斜哑铃卧推(见图19-1)。
(2)杠铃宽握卧推、杠铃窄握卧推等(见图19-2、图19-3)。

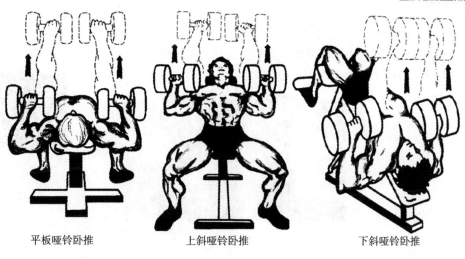

平板哑铃卧推　　　　　上斜哑铃卧推　　　　　下斜哑铃卧推

图 19-1

图 19-2

图 19-3

(二)背阔肌的主要锻炼方法

(1)宽握引体向上(见图 19-4)。

图 19-4

(2)跪撑哑铃后拉(见图 19-5)。

图 19-5

（三）三角肌的主要锻炼方法

（1）坐姿哑铃上举（见图19-6）。

图 19-6

（2）站立哑铃侧平举（见图19-7）。

图 19-7

（四）腹肌的主要锻炼方法

（1）仰卧起坐（见图19-8）。

图 19-8

（2）仰卧举腿（见图 19-9）。

图 19-9

（五）股四头肌的主要锻炼方法

（1）杠铃蹲（见图 19-10）。

图 19-10

（2）坐蹬腿（见图 19-11）。

图 19-11

## 第四节　健美运动规则与裁判法

### 一、场地与器材要求

（1）健美竞赛在赛台上进行。赛台必须挂有背幕和相应的赛台装置。

（2）背幕必须是单深色，如黑色、棕色、黑绿色、紫红色等。

（3）背幕高不得低于 6 米，宽不得少于 15 米。背幕上可设主办单位会徽和大赛会徽。

（4）在健美竞赛时，赛台上可设置表演台。表演台长为 9 米，宽为 1.5 米，高为 3 米，可制成拼接式。

（5）在健身先生、健身小姐竞赛时，赛台中心必须设置规定行走路线。

（6）赛台和表演台上必须铺有浅色地毯。

（7）热身活动区和后场至前场通道必须铺设地毯。

（8）后场必须配置供运动员热身活动的器材。

（9）在称量体重室和运动员的住址必须配置相同式样的标准磅秤（弹簧秤除外）。

（10）在丈量身高室和运动员的住址必须配置相同式样的标准量具。

### 二、健美竞赛组（级）别

1. 男子成年组（21 周岁以上）

（1）羽量级：体重 60 千克以下（含 60 千克）。

（2）雏量级：体重 60.01~65 千克。

（3）轻量级：体重 65.01~70 千克。

（4）次中量级：体重 70.01~75 千克。

（5）轻中量级：体重 75.01~80 千克。

（6）中量级：体重 80.01~85 千克。

（7）轻重量级：体重 85.01~90 千克。

（8）重量级：体重 90 公斤以上。

2. 女子成年组（21 周岁以上）

（1）羽量级：体重 46 千克以下（含 46 千克）。

（2）雏量级：体重 46.01~49 千克。

（3）轻量级：体重 49.01~52 千克。

（4）次中量级：体重 52.01~55 千克。

（5）中量级：体重 55.01~58 千克。

（6）重量级：体重 58 千克以上。

3. 男子青年组（21 周岁以下）

（1）轻量级：体重 65 千克以下（含 65 千克）。

（2）中量级：体重 65.01~70 千克。

（3）次中量级：体重 70.01~75 千克。

(4)重量级:体重 75 千克以上。

4. 女子青年组(21 周岁以下)

(1)轻量级:体重 49 千克以下(含 49 千克)。

(2)中量级:体重 49.01~52 千克。

(3)重量级:体重 52 千克以上。

5. 男子元老组(45 周岁以上)

(1)A 组:45~50 周岁。

(2)B 组:50 周岁以上。

6. 女子元老组(35 周岁以上)

(1)A 组:35~40 周岁。

(2)B 组:40 周岁以上。

各组别的年龄界定以出生年月日为准。

### 三、健美运动员称量体重与抽签

(1)运动员必须在赛前一天称量体重。

(2)运动员称量体重时必须着比赛服装,并由裁判长检查比赛服装。

(3)称量体重顺序为:先男后女;先轻后重。

(4)运动员体重与原报名级别不符时,允许在 30 分钟内重复称量。若在规定时间内仍未达到规定体重,则取消该级别比赛资格。若体重超过原报名级别,本人自愿,可升级比赛。

(5)运动员体重已与原报名级别相符时,不得降级或升级比赛。

(6)未能在规定时间内称量体重的运动员,不得参加比赛。

(7)参赛签号牌应在称量体重合格后,由运动员本人抽取。

(8)比赛时,签号牌应牢固地佩戴在赛裤的左上方,无签号牌者不得参加比赛。

注:签号牌直径为 10 厘米,用硬质白色树脂、塑料等材料制成圆形,号码用阿拉伯黑体字书写。

### 四、健美运动服饰

(1)男运动员穿单色赛裤。

(2)女运动员穿单色比基尼赛服。

(3)参加男女混合双人比赛的运动员,其赛服必须一致。

(4)禁止运动员在比基尼赛服内使用垫衬物,赛裤必须包臀。

(5)禁止运动员穿鞋、袜、贴胶布、扎绷带、佩戴装饰品、咀嚼食物等。

(6)在比赛中,检录长有权检查运动员的赛服。对赛服不符合规定的运动员,裁判长有权取消其比赛资格。

### 五、健美运动员着色与擦油

(1)允许使用人工色剂,但不得有任何勾画。

(2)允许参赛运动员擦抹植物油、润肤膏,但用量必须适度。

### 六、健美竞赛动作

1. 自然站立(略)

2. 男子个人竞赛七个规定动作

前展肱二头肌、前展背阔肌、侧展胸部、后展肱二头肌、后展背阔肌、侧展肱三头肌、前展腹部和腿部。

3. 女子个人竞赛五个规定动作

前展肱二头肌、侧展胸部、后展肱二头肌、侧展肱三头肌、前展腹部和腿部。

4. 男女混合双人竞赛五个规定动作

前展肱二头肌、侧展胸部、后展肱二头肌、侧展肱三头肌、前展腹部和腿部。

5. 自由造型

(1)造型:应从前、后、左、右、上、下等方位展示身体各部位肌群和体形。

(2)动作数量:男子不得少于 15 个;女子不得少于 20 个。每个造型应有停顿。

(3)造型时间:男子个人为 60 秒;女子个人为 90 秒;男女混合双人为 120 秒。

### 七、健美男子个人评分依据

(1)肌肉:身体各部位肌群发达,有围度,肌肉清晰。

(2)匀称:人体骨架、肌群的整体布局合理、匀称。

(3)造型:动作规范、协调。

(4)肤色:皮肤光洁,色泽和谐。

### 八、健美女子个人评分依据

(1)肌肉:身体各部位肌群发达,有围度,肌肉清晰。

(2)匀称:人体骨架、肌群的整体布局合理、匀称。

(3)造型:动作规范、流畅。

(4)外表:容貌端庄,皮肤光洁,色泽和谐。

### 九、健美男女混合双人评分依据

(1)匀称:男、女骨架与各部位肌群相配。

(2)肌肉:男、女各部位肌群相配,清晰。

(3)造型:造型规范,动作流畅,配合默契。

### 思考题

1. 简述您对"团结、友谊、和平的奥林匹克精神在中国深入人心"的认识。

2. 简述我国健美运动的发展简况。

3. 简述健美运动的特点。

4. 健美竞赛类别有哪几种?

5. 健美竞赛组(级)别男子成年组(21 周岁以上)有哪些?

6. 健美运动对服饰有哪些要求?

7. 健美竞赛规定动作有哪些?

8. 健美操属于健美运动吗,为什么?

9. 浅谈你对健美运动特点的认识。

10. 结合自身谈谈你对"终身体育"的看法。

**参考文献**

[1]田麦久,蔡睿.力量练习器健身与健美［M］.南京:江苏科学技术出版社,2013.

[2]德拉威尔.肌肉健美训练图解[M].济南:山东科学技术出版社,2012.

[3]程路明.健美［M].杭州浙江大学出版社,2011.

[4]宫美凤.大学生健美健身精粹［M］.北京:北京航空航天大学出版社,2011.

[5]张凤民,齐景龙.健美运动［M］.长春:吉林出版集团有限责任公司,2010.

[6]张先松.健身健美运动［M］.武汉:华中科技大学出版社,2009.

[7]胡茵,胡雪,王卫红.当代大学生健美与塑身运动的科学性研究[M].北京:中国商务出版社,2010.

[8]李大威,林楠楠,王国福.大学生健身与健美[M].哈尔滨:黑龙江教育出版社,2009.

————学习时刻————

　　全民健身是全体人民增强体魄、健康生活的基础和保障，人民身体健康是全面建成小康社会的重要内涵，是每一个人成长和实现幸福生活的重要基础。

　　——2013年8月31日，习近平总书记会见全国体育先进单位和先进个人代表等时的讲话。

# 第二十章

# 肚皮舞运动理论与技术

## 第一节　肚皮舞运动概述

　　肚皮舞阿拉伯原名为"Raks Sharki",意指东方之舞,因此又称"东方舞蹈"。一般认为肚皮舞是中亚、埃及的古老的传统舞蹈。

　　有着5 000多年历史的文明古国埃及,地处非洲东北部,而苏伊士运河以东的西奈半岛却位于亚洲西南角,地跨非、亚两大洲,旅游资源相当丰富,那里有世界独有的金字塔、狮身人面像、底比斯古城、凯尔奈克神庙以及世界最长的尼罗河等,它们都是备受青睐的罕见"瑰宝"。除此之外,颇为各国旅游者喜爱的"肚皮舞"节,富有浓郁的民族特色,动作优美性感,热情刺激,是不可多得的文化大餐。

　　肚皮舞是东方舞的俗称,其历史源远流长,但说法不一。通常认为肚皮舞最早出现在土耳其奥斯曼帝国的宫廷上,只供少数达官显贵享乐,直到16世纪,随着国家版图的不断扩大,这种已经大为普及的舞蹈,顺势流传到埃及和中东、东非等地。当时,肚皮舞作为一种谋生手段,在街头、酒吧、咖啡馆、夜总会等娱乐场所均可见到。不过也有专门研究阿拉伯舞的专家认为,东方舞原本就是古埃及的产物,这在文物中可找到足够证据,它和埃及人的生活、习俗、节庆、宴请有着密不可分的联系。当时,只要一听到相关乐曲,无论是少女,还是老妇,都会不由自主地扭动腰肢,手舞足蹈地跳起。舞技娴熟者,每秒钟便可抖动十余次之多,如同不停飞转的机轮一般,通过腰、胯、臀,各个部分的协调摆动,充分展示出女性曲线的妩媚,进而表现出那种勤劳、质朴和对生活与未来充满憧憬的美好愿望,给人以不可多得的艺术享受。

## 第二节　肚皮舞运动的特点与价值

### 一、肚皮舞运动的特点

　　肚皮舞是非常女性的舞蹈,肚皮舞的特色是,随着变化万千的快速节奏,摆动腹部、使劲舞动臂部、胸部,这些动作成为肚皮舞牢不可破的传统舞技。肚皮舞必须在平

滑的地板,赤足舞蹈。快速的舞步,一如欧美的狐步舞,交叉摇摆的舞姿,时而优雅,时而感性,时而傲酷,时而神秘,妩媚娇柔。

作为一种优美的身体艺术,肚皮舞通过骨盆,臀部,胸部和手臂的旋转以及令人眼花缭乱的胯部摇摆动作,塑造出优雅性感柔美的舞蹈语言,充分发挥出女性身体的阴柔之美。它是一种全身的运动,可以让你的腿部、腹部、肩膀以及颈部都得到充分的活动,从而提高身体的弹性和柔韧性。手臂的动作非常重要,它能表达出舞者的优雅和精巧。它不仅仅是一种运动,也为心灵与身体建立了一种精神纽带。你可以像蝴蝶、海浪、流水一样欢快与自由。当你翩翩起舞时,你体内的女神让你变得更优雅、更有力量、更加性感。它是女士探索自身的舞蹈,是对身体和内心世界的探险。

**二、肚皮舞运动的主要风格**

由于肚皮舞风格流派较多,每个舞者都可以成为独具特色的表演者。但初学者经常容易混淆。肚皮舞根据其应用场所及表演的时间性分为宗教舞蹈、节目舞蹈、宴会舞蹈、闺房舞蹈、作战舞蹈和街道舞蹈六类。按照舞蹈形式则分为宫廷舞、民俗舞、东方舞等。

按照肚皮舞的表现风格和流派,其主要分为以下几大类:现代埃及和传统埃及风格、土耳其风格、黎巴嫩风格、美国部落风格。

**(一)现代埃及和传统埃及风格**

(1)现代埃及肚皮舞表演流派于1920年以来受到俄国芭蕾舞很大的影响,经常会包含一些芭蕾的动作。肌肉的控制以中心躯干为主轴,缓慢小幅度地舞动。"极少便是极好"是他们的舞蹈理念,比较注重情感的表达。律动间以细致的层次动作与优雅微幅的动作为主。

(2)传统埃及流派因多信奉伊斯兰教,舞者衣着保守,以传统服饰为主。在公开表演的场合里受法律规定,埃及舞者必须将腹部遮掩住,舞服是做工精美华丽的刺绣,镶上莱茵石、大片绣花与水晶作为装饰,并衬以流苏。较少穿着舞鞋表演。在埃及风格里较为常用的手具包括牧羊棍或是竹篮、藤茎。另外还有男舞者的功夫舞,其手持古代战争中常见的长棍做表演。

埃及舞分多种民间民俗舞,其有点类似我们国家的藏舞、傣舞,沿着尼罗河的流向有不同的民间舞,统称balady,跳时服装上用袍子,身体自然扭动,音乐有特色,发展至今,所谓东方舞是由于埃及的地理位置相对于欧洲来说位于东方,所以统称为东方舞。

**(二)印度风格**

妩媚多姿、色彩鲜艳斑斓,加入印度舞风格,包含印度的特有手势(如五指张开,小指和无名指向掌内弯曲)等。同时音乐也有印度风的感觉。

**(三)黎巴嫩风格**

这是介于现代埃及和土耳其风格之间的一种肚皮舞流派,较为贴近埃及风格,但是动作较大,受芭蕾舞影响也更为明显。兼具优雅的移动以及前后左右方向的改变或暂停、舞动以及少许的芭蕾舞成分。舞者们较常使用舞台做表演场地,行进动作与戏剧张力是广受欢迎的表演元素。黎巴嫩的民族舞包括Debke(德布卡)、Khaleegi(波斯湾风格)及赛得舞蹈。黎巴嫩舞者在进场时使用纱布的时间较长,也习惯穿着舞鞋表演。常见的手具包括指钹与牧羊棍,偶尔也会出现剑舞或刀舞。

现今闻名的黎巴嫩风格舞者包括 Amani 与 Samara,而最具代表性的传奇巨星则是娜迪亚·迦茉尔(Nadia Gamal)。

### (四)美国部落风肚皮舞

美国部落风全称为 American Trible Style,即 ATS。自 1974 年正式诞生以来,ATS就因其奇异绚丽的融合风貌、团体即兴的独特形式,与传统的肚皮舞区别开来,逐渐发展成一种新的舞种。由于动作简易、形式热闹、交流性强,ATS 正为越来越多人接受和喜爱。

ATS 具有同它的诞生地美国一样的融合性,可以说是多种舞蹈元素的大融合,欣赏 ATS 表演时,我们可以看到许多舞蹈的影子:中东阿拉伯舞、印度邦拉舞、婆罗多舞、非洲民俗舞、弗拉明戈、吉卜赛舞、波斯舞……五颜六色的舞蹈元素已经被巧妙地描绘在 ATS 的大画布上,浓淡相宜,交织融合得浑然一体。今天,部落融合风已"吹遍"了世界各地,它的独特魅力,令各国舞者深深喜爱甚至为之痴迷。教师教学生,学生成为老师再教学生,生生不息,形成了金字塔式的影响力。

正因为"融合"是这种风格的主题,所以每一位进入其中的舞者都会融入自己擅长的风格,甚至各自的想法和视点。随着舞者队伍的壮大发展,部落融合风就像一棵繁茂的大树,以部落为主干,分出无数的枝丫——部落融合街舞、融合爵士、融合哥特、融合印度舞、融合弗拉明戈……舞者们无限的创造力催生出无数奇异美丽、令人惊艳的舞蹈作品。

ATS 不是一个人的自由,而是集体的自由,从某种程度来说,虽然 ATS 相比传统的中东肚皮舞对个人有较多的约束,但正是这种约束让群体产生共鸣,也正是这种共鸣带出了狂欢的气氛,带出了团体的快乐!

### 三、肚皮舞在中国的发展及意义

肚皮舞目前在中国发展较快,虽然群众集中在中青年人群,但是随着现代女性对高质量、高健康休闲生活的追求,学习肚皮舞丰富业余生活的朋友会越来越多。通过参加肚皮舞练习发现有如下一些好处:

(1)练习肚皮舞最能锻炼腰腹、胸部、臀部和手臂。

(2)在练习肚皮舞的过程之中,强调的是自我欣赏、自我发现。舞者能够在肚皮舞的练习中发现自己无与伦比的身体魅力,提升自信与气质,轻松面对工作与生活。

(3)对身体起调节作用。经常练习肚皮舞能够疏经活血,按摩子宫和肠道,对女性痛经、内分泌失调都有极明显的调节作用。最新的研究表明,跳肚皮舞对心血管功能有益,能有效延缓衰老。

肚皮舞在千禧年左右进入中国,随即以它独特的艺术魅力征服了广大群众,在北上广深等城市中,大型肚皮舞俱乐部比比皆是,其中中国肚皮舞第一人郭伟老师取得较高的艺术成就。2007 年年初郭伟参加欧洲肚皮舞交流会,代表中国进行独舞表演,赢得全场欢呼。2007 年 8 月,土耳其电视台专访了郭伟,此次访谈节目轰动了伊斯坦布尔的肚皮舞圈子,土耳其国宝级肚皮舞舞娘经过土耳其电视台的介绍,致电表示非常佩服郭伟。2007 年 12 月底郭伟邀请美国沙漠玫瑰 BellyDanceSuperStars 超级巨星肚皮舞表演团来华,举办首次"中国肚皮舞嘉年华交流大会"。2009 年 6 月郭伟肚皮

舞组织团队数人远赴埃及开罗参加肚皮舞盛宴,来自于全世界的优秀肚皮舞爱好者齐聚一堂。2009年7月郭伟联合美国、法国、德国、俄罗斯著名的肚皮舞大师们一起在北京举行了盛大的肚皮舞节。2009年11月郭伟带领学生远赴德国参加欧洲肚皮舞超级盛典并代表亚洲作为表演嘉宾进行表演。

2013年秋,习近平主席西行哈萨克斯坦、南下印度尼西亚,先后提出建设丝绸之路经济带和21世纪海上丝绸之路重大倡议。当年的央视春晚节目组邀请了土耳其国宝级肚皮舞团带着经典舞剧《火》上了春晚。2020年春晚也推出了"一带一路"舞蹈专版节目。8年来,在以习近平同志为核心的党中央坚强领导下,我们统筹谋划推动高质量发展、构建新发展格局和共建"一带一路",坚持共商共建共享原则,把基础设施"硬联通"作为重要方向,把规则标准"软联通"作为重要支撑,把共建国家人民"心联通"作为重要基础,推动共建"一带一路"高质量发展,取得实打实、沉甸甸的成就。在今天,面对世界百年未有之大变局和新冠肺炎疫情全球大流行交织影响,"一带一路"建设呈现出强大韧性与澎湃活力,为各国抗击疫情、恢复经济、增进民生福祉注入了宝贵力量,为疫情阴霾笼罩的世界投射了一抹亮光。在印度尼西亚,雅万高铁建设稳步推进;在尼日利亚,拉伊铁路开通运营;在亚欧大陆,中欧班列风雨无阻……从理念转化为行动,从愿景转变为现实,"一带一路"日益成为团结应对挑战的合作之路、维护人民健康安全的健康之路、促进经济社会恢复的复苏之路、释放发展潜力的增长之路。越是风高浪急,越显勇毅笃行。肚皮舞这一古老的艺术舞种抓住"一带一路"建设的高速列车,搭建文化输入与输出的桥梁。

## 第三节　肚皮舞运动的基本技术

### 一、基本装备

(一)赤足

古埃及人相信赤足跳肚皮舞可以表达对女神的崇敬,这大概就是肚皮舞赤足的缘起吧。同时,跳舞时通过甩开鞋的束缚,可以更深层次地打开心扉,通过跳舞来连接自己的身体和情感。

(二)休闲服

在健身中心学习肚皮舞时,穿一身活动方便的休闲服就好了。不过,如果你学会后并有表演的欲望时,一身漂亮的服饰是翩翩起舞时必不可少的。

(三)标准服装

肚皮舞服装通常由三部分组成:露脐小上装、镶有亮片的臀部腰带、低腰裙或灯笼裤。另外还可以根据个人喜好配上面纱及相应的饰品,需要注意的是全身的服装颜色一定要上下协调、有整体感。

1. 露脐小上装

(1)可以做成印度妇女穿在纱丽里的短袖小衫的式样,最好是短袖或无袖,因为穿长袖跳舞太热而且不舒服。

（2）在普通文胸上绣上漂亮的彩色亮片和七彩小珠,不过一定得选择很结实的文胸,否则跳舞时会承不住珠珠片片的重量。缝亮片和彩珠时要用尼龙线。肩带上的亮片最好用有弹性的线缝制,这样跳舞时可以跳得更舒展。

2. 镶有亮片的臀部腰带

腰带起着点缀臀线、加强跳舞时的动感的作用。由结实的材料如天鹅绒制成,可以是"V"形、可以是波浪形,下面缀上长长的珠链。腰带的位置通常是肚脐下四个指头以下,附在低腰长裙或灯笼裤外。一般缀上小珠片还可以在动作幅度大时发出铃声。

3. 低腰长裙或灯笼裤

用轻盈透明的布料如丝绸、软缎做成,穿上去刚好落在肚脐以下、臀部以上。裙子要长,这样转起来飘飘洒洒的很好看。裙子可以做成分开的七片,或者只是前面分开,这样既便于跳舞又显得很性感;灯笼裤的外边可以开衩一直到脚踝,由于外面系有带链珠的腰带,跳舞时身体时隐时现,显得很迷人。

4. 面纱

面纱使舞蹈显得更神秘,多了几分异国风情。面纱通常 2 米长、1.5 米宽,用透明、轻盈的布料做成,面纱四周可以缀以亮片做点缀。

5. 饰品

包括戒指、手镯、项链、腰链、脚链,等等,总之,尽可能多地让身体各部位挂上这些叮当作响的饰品,会使整个人更加摇曳多姿。

肚皮舞服装看起来似乎大同小异,实际上各流派不但音乐、舞蹈精髓和动作的表现方式不同,肚皮舞的服饰也有着地域性的区别。

（1）埃及风格。

典型的埃及风格服装是一件长袍或胸衣和裙子,在裙子上直接加重。配件包括头带,项链,手环或臂环,或分开的袖子和纱巾。埃及舞者禁止裸露腹部,按法律规定,要穿着用网纱做成的 2 件式全身长袜,有时也穿鞋。埃及服装有 20~40 厘米长的流苏,胸衣上的流苏缝在两个地方:胸衣的底边和大"V"形。腰带上的流苏也缝在底边,一般在中间加重。胸衣和腰带用一种亮片缝制,并没有其他的装饰。现有的埃及风格胸衣并没有显著的形状,但腰带有所不同,前半部分呈矩形,后半部分呈半圆遮住屁股。腰带是一件式,边缘整齐。

（2）土耳其风格。

土耳其舞者的喜好并不适合所有人,很多人穿得很少,留给观众很少的想象空间,服饰引人注目,常常穿着带跟的鞋。

（3）美国部落风格。

舞者的服装兼具中东游牧民族的服饰元素和北非的服饰元素及印度服饰元素,丝绸之路或是世界其他地方的配件。上身习惯穿着一个印第安短袖外套或是一个钱币胸罩,头发可以藏在裹发布里。

**二、基本技术**

（一）手臂姿势

手臂动作用于将注意力引向胯部动作。有以下几种不同的姿势:

"V"字:手臂呈"V"字,显得更有活力。

"S"形：手臂呈"S"形，看起来美丽又性感。

"L"形，比较有助于向前向后的行进的步伐。

**（二）"8"字美臀**

重点：纤腰、翘臀。

将注意力集中在腰部，双脚张开，身体微微坐低，将重心放在下半身，做动作时背部要挺直。两手张开，呈"8"字形式来回摆动腰部，注意不要用背部力量旋转。按照平面、水平、竖直有不同的"8"字。

**（三）提手纤腰**

重点：纤腰、手臂。

将注意力集中在腰部，身体微微坐低，将重心放在下半身，做动作时背部要挺直。双手合十，双腿保持静止，向右弯腰将上半身向左方伸展，维持动作数秒后返回直立姿势。左右交替重复进行。

**（四）拉扯修臂**

重点：修正上手臂、手臂内侧、肩膀及背部。

整个动作都只用到上手臂的力量。先提高右手，左手自然垂放，双手同时向后拉扯；接左手提起，右手垂放同时向后拉扯，快速地交替进行。

**（五）旋转丰胸**

重点：丰胸。

做动作时只用上半身力量做旋转。双脚张开，两手微弯放在大腿上，注意力集中在上半身。用上半身力量往左、右、前、后方作360度旋转式扭动，注意腰部保持不动。

**（六）纤腿步操**

重点：收紧大腿及小腿。

将注意力集中在大腿，两脚张开比肩略阔，身体微微坐低，将重心放在下半身，做动作时背部要挺直。

两手自然垂放在身体两边，先将右脚抬高，然后两脚交替快速地向上抬起，以脚尖地，注意身体要挺直不要左右摆动。

**（七）快速瘦臀**

重点：修减臀部外侧。

将注意力集中在臀部，两脚张开比肩略阔，身体微微坐低，将重心放在下半身，做动作时腰部要挺直。

两手举高手心向上互握，身体微微坐低。用臀部力量由右向左快速摆动，左右交替练习。注意摆动时只有臀部用力，其他部位维持静止状态。

**（八）胸部的波动（俗称胸骆驼）**

骆驼是胸部前后移动，直到变成竖直的圆的动作的深化。是肚皮舞中最难的动作。从后向前最大幅度移动胸部，然后向上甩胸，拉长最后一根肋骨与髂骨之间的部位。

**(九)胯部的波动(俗称胯骆驼)**

这个步伐最大的变化就是将其限制在下半身,保持胸部在一个点上,只是移动腰部以下的部分。膝盖弯曲,收紧臀部和小腹,盆骨向前和向上甩出,然后盆骨向下,向后甩,完全放松。

**(十)整个身体的波动(俗称全身骆驼)**

这个动作允许将身体其他部位结合到胸部动作中,同时其他部位的波动,需要高度的协调和韧性,需要首先掌握基本动作。一只脚掌在前,另一只脚尖踮起,然后做同样的波动,但是不仅仅在胸部,让脊柱的其余部位随着摆动。练习这个动作,直到你感觉舒适和流畅。

**(十一)直立西米加平推胯**

平推胯是在腹部、臀部肌肉收紧的情况下,把胯在前、后、左、右平移推动形成的动作。每一个方向的平推胯都可以和直立西米相结合,形成优雅的舞蹈动作。

**(十二)直立西米加摆胯**

摆胯是以脊柱下方为中轴线的胯部的左右摆动,摆胯是要注意保持上半身不动,而摆胯也可以结合直立西米形成舞蹈动作。

**(十三)直立西米加水平圆胯**

边做直立西米,边做水平圆胯,这是两个基础动作的结合。这个动作的练习可以建立在直立西米加平推胯的基础上,只要按照"前—右—后—左"或者"前—左—后—右"两个方向顺次相接,形成顺时针和逆时针的"颤抖的圆"就可以了。

**(十四)水平圆胯加水平前后八字胯**

边做直立西米,边做水平前八字胯或者水平后八字胯,这个动作的难度系数是比较高的,但只要能把前面的直立西米加平推胯和直立西米加摆胯做到位,那么这个动作也不会显得太难。因为水平八字胯本身也就是由平推胯和摆胯组合衔接而成的。

从上面的四种肚皮舞西米动作不难看出,肚皮舞当中很多动作之间都有内在的逻辑练习,一些动作是另一些动作的基础。而面对以上所说的两个结合的高级技巧时,最好的办法莫过于先把单一的基本动作技巧练习到位,比如说练习直立西米加八字胯,就应该先把直立西米和八字胯分别练习到位,如果对把单一的动作能控制自如,就很自然地能将这两个动作完美地结合了。

作为一种难度很大、技术要求又十分全面的肚皮舞,训练极为严格、艰苦,必须从小开始,至少两年才能毕业,首先要不厌其烦地反复学练腹肌,也就是最基本的肚皮功,然后再练胸肌,直到可以自主地控制腹肌、胸肌为比。舞动时,通过暴露在外的腹部肌肉的放松、收缩和颤动的美姿,给人以丰富多彩的精神享受和艺术联想。

**参考文献**

[1]卡罗卡.肚皮舞[M].北京:中国文联出版社,2010.

[1]矫林江.轻松学跳肚皮舞[M].北京:中国纺织出版社,2009.

[2]宋杨.魅力魔体肚皮舞[M].成都:成都时代出版社,2007.

[3]詹美玲.我爱肚皮舞[M].成都:成都时代出版社,2010.

[4]常虹.爱跳肚皮舞[M].哈尔滨:哈尔滨出版社,2009.

——学习时刻——

　　建设体育强国，是全面建设社会主义现代化国家的一个重要目标。体育强国的基础在于群众体育。要通过举办北京冬奥会、冬残奥会，推动我国冰雪运动跨越式发展，补缺项、强弱项，逐步解决竞技体育强、群众体育弱和"夏强冬弱""冰强雪弱"的问题，推动新时代体育事业高质量发展。

　　——2021 年 1 月 18 日，习近平总书记在北京河北考察并主持召开北京 2022 年冬奥会和冬残奥会筹办工作汇报会时的讲话。

# 第二十一章

# 动感单车运动理论与技术

## 第一节　动感单车运动概述

### 一、基本信息

动感单车(自行车)的英文名字为 spinning,是由美国私人教练兼极限运动员 Johnnyg 于 20 世纪 80 年代首创,是一种结合了音乐、视觉效果的独特的充满活力的室内自行车训练课程。

起源于美国的动感单车,活力四射、热情奔放,因此频受 25~35 岁的人群的青睐。不过在国外这项运动可没有年龄限制,因为它设计上的科学性保证了参与者的安全,而且运动的强度完全是可控的,适应于所有有运动能力的人。不过建议膝盖有损伤的人不参加此项运动,因为在整个骑行过程中,膝关节的摩擦很大,再加上高强度的压力,很容易形成潜在的伤害,心脏病和高血压患者也最好不要参与,以免在高强度训练中发生危险,在日后的运动过程中就会慢慢体现出来。

### 二、结构解析

动感单车基本与普通单车相似,包括车把、车座、蹭板和轮子几个部分,车身稳固地联结为一个整体。与普通单车不同的是,它的结构可以做很大的调整,使骑行的人感觉更舒适。上车之前,首先要决定座位的高度,通常这个高度以自己站在地面、抬起大腿并与地面水平时的高度为准,这样在骑行的时候,大腿与小腿的夹角不会过小,从而减轻了膝盖的负担,避免其受到损伤;然后以座位的位置决定车把的位置,手扶在车把最前方,手肘靠在把位上最为合适,身体要紧凑,手臂伸向前方不觉得吃力就好。车把的高低也可以根据骑行者的身材升降。

(1)动憾单车的车头:由把手及水壶架构成,水壶架是为满足长时间的健身运动随时需要补水的需求。

(2)挡泥板:位于车体与刹车系统间的挡泥板,其作用和普通单车是差不多的,是保护飞轮免受汗液与锈迹的侵蚀。

(3)飞轮:飞轮的主要作用是配重,也就是增加运动的负荷以起到一个加大训练强度的作用。

（4）电子刹车系统：很多的动感单车上都配有电子刹车系统，这也让很多动感单车运动者能够在疲惫的时候更好地控制和把握节奏。

（5）曲柄和脚踏：这同样是与普通自行车类似的结构，起到一个驱动的桥梁作用，动感单车大部分的作用都是通过这个体现出来的。

（6）座椅：动感单车的座椅高度是可以调节的，这是为了让不同身高的人适应同样的单车，是非常人性化的设计。

（7）车身固定框架：这是动感单车的一个整体框架支撑结构，基本上所有的动感单车固定框架都是由金属打造的，这也是动感单车能够支撑体重超标的人的主要原因。

# 第二节　动感单车运动的特点与价值

## 一、动感单车运动的特点

动感单车最大的特点的是让运动者觉得能将身体储备已久的能量马上释放出来，产生一种成就感。一节单车课程为45分钟，前5分钟热身；中间35分钟主要训练，教练会根据个人力度来调节车的阻力和转数，并模拟上下坡、原地走的动作，在锻炼耐力的同时大量消耗脂肪；最后5分钟为放松运动，令运动者线条更好看。

在克服了室外行驶的一切缺点后，和所有的有氧运动一样，动感单车也是在充分激活身体的运动细胞后，在消耗能量的同时达到减脂的目的。由于技术上的改进，这项运动简单易学，是一项能够使全身得到锻炼的有氧运动，15~50岁的人都适合。但是由于绚丽灯光和分贝较高的音乐，选择动感单车的人士主要集中在20~45岁，大多为年轻白领。动感单车是健身房中运动量最大的器械之一，对体能的要求非常高，同时也可使人体排出很多汗液，人体的水分流失很快，因此要及时补水。但是大量的水分流失并不代表它是靠"减水"来减肥的，如果运动者在运动的时候带上心率表，就会很清楚地看见自己在运动过程中，从哪一刻开始就完全是在消耗脂肪了；同时还增强其腿部的力量，美化下肢形体，提高身体摄氧量。实践证明，有效地进行40分钟的动感单车训练，可以消耗500卡左右的热量。在以腿部为中心的锻炼过程中，臀部、腰部、背部、手臂的肌肉都能得到充分的锻炼，同时还能够增强运动者的心肺功能。

## 二、参加动感单车运动的注意事项

每次进行动感单车项目之前，一定要花点时间做好充分的热身运动，可以在跑步机上慢跑一阵，或者跳一段健美操，等身体开始兴奋时再参与。因为长期近乎休眠的身体不适应突然增强的负荷和强度，筋骨没有拉伸舒展之前身体很容易受伤。

上单车之前要检查每一个部件是否安全，上车之后注意调节位置，最重要的是要把蹬板上的安全锁扣系紧，以免在高速蹬踏时脚脱蹬磕碰危险。骑行过程中应该始终让脚底与地面平行。

动感单车上的呼吸方法非常重要，应该学会腹式呼吸。在进行腹式呼吸时，腹部肌肉紧张与松弛交替发生,从而使局部肌肉内毛细血管也交替出现收缩与舒张,加速了血液循环,扩大了氧的供给,代谢物的排出对全身器官组织起到调整和促进作用,同时也能大大增强肺功能。

服装方面最好穿专业的动感单车服,弹性好的棉质运动服装也可以替代,系鞋带的运动鞋是最佳选择,因为这样可以很牢固地把脚固定在脚蹬上,防止脱蹬。

练习动感单车膝关节和腰部着力较大,因此如果有膝关节和腰椎病痛,建议不参加此项运动。禁忌一:在脚踏车上使用负重器材。在车上举重是无效而且不安全的。运动肌群在稳定状态下进行重量训练才是最有效的。禁忌二:单手或放开双手骑车。在站姿或是跳跃的情况下可能让你严重受伤;在坐姿爬坡时,会造成腰部受力不均。禁忌三:骑车时脚趾朝下。它会造成骨结节发炎和脚部麻木,踩踏时双脚应与地面平行,脚掌在脚踏板的正中。禁忌四:完全不加阻力。无阻力的踩动是对运动时间的浪费,而且,在高转速的情形下不加阻力踩动也会造成运动伤害。禁忌五:向后踩这个动作会使脚踏松动,当脚踏掉下来的时候就可能致伤。研究证明,向后踩与向前踩使用的是同样肌群,消耗等量的热量,因此向后踩没有任何优势。禁忌六:在坐姿的时候使用握姿。可能造成髋关节以及脊椎的过度弯曲,从而产生腰部疼痛。当需要往上看时,这种握姿易造成颈部的拉伤。

### 三、动感单车运动的价值

“动感单车运动”课程主要通过对学生的体育素养教育,培养学生的体育精神和社会主义核心价值观,结合该运动特点,培养学生合理应用所学技术的能力和必胜观念,打造坚韧不拔的奋斗精神,战胜自我的超越精神,永争第一的拼搏精神,不断进行磨炼并且学以致用;培养学生不断拓展体育课程内涵建设,尊崇体育精神内涵;同时引导学生谦卑、恭敬、大度、包容、坚强、稳定、理解、变通,培养学生专注、精益、互助、友爱、敢于尝试、勇于挑战等运动核心素养;纠正学生的不良体态,建立正确的运动模式,全面提升学生的身心健康水平,使学生建立终身体育理念。

## 第三节　动感单车运动的基本技术

### 一、热身

在进行动感单车项目之前,除了要做点强度小的运动之外,正式的课堂上还会有针对性的热身程序。比较容易受伤的膝盖、容易疲劳的大腿、腰部都应该高度重视。下面几个动作是你必须要做的:

（1）腿部伸展

因为大腿是动感单车运动的中心,要特别注意别被拉伤。

双腿尽量分开,左侧膝盖弯曲,上身下蹲,把身体重心转移到左边,右腿完全伸展,注意脚尖向前,感觉大腿内侧肌肉绷紧然后坚持 5 秒钟,换腿再做。也可以借助器械做腿部伸展。双手扶着车把,左腿抬起放在单车横梁上,右腿向后伸展,上身略微前倾,活动腿部的韧带和肌肉,然后换腿做。

（2）侧腰伸展

在模拟单车经过紧急弯道时，上半身要左右晃动，以腰部力量控制重心，使之继续保证在单车上，腰部容易受伤。

可以做一组简单动作，保持身体挺直，下半身保持不动，上半身做90度扭转；也可以做侧腰拉伸，双腿分开与肩同宽，举起手臂伸展至头顶，保证身体在同一水平面上，上半身向右侧弯曲。两侧各做5次。

（3）压肩

鉴于整个身体在骑行过程中部微微向前倾，因此肩关节的压力非常大，舒展肩关节非常必要。双手握住车把，两腿分开，上半身向前俯，尽量让身体向地面方向靠近。

## 二、骑行

只要调整好坐姿，就跟着教练在灯光音乐渲染之下出发吧。最简单的骑行动作这里不必口啰唆，只管踏着节奏走就行。根据车把的形状，分为四个把位，循序渐进地锻炼腹斜肌、背阔和手臂。

（1）上坡

旋转重量控制钮，增加腿部承受的力量，开始时上半身前倾，接着需要整个身体离开座位才能让轮子旋转起来。这个重量的控制非常关键，千万不要让脚蹬带着你的腿运动，而是要掌握主动权，完全把握金属轮的转速，将力量着重放在大腿上，同时能够感觉臀部和背部肌肉群此时也非常紧张，非常吃力。腿部近乎伸直，减轻了膝盖的负担，锻炼的重心是大腿和小腿的肌肉。

（2）下坡

制造下坡的感觉可以把重量控制钮调到最轻，腿部基本没有负担。轻松地踩踏脚蹬，双手离于车把，上半身挺直，双手打开伸展，像要和清风拥抱一样，通常此时音乐比较柔和，把运动的强度降到最小。

（3）弯道

上半身一定要和腿部配合运动才能达到整体减脂的效果，模拟急速转弯时，双手紧握车把，上半身向左右两侧探出去，基本偏移身体重心，用腰部力量控制上半身的幅度。

鉴于整个身体在骑行过程中都微微向前倾，因此肩关节的压力非常大，舒展肩关节非常必要。双手握住车把，两限分开，上半身向前俯，尽量让身体向地面方向靠近。

要点：

不要耸肩，保持挺直，避免含背或过分后倾，令背部受压而损伤。

无论任何动作，头部尽量与背部保持平直，不要过高或前仰。

套好脚套，收紧。

双臂保持微曲，手腕不要过分弯曲。

运动时尽量穿紧身裤和短袖T恤。

**思考题**

1. 简述动感单车运动的健身原理。

2. 简述参与动感单车运动的热身技术要点。

3. 简述动感单车运动的价值。

**参考文献**

1. 王亦枫. 全民健身项目指导用书:动感单车[M].长春:吉林出版集团有限责任公司,2010.

2. 陈金. 动感单车对人体心肺功能影响的实验研究[J].衡水学院学报,2013,15(4):60-63.

3. 兆木.动感单车 Spinning[J].体育博览:运动健康,2006(5).

—— 学习时刻 ——

　　全民健身运动的普及和参与国际体育合作的程度，也是一个国家现代化程度的重要标志。中华人民共和国建立 70 年来，中国人民的健康素质有了很大提高。普及冰雪运动，增强人民体质与中国实现"两个一百年"奋斗目标也是契合的。

　　——2019 年 1 月 31 日，习近平主席在人民大会堂会见国际奥委会主席巴赫时的讲话。

# 第二十二章

# 台球运动理论与技术

## 第一节 台球运动概述

### 一、台球的起源与发展

台球又称桌球。关于台球的起源,目前台球界众说纷纭。有人说起源于法国,有人说起源于英国,也有人说起源于意大利和中国。从资料文献记载来看,以起源于法国、英国之说为多见。

关于台球运动的最早记载见于 1429 年的法国文献。据史学家亨德利克斯考证,世界上第一张球台出现在 1400 年,球桌无袋,只有拱门或柱门。显然,它是从多种地击球运动的发展中形成的。因此,台球运动已经有六百多年历史了。

初期的台球运动只流行于宫廷和上层社会。这主要是因为当时的台球器材十分昂贵:球台是用象牙、大理石甚至金属制成的;球是用象牙制的,一根象牙平均只能做五颗球;击球杆头、顶端也都镶有象牙。因此,一般人玩不起这种运动,它只能成为王室和富豪消遣娱乐的一种游戏。到了 1868 年,美国人海亚凯发明了热可塑性塑胶,才解决了器材昂贵的问题。1800 年左右,球杆由最初的两端平齐而逐渐变成圆顶杆头,以后又出现了用皮革包杆头的球杆。从此,台球运动才得以逐渐普及。

在英国维多利亚女王时代,台球运动已十分流行,一般华贵宅邸里面都有考究的台球室,并安装有灯光和通风设备,使打球环境更显得安静优雅。

19 世纪是台球运动发展的重要时期,台球技术和器材都向前迈进了一大步。1835 年,弹性优良的橡胶台边取代了木质台边。1806 年,法国名手米佳发明皮革包杆头球杆。英国球星卡尔发现在杆头处涂抹巧克粉,不仅可以增加杆头摩擦力,防止滑杆现象,并且首创旋转球,引起台球界震惊,开辟了台球技术的新天地,使台球运动的竞争性、艺术性、娱乐性更显得奥妙无穷,引人入胜。

1825 年,英国第一次举行了全国性台球比赛,台球规则与设备日臻完善。1885 年在英国成立了台球协会,并制定了比赛规则。1908 年,业余爱好者又成立了台球管理俱乐部。1919 年两者合并为台球联合会。当时,台球在英国极为盛行。

19 世纪末叶,台球运动传到美国,然后传到南美各国以及东南亚各国。20 世纪

60年代后,台球运动已广泛发展。这个时期欧美各国出现了经营性台球房,各大饭店、俱乐部、养老院及大学中到处可见台球房。

在美国大约有3 500万球员和爱好者在打台球,数以十万计中等收入的人都能在家中进行这种有益的运动,家庭球桌多达250万张。美国出版的有关台球运动的书籍有数十种。

英国则把台球视为"国球",出版台球书刊一百多种。

在日本,台球已成为全国规模最大的体育项目之一。据统计,1960年后,日本一年内出现了九千多家台球厅,而且女士们也非常喜爱这项运动。

台球运动在世界广泛开展,游戏方法也各具特色。当今,各国的台球打法主要有两种:开伦式(撞击式)和比式(落袋式)。

目前,世界上影响较大的台球组织机构有两个:一个是英式台球和斯诺克台球组织机构"世界台球联合管理委员会",成立于1919年,负责这两项台球的世界性比赛的组织和规则的制定与修改;另一个是开伦式台球的组织机构"世界台球联盟",成立于1940年,总部设在比利时首都布鲁塞尔,有三十多个国家和地区加入了该组织,负责开伦式台球的世界性比赛的组织和规则的制定与修改。

### 二、我国台球运动开展的概况

台球在1878年传入我国,当时只在少数几个大城市流行,普通老百姓根本无人问津。20世纪初,我国的上海、天津、北京等城市成立了台球总会,到30年代,上海等地每年都举行比赛。

近几年来,随着我国人民文化生活的丰富和提高,参加台球运动的人越来越多,使我国台球运动得到迅速发展。许多城市的体育场(馆)、公园、娱乐中心、俱乐部设有台球厅,台球室、弹子房也到处可见;乡镇、农村也开始出现台球热,村头、院内、文化室、集贸市场上,台球活动吸引着众多的青少年。台球运动在我国的兴起与普及,标志着我国人民文化生活及娱乐活动开始进入了更高层次。

有了广泛的群众基础,台球运动在中国便开始有了精英不断涌现的良好局面。2002年的韩国釜山亚运会上,我国16岁的台球运动员丁俊晖,战胜亚洲众多强手,脱颖而出,获得斯诺克比赛第一名,那时他打出了147分的满分。2005年4月3日,他在北京海淀体育馆进行的"2005年世界职业台球中国公开赛"的决赛中,战胜了被称为世界"台球王子"的亨得利,获得该项比赛的冠军。时任北京市市长的王岐山亲临比赛现场,和广大观众目睹了这历史性的一幕,并亲自为丁俊晖颁奖。此后,丁俊晖又在世界大赛中连续两次夺得冠军。2006年在卡塔尔的多哈亚运会上,以丁俊晖为首的中国运动员包揽了台球单打、双打和团体三个项目的冠军。中国台球精英的出现振奋了国人。自2005年以来,丁俊晖在世界斯诺克主要赛事中多次夺得冠军。

2006年,中国女子台球选手潘晓婷又在9球项目上摘冠,为我国女子台球的发展增强了信心。2007年3月26日,潘晓婷在WPBA巡回赛的决赛中,以7∶2击败海伦娜·托恩,刷新了历史。这是她个人职业生涯WPBA巡回赛的首个冠军,无论对她个人还是对中国台球运动的发展都有深远影响。

丁俊晖、潘晓婷的出现,对我国台球运动开展起到了很好的促进作用,也为我国台球运动走向世界增强了信心。加之梁文博等新手的出现,人们更进一步看到了中国台球发展的乐观前景。

## 第二节 台球运动的特点与价值

台球运动历史悠久,风靡世界,台球热方兴未艾。台球运动集娱乐和健身于一体,是智力和体力相结合的一项运动,对人的身心健康发展有着良好作用。

**一、台球运动的特点**

(1)对场地要求小。美式落袋台球桌尺寸:内沿尺寸 2 540mm×1 270mm,从地面到库边顶部高度为 800mm~850mm。斯诺克台球桌尺寸:内沿竞赛面积为 3 519mm×1 778mm(误差不得超过正负 13mm),高度为 851mm~876mm,袋口宽度最近距离为 185mm。花式(撞球)九球台球桌尺寸:内沿长 254mm。内沿宽 127mm 高 800mm。摆放球桌时外框四周一般留出宽 1.5 米的打球区域就可以了。

(2)台球是室内运动,不受季节、天气、时间等因素影响。

(3)台球的运动量不大,参加人数灵活,老少皆宜。

(4)台球运动不仅健身,而且益智。

**二、台球运动的价值**

首先,台球运动是开发智力的有益活动。台球虽小,却包含着数学、力学和运用战略、战术等多方面的知识,其中作用力与反作用力以及三角、几何原理体现尤为突出。撞击球的力量、角度的千变万化使这些原理得到了形象而生动的再现。

其次,台球运动能增进健康、增强体质。据有关资料介绍,打一小时台球,运动员在球台四周的活动,相当于慢跑 800 米,能促进血液循环,加强肌体新陈代谢。打台球对神经衰弱、高血压、关节炎、腰肌劳损等疾病有一定的辅助治疗和积极的预防作用。

再次,台球运动能陶冶人的情操。台球是一项高雅的运动。打台球的环境明亮优雅,室内不得大声喧哗,言谈举止要文明,服装宜整洁,任何粗鲁行为都是不允许的,在这样的气氛中进行活动,久而久之,可培养人们讲文明、讲礼貌、遵守公共道德的习惯。

最后,打台球是一种理想的人际交往方式。台球运动轻松自然,不受时间的限制。人们可以自由交谈,在悠闲的气氛中加深彼此了解,沟通心灵,增进友谊。

## 第三节 台球运动的基本技术

台球基本技术包括三方面的内容:基本技术动作、基本杆法和基本击球方法。基本技术动作是正确掌握其他基本技术和提高的前提。基本杆法是台球技术学习的重要内容,是学习者对击球准确性和主球控制掌握的关键环节。基本击球方法为竞技中击球落袋、解救障碍球提供了更多的方法和途径。

**一、基本技术动作**

**(一)握杆**

握杆是学习台球技术的第一步。握杆的正确与否会影响击球的质量好坏。

1. 球杆重心位置及握杆部位

握杆的位置可以前后适当移动。一般来说,当架好杆后,球杆头部在无限接近母球时,小臂与地面形成垂直角度时所在的位置便是相对合理的握杆部位。

2. 握杆方法

握杆时,拇指、食指和中指将球杆在虎口处轻力握住,其余两个手指虚握。保证手腕、前臂有一个适度的放松,以便于击球动作的正确和动作的连贯。

握杆手要接近腰部并与腰部保持一定的间隔,以便球杆前后运动时不受身体影响。握杆手的手腕要自然垂直。见图22-1。

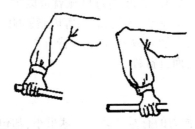

**图22-1　握杆部位不正确及纠正方法**

3. 握杆常见错误及纠正

(1)握杆部位不正确,手握杆过前或过后。纠正方法:要把握杆和准备击球时前臂的位置结合起来,同时必须使前臂与地面保持垂直。

(2)五个手指用力握杆,运杆时动作僵硬,球杆上下起伏明显。纠正方法:放松手腕和前臂。放松才能真正地控制好球杆的稳定性。无名指和小指要放松,尤其在拉杆动作中要稍微放开些,避免球杆向后拉时,因无名指和小指的紧握使杆尾向后上方抬起。出杆时手腕要随杆向下方微动,以避免出杆时,杆头向上挑,以此来保证球杆运动的平稳。

(3)握杆手腕内收和外翻,出杆时手腕转动。纠正方法:放松手腕,保持手腕的自然垂直,进行握杆运杆的徒手练习,观察手腕是否保持自然垂直。

**(二)身体姿势**

学习和掌握正确的身体姿势是台球学习的第二步。

击球的方向和瞄准点的确定,决定了站位和身体的位置。

1. 站立位置

在右手(或左手)握好球杆后,面对球台上要击打的主球方向直立站好,杆头指向主球,并对目标球的瞄准点进行确定。球杆保持在体侧。

2. 脚的站立方法

身体站立位置确定后,握杆手保持原位不动,左脚开立约与肩宽,两脚平行站立,或左脚稍向前半个脚的距离。左膝稍微弯曲,右腿直立,并保持右脚的位置在握杆手的内侧,这样才不会影响到持杆手的运杆。右足尖自然向前,左足尖可以向前也可以稍向外侧。见图22-2。

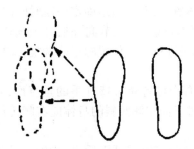

图22-2

### 3. 上体姿势

上体姿势是上体向右侧稍转后以髋关节为轴俯下上体。斯诺克台面较大,球子小,精准度要求高,一般上体姿势多采用平视瞄准击球姿势,上体前倾较大,与台面很近,头抬起,球杆与下颌正中轻轻相贴,两眼顺球杆方向平视。美式台球因台面较小,台球子半径大,发力范围广,上体姿势可以抬高一些。留出空间,充分摆臂。见图22-3。

图22-3

### 4. 肩与肘的位置

右肩因上体右转后下俯,从正面看右肩是藏于头后,并使右肘部提起与肩保持在一个垂直面上。握杆手与肘关节点处在同一条与地面垂直的线上,也就是击球的准备动作。握杆手握杆时,以肘关节像钟摆一样稳定地前后摆动。见图22-4。

### 5. 面部位置图

头要正,将下颌轻贴于杆上,两眼保持水平前视,使面部中线与球杆和右臂处在一个垂直面上。见图22-5。

图22-4

图22-5

**6. 身体姿势中常见错误及纠正方法**

（1）握杆手侧的肩没有提起来。从正面看右肩没有藏于头后，左右肩几乎平行。纠正办法：上体下俯，将身体侧转，并适当地固定一段时间（最好对着镜子做）。

（2）握杆手的肘部位置不正确，肘关节向外展开或向内收，影响着运杆出杆的平直。纠正办法：对着一块镜子进行肘部位置的正确调整，反复做，仔细体会肩与臂的肌肉用力的感觉。

（3）右脚位置不正确，右脚位置超过持杆手的垂直面，影响持杆手运杆动作。纠正方法：调整身体重心，使过于向左侧倾斜的身体向右侧转移一些，并使身体重心保持在两脚之内。

（4）上体姿势不正确，过于前俯或过于后坐，影响手架的稳定和运杆的范围。纠正方法：重新站位，并用球杆确定好站位和主球的距离。

**（三）击球的动作结构**

击球的动作结构是台球技术学习的第三步。击球动作结构包括架杆、运杆、杆触球、杆跟进和停止五个方面。

**1. 架杆**

台球比赛中，架杆的办法有两种：一种是用手架杆，另一种是用杆架来架杆。这里主要介绍用手架杆。用手架杆是用手在球杆前部做成稳定的支撑点。手架杆对击打主球部位、杆头瞄准目标球起着重要的作用。

手架杆一般方法有两种：①平卧式手架杆（图22-6），多用于斯诺克台球中。先将手掌自然平放在台面上，掌心向下，五指尽量分开，食指稍微向外侧移动些，拇指跷起后用其第二指关节贴住食指根部，使拇指和食指之间形成一个凹槽，使球杆可以平衡地放在其中自如地运动。②环扣式手架杆（图22-7），多用于美式台球中。手掌放在台面，手指略微内收。中指、无名指和小指微向内弯曲，用其指外侧与掌外侧和掌根形成支撑点。拇指和食指扣成一个环，并与穿进其间的球杆形成直角。用中指和拇指来保持球杆前后运动中的稳定。

图22-6　　　　　　　　　　　　　　　　图22-7

手架杆时要注意：架杆手的手臂自然前伸，不要僵硬地用力；架杆手的肩部不要耸起；架杆手的食指尖与主球之间的距离大约保持15～20厘米；架杆手自然向前放直，不要将手横向置放；架杆手的高低位置应与击主球点的位置相一致。

2. 运杆

运杆是有节奏地使球杆在击球前做前后摆动动作。其目的是使手臂和手腕对球的击打点和力度有一个预先感受，并适当放松，集中注意力并确定好瞄准点，保持一个较好的击球前状态。

运杆可分为运杆、后摆、暂停三个阶段。①运杆时，除了前臂以肘关节为轴进行前后摆动外，大臂、肩、头及身体均保持静止不动。运杆中要保持击球平稳。②在后摆时，一定要使其线路平直。"平"就是说在拉杆较长时，要注意握杆手的中指、无名指和小指适当放开，出杆时手腕要随杆送出去，不要跷腕。所谓"直"就是要注意肘部稳定，保证运杆不变向。③后摆的末端是出杆击球前的一个短暂停顿，屏住呼吸。

运杆中常见错误有：①运杆动作不连贯，拉杆时杆头下沉，出杆时杆头上挑。纠正方法：降低握手的位置，不要由于提肩、提肘动作将握杆手过高抬起。注意拉杆时中指、无名指和小指要放松，出杆时手腕要随杆送出去。②运杆时头动。在拉杆和出杆过程中，头随之有上下起伏的动作。纠正方法：拉杆时握杆手注意下沉一些，另外下颌轻碰球杆。③运杆时身体晃动。在运杆过程中，身体随杆左右或前后晃动。纠正办法：调整姿势，运杆时身体、肩、肘三者要稳定。

3. 出杆触及球

以弯曲的肘关节为轴，前臂像钟摆一样，在这个固定轴做前后摆动，通过手指和手腕在拉杆和出杆时的调节动作，使球杆在运行中保持水平状态。肩部、大臂应固定不动。击球时，两眼盯准目标球的瞄准点，前臂向前出杆，并在与地面垂直的位置上触击主球。

出杆触击球过程中的常见错误是击球时杆头变向。纠正方法：重新调整球杆与球、袋口中心点的位置，力求在一条直线上。他人可帮助看拉杆动作和出杆动作是否直，并及时提示。

4. 跟进

击球后的球杆跟进动作保证击球力量充分作用在球上，并使出杆击球动作连贯稳定。

5. 停止

击球后，球杆在跟进中停止在某一个位置上。"停止"是整个动作的结束，"停止"过晚，破坏动作的正确性。"停止"过早，容易使动作紧张，影响出杆击球的稳定性。

**二、基本杆法和基本击球方法**

基本的杆法和基本的击球方法需要大量的练习，这里只作简单介绍。初学者要在实践中不断练习，水平才能得以逐步提高。

1. 基本杆法

（1）击主球练习。学习台球基本动作后，在进入基本杆法练习前，初学者必须认真地进行击主球的练习，包括击主球走直线练习、击主球直线入袋练习、击球力量练习。

（2）靠球杆法。这是台球基本技术中较容易掌握的一种。由于靠球杆法对出杆的力量要求较小，初学者可水平持杆，用杆头击主球的中心点，以轻力击球。练习时拉杆不宜过长。出杆力量要平稳，不可加速出杆，击球后球杆自然随球跟进。这包括单

球直线靠球练习、多球直线靠球练习、偏球靠球练习。

（3）高杆。球杆呈水平位置，架杆手隆起以抬高杆头，并对准主球的中上点，水平出杆打击主球中上点。在打中上点时，要打磨一些巧粉给杆头，以防打滑。这包括直线跟进练习、偏球跟进练习。

（4）低杆。球杆呈水平位，架杆尽量放低平，以便杆头对准主球的中下点，出杆时手臂和手腕加力，快速击主球的中下点，并随势出杆跟进。在打缩球时，给杆头打巧粉。这包括单球直线、多球直线练习、偏击练习。

（5）中杆。球杆呈水平位，架杆手微微隆起，杆头对准主球中心点。出杆时，用力集中，动作干净利索。如果出杆击球时动作柔和，则可能出现靠球效果。这包括单球练习、多球练习。

（6）侧旋球杆法。球杆呈水平位，架杆手可以根据不同的侧旋要求，适当向球两侧调整，保持球杆整体垂直指向主球一侧，击球点均偏离主球中心。击侧旋球时，注意不要出现滑杆现象。

（7）基本杆法综合练习。将以上单项基本技术相互串联练习，以提高实效性。

2. 基本击球方法

（1）翻袋的击球方法。反弹球是主球撞击目标球后，利用台边的反弹使目标球落入袋中的一种击球方法。它包括直击反弹球和偏击反弹球。

（2）一库或多库勾球方法。这是指主球碰台边反弹后，将袋口边的球击入袋中的一种击球方法。

（3）借力球方法。这是指主球撞击目标球不能直接入袋，借助其他球使目标球落袋的一种击球方法。

（4）分离角击球方法。主球在撞击第一目标球后，再碰第二个目标球，并将第二个目标球击入袋中。在击双着球时，确定主球与第一目标球相撞后主球的偏转角十分重要，是决定能否准确击落第二目标球的关键。

（5）联合击球方法。主球撞击目标球，目标球又撞击其他目标球入袋。其要领在于，先确定最后一个入袋目标球的入袋瞄准点，再确定另一个被主球撞击的目标球其撞击入袋目标球的瞄准点，最后确定主球撞击第一目标球的击球点，便可击球。尽量少用侧旋球，尤其是初学者。

（6）弧线球击球方法。在主球要击打的目标前方有一个球阻挡，无法用直击的方法击中目标时，只能用库边反弹击球方法或弧线击球来击中目标球。击打弧线球时，根据主球预期要走弧线的大小，通过调整杆手的高低、调整击球点和最后调整出杆击球的力量，使主球所走的路线达到预期的目标。

## 第四节　台球运动的打法与规则

**一、斯诺克台球的打法、规则**

1. 斯诺克台球的基本打法

（1）用主球将台面上的活球击入袋中便可获得相应的分值，并有连续击球的权利。

（2）比赛的胜负是通过双方最后得分多少决定的。

（3）计分方法如下：红色球1分，黄色球2分，绿色球3分，棕色球4分，蓝色球5分，粉色球6分，黑色球7分。

斯诺克台球共用22个球，红色球15个，黄、绿、棕、蓝、粉、黑色球各1个，主球1个。

一杆最高分为147分。

（4）赛前球的放置（见图22-8）。

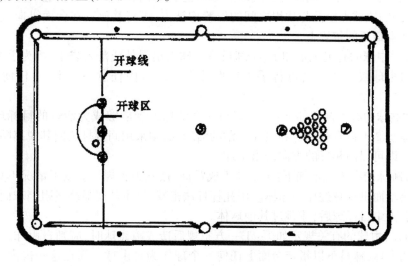

图 22-8

（5）开球及击球次序如下：①开球权通过掷币方法决定。开球者必须将主球放在开球区内任何一点上，击主球必须首先碰红球。满足上述两点即为合法开球。②台面上有红球时，只有打进一个红球后，才能打彩色球。至于打哪个彩色球，可以自由选择，但必须声明要击的彩色球。如果打到了非指定的球，要被罚分。③被击入袋的红色球，不再拿出来。彩色球被击入袋后，要拿出放在原来的置球点上。④当台面上最后一个红色球被击入袋中后，下一个彩色球可以自由选择。其后台面上只剩下6个彩色球。这时击球顺序将从2分球（黄色）开始，依分值由低到高进行。被合法击入袋中的目标球不再被拿出来。

（6）击球权。不论打红色球或打彩色球，击中未落袋，或者出现犯规行为，便失去继续击球的权利。

2. 比赛规则简介

（1）参赛球员上场顺序依猜币决定。

（2）主球必须首先击打活球，且主球不得落袋，非活球也不得落袋。

（3）当台面上只剩7分球时，击球入袋或犯规受罚都可使比赛结束。这时如果双方比分相等，则以如下顺序决出胜负：①重新将7分球放在原置点上，进行决胜赛。②双方通过掷币决定比赛顺序。②首先击球的球员应将主球放在开球区内开球。④无论谁击球入袋或犯规都可使比赛结束。

（4）关于无意识救球：击球者应尽力去打到活球（即有明显的救球趋势）。如果未做到，即被视为犯规。对方球员可以要求把球放回原位，让犯规方重新再打。

（5）台面上的球出界或者主球落袋均被视为犯规。红色球不再放回主台上；主球为手中球，放回开球区开球；彩色球一律放回置球点。

（6）置球点有如下规定：①如需放置彩色球，而它的置球点被其他球所占，就应将其放在能放置的最高分值的置球点上。②如果放置不止一个彩色球，而它们自己的置球点均被占，则优先放置分值高的彩色球。③如所有的置球点均被占，彩色球应放在自己的位置点与顶岸之间距自己置球点尽可能近的位置上。④如放置7分球和6分球时，它们的置球点以及与顶岸之间的位置均被占，可将其放置在台面纵向线上距它们的置球点最近的位置上。

（7）手中球的有关规定如下：①球员将主球击出界外或落入袋中，判为手中球，由对方获得击球权。②球员可将手中球摆放在开球区内任意一点上，击任何方向的活球。

（8）贴球的有关规定如下：①主球与一个活球或者能够成为活球的目标球相贴，则为贴球。②不得直接击打和主球相贴的活球，必须采用间接打法使其脱离贴在一起的活球。即可以向相反的方向击出主球。

（9）跳球的有关规定如下：①主球击成跳球，被判为犯规。②以下情况不算跳球：主球有跳动而没有越过任何球体。用扎杆杆法击球，使主球明显绕过阻挡球而且击中目标球。击中目标球后，才跳过其他球体。

（10）自由球的有关规定如下：①一方犯规后造成障碍球时，应判自由球。②非犯规方上场击球，球员可以指定台面上任何一个球作为自由球。③在这一击内，自由球被视为活球，并获得活球的分值。④如果击球入袋，应记录其分值。⑤如果击落自由球，将自由球取出后放回置球点。⑥如果活球和自由球同时入袋，则只记活球分值，将自由球取出放回置球点。⑦出现下述两种情况为犯规：没有击中指定的自由球；使用自由球给对方作为障碍球（只剩下黑色球和粉色球时除外）。

（11）同时击中两个球：主球不得同时击中两个目标球，除非是两个红色球，或一个活球和一个自由球。

（12）下列各项犯规行为，应判罚活球的分值（活球分值小于4分，按4分判罚，大于4分按分值判罚）：①台面上球未停稳就开始击球。②击球时，杆头触击主球一次以上。③击球时，双脚离地。④击球时推杆。⑤击成空杆或空杆自落。⑥主球击目标球后自落。⑦用自由球做成障碍球。⑧开手中球，主球未放在开球区内。

（13）下列犯规行为，应判罚活球和有关球中最高分值：①使非活球入袋。②击球时，球员的衣物、身体、球杆及饰物触及台面上的球。③主球首先击中非活球。④击成跳球。⑤击球出界。⑥主球同时撞击两个球(两个红球或一个活球和一个自由球除外)。

(14)下列犯规均判罚 7 分:①击红球入袋后,尚未指定球就犯规。②使用台内的球达到一定目的。③连续击红球。④不使用白色主球而使用其他球作为主球。

(15)僵局。如果裁判员认为比赛即将成为僵局,应警告比赛双方。如双方未能改变这种状况,将宣布这局比赛无效。并重新摆球,按原来的比赛顺序进行。

**二、美式 8 球台球的打法简介**

1. 球

8 球比赛使用 16 个球,俗称"16 彩"。其中 1 个白色球为主球。15 个目标球中,1~7号为全色球,8 号为黑色球,9~15 号为花色球。

2. 球的摆放

15 个目标球呈三角形排列。三角形顶点的球放在置球点上,8 号球排在第三排的中间。球之间应紧贴。

3. 开球权

碰岸比近的方法决定。

4. 目标球的确定

当球员第一杆击球入袋后(除开球进球外),所击入袋的球是全色球,则该局球员的比赛目标球为全色球。如击进的花色球,本局的目标球为花色球。另一组球则为对方的目标球。

5. 击球顺序

只要打本组目标球即可,可不必按号码的大小进行击打。

6. 胜局

(1)当把本组目标球击入袋中后,将 8 号球打进袋中为胜方。

(2)在比赛过程中,将 8 号球误击入袋,判对方胜。

(3)在合法击 8 号球入袋时,主球与 8 号球同落、主球自落或球被击出台面,判对方胜。

7. 开球

必须有 4 个球碰台边或一球进袋。主球进袋,拿出重新摆球,由开球方再行开球。

8. 犯规

(1)击球击成空杆或自落。

(2)错击目标球。

(3)错击主球。

(4)击成跳球。

(5)击球后,主球或目标球跳出台面外。

(6)主球击中目标球并未与台边相碰。

(7)连击或推杆。

(8)击球时双脚离地。

(9)台面上的球未静止时击球。

(10)球员身体或饰物碰球。

9. 处罚

手中球任意放置。

**思考题**

1. 谈谈我国推行全民健身运动的价值。

2. 简述台球运动的价值。

3. 阐述台球运动的基本握杆与击球方法。

4. 试述斯诺克在何种情况下可判罚 7 分。

**参考文献**

[1]周丽霞,邢春如.台球入门学习指南［M］. 合肥:安徽人民出版社,2012.

［2］李德昌.大学台球教程.［M］.北京:北京大学出版社,2011.

［3］中映良品.台球［M］. 成都:成都时代出版社,2010.

［4］唐建军.台球实战技巧技术与训练图解［M］. 北京:北京体育大学出版社,2005.

——**学习时刻**——

发展体育事业不仅是实现中国梦的重要内容，还能为中华民族伟大复兴提供凝心聚气的强大精神力量。我们要弘扬中华体育精神，弘扬体育道德风尚，推动群众体育、竞技体育、体育产业协调发展，加快建设体育强国。

——2019 年 2 月 1 日，习近平总书记在北京考察北京冬奥会、冬残奥会筹办工作时的讲话。

# 第二十三章

# 高尔夫球运动理论与技术

## 第一节　高尔夫球运动概述

### 一、高尔夫球运动的起源与发展

据史料记载,高尔夫球运动开始于苏格兰。相传古时的一位苏格兰人在放牧时,偶然用一根棍子将一颗圆石击入野兔子洞中,由此而得到启发,发明了后来被称为高尔夫球的运动。率先开始打高尔夫球的是苏格兰北海岸的士兵,后来逐渐引起宫廷贵族和民间青年的浓厚兴趣,最终成为苏格兰的一项传统项目。由于打高尔夫球早期在宫廷贵族中广为流行,加之高尔夫球场地、设备昂贵,故有"贵族运动"之称。

现代高尔夫球运动诞生于苏格兰的圣·安德鲁斯,在那里至今在仍然保存着与现代高尔夫球场相同的古老的高尔夫球场。

苏格兰的圣·安德鲁斯在中世纪是一个比较繁荣的海滨城市,是重要的商贸集散地,早期的商务活动吸引了当时来往于欧洲以及世界各地的船只和商人。大约在 14 世纪,高尔夫球运动落户于苏格兰的圣·安德鲁斯。当时在荷兰有一种"het holven"运动较为盛行,这项运动与现代的高尔夫球运动有许多相似之处。喜爱这项运动的荷兰商人在去苏格兰的途中一直进行着"het holven"运动,最终将这项运动带到他们的目的地——苏格兰的圣·安德鲁斯。苏格兰的圣·安德鲁斯海滨具有适宜这项运动的天然地形和自然环境,起伏重叠的草丘、细软的草坪、和风细雨的气候、羊群长期踏卧后形成的天然沙坑都为这项运动的开展提供了极佳的便利条件。因此,这项"het holven"运动一踏上苏格兰的圣·安德鲁斯的海滨就受到那里人们的喜爱而开始流行,现代高尔夫球运动也就在那里诞生并发展起来。

高尔夫球运动至今已经历漫长而久远的发展过程。有关高尔夫球运动最早的文字记载出现在 14 世纪苏格兰议会的文件中。1457 年 3 月,苏格兰国王詹姆斯二世曾颁发"完全停止并取缔打高尔夫球"的禁令,但是高尔夫球运动仍然在民间悄然进行。1471 年和 1491 年,苏格兰议会又先后两次下令禁止打高尔夫球,但是均未能阻止高尔夫球运动的开展和传播。由此可见,高尔夫球运动在中世纪的苏格兰是甚为流行的。

17 世纪,高尔夫球运动由欧洲传入美洲。1744 年,世界上最早的高尔夫球运动组织、第一家高尔夫球俱乐部——绅士高尔夫球社在苏格兰的爱丁堡宣布成立。1755年,世界上最有名的高尔夫球俱乐部——圣·安德鲁斯皇家古代高尔夫球俱乐部在苏格兰成立。1795 年,美国成立了第一家高尔夫球俱乐部。1894 年,美国高尔夫协会成立。美国高尔夫协会逐渐与苏格兰的圣·安德鲁斯高尔夫俱乐部一起成为高尔夫运动的领导者。高尔夫运动最初的规则就是由苏格兰的爱丁堡高尔夫球俱乐部制定的。爱丁堡高尔夫球俱乐部是高尔夫运动规则制定的鼻祖。与此同时,苏格兰的高尔夫球场开始收费经营。

1830 年,世界上第一台草坪剪草机问世,开创了高尔夫球运动草坪管理的新纪元,结束了用绵羊放牧采食控制球场草坪高度的历史。18 世纪末,世界上第一个高尔夫球场管理机构——草坪管理机构诞生,专门负责高尔夫球场的运营和管理。这标志着高尔夫球场的养护和管理开始步入规范化和科学化发展的年代。

19 世纪下半叶,英国打高尔夫球的人数越来越多。英国的高尔夫球场发展到2 000 多个,出现了历史上兴建高尔夫球场第一个繁荣时期。第二次世界大战之后,世界各国经济的迅速发展极大地促进了高尔夫球运动的快速发展,参加这项运动的人数急剧增加,高尔夫球场的数量也飞速增长。尤其是美国人在这项运动上显示出强劲的发展势头,很快就确立了霸主地位,并一直延续到现在。美国作为高尔夫球的王国,从1945 年到 1970 年,高尔夫球场数量从原来的 6 000 个急增到 12 000 个。参加高尔夫球运动的人数在 1975 年猛增至 1 600 万。20 世纪 60 年代和 80 年代,成为历史上第二个和第三个高尔夫球场兴建的繁荣时期。目前美国拥有 20 000 多个高尔夫球场,参加该项运动的人数已达到 2 400 万。

20 世纪后期,世界高尔夫球运动在亚洲发展的速度加快,尤其是亚洲五小龙经济的腾飞,带动了高尔夫球运动的迅速发展。泰国建成了近百个高尔夫球场,我国台湾地区有 80 多个,韩国打高尔夫球的人数至今已超过了韩国总人口的 5%。有专家预测,21 世纪国际高尔夫球运动更大的发展空间是在亚洲,在中国。

进入 21 世纪以来,世界经济的发展和科学技术的创新极大地推动了高尔夫球运动球具的改进、比赛规则与制度的完善、国际赛事的广泛开展以及高尔夫球场管理水平的不断发展和提高,为这项古老的运动注入了新鲜的血液和活力,高尔夫球运动的发展迎来了新纪元。

**二、高尔夫运动在中国**

中国宋、元、明时期曾流行一种类似高尔夫球的活动,称为"捶丸"。1916 年高尔夫球运动首次传入中国。1917 年"虹桥高尔夫球总会"成立,拥有 9 洞、占地约 200 亩的球场。1931 年,上海成立了高尔夫球游戏中心。同年,中、英、美商人在南京陵园体育场旁开辟高尔夫球场,并合办高尔夫球俱乐部。

新中国的高尔夫球运动始于 1984 年。20 世纪 80 年代,改革开放的中国吸引了世界各地外商纷纷来投资,随之中国的高尔夫球运动重新兴起。1984 年,中国第一家高尔夫球俱乐部诞生于广东中山,随后在北京、天津、上海等沿海地区相继建立了高尔夫俱乐部,新建了 30 多个高尔夫球场。

1985 年 5 月,中国高尔夫球协会在北京成立,使这项运动走上有组织、有领导、有计划的发展道路。三十多年来,中国高尔夫球运动迅速发展。

自 1986 年开始,中国高尔夫球协会每年举办一届"中国男子业余高尔夫球锦标赛",1988 年后又开始举办一年一度的"中国女子业余高尔夫球公开赛"。在 1986 年的汉城亚运会上,中国高尔夫球选手第一次在国际比赛中亮相;此后,中国高尔夫球选手队伍不断扩大,运动水平不断提高。在 1990 年的北京亚运会上,中国队获得高尔夫球男、女团体两项第四;1991 年,肖成汉获香港男子公开赛冠军;1992 年,黄丽霞获菲律宾女子公开赛冠军;1994 年,程军再次获得香港男子公开赛冠军;在 1994 年的广岛亚运会上,张连伟夺得男子个人亚军,女子团体获得铜牌。

中国高尔夫球运动虽然起步较晚,但是进步很快。为了推动中国高尔夫球运动职业化进程步伐,加快与世界接轨,1994 年 4 月,经原国家体委批准,中国高尔夫球协会主持了职业高尔夫球球手的资格考试,产生了五男一女中国第一代高尔夫球职业球手。这标志着中国高尔夫球运动正式走上了职业化道路。

1997 年 9 月 12 日,全国高尔夫球锦标赛结束后,为了便于竞赛管理和维护全国最高赛事的权威性,中国高尔夫球协会决定从本届赛事开始对参赛选手加以限制,凡取得本年度中国公开赛男子前 30 名和女子前 15 名以及中国高尔夫球协会指定的非职业选手才有资格参加每年一度的全国高尔夫球锦标赛。自 1995 年以来,中国高尔夫球协会举办了多次国际性比赛,如高尔夫球巡回赛、沃尔沃高尔夫球公开赛、中国高尔夫球男子业余球手公开赛等。这些赛事吸引了国内外许多高尔夫球高手的参加,为提高中国高尔夫球运动水平和推动高尔夫球运动在中国的开展起到了积极的作用。

随着经济的发展和社会文明程度的不断提高,中国高尔夫运动必定会迅速发展。世界高尔夫球界正以极大的兴趣和热情,注视着我国高尔夫运动的发展。正如球王盖瑞·普莱耶所说的:高尔夫球对中国是最重要的运动,它跟其他运动不一样,因为它所带动的经济效益是庞大的。由高尔夫运动所带动的投资动辄以数亿元计,而一个球场又可提供上百个甚至更多的就业机会。高尔夫运动除了健身、竞技、休闲和娱乐外,也是一项社交、公益事业、增进了友谊的高雅文明活动。根据有关资料统计,国际上一些重要的政治、经济活动,如捐款给公益事业,社会福利,商贸谈判,签订协议、合同等在高尔夫俱乐部进行和完成的屡见不鲜。高尔夫球场更是凝聚商官之地。历史经验表明,有无高尔夫球场是外商考虑是否投资的一个重要因素。高尔夫球场可增加外商在中国投资的欲望,加强他们对我国发展及生活的信心。这对促进和加快我国的经济建设和对外改革开放的步伐是大有裨益的。

## 第二节　高尔夫球运动的特点与价值

### 一、高尔夫球运动的特点

从现代运动训练的项群分类来讲,高尔夫运动属于技能主导类的户外体育运动。因此,球员的技术能力是体现竞技水平的主导因素。然而,高尔夫比赛场地的特殊性,以及运动过程持续时间长等因素的客观存在,对球员的身体机能和心理水平也同样具有一定的要求。

1. 高尔夫运动是表现个人竞技能力的球类运动

高尔夫比赛无论是采取什么方式,也无论竞赛规程如何变化和调整,高尔夫运动始终是依靠球员个人竞技能力的发挥来创造成绩和超越自我的。即便是进行团体队际对抗,球员个人竞技能力的表现也仍然是团队取得优异成绩的重要基础。所以,运动员个人的竞技能力,是体现运动员技术水平的重要指标。而高尔夫运动员的个人竞技能力,则是运动员的身体机能、身体素质、专项技术和心理素质等方面的综合体现。

2. 高尔夫运动是运动员以挑战球场为目标,不断超越自我的运动

高尔夫运动作为一种古老但又充满现代气息的体育运动项目,其本质也同样体现了通过不同的比赛方法,来表现球员的技术水平和竞技能力的全过程。然而,高尔夫运动比赛的基本过程,并非是球员与球员之间的身体、力量和速度的较量,更不是球员挑战身体极限的角逐。而是球员以不同难度的高尔夫球场为挑战目标,通过稳定的技术动作和心理调整,力争超越球员自己以往的成绩创造新成绩,实现新目标的运动过程。由于高尔夫球场在设计与建造方面的特殊性(世界上没有两个完全相同的球场),因此,高尔夫比赛实际上反映的是运动员以球场为挑战目标,以超越自己以往成绩为目的,创造新成绩的运动过程。

3. 球员的比赛成绩受主观因素调控和抗干扰能力的影响与制约

球员在比赛中,各种外界因素的影响和干扰,都必须通过球员自身的调控和有针对性的技术发挥予以排除,才能取得优异的成绩。由于高尔夫比赛的特殊环境,在比赛中各种障碍的设置、球场地形、气象条件、球道和果岭草坪对球的滚动速度的影响、观众情况和其他球员的技术水平发挥等,这些客观存在的各种干扰因素,对球员的技术水平的发挥都会产生直接的影响。因此,球员必须通过准确的判断,不断调整自己的技术动作,稳定合理地处理好每一个技术细节,变不利因素为有利因素,变被动为主动,才能减少不必要的失误,争取创造好的成绩。

4. 稳定的心理水平、全面发展的身体素质和良好的专项技术,是高尔夫运动员技术水平正常发挥和不断提高竞技能力的基本保证

高尔夫运动是球员挑战高尔夫球场,实现自我超越,不断创造新成绩的竞技体育运动,而实现超越自我,不断创造新成绩,则取决于球员良好的心理素质、良好的专项技术以及全面发展的身体素质。球员良好的心理素质表现,体现在比赛的前、中、后期面对各种情况的发生能及时做出准确的判断,对可能出现的情况能有足够的预见性,以及对所出现的各种干扰因素,能够通过自我的心理调节,排除干扰,稳定情绪;而良好的专项技术,则反映了球员对不同情况下处理问题的技术运用能力。它是球员在比赛中竞技能力发挥的核心体现;全面发展的身体素质,是高尔夫球员不断提高专项技术和竞技能力水平的基础和根本保障,它集中体现了高尔夫球员身体的柔韧性、协调性、爆发力以及耐久性等身体素质各方面的训练水平。

5. 高尔夫运动具有很强的可参与性和休闲健身价值

高尔夫运动作为现代竞技体育运动的一种表现形式,其运动的基本目的是通过比赛来表现球员的技术水平和竞技能力。因此,高尔夫比赛也经常会出现紧张激烈,甚至是残酷的场面和结果。但是,高尔夫运动又具有休闲体育的显著特征,从其运动方式到运动强度,都不受年龄、性别、身体素质以及机体的运动能力等条件的限制和约束。无论采取何种比赛方法,人们都可以尽情挥杆,享受快乐。我国已故体育界元老

荣高棠先生曾精辟地总结说:"打高尔夫球多一杆有利于健康,少一杆趣味无穷。"因此可以说,高尔夫运动是常青的运动,它具有很强的可参与性和休闲健身的运动特点。

## 二、高尔夫球运动的价值

### 1. 身体锻炼的价值

高尔夫球运动是用杆击球入洞的一种球类活动。《中国大百科全书·体育卷》(1982年版)对高尔夫球的定义是"以棒击球入穴的一种球类运动"。《韦氏词典》的解释是:"使用若干支球杆,用尽量少的杆数在通常为十八洞的球场打球,在各个球洞连续击球进洞的运动。"德国《杜登大辞典》称高尔夫球是"用硬橡胶球和球杆在草地上玩的一种游戏,目的在于用尽可能少的杆数将球击入各个球洞中去"。

高尔夫球运动的名称来自苏格兰的方言"Gouf",意思是"击""打"。现代高尔夫球运动的"高尔夫",是英语"Golf"的中文译音。高尔夫(Golf)的英文名称是由Green(绿色)、Oxygen(氧气)、Light(阳光)和Foot(步行)四个单词的打头声母G—O—L—F所组成的。

G:Green,代表绿色,在高尔夫术语中表示"果岭"。绿色是大自然的主色,在绿意盎然的自然环境中打高尔夫球喻义回归大自然,享受大自然。

O:Oxygen,代表氧气,就其运动作用和效果来讲,高尔夫运动可称为有氧运动。氧气是人类生命中不可缺少元素之一,有绿色植物的地方就有氧气,生命也会因此而充满生机,朝气蓬勃。

L:Light,代表阳光,阳光是一切生命的开始,享受阳光就享受生命。

F:Foot,代表步履,打高尔夫球要走完几公里长的球道后用杆击球。也有人说它代表友谊(friendship),表示打高尔夫球需要各自遵守应有的礼貌和礼仪,在彼此竞争的过程中建立高尚的人际关系。

因此,高尔夫球运动是指球手站在宽阔的绿茵上,挥舞长短不一的球杆,从不同的发球台上依次击打球入洞的一项户外体育运动。这项户外体育运动植根于大自然,又亲近爱护大自然,既文明高雅、动作优美,又怡心健体。打高尔夫球时,每次击球前都需要细心琢磨挥杆击球的幅度、力量及其方法,凝神协调全身各部位的力量,奋力击向心中的目标,化理想为现实。每打出一个好球,都能让人兴奋、激动,快乐无比。这项身心并用的体育运动老少皆宜,不同年龄、不同性别的人都能从中挑战自我、寻找乐趣、实现理想。高尔夫球运动不仅是一项单纯的体育活动,又是一项产业,更是一种文化、一种社会地位及个人奋斗成功的象征。它既是人们现代生活中休闲交往、促进身心健康的手段,也是提高思维能力、增长智慧的文明活动。通过参加高尔夫球运动锻炼,人们不仅可以提高身体素质,增进健康,还能磨炼自己的毅力和韧劲,培养良好的意志品质,修身养性,陶冶情操。

### 2. 育人价值

高尔夫运动的育人价值主要体现在三个维度:第一个维度是知识与能力价值;第二个维度是过程与方法价值;第三个维度是情感、态度和价值观。

高尔夫运动思政教育总目标为:①在高尔夫球学习过程中,培养学生的爱国主义情怀、道德品质,使其逐步形成积极的人生态度和正确的价值观,提高对本课程的认知与理解。②认识高尔夫运动的历史与文化,尊重多样文化,吸收东方锤丸和西方高尔

夫球的文化营养,养成诚信、自律和主动为他人着想的高尔夫球运动精神。高尔夫运动的教学目标为培养学生扎实的专业知识,使其为适应新时代的发展不断提高自身能力。其思政教育的教学计划,包括爱国主义教育、生态教育、危机教育、法治教育。第一是爱国教育。中共中央、国务院印发的《新时代爱国主义教育实施纲要》指出,爱国主义精神深深植根于中华民族心中,维系着中华大地上各个民族的团结统一,激励着一代又一代中华儿女为祖国发展繁荣而自强不息、不懈奋斗。第二是生态教育。习近平总书记指出:要加强生态文明宣传教育,增强全民节约意识、环保意识、生态意识,营造爱护生态环境的良好风气。第三是危机教育。大学生应学习公共危机教育,例如:公共危机管理法制机制、风险评估机制、预警机制、快速反应机制、信息沟通联动机制、干部问责纠错机制、专业救援机制、恢复保障机制。第四是法治教育。大学生应学法知法懂法守法。

要挖掘高尔夫运动教学材料和教学内容中的育人价值,遵循青年人成长规律和教育规律,把思想政治教育融入本专业课程中,从教材选用、课堂教学、课外活动多方面广泛开展思想政治教育。首先在教材选用上,教材选用不仅仅指书籍,还可以运用多种形式的教学资料在传授知识过程中加强思想政治教育。讲到规则部分,应与实例结合,公正公平地解决问题。讲到裁判部分,应讲优秀裁判员的事迹,这样可以激发学生认真学习。另外,拓宽高尔夫球教学材料和教学内容的德育部分。引导学生对自然环境的保护和对高尔夫球文化→体育精神文化→中国体育精神的宣传。关于思想政治教育,必须让专业学生形成坚定的马克思主义和社会主义理想信念,养成为人民服务的重要素养。

探讨高尔夫运动教学方法中的育人价值,主要体现为尊重和激发学生学习的主体性、能动性和积极性。学生可以系统学习高尔夫球规则、关注高尔夫球判例、积极参加高尔夫球比赛的裁判模拟和了解高尔夫球规则发展历史。

## 第三节　高尔夫球运动的基本技术

### 一、高尔夫球运动的基本要求

高尔夫运动是在广阔的自然环境中,以球杆击球入洞的一种球类运动。

1. 场地

一个供正规比赛用的高尔夫球场由 18 个球洞组成。非正规的可由 6 洞或 9 洞组成。其宽度、地形、障碍物设置可因地形而异,可击打区以栅栏、木桩为界,界线外为禁止击球区(O.B.,Out of Bounds)。

一场正规比赛,原则上以 18 洞为一竞赛单位,总距离 5 500 米以上,占地面积约需 50 公顷。

一个球洞的标准距离为 230~430 米。18 洞中,通常 10 洞为标准距离(如表 23-1 所示)。230 米以内的 4 洞,430 米以上的 4 洞。18 洞分为前 9 洞和后 9 洞,不同距离的球洞均匀地分配在前后 9 洞之中,其顺序不定,可根据地形作最佳设计。

表 23-1　球洞距离

| 洞号 | 锦标赛用 | | 一般比赛用 | | | | | |
|---|---|---|---|---|---|---|---|---|
| | 洞距(米) | 杆数 | 洞距(米)男 | 杆数 | 洞距(米)男 | 杆数 | 洞距(米)女 | 杆数 |
| 1 | 388 | 4 | 376 | 4 | 504 | 5 | 432 | 5 |
| 2 | 357 | 4 | 326 | 4 | 175 | 3 | 146 | 3 |
| 3 | 422 | 4 | 395 | 4 | 407 | 4 | 349 | 4 |
| 4 | 158 | 3 | 135 | 3 | 359 | 4 | 291 | 4 |
| 5 | 532 | 5 | 483 | 5 | 343 | 4 | 320 | 4 |
| 6 | 372 | 4 | 360 | 4 | 437 | 5 | 422 | 5 |
| 7 | 221 | 3 | 192 | 3 | 166 | 3 | 158 | 3 |
| 8 | 473 | 4 | 427 | 4 | 394 | 4 | 338 | 4 |
| 9 | 530 | 5 | 471 | 5 | 380 | 4 | 286 | 4 |
| 前半 | 3 453 | 36 | 3 165 | 36 | 3 155 | 36 | 2 742 | 36 |
| 10 | 180 | 3 | 158 | 3 | 490 | 5 | 431 | 5 |
| 11 | 431 | 4 | 403 | 4 | 152 | 3 | 134 | 3 |
| 12 | 466 | 4 | 447 | 4 | 379 | 4 | 317 | 4 |
| 13 | 374 | 4 | 346 | 4 | 352 | 4 | 285 | 4 |
| 14 | 588 | 5 | 552 | 5 | 371 | 4 | 325 | 4 |
| 15 | 432 | 4 | 390 | 4 | 435 | 5 | 368 | 5 |
| 16 | 173 | 3 | 145 | 3 | 160 | 3 | 136 | 3 |
| 17 | 349 | 4 | 328 | 4 | 365 | 4 | 300 | 4 |
| 18 | 473 | 5 | 473 | 5 | 393 | 4 | 341 | 4 |
| 后半 | 3 467 | 36 | 3 242 | 36 | 3 097 | 36 | 2 637 | 36 |
| 全程 | 6 920 | 72 | 6 407 | 72 | 6 252 | 72 | 5 379 | 72 |

一个球洞由开球区(Tee Ground)、开阔球道(Fair Way)、杂草地(Rough)、坑洼(Bunker)、水坑(Water Hazard)、果岭(Green 又称球洞区草地)、球洞(Hole)组成。通常把开阔球道和杂草地统称为中间球道(Through the Treen),坑洼和水坑称为障碍区(Hazard)。

开球区:标有球座标志和放置球座的隆起土包。标有洞号、洞距、标准杆数的旗。

开阔球道:经修剪的草皮和平整地的区域。

杂草地:未经修剪的草地、有灌木丛的地区。

障碍区:有坑洼(凸凹不平、大小、深浅不一的砂地)、球道两侧的各种障碍、水坑(河流、排水沟、池塘等流水或不流水的障碍)。

果岭:(又称球洞区草地)打球进洞的区域。大小、形状无统一要求,但必须是经过仔细平整并略鼓起。

球洞:直径 10.8 厘米,深 10.2 厘米以上。

2. 球

有直径不小于 4.1 厘米(英式)和不小于 4.3 厘米(美式)两种,重量 46g 以下。英式的易打出远球,故使用者较多。

3. 球杆(C1ub)

有木制和铁制两种,以击球的飞行距离依次编号(如表 23-2 所示)。杆头的角

度:击远距离的几乎成直角,而近距离者越近越接近水平。

表 23-2　球杆种类

| 材质 | 号 | 名　称 | 用途 | 飞行距离(米) |
|---|---|---|---|---|
| 木制 | 1 | 木一号(driver) | 初学者用远距离 | 183 以上 |
| | 2 | 木一号(brassie) | 开阔地用远距离 | 183~201 |
| | 3 | 木三号(spoon) | 远距离 | 165~183 |
| | 4 | 木四号(baffy) | 远距离 | 146~165 |
| | 5 | 木五号(creek) | 远距离 | 137~155 |
| 铁制 | 1 | | 远距离 | 183 以上 |
| | 2 | 长铁(long iron) | 远距离 | 165~183 |
| | 3 | | 远距离 | 约 165 |
| | 4 | | 中距离 | 约 151 |
| | 5 | 中铁(medium) | 中距离 | 约 137 |
| | 6 | | 中距离 | 约 123 |
| | 7 | | 近距离 | 约 110 |
| | 8 | 短铁(shot iron) | 近距离 | 约 96 |
| | 9 | | 近距离 | 约 82 |
| | 10 | 推击(putter) | 轻推入洞用 | |
| | 11 | 轻击(pitching wedge) | 轻打 2 洞用 | 73 |
| | 12 | 厚头(sound wedge 或 dynamite) | 击出障碍区用 | |

一套球杆由木制 4 根、铁制 9 根和击球入洞用杆一根共 14 根组成。初学者先备木制 1、3 号,铁制 3、5、7、9 号和轻打杆即可,其余随技术水平的提高逐步备齐。

4. 附属品

球杆袋:皮、帆布、尼龙、塑料制均可,以防水结实为前提。

杆头套:毛线、尼龙制均可。防止杆头互碰致伤。

球座:塑料、橡皮、赛璐珞、木制均可。

球座袋:挂在皮带或用鞋带系在球裤上。

手套:无指,防滑用。

球鞋:鞋底有鞋钉。结实、轻便、防水性好。大小适宜,固定踝关节,利于击球。

服装:无特别规定。吸汗、保温,便于运动。

5. 比赛种类

(1)计杆比赛(Stroke Play)。以打进全部规定球洞的累计杆数定胜负。杆数少者为胜。通常 18 洞为一竞赛单位。各洞定有 3~5 杆不等的标准杆数,累计 72 杆。

(2)计洞比赛(Match Play)。以击数决定每洞胜负的比赛。少者为胜,击数相同为"平局"(Half)。"平局"时必须继续比赛,直至一方的净胜洞数多于剩余洞数时方宣告比赛结束。

**二、高尔夫球运动的基本技术**

1. 握杆

握杆的基本要求(本书以习惯右臂发力者为例):尽量保持球杆平稳,以充分发挥全部力量,对准目标准确击球。

(1)左手握杆。因球是向身体左侧飞出,故左手距杆端约1厘米处紧握杆柄,成自左肩延伸到左臂,左腕至杆柄有如血脉相通为一体,使力量集中在球杆上,准备做挥杆。

(2)右手握杆。右手的作用不在"发力"而是"导引"。首先张开右手朝向击球方向,以中指、无名指第一节由下而上紧握杆柄(无名指为力点),而后小指重叠于左手食指和中指指缝上,食指弯成"U"字形紧握,拇指指腹由球杆上方盖住左拇指。此时食指与拇指恰似握铅笔状。

(3)握杆种类有重叠法和互锁法两种。①重叠法适于手掌大、手指长、力壮者采用。此法属于右手握法。右手小指重叠于左手食指上或叠放于食指、中指指缝上握杆。此法击球不但可击远,更能方向准。因为握杆时的中心点在右手中指和无名指之间,发力与左手均衡,且能使食指和拇指指尖活动灵活。②互锁法适于手掌小、手指短、力弱者采用。此法乃以右手小指和左手食指交错握杆。此法的优点是击球方向性大于击球距离。

(4)握杆力量。握好杆,前平举保持水平不动,以杆头下垂10厘米的握杆紧张度为适宜。

2. 站姿

站姿的基本要求是挥杆时保持身体平衡。由于地形不同,站立时两脚开立的距离、方向、脚尖所形成的角度,亦有所不同。

通常:双脚开立同腰宽(用铁杆时)或同肩宽(用木杆时),脚尖微向外;重心放于脚踵上;站姿有直角、左奔、右奔三种(图23-1)。

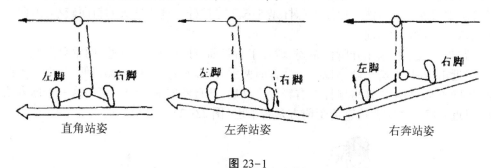

直角站姿　　　　　左奔站姿　　　　　右奔站姿

**图23-1**

3. 瞄准

瞄准是挥杆前的预备动作,其目的是决定击球的方向。首先,以双肩、腰部为中心,使全身与球的飞行方向成直角;其次,观察好球与击球点及球的飞行方向,再调整身体与球的距离、角度,使击球点在两种连线的中央部。瞄准时身体的姿势是收腹,双膝自然偏向内,重心于脚踵。

4. 挥杆

从基本站姿的相对静止状态做瞄准、上挥、下挥、击球、顺势、收杆的全部过程称为挥杆。

(1)上挥。以屈腕挥起开始,要注意保持正确的挥动平面。上挥至顶点时。背部转向球的飞行方向,左臂自然伸展,右手腕于头后,下颚埋于左肩,身体右转,体重于左脚。

（2）下挥。由上挥顶点到击到球的过程为下挥。体重逐渐移至左脚，上体转向正面。击球时右侧腹部内收，以杆头侧面击球。

（3）击球。下挥至腰部时，伸腕使杆头以最大的速度击球。杆头触球的一刹那，握紧杆柄做"鞭打"动作。

（4）击球点。杆面与球成直角，球、双脚、身体三者的关系是击出好球的关键。用5～9号杆时，球位于双脚中央部，双脚分开的距离是随杆号的增加而变小，成"右奔"。用木杆时则球在左踵垂线处。

（5）顺势挥杆。击球后转动球杆顺势向左上后方挥去，身体亦自然左转，目视左肩侧下成收势动作。

### 三、不同距离的击球技术

1. 近距离击球

对于高尔夫球运动来说，距果岭9米以内的球通常称近距离球。在果岭周围近距离击球技术的好坏是能否得分的关键。因此，在果岭附近击球时，选择使用的球杆和进球的路线，对周围草质、纹路，果岭的地形，风向、风速等细心地观察，都是球手在果岭能否用较少的击球次数将球击打进洞的关键。

近距离击球也称"短程接近"。目前，职业选手常用的打法有跑步接近、打带跑、射球和拨推球四种。

（1）跑步接近。跑步接近是让球滚动接近洞的打法。滚动接近是短程接近球三种打法中最安全的打法。使用的球杆是5、6、7号铁杆。这些杆头的斜面较小，因此打出的球一般是滚动向前。

跑步接近一般采用开脚位站姿，球置于右脚前，球杆握得短一些，两手靠近左腿上方，接近击球时，左脚稍微靠拢些。后挥时两手臂在球后方将杆头部挥低、头部不可摆动，手腕不动，利用手臂将球杆左右轻轻挥动后，球自然向前滚动。使用这一击球方法时，靠近果岭时一定要检查清楚前方是否平坦（图23-2）。

手腕部不必使用，若能打中球，球自然会向前滚动

**图23-2　跑步接近打法示意图**

（2）打带跑。打带跑的方法是在球与果岭的途中有斜坡，而在开始时球并没有滚动的情况下的打法。使用的球杆是9号或10号铁杆。挥杆时要保持身体的轴心，不

要用指部而要用双臂,打法同跑步接近法相似,只是挥杆时的动作大些。因为 9 号或 10 号铁杆的杆头有斜度,因此容易向上升起,从而将动作变为捞球的技法。所以,最重要的是仔细看准球,然后再慢慢挥出。

(3)射球。射球是在果岭前有土堤和沙坑时,必须将球跳高时才使用的打法。它与前两种打法不同,是利用屈腕的打法来打球。通常选用斜度高的球杆打,因此 10 号球杆比 9 号球杆更多地被选用来打射球。

射球的站姿常采用脚步较窄的开式站姿,球置于左踝上方,后挥时早些弯曲手部立起球杆,手腕不扭动地将球击出。

(4)拨推球。打拨推球的基本脚位有正脚位和开脚位两种。它的握杆与其他握杆法有些不一样,只要球手握得舒服,将球打入球洞都是正确的握杆方法。大多数职业球手经常采用的是"倒逆连锁"式握杆法。瞄准是打拨推球的技术中最重要的环节,它遵循"三点一线"的原则,即眼睛、球和目标同在一条直线上,且两肩之内的连线与瞄准线平行,球位于两脚之间。如果两肩的连线与目标线不平行,则会击出偏离目标线左或右的球。

著名的高尔夫球教练戴维斯·拉夫认为,用拨推杆杆头的最佳击球点击球,是控制好距离和准确度的关键,杆头触到球体的那个点就是最佳击球点。但是,如果击球姿势不对,振幅会偏离目标线。振杆时,上振和下振都起始于目标线的内侧或外侧,即使球杆的最佳击球点对准了,也会因下振时振幅偏离目标线方向而使杆头在触球时偏离杆头的最佳击球点,导致整个击球动作的失误。可见,要想取得最佳击球点击球,掌握拨推球的各项技术是至关重要的(图 23-3)。

图 23-3 拨推球打法示意图

2. 中距离击球技术

中距离球一般是指在距果岭 16 米左右距离的球。它包含有球洞在果岭后部的起波球打法、球道与果岭之间有障碍的劈起球打法和球落在沙坑的沙坑球打法。

(1)起波球。打起波球可选用 5 号或 6 号杆,握杆的部位在杆把顶端向下约 7.5 厘米处,握力稍轻;采用开脚位站立,重心在左脚上,球位于两腿中间偏右处;使双手握杆在球的前方,即像扫把扫球一样将球打出去,千万不能翻腕,以免击球失误(图23-4)。

图23-4　起波球打法示意图

（2）劈起球。当球距果岭18米左右,中间又有障碍物(沙坑、水塘)时,用劈起球的打法来击球。球杆可选用8号、9号铁杆或劈起杆。

打劈起球,瞄球时身体重心更多地移向前脚(较近目标的那只脚)上,采用开放式站姿。球应该在站位中间或者靠后,双手前压,也就是应该停在球的前面,更靠近前脚。后挥杆时,保持身体重心在前脚,身体上部指向目标。采用垂直挥杆方法,即上挥杆时球杆与地面垂直,以增大下挥杆击球时的力度。通过击球点时确保双手前压至球的前画,右膝开始转向目标方向。双手前压能够使下挥击球先击中球,而不是先击中球后的草皮。右膝转向目标方向意味着通过击球点时开始转动臀部。此时,右臂不应该翻转在左臂的前面(相对右手打者)。也就是说整个击球过程应该整个身体转动,以获得一个更大的加速度和杆头速度。要打出旋转球,应该减缓下杆速度和杆头速度(图23-5)。

图23-5　劈起球打法示意图

打劈起球应将斜坡考虑进去。上坡果岭,球不可能滚跑得那么远,所以在空中的距离应该多一点。相反,将球击上下坡果岭,那滚动距离就较长,所以在空中的时间就应该少点。认真考察球与洞杯之间的地面状况,决定球的飞行距离及落点应在洞杯的左边还是右边。

旋转是场上经常使用的击球策略,特别是果岭周围使用劈起杆击球上果岭时使用最多。旋转包括向后回旋(back spin),可以使球迅速停住;向前旋转(top spin),可以使球向前滚跑;侧面旋转(side spin),可以使球向左右弹跳。要打出旋转球必须考虑多个因素:球贴于地面的情况、风向、球的类型、果岭是软是硬、球杆状况等。所有这些因素都将影响到球旋转的速度和方向。

(3)沙坑球。打沙坑球时,首先轻轻将双脚按入沙中,以保证身体稳定。运用开放式站姿(左脚后撤)以限制后挥杆幅度和加重挥杆。握杆也要往下2~5厘米,使双手能更接近球。瞄球点是球后2厘米左右的沙子。双脚、双膝、臀部和肩部都朝向目标左方,这样的准备姿势有助于挥杆击球。

挥杆击球时,上挥杆的幅度取决于球距旗杆的距离,下挥杆击球是用杆头击向球后1厘米左右的沙子,顺势将球击出。球击出后,继续向前送杆,不要急于翻腕收杆。

沙坑球的挥杆类型主要有U型挥杆和V型挥杆两种。①U型挥杆主要用于远距离、软沙质、沙坑壁较低的情形,此方法破沙的角度浅,击球的飞行弹道低,见图23-6(a);V型挥杆主要用于短距离内沙质硬和沙坑壁较高的情形,此方法破沙的角度深,球的运行轨迹高,一般在果岭周围使用较多,见图23-6(b)。

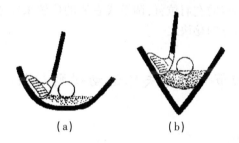

(a)　　　　(b)

**图23-6　U型、V型挥杆**

这里再介绍几种常见位置的沙坑球打法。①未陷入沙中的球。每次挥杆击球的刮沙量都基本相同,所不同的是握杆的长短及挥杆节奏的快慢。距离越短,握杆越低,挥杆节奏也越慢;距离长时,则应高握杆或者是把杆面稍微直立一些,并加快挥杆速度。②陷入沙中的球。仍然以沙坑球的基本打法击球,当球陷入很深,成为"荷包蛋"时,就只能采用爆破法:由上至下直接砍球挥杆,将杆面直立,身体重心放在左脚,下砍时将杆头在沙中拉向左脚方向,好像要将杆头拉到果岭上去一样,使球与沙一起从沙坑中爆发出来。③上坡沙坑球。上坡沙坑球分为两种:一种是沙坑本身很低,球在上坡位,击球时应该将身体重心移向左腿,左腿弯曲,然后以击打切高球或切低球的方式挥杆,上挥杆时不用转腰,下挥杆时直接打球;另一种是沙坑本身很高,球的前方被沙坑壁挡住,应采用V型挥击法,击球时应尽量将杆面开放,并且在下挥杆时保持杆面开放,上挥杆时要转腰,下挥杆时用力朝沙坑壁击球,重心始终放在左脚。④下坡沙坑球。打下坡沙坑球的困难是球的前方没有沙,而球的后面沙很厚。瞄球时应该靠近右脚,挥杆时注意保持身体平衡。上挥杆时杆头以直立角度举起,下挥杆时以锐角进入球后方的沙中,并且保持向下直到送杆。击球要果断。⑤球道沙坑球。球道沙坑距果岭较远,如果球没有陷入沙中,则可以正常地挥杆击球。为了将球击得更远,则可以使用长铁杆或木杆。如球只有一部分陷入沙中,不论深浅都应采用在球道上打中铁杆的方法。

无论打何种沙坑球，要根据球在沙坑的位量决定打法，关键是不要冒不必要的风险，有时候只要将球打到安全地点，使下一杆容易打好就够了。

3. 远距离击球技术

（1）握杆。左手的握法是以小指、无名指、中指为重心，握紧球杆，同时将拇指拉近手侧。用拇指指腹紧压球杆，一方面可避免过分松动，同时也能以左手小指与拇指稍加力量就可以向下挥杆，使杆头击球面不会轻易变动，加快挥杆速度，增加球飞行的距离。

（2）站位。右脚与目标线成直角，挥杆上到顶点时，重心稍偏向左脚，上半身拧紧，使击球具有强烈的爆发力。

（3）挥杆。挥杆时以脖子根部到腰部脊椎骨这一部分作为轴心来向上下挥杆，感觉球杆缠绕着身体旋转，球杆就像卷在身上一样，形成圆周运动。击球后，身体一定要扭转，面向目标。另外，巧妙地利用曲腕动作，挥杆时将杆头速度发挥到极致，也是击远球的关键所在。

许多职业选手在比赛中常选用一种非常实用而又易掌握的左右对称的挥杆击球技巧来击打远距离球。挥杆时，球杆挥到顶点和完成挥杆动作的姿势形成逆向对称，也就是把向后挥杆到顶点的左肩位置，调换成右肩的位置来完成击球的姿势，这种双肩位置的调换也是打远球的秘诀之一。

## 第四节　高尔夫球运动规则与裁判法

### 一、高尔夫比赛规则

1754 年，圣·安德鲁斯高尔夫球友会在英国成立，并制定了打球规则。国王威廉四世赐给了该球会"圣·安德鲁斯皇家古老高尔夫俱乐部"（ St. Andrews Royal&Ancient Golf Club）之名，他本人也成了这个俱乐部的赞助人。由于皇室的参与，这个俱乐部渐渐在高尔夫球界取得了领导地位，其制定的高尔夫规则也成为高尔夫运动的裁判准则沿用至今。因此可以说，现代高尔夫球运动是随着圣·安德鲁斯高尔夫规则的问世而诞生的。

很多打高尔夫球的人都说，高尔夫球规则很难掌握。其实只要遵循以下两条原则，高尔夫球的规则还是很容易理解的。

第一，要保持球的现状来打球，也就是从发球台把球打出后，一直到球被打上果岭以前，不能用手去摸球（即使球的落点很不理想，也要在原位打球）。

第二，比赛要在公平的条件下进行，不要只考虑到自己有利的情况。

规则是由高尔夫球协会和每次竞赛组织者制定的。但事实上，在竞赛中主要还是要竞赛者自己来管理。当球赛进行时，每一组的参赛者互为裁判员，而实际上公平比赛的责任是落在每个比赛者的身上的，参赛者要以公正的比赛精神为基础，自己遵守规则，自己给自己当裁判。

高尔夫球规则是在打高尔夫球的人不故意去犯规的前提下制定出来的。因此，高尔夫文化、文明和高尚的精神是高尔夫球规则的精髓。

高尔夫球规则是世界通用的。美国高尔夫球协会和英国圣·安德鲁斯皇家古老高尔夫俱乐部被公认是解释和修订高尔夫球规则的权威机构。现在世界性高尔夫球大赛必须严格按照正式的高尔夫球比赛规则进行，而对一般性的高尔夫球友谊赛则要求并不严格。由于高尔夫球规则的内容繁多，这里只针对高尔夫运动基本规则、比杆赛与比洞赛的差异、各种击球状况的判断和处理、参加比赛注意事项四方面加以说明。

1. 高尔夫运动基本规则

高尔夫运动规则是由高尔夫协会制定的，但绝大多数仍是由选手自己执行实际上的管理。当比赛进行时，每位选手皆负有使比赛公平公正之责任；基于公平竞争的精神，每一位选手都应要求自己成为一位遵守规则的裁判。

打高尔夫球最基本原则就是将一颗球自球台连续打击至其进洞为止。简而言之，即是由第一杆开始，接着第二杆、第三杆……重复地击球，将球打进洞，除此之外便别无他法。若是拿着球移动，或是利用投掷、滚地等方法，都是违反规则的。

进行比赛时，当球自球台被击出后，不论是在何种状态下行进，都应该等到球处于静止状态后才可继续进行比赛，此乃高尔夫不变的法则。绝对不可触摸或挪动球的位置，亦不能为求便于挥杆而改变周围的环境。

比赛从一号洞开始，依次打完 18 个洞称为一场球，比赛的胜负取决于选手击球入洞的总杆数。标准杆数是指选手将球从发球台击到球洞内所需要的击球次数，每个球洞的标准杆数则视球洞场地大小而定。通常，高尔夫球设 4 个 3 杆洞、4 个 5 杆洞、10 个 4 杆洞。

选手击球入洞的杆数与标准杆相同，称为"帕"（par）；低于标准杆一杆，称为"小鸟"（birdie）球；低于标准杆两杆，称为"老鹰"（eagle）球；高于标准杆一杆，称为"补给"（bogey）球。

2. 比杆赛与比洞赛的差异

高尔夫的比赛形式分为比杆赛与比洞赛两种。无论是职业赛或业余赛均以比杆赛的形式较为常见。

所谓比杆赛，就是将每一洞的杆数累计起来，待打完一场（18 洞）后，把全部杆数加起来，以总杆数来评定胜负。

比洞赛亦是以杆数为基础，是以每洞之杆数决定该洞之胜负，每场再以累积之胜负洞数来裁定成绩。

比杆赛规定必须待球被击入球洞后，才可移住下一洞的开球台去开球；而比洞赛是在每一洞就决定胜负，因此只要对方同意就不必坚持球皆需进洞之原则。

比杆赛和比洞赛中，选手违反规则所受之处罚也有所不同。一般而言，比杆赛的罚则是罚两杆，而比洞赛的罚则为处罚其该洞输球。

3. 正确的判断和处理

"界外"是指禁止打球的地区，常以界桩或围篱标示。界外之界限应以界桩（不含支架）或围篱内侧最靠近地面点确定。如在地上以标线标示界外时，界外线系垂直向上向下延伸，且线之本身即作界外论。

下列情况即可认定为"遗失球"：

（1）球员或其同队、或他们的球童在开始找球后五分钟仍找不到球，或是虽然找到，但球员无法辨认是否为其所用之球。

(2)球员按规则已用另一球当作比赛球,而未寻找其原球。

(3)球员已自认为在原球所在地、或较原球位靠球洞之点击出代替球,因此该代替球即成为比赛球。

原球可能在水障碍以外遗失、出界而用以代替之球,称为"代替球"。

如球落入、触及或遗失在水障碍中,球员要按下列方法处理:

(1)尽可能在接近上次击球之原位打次一杆。

(2)在原球最后通过该水障碍区边缘之一点与球间之直线,于水障碍后方抛球。至于应离水障碍后方多远处抛球并无限制。

4. 参加比赛应注意事项

参加高尔夫比赛的最大禁忌就是迟到。若是与朋友间的比赛迟到,定会被列为最不受欢迎的球友;若是正式比赛场合中迟到,轻则受罚,重则丧失比赛资格。

迟到的罚则可根据比赛形式分为两种:比杆赛中对迟到者处罚两杆;比洞赛则判第一洞输球。

每位参赛者必须了解比赛条件:

(1)比赛的准确时间。

(2)各组成员的编排。

(3)自己被认可的差点(将技术的高低加以数值化,使用差点的比赛,称为 Under Handicap 比赛,通常应用于俱乐部会员赛、友谊赛)。

(4)第一洞是 1 号或 10 号。

(5)比赛当天当地的规则。

在正规的竞赛中,每位选手只能携带 14 支以内的球杆参赛,球杆若少于 14 支时可补充到 14 支。比赛中可更换损坏或不堪使用的球杆,但以不耽误比赛为原则,而且不论补充或更换球杆,皆不得向球场上任何一位参赛者借用。球杆一旦借出后,直至比赛终止,借出的球杆将供借用者使用,借出的一方不得使用。

## 二、高尔夫球运动裁判法

高尔夫球比赛要按照规则进行。除此之外,球手及球童不得有影响球的位置或球的运动的任何行动。如果出现规则中没有规定的有争论的问题,应当按照公正的原则进行裁决。

罚杆规则是高尔夫球运动的主要规则。倘若知道在什么情况下罚杆和罚几杆,便基本上懂得了罚球规则。罚杆,即在受罚人击球数总数上,根据犯规情节再加罚一至二次击球次数;受罚次数愈多,击球总数愈大,成绩愈差。违反下列规定均要罚杆:

(1)将球放在球座上至球入洞前,不得移动球位,不得触球。

(2)不得修整地面、拔草和随意移动障碍物。

(3)打球时不得将球从球座上碰落。

(4)球丢失后,必须在五分钟内寻回。

(5)球不得出界或落入水塘内。

2004 年国际高尔夫球场的最新规则是:球越过球场上设置的界桩要罚杆,越过白桩罚一杆,越过黄桩罚两杆,越过红桩罚三杆。

具体罚杆规则如表 23-3 所示:

表 23-3 罚杆规则

| | 违例事实 | 罚则（杆数） | 处理 |
|---|---|---|---|
| 开球区 | 开球顺序有误 | 0 | 道歉 |
| | 超过开球标志 | 2 | 再打,算做第三杆 |
| | 打出"界外"或"丢失球" | 1 | 原地再打 |
| | 未击前球从球座掉下 | 0 | 拾起重打 |
| | 问同伴球杆号 | 2 | 问球童不罚 |
| | 借用同伴球杆打球 | 2 | 击出的球有效 |
| 球道上 | 球进积水处、泥泞地或修整地 | 0 | "抛下" |
| | 被局外者触动 | 0 | 放回原处 |
| | 拾树枝、石块等时触动球 | 1 | 放回原处继续打 |
| | 找球时触动球,球童误拾球 | 1 | 在原地继续打,放回原地再打 |
| | 放置击球标志 | 2 | 击球前拿走不罚 |
| | 问他人使用的杆号 | 2 | 球童询问不在此例 |
| | 为找平地面脚下垫物 | 2 | 除去再打 |
| | 折树枝以便挥杆 | 2 | 继续比赛 |
| | 击打运动中的球 | 2 | 水中球不罚 |
| | 未经同意擅自换球 | 2 | 继续比赛 |
| | 同伴球妨碍击球时随意移动 | 0 | 需经同意、做好记号以备复位 |
| | 一次挥杆触及二次球 | 1 | |
| | 应"抛下"未抛或其他违例 | 2 | 继续比赛 |
| | 落在球道的球陷入地面 | 0 | 原位"抛下"可擦拭球 |
| | "抛下"落地前触及自身身体 | 0 | 重抛 |
| | "抛下"正常,但滚落沙坑 | 0 | 重抛 |
| | 打错球 | 2 | 重新打自己的球 |
| | 球触及局外者或同伴 | 0 | 从球停止处继续比赛 |
| | 球碰及同伴球 | 0 | 同伴球放回原处 |
| | 在杂草区五分钟找不到所打的球 | 1 | 在原打处重打 |
| | 两人的球落在一处仅找到其中一个,但分不出球主 | 1 | 均判为"丢失球",在原打处再打 |
| | 球道上的球被鸟兽叼走 | 0 | 原处重打,但要有证人 |
| | 球落到界外 | 1 | 算做第三杆,原处再打 |
| | 宣告"无法击球" | 1 | "抛下"或重打 |
| | 球紧贴界桩,非拔不能打 | 2 | 宣告"无法击球"则罚一杆"抛下" |
| | 试杆时不慎触动球 | 1 | 放回原处重打,继续打则罚2杆 |
| | 球碰及自己的球杆袋 | 2 | 在球停止处继续打 |
| | 错打别人的球 | 2 | 放回原处,打自己的球 |

表 23-3（续）

| | 违例事实 | 罚则（杆数） | 处理 |
|---|---|---|---|
| 水池 | 球进水池 | 1 | "抛下"继续打，若照打则个罚 |
| | 球落池边 | 0 | 准备打时触及水面则罚 2 杆 |
| | 球落在水池上的桥上 | 0 | 碰桥面则罚 2 杆 |
| 障碍区域 | 球落到果岭前水池或水沟 | 1 | "抛下" |
| | 球落在平行于球道的水池或水沟 | 1 | 回原处重打或在水沟前"抛下" |
| | 因他人打球而改变自己球位 | 0 | 在该处"抛下" |
| | 未击出的球滚回原站位 | 2 | 判为平整场地 |
| 沙坑内 | 打球前碰到沙或平整沙坑 | 2 | 不得试打或平整沙坑 |
| | 打球前拾树枝、石块等 | 2 | 不得拾起任何东西 |
| | 沙坑内有两个以上球 | 0 | 离洞远者先打，近洞者拾起待打 |
| | 球处在"无法击球"状态时 | 1 | 宣布后"抛下"再打 |
| | 误打同伴球 | 0 | 不罚、不算 |
| | 球触及球童或携带物 | 2 | 在球静止继续打 |
| 果岭上 | 上果岭后发现互相误打球 | | 不知错打处时则退回第二杆重打，若已打进洞判该洞失败 |
| | 踏平球落地时造成的坑洼 | 0 | |
| | 碰及同伴的球 | 2 | 被碰球放回原处，本球从停止处再打 |
| | 测量球离洞距离时触动球 | 0 | 在原处打 |
| | 用手抹平果岭上的沙后推杆 | 0 | |
| | 压平草坪 | 2 | |
| | 放对方球时，球位有误 | 2 | 继续比赛 |
| | 球被风吹动而碰及球杆 | 1 | |
| | 球碰及放倒的旗杆 | 1 | 继续比赛 |
| | 球尚在运动时推杆 | 2 | |
| | 推杆顺序有误 | 0 | 道歉 |
| | 用手抹平草皮 | 2 | |
| | 未做标志拾起球 | 1 | |
| | 踏别人的推杆球路 | 0 | 属球风问题，要特别注意 |
| | 拾树叶时触动球 | 0 | 放回原处 |
| | 擦拭球 | 2 | 判为试探草皮状况 |
| | 平整被踏草皮 | 2 | 待全部打完再平整 |
| | 用球杆扫除露水 | 2 | 冰雪可扫除 |
| 其他 | 按照对方要求打回进入本球路的球 | 2 | 判为练习击球 |
| | 带进场的球杆超过 14 支 | 2 | |
| | 误用同伴球杆 | 2 | 击出的球有效 |
| | 询问杆号、击球方法、洞距等 | 2 | 可问自己的球童 |
| | 少报少记杆数 | | 取消资格，多报多记有效 |
| | 借用别人的球杆 | | 取消资格 |
| | 使用不合规格的球杆 | | 取消资格 |
| | 使用可调节球杆 | | 取消资格 |
| | 比赛当日先期试用场地 | | 取消资格 |

**思考题**

1. 简述弘扬中华体育精神的具体措施。
2. 简述高尔夫球运动的起源与发展。
3. 简述高尔夫球规则的原则。
4. 试述高尔夫球运动的基本技术。

**参考文献**

[1]黄堃华.高尔夫概论［M］.哈尔滨:哈尔滨工程大学出版社,2012.

[2]孙跃,蒋小丰.高尔夫导学[M].长沙:湖南人民出版社,2012.

[3]许毅涛.高尔夫实用教材［M］.昆明:云南人民出版社,2012.

[4]韩烈保.高尔夫概论［M］.北京:科学出版社,2011.

[5]甘谷理,伯恩斯.高尔夫［M］.赵悦,译.北京：金城出版社,2010.

[6]谭受清.高尔夫运动与导程［M］.长沙:国防科技大学出版社,2009.

[7]英国职业高尔夫球协会.我为运动狂:高尔夫[M].葛莉,李静,译.沈阳:辽宁科学技术出版社,2008.

[8]杨东,魏忠发.高尔夫球技术[M].北京:人民体育出版社,2015.

[9]黄军海,等.高尔夫球课堂[M].上海:上海大学出版社,2015.8

——学习时刻——

　　体育是社会发展和人类进步的重要标志，是综合国力和国家软实力的重要体现。

　　——2016年8月25日，习近平总书记在北京人民大会堂会见第31届奥林匹克运动会中国体育代表团全体成员时发表讲话。

# 第二十四章
# 游泳运动理论与技术

## 第一节　游泳运动概述

　　游泳是一种人类使身体漂浮在水中或水面行进的活动技能。始源于人和动物的基本生存所需的一种生存技能。它的发展及演变是伴随着人类历史的发展而发展的。当今的游泳作为体育运动的一种表现形式，已成为一种人类与自然和谐相处的必要手段之一。

　　游泳是人们在求生和生产实践中创造的一种技能。这种技能是在一种本能——生存的驱使下而形成的。在原始社会低下的生产力和残酷的生活条件下，人们不断地改进自己的体力和智力。在利比亚沙漠 Wodiseri 的岩洞上，发现了有 9000 年前游泳者游泳动作的壁画，这表明早在上古时代人类就已有了水中活动的技能。在大英博物馆保存的亚述利亚（Assyria）遗物浮雕中有 15 世纪的战败国 Hittiles 人渡河逃走的场面，这说明当时已有了侧泳、爬泳的技能及水上救生的技巧。

　　古希腊关于水中活动的资料很丰富，不少古希腊的古物与作品中，有许多与游泳有关的实物与记述，在古希腊索论法律中，曾规定儿童须习希腊文与游泳。在当时社会上曾流行有讥讽愚者的谚语："他既不能文，又不能游泳。"足见当时对游泳的重视。在罗马，人们也同样认为不会游泳与无知是一样的愚蠢，罗马军事训练中包括有游泳项目。

### 一、我国有关游泳的历史记载

　　我国历史上对游泳的记载始于春秋时代。《左传》在庄子谈及回与孔子的对话中证明了当时已有拯溺技术，并说明游泳技术应属水性之道。

　　关于中国游泳的起源，一直没有准确的记载，不过游泳像其他事物一样，是在人类对自然的斗争中，在劳动生产的过程中产生的。从流传于民间的狗刨式、扎猛子、大爬式等游水方式推断，民间很早已有相似动作的古老游泳方式。

### 二、游泳运动的形成

　　游泳作为一种运动出现，最早来自于欧洲，17 世纪 60 年代，英国不少地区的游泳活动已开展得相当活跃。

1828 年,英国在利物浦乔治码头修造了第一个室内游泳池,这种游泳池到 19 世纪 30 年代,在英国各大城市相继出现。

1837 年,在英国伦敦成立了第一个游泳组织,同时举办了英国最早的游泳比赛。

1869 年 1 月,在伦敦成立了大城市游泳俱乐部联合会(现英国业余游泳协会前身),并把游泳作为一个专门的运动项目正式固定下来。此后随之传入各英殖民地,继而传遍全世界。随着游泳运动的发展,游泳被分为实用游泳和竞技游泳两大类。实用游泳又分为侧泳、潜泳、反蛙泳、踩水、救护、武装泅渡;竞技游泳分为蛙泳、爬泳、仰泳、蝶泳、混合泳。

竞技游泳,从第一届奥运会(1896 年)起就被列入了奥运会正式项目,进而发展到现在,各种锦标赛、国际大型比赛不断推动着竞技游泳的发展,使它的技术动作更完善,创造了一个又一个优异的成绩。

游泳作为一种运动传入我国是在鸦片战争以后,体育运动逐渐传入我国,竞技游泳在极少的城市中开始出现。其主要在香港、广东、福建、上海、天津、青岛等少数沿海地区有所开展。1887 年在广州沙面修建了长 25 米宽 15 米的室内游泳池,其为我国第一个游泳池。

1910 年举行的全国运动会尚无游泳竞赛项目。由香港维多利亚游泳会主办的全港渡海比赛,从 1906 年至 1919 年的十二届比赛中,只有男子组的比赛,自 1920 年才开始增加了女子组的比赛。但是,由于当时中国运动员学习和掌握竞技游泳技术只是刚刚开始,因此男子组在 1936 年以前,每年的锦标皆为外国人所得,直到 1936 年中国选手麦韦明才首获冠军。

### 三、现代游泳运动的发展

自 1896 年国际奥林匹克运动恢复以后,欧洲体育运动发展很快。但亚洲各国尚未参加。中国参加国际性游泳比赛开始于 1913 年由菲律宾在 1912 年发起的有中国、日本、菲律宾三国参加的远东运动会。直至 1934 年,每两年一次共举行了十届。后由于日本强行提出邀请"伪满"参加第十一届远东运动会,故遭到我国的坚决反对,遂决议解散远东运动会,至此亚洲的游泳竞赛活动暂告停止。其间我国运动员也取得了不少的好成绩,特别是 1934 年在菲律宾马尼拉举行的第十届远东运动会上,我国女选手杨秀琼独揽四枚金牌,震撼了当时的亚洲泳坛。

第二次世界大战后随着科技的突飞猛进,游泳运动也相继得到迅猛的发展。特别反映在 20 世纪末的 70 年代和 90 年代。游泳进入奥运会后成为第二金牌大户,仅次于田径运动。欧美及澳大利亚等资本主义先进国家非常重视该项目。其实这并不仅仅因为它决定着奥运会的金牌总数,而是人类发展到现代更注重保护自我和适应自然以及战胜自然。据统计每年因溺水身亡的人占全球死亡人数的1/3。随着人类社会的发展,现代人进入了一个相当人性化的时代。这也标志着人类进入了一个更文明的时代。因此,在 1932 年英国成立了第一个游泳教员协会。游泳教员是集游泳、救生、水中健身等理论与技术一身的游泳教学人员。他们的职责是公益性的,是为人类尽量减少那些不必要的伤亡而服务的。在这种技能的普及下很大程度地促进了竞技游泳运动技艺的提高。每一年都有新的世界纪录出现,各届奥运会都有新人层出不穷地涌现。

### 四、游泳运动的分类

人类的游泳运动,一直与人类的生存、生产、生活相联系。随着人类社会的发展和需求的变化,游泳逐渐被用于军事作战、娱乐、竞赛、健身和体疗等。游泳的姿势也逐渐发展变化,多种多样,如根据目的和功能来分,游泳运动可分为竞技游泳、实用游泳、大众游泳三类。

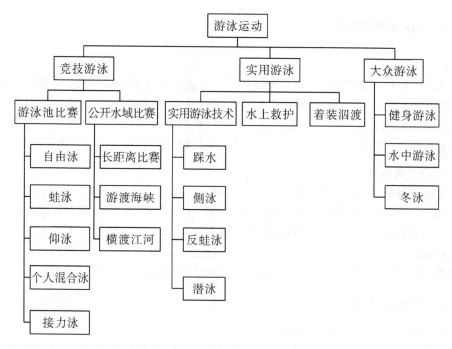

### 五、游泳的安全卫生常识

(1)确立安全第一的思想,加强安全宣传与教育。

(2)选择安全卫生的游泳场所。

(3)游泳前应严格体检,主要是防止患病者游泳时发生事故,同时也避免疾病的相互传染。

(4)游泳时,应结伴前往,不要单独行动,尤其在天然水域更不能独自游泳。在游泳时要互相关心、互相照顾,同去同返,中途离开时应有所交代。

(5)饮酒、饱食后和饥饿、过度疲劳时不能游泳。

(6)下水前观察游泳处的环境,若有危险警告,则不能在此游泳。

(7)游泳前要做好准备活动,然后用冷水拍打身体,有利于游泳者在下水前先适应冷水刺激,身体更好更快地适应游泳运动的需要。

(8)下水游泳时,应量力而行不逞能,在游泳时要避免一切危险动作,如在浅水区跳水、互相打闹、过长时间地憋气潜水、在湿滑的池边奔跑追逐等,均应避免。

(9)自救与呼救。游泳时,如遇抽筋,应保持冷静,不要慌张,应立即上岸或在水中自我解救抽筋部位。与此同时,也可呼救,以便周围的人及时来帮助、救护。如发现他人抽筋或溺水,应迅速过去救护,并同时大声呼救,让周围的人能来与你一起抢救

（救护方法见水中救生）。

10. 游泳时应讲文明,遵守公共卫生。

## 第二节　游泳运动的特点与价值

### 一、游泳运动的特点

#### （一）环境

水是地球的生命之源。人们对水的熟悉,始自于人类诞生的一刻。人类在母体中就浸泡在羊水之中,随着我们的出生从婴儿到幼儿直至成年,我们所进行的日常生活虽然都是在陆地上进行的。但是不管在任何时候把身体再次浸泡在水中时都会有和陆地上有所不同的亲切感觉。而游泳就是在与我们日常生活不同的环境中进行的。

#### （二）水的特性

水有三种力,它们分别是压力、浮力、阻力。当我们初次将身体浸泡在水中时（特别是水淹过胸部时）就会感到水对我们身体所产生的压力,主要表现为呼吸较陆地上困难。如果在水中行走就会感到它的阻力远远比陆地上空气的阻力大得多。我们还会感到在水中站立缺乏在陆地上的稳定性,这就是浮力的作用了。掌握好水的这些特性对我们的游泳学习是非常重要的,游泳就是利用它们适应它们而成就的。

### 二、游泳运动的价值

1. 锤炼意志品质,健全优良品德

学生对于游泳运动技能的学习和掌握需要大量反复的身体练习,有时甚至还需承受较大的运动负荷,更需要消耗大量体能并且磨炼自己的意志。游泳运动参与环境的特殊性,决定了学生在学习过程中需克服对水的恐惧,克服心理和生理障碍,从而挑战自己并且战胜自己。从这个角度来看,游泳运动实践教学过程本身就极大地锤炼了学生吃苦耐劳、永不放弃、顽强拼搏、坚韧不拔的意志品质;同时,在教学实践过程中潜移默化地培养了学生不畏艰难、自信自强和相互帮助的优良品德。

2. 强化行为规范,加强道德修养

大学体育可以规范学生行为,增强学生的道德观念。大学体育课堂教学常规要求包含课前队列队形练习、课堂组织管理、课后及时归还体育器材等,重视强调学生组织纪律性和行为约束,从而使学生形成良好的体育道德规范。游泳课作为危险系数较高的运动项目课程,更加强调学生的纪律性和行为的规范性,以此防范危险的发生。并且,在各种体育竞赛中都有明确的价值取向和规则要求,学生参与比赛都必须遵守比赛规则、尊重对手、恪守体育道德规范、公平公正地参与比赛,这种特殊制定的统一的"规则"效应无形中培养了学生良好的竞争意识、团结的合作精神,引导学生遵守纪律、尊重裁判、学会自我约束,倡导社会道德规范。

3. 塑造健全人格,成就幸福人生

健康、全面的个性特征的形成主要依赖于积极的生活体验。大学体育不仅给学生带来健康和快乐,同时给予他们积极的生活和情感体验。游泳运动能够满足大学生个体的运动需要,释放其身体能量,使其获得身体上的舒畅和精神上的满足;游泳运动技能的习得可以给学生带来自信心、成就感和自我效能感;游泳救生技能的掌握能够让学生在特殊情况下有效地选择施救方式,从而获得社会认同感和自我价值感;游泳运动还可以改善学生的形体、外貌及气质,提升学生个体的自我评价。以上这些积极的精神和情感体验有助于学生塑造健全的人格,为其将来的幸福人生打下坚实的基础。

4. 促进心理健康,增强调节能力

当代大学生普遍面临沉重的学业和就业双重压力,各种大学体育活动的有效开展对于大学生调节心理、生活压力具有积极的促进作用。游泳运动有利于让学生宣泄和转移抑郁、孤僻、胆怯、焦虑、压抑等消极情绪,缓解学业、生活等多方面带来的心理压力,有效改善学生胆小、懦弱、自卑等性格现象,促进学生保持健康、积极向上、充满正能量的情感状态,促进学生心理向着更加阳光、健康的方向发展。

## 第三节　游泳运动的基本技术

### 一、熟悉水性

根据游泳的特点任何初学者都应该从熟悉水性开始。在掌握并熟悉水性后再转入对游泳姿势的学习。

在你准备自学游泳前,你首先应对人体和水的特点要有一个充分的认识,这样才便于你合理地运用自身的条件,充分地掌握水的性能,加以利用。

众所周知,水的比重为 1,而人体的比重约为 0.96～1.03 之间。物体在水中的沉浮取决于物体的比重,比重大于水的下沉,比重小于水的则上浮。了解这两点,相信初学者不会再对水产生恐惧感。

在进行水上练习时,如果身体浮力较差或者胆小者,可以带上泡沫做腰漂,以便增加浮力,同时也给初学者增加安全感。

1. 水中行走

这是初学者下水后的第一个练习,目的是体会水的阻力、压力和浮力,并初步学会在水中维持身体平衡的方法。

第一步:两手扶住池(岸)边或同伴的手,在水中行走。

第二步:一手扶住池(岸)边或同伴的手,一手在体前侧向外、向后划水,同时在水中行走。

第三步:不借助任何支撑物,两臂在胸前左、右向外、向后对称划水,双脚在水中向前、向侧、向后行走。

在熟悉水性的同时,针对小孩还可以采取一些游戏性的项目,如跳水、水下钻杆等。

2. 呼吸

不会呼吸的游泳不能叫作游泳,只能是"憋气"。

正确的游泳呼吸是用嘴吸气、用嘴或嘴鼻呼气。

站在齐肩深的水里,两手抓住池(岸)边,如图 24-1,或者抓住同伴的手,如图

24-2,用嘴深吸一口气,然后把头埋入水中,慢慢地用鼻呼气,直至将体内的废气呼尽,迅速抬头用嘴吸气。

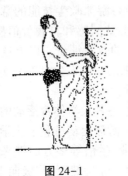

图 24-1

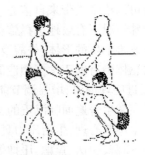

图 24-2

### 3. 水中漂浮

学习水中的漂浮技术,主要是体会水对人体的浮力,并初步掌握人体在水中的平衡能力,排除对水的恐惧心理。

抱膝漂浮练习:两脚站立水底,深吸气后,下蹲低头抱膝,两膝尽量靠近胸部,前脚掌蹬离水底,成低头抱膝团身姿势。身体要尽量放松,自然地漂浮于水中,如图 24-3。

图 24-3

站立时,两臂前伸,向下压水并抬头,同时两腿伸直,以脚触水底站立,然后两臂自然放于体侧。

展体漂浮练习:两脚开立,两臂放松向前伸直,深吸气后身体前倒并低头,两脚轻轻蹬离水底,成俯卧姿势漂浮于水面,两臂、两腿自然分开,要求全身放松,身体充分展开,如图 24-4。

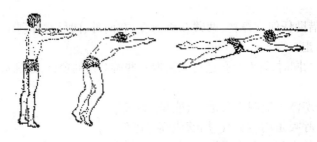

图 24-4

站立时,收腹,收腿,两臂向下压水,然后抬头,两腿伸直,脚触水底站立。

4. 蹬边滑行

漂浮练习:背向池(岸)边,一手扶住池(岸)边缘,一臂前伸,同时,一脚站立,一脚贴近池(岸)边。深吸气后低头,上体在水中前倾成俯卧姿势,大小腿尽量收紧,臀部靠近池(岸)边,两脚掌贴住池(岸)边。与此同时,扶池(岸)边的手臂向前摆出与前臂并拢,头夹于两臂之间,这时两脚用力蹬出,成流线型向前滑行,如图24-5。

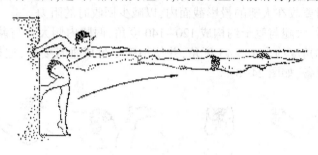

图 24-5

要求:蹬离池(岸)边后,身体要充分伸展,并尽量放松、自然。

蹬底滑行漂浮练习:两脚前后开立,两臂前上举。深吸气后上体前倒,当头、肩浸入水中时,前脚掌用力蹬池底,随后两脚并拢,让身体成流线型向前滑行,如图24-6。

图 24-6

## 二、竞技游泳技术

这里我们主要向大家介绍蛙泳、爬泳,其他泳姿的技术可以参考有关网站。

(一)蛙泳

1. 蛙泳的技术环节

(1)蛙泳身体姿势。身体几乎呈水平姿势俯卧在水中,头微抬起,腿臂动作对称,并且始终是在水下进行,见图24-7。

图 24-7

（2）蛙泳腿的技术。蛙泳的腿部动作是推动身体前进的主要动力之一。它的主要动作环节可分为收腿、翻脚、蹬夹水和滑行四个阶段,这四个环节是紧密相连的完整动作。

①收腿是为了给翻脚、蹬水创造有利的位置,同时既要减少阻力,又要考虑到收腿配合因素的需要。开始收腿时,两腿随着吸气的动作,自然放下,同时两膝自然逐渐分开,小腿向前回收,回收时两脚放松,脚跟向臀部靠拢,边收边分。收腿时力量要小,两脚和小腿回收时要收在大腿的投影截面内,以减少回收时的阻力。

收腿结束后,大腿与躯干约构成 120~140 度角,两膝内侧大约与髋关节同宽。大腿与小腿之间的角度约为 40~45 度角,并使小腿尽量成垂直姿势,这样能为翻脚、蹬水做好有利的准备,如图 24-8。

图 24-8

②在蛙泳腿的技术中,翻脚动作很重要,它直接影响到蹬水的效果。收腿即将结束时,脚仍向臀部靠近,这时膝关节向内扣,同时两脚向外侧翻开,使脚和小腿内侧对好蹬水方向,这样对水面加大,并为大腿发挥更大力量做好积极准备。

收腿与翻脚、蹬水是一个连续的完整动作过程。正确的翻脚动作,是在收腿未结束前就已开始,在蹬水开始完成。如果翻脚后,腿稍有停滞,则会破坏动作的连贯性并增大阻力,如图 24-9。

图 24-9

③蹬夹水。蛙泳腿部动作效果的好坏,完全取决于蹬夹水技术的正确与否。蹬水应由大腿发力,先伸髋关节,这样使小腿尽量保持垂直于水的有利部位,再向后做蹬夹水的动作,其次是伸膝关节和踝关节。

蹬夹水的动作实际是一个连续的完整动作,只是蹬水在先,夹水在后。实际上在翻脚的动作中,两膝向内,两脚向外已经为蹬夹水固定了唯一的方向。

蹬夹水效果的好坏不但取决于腿部关节移动的路线和方向,以及蹬夹水对水面积的大小,最主要的是取决于两腿蹬夹水的速度和力量的变化,蹬夹水的速度是从慢到快,力量是从小到大的,如图 24-10。

图 24-10

④滑行。蹬夹水结束后,脚处于水平面的最低点,这时身体随着蹬水的动力向前滑行,腰部下压,双脚接近水面,准备做下一个循环动作,如图24-11。

图 24-11

(3)蛙泳手臂技术。蛙泳手臂划水动作可以产生很大的推动力,掌握合理的手臂划水技术,并且使之与腿和呼吸动作协调配合,能有效地提高游进速度。它的主要动作可分为:开始姿势、滑下(也可叫作"抱水"或"抓水")、划水、收手和向前伸臂几个阶段。这几个阶段也是紧密相连的完整动作。

①开始姿势。当蹬水动作结束时,两臂应保持一定的紧张,自然向前伸直,并与水面平行,掌心向下,手指自然并拢,让身体成一条直线,形成较好的流线型。

②滑下(抓水)。从开始姿势起,手臂先前伸,并使重心向前,同时肩关节略内旋,两手掌心略转向外斜下方,并稍屈手腕,两手分开向侧斜下方压水,当手掌和前臂感到有压力时,就开始划水。抓水动作一方面能给划水创造有利条件,另一方面还能造成身体上浮和前进的作用。抓水的速度,根据个人的水平不同而不同,水平较高者抓水较快,反之则慢。

③划水。当两手做好抓水动作、两手分成大约40~45度角时,手腕开始逐渐弯曲,这时两臂两手逐渐积极地做向侧、下、后方的屈臂划水动作。

划水时,手的运动应该分为两个部分,前一部分:手向外向下向后运动,见图24-12(1),水流从大拇指流向小拇指一边。后一部分:手向内向下向后运动,见图24-12(2),水流从小拇指流向大拇指一边。

在划水中,前臂和上臂弯曲的角度是在不断变化的,其标准是以能发挥出最好的力量为准则。在整个划水过程中肘关节的位置都比手高。手运动的路线,不应到肩的下后方,而应在肩的前下方。其速度是从慢到快,至收手时应达到最快速度。

④收手是划水阶段的继续。收手时,收的运动方向为向内、向上、向前。手的迎角大致为45度角。由于前臂外旋,掌心逐渐转向内,见图24-12(3),收手动作应有利于做快速向前的伸手动作,并且肘关节要有意识地向内夹。当手收至头前下方时,两手掌心由后转向内向上的姿势,这时大臂不应超过两肩的横向延长线。在整个收手动作过程中,手的动作应积极、快速、圆滑,收手结束时,肘关节应低于手,大、小臂的角度应小于90度角。

⑤向前伸臂是由伸直肘关节、肩关节来完成的,掌心由开始的向上逐渐转向内,双掌合在一起向前伸出,在最后结束前逐渐转向下方。

蛙泳整个臂部的动作路线无论是俯视或仰视都是椭圆形的,并且是一个连贯的、力量从小到大、速度从慢到快的完整过程。

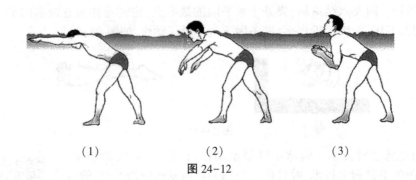

（1）　　　　　　（2）　　　　　　（3）

图24-12

（4）蛙泳配合技术。手臂滑下（抓水）的同时，开始逐渐抬头，这时腿保持自然放松、伸直的姿势。手臂划水时，头抬至眼睛出水面，腿还是不动。只有收手时才开始收腿，并稍向前挺髋，这时头抬至口出水面，并进行快速、有力的吸气。伸手臂的同时低头，用鼻或口鼻进行呼气，并且在手臂伸至将近二分之一处时，进行蹬夹水的动作，之后，让身体伸展滑行一段距离，蹬速度降低时进行第二个周期的动作。

在蛙泳的游进过程中，一般都是一个周期一次呼吸，这样有利于机体的有氧供应，从而降低疲劳速度。需要注意：在抬头吸气前，必须要将体内的废气全部吐完，这样才能吸进新鲜氧气。

2. 蛙泳练习方法

（1）两腿伸直，脚掌擦地，模仿蛙泳，做收腿、翻、蹬夹的练习，练习时两眼宜注视双腿的动作，如图24-13。

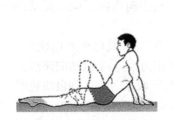

图24-13

（2）模仿蛙泳收腿、翻脚掌、蹬夹的动作，注意该过程的动作路线。慢收腿，边收边分，翻脚掌要充分，练习中应注意慢收、快蹬及腿伸直的节奏，如图24-14。

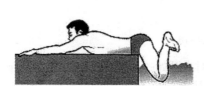

**图 24-14**

（3）以虎口握住练习者两脚掌内侧，协助做收、翻、蹬夹腿的练习，如图 24-15。

**图 24-15**

（4）水中扶板做收、翻、蹬夹腿的练习。

（5）吸气后上体前倾、手伸直做划水练习，宜注意划臂与呼吸之间的节奏配合。

（6）当双臂侧下划至与肩同宽时，开始吐气同时准备抬头。

（7）划水结束时头已抬出水面张嘴吸气（此瞬间胸内空气须全部用力吐出），两手在腭下掌心斜相对，继续（5）的动作。

腿臂配合原则是：先划臂后收腿，先伸臂后蹬腿，一次划臂，一次蹬腿，一次呼吸。

蛙泳由于每一个动作配合之间，有一个短暂的漂浮滑行过程，因此游起来既省力又能持久，在水上救溺中常被采用。

一般会游蛙泳者大概即能体会水中踩水的要领，踩水时即使手持物也能浮在水中，以水上救生及水上活动考虑，蛙泳为一种重要的游泳技巧。其基本技巧可概括为：

（1）身：划水腿不动，收手再收腿，先伸手臂再蹬腿，臂腿伸直漂一会。

（2）臂：分手稍微比肩宽，两臂侧下向后划，向内旋肘伸前方，伸直并腿漂一会。

（3）腿：边收边分慢收腿，向外翻脚对准水，弧形向后蹬夹水，伸直并腿漂一会。

（4）换气：低头伸臂慢吐气，划臂抬头快吸气。

（二）爬泳

爬泳的两臂划水是推动身体前进的主要动力。

1. 臂的技术

（1）入水。手臂在完成空中移臂后，在同侧肩线附近入水。入水时，手指自然并拢,臂稍内旋,肘部处于高位,掌心朝外以大拇指领先切入水中。如图24-16,入水顺序是手、前臂、上臂和肘关节。

图24-16

(2)划水。划水是指手入水后,从屈腕对水开始一直划到臂与水平面构成160~165度角为止的划水过程。手掌入水后,应立即屈腕对水,前臂内旋形成高肘姿势,手及前臂划速大于上臂。手掌在划水中,由屈到伸,尽量与水面保持垂直。划水结束时,手腕与前臂的角度为200~220度。这有助于增大划水效果,也有助于出水移臂,见图24-17。

图24-17

划水的开始阶段,手的位置在肩线前;划水的中间阶段,手在胸腹下;划水结束时,手在大腿旁,见图24-18。

图24-18

(3)出水和移臂。臂的出水是在划水结束后,借助推水的惯性使肩、肘上提,肩和上臂几乎同时出水。出水时,由上臂带动,肘部向外上方做"提拉"动作,见图24-18,将前臂和手提出水面。在整个移臂过程中,肘关节始终高于手臂和肩。手臂尽量放松。

(4)两臂的配合。爬泳两臂的正确配合是保持前进速度均匀性的最重要条件之一。

前交叉:即一臂入水时,另一臂处于前方,与水平面构成30度左右的角,见图24-19。前交叉技术,对初学者来讲,容易维持身体平衡,便于掌握呼吸和体会动作。

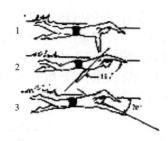

图 24-19

（5）身体姿势。爬泳时身体俯卧水中，背部和臀部肌肉保持适当紧张，身体自然伸展成流线型，身体纵轴与水平面构成 3~5 度角，见图 24-20。头部与身体纵轴构成 20~30 度角，两眼正视前下方。

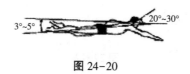

图 24-20

2. 腿的技术

爬泳腿的打水动作主要作用是抬高下肢，维持身体平衡，使身体保持较好的流线型，以及与两臂划水协调配合。

爬泳腿的动作，是以髋、膝、踝为支点的多关节运动。打水时，主要是以髋关节为轴，大腿发力，大腿带动小腿和脚，做上下鞭状打水动作。当大腿带动小腿从下直腿向上移至髋、膝、踝关节与水平面平行时，大腿稍向上而完成动作，随即开始向下打水，见图 24-21，在大腿的带动下，开始了向下的鞭打动作。

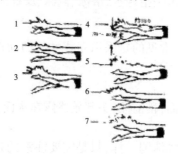

图 24-21

鞭状打水的上鞭和下鞭动作之间不能停顿，而是有机的连续动作。两腿配合要连贯、协调而有节奏。

### 3. 呼吸、臂、腿的配合

以右侧呼吸为例,当右手入水后,由闭气转入呼气,见图24-22。右臂划至肩下时,开始向右侧转头,这时用力呼气。右臂推水将结束时,嘴露出水面开始张嘴吸气。右臂出水移臂至一半时,吸气结束并开始转头还原。然后继续转头,移臂并闭气,胸部转向正前方,头回到原来的位置,右臂入水,又开始下一次的呼吸动作周期。采用划水三四次,呼吸一次,或者采用闭气游的方法来控制呼吸。

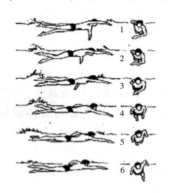
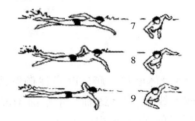

图 24-22

## 三、实用游泳技术

实用游泳的技术有许多,确切的应该叫实用游泳姿势,因为实用游泳姿势不像竞技游泳那样有严格的要求,技术上不存在对与错,只有说它姿势合适或不合适,省力或者不省力,而不能说它有错式、犯规。

实用游泳姿势来源于生活,有的是模仿某动物的动作或形象(如狗爬、潜泳等),有些是为了游着方便(如侧泳、踩水、反蛙泳等)。

人们常说的实用游泳技术是指踩水、潜泳、侧泳、反蛙泳、武装渡和水上救护等。

### (一)踩水

踩水的方法有很多,比较常见的是采用立式蛙泳的动作技术,身体与水面构成的角度很大,接近于直立。

### 1. 身体姿势

整个身体几乎垂直于水面,稍前倾,头部始终露在水面,下颌接近水面。

### 2. 腿部动作

踩水的腿部动作几乎和蛙泳腿一样,只是需要注意的是它的收蹬腿的幅度要小。收腿时,膝关节可外翻,蹬腿时膝关节向内扣压,同时小腿和脚内侧蹬夹,两腿尚未蹬直并拢即开始做第二次的收腿动作,如图24-23。动作熟练之后,也可进行两腿交替蹬夹水的动作技术。

图 24-23

3. 臂部动作

两臂稍弯曲,在体侧前做向外、向内的摸压水的动作,动作幅度不能太大。向外时,手掌心向外侧下,有分开水的感觉;向内时,手掌心向内侧下,有挤水的感觉。向内摸压至肩宽距离即分开。两手掌摸压水的路线呈双"⌒"弧形,如图 24-24。

图 24-24

4. 臂、腿、呼吸配合

臂、腿的动作配合要连贯、协调,一般是两腿做蹬夹水时,两臂向外做摸压水的动作,收腿时,则向内摸压,呼吸要跟随臂、腿自然进行。蹬夹水(臂向外)时吸气;收腿(臂向内)时呼气。可以一个动作一次呼吸,也可以几个动作做一次呼吸。

用踩水游进时,可以采用身体的不同侧向以及蹬夹和摸压的方向来改变游进的方向。向前时身体稍前倾,脚稍向侧后蹬夹水,两臂稍向两侧拨水,反之亦然。

踩水动作熟练后,仅用双腿的蹬踩动作也可使身体浮起,那么单手或双手就可以在水面上自由持物,如图 24-25。

图 24-25

(二)潜泳

潜泳是身体在水下,不做呼吸游进的泳姿。潜泳有潜深和潜远。潜泳的姿势有很多,但大多只采用蛙式潜泳(业余常用)和蝶式潜泳(职业常用)。在这里只介绍蛙式潜泳的技术。

1. 身体姿势

蛙式潜泳要求躯干和头始终保持水平,但是两臂开始划水时要稍低头,以防止身体上浮。

2. 腿部动作

潜泳的腿部动作和蛙泳腿的动作只有很小的差别,即其收腿时屈髋较小,腿向两侧分开的角度较小。

3. 臂部动作

(1)划水动作:潜泳的划水动作和蝶泳划水相似,只是两手掌之间的距离稍大一点,并且手掌转动的方向没有多大的变化,几乎完全垂直于水面。

(2)移臂动作:当划水结束并滑行一会儿之后,两手从大腿两侧外旋,沿腹部、胸部前伸至头下时,手掌开始内旋,掌心转向下方,在头前方伸直,准备下一个划水动作。

(3)臂、腿配合动作:臂划水时和划水结束后,两腿自然伸直并拢,在水里做滑行动作。移臂时收腿,臂移至胸前向前伸的同时蹬腿,两臂伸直时蹬腿结束,如图24-26。

图 24-26

(三)侧泳

侧泳是身体侧卧在水中,用两臂交替划水,两腿做剪水的动作游进。侧泳的方法有很多,大致分为手出水和手不出水两种技术。

1. 身体姿势

身体侧卧水中,稍向侧倾斜,头的侧下部浸入水中(近似于爬泳的吸气动作),下面的臂前伸,上面的臂置于体侧,两腿并拢伸直,游进时身体绕纵轴转动,如图24-27。

图 24-27

2. 腿部动作

腿部动作分为收腿、翻脚和蹬剪腿三部分。

(1)收腿:上腿向前收,下腿向后收,注意尽量少收大腿,特别是下面的腿,大腿几乎不动。

(2)翻脚:收腿后,上腿勾脚尖以脚掌向后对准水;下腿将脚尖绷直,以脚背和小腿前面向后对准水。

(3)蹬剪腿:上腿用大腿带动小腿稍向前伸,以脚掌对准前侧后加速蹬夹水;下腿以脚背和小腿对准侧后方伸膝踢水,与上腿形成剪水的动作。

3. 臂部动作

（1）上臂动作：上臂经空中（或在水中接近水面）往前移至头的前方入水，入水后前伸下滑高肘抱水，使手和前臂对准水，然后沿着身体手臂加速用力向后划至大腿外侧，启动时基本与爬泳臂划水相似。

（2）下臂动作：下臂在身体下部前伸抱水，屈臂划水至腹部下方，掌心向上，以小臂带动大臂，沿身体向前做边伸边外旋的动作，伸直时掌心向下。

（3）两臂配合动作：下臂开始划水，上臂前移；上臂开始划水时，下臂开始做前伸动作，并稍做短暂的滑行，两臂在胸前夹叉。

4. 完整配合

（1）臂和腿：上臂入水下臂前伸时，收腿；当划至腹下时，腿用力向后蹬剪水。

（2）臂、腿和呼吸：侧泳的呼吸和爬泳的呼吸基本相似，只是无须把头埋入水中呼气。上臂推水和出水时吸气，并且头部也少有转动，移臂时还原，做憋气和呼气。为了保证呼吸舒畅，一般是一次腿、两臂各做一次划水、呼吸一次，如图24-28。

图 24-28

（四）反蛙泳

反蛙泳即是蛙式仰泳，也可以叫作仰式蛙泳。

1. 身体姿势

反蛙泳的身体姿势和仰泳的身体姿势相同，身体自然伸直，仰卧于水面，两臂置于体侧或前伸，稍收下颌，头的后半部浸于水中。

2. 腿部动作

反蛙泳腿的动作类似蛙泳腿，但是由于身体仰卧，为了保证收、蹬腿时膝关节不要露出水面，因此收腿时，膝关节边收边向两侧分开，小腿向侧下方收。其余的动作和蛙泳腿完全一样。

3. 臂部动作

两臂自然伸直，同时在肩前入水，然后曲肘掌心向后，使整个臂对准向后的划水方向，同时在体侧划水。划水结束后，两臂自然放松从空中前移臂。

4. 完整配合

（1）臂、腿配合：反蛙泳的臂、腿动作一般是移臂时收腿，划水时蹬夹水。划水结束后身体（包括臂和腿）要自然伸直向前滑行，如图24-29。

图 24-29

（2）呼吸配合：移臂时吸气，入水后用鼻或口鼻均匀地慢慢呼出。

（五）水上救生

水上救生可分为"静水救生"和"海浪救生"两类。"静水救生"主要是指在游泳池、馆以及水上娱乐场所进行的救生活动。不管是在哪种水域救生我们所采用的泳姿都是以实用游泳为主。下面给大家介绍几种水上救生常识。

1. 落水后逃生

落入风平浪静的水域与被卷入洪水情况是完全不同的，当被卷入洪水后，千万不可大声喊叫，以免呼吸道进水，应在水中尽量寻找并抓住一件漂浮物，如木板、小盆等，以助自己漂浮。像踏自行车那样不断踩水，并用双手不停划水，以使自己头部浮出水面。

不会游泳者更不能紧张害怕而放弃自救，落水后应该立即屏气，在挣扎时利用头部露出水面的机会立即换气，再屏气，再换气，如此反复，就不会深入水底，耐心冷静地等待救援。

如果落水后碰到浪头，不要慌乱，如浪从正面或侧面打来，可把脸转向背浪的一侧，注意吸气，以免呛水。争取借助波浪的冲力，当浪头快来时则奋力向岸边游，同时不断踢脚，尽量在浪头上乘势前冲。应该尽快争取游回岸边。

在水中采用所谓"身体冲浪技术"，以增加前进速度，浪头一到，马上挺直身体，抬起头，下巴向前，双臂向前平伸或向后平放身体保持冲浪状。浪头过后，双脚能踩到底时，要顶住浪与浪之间的回流，必要时要弯腰蹲在水底。

把握好登陆时机，趁浪头涌过后才上岸，以免撞在岩石上。要赶紧抓紧岩石，手足并用，奋力攀登，以免被回流扯回水里，趁下一个浪头到来之前，争取时间爬到岸上

游泳者如果遇到汹涌翻滚的波浪，是非常危险的。这种波涛向水岸滚动，碰到水浅的河底时变形，浪花顶升起并破裂，白浪顶立即会卷成管状，迅速向岸边翻滚。如躲避不好，可能会随波翻滚，失去上下的感觉，不能呼吸，也可能撞到水底而晕倒。

在大堤上落入海中是一件很危险的事，在波浪拍岸之前，要破浪往海中游，决不让浪头冲回堤上去，最好的办法就是跳过、浮过或游过浪头。可贴浪前进，即当海浪打来时，不要慌乱，马上吸口气，低头钻入浪中，然后在两个浪峰中间钻出，换气，再接着钻第二个浪。但应注意呼吸动作与波浪的起伏要相适应，并要注意身体平卧于水面，随浪起伏，然后大声呼救，要冷静，否则会发生危险。

2. 救助溺水者的安全技能

如果发现了溺水者，要义不容辞地立刻进行救助。但由于溺水者本能的求生欲望，会拼命挣扎，抓住一切能够抓着的东西，包括来救护的人。因此，救助溺水者是一件既危险又富有技术性的事，所以应掌握一点救护知识和本领。不会游泳的人下水救人是很危险的，不要做救不了别人又伤害自己的事。

（1）发现有人落水，为了使救护工作很快收到效果，要根据具体情况有选择地进行。①先被发现的人先救，后被发现的人后救。因落水者情况不同，一旦发现应立即援救，不要等到都发现后再救。②先救流散人员，后救集体人员。因为流散人员受风、浪的影响，精神紧张，势单力薄，而且不易被发现，而集体漂流人员尚能互帮互助，有一定的支持力，容易被发现。③先救伤病者，后救健康者，最后捞死者。伤病者体质弱，落水后自游能力差，坚持时间短，应先行施救。对健康的落水者应指令其主动游向救生器材。④先救无救生器材者，后救有救生器材者。

（2）岸上救援。如果溺水者离岸不远神志清醒，应先把救生圈、木板、救生衣给他，使其能漂浮于水面上，自由呼吸，再设法将他拉上岸。如果没有任何救生器材，应尽快找一根竹竿、绳索或把衣服等物连成绳索，抛给溺水者拉他上岸，如果溺水者是伤病者且离岸较远，可抛去先用绳索系牢的救生圈或其他助浮物，让他浮起，再拉他上岸。

（3）下水救援注意事项：①自己不会游泳，就不要直接下水救护。②自己虽会游泳，但不会救人，又没有必要的救生器具时，也不宜下水救护。③自己会游泳，也学过一些水中救护知识，但遇到体重比自己大的溺水者，下水救护时要特别谨慎。④人溺水 6 分钟以上时，一般就会死亡。发现落水者，应立即呼救，寻找救援。有能力救护，应立即进行救护。

3. 心肺复苏

将溺水者救上岸后，应根据溺水者的情况判断是否需要进行现场急救。对于意识发生障碍、呼吸和循环机能明显下降或停止，甚至濒临死亡者，通过采用心肺复苏术等现场急救方法能够达到抢救生命、提高生存率、减轻病痛、防止病情恶化、降低伤残率的目的。

心肺复苏术操作的基本程序主要有畅通呼吸道、人工呼吸和胸外心脏按压。

（1）畅通呼吸道：在畅通呼吸道之前应先检查溺水者的意识，可以大声喊叫，并轻拍溺水者的肩部。如果没有意识，应立即呼救，或请他人拨打急救电话，同时使溺水者仰卧在坚硬的平面上，并立即畅通溺水者的呼吸道。畅通呼吸道主要有头部后屈法、头部后屈和颏尖上抬法、头部后屈和上颌上抬法等方法。

（2）人工呼吸：在保持呼吸道畅通的情况下，观察溺水者胸部有无起伏，聆听溺水者的口鼻有无呼吸的声音并感受有无吐气的气息，若有呼吸，应立即送医院检查；如果没有呼吸，应立即做人工呼吸。人工呼吸的方法有口对口和口对鼻两种方法。这里简单介绍口对口人工呼吸方法。①畅通呼吸道，用手捏住溺水者的鼻子，防止漏气。②深吸一口气，张大嘴巴罩住溺水者的嘴，不要漏气，向口内吹气。连续进行两次充分吹气，每一次吹气后，抬起嘴，手松鼻，侧转头吸入新鲜空气。如果吹气有效，溺水者的胸部会膨胀。③每次吹气 1~1.5 秒，吹气 800~1 200 毫升，直到溺水者恢复自主呼吸。

（3）胸外心脏按压。如果溺水者的心脏已经停止了跳动，即使进行人工呼吸也不能促进血液循环，也不能进行氧气交换，就应该在做人工呼吸的同时进行胸外心脏按压。

检查心跳是否停止的方法是在保持呼吸道畅通的情况下，用手触摸颈动脉，检查有无脉搏。①胸外心脏按压部位，成人的按压部位在胸骨的中 1/3 与下 1/3 的交界处，儿童的按压部位在胸骨的中 1/3 段。②胸外心脏按压方法：施救者伸直双肘，向脊柱垂直方向加上体重做压迫动作，对成人按照每分钟 60~80 次的深度按压，按压深度 4~5 厘米。对儿童应以单手掌根按压，以每分钟 80~100 次的速度按压，按压深度 3.5~5 厘米。如果溺水者是婴儿，应以单手中指和无名指并拢按压，按压速度每分钟大于 100 次，按压深度 1.5~2.5 厘米。

（4）现场心肺复苏操作。①单人操作：判断有无意识，如无意识，立即呼救并拨打急救电话，同时将溺水者置仰卧体位，保持呼吸道通畅。判断有无呼吸。如无呼吸立即进

行口对口吹气两次。判断有无心跳,如果没有需进行胸外心脏按压和人工呼吸。对于成人,每做 15 次按压,做人工呼吸 2 次,以 15∶2 的比例反复进行。每做 4 遍再次检查。如有脉搏无呼吸,则只做吹气,每 5 秒钟吹 1 次气。②双人操作:双人操作同时进行,施救者分别跪在溺水者两侧,一人进行胸外心脏按压,另一人进行人工呼吸。两人配合要协调,吹气必须在胸外按压的松弛时间内完成。按压与吹气的比例为 5∶1。

## 第四节　游泳运动的竞赛规则

游泳竞赛规则和其他体育项目一样,是为了保证竞赛的公正、公平性而制定的。国际泳联为能不断适应这项运动发展,定为每四年对规则做一次修改。这里我们将此竞赛规则的重点向大家做一个简要的介绍。主要是为了让大家对竞技游泳有更深的了解,更好地观赏和享受其运动的快乐。

### 一、比赛项目

在奥运会上,男子和女子各有 16 个比赛项目,除了男子有 1 500 米自由泳、女子有 800 米自由泳以外,其他项目男女一样。奥运会目前正式比赛项目有四种泳姿:自由泳,仰泳,蛙泳和蝶泳。其中仰泳、蛙泳和蝶泳的比赛距离都在 100 米到 200 米之间,自由泳则分 50 米、100 米、200 米和 400 米,以及女子 800 米和男子 1 500 米。个人混合泳也是奥运会的比赛项目,它的长度有 200 米和 400 米两种,运动员必须在比赛过程中分别使用四种不同的泳姿游相同的距离,顺序依次是蝶泳、仰泳、蛙泳和自由泳。而在混合泳接力项目中,四名运动员也必须分别使用不同的泳姿,顺序则是仰泳、蛙泳、蝶泳和自由泳。其他的接力项目还有 4×100 米和 4×200 米自由泳接力。奥运会游泳比赛使用的是 50 米长的标准池,所有距离在 50 米以上的比赛都必须在途中折返。

### 二、编排

每一项比赛中,当参赛人数在 24 人以下时,应根据其报名成绩,将运动员分为三组参加预赛,每组 8 名选手。报名成绩最好的运动员应被安排在第三组第四道进行预赛,第二名应被安排在第二组预赛,第三名要被排在第一组预赛,第四名又被排在第三组预赛,以此类推。如果在比赛中有超过 24 名运动员时,倒数第四组应安排所剩运动员中的报名成绩最好者,倒数第五组再包含其余剩下运动员中报名成绩最好者,以此类推。

400 米或更长的个人项目以及接力项目中,预赛成绩最好的 8 名选手/运动队将直接进入决赛。200 米以及 200 米以下的竞赛项目,预赛成绩最好的 16 名选手将进入半决赛,半决赛中成绩最好的 8 名选手进入决赛。预赛成绩最好的选手在半决赛中排在第四泳道,第二名排在第五泳道,他们被安排在泳池的中间两道,第三名在第三泳道,第四名在第六泳道,以此类推。

### 三、泳姿

#### (一)自由泳

自由泳其实并不是规定一种泳姿,而是自由选择,大多数选手都选择了传统的爬泳。个人混合泳及混合泳接力比赛中,自由泳实际上有着严格的规定,自由泳是指除蝶泳、仰泳、蛙泳以外的泳式。涉及自由泳的主要规则是在整个比赛过程中,身体的一部分必须一直保持在水面以上,运动员不能在水下游,也就是说,除了比赛开始和转身阶段他们可以在水下游15米,其余阶段必须一直遵守这条规则。

#### (二)仰泳

仰泳运动员在开始的位置必须保持他们的脚和脚趾在水面以下。从仰泳这个名称我们可以知道,运动员在游泳过程中,要保持背部朝下,脸部朝上,而在整个过程中,运动员也可以做一定数量的旋转动作,但最大转动幅度不得达到于水平面或90°角度。在开始阶段和转身时,运动员还可以在水下最多游15米。

#### (三)蛙泳

蛙泳运动员必须脸朝下,使用水平的划水动作,脚和手在一个水平面内一起运动。在开始和转身阶段,运动员在水下游动时,手和脚分别只能做一次划水和蹬腿动作。在第一次蹬腿前允许一做一次蝶泳腿动作。除此之外,每一次完整的划水动作之后,运动员的头部都必须露出水面。在比赛结束以及转身时,运动员必须双手同时触及池壁。

#### (四)蝶泳

蝶泳是从蛙泳的规则中发展出来的。除做转身动作时,身体必须始终俯卧外,两臂必须均与水面平行。两臂必须在水面上同时向前摆动,并同时在水下向下划水。两脚的动作必须同时进行,允许两腿和两脚在垂直面上同时做上下打水的动作。两脚或两腿可不在同一水平面,但不允许有交替动作。在出发和转身后,允许运动员在水下做一次或多次打水动作和一次划水动作,这次划水动作必须使身体升到水面。在转身和结束时运动员必须双手触壁。

#### (五)混合泳

混合泳包括个人混合泳和混合泳接力。个人混合泳需按照蝶泳、仰泳、蛙泳、自由泳的顺序进行比赛。混合泳接力需按照仰泳、蛙泳、蝶泳、自由泳的顺序进行比赛,每名运动员完成一种泳姿。在混合泳中,每一泳式需符合对应泳式的相关规定。自由泳阶段,除转身动作外,身体需保持俯卧状态。

### 四、泳池

悉尼奥运会使用的泳池长50米、深3米。整个泳池分10道,最外面的两道在比赛中不使用。泳道之间使用泳道线来标记,从结束端看,从右向左依次标记1到8号。在奥运会期间,泳池的水温必须保持在25~27摄氏度之间。泳池长度必须是:50米泳池误差不能超0.03~0.00米;25米泳池误差不能超过0.02~0.00米。

**思考题**

1. 谈谈您对"体育是综合国力和国家软实力的重要体现"的看法。

2. 现代游泳运动的特点是什么？简述现代游泳运动的发展和人类社会的发展及其文化的联系。

3. 游泳是在什么样的环境下进行的？它和我们日常生活的陆地有什么不同？

4. 水与人体的比重各为多少？了解这两点对初学者有何帮助？

5. 竞技游泳有哪几种姿势？有哪些比赛项目？

6. 简述蛙泳腿的动作要领。简述蛙泳划臂技术的动作要领。

7. 助溺水者安全技能的原则及要点是什么？下水救援的注意事项是什么？

8. 心肺复苏的步骤是什么？如何对溺水者进行人工呼吸？

9. 胸外心脏按压时，成人和儿童的按压部位有何不同？它们分别是什么部位？叙述成人、儿童、婴儿的胸外心脏按压手法、次数及深度。

10. 叙述游泳规则中对自由泳、蛙泳、仰泳、蝶泳的要求。

**参考文献**

[1]李伟,黄海涛.游泳［M］.北京:化学工业出版社,2012.

[2]周丽霞,邢春如.游泳入门学习指南［M］.合肥:安徽人民出版社,2012.

[3]冯强,苗苗,邢荣颖.现代游泳运动实用技巧［M］.长春:吉林大学出版社,2011.

[4]李文静,温宇红.现代游泳技术教程［M］.北京:北京体育大学出版社,2010.

[5]吴兆祥.游泳技巧图解［M］.合肥:安徽科学技术出版社,2010.

[6]膳书堂文化.游泳入门与指导［M］.北京:中国画报出版社,2009.

[7]陈武山.游泳运动教程［M］.北京:人民体育出版社,2007.

[8]刘亚云,黄晓丽.游泳运动［M］.长沙:湖南师范大学出版社,2007.

[9]张元阳.现代游泳与救生技术［M］.成都:电子科技大学出版社,2005.

[10]摩尔·金斯坦,大卫·特纳.游泳［M］.范英华,张勇,译.长沙:湖南文艺出版社,2002.

希望总结经验，传承和发扬好青奥会留下的宝贵财富，更加重视青少年体育工作，引导广大青少年继续弘扬奥林匹克精神，积极参与体育健身运动，强健体魄、砥砺意志，凝聚和焕发青春力量，为中华民族伟大复兴作出应有贡献。

——2015年4月，习近平总书记就南京青奥会成功举办作出重要指示。

# 第二十五章

# 素质拓展运动理论与技术

## 第一节　拓展运动概述

20世纪末,随着我国企业培训的成长与需求,拓展训练(以下简称拓展)在我国茁壮成长起来。几年后,这种备受人们关注的新奇体验学习进入了校园,并很快得到学生们的认可和追捧。学生对于拓展课的喜爱促进了学校拓展的快速开展,校园一隅的拓展课堂掌声雷动、喊声四起,学生们兴致盎然,将课堂演绎成一个体验学习的乐园。课外学生组织在一起开展拓展活动,同样的场景呈现在许多高校校园中,越来越多的人参与其中,感受拓展的魅力。

拓展将体能、心理与社会适应等多种学习目标设计在"游戏"活动中,将其变为有针对性的"项目",通过"挑战自我,熔炼团队"的学习,让学生从中感悟游戏内外的道理,并启发学生进行深入的思考,顿悟之后的喜悦与激动让其内心充满无以言状的满足。正如我们常说的那样:"小游戏,大道理。"将游戏变大就是生活,将道理变小就是真谛,拓展的学习不能仅仅局限在单个的游戏之中,而是要寻找游戏之外和其相近的真实生活。

拓展主要包括水上拓展、野外拓展、场地拓展和室内拓展。水上拓展活动主要在江、河、湖、海上开展,野外拓展主要在山地、沙漠和湿地开展,场地拓展主要在接近自然的人造情境场地上开展,室内拓展既有室外移入室内的活动也增加了更多沙盘模拟游戏和理论教学。纵然如此解释,人们问得最多也最直接的还是拓展是什么?有人认为是户外冒险、新式游戏、绳索课程,还有人认为是定向与穿越、野外生存、划艇泛舟、登山攀岩等,更有人认为是管理培训、心理实验、案例教学等,但这些观点都不能给拓展以最直观的解释。

从广义来讲,拓展是让人们在高山瀚海中迎接各种各样的挑战,从中具备应对一系列困难的能力,尤其是运用身体的各种技能应对生存危机和心理压力的考验,从而获得全新体验,改变内心的认知。广义上的拓展类似 Outward Bound,讲究户外特点和冒险技能的学习,注重学生内心的体验感受。

从狭义上讲,拓展是将管理与心理游戏融入户外运动元素中,按照体验式学习模式进行的一种团队教育活动。校园里开展的拓展课主要是狭义概念下的拓展,大多数

活动是让学生获得一些"历奇"的经历,并通过项目设置挑战人们习惯上的"盲点",以此得到"强烈的刺激",以获得全新的体验。

Outward Bound 是最早的以冒险为基础的教育活动,Outward 是向外的意思,Bound 喻指去迎接未知的挑战和风险。Outward Bound 作为一种学习方式,被越来越多的人接受,人们将它诠释为一艘船离开安全的港湾,驶向广阔无际的大海去迎接未知的挑战,在面对随时出现的暴风雨和各种困难的同时,也会获得意想不到的机遇。航行中的挑战成为一种难得的经历,最终到达目的地并成为再次远航的经验。Outward Bound 作为一种教育手段,最初是让人们在高山瀚海之间充分体验,通过解决一系列困难获得经验,在提高生存能力的同时获得内心的反思,并将其在生活实践中加以巩固,从而改变行为习惯。Outward Bound 由海员求生演变而来,并成为现代户外体验式学习的源头。

# 第二节　拓展运动的特点与价值

戴尔认为学习者如果希望能有效地运用更多的抽象学习活动,就必须先建立许多具体的经验基础,只有在现有的经验基础之上才能对抽象符号的描述赋予现实意义。戴尔通过他的经验金字塔模型,展示了从具体到抽象的划分,表明应该了解学习的难易程度,应该以"具体的→图像的→抽象的"这一过程来进行学习,并将学习对象细分为"实物、模型、影片、幻灯片、平面图、图解、文字"。鉴于此,我们在开展拓展活动时,不仅仅要创立一些游戏供学生体验,也需要运用幻灯、影片以及各种道具甚至是儿童玩具。例如,在分享回顾中运用影片《海底总动员》中尼莫和它的朋友们被渔网网住后,尼莫从网眼游出来后指挥大家一起向下游,直至合力将渔网杆拉断的片段,引导学生进行关于"齐心协力、团结共进、领导力产生、团队成功"等方面的回顾。这样可以让学生产生很大的震撼,尤其是在完成求生墙或电网等活动之后效果明显。

## 一、拓展运动的特点

### (一)让学生真正成为教学的主体

解决学生成为主体的问题首先需要淡化教师的角色,因为在体验学习中,没有人能够真正地教别人什么,在不同时间与不同地点所发生的一切给了体验者各自感悟的机会,所获也各有差别,体验式学习中活动本身才是最好的老师。教师在教学的过程中,扮演的是引导者的角色,教师的引导促使学生反思、内省及批判,学会新的知识及概念并内化。

### (二)是一个完整的系统过程

体验学习的过程从活动的开始就有特殊的计划性和针对性,不能仅仅着眼于项目体验这一环节,从而确保团队发展特定时期项目难度对团队行为的调节,也保证了学生个体始终对活动充满好奇、向往和竞争的心理,于是便将个体发展与团队发展很好地结合在一起。

（三）体验式学习与传统学习在多个元素上有一定差别

体验式学习与传统学习相比，既有优点也有缺点。在我国，长期接受灌输式教育的学生适当接受体验式学习，可以使两种教育方式达到一个很好的互补效果，这对于学生的成长是有帮助的。由于体验式学习受条件设施和开展规模、学习效果与学习时间、个体差异与发展思路的影响，它只能是传统教育的一种有益和必要补充。体验式学习只有在传统教育所学知识的基础上，才能够帮助学生在活动后产生更深刻的反思，才能够使其更快捷、更准确地找到相关知识和实践的结合点，将体验之后的价值和生活紧密相连。

## 二、拓展运动的价值

（一）全适能价值

体育课上的拓展以体育教学手段为载体，将"运动参与、运动技术、身体健康、心理健康、社会适应"五大教学目标作为新的体育与健康课程标准，能够更加充分地体现拓展多元化的价值、功能和文化内涵。作为学习的过程，拓展让学生在活动中体验，在体验中成长，始终不变的是以全面的健康作为学习的最终结果。它不仅能够促使学生身体健康，而且能提升其心理健康、情绪健康、社交健康、精神健康和职业健康。

（二）体适能价值

拓展的体适能锻炼是指在课堂内外通过项目挑战和课外任务，对学生身体适应活动要求的能力进行锻炼，达到能够完成拓展课程任务和学习规定的体能测试要求，完成体育课的教学目标，最终获得达到身体健康标准所进行的身体适应能力的锻炼。包括：心肺耐力，肌力与肌耐力，身体成分、柔软度和神经肌肉放松。

（三）心适能价值

拓展的心适能是指通过拓展中的特殊训练，学会运用正确的心理变化应对项目本身和生活中相似情境的能力。提高拓展的心适能可以激发学生的冒险精神和挑战愿望，勇于面对困难和失败、积极挖掘潜能并表现出强烈的进取精神，同时表现出乐于交往、通力合作的心态。

（四）群适能价值

拓展的群适能主要是指学生在拓展课上所体验的适应群体关系的能力，通过训练将其转化为适应团队文化和适应社会的能力，最终形成适应大的群体生活的能力。

（五）拓展运动与课程思政的融入

近年来，拓展运动深受学生喜爱，并进入许多高校的体育选项课项目，作为体育必修课且成为高校通识教育课程模块里的一处"课程思政"亮点。根据课程教学特点，创新课程形式，优化内容供给，不断引导新时代大学生明确政治使命和责任，提高思想水平和政治素养。利用红色主题任务来设计课程内容，通过各种项目体验，使学生在锻炼体魄、熔炼团队的同时，深刻缅怀先烈，体验和平来之不易，自然地融入家国情怀、政治认同、品德修养、学术志向等思政元素，从而使学生坚定理想信念、厚植爱国情怀、锤炼意志品质，实现立德树人、润物无声、同向同行、协同作用的教学效果。

高校素质拓展课程以"先行后知"的体验方式让学生在完成挑战任务的过程中学

习知识,参悟道理;发现自己的潜能,锻炼自己解决问题的能力;树立团队精神,学会沟通,增加自信,从而提高进入社会的适应和生存能力。

在课程教学中应结合我国百年来的革命历史,以体现红色爱国主义为主线,革命历史故事为载体,充实素质拓展课程的理论基础,做到项目描述有趣(融入革命历史真实场景),任务规划清晰(符合逻辑发展变化),回顾点评到位(案例分析和故事补充)。最终使高校素质拓展课程蓬勃发展,打造思政融入体育课程的典范,形成课程思政从理念到实践的升华。

# 第三节　拓展的教学模式

## 一、学生与教师的关系

长期以来学校教育一向强调学生的主体性,但"教师讲学生听"的单向式教学使得教师成为主角,使学生成为学习过程的主体只是停留在理论层面。寻求突破需要对教师的角色进行转变,尤其是要在教师和所教的内容的关系上进行改变。即学习要从由教师将掌握的知识传输给学转变为学生体验活动项目的内涵获得感悟;教学的形式要从"教师教,学生听"转变为"学生做,教师看";学习的结果要由间接获得的知识转变为通过直接的经验获得的知识。拓展教师改变了以往的教学活动方式,不再是"灌输"现成知识,而是帮助学生身体力行获得经验,通过有创意、有针对性的活动项目,师生之间互相沟通、交流,师生之间以平等的心态互相看待对方。拓展项目的选择依据就是学生的需要,了解学生的需要就要了解学生的生活世界,同样学生也需要与教师建立彼此信任的关系,通过真实的课堂表现展现自己和所在团队的进展,并通过不断沟通、交流,彼此形成默契,寻找到合适的活动项目。

## 二、拓展的教学流程

在拓展训练的整个活动中,教师与学生在各个环节始终保持高度的一致性是完成课程的重要因素,教师要依据学生的体验与感悟情况调整活动的进度,以使整个学习过程不会流于形式,促使学生能够真正从活动中感悟真知,从而为提高与改变行为提供帮助。

学校拓展的教学流程由教师与学生共同完成,教师为教学服务,学生为教学的主体。整个教学流程按照课前、课中和课后分为三部分。

(一)课前部分

课前部分主要包括两个环节:创建条件和课前准备。教师为上课做准备,学生为参加课上的活动做准备,从这个意义上来说,课前部分属于拓展训练的准备部分,它关系着上什么课和如何上课的问题,是顺利进行拓展训练活动的基础。在此部分教师和学生之间相对独立,教师是此环节的主要部分,教师的工作是此环节的重点。

1. 创建条件环节:教师进行前期分析,学生选课组建班级

前期分析是对参训群体的组织结构、个体特征与教学目标等进行细致分析,以此为依据进行课程安排。前期分析包括确定课程开展的时机与条件。选课组班是个体

在学校的组织安排下,选择参加拓展课并按照要求组成一个班级,在一个学习周期内完成拓展课程。

拓展课能否顺利进行或达到学习效果和课程设计有着密切关系。不同地域、不同学校、不同院系的学生有不同的特征,不同性别、不同年龄、不同专业的学生组成的班级在课上也会有不同的表现。拓展课的班级主要按行政班级组班或按照"三自主"选课进行选择组建,需要考虑这两种方式对于课程设计的影响,最明显的就是第一节的"破冰课"会有很大的不同。不同学期的课程设置也需要稍有变化,例如,春季课程和秋季课程的高空活动需要考虑季节的变化,既不能把高空活动安排在太热也不能安排在太冷的天气。

2. 课前准备环节:教师设计课程,学生调整心态

设计课程是根据对参训群体的特征与需求进行调查分析,制订出尽可能满足学生要求与表现训练结果的课程。调整心态是指学生个体在选择拓展训练前后,对拓展训练课程的学习特点和学习要求的心理认知变化。

课程设计要以学生的学习目标为主旨,课程项目要有针对性。设计课程要想让学生在体验后获得认同,需要对前期分析结果进行有针对性的设计,将拓展的不同层次、不同性质、不同难度的项目合理搭配和排列,努力做到课程的针对性和学生的特点相契合。

拓展训练的项目常用的仍是一些商业培训中经典的项目,在选课的学生中难免会有学生参加过一部分项目,教师既要合理安排好这些学生在活动中的"角色",也要努力创编和改造项目。课程设计中很重要的一方面就是要创新项目,以满足课程发展和学生寻求新奇的要求。

(二)课中部分

1. 课中部分的三个环节

课中部分是拓展训练课的核心部分,主要包括三个环节:感知活动、项目体验和经验总结。教师的"教"和学生的"学"打破了传统意义上的教学关系,学生成为课程的主体,教师的角色也随之发生了变化。

在上课时教师布置项目,学生理解规则,这是关于"说与听"的环节;学生活动挑战和教师的适时监控是确保活动顺利进行的重要因素,也是拓展训练课的重之重;学生的反思回顾和教师的引导提升是拓展课的价值体现,流于形式的"只游戏,不分享"不是体验学习的真正价值所在。

(1)感知活动环节——教师布置项目,学生理解规则

项目布置简称布课,是按照活动项目的内容特点,介绍项目情境、器械使用与安全要求等,并在此基础上提出活动目标。理解规则是组成团队的学生按照教师要求,观察、记忆、分析并依据相关信息做出行动决定的过程。

(2)项目体验环节——学生项目挑战,教师项目监控

项目挑战是指个人或团队在接受活动后,在确保安全的前提下,按照项目要求完成规定的任务。项目监控是指拓展教师在学生进行项目挑战时,对与项目有关的规则和学生的安全进行适时的监督和调控。

(3)经验总结环节——学生反思分享,教师引导提升

反思分享是学生将活动的全过程或项目挑战时的感悟,在活动后对其进行简单整

理并和大家分享的过程。引导提升包括引导总结和提升心智,是将活动中出现的问题和认知感受进行引导和提升,用符合拓展理论基础的理念进行科学的总结,通过理念提升使其树立信心并对未来充满期望。分享的方式分为:圆桌式、先开放式后闭合式、鼓励式。分享的原则有:

①即时性原则:做完项目即刻进行回顾与分享,完成项目时的情景历历在目,每一个人都会有许多的想法,都想在大脑兴奋期内表达出来,这也正是表达的最佳时机。

②求同存异原则:每一个人都可以说出自己的真实感受,不做针锋相对的辩论,求同存异去体会别人的真实感受。

③联系实际原则:学习是为了以后更好地工作和生活,与实际生活联系起来,不要在项目的完成方法上纠缠不休。

④定性评价原则:对学员分享的感受,不做"对"或"错"的定性评价,因为这是体验过程的真实感受,通过引导找到我们想要学习的理念即可。这仅对学员感受适用,对待不正确的态度与观点等,需要认真对待和疏导,或者进行轻度的制止和批评。

(三)课后部分

课后部分主要包括两个环节:结果分析和经验运用。教师在实践中不断学习与研究,找出规律,为未来的教学服务。学生对成功经验和失败教训进行总结,从而增强自信心和形成团队行为意识。这个环节充分体现了学以致用的原则,也是体验式学习紧密联系生活并为生活服务的具体体现。

1. 结果分析环节

学生积累经验,教师实践研究。

积累经验是将在项目活动中所使用的方法和获得的结果进行比较,对成功经验与失败教训进行总结,为未来的生活做参照的过程。实践研究是教师对教学的过程和方法进行研究分析,对结果进行运用和推广,在获得经验的同时提高创新能力。学生的经验主要来自于自己在体验中的感受和体验后的反思,这种经验被认为是直接经验,它能给学生在较深的层次上造成影响和记忆,这种经验是体验式学习的价值所在。观察别人和听其他人讲解时也会获得经验,也就是间接经验,虽然它的信息量大,但很难让人留下深刻与持久的记忆。对直接经验与间接经验进行整合,对于学生获得有价值的学习很有帮助。教师对学校拓展进行实践研究是与商业拓展培训师工作的重要区别之一,学校作为教学与科研机构,进行本专业的研究是其教师重要的工作。

2. 经验运用环节

学生改变行为将经验运用到生活中,教师将经验与研究成果应用于教学。

改变行为是学生将拓展训练中的所感所悟在生活情境中得以运用,达到学习之初的目标。教学应用是教师将拓展训练教学过程中积累的经验与研究成果,在之后的教学中正确运用并提高教学效果。

## 第四节　攀岩运动介绍

### 一、攀岩的起源及发展

攀岩是从登山运动中衍生出来的运动项目,也属于登山运动。20世纪50年代起源于苏联,在军队中作为一项军事训练项目而存在。1974年其被列入世界比赛项目。进入80年代,以难度攀登为代表的现代竞技攀岩比赛开始兴起并引起民众广泛的兴趣,1985年在意大利举行了第一次难度攀岩比赛。

1988年6月国际竞技攀岩比赛在美国举行。1989年首届世界杯分阶段赛在法国、英国、西班牙、意大利、保加利亚和苏联举行。运动员参加各地比赛,最后累计总成绩,进行排名。世界杯攀岩比赛每年举行一次。随着攀岩运动的蓬勃发展,国际攀联在各大洲成立委员会,组织洲内地区性大赛。"亚洲攀委会"1991年1月2日在香港成立,第一届亚锦赛于1991年12月在香港举行。1993年12月在中国长春举行了第二届亚锦赛。1987年中国登协主办了第一届全国攀岩比赛并将其列入全国比赛项目。

攀岩运动也属于登山运动,攀岩对象主要是岩石峭壁或人造岩墙。攀岩时不用工具,仅靠手脚和身体的平衡向上运动,手和手臂要根据支点的不同,采用各种用力方法,如抓、握、挂、抠、撑、推、压等,所以对人的力量要求及身体的柔韧性要求都较高。攀岩时要系上安全带和保护绳,配备绳索等以免发生危险。

攀岩运动集健身、娱乐、竞技于一体,既要求运动员具有勇敢顽强、坚忍不拔的拼搏进取精神,又需要其具有良好的柔韧性、节奏感及攀岩技巧,这样才能娴熟地在不同高度、不同角度的陡峭岩壁上轻松、准确地完成身体的腾挪、转体、跳跃、引体等惊险动作,给人以优美、流畅、刺激、力量的感受。

在欧美、日本、韩国等发达地区及国家,攀岩运动已相当流行。当今世界攀岩水平数欧美,特别是法国与美国最高,法国在人工岩壁上相对占优,美国在自然岩壁称强。在亚洲,日本、韩国水平较高,有些选手已达到世界水平。中国水平属亚洲中流水平。

攀岩运动在中国经过十多年特别是近两年的发展,已初具规模,并吸引了越来越多的年轻人参加,发展前景十分可喜。从1997年开始,国内每年要举行两次以上的全国或国际性比赛,1999年8月在西岳华山举行了国内迄今为止总体水平最高的一次国际攀岩邀请赛。在中国北方地区,特别是北京,了解攀岩的人已为数不少;攀岩已成为这里许多青少年的时尚运动。尽管目前攀岩还没有在全国范围内完全普及推广,但值得欣喜的是,通过近几年新闻媒体的大力宣传,东南沿海、西南及西北等地区民众也纷纷要求开展这项运动。全国已经建好或正开始修建各种各样的天然及人工攀岩场地供人们训练和娱乐。

### 二、攀岩运动基本要领

(1)抓,用手抓住岩石的凸起部分。

(2)抠,用手抠住岩石的棱角、缝隙和边缘。

（3）拉，在抓住前上方牢固支点的前提下，小臂贴于岩壁，抠住石缝隙或其他地形，以手臂和小臂使身体向上或向左右移动。

（4）推，利用侧面、下面的岩体或物体，以手臂的力量使身体移动。

（5）张，将手伸进缝隙里，用手掌或手指曲屈张开，攀岩，以此抓住岩石的缝隙作为支点，移动身体。

（6）蹬，用前脚掌内侧或脚趾的蹬力把身体支撑起来，减轻上肢的负担。

（7）跨，利用自身的柔韧性，避开难点，以寻求有利的支撑点。

（8）挂，用脚尖或脚跟挂住岩石，维持身体平衡使身体移动。

（9）踏，利用脚前部下踏较大的支点，减轻上肢的负担，移动身体。

根据不同的地貌特点，可将攀登技术分为岩石作业和冰雪作业两大类，其中，岩石峭壁的攀登技术简称攀岩技术。攀岩是从登山活动中派生出来的一项运动。登山者即使选择最容易的路线攀登几千米的高峰，在途中也免不了要遇到一些悬崖峭壁，所以说攀岩也是登山运动的一项基本技能。

### 三、攀岩的分类

（一）攀登形式

1. 自由攀登（free climbing）

定义：不借助保护器械（主绳、快挂、铁锁等）的力量，只靠自身力量攀爬。

特点：此种攀登形式在中国占主导地位，较符合体育的含义范畴，考验人体潜能。

自由攀登按风格不同又细分为：

①on sight：就是只在下边看然后一次没掉下来就上去了，没有尝试或演习，也没从顶上滑绳下来仔细研究路线，这是攀登者能力的最好体现。

②red point：就是允许在练习时多次坠落，但至少有一次做到从底爬到顶且一次也没有脱落。

2. 器械攀登（aid climbing）

定义：借助器械的力量攀登。

特点：在大岩壁攀登（big wall）中较为常用，面对难度超过攀登者能力范围的路线有时也借助器械通过。其意义在于攀登者树立项目目标和经历活动历程，而不在于攻克难度动作。其对器械操作的要求较高。

3. 顶绳攀登（top rope）

定义：在岩壁上端预先设置好保护点，主绳通过保护点进行保护，攀登者在攀登过程中不需进行器械操作。

特点：安全，脱落时无冲坠力，适合初学者使用；但对岩壁的要求苛刻，岩壁必须高度合适（8～20 米）且路线横向跨度不大，由于需要绕到顶部进行预先操作，架设和回撤保护点的工作都比较繁琐。有时为方便初学者，可在先锋攀登的路线上架设顶绳。

4. 先锋攀登（sport climbing）

定义：路线预先打上数个膨胀钉和挂片，攀登过程中将快挂扣进挂片使之成为保护点，并扣入主绳保护自己。攀登者需要边攀登边操作。

特点：在欧洲尤其法国最为盛行，它比传统攀登安全性更高，可以使运动者降低心理恐惧（fear factor）对攀爬的影响，从而全力以赴突破生理极限，挑战最高难度。另外,在角度较大或横向跨度较大的路线中,先锋攀登方式比顶绳保护有更大的便利,可以让攀登者脱落后很容易地重新回到脱落处,对难点进行反复练习。由于这种方式使攀岩由冒险的刺激运动变成安全的体育训练,所以先锋攀登被称为"sport climbing"。

（二）按比赛分

1. 难度攀岩

其是以攀岩路线的难易度来区分选手成绩优劣的攀岩比赛。难度攀岩的比赛结果是由在规定时间里选手到达的岩壁高度来判定的。在比赛中,队员下方系绳保护,带绳向上攀登并按照比赛规定,有次序地挂上中间保护挂索。比赛岩壁高度一般为15米,线路由定线员根据参赛选手水平设定,通常屋檐类型难度较大。

2. 速度攀岩

其如同田径比赛里的百米比赛般充满韵律感和跃动感,按照指定的路线,以时间长短区分优劣。

3. 抱石比赛

其线路短,难度较大,需要选手具备较好的爆发力和柔韧性。比赛设置结束点和得分点,选手抓住得分点并做出一个有效动作得分,双手抱住结束点3秒得分。比赛一般设置4到6条线路,1条线路5分钟时间。判定名次首先看结束点的多少,如果结束点同样多看得分点数量,最后看攀爬次数。

**参考文献:**

[1]张宏如,王雪峰.拓展训练对大学生人格素质的影响[J].中国青年研究,2007（10）:52-55.

[2]钱永健.自助拓展培训[M].北京:企业管理出版社,2016.

[3]钱永健.拓展[M].北京:高等教育出版社,2009.

——**学习时刻**——

　　身体是人生一切奋斗成功的本钱，少年儿童要注意加强体育锻炼，家庭、学校、社会都要为少年儿童增强体魄创造条件，让他们像小树那样健康成长，长大后成为建设祖国的栋梁之材。

　　——2013年4月2日，习近平总书记参加首都义务植树活动时的讲话。

# 第二十六章

# 野外生存运动理论与技术

## 第一节　野外生存运动概述

野外生存运动是指在远离居民点的山区、丛林、荒漠、高原、孤岛等复杂地形的区域，在没有外部提供生命所赖以维持的物质条件下，个人或集体靠自己的努力，运用所掌握的知识、技能，在一段时间内，保存和维持生命的户外运动。它由原始人类的野外生存发展到现代野外生存运动，实质上是人类从自然到自觉的过程。

### 一、野外生存

野外生存即人在食宿无着的山野丛林中求生。由于处在蒙昧时代，面对恶劣和艰苦的生活环境，原始人为了能够生存下去，只能攀山涉水、跳跃壕沟并奔跑于荒原之中，依靠石块棍棒等原始工具追捕和猎杀野兽。随着物质与生存条件的改变，人类便通过以语言为媒介的技能传授和身体操练，将这些原始的山野丛林中的谋生手段，逐渐从单纯的劳动手段中抽象出来，并演化成非直接用于生产劳动的身体运动形式。并在同大自然的斗争中丰富和发展了这些生存的知识和技能。由此萌生了体育。人类在自然的怀抱中创造了文明，文明却正在使人类远离自然而日渐脆弱。

### 二、现代野外生存运动的兴起与前景

人类的生存与周围的自然环境和社会环境是密不可分的。阳光、空气、水、气候、动植物等自然环境因素是人类赖以生存和发展的必要条件，同时，自然环境中的有害因素又会危害人的健康，而由社会经济条件、劳动条件、生活方式等因素组成的社会环境对人体的健康也起着重要影响。

当今社会，科学技术的高速发展与进步、社会的更加开放，使人们的生活环境和工作、劳动条件发生了重大变化。一方面，人们更加需要寻求刺激、发泄压力、释放能量；另一方面，国际的经济竞争，对未来社会的未来人才的健康水平要求更高——身体应该是健康的，对周围不断变化着的社会环境和自然环境有良好的适应能力，对疾病有抵抗力，而对突发的各种灾难具有高的承受力。因此，人们渴望和自然对话，还原人类作为大自然中一员的本色，表现人类最本质的能力。按捺不住心情的都市新潮一族，

他们选择了离开传统的体育场馆,走向荒野,纵情于山水之间,向大自然寻求人类生存的本质意义的户外运动。于是,一批新兴的运动项目应运而生,比如攀岩、登山、野外生存等。

野外生存活动作为一种户外运动,已在一些较发达国家开展了很长时间,一些国家已将野外生存生活训练引入体育课程教学中。在欧、美、澳洲以及日本等高校,野外生存运动作为一个体育项目被推行着,具有统一的训练教程和全套的实施方案,很普及,但在我国尚属空白。这一现象正受到国内教育界越来越多的关注。据了解,为在我国顺利开展相关研究,全国教育科学规划办公室批准"拓展高校体育课程,促进学生身心发展——在高校中开展野外生存生活训练的实验研究"作为国家级课题进行深入探索。该课题由教育部体育卫生与艺术教育司牵头,华东师范大学、东北林业大学等6所大学为首批参加研究的单位。2002年7月,成功进行了第一次训练活动。2004年7月,来自中国、日本、韩国的18所大学的147名大学生背上行囊,在位于黑龙江省尚志市境内的东北林业大学帽儿山实验林场,进行的为期4天的野外生存生活训练为第二次训练。这对我国高校体育课程改革具有重要参考价值。据悉,在中、日、韩大学生野外生存训练结束之际,教育部将把"野外生存"作为一门课程,将像篮球、足球、体操等项目一样,很快和更多中国大学生见面,最终成为中国高校一门正式的体育选修课(华东师范大学和上海交通大学等高校已率先将其作为体育课中的一门选修项目,2005年起全国将有200多所高校开设"野外生存"课)。

野外生存生活对当代青少年学生而言是一个重要课题。现代社会逐渐城市化,青年学生生活在高楼大厦的"丛林"中,生活安逸舒适,与野外的接触越来越少,他们与大自然抗争、在艰苦环境中的生存生活能力比较差,通过野外生存生活可以提高学生的体能、心理素质等方面的能力。"野外生存生活训练是一种全新的体育课内容,把原有的仅限于学校体育课堂的、竞技性很强的跑、跳、投、攀爬、跨越等基本内容,扩展到社会和大自然中,不仅打破了体育课程长期以来形成的封闭格局,而且还将丰富和完善我国高校体育的课程体系,使学生在增长知识、锻炼身体、陶冶情操之余,学会学习、学会生存、学会做人,促进学生德智体美全面发展。"

## 第二节　现代野外生存运动的特点与价值

### 一、现代野外生存运动的特点

现代野外生存运动是在特殊环境下进行的野外生存锻炼。具有健身性、娱乐性、终身性和实用性。它所包括的知识非常广泛,总的来说是:判定方位、迷途的处置;猎捕动物和采食野生植物充饥;就地取材,构筑简易的露营遮棚;识别利用草药救治伤病,等等。概括起来说,即走、吃、住、自救四项。这是侦察兵、特种部队及空勤人员必须掌握的知识,也是每一个对自然充满热情的人应当了解的常识。野外生存运动喊出的口号是"野蛮其体魄,文明其精神"。如今野外生存作为一项新兴的户外运动项目,正在国内外蓬勃地开展起来,正是那惊险刺激、极富挑战和探索的特性吸引着众多的爱好者走到一起,共同探求自然生命存在的意义和价值。

1. 健身性

野外生存是通过身体运动的方式进行的,它要求人体直接参与活动,这是作为体育运动项目最本质的特点之一,这个特点决定了野外生存具有强身健体、改善和提高中枢神经系统的工作能力,具有使人头脑清醒、思维敏捷的功能。进行体育运动,特别是到大自然中去活动,可以改善大脑供血、供氧情况,促进有机体的生长发育,提高运动能力,促使人体内脏器官构造的改善和机能的提高,调节人的心理,使人朝气蓬勃,充满活力。

2. 娱乐性

随着现代化的长足发展,社会余暇时间增多,如何善度余暇,成了一个社会性问题。丰富多彩、健康文明的余暇生活将使人们在繁忙的工作之余获得积极休息。野外生存运动由于它技术的高难性、惊险性,配合的默契性和易于接受的朴素性,使它成为人们余暇生活的最佳选择。人们在与同伴的默契配合中,在征服自然胜利后会得到一种非常美妙的快感和心理的满足感。可以使人产生自尊心、自信心、自豪感,满足人们与同伴交往、合作的需要。

3. 终身性

开展野外生存运动可以使学生掌握野外生存的基本知识、基本技术和基本技能,培养学生终身锻炼的习惯。野外生存运动容易被大多数人接受,它不像其他竞技运动项目需要精准的技术和身体运动能力,因此更能激发学生的兴趣和爱好。学会了如何在野外露营、爬山、取水、取火等方法,将是受益终身的一项求生技能。无论在野外遇到什么问题,只要掌握了野外生存的基本知识,就不必惊慌失措,能够应对自如。

4. 实用性

掌握野外生存运动技能具有很大的实用价值。随着现代生活节奏的加快,人们已经厌倦了大都市纷繁喧闹的生活方式,因此人们向往大自然的小桥流水、青山巍巍、绿树红花,但是大自然环境也是变化莫测的,没有一点野外生存知识的人在遇到不可预测的情况时往往会紧张焦虑,不知如何是好。掌握野外生存的基本知识后,不管你是在戈壁、深山、雪域,还是遇到自然灾害,都将帮助自己和周围的人减少恶劣环境带来的伤害,甚至在危急关头获得重生。

生命是非常宝贵的,而大自然也是无情的,人们在享受自然风光、陶醉在世外桃源中的同时更应注意如何保护好自己的安全。所以,学会野外生存技能是现代人必不可少的功课之一。

**二、现代野外生存运动的价值**

1. 生活的快节奏让我们向往大自然的轻松

经济飞速发展到今天,人们奔波在日渐拥挤与喧嚣的城市,已习惯紧张与忙碌。当有一天,人们的眼睛和头脑被工作与房子、前途与钞票充斥得太满而心生厌倦时,也许会想起自己疏忽已久的一位朋友——自然。越来越多的人认识到,深层次的快乐不会产生在歌厅或酒吧,快乐甚至也不来源于金钱名位。返璞归真,大自然中最能找到真实的快乐和一个你从未真正发现的自我。走向野外,不管是传统意义上的名山大川,还是充满浪漫与传奇的高原、大漠、原始森林,人们在找到自己梦想中的某些东西的同时,又往往会发现欠缺与遗憾,甚至是危险与不幸。虽然人类的始祖是在丛林中靠与自然搏斗起家的,虽然今天的人靠高科技征服自然,但赤手空拳来到野外旅游的

人们显然缺乏与自然抗衡的勇气和能力。

越来越多的人开始热衷于极限运动，它们是自然之舞，是人类与生俱来的渴望和呼吸。户外露营、爬山、攀岩，这一系列字眼传达出的阳光和生命的色彩，健康无限，动力十足，以青春描绘出绚丽多姿的画面，足以令那些只出没在黑夜里的都市寄生族们汗颜。

当拥抱属于自己的那一份阳光时，我们需要学习更多与自然的相处之道以及与世界的协调之方，通过对野外生存常识、急救方法和各种小秘诀的了解，将使你的野外之行畅通无阻。

2. 野外环境对人体的影响

野外生存的技术包括：判定方位、迷途的处置；猎捕动物和采食野生植物充饥；就地取材，构筑简易的露营遮棚；野外危险的自救，等等。即吃、住、行、自救四项。

野外环境与我们居住的环境有很大的区别，在野外环境中会遇到越野、攀爬、涉水、露营等问题，也可能会遇到各种恶劣的自然现象，如雪崩、滚石、冰裂缝、泥石流、暴风雪、雷电等，还可能会遇到水、食物、药品、睡眠、体能缺乏等困难，这些因素会直接影响到人体的健康乃至生命安全。

3. 野外生存运动的目的

野外生存运动的目的在于强调健身性、娱乐性、终身性和实用性，突出学生在学习中的主动性、积极性和创造性，激发学生的学习动机，培养学生学习兴趣，挖掘学生学习潜能，发展学生的个性，能满足全体学生的不同体育需要和高校体育教学的目标，有利于吸引更多的学生主动地参加体育学习和锻炼。同时还可以熏陶培养学生的环境保护意识，懂得如何爱惜自己的家园，在运动中还能培养学生的团队精神，增强学生的交往能力。野外生存运动是从多方面来锻炼学生的，它对学生的综合素质培养有很好的作用。野外生存应当是高校体育课中不可缺少的一部分。

4. 参加野外运动的收获

(1)进一步明确和认同组织目标，增强组织的凝聚力；

(2)树立相互配合、互相支持的团队精神和整体意识；

(3)改善人际关系，形成积极向上的组织气氛；

(4)认识自身潜能，增强自信心，改进自身形象；

(5)克服心理惰性，磨炼战胜困难的毅力；

(6)调试身心状态，不浮躁，不颓废，更乐观地面对工作与生活的挑战；

(7)认识群体的作用，增进对集体的参与意识与责任心；

(8)启发想象力与创造力，提高解决问题的能力；

(9)改善人际关系，学会关心他人，更为融洽地与群体合作；

(10)学会欣赏、关注、爱护大自然。

# 第三节　野外生存运动的基本技术

野外生存在现代社会里是一种磨炼自身意志力和吃苦自救能力的活动，它日益受到许多年轻和时尚人士的青睐。但是到底什么是野外生存呢？你会突然在野外遇到蛇怎么办？在沙漠中怎样才能找到水源？在茫茫一片大水中怎样才能找到火种？夜路中怎样才能安全到达目的地？野外被蚊虫叮咬怎么办？帐篷怎么搭？岩怎么攀？……如果你懂得了这一切，那么你就可以进入野外生存的行列了。

## 一、野外生存技巧之找水、收集水

生命离不开水，没有食物正常人可以活三周，但没有水，三天都活不了，所以水要优先考虑，几点小提示，希望帮助大家在野外迅速找到或收集到水。

（1）找水源首选之地是山谷底部地区，高山地区寻水，应沿着岩石裂缝去找，干涸河床沙石地带往往会挖到泉眼。

（2）在海岸边，应在最高水线以上挖坑，很可能有一层厚约 5 厘米的沉滤水浮在密度较大的海水层上。

（3）饮用凹地积水处的水时，必须做到先消毒，沉淀后煮沸再饮用。

（4）收集雨水：在地上挖个洞，铺上一层塑料，四周用黏土围住，可有效地收集雨水。

（5）凝结水：在一段树叶浓密的嫩枝上套一只塑料袋，叶面蒸腾作用会产生凝结水。

（6）跟踪动物、鸟类、昆虫或人类踪迹可以找到水源。

（7）植物中取水：竹类等中空植物的节间常存有水，藤本植物往往有可饮用的汁液，棕榈类、仙人掌类植物的果实和茎干都含有丰富的水分。

（8）日光蒸馏器：在干旱沙漠地区利用下述方法能较好地收集到水。在相对潮湿的地面挖一大约宽 90 厘米、深 45 厘米的坑，坑底部中央放一集水器，坑面悬一条拉成弧形的塑料膜。光能升高坑内潮湿土壤和空气的温度，蒸发产生水汽，水汽与塑料膜接触遇冷凝结成水珠，下滑至器皿中。

## 二、野外生存技巧之野外生火

火可以干吗？将食物煮熟。除此之外，它还有很多用途：火苗释放热量产生暖意，会节省体内热量散失；可以烘干衣服；熏过的肉食可以较长时间保鲜；可以吓跑危险的野兽；它的烟雾可以驱走害虫，还可以煅烧金属打制工具……厉害吧，教你几招，让你学会如何在野外生火。

（1）要寻找到易燃的引火物：枯草、干树叶、桦树皮、松针、松脂、细树枝、纸、棉花等。

（2）捡拾干柴：干柴要选择干燥、未腐朽的树干或枝条。要尽可能选择松树、栎树、柞树、桦树、槐树、山樱桃、山杏之类的硬木，燃烧时间长，火势大，木炭多。不要捡拾贴近地面的木柴，贴近地面的木柴湿度大，不易燃烧，且烟多熏人。

（3）清理出一块避风、平坦、远离枯草和干柴的空地。将引火物放置中间，上面轻轻放上细松枝、细干柴等，再架起较大较长的木柴，然后点燃引火物。火堆的设置要因地制宜，可设计成锥形、星形、"井"字形、并排形、屋顶形、牧场形等。也可利用石块支起干柴或在岩石壁下面，把干柴斜靠在岩壁上，在下面放置引火物后点燃即可。一般情况下，在避风处挖一个直径 1 米左右、深约 30 厘米的坑。如果地面坚硬无法挖坑也可找些石块垒成一个圆圈，圆圈的大小根据火堆的大小而定。然后将引火物放在圆圈中间，上面架些干柴后，点燃引火物引燃干柴即成篝火。如果引火物将要燃尽时干柴

还未燃起,则应从干柴的缝隙中继续添入引火物,直到把干柴燃烧起来为止,而不要重新架柴点火。

(4)点篝火最好选在近水处,或在篝火旁预备些泥土、沙石、青苔等用于及时灭火。

### 三、野外生存技巧之采捕食物

野外生存获取食物的途径主要有两种。一种是猎捕野生动物,另一种是采集野生植物。猎捕野生动物首先要知道动物的栖息地,掌握动物的生活规律,然后再采取压捕、套猎、捕兽卡以及射杀等方法进行猎捕。这需要在专家指导下经过较长时间的训练和实践后才能真正掌握。下面仅简单介绍一下可食用昆虫和可食野地生植物的种类、食用方法。

目前,世界上人们在食用的昆虫有蜗牛、蚯蚓、蚂蚁、知了、蟑螂、蟋蟀、蝴蝶、蝗虫子、蚱蜢、湖蝇、蜘蛛、螳螂等。人们对吃昆虫虽然不习惯,甚至感到厌恶,但在万不得已的情况下,为维持生命,保持战斗力,继而完成任务,不妨一试。但是应注意,一定要煮熟或烤透,以免昆虫体内的寄生虫进入人体,导致中毒或得病。

常见的可食昆虫的食用方法。蝗虫:浸酱油烤着吃,煮或炒也可以;螳螂:去翅后烤或炒,煮也可以;蜻蜓:干炸后可食;蝉:生吃或干炸,幼虫也可食;蜈蚣:干炸,但味道不佳;天牛:幼虫可生食或烤;蚂蚁:炒食,味道好;蜘蛛:除去脚烤食;白蚁:可生食或炒食;松毛虫:烤食。

可食野生植物包括可食的野果、野菜、藻类、地衣、蘑菇等。我国地域广大,适合各种植物生长,其中能食用的就有 2 000 种左右。我国常见的可食野果有:山葡萄、笃斯、黑瞎子果、茅莓、沙棘、火把果、桃金娘、胡颓子、乌饭树、余甘子等,特别是野栗子、椰子、木瓜更容易识别,是应急求生的上好食物。常见的野菜有苦菜、蒲公英、鱼腥草、马齿苋、刺儿草、荠菜、野苋菜、扫帚菜、菱、莲、芦苇、青苔等,野菜可生食、炒食、煮食。

但是,一般人需要在专家指导下经过一定时间的训练才能掌握这些知识,这里介绍一种最简单的鉴别野生植物有毒无毒的方法,供紧急情况下使用:通常将采集到的植物割开一个小口子,放进一小撮盐,然后仔细观察是否改变原来的颜色,通常变色的植物不能食用。

### 四、野外生存技巧之辨别方向

利用太阳判定方位非常简单。可以用一根标杆(直杆),使其与地面垂直,把一块石子放在标杆影子的顶点 A 处;约 10 分钟后,当标杆影子的顶点移动到 B 处时,再放一块石子。将 A、B 两点连成一条直线,这条直线的指向就是东西方向。与 AB 连线垂直的方向则是南北方向,向太阳的一端是南方。

利用指针式手表来判定太阳的方向。方法是:手表水平放置将时针指示的(24 小时制)时间数减半后的位置朝向太阳,表盘上 12 点时刻度所指示的方向就是北方。假如现在时间是 16 时,则手表 8 时的刻度指向太阳,12 时刻度所指的就是北方。

夜间天气晴朗的情况下,可以利用北极星判定方向。寻找北极星首先要找到大熊星座(即北斗七星)。该星座由七颗星组成,开头就像一把勺子一样。当找到北斗星后,沿着勺边 A、B 两颗星的连线,向勺口方向延伸约为 A、B 两星间距的五倍处一颗较明亮的星就是北极星。北极星指示的方向就是北方。还可以利用与北斗星相对的仙后星座寻找北极星。仙后星座由 5 颗与北斗星亮度差不多的星组成,形状像 W。在 W 字缺口中间的前方,约为整个缺口宽度的两倍处,即可找到北极星。

利用地物特征判定方位是一种补助方法。使用时,应根据不同情况灵活运用。独立树通常南面枝叶茂盛,树皮光滑。树桩上的年轮线通常是南面稀、北面密。农村的房屋门窗和庙宇的正门通常朝南开。建筑物、土堆、田埂、高地的积雪通常是南面融化得快,北面融化得慢。大岩石、土堆、大树南面草木茂密,而北则易生青苔。

在野外迷失方向时,切勿惊慌失措,应立即停下来,冷静地回忆一下所走过的道路,想办法按一切可能利用的标志重新确定方向,然后再寻找道路。最可靠的方法是"迷途知返",退回原出发地。

在山地迷失方向后,应先登高远望,判断应该向什么方向走。通常应朝地势低的方向走,这样容易碰到水源,顺河而行最为保险,这一点在森林中尤为重要。因为道路、居民点常常是滨水临河而筑的。

如果遇到岔路口,道路多而令人无所适从时,首先要明确要去的方向,然后选择正确的道路。若几条道路的方向大致相同,无法判定,则应先走中间那条路,这样可以左右逢源,即便走错了路,也不会偏差太远。

在山地行进,为避免迷失方向,节省体力,提高行进速度,应力求有道路不穿林翻山,有大路不走小路,如没有道路,可选择在纵向的山梁、山脊、山腰、河流小溪边缘,以及树高林稀、空隙大、草丛低疏的地形上行进。要力求走梁不走沟,走纵不走横。

行进时,能大步走就不小步走。这样几十公里下来,可以少迈许多步。疲劳时,应用放松的慢步来休息,而不停下来。

攀登岩石时,应对岩石进行细致的观察,慎重地识别岩石的质量和风化程度,确定攀登的方向和路线。

攀登岩石的基本方法是"三点固定"法,即两手一脚或两脚一手固定后再移动剩余的一手或一脚,使身体重心上移。手脚要很好地配合,避免两点同时移动,一定要稳、轻、快,根据自己的情况选择最合适的距离和最稳固的支点,不要跨大步和抓、蹬过远的点。

攀登 30 度以下的山坡可沿直线上升。攀登时,身体稍向前倾,全脚掌着地,两膝弯曲,两脚呈外"八字形",迈步不要过大过快。坡度大于 30 度时,一般采取"之"字形攀登路线。攀登时,腿微屈,上体前倾,内侧脚尖向前,全脚掌着地,外侧脚尖稍向外撇。在行进中不小心滑倒时,应立即面向山坡,张开两臂,伸直两腿,脚尖翘起,使身体尽量上移,以减低滑行的速度。这样,就可设法在滑行中寻找攀引和支撑物。千万不要面朝外坐,因为那样不但会滑得更快,而且在较陡的斜坡上还容易翻滚。

河流是山区和平原地区经常遇到的障碍。遇到河流不要草率入水,要仔细地观察之后再确定渡河的地点和方法。山区河流通常水流湍急,水温低,河床坎坷不平。涉渡时,为了保持身体平衡,应当用一根杆子支撑在水的上游方向,或者手执重达15~20公斤的石头。集体涉渡时,可三人或四人一排,彼此环抱肩部,身体最强壮的位于上游方向。

### 五、野外生存技巧之行走技术

野外运动自然条件比较复杂,路面并不是我们想象的那样平整,所以我们必须掌握在不同条件下行走的技巧。例如在碎石上如何行走、在上下坡中如何行走、在丛林中如何行走、在夜间如何行走等。

(1)在碎石道路上的行走:稳妥地将整个鞋底牢牢地贴在岩石上缓慢通过,行进中应该判断石地是否松动,有青苔的石地易于滑倒,应多加小心。二是灵巧地用脚尖跳跃轻点岩石快速通过。

(2)在上、下坡中的行走:步幅要小,尽量用膝盖以下的部位感觉用力,即稍微弯曲膝盖减轻体重的冲击,使脚保持整体着地姿势。

(3)丛林中的行走:应当注意道路选择便于通过,防止被路边的树划伤和行进中被地面的树桩或藤蔓绊倒。

### 六、野外生存技巧之睡袋使用

睡睡袋是有技巧的。不会"睡"的人即使用高寒睡袋(零下35度)在一般低温下(零下5度)也会感到冷,那么怎样才能睡得更暖些呢? 在使用睡袋时,有很多外在因素影响睡袋的性能,要注意的是睡袋本身并不发热,它只是有效地将体温流失减低,下面的条件会帮助你睡得更暖些。

(1)避风防潮:在野外,一个挡风的帐篷能提供一个温暖的睡眠环境。在选择营地时,不要选择谷底,那里是冷空气的聚集地,也要尽量避开承受强风的山脊或山凹。一张好的防潮垫能有效地将睡袋与冰冷潮湿的地面分开,充气式效果更佳,在雪地上需用两张普通防潮垫。

(2)保持睡袋干爽:睡袋吸收的水分并非主要来自外界,而是人体,即使在极寒冷的情况下,人体在睡眠时仍会排出起码一小杯的水分。保温棉在受潮后会黏结而失去弹性,保温能力下降。如睡袋连续使用多天,最好能在太阳下晾晒。经常清洗睡袋可使保温棉保持弹性。

(3)多穿衣服:一些较松软的衣物可兼作加厚睡衣用。将人与睡袋之间的空隙充填满,也可使睡袋的保暖性加强。

(4)睡前热身:人体就是睡袋的热量来源,如临睡前先做一小段热身运动或喝一杯热饮,会将体温略为提高并有助于缩短睡袋的变暖时间。

### 七、野外生存技巧之安全保护

我们在野外活动中,会经常遇到陡峭的冰雪坡、岩壁、湍急的河流、冰雪、岩石裂缝等难以越过的地形。你将如何确保安全地通过? 这就需要你初步掌握自我保护和相互保护的技术和方法。在野外活动必备品中,需有一根直径8毫米以上的尼龙绳,这条绳索是你和同伴越过困难地段的保障。别小看这条绳索,它不但可以救你自己的命,也可以挽救你同伴的生命。保护,首先是保护者自己要确保安全,要利用地形、地物,用绳索把自己和固定物(如树木、岩石等)或固定点连接在一起。保护者可采取坐式或立式两种姿势。一般将保护分为上方保护和下方保护两种方式。上方保护指保护绳索通过被保护者上方的固定物或固定点,保护者在下方进行的保护;或保护者在被保护者的上方(如岩顶、冰雪坡的上部)直接进行的保护。下方保护指保护绳索通过被保护者下方固定物或固定点进行的保护。

另外,在野外登山、探险活动中经常采用结组保护,一般一个结组为 3~4 人,通过一条 40~50 米长的保护绳索连接在一起,在通过困难、危险地段时相互保护通过。一个结组必须要有两个以上有攀登和保护经验的人。如果全是没有经验的初学者,结组保护有时不但不能起到保护作用,反而会造成更大的事故损失。在进行岩壁攀登时,有经验的攀登者可采取下方保护方式,即在向上攀登过程中攀登者自己将保护绳索挂扣在保护支点上,保护者在下方进行保护。对没有经验的攀登者,尽量采用上方保护方式。

### 八、野外生存技巧之常备急救箱

在野外,没有人能够预料发生什么事情。一个急救箱可以延长你的生命,务必随身携带。急救箱存放着以下各项物品,以备基本急救之用:

(一)绷带

不同的宽度及质料,以处理不同面积及种类的损伤。一般有以下几种:

(1)纱布滚动条绷带:适用于处理一般伤口,主要作固定敷料之用。

(2)弹性滚动条绷带:具有弹性,除应用于处理伤口外,更可用于处理一般拉伤、扭伤、静脉曲张等伤症,以固定伤肢及减少肿胀。

(3)三角绷带:三角绷带可以全幅使用,或折叠成宽窄不同的绷带。通常作手挂使用,承托上肢。

(二)敷料

由数层纱布制成,质地柔韧。主要用作覆盖伤口及吸收分泌物。流血及分泌物较多的伤口,可加厚覆盖。

(三)敷料包

敷料包由棉垫和滚动条绷带组成。用棉垫(即敷料)覆盖伤口,然后用附带的滚动条绷带加以固定。

(四)消毒药水

介绍几种常用消毒药水的用途:

(1)龙胆紫(紫药水):加快伤口结痂,加快伤口愈合。

(2)红汞(红药水):保护伤口并具有抗菌的作用。

(3)酒精和碘酒:用作非黏膜伤口的表面消毒,不可用于破损伤口的消毒。

(4)过氧化氢:用于受污染的黏膜或破损伤口的基本消毒。

(五)洁净的棉花球

用于清洁伤口,使用时蘸透消毒药水。

(六)消毒胶布

通常用来处理面积较小的伤口。贴上胶布前,必须确保伤口周围的皮肤干爽清洁,否则不能贴得牢固。

**（七）胶布**

用来固定敷料、滚动条绷带或三角绷带。

**（八）各种药物**

如康泰克、感冒通、小檗碱、牛黄解毒片、必理通、藿香正气丸、胃药等。

**（九）蛇药**

真空抽毒器、上海蛇药、季德胜蛇药。

**（十）其他**

眼药水、万花油、止血贴、清凉油、祛风油等。

# 第四节　野外生存运动的注意事项

## 一、野外行前准备要充分

野外旅行活动不同于一般的旅游，由于它比一般的旅游更具一定的风险性，故对于每位参与者及集体都有统一的活动原则及相应的组织纪律。这些原则及纪律不但是正规的组织需要有，一般的结友户外活动同样需要。它可以是成文的，也可以是口头协商的意见。

行动前除了选出一人当队长外，就要明确活动的纪律及一些注意事项，纪律及原则可以明确为：民主协商、一人指挥、集体服从、团结友爱、大公无私、相互尊重、文明旅行、集体行动；要勇于探索，又要量力而行，科学行事；要合理利用自然，又要保护自然。这些纪律及原则应当是我们每一位现代文明人的基本行为准则。行动前应当提出来并在行动中切实加以遵守，这是保障活动按计划及安全地进行的重要前提。

出发前，队长还应当检查每位队员的准备情况及平衡重量，检查主要物品携带是否合乎要求，摆放位置是否正确等。平衡重量是使每位队员的背带物资的重量应基本相等，且与每位队员的自身条件相适应，并且在以后的行动中还要不时地进行调整。

## 二、露营的注意事项

露营是指不依赖山屋、旅社等人工设备，而是用自己准备的道具，在山野中生活过夜。它一般是指在野外的大自然中，以停宿为中心的自由活动方式，但它仍有许多的形式与方法，并非千篇一律，大如军队的夜宿，小至只有一人的露营。露营是一种相当轻便且不需要太多物资器材的过夜方式，通常分为有计划的露营与遇到突发状况不得已而为之的露营。

**（一）露营的三大关键因素**

**1. 帐篷要依次搭建**

首先搭建公用帐篷，在营地的下风处先搭好炊事帐篷，建好炉灶，烧上一锅水，然后再依次向上风处搭建用于存放公用装备的仓库帐篷与各自的宿营帐篷。当整个营地的帐篷搭建好时，烧的水已开锅，可以马上饮用并开始做饭。

**2. 建好野外厕所**

选择在营地的下风处稍低一些,并远离河流(至少 20 米以外)。最好是挖一个宽 30 厘米左右、长 50 厘米左右、深约半米的长方形土坑,里面放些石块和杉树叶(消除臭味)。三面用塑料布或包装箱围住,固定好,开口一面应背风。准备一些沙土和一把铁锹以及一块纸板。便后用一些沙土将排泄物及卫生纸掩埋,并用板将便坑盖住以消除异味。在厕所外立一较明显的标志牌,使别人在较远处即可看到是否有人正在使用。露营结束时,用沙土将便坑掩埋好,并做好标记,告诉其他参加野外活动的人。

**3. 带走你的垃圾**

不在营地留下一点垃圾是野营人必须恪守的准则。纸类的垃圾可以焚烧后就地掩埋,塑料瓶、易拉罐等要装入垃圾袋带走,待回途中经过垃圾站时再丢弃,万不可随处抛弃。

**(二)露营的十项注意**

露营很有趣,但安全是第一要素,以下几点是必须注意的:

(1)应尽量在坚硬、平坦的地上搭帐篷,不要在河岸和干涸的河床上扎营。

(2)帐篷的入口要背风,帐篷要远离有滚石的山坡。

(3)为避免下雨时帐篷被淹,应在篷顶边线正下方挖一条排水沟。

(4)帐篷四角要用大石头压住。

(5)帐篷内应保持空气流通,在帐篷内做饭要防止着火。

(6)晚间临睡前要检查是否熄灭了所有火苗,帐篷是否固定结实了。

(7)为防止虫子进入,可在帐篷周围撒一圈煤油。

(8)帐篷面最好朝南或东南面,以便能够看到清晨的阳光。

(9)至少要有凹槽地,不要搭于溪旁,如此晚上不会太冷。

(10)营地选于沙地、草地或岩屑地等排水佳的地方,但不要在棱脊或山顶上。

知道了这些,你是否也想调整一下那公式化的上班生活,然后利用假日投入大自然呢?而投入大自然最简易的方式就是露营,它可以让你远离烦嚣的都市,并改变你单调而乏味的休息方式,当假日后,你将又有一股新生活的冲动。

我们平时出去登山、野营,需在野外住宿时,下面的物品清单会帮助您整理装备,以免遗忘东西。

日用品:背包、帐篷、睡袋、防潮垫;毛巾、肥皂、牙刷、牙膏、梳子、镜子;内衣裤、御寒衣物、防风雨衣裤、登山鞋、鞋垫、袜子、帽子、手套、太阳镜、防风镜;饭锅、饭盆、勺子、杯子、水壶、打火机、防潮火柴、炉子、燃料、盐、调料、净水药片;食品、水、巧克力、奶糖、口香糖(代替刷牙)、高级营养素(如善存片、金施尔康等);瑞士军刀或其他多用刀、斧头、锯子、铲子、背包带或 25 米辅绳、别针、塑料布、铝箔、塑料袋、报纸、卫生纸、湿纸巾、针线包、石灰或香烟(泡水后撒在帐篷外防虫)、净水吸管;地图、指南针、GPS、海拔表、照相机、收音机、采访机、望远镜、温度计、闹表、纸、笔;电筒、头灯、备用电池、灯泡。

医药包:纱布、绷带、棉花、创可贴、碘酒、止血带、三角巾、体温计、感冒药、止痛药、晕车药、肠胃药、消炎药、外伤药、驱虫药、蛇药。

还有别忘了带上现金、信用卡以及身份证。

### 三、野外饮食的注意事项

（一）野外如何摄取人体必备元素

独自旅行是很苦的,因为你无法像平时那样正常用餐。所以经常看到的现象就是在野外吃不如平时好反而运动和消耗还比平时大得多,而且在野外饮食卫生条件也差。在野外吃什么和怎么吃便成了个大问题。先让我们来看看人体究竟需要些什么,如果按对其依赖的程度来排列的话,人体所需要的依次是水、糖、蛋白质、维生素、微量元素等,下面就依次谈一谈在野外如何摄取这些元素。

1. 水

水是生命除空气外最不可缺少的元素。一般来讲除了沙漠戈壁大多数地方都是容易找到水的,但一定记住有几种水是不能饮用或不能直接饮用的。

(1)雪水,在雪山上一定得先把雪化掉,有条件就烧开,没条件就放进怀里捂捂再喝,直接吃雪会使体温降低,而且还会导致肠胃功能紊乱,体温一旦过低便会神志不清,失去正常的思维能力和产生幻觉(很多冻死的人的表情并不痛苦便是这个原因)。

(2)死水,这里的死水是指周围没有生命如草、动物、树木等,水边没有生命的水是不能喝的,这通常意味着水里含有毒物质。

(3)有异味的水,森林里尽管总有些树叶草根的腐味,但受污染的水的气味与植物的腐烂气味还是有区别的。

(4)有异常颜色的水。

(5)不流动的水。

(6)浑浊的水。

有些地方的水同时具有以上列举的两项以上的特征,反正(2)、(3)、(4)三项是万不能喝的(烧开也不行),(5)、(6)如没有(2)、(3)、(4)的特征是可以在经过沉淀或过滤去掉杂质和煮沸后饮用的,瀑布的水和水边草木丰茂的流动的水则放心饮用。建议带一支过滤吸管。

2. 糖

(1)糖是能量的主要来源,维持体温和产生工作活动能量都靠糖的分解,而脑组织的活动则完全依靠葡萄糖的氧化。当糖的供应充足时身体对于蛋白质的需要量可相对减少,同时多余的糖类也可转化为脂肪储藏起来。

(2)糖的摄取是很方便的,淀粉食物就是一种常见且易于找到含糖的食物,比如馒头、米饭、面条等,更方便的有糖果、巧克力等。

(3)在野外,能为你提供最快最方便的能量的元素是糖,而通过蛋白质和脂肪提供能量则要经过更长过程,如一块巧克力肯定比一块牛肉更快地给你热量,特别是在寒冷的雪山遇险,巧克力简直就是救命的东西。

(4)独自在野外多吃糖类食物是有好处和方便的,糖类食物一般情况下是不会浪费的,它在为人体提供了热量后多余的便成了肝糖原、肌糖原和脂肪储存了起来,在遇险(尤其是在高寒地区)时对维持生命具有重要的意义。

3. 蛋白质

(1)蛋白质是身体组织的主要成分,是构筑新组织和修复旧组织所必需的要素。就营养价值而言,动物蛋白质比植物蛋白质的营养价值要高,在野外一定要注意对蛋白质的摄取。

（2）氨基酸是蛋白质的组成部分，每一种氨基酸都有它特有的功能，因而选择食物时不要只认准一种主食，混合的主食能让你摄取到更多种类的氨基酸，所以很多时候有些营养价值并不高的食物一经混合便能得到很高的营养价值。在野外，可把大豆粉、小米粉、玉米粉和芝麻糊与开水混合做成自创的野外食品。

（3）能在野外吃到鸡蛋是很幸运的事，但如果到一连几天鲜见人烟的地方显然不可能背几打鸡蛋（背包已经够重了，独自旅行最大的苦就是负重太大，因为帐篷等集体装备无法让别人分担），所以带一些蛋白质含量很高的食物如猪肝（超市很容易买到卤制的保鲜包装的猪肝）、鸡精和鱼罐头等是代替鸡蛋的最佳选择。

（4）在能吃到好东西的地方一定捡有营养的东西吃，别太挑味道。

（5）在无法摄取足够的蛋白质或肠胃出了问题而无法正常消化吸收时服用一些口服氨基酸胶囊，这些药物含有很多微量元素，实在是在条件艰苦的野外补充蛋白质的佳品。

4. 维生素

（1）维生素分为脂溶性（如维生素 A、D、E、K）和水溶性（如维生素 B 族、C），每一种维生素都有它的特殊作用。

（2）动物的肝脏和蛋黄中含有丰富的维生素 A、D，而绿色和红色的蔬菜中则含有维生素 A、E、K，B 族可通过蔬菜和药物摄取，C 则在水果和蔬菜中常见。野外的特性决定了要全面地摄取维生素是困难的，可带一瓶复合维生素如"善存"片来弥补维生素的摄取不足。

5. 微量元素

铁、锌、钙等对人体具有重要意义，在野外可从动物肝脏中摄取和服用上面提到的"善存"片（除维生素外还含有人体所需的微量元素）。

（二）在野外如何就餐

（1）早上一定多饮水，因为夜晚人的水分丧失很厉害，同时吃些含糖丰富的淀粉食品如馒头，没有条件就吃糖和巧克力，再吃些消化起来很慢的东西，如很干的面饼、干肉，这些东西会使你行军一天也不会饿。

（2）中午的饮食分两种情况：一是有充足的时间和条件允许时可以做些煮肉块（和着菜和调味品），记住喝汤，那里面是精华，没肉菜就烧开水冲大豆粉、小米粉、玉米粉和芝麻粉的混合食物；二是既没有充足的时间也没有条件，比如登山途中。登山是没有午餐这一说的，只要危险地段没过你就得一直走，无论是几点钟，而且很多地方根本无法长时间停留，所以一般国际上都把早晚餐之间的一餐叫行动餐。这一餐讲究的是效率，登山时行动餐不要选太不好消化的食物，要知道上午行军半天本来就有些疲乏，吃不好消化的会加重胃的负担，增加往胃部的供血，以至脑部供血就相应减少（我们经常午餐后有些疲倦就是这个原因），登山吃的行动餐都是早上甚至头天晚上就做好的，一般是碳水化合物、压缩干粮、咸菜和茶。

（3）晚上可以弄点好吃的犒劳犒劳自己，弄什么可根据自己带的食物来定，比如用辣椒、盐拌猪肝，用一袋鸡精烧一饭盒鸡汤再加两个饭团。饭后服用"善存"片，有时加几粒氨基酸胶囊。睡前吃点甜食。

（4）多准备些小块的巧克力，这是绝佳的热量来源，还有土豆，这是一种到处都有

的食物。生火做饭时就把它丢进火的下面,用燃烧过的柴把它埋起来,当熟的时候香味上飘,让人垂涎三尺。

（5）森林里有很多的蕨类植物和野生菌,这些都是美味（只是采菌时注意,色彩鲜艳的可能有毒）。可在烧菌汤的同时加上火腿肠,然后将就菌汤泡方便面再加上胡椒,味道非常鲜美。

（6）罐头是很好的野外食品,通常买些小包装的,在中午时吃一点,用塑料袋密封好在晚上便彻底解决,吃完后将就残油倒进水烧汤。

（7）带点奶粉或袋装、盒装牛奶以保证营养均衡摄入。

（8）准备野外食品时一定要有针对性,选择每一个食品都要有理由,这种食品是富含蛋白质还是富含微量元素,是方便携带还是方便煮熟。要知道背包的容积实在太珍贵了。

### 四、野外着装

（一）多功能休闲夹克

轻易地把日常休闲夹克变成舒适实用的户外雨衣,配有双层拉链,可折叠式雨帽,可调式腰间及下摆束带,3个口袋方便小物件的收藏取用,自动粘扣袖口防止冷空气或雨水侵入。

（二）攀岩裤

88%棉,12% Spandex 弹性纤维。宽松剪裁,牢固缝制,是无拘无束的攀岩专用裤。

（三）防水透气高索帽

内层由 Polartec 100、外层由防水又透气的材料组合而成的高索帽是登山活动者最佳的搭档。

（四）有松紧带可调保暖排汗手套

较厚的 Meraklon 材质具有温暖、坚固与快干的高科技功能,为穿戴者提供足够的手部保护又不影响正常的操作。

（五）雪套

野外防雪、防尘。

### 思考题

1. 什么是野外生存运动?

2. 现代野外生存运动与过去的野外生存运动在特点上有何共同点和不同点?

3. 高校体育课中开展野外生存运动的意义何在?

4. 你心目中的野外生存运动是什么样的? 你希望从哪方面得到锻炼,为什么?

5. 野外生存运动过程中所需的物品有哪些? 如何准备?

6. 在野外遇到紧急情况,你该如何应对?

7. 夜晚,在树林中迷失方向,你最迫切需要解决的是什么问题?

8. 在野外运动,如何安全保护自己和同伴?

9. 通过野外生存运动是否就能真正增强自己的自信心、意志力,你对此有何看法? 参加野外生存运动能在哪些方面提高自身的素质?

10. 你对野外生存运动的期望值有多高,你认为它在高校的发展前景如何?

**参考文献**

[1]邢登江,刘国庆.大学体育[M].北京:北京航空航天大学出版社,2004.

[2]刘小晖.登山[M].北京:北京出版社,2003.

[3]加斯·黑廷.攀岩[M].济南:明天出版社,2003.

[4]温元麟.定向越野完全手册[M].广州:南方日报出版社,2003.

[5]李杰,黄代参,黄晓红.玩的就是心跳[M].武汉:湖北人民出版社,2004.

[6]吴志刚.攀岩[M].广州:广东旅游出版社,2004.

[7]李香华,钟兴永.体育旅游与健身[M].北京:北京体育大学出版社,2003.

[8]陈志良,黄明哲,等.攀越巅峰[M].北京:科学普及出版社,2004.

　　要推动健康关口前移，建立体育和卫生健康等部门协同、全社会共同参与的运动促进健康新模式。

　　——2020 年 9 月 22 日，习近平总书记在教育文化卫生体育领域专家代表座谈会上的讲话。

# 第二十七章

# 定向越野运动理论与技术

## 第一节 定向越野运动概述

　　orienteering(定向)源自瑞典语 orientering 一词,其原意是借助地图和指北针,穿越未知地带。因此,定向通常被人们看作军人、野外勘测者、徒步旅行者、登山者、探险者所必须具备的一种重要的生存能力。随着越来越多的人参与户外运动,定向又成了一项很多人都希望掌握的生存技能。现代生活中定向的应用几乎无所不在,它的重要性不仅在于它的有用性,而且在于它的趣味性,它将给人带来意想不到的体验。于是,定向运动便如火如荼地发展起来。如今的定向运动,是指运动员借助地图和指北针,按照地图上若干检查点标定的比赛路线,在规定的时间内,选择最佳路径,按顺序依次通过各个检查点并到达终点的一项越野竞赛运动。

### 一、定向运动的起源与发展

#### (一)定向运动的起源

　　"定向"一词首次被使用是在 1886 年,意思是:在地图和指北针的帮助下,越过不被人所知的地带。据考证,定向越野运动并非起源于英国,而是起源于 19 世纪末的斯堪的纳维亚半岛。位于北欧的斯堪的纳维亚半岛有着广阔而崎岖的土地,森林一望无际,并且散布着无数的城镇、湖泊、村庄,人们主要的交通道路就是隐现在林中的、湖畔的弯弯曲曲的小路。在这样的蜿蜒小路中穿越过一望无际的森林,很容易迷失方向。因此,经常穿梭于斯堪的纳维亚半岛的族群和军队,逐渐探索出了定向的初始技能,成为后来人们进行定向运动的先驱。今天的定向越野运动就是脱胎于军事领域。

　　开展定向运动的基本器材——地图,原是为保障军队的作战行动测制的。早在 1888 年的瑞典和 1895 年的挪威,当时共同处在瑞典–挪威王国联合体下的军人们,陆陆续续开始了利用地图进行体育竞赛的尝试。1897 年 10 月 31 日,第一次由军人出面为民众组织的比赛在挪威举行,仅有 8 人参赛,其后在挪威还开展了其他一些小规模比赛。

　　历史上有记载的最早的定向越野比赛可追溯到 1895 年瑞典的斯德哥尔摩,同期,在挪威的奥斯陆军营也曾举办过类似的比赛,这标志着定向运动作为一个体育竞赛项

目的雏形已经出现。定向运动作为一个独立的体育项目诞生是在 1919 年 3 月 25 日，在斯德哥尔摩南部 Nacka 的丛林中举行的一场有 217 人参加的定向越野比赛。因此，时任瑞典斯德哥尔摩体育联合会主席的厄恩斯特·吉兰德（Ernst Killander）便被人们称为"现代定向运动之父"。

（二）定向运动的发展

1. 国际定向运动的发展

定向运动作为一项体育运动最早是在北欧国家开展起来的，然后逐渐在瑞典、挪威和丹麦立足。

1840 年瑞典陆军军官学校规定，军官学校的学生必须学习距离计算、水准测量、测量和绘制草图。1886 年，读图和野外定向进入了斯德哥尔摩和奥斯陆的军官学校课程。几年后，人们将越野跑和读图相结合，就产生了定向赛跑。1893 年 5 月 28 日，这种定向赛跑又成了军事体育比赛的重要组成部分。在之后的 1897 年和 1899 年，挪威又举办了多次定向比赛，在挪威西南部港口城市卑尔根附近举行了类似的竞技比赛，被看成是第一次民间定向比赛。

在挪威首都奥斯陆附近，第尔弗运动俱乐部举办了世界上第一次公开的定向比赛，被认为是定向运动历史上的第一座里程碑；在挪威特隆赫姆附近举行了世界上第一场滑雪定向比赛。此后，瑞典人和芬兰人开始将无限的热情投入这种新型的运动项目中。

第一次世界大战使人们在很长一段时间都没有推广和举办定向比赛。在 20 世纪初，斯德哥尔摩业余运动协会主席、瑞典童子军领袖吉兰特少校开始尝试将定向运动改造成一种大众化的运动形式，他想利用自然乡村风光激发年轻人的跑步热情。1912 年，在吉兰特的倡导下，定向运动成为瑞典的竞技运动项目。1920 年，他为定向运动竞赛制定了包括竞赛规则、路线分类、检查点位置选择、按年龄分组的方法和竞赛组织机构等规则。吉兰特创造并奠定了现在定向运动的基础，为现代定向运动的发展做出了巨大贡献。

第二次世界大战后，定向运动进入了一个全新的时期。定向运动的组织机构、赛制发展与规范等逐渐趋于成熟，并在欧洲以外的国家和地区发展起来。

1945 年，斯堪的纳维亚半岛三个国家分别成立了全国性的定向运动联合会。同年，第一本专业定向杂志在芬兰出版，芬兰也因此成为世界上第一本定向运动专业杂志的诞生地。

1946 年，瑞典、芬兰、挪威和丹麦共同成立了世界上第一个定向运动合作组织——北欧理事会，后来它成为推动国际定联成立的核心力量。

1959 年，在瑞典召开了有 11 个国家参加的国际会议讨论成立国际定联。两年后，在丹麦首都哥本哈根宣告成立国际定联，成员国包括瑞典、芬兰、丹麦、挪威、瑞士、德意志民主共和国、德意志联邦共和国、捷克斯洛伐克、匈牙利、保加利亚十个国家。到目前为止，国际定联已经拥有 60 多个成员。

总之，定向越野作为一项能够使人的体力、智力在大自然的环境中得到全面锻炼的新兴体育项目，经过不断的发展，已经成为当今一项世界性的体育运动。如今，它的爱好者数量在北欧已超过了足球爱好者。在某些国家，其则被列入军队或大专院校的必修课程。

2. 国内定向运动的发展

虽然我国加入国际定向运动联合会的时间是 1992 年,但是自 20 世纪 80 年代初,我国就已经开展了定向越野活动。1983 年 3 月,定向运动的训练和比赛被作为体育项目在国内开展起来。在此之前,定向运动类似于"按地图行进"的训练,主要是中国人民解放军的训练项目之一。

1983 年 3 月 10 日,在广州的白云山,解放军体育学院组织了一次定向越野实验比赛,这是我国最早的定向越野比赛。

1986 年是国际定向联合会成立 25 周年,国际定联对中国开展定向运动给予了很大的支持。这一年,定向运动在中国的活跃度很高。

1986 年 1 月,"亚洲及太平洋地区定向越野锦标赛"在香港举行。同月,深圳举行了"1986 年国际友谊定向越野赛",瑞典、挪威、日本、丹麦等十多个国家和地区的 200 多名运动员参加了此次比赛。我国解放军体育学院选手在男女普通组、少年组均进入了前三名。

1994 年举行了第一届全国定向锦标赛,约有 120 名选手参加。1995 年第二届全国定向锦标赛在长春举行,约有 100 名选手参赛。1996 年第三届全国定向锦标赛在成都举行,约有 180 名选手参赛。1997 年第四届全国定向锦标赛在郴州举行,约有 230 名选手参赛。2015 年全国定向锦标赛贵州省惠水县举行。

自 1984 年起,我国有近千名选手参加了世界大学生定向锦标赛、世界大师定向锦标赛、世界中学生定向锦标赛、瑞典五日赛、公园定向世界巡回赛等各类国际赛事。走出去请进来的参赛方式,使我们开阔了眼界,体验了世界大赛的氛围,从而也对我们提高运动技术、管理能力,增强与国际的交流起到了积极的作用。

# 第二节 定向越野运动形式与价值

## 一、定向运动的形式

(一)定向运动的四大类型

1. 徒步定向(foot O,即定向越野)

这是各种定向运动类型中组织较为简便,开展最为广泛的一种。它最能考验选手的识图用图、选择路线和奔跑的能力,因此不同年龄段的人都可以在同一个场地上享受竞技的快乐,是"适合每个人的运动"。为增加比赛的乐趣,也可以在判定比赛成绩的方法上有所区别,如:可以个人跑计个人成绩、个人跑计团体成绩或个人跑计个人与团体成绩等。见图 27-1。

2. 滑雪定向(ski O)

滑雪定向与徒步定向的主要区别是选手需要使用滑雪装备(非机动的),供比赛用的滑道则需要使用摩托雪橇提前开辟。同一比赛路线上的滑道通常不止一条,以便选手自行选择更有利于自己的滑行路线。见图 27-2。

**图 27-1　徒步定向**

**图 27-2　滑雪定向**

### 3. 山地自行车定向(MTBO)

山地自行车定向,就是选手要骑在山地自行车上疾驰的定向运动,它需要的场地比徒步定向略大,区域内的大小道路要能够形成网络,以便选手骑行。由于不便频繁看图,山地自行车定向的选手比徒步定向的选手更需要培养地图默记的能力,同时,在崎岖地形上熟练地驾驶山地自行车的技术是必不可少的。见图 27-3。

**图 27-3　山地自行车定向**

### 4. 选标定向(trail O,旧译:轮椅定向)

这是专门为残疾人士设计的定向运动形式。基本赛法是:在野外道路的两侧设置若干"检查点群"（每处3~6个点标），选手们需要按照地图与"检查点说明"的指示，在每个"检查点群"处像做选择题一样，挑选出唯一一个正确的点标。这种赛法，既可以让乘坐轮椅车的伤残人士加入定向的活动中来，又可以供新手进行定向基本技术的训练，同样也是一种能让所有人都饶有兴趣参加的专项技能比赛。见图27-4。

图27-4　选标定向

（二）定向越野常见的比赛形式

1. 越野赛（cross-country O）

越野赛既是定向运动的始祖，又是定向运动比赛的"模板"，其他各种定向运动的比赛中都包含着它的痕迹，时至今日其仍然是定向运动最主要的比赛形式。

越野赛线路通常设计成如图27-5所示的形式。参赛者按照图上标示的检查点编号，按顺序寻找、到访，并在检查点处用组织方提供的"点签（印章、密码钳、电子点签器等）"签到，独立完成整个比赛后返回终点。因此，越野赛又被称为"点到点的定向赛（point to point orienteering）"。

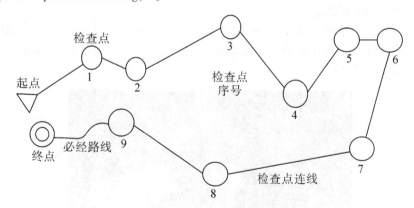

图27-5　越野赛路线

2. 接力赛（relay O）

接力赛是体现团体间实力的最佳竞赛形式。其成绩有赖于每个队员个人能力的发挥。在接力比赛中，比赛的线路被分成若干段，每个选手只能完成其中的一段，各段选手的成绩相加为该队的最后成绩。为便于观众欣赏各选手之间的激烈竞争，接力赛在出发区设有"交接区"，各段选手的交接均在这里以触手的方式进行。

### 3. 积分赛(score O)

积分赛通常以个人方式进行比赛。它是在比赛区域内预先设置很多的检查点,并根据地形的难易程度、距离远近、点的位置的互相关系等赋予每个检查点不同的分值。选手必须在规定的时间内自行寻找这些检查点,以总得分最高者为优胜。见图27-6。

图 27-6 积分赛地图

### 4. 夜间赛(night O)

夜间赛是徒步定向中难度较高的一种比赛形式。由于是在夜晚进行,难度增加了比赛的吸引力和紧张感。

夜间所使用的器材,就是在点标上涂、贴或挂上反光的材料,只要有一点光线投射到它上面便会反光。参赛选手也要携带用于查看地图的照明设备:如微型手电筒或头戴式照明灯。见图27-7。

图 27-7 夜间赛

5. 团队赛( team competition orienteering )

团队赛是由两名以上的参赛人员组成团队,通过分工合作寻找分布于比赛场地的若干检查点,以团队完成时间判定成绩的比赛形式。

团队赛的比赛线路中设计有"必到点"和"分配点",必到点指团队每个成员都必须按顺序到访的检查点,分配点指团队中至少一名参赛人员必须到访的检查点。

团队赛采取整个团队集体出发、记录最后到达终点成员的用时为团队完成比赛的时间。

6. 星状赛( star event O )

星状赛的起、终点设在同一处,通常是赛场的近似几何中心,各检查点呈放射状分布在起点的四周。比赛时,选手每找到一个点就需要回到中心。可用于新手的练习以及简单的接力赛。

7. 沿线赛( line O )

这种比赛的最大特点就是地图上不标出检查点,运动全程用"规定线路"符号表示。参加人员必须沿着这些线路行进,并将途中遇到的检查点精确地标绘到图上去。成绩优劣以检查点位置标绘的准确程度和所用时间的长短确定。此方法用于高水平的现地用图训练有很好的效果。

## 二、定向越野运动的价值

### (一)提高身体素质

休闲娱乐性定向运动是一种有氧运动,在自然地形中奔跑是一种十分有效的发展心肺、肌肉、协调性、灵敏性和平衡能力等身体素质的好方法。另外,相对于一般的跑步活动,定向运动的乐趣增加了活动的吸引力,应对智力挑战转移了对身体运动的注意力,参赛者的主动性和积极性非常高,运动起来更投入,运动时间和距离更长,对提高身体素质十分有益。

### (二)增长知识和技能

定向运动涉及自然地理学、环境地理学、数学、地图学和指北针应用等方面的知识和技能。地图和指北针是开展野外工作和活动的重要工具,应用它们的能力是基本的野外生存技能之一。通过定向运动可以在休闲娱乐的健身中学习和掌握地图和指北针的使用方法,提高在现代社会和野外的生存、生活和工作能力。

定向运动中比例尺、距离、方向、位置、形状、空间的确定、测量与分析,要求参赛者具备应用数学知识解决生活中实际问题的能力。在定向运动中必须独立对众多的信息进行评估,并作出决策,从而培养参赛者独立综合分析问题、解决问题的能力。对生活在城市中的学生而言,定向运动还为其提供了解自然环境的机会,有助于学生形成正确的自然观和环境观。

### (三)促进心理健康

定向运动要求参与者在运动后广泛交流。在定向运动的教学、训练、社会指导及拓展培训中,指导者通常无法直接对活动予以监控,只能通过加强与参与者的交流,根据他们的自我体验和自我评价予以指导。因此,定向运动有助于培养参赛者自我评价的能力和进行有效沟通的能力,提高其社会交往能力,同时也有助于增进师生关系。

在定向过程中,参赛者只能独立做出判断和决策,执行决策到达目标,真正体验到成就感,产生自我效能感,提高自信心和在压力下独立解决问题的能力和应变能力。

定向运动强调明确目标,根据自己的能力选择实现目标的最佳路线,一步一步地实现目标。经常参加定向运动的青年人对生活有更明确的渴望和目标,工作勤奋努力,既有条理,又有建设性。

（四）培养团队精神

定向运动比赛形式多样,其中的接力赛和团队赛有利于培养学生的团队精神和协作能力,提高团队凝聚力。团队精神正是习近平总书记强调的大局意识、奉献精神和协作精神的体现。团队精神就是要以国家利益和团队成员的集体利益为最高利益;奉献精神是建设一支成功团队的力量之源,更是一种高尚的品质和修养;协作精神就是要团队中的所有成员向着共同目标顽强拼搏、努力奋斗。

# 第三节　定向越野运动的基本技术

## 一、定向越野必备的读图技能

在平时生活中我们可以见到各种各样的地图,它们有不同的颜色、符号、标记等,不论什么样的地图,其都给我们展示了一个地区的简缩景。平时我们经常能见到的地图有徒步行进地图、城市地图、森林地图、野外地图、公路地图、铁路地图等。而在本节,我们重点介绍的是定向地图。

（一）地图的识别

1. 地图的定义与分类

（1）地图的定义

地图的基本特征就是公式化（数学基础）、抽象化（地图概括）和符号化（符号系统）。因此地图被定义为按一定的数学法则,运用符号系统,概括地将地球上各种自然和社会经济现象缩小地表示在平面上的图形。

根据地图的定义我们可以知道,地图、卫星影像、航空影像和风景画作品之间有很大区别。航空影像与卫星影像详细地记录了地表所有的细节信息。与地图不同的是,它没有地图符号系统,也没有内容的取舍和概括（如图27-8）。风景绘画作品虽然对绘画对象进行了艺术概括,但它没有严格的数学基础和特有的地图符号。

图27-8　同一地区航空影像片与定向地图的比较

（2）地图的分类

地图可以按地图的比例尺、地图所描绘的区域范围、地图的功能、地图的内容、地图的用途、地图的形式、地图的图形等多方面进行分类。

①按比例尺分类

地图比例尺的大小决定了地图内容表示的详细程度和地图测量的精度。地图的比例尺越大，地图测量的精度越高。在我国，通常按比例尺将地图划分为比例尺大于10万的地图、比例尺在10万至100万的地图、比例尺小于100万的地图三个类别。

②按地图的内容分类

按地图的内容来进行分类是地图最主要的分类方法。按地图的内容，地图可以分为普通地图和专题地图。普通地图全面反映地球表面一定区域的自然和社会经济的一般概貌，即同时表示地貌、水系、居民地、交通网、土质植被、境界线和各种独立目标等内容的地图。而专题地图是根据专业需要，突出反映一种或几种主题要素的地图，如人口分布地图。

③按地图的用途分类

按地图的用途可将地图分为通用地图和专用地图。通用地图是为读者供科学和一般参考的地图，如地形图、中国地图等。专用地图是为各种专门用途制作的地图，如军事地图、定向运动地图。

而在本书当中，我们主要介绍的是定向地图的识别。

2. 地图各元素

（1）地图比例尺

地图比例尺是地图上的最重要参数之一。它指地图上的线段长度和实地相应的线段的水平长度之比，它是地图数学基础中决定地图内容详细程度和地图精度的重要因素。

地图比例尺=图上长度/实地长度=$1/M$。$M$ 表示缩小倍数。$M$ 越大，分式值就越小，则比例尺越小，地图上显示的内容就相对简略。$M$ 越小，分式值就越大，则比例尺越大，地图上显示的内容就比较详细。

地图比例尺的表示形式有很多，比较常用的有数字比例尺和直线比例尺。用数字的形式表示的称之为数字比例尺，如 1：50 000。若将地图长按比例尺关系直接标注成相应的实地水平距离，称之为直线比例尺。见图 27-9。

1:50 000

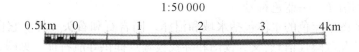

0.5km　0　　　　　1　　　　　2　　　　　3　　　　　4km

**图 27-9　直线比例尺**

定向地图的比例尺通常在 1：2500 至 1：15 000 之间。比例尺的选择主要取决于比赛类型和参赛者的年龄特点，如公园定向定图的比例尺主要在 1：2 500 至 1：7 500之间，短距离定向比赛地图的比例尺主要为 1：4 000 或 1：5 000，中距离和长距离比赛主要为 1：10 000 或 1：15 000，其中 45 岁以上和 16 岁以下的参赛者使用的地图的比例尺主要为 1：10 000，其他参赛者主要为 1：15 000。

（2）地图的符号

在定向比赛中，参赛者要获取现地地形的信息，就必须读懂地图上的符号语言，能够完整识别符号语言是正确使用地图的前提。本书根据国际定联制定的《国际定向运动地图规范(ISOM)》，介绍部分常用的地图符号。

① 地貌——棕色符号

地貌是普通地图和定向运动地图上最主要的要素，定向地图中地貌主要用棕色的等高线和一些专用符号，并辅以黑色的岩石符号来描绘。见图27-10。

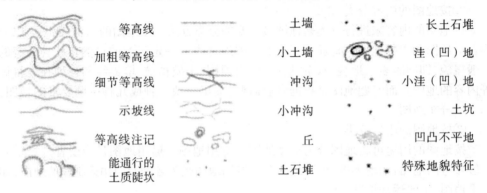

**图 27-10 地貌符号**

② 岩石和石头——黑色或灰色符号

在定向地图中，黑色的岩石和石头是特殊的地貌特征。它们既代表了地面的可跑性和危险性信息，又为读图和寻找检查点提供导航。见图27-11。

**图 27-11 岩石和石头符号**

③ 水系和沼泽——蓝色符号

在定向地图中蓝色的水体包括水域和沼泽。同岩石和石头一样。它们既代表了地面的可跑性和危险性信息，又为读图和寻找检查点提供导航特征。见图27-12。

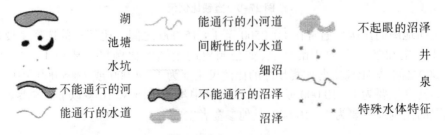

**图 27-12 水系和沼泽符号**

④植被——绿色和黄色符号

在地图上，以绿色和黄色为主的植被的概念与常识中的植物不同，其反映了地表覆盖层的情况。在定向地图上植被符号主要反映地表的可跑性、可通行性及通视度情况，为读图和导航提供重要特征。见图27-13。

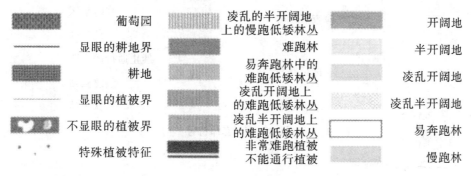

图27-13　植被符号

⑤人造地物——黑色符号

在定向地图中，人造地物主要包括以黑色为主的各级各类易辨和不易辨的交通网和能为读图和寻找检查点导航的人造特征。见图27-14。

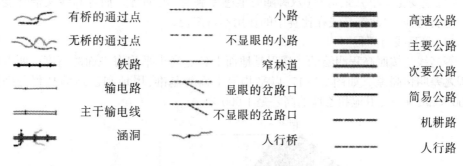

图27-14　人造地物符号

⑥技术符号——黑色和蓝色符号

磁北线：地图上表示地磁的方向线。

套印标记：一般地图要经过多次的印刷才能完成，为了保证成品地图不失准度，必须使用套印标记来防止各个版次失准。

高程点：用于判定某个地点或山地的起伏和高差。见图27-15。

图27-15　技术符号

⑦套印符号——紫色符号

比赛线路及其通行、障碍、危险等情况，在高标准的定向比赛中用叠加印刷的方

法,通常先印地图后印路线。见图27-16。

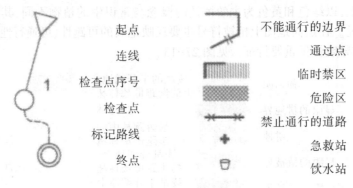

起点
连线
检查点序号
检查点
标记路线
终点

不能通行的边界
通过点
临时禁区
危险区
禁止通行的道路
急救站
饮水站

图27-16 套印符号

（二）等高线的识别

在定向越野比赛中,参赛者能够利用等高线识别地貌是非常重要的。定向地图上的所有要素都建立在地貌的基础之上,并与地物形成各种关系。比如,地物的分布、比赛线路的方向和距离等,都要受到地表起伏变化的制约和影响;而且在地物稀少的地方,地貌就是主要的甚至是唯一的参照物,是参赛人员最基本（概略定向的依据）、最稳定（现地变化最小）、最可靠（双脚随时能感受到它）的向导。而等高线又恰恰能显示出地貌特征,因此等高线在比赛中的作用不可忽视。

（1）等高线与高程

等高线是按照高程测绘的。高程是地面上各点高出平均海平面的高度。两点间高程之差叫作高差。如图27-17,以平均海平面为基准,甲地和乙地的高程分别是1 500米和500米,甲地和乙地的高差是1 000米。

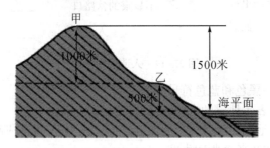

图27-17 高程与高差

（2）等高线表示地貌的原理

设想把一座山从上至下按照相等的高度水平切开,则每一层都会有大小不同的截口线,若将这些截口线垂直投影到一个水平面上,就形成了我们所说的等高线。由于切割的截口线都具有相同的海拔高度,等高线实际上就是由高程相等的各点连接而成的曲线。见图27-18。

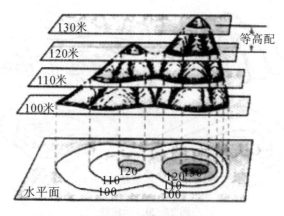

**图 27-18　等高线示意图**

（3）等高线的类型

基本等高线：又称首曲线，是地图上按注明的等高距所描绘的细实线，用以显示地貌的基本形态。

计曲线：又称加粗等高线，是地图上加粗描绘的基本等高线，通常是每隔 4 条基本等高线描绘 1 条计曲线，用以简化高程计算过程。

间曲线：又称半距等高线，是在相邻两条基本等高线之间补充测绘的细长虚线，通常用来显示位于两条基本等高线之间重要的局部地貌特征。由于间曲线只用于显示局部地貌特征，故除显示山顶和洼地时各自闭合外，其他情况下都是开放的。见图 27-19。

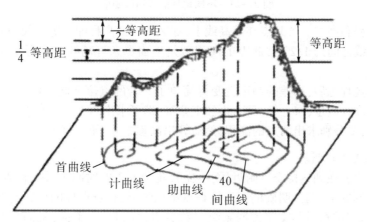

**图 27-19　等高线的类型**

示坡线：是一种与等高线垂直相交用来指示斜坡方向的短线，短线与等高或相连的一端指向上坡方向，另一端指向下坡方向，见图 27-20。

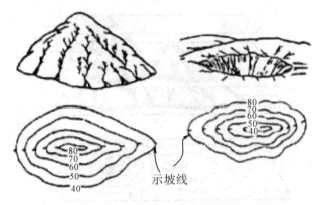

示坡线

图 27-20　示坡线

（4）利用等高线判定地貌

判定地貌的起伏情况。判定地貌的起伏，实际上就是判定地貌的斜坡方向。图 27-21 为不同等高线图形所表示的地貌基本形态。

图 27-21　不同地形的等高线图形

判定高程和高差。若某点在等高线上，那么此点的高程即为等高线的高程。若某点在两等高线之间约 1/2 处，此点的高程就是下面那条等高线的高程加上 1/2 个等高距。

判定出高程之后，高差的判定就变得简单了。若两点位于同一斜面上，只要数一下间隔的等高线数量，乘上等高距，再加上余高，即可求出两点间的高差。若两点不在同一斜面上，要分别求出两点的高程，然后算出高程之差，便算出了高差。

（三）检查点说明表

为使参赛者在到达检查点附近后，不需要花费太多的时间去寻找检查点点标，国际定联专门颁发了一套"明确的指示检查点特征物、检查点点标的位置与该特征物之间的相互关系"的符号和文字说明系统：《检查点说明表》。下面，我们将对检查点说明表的结构与内容做一个简单的介绍。

（1）一个完整的《检查点说明表》

其说明符号与文字见表 27-1。

表 27-1　检查点说明符号与文字表

| IOF Event Example | | | | 国际定联检查点说明示例 | | |
|---|---|---|---|---|---|---|
| M45, M50, W21 | | | | 组别M45,M50,W21 | | |
| 5 | 7.6 km | 210 m | | 线路序号5 | 距离 7.6km | 爬高量210m |
| ▷ | | / / Y | | 起点 | 大路与围墙的交汇处 | |
| 1 101 | ＼ | | ＜ | 1 | 101 | 窄沼泽，拐弯 |
| 2 212 | ↖ ▲ | 1.0 | ◐ | 2 | 212 | 西北的大石头，高1m，东侧 |
| 3 135 | ❋ ❋ | | ⊡ | 3 | 135 | 两个灌木丛之间 |
| 4 246 | ⇜ ⬭ | | ◖ | 4 | 246 | 中间的洼地，东部 |
| 5 164 | → ☐ | | ◖ | 5 | 164 | 东边的废墟，两侧 |
| ○---- 120 m ---→ | | | | 沿120m彩带离开检查点 | | |
| 6 185 | / ⤴ | | ⊥ | 6 | 185 | 倒下围墙的东南拐角（外面） |
| 7 178 | ⸜ | | ○ | 7 | 178 | 山凸的西北脚下 |
| 8 147 | ⚏ ▭ | 2.0 | | 8 | 147 | 上面的陡崖，高2m |
| 9 149 | / ✕ | | | 9 | 149 | 小路与小路的交叉点 |
| ○---- 250 m ---→ ◎ | | | | 从最后一个检查点沿250m彩带到终点 | | |

（2）检查点说明表的结构和内容

一条完整比赛线路的检查点说明表包括了下述内容：

表头：赛事名称、组别（可选项）、线路名称或编号、线路长（精确到0.1千米）、爬高量（精确到5米）。

表身：依次对各个检查点进行说明。包括起点的位置、各个检查点和必经路线（有标志的路段）。为方便参赛人使用，要每隔三行加粗一条行线。

表尾：最后一个检查点至终点的所有情况，包括该路段的长度与类型、是否必经之路、其标志的形式等。

在使用符号对检查点进行说明时，其有着非常严格的规定，必须按要求将不同内容分别填入 A-H 的八个列中。见表27-2。

表 27-2　说明符号所在的列

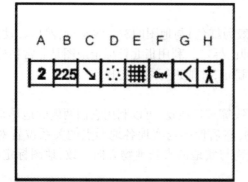

| A | 检查点序号 |
|---|---|
| B | 检查点代号 |
| C | 哪个相似特征物 |
| D | 检查点特征物 |
| E | 特征物进一步细节 |
| F | 尺寸\组合 |
| G | 检查点的位置 |
| H | 其它说明 |

（四）读图前应该注意的问题

1. 正确了解定向地图的含义

定向地图是专门用于定向比赛的地图，一般只表示对比赛有价值的信息，因此不是所有地物都有所表示，而是有重点地表示地物；有很多地物的细节不可能完全表示，只能表示出它们的概略形状，如地形上的细小凹凸；出于实际使用的需要，地图上的线状地物，如公路、铁路等的宽度是夸大了的，因此其附近的地物会有所移位，位置不会十分精确。

2. 有选择地看地图

在定向比赛中，不能整张地图都去研究，要根据比赛的需要有选择地去研究地图，选择行进路线。粗略地看过整张地图后，要迅速地选择需要重点考察的内容。

3. 熟练掌握地图中的符号并进行综合阅读

只有熟练掌握各种地图符号的意义，并将地图中的各种符号和地貌及地形要素结合起来，才能迅速判定出方向、距离、高差等位置关系。

4. 学会记图

在定向比赛中，参赛者不可能在奔跑中一直看图，应该具备在比赛中不必过多过于频繁看地图就能在大脑中清楚地再现从图上得到的信息，并根据记忆快速而准确地确定自己在图上的位置的能力。

（五）地图和指北针的使用

1. 地图的使用

（1）标定地图

要正确使用地图，首先要将地图与实地的方位对应起来，而标定地图就是让地图的方位与现地的方向相一致。

由于比赛中拿到手的地图比较大，在跑动中携带不方便，在使用地图之前，我们可以将地图折叠起来。折叠的大小，以抓在手中稳定、露出足够的选择路线和前方一两个检查点即可。折叠的形状为矩形条块，并让地图的磁北线与折叠的某边平行。

①概略标定

概略标定是一种简便迅速的标定方法，当我们在实地正确辨别了方向之后，将地图的北方对向实地的北方，则地图标定成功。

②利用指北针标定

将透明式指北针的箭头"↑"（一般为红色）与地图的磁北线平行，然后转动地图，使磁针北端对着地图正北方向，地图即已标定。利用指北针标定地图是非常精确的标定，所以在标定之后，地图一定要保持稳定，才能进行之后的操作。

③利用直长地物标定

在比赛中遇到如道路、沟渠、高压线等直长地物，可以利用它们两侧的地形来标定地图。首先要找到地图中的直长地物，然后使图与实地各地形点的关系位置对应相符，最后转动地图，使地图上的直长地物与实地的直长地物方向一致，地图标定成功。见图27-22。

④利用明显地形点标定

当位于明显地形点，并在地图上找到该地形点时，可以利用地形点标定地图。只要转动地图,使地图上此地形点与所站位置的连线与实地此地形点与所站位置的连线重合,则地图标定成功。见图27-23。

图27-22　利用直长地物标定

图27-23　利用明显地形点标定

(2)确定站立点

①直接确定

当自己处于明显地形点上的时候,只要从地图上找出此点,就能确定自己的站立点。这种明显的地形点有很多,如单个的地物、线状地物的转弯和交叉处、面状地物的中心点和边缘线上的特征点。

②利用位置关系确定

当站立点位于明显地形点附近时,可以采用位置关系法来确定。利用位置关系法确定站立点主要依据两个要素:一是站立点至明显点的方向,二是站立点至明显点的距离。在地形起伏明显的地方,还可以结合高差情况进行判定。

③利用交会法确定

当站立点附近无明显地形点时,可以利用交会法确定站立点。按不同的情况又可以分为90°法、连线法、后方交会法等方法。这些方法的好处是,不需要判断和测量距离也能确定出较为准确的站立点,这对于初学者学习和巩固使用地图的训练是很重要的。

a. 90°法

当站立点位于线状地形如道路、沟渠、山背线、谷底线等时,如果在与运动方向相垂直的方向上能找到一个明显的地形点,那么确定站立点就简单很多。线状地形与明显地形点垂直的交点就是站立点。见图27-24。

图27-24　90°法确定站立点

b.连线法

当站立点位于线状地形上,同时站立点又恰好是在某两个明显地形点的连线上时,可以用这种方法确定站立点。

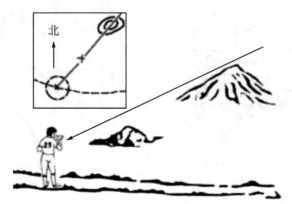

**图 27-24 连线法确定站立点**

c.后方交会法

后方交会法通常要求地形较开阔,通视良好。首先在地图上找到选定的方位物之后,精确标定地图;然后分别向各个方位物瞄准并画方向线;最后看两方向线的交点,即为站立点,见图 27-25。

**图 27-25 后方交会法确定站立点**

(3)利用地图行进

利用地图行进是定向越野的基本运动方式,需要综合运用前面所说的各种方法。无论是识别地图、标定地图还是确定站立点,其目的都是为了更熟练地运用地图行进。

①拇指辅行法

在定向运动中常用拇指压住图上你目前站立点的位置,把拿图那只手的拇指想象为缩小到图中的自己,当选手向前运动时,拇指也在图上作相应移动。此种方法叫拇指辅行法。拇指辅行法主要是帮助选手随时明确自己在图上的位置,见图 27-27。

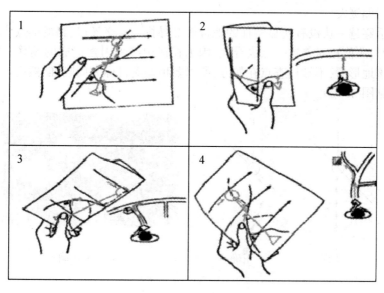

**图 27-27 拇指辅行法**

图中所示的过程：

a.明确站立点、路线、到达地。

b.转动地图,使地图标定,并将拇指贴近站立点一侧(先上大路)。

c.到大路后转动地图,移动拇指(沿大路跑,看到路旁小屋后向右转)。

d.再转动地图,移动拇指(沿大路跑,经过右侧路口后在下一路口左拐,可直达检查点)。

②"放大"法("先大后小"法)

在寻点过程中尽可能扩大视野,从目标点附近大的、明显的地形找起,然后再找目标点(见图27-28)。不能只是把目光集中在要寻找的目标点上,特别是当目标点所在地较小时。如果只看很小的一点地形,很难找到它。

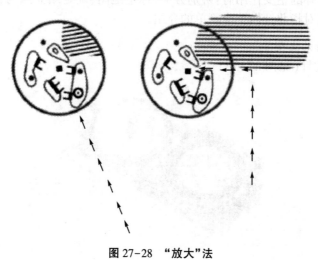

**图 27-28 "放大"法**

③目标偏测发

当选手穿越一块没有明显特征的地带而要寻找一个交叉口、路的端点或面状地物的侧顶点时,不能正对着这一点去寻找,因为在途中多种因素造成的偏移一定会使选手在到达该地形后,不知检查点在何方,所以要稍偏离目标方向瞄准,然后再顺着找到目标点。见图27-29。

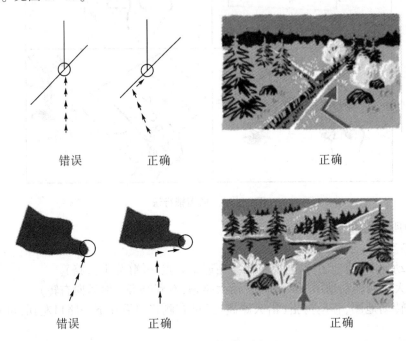

错误　　　　　正确　　　　　　　　正确

错误　　　　　正确　　　　　　　　正确

图27-29　目标偏测法

## 二、指北针的使用

指北针在野外的主要作用有:辨别方向、标定地图、确定站立点与目标点的方向、简易测绘。下面对指北针做一个简单的介绍。

(一)指北针的类型

1. 军事指北针(见图27-30)

图27-30　军事指北针

2. 定向指北针

常见的定向运动指北针包括三种类型:刻度盘指北针、拇指指北针、拇指刻度盘指北针。

(1)刻度盘指北针

(2)拇指指北针

(3)拇指刻度盘指北针

图 27-31　定向指北针

(二)定向运动指北针的结构

这里用刻度盘指北针来说明定向运动指北针的结构。刻度盘指北针主要由透明的基板、托架在基板上的充液磁针盒及刻度盘组成。在基板上刻有前进方向箭头,用来指出目标检查点的方位,磁针盒底部刻有磁北标定线,用来方便指北针标定地图和确定前进方向。见图 27-32。

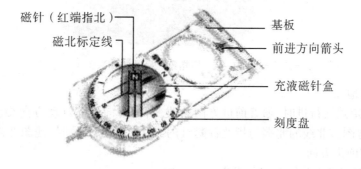

磁针(红端指北)　基板
磁北标定线　前进方向箭头
充液磁针盒
刻度盘

图 27-32　刻度盘指北针的构造

（三）指北针的使用方法

在定向运动中,指北针的主要用途是标定地图和确定前进方向。与利用实地特征标定地图和确定前进方向一样,利用指北针标定地图和确定前进方向必须掌握持握指北针的正确方法。

1. 指北针的持握方法

（1）刻度盘指北针的持握方法

刻度盘指北针的持握方法是,读图时水平持握指北针于身体前面正中的位置,高与腰或胸齐,前进方向箭头与身体正中线平行指向身体正前方。见图27-33。

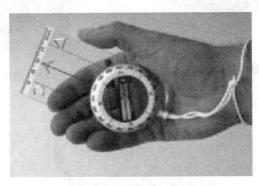

图 27-33　刻度盘指北针的持握

（2）拇指指北针持握方法

拇指指北针的持握方法是,读图时用拇指指北针前端右侧顶角压在自己在地图上目前的位置后面,水平持握地图于身体前面正中的位置高与腰或胸齐,前进方向箭头与身体正中线平行指向身体正前方。见图27-34。

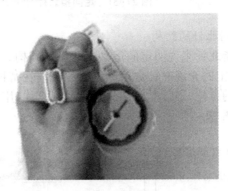

图 27-34　拇指指北针的持握

2. 标定地图

沿着选定路线行进时,随着前进方向的改变,同时向身体转动方向相反的方向转动地图,当地图磁北线的北端与指北针磁针的红端(北端)一致时,地图即被标定。

3. 确定前进方向

（1）用刻度盘指北针确定前进方向

用刻度盘指北针确定方向可分三步来完成:

第一步将指北针放在地图上,并使基板上的前进方向线与目前站立点与目标位置的连线平行。

第二步转动刻度盘使磁北标定线与地图磁北线平行,并确保磁北标定线自北端(红端)与地图磁北线方位一致。

第三步水平持指北针于身体前面正中的位置,高与腰或胸齐,转动身体直到指北针磁针与磁北标定线平行,磁针的北端(红端)与磁北标定线的北端(红端)一致。前进方向箭头所指的方向即前进方向或目标所在方位。

(2)用拇指指北针确定前进方向

用拇指指北针确定方向可分两步来完成:

第一步将拇指指北针的右侧顶角放在地图上自己目前的位置上,并使基板上的前进方向线与目前站立点与目标点位置的连线平行。

第二步水平持握指北针于身体前面正中的位置,高与腰或胸齐。转动身体直到指北针磁针与磁北线平行,磁针的北端(红端)与磁北标定线的北端一致。前进方向箭头所指的方向即前进方向或目标所在方位。

## 第四节　定向越野运动的竞赛规则与裁判法

### 一、犯规

有下列行为之一者被视为犯规:

(1)有意妨碍他人比赛(包括犯有同一性质的其他任何不良言行)。

(2)蓄意损坏点标、点签和其他比赛设施。

(3)通过、穿越和翻越规则明确禁止通行的地面物体或区域。

(4)比赛中搭乘交通工具行进。

(5)未通过全部检查点,而又伪造点签凭证。

### 二、违例

有下列行为之一者被视为违例,应给予警告。裁判员将根据违例的性质和程度,采取降低成绩直至取消比赛资格的处罚:

(1)在出发区越位取图和提前出发。

(2)接受别人的帮助,如指路、寻找点标、使用点签。

(3)为别人提供帮助,如指路、寻找点标、使用点签。

(4)为从对手的技术中获利,故意在比赛中与对手同路或者跟进。

(5)故意不按比赛规定的顺序进行。

(6)不按规定位置佩戴号码布。

(7)有其他违反比赛规则行为。

### 三、成绩无效

有下述情况之一者,比赛成绩将被判定为无效:

（1）有证据表明在比赛前勘察过比赛场地。

（2）未通过全部检查点，即检查卡片上点签图案不全。

（3）点签图案模糊不清，确实无法辨认。

（4）在检查卡片上不按规定位置使用点签。

（5）在比赛结束（指终点关闭）前不交回卡片。

（6）超过比赛规定的终点关闭时间而尚未返回会场。

（7）有意无意地造成公私财物的重大损失和环境破坏。由此带来的一切后果责任由肇事人承担。

**参考文献**

［1］张惠红，陶于.定向运动与野外生存［M］.北京:高等教育出版社，2011.

［2］孙殿恩.定向运动基本理论构建与实践研究［M］.长春:东北师范大学出版社，2012.

［3］王正伦.定向越野入门［M］.南京:江苏科学技术出版社，2013.